아테네의 변명

소크라테스를 죽인 아테네의 불편한 진실

아테네의
변명

베터니 휴즈 지음 · 강경이 옮김

옥당

소크라테스는 아무것도 쓰지 않고 어떤 작품도 유언
도 남기지 않았지만, 그의 말은 오늘날까지 살아남았
고 앞으로도 계속 남아 있을 것이다.

-디오 크리소스톰의 〈소크라테스에 대하여〉에서

일러두기

1. 이 책에 나온 인명과 지명은 당시 사용하던 그리스어 발음을 따랐다.
2. 고대 역사가, 철학자, 극작가, 시인 등의 작품은 모두 〈 〉로 표기하였고, 이외에 도서는 《》, 연설문은 이탤릭, 논문은 『 』, 도서 및 논문의 장은 「 」로 표기하였다.

소크라테스의 죽음을 추적하다

신이든 인간이든 이미 지혜로운 존재는 지혜를 더는 사랑하지 않는다.
마찬가지로 무지한 까닭에 나쁘고 타락하고 사악한 존재도 지혜를 갈구
하지 않는다. 왜냐하면 사악한 사람도 무지한 사람도 절대로 지혜를 갈
구하지 않기 때문이다. 그러나 무지 때문에 괴로워하지만 분별력과 이
해력을 간직한 존재는 모르는 것을 의식적으로 알려고 한다.

―플라톤의 〈뤼시스〉에서

　작가 두 사람이 한방에 함께 있다면 둘 중 하나는 시무룩해져서
방을 나가기 마련이다. 예외가 있다면 둘 중 한 사람이 피터 쿡(영국
의 희극배우이자 풍자작가로 1960년대 영국의 풍자 시대를 이끈 대표적 인물)
일 때이다. 피터 쿡은 우연히 만난 동료작가가 요즘 집필하는 책이
있느냐고 물으면 이렇게 답한다고 한다.

"아니, 나도 요즘 한 줄도 못 쓰고 있어."

불행히도 내겐 그런 위로를 해줄 동료작가가 없었다. 아니, 위로는커 녕 내게 부담감을 더 인겨준 사람도 있었다. 이 책을 집필하기 시작한 지 얼마 되지 않았을 때였다. 나는 영국 북부 스코틀랜드의 수도 에든 버러의 어느 호텔에서 우연히 모처의 수상 경력이 있는 소설가와 아침 을 먹게 되었다. 소설가와 나는 서로 요즘 무슨 책을 쓰는지 이야기하 기 시작했다.

"소크라테스요? 그것참 도넛 같은 주제네요."

소설가가 소리쳤다.

"할 얘기는 무궁무진하지만 정작 주인공 자리가 뻥 뚫려 있잖아요."

내 얼굴에서 미소가 싹 가셨다. 물론 그 말이 맞다. 소크라테스는 철 학에 관해 단 한 글자도 쓰지 않았다. 소크라테스의 사상은 인류에게 엄청난 영향을 미쳤지만 우리가 그에 관해 알고 있는 것은 모두 전해 들은 이야기에 불과하다. 그는 역사적인 참고자료가 없는 것으로 둘째 가라면 서러운 인물이다. 그러니 지난 5년간 나는 보이지 않는 도넛을 목에 두르고 다닌 셈이다.

하지만 화가들은 주변 여백을 잘 다루는 것이 형태를 가장 잘 표현하 는 방법이라고 한다. 자서전이든 무엇이든, 소크라테스가 직접 남긴 기 록이 없다는 점에서 소크라테스가 있어야 할 자리는 구멍으로 남아 있 다. 나는 소크라테스가 한때 몸담았을 그 구멍의 주변 여백을 살펴보려 한다. 그가 살았던 도시, 기원전 5세기 아테네를 살펴보면서 그곳에서 살아가는 소크라테스를 그가 살았던 당대의 지형 속에서 그리려 한다.

다행히 내게는 든든한 연합군이 있었다. 실제로 지난 몇 년간 굴착기와 불도저, 삽과 작은 발굴삽 들이 그리스 땅을 이 잡듯 뒤졌다. 새천년을 기점으로 한 아테네 지하철 확장공사, 뉴아크로폴리스 박물관 건축관 개관, 2004년 아테네 올림픽을 대비한 도시 정비, 그리고 도시계획법 개정. 이 모든 일 덕분에 기원전 5세기 아테네의 모습을 보여주는 유물이 엄청나게 발굴되었다. 소크라테스는 바로 이 생생한 풍경에 살아 있는 에이돌론eidolon(유령, 허깨비를 뜻하는 그리스어로 이 단어에서 우상을 뜻하는 idol이 나왔다)이다. 나는 소크라테스가 살았던 기원전 5세기 아테네의 풍경을 여행하면서 역사상 가장 도발적이며 흥미로운 이 인물의 삶과 그를 죽음으로 내몰 수밖에 없었던 아테네의 운명을 생생하게 그릴 것이다.

소크라테스는 학자들에게만 자극과 영감을 주는 인물이 아니다. 그는 기원전 5세기의 아테네를 알려주는 중요한 증인이다. 수천 년 동안 학자들은 소크라테스가 남긴 거대한 유산으로 지혜를 연마했고, 소크라테스의 개인적 증언이 있어야 할 자리는 수많은 해석으로 채워졌다. 철학자 소크라테스의 죽음을 둘러싼 공방은 여전하지만 그의 부재를 둘러싼 물리적 배경에 관한 설명은 매우 드물다. 이 책이 그 모든 부족한 설명을 해줄 수 있길 바란다. 독자들에게도 이전까지 품었던 궁금증을 해소하는 특별한 고대 그리스 여행이 되길 바란다.

기원전 5세기 아테네를 재현하다

《소크라테스처럼 읽어라》《소크라테스처럼 말하라》《소크라테스처럼 사유하라》《소크라테스와 플라톤에게 최고의 인생을 묻다》《소크라테스에서 미셸 푸코까지》《소크라테스에서 포스트모더니즘까지》. 모두 소크라테스를 표제나 부제로 내건 책들이다. 자기계발서부터 철학서에 이르기까지 그 종류도 다양하다. 소크라테스는 우리에게 어떤 존재이기에 이처럼 소크라테스를 알아야 한다고, 그를 따라 해야 한다고 입을 모으는 것일까?

사실, 우리에게 소크라테스는 구체적인 인물이라기보다는 하나의 상징, 이미지에 가깝다. 그를 모르는 사람도 없지만 그렇다고 딱히 그를 잘 아는 사람도 드물다. 영국의 대중적인 역사학자이자, 고전학자, 텔레비전 역사다큐멘터리 제작자인 베터니 휴즈는 이 책에서 기원전 5세기 아테네에서 실존했던 소크라테스를 우리 앞에 그려 보인다.

베터니 휴즈는 소크라테스를 '도넛 같은 주제'라고 표현한다. 소크라테스에 관한 자료가 무궁무진하지만 정작 주인공 자리가 텅 비어있다는 것이다. 이 책은 그 텅 빈 자리를 채우려는 시도이다. 휴즈는 소크라테스에 관해, 그의 철학에 관해 논하기보다는 그를 만나기 위해 기원전 5세기 아테네를 우리 눈앞에 재구성해서 보여준다. 소크라테스가 살았던 기원전 5세기 아테네는 고대 아테네의 황금기이자 격변기였다. 세련된 정치와 문화, 예술을 꽃피운 동시에 전쟁과 살육이 빈번했다. 또한 페리클레스를 비롯해 소크라테스와 플라톤, 소포클레스, 아리스토파네스 등 다양한 분야에서 서양문명의 한 획을 그은 쟁쟁한 인물들이 살았던 시대였다. 그러니 이 책을 읽다 보면 고대 서양사의 주연급 스타들이 총출동한 드라마틱한 역사극을 보는 느낌이 들기도 한다.

이 책의 장점은 무엇보다 생생함이다. 텔레비전을 매개로 대중과 소통하던 저자는 색과 냄새, 질감까지 놓치지 않고 묘사한다. 그래서 책을 읽다 보면 텔레비전 다큐멘터리가 재구성해낸 가상현실 속의 아테네를 보고 있는 듯하다. 무엇보다 이 책의 묘사가 생생하게 다가오는 이유는 저자 베터니 휴즈가 직접 발로 뛰며 책을 썼기 때문이기도 하다. 저자는 이 책을 쓰기 위해 10여 년 동안 동지중해 지역을 돌아다녔다고 한다. 아테네는 물론이고 소크라테스의 발길이 닿았던 곳, 당대를 이해하는 데 실마리가 될 만한 장소들을 직접 찾아다녔다. 그녀는 화물차가 속도를 높이며 지나가는 고속도로 변의 어두컴컴한 고대 분묘 속으로 들어가기도 하고, 이제는 송전탑만 외롭게 서 있는 고대의 전투지에서 에게 해를 내려다보기도 하고, 박물관 별관에 보관된 찢어지고 색바랜 파피루스 조각의 글씨를 들여다보기도 한다.

저자는 소크라테스와 아테네의 아주 사소한 부분도 놓치지 않고 다룬다. 사실, 그 점이 책의 묘미이기도 하다. 당시 아테네 외곽 알로페케 출신인 소크라테스가 아고라까지 걸어가는 동안에 무엇을 보았을까? 이 고리의 시장에서는 무엇을 필았을까? 플라톤의 내화편에 등장하는 소크라테스의 제자 구두장이 시몬의 공방은 어떤 모습이었을까? 델포이 신전에 신탁을 받으러 가는 참배객들은 신전까지 걸어가며 무엇을 보았을까? 당시 아테네인은 도시국가의 운영과 결정을 위한 정보를 어떻게 공유했을까? 아테네 병사들은 전장에서 어떻게 행군했을까? 어떻게 적을 죽이고 어떻게 목숨을 잃었을까? 당대의 사법제도를 둘러싼 온갖 일화와 당시 성행했던 흑주술, 소크라테스가 마신 독당근즙을 비롯한 다양한 사형방법, 다양한 교단의 신비로운 종교의식까지 생생하게 묘사한 이 책을 읽다 보면 당대인의 삶이 눈앞에 그려지는 듯하다.

역사학자인 동시에 고전학자이기도 한 저자는 고대 그리스의 문헌들도 소홀히 하지 않았다. 소크라테스를 직접 다룬 플라톤과 크세노폰, 아리스토파네스의 저작들뿐 아니라 당대를 이해하는 데 도움이 될 극작품과 헤로도토스와 투키디데스의 역사서도 폭넓게 인용한다. 이 책이 지닌 또 하나의 장점은 이러한 그리스 고전에 언급된 장소와 사건들이 저자의 풍성한 역사학과 고고학 지식으로 더욱 생생하게 되살아난다는 것이다. 예를 들어, 저자는 최근의 고고학적 발견을 활용해 플라톤의 대화편에 등장하는 일리소스 강변과 김나시온, 향연의 풍경을 구체적으로 그린다. 그러다 보니 이 책을 읽다 보면 그리스 고전들을 당대의 구체적인 사회상 속에서 이해하게 되는 예상치 못한 소득도 있다.

휴즈는 '소크라테스가 있었기에 우리는 오늘날처럼 생각하게 되었다'고 말한다. 소크라테스는 우리에게 생각하는 법, 우리와 우리를 둘러쌍 세상에 관해 캐묻는 법, 성찰하는 법을 전해준 사람이다. 그리고 무엇보다 '성찰하지 않는 삶은 살 가치가 없다'는 경구를 우리에게 남긴 사람, 그냥 사는 게 아니라 올바른 삶이 무엇인지 고민해야 한다고 강조한 사람이다. 베터니 휴즈가 그린 기원전 5세기 아테네는 어떤 면에서 우리 시대와 통하기도 한다. 당시 아테네는 민주주의의 이름으로 살육과 전쟁을 벌였고, 표현의 자유를 찬양하면서도 신화적 세계관의 근본을 흔드는 급진적 사상은 탄압했다(당시에도 분서焚書가 있었다). 또한 아테네 시민은 '아름다움'을 찬양하며 김나시온과 레슬링 연습장에서 부단히 자신을 단련했다. 당대 사람들에게 소크라테스가 던졌던 질문들은 많은 부분 오늘날 우리에게도 유효하다고 할 수 있을 것이다.

2000년대 초반 이곳저곳에서 인문학 강좌를 어렵지 않게 들을 수 있던 시절, 어느 사회단체가 주관한 인문학 아카데미에서 고대 그리스의 문학과 철학을 주제로 한 연속 강좌를 들었다. 절대로 작다고 할 수 없는, 학교 교실 두 개를 합한 것만큼 큰 강의실에 빼곡하게 들어찬 사람들이 고개를 끄덕이기도 하고, 무언가를 열심히 적기도 하면서 강좌를 들었던 기억이 난다. 대부분 생업이 따로 있는 사람들이었을 텐데 무엇이 그들을 그 늦은 시간에 강의실로 이끌었을까? 이 책을 번역하는 동안 그 강의실의 풍경이 문득문득 떠올랐던 이유는 단지 이 책이 고대 그리스를 다루기 때문만은 아닐 것이다. 어떻게 보면 아고라에서 소크라테스의 대화에 귀 기울이던 사람들도 열심히 강의를 듣던 그들과 비슷하지 않았을까? 그들 모두 올바른 삶이 무엇인지, 어떻게 살아야 잘 사는 것인지 고민하는 사람들이 아니었을까? 하고 생각해본다.

❧ 차 례 ❧

1막 **사건 발생 장소** 그가 사랑한 도시 아테네

2막 사건의 발단 위대한 철학자의 탄생

3막 사건의 전개 전장에서 꽃핀 사상

4막 사건 발생의 문화적 배경 새로운 신, 새로운 가능성

5막 **사건 발생의 사회적 배경** 전쟁의 늪

6막 **위기의 시작** 거침없는 사생활

7막 사건의 절정 불편한 진실을 외치다

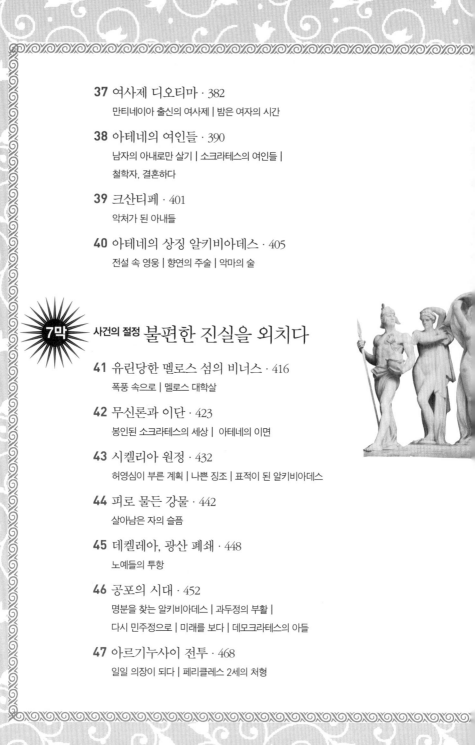

8막 **사건의 결말 최후 심판의 날**

그때 아테네에서는 무슨 일이 있었는가?

캐묻지 않는 삶은 살 가치가 없다.

- 플라톤의 〈소크라테스의 변명〉에서

소크라테스가 있었기에 우리는 오늘날처럼 사고하게 되었다. 소크라테스는 우리가 우리를 둘러싼 세상에 질문을 던져야 한다고 믿었다. 소크라테스의 이러한 믿음은 현대 사유의 근본이기도 하다. 2,400년 전 소크라테스는 그의 대화에서 윤리학ethos[1]을 탄생시켰고 영혼psyche[2](프시케, 소크라테스는 개개인의 영혼을 사유와 도덕적 삶의 토대로 보았고 아테네 시민에게 영혼을 돌보라고 강조했다_옮긴이)을 강조했다. 그는 '최초의 순교자'이다(순교자 matyr는 그리스어로 '증인'을 뜻한다). 진실과 덕, 정의 그리고 표현의 자유를 위해 증언한 소크라테스는 현대 문명의 지반이라 할 수 있다.

우리가 소크라테스를 이해해야 하는 이유는 그가 단순한 의미의 삶이 아니라 현대를 살아가는 바로 '나 자신의 삶'을 탐구했기 때문이다.[3] 소크라테스는 현재의 우리를 예견했다. 그는 풍요로움을 추구하는 것이 어리석은 물질주의로 이어질 것이며, 민주주의가 전쟁의 깃발이 될 것이라 우려했다. "우리가 행복하지 않다면 군함과 성벽, 번쩍이는 조각상이 다 무슨 소용인가? 자신에게 올바른 삶이 무엇인지 알지 못한다면 그 모든 것이 무슨 소용인가?" 이는 현재를 사는 우리에게 그 어느 때보다 의미심장한 질문이다. 어떻게 살아야 올바로 사는 것일까?

기원전 5세기 그리스에서 소크라테스는 설교자가 아니었다. 그는 아테네 거리를 배회하며 인간답게 사는 것의 본질이 무엇인지를 놓고 사람들과 논쟁을 벌였다. 아테네의 젊은이들에게 소크라테스는 저항할 수 없는 존재였다. 그는 거침없이 질문을 퍼부어대며 사람들이 자신을 깨닫게 자극했다. 또한 어떻게 살아야 잘 사는 것인지 알려고 윤리적 탐색을 벌였다. 소크라테스의 목소리는 당대뿐 아니라 그가 세상을 떠나고 2,400년이 지나도 탁월한 지식과 지혜, 진실의 목소리로 남았다.

소크라테스는 아테네의 대중과 자유롭게 철학하며 삶의 대부분을 보냈다. 하지만 소크라테스가 칠순이 되었을 때 아테네는 그에게서 등을 돌렸다. 기원전 399년 5월, 소크라테스는 종교법정에서 재판을 받았고 1, 2차에서 모두 유죄판결을 받았다. 그의 죄목은 아테네 신을 숭배하지 않고 새로운 신을 만들어낸 죄와 젊은이를 타락시킨 죄였다. 그리고 4주 후 소크라테스는 아테네의 감옥에서 독배를 마시고 생을 마감했다.

뉴욕의 메트로폴리탄 미술관에는 소크라테스를 그린 그림이 있다. 위대한 신고전주의 화가 자크 루이 다비드Jacques-Louis David가 그린 그림 속에서 소크라테스는 죽어간다. 독이 온몸으로 빠르게 퍼지는 동안, 선과 고매한 원칙을 추구했던 순교자 소크라테스는 감정이 격앙된 제자들에 둘러싸여 느리지만 단호한 어조로 이야기한다.[4]

이제, 우리가 헤어질 시간이네. 나는 죽고 그대들은 살아가겠지. 하지만 우리 중 누가 더 나은 상황일지는 신밖에 모를 걸세.

_플라톤의 〈소크라테스의 변명〉

소크라테스의 침상 주변에 웅크리고 앉은 제자들은 바로 플라톤 같은 사람들이다. 그들은 소크라테스의 이야기를 문헌으로 남겼고 소크라테스의 DNA를 우리 문명에 전수했다.[5]

기원전 5세기를 가다

이 책은 철학 이론서가 아니다. 나는 역사학자이지 철학자가 아니며 소크라테스의 철학을 끊임없이 재해석한 선대 철학자들을 능가하는 글을 쓰지도 못한다. 플라톤, 아리스토텔레스, 디오게네스, 알 킨디Al-Kindi, 예후다 하 레비Yehuda ha-Levi, 존 로크, 토머스 홉스 같은 철학자들이 소크라테스 철학의 의미를 두고 씨름했다. 이 차고 넘치는 고전에 내가 주제넘게 책 한 권을 보태겠다고 나설 생각은 없다. 그 대신에 나는 소크라테스가 살았던 시대와 장소에서 그의 철학이 어떻게 발전했는지 알아낼 것이다.

이 책의 목적과 잘 들어맞게도 소크라테스는 추상적 개념을 믿지도 다루지도 않았다. 그에게 도덕은 현실의 문제에서 시작되었고 현실 문제를 다루기 위한 것이었다. 소크라테스는 자신의 사상을 설명할 때 신발 수선공과 제빵사, 여사제, 창녀 들을 자주 예로 들었다. 그는 자신이 평범한 사람임을 강조했다. 평범한 사람으로 삶을 살고 이해했다. 그런 까닭에 우리는 그의 철학에 쉽게 다가갈 수 있다. 따라서 우리는 고고학적 · 물리적 배경을 바탕으로 소크라테스를 올바르게 해석할 수 있다. 소크라테스가 표현한 주요 사상은 순수한 지적 개념으로 볼 수도 있지만 그가 아테네 근처의 항구에서 두 눈으로 목격했던 종교의례와 맨발로 아테네를 신 나게 걸어 다녔던 경험, 사랑하는 사람들의 죽음, 소모적인 전쟁의 공포에서 나왔다고도 할 수 있다.

소크라테스는 우리가 사는 세상에 주로 관심을 두었다. 기원전 5세기 소크라테스의 삶을 보여줄 이런저런 증거들을 모아 엮어가다 보면 그가 살았던 세상이 그림처럼 나타난다. 그것은 최초의 민주주의를 바탕으로 문명을 건설하려고 노력하는 세상의 모습이다.[6]

그는 우리 내면에도 관심이 많았다. 플라톤은 〈알키비아데스Alkibiades〉에서 '너 자신을 알라'고 말하는 것은 곧 '영혼을 깨달으라'고 말하는 것이라고 표현한다. 소크라테스는 영혼의 철학자였다. 그는 자유로운 대화가 영혼에 꼭 필요한 진정제라 믿었다. 그는 독백이 아닌 대화로 내면의 생각을 표출했고 이 방법이 카타르시스를 가져다준다고 생각했다. 소크라테스는 현존하는 기록상 최초로 우리가 세상을 어떻게 살아야 하는지 탐구한 인물이다. 그는 사람들이 어떤 세상을 만들지를 고민할 때 우리가 이 세상에서 어떻게 살아야 할지를 고민했다.

단지 소크라테스의 철학이 오래도록 살아남았기 때문에 우리에게 의미 있는 것은 아니다. 소크라테스 철학은 엘리자베스 1세에서 마틴 루서 킹, 히틀러의 제3제국에서 21세기 미국에 이르기까지 사회가 무엇인지 그리고 무엇이 되어야 하는지를 이해하는 근간이 되었다. 소크라테스의 말은 이탈리아 르네상스 시대 인본주의자들의 전당에도 가득하다. 11세기 유대 철학자 예후다 하 레비는 유대교의 본질을 놓고 하자르의 왕과 대화를 나눌 때 소크라테스를 인용했다. 존 로크와 토머스 홉스의 정치론 곳곳에도 소크라테스가 등장한다.

그런데 우리는 왜 여전히 그를 중요하게 여겨야 할까? 왜 오래전에 살

왔던 이 철학자를 기억해야 할까? 소크라테스가 그토록 매력적인 이유는 우리에게 자신의 영혼을 돌보라고 충고했기 때문이다. 소크라테스는 우리가 자기 자신과 화해했을 때 비로소 진정한 행복을 얻을 수 있다고 믿었나.[7] 또한 그는 너 나은 삶을 만들 수 있는 존재는 '그들'이 아니라 바로 '우리 자신'이라고 말했다.

소크라테스가 살았던 아테네의 흔적을 좇다

이미 언급했듯 소크라테스는 잡힐 듯하면서도 잡히지 않는 존재이다. 하지만 우리는 한때 그가 살았던 아테네의 흔적을 살펴봄으로써 그를 이해할 수 있을 것이다. 소크라테스는 현실과 부대끼며 살았던 인물이다. 나는 그의 진흙 묻은 발자국을 따라갈 것이다. 그런 의미에서 이 책은 소크라테스에 관한 철학적 지도가 아니라 지형학적 지도라 할 수 있다.

소크라테스의 이야기는 기본적으로 불꽃 튀는 법정 드라마이다. 아테네 시민은 소크라테스를 위협으로 여겼고 그를 제거하려고 투표했다. 하지만 소크라테스는 자신이 아테네의 영혼을 구원할 수 있다고 생각했다. 소크라테스의 죽음은 어떻게 해석해야 할까? 폭민정치일까? 정치적 음모일까? 혹은 다수의 통치가 어떤 것인지 보여주는 사례일까? 소크라테스의 이야기는 개인의 자유와 공동체의 규율 사이 갈등도 보여준다. 소크라테스는 타협을 거부했고 결국 죽음을 맞았다. 그래서 소크라테스는 인류 역사상 최초의 이데올로기 순교자로 여겨지기도 한다.

소크라테스는 인간을 속속들이 이해하려고 한평생 보물찾기 같은 삶을 살았다. 그는 불타는 탐구열로 아테네를 돌아다녔다. 이 책은 그가 정열을 불살랐던 그 길을 따라간다. 그가 품었던 질문은 인간 사회에서 무엇이 진정으로 '올바른 것the good'인가였다(무엇이 삶에서 '올바른 것이냐'는 소크라 테스의 질문은 무엇이 바람직한가, 선한가, 훌륭한가라는 질문으로 해석될 수 있다_ 옮긴이). 우리는 그 질문의 궁극적 해답을 찾지 못할 수도 있다. 소크라테스 자신도 해답을 찾으리라곤 기대하지 않았다. 우리는 그가 자란 아테네를 서성이면서 이 철학자가 보물을 찾아다니는 모습을 어렴풋이 그려볼 수 있을 것이다. 때로는 성급하게 분통을 터트리기도 하고 성미는 고약한 데다 생각에 몰두해 있는, 이 총명하고 위험하고 우스꽝스러운 철학자의 모습을 말이다.

이 계획은 거창하게 보이지만 사실 매우 단순하다. 기원전 5세기 아테네의 거리로 다시 들어가는 것이기 때문이다. 우리 머릿속에 그려진 황금기 아테네가 아니라 거대한 정치실험과 문화에 열정을 쏟았던 진짜 도시국가 아테네를 들여다보는 것이다. 위대한 승리의 기쁨을 만끽하기도 했지만 전쟁과 역병으로 고통받았던 도시. 무척 낯익은 동시에 아주 낯선 도시. 그곳에 살면서 소크라테스가 숨 쉬던 공기를 들이마시고 내쉬는 것, 민주주의 이전의 민주주의를 살았던 사람들을 만나는 것, 철학이란 학문이 탄생하기 전에 철학을 했던 철학자들을 만나는 것이 이 책의 목적이다. 이것은 고통의 역사이다. 아테네는 소크라테스의 삶과 재판, 독살의 이야기를 자세히 들려주고 싶지 않겠지만 우리는 그 이야기를 들어야 한다.

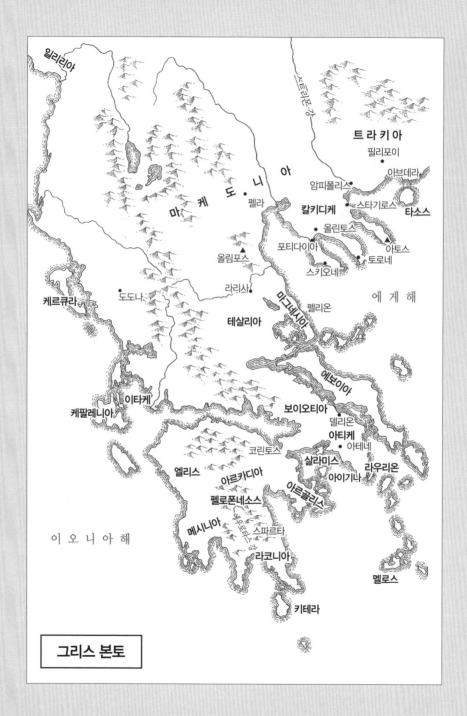

일리리아

마 케 도 · 니 아

펠라

스트리몬강

트 라 키 아

필리포이

아브데라

암피폴리스

스타기로스

칼키디케

타소스

올린토스

포티다이아

아토스

올림포스

스키오네

토로네

에 게 해

도도나

라리사

케르큐라

마그네시아

펠리온

테살리아

에보이아

이타케

케팔레니아

보이오티아

델리온

아티케

아테네

코린토스

살라미스

라우리온

엘리스

아르카디아

아이기나

펠로폰네소스

아르골리스

메시니아

스파르타

타이게토스산

이 오 니 아 해

라코니아

멜로스

키테라

그리스 본토

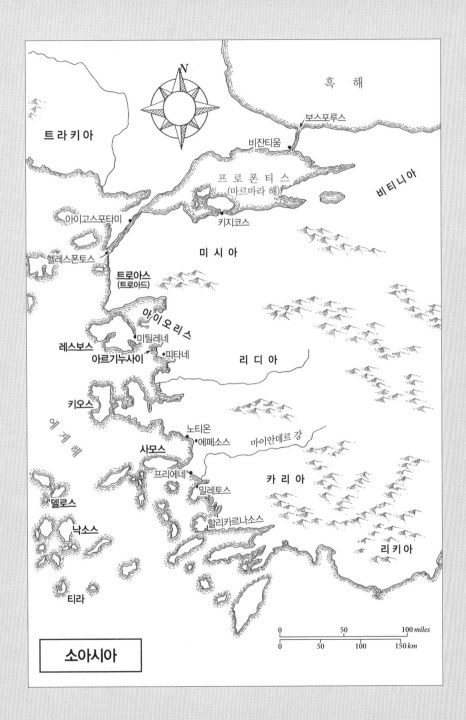

흑 해

트 라 키 아

보스포루스

비잔티움

프 로 폰 티 스
(마르마라 해)

비 티 니 아

아이고스포타미

키지코스

헬레스폰토스

미 시 아

트로아스
(트로아드)

아 이 오 리 스

미틸레네

레스보스

아르기누사이

핀타네

리 디 아

키오스

노티온

에페소스

마이안데르 강

사모스

프리에네

밀레토스

카 리 아

델로스

낙소스

할리카르나소스

리 키 아

티라

| 0 | | 50 | | 100 *miles* |

| 0 | 50 | 100 | 150 *km* |

소아시아

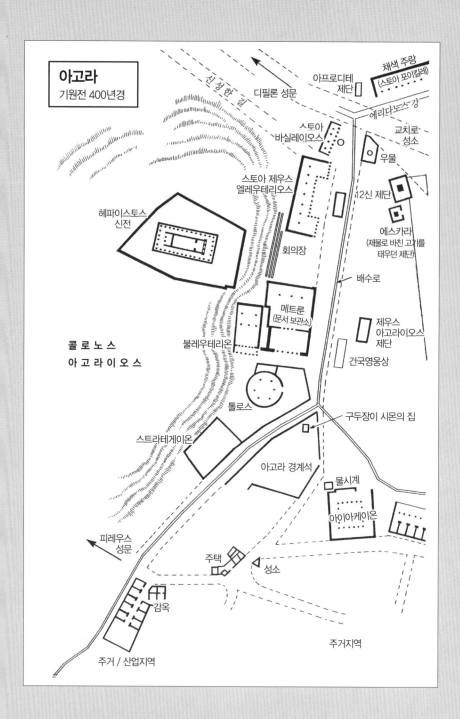

아고라
기원전 400년경

신성한 길
디필론 성문

채색 주랑
(스토아 포이킬레)
아프로디테
제단
에리다노스 강
교차로
성소

스토아
바실레이오스
우물

스토아 제우스
엘레우테리오스
12신 제단

헤파이스토스
신전
에스카라
(제물로 바친 고기를
태우던 제단)

회의장

배수로

콜로노스
아고라이오스

메트룬
(문서 보관소)

제우스
아고라이오스
제단

불레우테리온

건국영웅상

톨로스

구두장이 시몬의 집

스트라테게이온

아고라 경계석

물시계

아이아케이온

피레우스
성문

주택

성소

감옥

주거 / 산업지역

주거지역

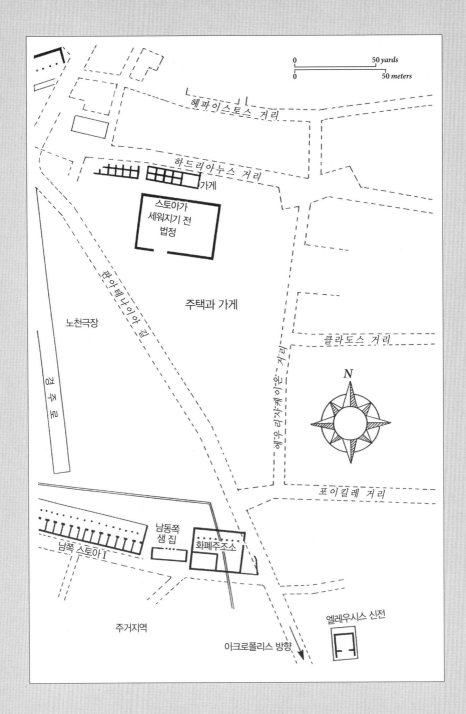

헤파이스토스 거리

하드리아누스 거리

가게

스토아가
세워지기 전
법정

판아테나이아 길

노천극장

주택과 가게

경주로

헤우리자케이온 거리

클라도스 거리

N

포이킬레 거리

남동쪽
샘집

화폐주조소

남쪽 스토아 I

주거지역

아크로폴리스 방향

엘레우시스 신전

시켈리아와 남부 이탈리아

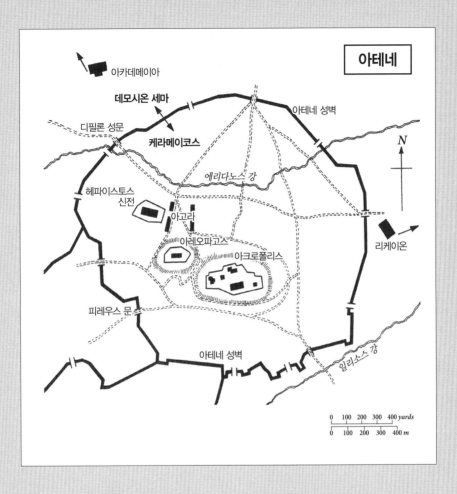

1막

사건 발생 장소

그가 사랑한 도시
아테네

01 물시계, 심판의 시간을 알리다

기원전 399년, 아테네 아고라

물시계 옆에서 백발의 노인을 파멸시키니 이 얼마나 보기 좋은가?

– 아리스토파네스의 〈아카르나이 구역민들〉에서

기원전 399년 5월, 아침 해가 펜텔리 산 너머로 힘차게 떠올랐다. 사내 500명[1]이 단단히 다져진 아테네의 좁은 길을 걸었다. 소박한 진흙 벽돌 집을 지나 화려하게 장식된 공공시설, 공중목욕탕, 아테나 니케 신전, 새로 지은 조폐소 주변을 지나갔다. 아직 칠이 마르지 않은 건물도 더러 있었다. 지은 지 50년 이상 된 건물은 거의 없어 보였다. 사내들은 기억하기 싫은 역사의 흔적들, 폐가와 굶주려 수척한 사람들을 지나쳐 걸었다. 도시 아테네는 지난 30년간 고통을 겪었다. 역병과 외세의 침입, 내전 등에 시달렸다.

염소와 개, 거위, 고양이, 오리 들이 곳곳에 보였지만 여자라곤 통 볼 수 없었다. 물론 머리를 짧게 깎은 여자 노예 몇몇이 보였지만 아테네에서 노예는 남자든 여자든 인간 이하의 존재였다. 그들은 사람의 다리를 단 물건, 즉 살아있는 도구[2]였다. 노예는 동이 트기 훨씬 전에 일어나 일을 했다. 음식을 준비하고 옷을 고치고 주인의 신발에 묻은 오물을 닦았다.[3] 동이 틀 무렵이면 아테네의 다른 여자들, 곧 여성 시민은 대개 집으로 돌아간다. 여자들의 시간은 밤이다. 어둠이 내리면 여자는 대개 보호자를 동반하고 밖에 나다닐 수 있다. 수다를 떨거나 물물교환을 하거나 종교의례에 참석한다. 그리고 동트기 직전에 물을 뜨려고 샘물가로 모여든다. 이제 해가 떴으니 여자들은 거리를 떠나는 게 옳다. 훌륭한 아테네 여성이라면 환한 대낮에는 집에 박혀 있는 게 가장 현명한 일이었다.

하지만 어려운 시절이었다. 한때 아테네는 20만 명이 넘는 인구를 자랑했지만 기원전 4세기 초인 지금 아테네에 거주하는 성인 남성은 전성기 인구의 10분의 1에 불과했다. 기원전 431년, 그리스의 또 다른 도시국가인 스파르타와의 전쟁이 시작된 후 남자 시민 수만 명이 죽었다. 기원전 404~403년에만 1,500명이 죽었다. 그것도 외국인이 아닌 아테네인의 손에 죽었다. 그들은 아테네의 격렬한 내전 기간에 경쟁 당파가 조직한 암살단의 손에 죽었다. 이제 아테네 여자들은 그들의 할머니 세대가 꿈에서도 상상하지 못했던 삶을 산다. 손수 빵을 굽고, 거리 구석에서 리본을 팔아 생계를 유지하며 중혼을 견딘다. 9미터 높이의 웅장한 아테네 성문을 들락거리는 게 아니라, 이제는 무너지고 남은 성벽 돌 더미 사이 주춧돌 새를 지나다닌다.

소송의 도시

아리스토파네스가 쓴 〈여인들의 민회Ekklésiazousai〉를 보면 기원전 399년 늦봄의 아테네 거리를 걷는 남자들은 해 높이와 그림자의 길이로 시간을 알았다. 하지만 아테네인은 햇빛으로만 시간을 재지 않았다. 그들은 물 떨어지는 소리로도 시간을 쟀다. 이 선도적인 도시 아테네에서 시간을 알려주는 새로운 장치인 물시계가 곧 움직이기 시작할 것이다. 심판의 날이 시작되는 것이다.[4]

500명의 남자는 모두 법정을 향하고 있었다. 그들은 종교문제를 다루는 최고 행정관인 아르콘(통치자를 뜻하는 그리스어로 폴리스 성립 초기에는 세습 귀족이 맡았으나, 민주정이 자리 잡으면서 투표와 제비뽑기로 선출되었다. 당시 아테네는 9명의 아르콘이 도시국가의 행정과 군사, 종교, 사법 업무를 보았다_옮긴이)의 종교법정으로 향했다. 오늘날에는 그들이 향했던 고대 법정 터 위로 지하철이 덜컹대며 지나간다. 주변에는 자질구레한 장신구와 우산을 파는 장사치들이 늘어서 있다.[5]

당시 아테네는 지나칠 만큼 소송이 많은 도시였다. 한 해 최대 4만 건의 소송이 있을 정도였다. 아테네인들은 법정 공방을 사랑했다. 법정에서 옥신각신 벌어지는 싸움은 운동경기만큼이나 관객을 끄는 구경거리였다. 피도 눈물도 없는 싸움이었다. 그리스인들은 대결과 싸움을 사랑했고 대결, 투쟁, 싸움을 뜻하는 아곤agon은 당시 자주 쓰는 단어였다.

특히 오늘의 소송은 아테네인들을 술렁이게 했다. 오늘 그들이 심판할 사람은 아테네 사회를 위협한다는 죄로 고소당했다. 그것은 사형을 받을 중죄였다. 오늘의 소송은 분명히 고통스러울 것이다.

오늘 아테네의 배심원들은 땅딸막한 칠순 노인이자 그들과 같은 시민인 소크라테스를 심판한다. 그는 명문가의 자제도, 혁혁한 공을 세운 장군도, 수상 경력이 있는 극작가도, 정치 영웅도 아니었지만 당대의 유명인사였다. 지난 30년간 동지중해 지역의 많은 젊은이가 아테네로 몰려들었는데, 바로 아테네의 공공장소에서 철학을 논하는 소크라테스의 목소리를 듣기 위해서였다. 그들은 멋있게 장식된 방에서, 북적대는 뒷골목에서, 녹음이 무성한 강가에서 소크라테스의 이야기를 들을 수 있었다.

소크라테스는 괴짜였다. 그는 학파를 만들지 않았고 귀족의 재정지원도 받지 않았다. 게다가 자신의 철학을 단 한 줄의 글로도 남기지 않기로 마음먹은 사람 같았다. 기원전 5세기 황금시대가 끝나갈 무렵 아테네를 휩쓸던 논쟁이나 수사학 대신 소크라테스는 그냥 질문을 던질 뿐이었다. 그의 방법은 좋게 말해서 독특했다.

이제 노년에 이른 이 질문하는 철학자는 유명하기도 했지만 악명도 높았다. 아테네의 젊은이들은

아테네 아카데미 앞에 있는 소크라테스 동상
©Stefanel/Shutterstock.com

이상하게 그에게 매료되었다. 독특한 개성, 관습에 얽매이지 않는 삶, 집요한 질문 때문에 그는 친구도 많았지만 적도 많았다. 기원전 399년 5월의 아침에 소크라테스는 법정으로 출발했다. 그의 죄명은 반反아테네 활동을 했다는 것, 곧 폴리스의 단합을 방해했다는 것이다. 아테네인 500명이 정녕 소크라테스가 아테네의 희망인 젊은이들을 타락시켰는지, 더 나아가 아테네 수호신들의 권위를 훼손했는지 법정에 모여 판결을 내릴 것이다.

도시국가 아테네는 지난 4세대에 걸쳐 침략군과 내부의 군부 정변(페르시아 전쟁과 펠로폰네소스 전쟁, 그리고 민주파와 과두파 사이의 내전이다_옮긴이)이라는 눈에 분명히 보이는 위협과 싸웠다. 그에 비하면 소크라테스의 범

죄는 손에 잡히지 않는 위협이었다. 하지만 손에 잡히지 않기 때문에 더 치명적이었다. 그는 위험하고 나쁜 영향을 미치는 인물이었다.

오늘 배심원과 판사로 재판에 참여할 아테네 시민들이 (소크라테스 시대에 아테네 재판제도의 판결에는 서열이 없었다) 아테네의 비좁은 거리를 걷고 있다. 그들은 여기저기서 모여들었다. 아테네 도시 남동쪽으로 50킬로미터 떨어진 수니온 곶에서 온 사람도 있었다. 수니온 곶은 화려한 포세이돈 신전이 있던 곳이다. 300년 가까이 아르콘 회의가 열렸던 아레오파고스 (군신 아레스의 언덕이라는 뜻이다_옮긴이) 아래 쓰러져가는 판잣집 잠자리에서 불과 5분 전에 빠져나온 사람도 있었다.[6] 부유한 사람, 가난한 사람 할 것 없이 희뿌연 새벽 햇살 속에 모여들었다.

시민이 시민을 심판하다

플라톤의 〈프로타고라스Protagoras〉를 보면 고대 그리스인은 사람에 관한 놀라운 믿음이 있었다. 그들은 모든 사람이 신에게서 같은 몫의 디케 dike(정의)와 아이도스aidos(수치심 또는 동료에 관한 염려)를 받았다고 믿었다. 그들이 진심으로 그렇게 믿었다면 시민권이 있는 모든 진정한 그리스인은 동료 시민을 공정하고 현명하게 판단할 수 있다. 당대의 극작가 아이스킬로스는 〈자비로운 여신들Eumenides〉에서 아테나 여신의 입을 빌려 이러한 그리스 문화의 특징을 찬양했다.

나는 내 시민 중에서 최고의 시민을 뽑아 돌아올 것이니 그들이 이 문제를 진실에 따라 판단할 것이오. 그들은 정의에 어긋나는 말은 절대로 하지 않겠다고 맹세한 자들이니까.

이 언덕에서 시민들은 항상 외경심과 타고난 두려움 때문에 부정을 저지르지 못할 것이오. 그들 스스로 악의 물줄기와 법을 더럽히지 않는 한 말이요. 오물로 물을 더럽힌 자는 절대로 마실 물을 찾지 못하게 되는 법이지.

2,400년 전의 이 봄날 아침, 아테네의 평범한 시민들은 찢어지게 가난한 목동이나 고운 손의 회계사, 검게 그을린 상인 할 것 없이 아테네의 고유한 직접 민주주의를 행사하려고 모였다. 한 사람의 동료 시민에 관한 판결을 내리기 위해서였다.

그러나 이날의 소송은 결과를 예측하기 어려웠다. 도시가 막 기지개를 켜는 새벽에 배심원이 된 동료 시민과 함께 법정의 피고석으로 걸어가는 피고인은 어느 모로 보나 평가하기 어려운 인물이었다. 특이한 외모의 소크라테스는 군중 속에서도 눈에 띄었다. 당대 사람들이 묘사한 바로는 불룩 나온 배, 두꺼운 입술, 두리번거리는 눈동자, 납작한 코, 벌름거리는 콧구멍을 뽐내는 인물이었다. 또한 그는 주체할 수 없는 에너지와 재치의 소유자였다. 플라톤의 〈메논Menon〉을 보면 소크라테스는 허구한 날 술을 진탕 마셔도 '노랑가오리처럼 날렵하게 정곡을 찔렀다'고 한다. 외면의 아름다움이 내면의 고귀한 영혼을 보여주는 징표라고 믿는 사람이 가득한 아테네에서[7] 소크라테스는 추했다. 그는 건들거리는 걸음걸이로 아테네 이곳저곳을 분주하게 돌아다니며 의미 있는 대화에 참여하라고 사람들을 괴롭혔다. 소크라테스와 동시대를 살았으며 소크라테스의 사랑을 받았던 알키비아데스는 플라톤의 〈향연Symposion〉에서 이렇게 말한다.

누구든 그 사람이 아무리 뛰어난 웅변가라 해도, 평범한 말을 한다면 내 감히 말하건대, 그 누구도 절대로 신경 쓰지 않을 겁니다. 하지만 당신이 하는 말이나 다른 사람의 입으로 전해진 당신 이야기를 들으면 말을 전하는 사람이 말주변이 있든 없든, 여자든 남자든 어린애든, 우리는 깜짝 놀라며 그 이야기에 빨려 들어갑니다. 제가 지금 완전히 술에 취한 것처럼 보일 수도 있지만 저는 맹세코 소크라테스의 말이 제게 미친 이상한 영향에 관해 증언할 수 있습니다. 저는 소크라테스의 이야기를 들으면 그 어느 광신자보다더 심각해집니다. 심장이 두근거리고 눈물이 솟구치지요. 저와 똑같은 경험을 한 사람이 무척 많을 겁니다. 페리클레스나 노련한 연설가의 말을 들으면참, 말을 잘하는구나 하고 감탄하지만 이런 느낌이 들지는 않았습니다.

소크라테스는 재치 있고 가차 없는 농담으로 사람들을 어안이 벙벙하게할 때가 많았지만 몇 시간씩 말없이 얼어붙은 듯 서 있을 때도 있었다. 그는 이 '무아지경' 상태를 자신의 '영적 안내자'로 표현했다. 학자들은 이 이상한 증상의 원인에 관해 아직도 의견이 분분하다. 소크라테스의 증상은일종의 심오한 철학적 행위였을까? 강경증(히스테리나 최면 상태에서 나타나는 증상 중 하나로 일정한 자세를 자신의 의사와 관계없이 오랫동안 취한다_옮긴이)같은 질환이었을까? 당대의 많은 사람이 이 증상을 수상히 여겼다. 그들은소크라테스가 신들렸다고 수군거렸다. 소크라테스의 증상이 사회적인 것이든, 육체적·심리적인 것이든 간에 그는 분명히 그 증상에 구애받거나그 때문에 위축되지 않았다. 그가 재판받기 전까지 50년간 충실하게 아테네 시민의 삶을 살았던 것을 보면 알 수 있다.

소크라테스는 속세를 초월한 철학자와는 거리가 멀었다. 그는 토네이도처럼 아테네 도시를 휘젓고 다니며 술을 마시고 흥청거렸으며 이야기하고 토론했다. 여자, 노예, 장군, 달콤하고 독한 향수를 뿌린 사람 모두를그의 대화에 끌어들였다. 이상하고 지저분한 차림에 빗지 않은 머리로 다니다가도 오후에 김나시온('벌거벗은'을 뜻하는 굼노스gumnos에서 유래했다.고대 그리스 젊은이들이 경기와 축전을 대비해 신체를 단련했던 체육관으로 철학과 음악, 문학 강연이 열리기도 했다_옮긴이)에서 운동하고 난 후에 깨끗이 몸을 씻고 향유를 바른, 전혀 그답지 않은 깔끔한 모습으로 향연에 나타나 사람들을 깜짝 놀라게 하기도 했다. 플라톤은 〈향연〉에서 이러한 소크라테스의 행동을 언급했다. 소크라테스는 낮이면 아테네의 강에서 물놀이하고 밤이면 아테네의 사창가에서 시간을 보냈다. 또한 요구사항이 많은 아테네의 신들을 누구 못지않게 열렬히 경배했다. 그건 절대로 쉬운 일이 아니었다. 당시 그리스 남동부 지방인 아티케 지역에는 2,000개의 다양한 교단이 저마다 신을 경배하라고 외쳐댔기 때문이다.

소크라테스는 아테네를 위해 싸우기도 했다. 리넨과 가죽으로 만든 갑옷을 단단히 여미고 벼린 단검을 지니고 아테네의 이익을 수호하려고 수백 킬로미터를 행군했다. 소크라테스는 의회에 참가하거나 배심원과 자경단에 자원하지는 않았지만 도시국가 아테네에 무한한 열정을 바쳤다. 또한 자신만의 독특한 방식으로 도시국가의 정치활동에 헌신했다. 도움이 되는 시민으로서 도시국가의 일에 참여하지 않는 사람은 이디오타이 idiotai라는 낙인이 찍혔다.[8] 소크라테스는 절대로 그런 이디오타이가 아니었다.

지성과 화술의 대격돌

소크라테스의 삶과 철학을 기록한 여러 글을 보면 그가 사람들에게 영감과 흥분, 분노를 안겨주었음이 분명하다. 그는 총명한 동시에 이상하리만치 순진했다. 그를 무시하기란 불가능했다. 재판에서 소크라테스가 자신을 변론해야 한다는 것을 고려했을 때 이 재판은 분명히 지성과 화술의 화려한 격돌 무대가 될 듯했다.

메논: 소크라테스! 내가 당신을 만나기 전에 사람들에게 들은 바로는, 당신은 자신도 뭐가 뭔지 모르면서 다른 사람들까지 혼란스럽게 만드는 사람이라고 합디다. 지금 이 순간 당신이 내게 마법과 주술을 걸어 나를 꼼짝 못하게 하는 것 같습니다. 내 정신과 입술은 말 그대로 마비되어서 당신에게 한 마디 대꾸도 할 수 없게 되었지요. 나는 이제까지 덕이 무엇인지 수도 없이 이야기했고 많은 사람 앞에서 덕을 주제로 토론했습니다. 그것도 매우 훌륭하게 말입니다. 아니, 훌륭하게 했다고 생각했지요. 하지만 이제 나는 덕이 무엇인지조차 말할 수 없게 되었답니다. _플라톤의 〈메논〉

오늘날 소크라테스는 아테네 하늘의 북극성처럼 든든한 방향타이다. 하지만 당대에 소크라테스는 은하계의 수많은 별 가운데 하나일 뿐이었다. 당시 시끌벅적한 아테네 거리에는 빛나는 별이 많았다. 고대 아테네의 3대 비극작가 중 한 명인 에우리피데스, 역사가 크세노폰, 장군이자 정치가인 페리클레스, 금빛 머리카락을 휘날리며 파문을 몰고 다녔던 기회주의자 귀족 알키비아데스, 재치 있는 아리스토파네스, 역사의 아버지 헤로도토스, 조각가 페이디아스, 젊은 플라톤. 기원전 5세기 아테네는 보기 드물게 많은 인재를 키웠다. 그래서 소크라테스가 살았던 시절은 아테네의 '황금시대'라 불린다. 소크라테스는 그리스의 기적을 직접 목격한 사람이었다.

기원전 399년 봄날 아침, 법정을 향하는 소크라테스의 동시대인들은 이제 이 골치 아픈 철학자에게 치욕을 안겨주고 싶어 했다. 그가 죽기를 바라는 이도 있었다. 소크라테스가 사랑해 마지않았던 아테네인들, 아테네를 세계 최고의 도시로 만들고 아테네가 초강대국의 자리에 오르는 것을 지켜보았으며 초강대국에 어울리는 문명을 창조했던 아테네 시민들이 이제 소크라테스를 심판하러 가고 있다.

소크라테스의 이야기는 그의 죽음으로 끝난다. 하지만 나는 먼저 세상을 뒤흔든 재판이 있던 그날의 이야기로 시작하려 한다. 소크라테스의 재판을 이해하려면, 나아가 그날의 느낌과 맛, 향, 냄새, 표면적 갈등과 이면까지 제대로 알려면, 당대의 아고라에 서 봐야 한다. 그리고 소크라테스가 그날 거리를 지나 법정을 향해 걸어가면서 보았던 것을 보아야 한다.

소크라테스가 떠오르는 해를 등지고 걸었다면 그의 뒤에 아크로폴리스가 우뚝 솟아 있었을 것이다. 그리고 아크로폴리스에는 아테나 파르테노스(처녀신 아테나)에 봉헌된 웅장한 파르테논 신전이 서 있었을 것이다. 아고라는 또한 아테네 시민과 병사의 연습장이기도 했다. 그들은 아고라에서 매일 땀을 흘리며 도시국가 아테네를 위해 싸우고 죽을 준비를 했다. 아고라 주변에는 멋진 청동상과 대리석상이 서 있었다. 실물 같은 조각상들의 수정 눈이 행인 한 사람 한 사람을 따라오는 듯 보였을 것이다. 그들의 석조 피부에는 다채로운 색상의 물감이 두껍게 칠해져 있었다. 무대장치나 소품에 가까울 만큼 화려한 조각상들은 멀리서도 뚜렷이 눈에 들어왔다. 그리고 아고라에서는 시장 냄새가 심하게 났을 것이다. 동방의 향료 냄새, 남방의 샤프란 냄새, 북부의 산악지대에서 온 금 냄새. 그리고 포로들과 발을 끌며 걸어가는, 새 주인을 기다리는 노예들의 땀 냄새.

우리는 소크라테스의 법정까지 걸어가면서 소크라테스가 살았던 아테네의 다양한 군사, 정치, 사회 풍경을 살펴볼 것이다. 또한 위대한 도시국가 아테네를 지탱한 물리적·심리적 배경도 찾아볼 것이다. 소크라테스의 사상과 삶, 그리고 독배로 말미암은 죽음을 이해하려면 기원전 5세기의 아테네, 기원전 469년 알로페케의 소크라테스가 태어난 도시국가 아테네를 꼼꼼히 들여다봐야 한다.

02 아테나의 도시

기원전 800~500년 아르카이크 시대, 아테네

아테네를 위해 자애롭게 예언하노라

찬란한 태양과 하늘 아래

대지에서 새 생명이 솟아오르고 즐겁게 번창하겠노라

— 아이스킬로스의 〈자비로운 여신들〉에서

    전쟁과 지성의 여신 아테나가 지키는 도시 아테네에는 선사 시대부터 사람들의 주거지가 있었다. 고고학자들은 기원전 2100년에서 1000년 사이의 시기를 청동기 시대라 부른다. 하지만 고대 그리스인은 기원전 1500년에서 1100년 사이를 영웅시대라 여겼다. 아테네를 보면 역사는 지리적 조건과 더불어 시작된다는 사실을 확인할 수 있다. 영웅시대 사람들은 아티케(고대 그리스의 아테네를 포함한 주변지역을 말한다. 전설에 의하면 테세우스가 아티케의 정착촌들을 단결하게 하여 아테네 폴리스를 세웠다고 한다_옮긴이)의 평원에 우뚝 솟은 연붉은 석회암 바위인 아크로폴리스 위에 모여 살았다. 초기 아테네인은 이곳에 살면서 신을 숭배했으며 아크로폴리스가 신성한 힘을 지닌 장소이자 신들의 고향이라고 생각했다. 사람들은 도시가 공격을 받거나 위기에 처했을 때 해발 156미터의 지리적 요새 아크로폴리스에 숨었다. 점차 아크로폴리스 아래에 정착한 마을이 팽창하면서 도시계획 비슷한 것이 생겼고 정체성이 뚜렷한 집단이 형성되었다. 아테네는 이제 폴리스, 도시국가라 자칭할 수 있게 되었다.

소크라테스가 살던 헬라스(고대 그리스를 지칭하는 이름으로 현대 그리스어로는 엘라스로 발음한다_옮긴이)는 1,000개에 가까운 서로 다른 폴리스, 도시국가의 느슨한 연합체였다. 도시국가는 원래 가족과 부족이 방어를 위해 함께 모여 살면서 형성되었다. 그리스의 도시국가는 유럽과는 산맥을, 소아시아와는 바다를 사이에 두고 떨어져 있었다. 인구가 1,000명에서 3,000명 사이였던 헬라스의 각 도시국가는 보통 공화국 형태였다. 왕은 청동기 시대의 몰락과 함께 사라졌다. 메넬라오스, 아가멤논, 프리아모스, 아이아스 같은 문학 속의 영웅과 지도자는 더는 존재하지 않았다. 도시국가 시대의 철학과 문학(특히 시인 헤시오도스와 입법자 솔론, 역사가 헤로도토스, 극작가 소포클레스의 작품)을 보면 그리스의 사회라는 개념 중심에 폴리스가 있다는 것을 알 수 있다. 이 시대의 도덕성은 공동체에 유익한 것을 뜻했다. 따라서 폴리스를 향한 충성심이 가장 중요했다. 시민은 한 사람의 군사 지도자를 따르기보다 함께 힘을 모아 그들의 폴리스를 지켰다. 그들은 종종 다른 도시국가의 중무장 보병과 맞서 싸워야 했다.[1]

아테네의 수호신 아테나 여신상
©Dimitrios/Shutterstock.com

폴리스의 공동체 의식

'인간은 정치적 동물이다.' 아리스토텔레스는 벅차오르는 자부심으로 선언했나. 헬라스의 사회난위인 폴리스는 한 지의 의심도 없는 공동체 의식과 공통성을 장려했다. 폴리스의 남자들은 헤시오도스의 〈노동과 나날 Erga kai Hēmerai〉에서 강건한 농부로 그려진다. 그들은 무엇보다 개인의 독립을 소중하게 생각하며 귀족 당파와 군주의 숨 막히는 억압에 맞서 싸웠다. 그들이 있었기에 민주주의가 있을 수 있었다. 헤시오도스의 시를 보면, 그 시대 그리스인은 독립정신이 매우 강했다. 다른 사람에게 의존하는 사람은 아첨꾼 아니면 기생충으로 취급된다.[2] 헤시오도스가 그린 이상적인 그리스 남자는 일하고 또 일하고 또 일한다. 그들은 지나칠 정도로 부지런하며 자신과 가까운 이웃의 삶을 개선하려고 애쓴다.

> 이웃에게서 정당한 도움을 받고, 도움받은 만큼 혹은 그 이상으로 정당하게 갚아라. _ 헤시오도스의 〈노동과 나날〉

헬라스인, 즉 그리스인은 무엇보다 자신의 도시국가에 충성을 바쳤다. 그다음으로는 도시국가보다 결속력이 느슨했던 그리스 혹은 그리스인다움Greekness에 충성을 바쳤다. 그리스인의 눈에 이방인barbarian은 말 그대로 '바-바-바'하는 언어로 횡설수설 떠들어대는 사람이었다. 리디아 사람, 페르시아 사람, 트라키아 사람, 누비아 사람, 고트족 같은 이방인은 곳곳에 있었다. 그리스인은 그 '타자'의 생활방식을 사악하다고 여겼다. 그들은 동방의 강력한 군주가 펼치는 편집광적인 전제정치와 정치권위에 대한 절대복종, 세습 사제계급의 지배권을 멸시했다. 그리스인은 타자를 증오해야만 했다. 그 타자가 그리스의 적이 되었기 때문이다.

동지중해 지역 전체가 크세니아xenia(그리스뿐 아니라 아나톨리아, 이집트, 마케도니아의 귀족이 맺은 무언의 동맹)라는 개념으로 통합된 적도 있었지만 이제 경계선이 확실해졌다. 보스포루스 해협(터키 서부에 있는 해협으로 아시아와 유럽의 경계선이다_옮긴이)을 따라 남북으로 수직선이, 발칸 반도[3]를 따라 수평선이 그어졌다. 그리스는 유럽과는 카르파티아 산맥과 줄리안 알프스 산맥, 디나르 산맥, 핀도스 산맥을 경계로, 이집트와 북아프리카와는 에게 해와 리비아 해를 경계로 나뉜다.

서부 해안의 위성도시를 포함한 헬라스 땅은 기원전 1100년에서 800년 사이에 문자문화를 잃어버렸으며(미케네 문명 붕괴 이후 문자기록이 거의 남아 있지 않다_옮긴이) 긴밀한 지역의 교역망에서 소외되어 홀로 남겨졌다. 경쟁도시 사이에 질투가 자라나면서 시민병사들은 봄, 가을에는 농사를 짓고 여름에는 내내 싸웠다. 그들은 함께 어깨를 걸고 고향도시를 이웃도시로부터 지켜냈다. 아르카이크 시대(대체로 기원전 750년에서 500년 사이를 말한다. 고풍 시대를 뜻하는 이 용어는 미술사에서 유래했으며 미의 전형을 창조한 것으로 여겨지는 고전기Classical Age의 미적 규범이 발달하기 전 단계를 말한다. 이 시기에 그리스 도시국가의 토대가 되는 사회, 정치 조직이 출현했다. 토마스 R 마틴 저, 《고대 그리스의 역사》 참조_옮긴이)에 그리스 지역 폴리스의 기본 입장은 뒤를 조심하라는 것이었다.[4] 고고학적 증거로 보면 아테네 같은 도시국가들은 소크라테스가 태어나기 100년 전부터 이미 전쟁과 갈등에 익숙했다.

자유를 꿈꾸다

2,400년 전 소크라테스가 살았던 아테네의 거리는 오늘날 진흙과 자갈, 건물 잔해가 4~6미터 두께로 덮고 있다. 고고학자들은 해마다 이 속에서

새로운 조각상을 발견한다. 2008년에는 자갈투성이 하층토에서 아름다운 얼굴의 여자 석상 조각을 발굴했다. 며칠 뒤에는 그녀의 손이 나왔다. 2009년에는 대리석으로 만든 말 조각상의 뒷다리가 지하 1미터도 안 되는 곳에서 발견되었다. 좀 더 최근에는 석회석으로 만든 꽃이 줄토되기도 했다. 모두 한때 아크로폴리스 위 웅장한 파르테논 신전의 가장자리를 장식한 아름다운 장식품 조각이었다. 이것은 모두 소크라테스가 살던 시절에 신전에 새겨지고 장착되었던 것들이다.

파르테논 신전 공사는 소크라테스가 살던 기원전 447년에 시작되어 기원전 432년에 완성되었다. 여인의 석상과 말, 꽃은 그리스로마 시대 내내 그 자리를 지켰지만 성난 그리스 정교회 교도들의 손에 난도질당하고 석회를 얻으려는 사람들 손에 훼손되더니, 급기야 1687년 독일 포병이 쏜 베네치아 대포에 산산조각이 났다. 1458년부터 아테네를 점령한 오스만 제국을 공격하려고 화력을 동원한 것이다. 오스만 제국은 17세기까지 파르테논 신전을 이슬람교 사원과 무기저장고로 사용했다.

고고학자들이 조심스럽게 원래 모양으로 이어붙이고 있는 이 장식품들은 이중으로 훼손되었다. 초기에 발견된 조각상 중에는 고대 아테네를 괴롭혔던 숙적 페르시아의 손에 파괴된 것도 있다. 페르시아 군대는 기원전 480년과 479년에 아테네의 앞마당까지 들이닥쳤다. 그들은 아크로폴리스를 점령했고 눈에 띄는 족족 부수고 불살랐다. 페르시아는 100년 동안 아테네의 숙적이었다. 기원전 522년 무렵 페르시아 제국의 영토는 발칸 반도에서 인더스 강에 이르렀다. 페르시아의 야망은 바빌론으로 통하는 왕도 옆, 비시툰 절벽 높이 새긴 비문에서 짐작할 수 있다. 당시 페르시아 제국을 지배했던 다리우스 1세는 이 비문에서 아카드어(고대 메소포타미아 지방에서 쓰던 셈어족의 일종이다_옮긴이), 고대 페르시아어, 엘람어(고대 엘람인들이 사용했던 언어로 기원전 6세기에서 4세기까지 페르시아 제국의 공식 언어였

다_옮긴이)로 이렇게 선언했다.[5]

> 짐은 위대한 왕, 왕 중의 왕, 페르시아의 왕, 모든 땅의 왕 다리우스다. 다리
> 우스 대왕이 명하노니 이 땅은 내 통치에 복종한다. 짐이 무슨 말을 하든,
> 이루어지노라.

다리우스 다음으로 페르시아를 통치했던 크세르크세스 1세는 소크라
테스가 태어나기 10년 전에 아테네를 침략했다. 그의 사촌 마리도니우스
장군은 '모든 그리스인을 노예로 만들겠다'며 큰소리쳤다고 한다.[6] 당대
의 아테네 시민이 페르시아인을 얼마나 두려워했는지를 제대로 이해하지
않고는 소크라테스의 삶을 이해하기 어렵다. 페르시아 악마들은 그리스의
영웅과 대척점에 있었다. 소크라테스의 어린 시절에는 마침내 페르시아의
위협이 물러난 듯했다. 아테네와 코린토스, 스파르타 등이 모인 그리스 연
합군이 살라미스 해와 플라타이아이에서 페르시아 군대를 물리친 뒤 '자
유'는 모든 아테네인의 좌우명이 되었다. 이때 자유란 동방의 '개 같은 야
만인'에게 억압당하지 않을 자유, 그들의 노예가 되지 않을 자유였다. 소
크라테스가 자라는 동안 아테네 사람들은 분명히 새로운 시대가 밝았다
고 생각했다. 그들은 그들이 기억하는 역사상 최악의 폭군, 페르시아의 횡
포를 막아냈고 민중이 지배하는 세상을 꿈꾸기 시작했다. 소크라테스는
아테네가 유례없이 새로운 사상인 민주주의를 품게 된 바로 그 시대에 태
어났다.

03 데모스크라티아, 새로운 민주주의

기원전 508~404년, 새로운 도시

폴리스를 지배하는 사람들이 부디 자신 있게 통치하기를. 앞날을 내다보며 공동체의 안녕을 염려하기를.

– 아이스킬로스의 〈구원을 요청하는 여인들〉에서

소크라테스가 자랄 당시 아테네의 제도사와 건축가들은 새롭게 민주주의를 열어갈 도시를 설계하느라 부산하게 일했다. 사람들은 흙 위에 이런저런 그림을 그려보았을 것이다. 오늘날에도 아고라 주변 땅속 깊은 곳에서 당시의 필기구인 철필이 발견된다. 공사감독이 임명되고, 노예들이 지시를 받고, 석조블록이 겹겹이 쌓이면서 민주주의 이데올로기를 구현하는 건물들은 그렇게 태어났다.

원형 석회석 건물인 톨로스(고대 그리스에서 원형설계를 가진 건물의 총칭이다. 여기서는 아고라 남서부의 원형건물로 평의원의 집무실 및 다양한 용도로 사용했다_옮긴이)에서는 아테네의 평의회 불레에 참가하는 사람 중 50명에게 저녁을 제공했다. 평의회에서는 각 부족에서 50명씩 제비뽑기로 뽑힌

500명의 평범한 남자들이 모여 아테네 민회의 일을 보았다.[1] 그들의 임기는 1년이었으며 불레우테리온Bouleuterion(고대 그리스 도시국가의 의사당)이라 불린 견고한 사각 모양의 회의장과 아고라에서 아테네 시민이 민회에 모여 결정할 사안을 미리 준비했다. 민회는 아고라 위에 돌 구름처럼 걸려 있는 프닉스 언덕에서 열렸다. 자연적으로 만들어진 석회암 강당이나 다름없는 이 언덕에 아테네 시민이 모여 폴리스 운영을 토론하고 결정했다.

그리스의 불레우테리온 유적 ⓒS.Leggio/Shutterstock.com

참주정 사회

소크라테스의 이야기가 시작될 무렵 그리스는 이미 1,000년에 이르는 역사를 지닌 사회였다. 1,000년의 세월 동안 강자는 약자를 괴롭혔고 힘이 곧 정의였으며 참주tyrannos(세습 왕조가 아니라 고대 그리스의 폴리스에서 무력 및 정치적 영향력으로 정권을 장악한 독재자를 말한다_옮긴이)가 민중을 통치했다. 또한 장군과 고위 사제가 사회를 지배했다. 평범한 남자들은 평화와 전쟁을 논의하는 의회에 참가할 수는 있었지만 최후 결정은 그들 몫이 아니었다. 이러한 그리스 역사에서 민주주의는 가장 흥미진진한 사건이었다. 이제 5만 혹은 6만 명(기원전 5세기의 인구 변동에 따라 다르다)의 성인 남성, 즉 아테네 시민이 자신의 의견을 밝힐 뿐 아니라 사회를 운영하는 일에 적극 참여할 수 있게 되었다. 평범한 시민과 그들의 아우, 아버지, 아들이 모여 무엇을 토론하는 게 중요하고, 어떤 법률이 꼭 필요한지 선택할 수 있게 되었다. 소크라테스 시대에 만들어진 도시는 민주주의를 지키려고 만들어진 도시였다. 아테네 민주주의자들은 국가를 위해 일하지 않았다. 그들이 곧 국가였다. 그들은 국가의 군대이자 집행관, 법관이었다.

데모스demos는 오랫동안 더러운 단어였다. 호이 폴로이hoi polloi, 민중, 꾀죄죄한 다수는 두려워해야 할 존재, 믿지 못할 존재였다. 그러나 소크라테스 시대에 인류는 놀라울 정도로 진보했다. 왕과 참주, 원로와 귀족으로 구성된 회의 대신에 데모스, 곧 민중이 사회를 이끌었다. 100년이라는 시간 동안 전통과의 엄청난 단절이 일어났다. 한 도시국가의 사람들, 바로 아테네인들이 자치를 결정했다. 시민들은 서로 돌아가면서 도시국가를 통치하는 제도에 동의했다.[2] 그곳에는 이러한 변화를 위한 조건들이 이미 갖춰져 있었다.

기원전 8세기와 7세기 아르카이크 시대 내내 그리스는 주변부로 밀려나 있었다. 당시 흥미로운 시대[3]의 한복판에 서 있어야 했던 불운한 사람들은 보스포루스 해협의 건너편에 있는 아시리아인, 메디아인, 바빌로니아인이었다. 소크라테스가 태어날 무렵 이들은 모두 광활한 페르시아 제국에 속해 있었다. 소아시아의 서쪽 해안지방에 살던 많은 그리스인이 페르시아의 지배를 받았다. 하지만 그리스 본토는 지형학적으로 정복하기 어려웠다. 섬과 해안이 많은데다 산맥이 무척 높아 정복하기 쉽지 않았다.

그리스 식민주의자들이 동지중해 건너에 정착촌을 건설했다고는 하지만 그리스의 사기는 분명히 떨어지고 있었다.[4] 그들은 영웅시대의 영웅만큼 얻고 누릴 수 없었다. 코카서스 산맥의 청금석으로 장식된 궁전을 거닐 수도 없었고, 수정으로 만든 왕좌에 앉을 수도 없었으며 최고의 미녀를 차지했다고, 해상 지배권을 쥐고 있다고 뽐낼 수도 없었다. 수백 년 동안 무언가를 기다리는 느낌, 움직임을 잠시 멈춘 느낌이 계속되었다. 소크라테스는 이 모든 것이 변화하는 시기에, 그 장소에서 태어났다.

솔론의 개혁

이미 기원전 594년에 아테네의 시인이자 입법자인 솔론이 아테네 사회를 잘 운영하려고 대담한 시도를 한 바 있었다. 사사건건 의사결정에 끼어드는 귀족 가문의 행태에 넌더리가 났던 그는 일련의 개혁을 시작했다. 솔론은 자기 이익을 위해 법을 통과시키는[5] 사람들을 막고자 아테네의 권력 기반을 넓혔다. 아크로폴리스 아래 아레오파고스에서 더 넓은 권력을 토대로 한 회의(아레오파고스 회의는 원래 귀족 출신 전직 아르콘들의 회의였으나 솔론 시대에 시민의 정치 참여 폭이 넓어지면서 예전처럼 귀족이 전권을 휘두를 수 없게 되었다_옮긴이)가 열렸다. 그들의 임무는 민중의 이익을 수호하는 것이었다. 아레오파고스 회의에 참가하는 사람들은 인간에 불과했지만, 아크로폴리스의 신처럼 고귀하게 여겨졌다. 이러한 아테네의 정치개혁은 정의와 지혜에 관한 헬라스의 철학을 기반으로 탄생했으며 도시국가 아테네가 눈부시게 진보적인 도시가 될 길을 닦았다.

솔론의 정치적 선견지명에서 탄생한 법률은 오늘날 신도시 개발 규정에도 영향을 미쳤다. 집과 벽, 배수로, 벌집과 특정 나무는 이웃과 일정한 거리를 유지해야 한다는 조항은 솔론의 법에서 나왔다. 또한 죽은 자(혹은 산 자)의 험담을 해서는 안 된다는 조항도 있다. 솔론의 개혁에는 단결의식과 자주정신이 담겨 있었고 지극히 이상적인 개념과 현실적인 개념이 멋지게 섞여 있었다. 솔론은 현자였다. 그는 보통 사람의 명예를 존중했다.

하지만 이 개혁에는 한계가 있었다. 그는 민주주의자가 아니라 과두주의자였다. 올리고이oligoi, 즉 소수가 통치해야 한다고 믿는 사람이었다. 그는 우유를 휘저으면 맨 위에 뜨는 크림을 걷어내고 싶어 하지 않았다.

> 민중은 너무 풀어주지도 않고 너무 속박하지도 않을 때 지도자를 가장 잘 따른다. 건강하지 못한 마음을 지닌 인간이 엄청난 풍요를 누린다면 그 풍요는 오만으로 이어진다.[6]

솔론은 폭군을 좋아하지는 않았지만 능력 있는 자의 편에 섰다. 새로운 정치질서의 토대가 놓였어도 정치는 여전히 서로 경쟁하는 귀족 당파의 야망에 휘둘렸다. 오늘날까지도 아테네 도로변을 따라 허세를 부리며 늘어서 있는 호화로운 비석, 스텔레stele(고대 아테네에서 장례와 추모뿐 아니라 경계와 공지사항을 알리고 승전을 기념하는 등 여러 용도로 쓰였던 입석판이다_옮긴이)에서 이 귀족 당파들의 야망을 읽을 수 있다. 그들은 서로 경쟁이라도 하듯 더 큰 비석을 주문했다. 30센티미터부터 2미터 사이의 매끈하면

호화로운 비석 스텔레. 귀족들이 권세를 과시하는 용도로 세웠다. ©Giovanni Dall'Orto

서 누런 비석은 흔히 볼 수 있는 풍경이 되었다. 피레우스(현재 피레에프스) 고고학 박물관의 비석에는 건장하고 혈색 좋은 귀족 남자들이 서로 어루만지는 장면이 그려져 있다. 화려한 옷을 입은 아버지가 아들에게 월계관을 씌워주는 그림이 새겨진 비석도 있다. 아테네 국립 고고학 박물관에 소장된 비석에는 명문가의 젊은 운동선수 6명이 하키와 비슷한 경기를 하는 모습이 묘사되어 있다. 분위기는 쾌활하지만 등을 구부리고 경기에 열중하는 그들의 모습에서 지독한 경쟁심이 느껴진다.[7]

왕이 없는 아테네에서 권력의 중심은 한 가문에서 다른 가문으로 끊임없이 움직였고 귀족 가문들은 우위를 차지하려고 서로 엎치락뒤치락했다. 솔론의 개혁 후 90년도 지나지 않은 기원전 6세기 말, 아테네는 성급하게 루비콘 강을 건너고 말았다. 숙적인 친스파르타 계열 이사고라스와 친민주주의 계열 클레이스테네스의 싸움 때문이었다. 이사고라스는 개혁 성향이 강한 클레이스테네스를 몰아내려고 클레오메네스 1세가 이끄는 스파르타 군대를 아티케로, 그다음에는 아테네로 끌어들였다.[8] 하지만 이사고라스는 당시 분위기를 제대로 읽지 못했다. 아테네 사람들은 클레이스테네스가 더 개혁적이라는 소문을 듣고 그를 좋아하게 되었다. 실제로 클레이스테네스가 망명에서 돌아와 보니 고향 아테네에서 자신을 지지하는 사람이 급증해 있었다.

민중 권력의 탄생

마침내 기원전 508년 아테네 사람들은 놀라운 일을 해냈다. 아테네의 민중이 어리석은 귀족 이사고라스의 동맹인 스파르타의 왕 클레오메네스 1세가 피신 중이던 아크로폴리스를 급습하여 점령한 것이다. 민중은 클레오메네스 1세를 사흘 동안 포위했다. 역사의 아버지 헤로도토스는 그 순간을 '클레이스테네스는 민중을 자기편으로 끌어들였다'고 기록했다.

클레이스테네스의 허락과 지원에 힘입은 '민중ho, demos'은 아크로폴리스로 돌진했다. 민중이 하나가 되어 하나의 정치적 주체로 행동한 기록된 역사상 최초의 사건이었다.[9] 이렇게 해서 데모스 크라티아demos kratia, '민중 권력'이 만들어졌다.

우리가 알고 있는 한 데모스 크라티아가 처음 사용된 것은 기원전 464/463년이었다. 이 단어는 금방 인기를 얻어서 우렁차게 울어대는 갓난 사내 아기에게 데모크라테스라는 이름을 붙이기도 했다.[10] 어떻게 보면 우렁차게 울어대는 갓난아기는 그 시대를 상징하기도 했다. 헤로도토스는 〈역사〉에서 어린아이가 처음 본, 미심쩍은 물건을 만져보는 듯한 어조로 데모스 크라티아라는 단어를 사용했다. 기원전 463년에 공연된 아이스킬로스의 〈구원을 요청하는 여인들Hiketides〉의 배우들은 운율에 맞춰 '민중의 지배하는 손', '폴리스를 통치하는 민중' 같은 민주주의의 개념을 흥겹게 읊었다.

아테네 사람들은 말 그대로 민중의 권력을 뜻하는 이 새로운 존재 데모크라티아를 물신화했다. 응징은 네메시스nemesis, 질서는 테미스themis, 설득은 페이토peitho처럼 골치 아프고 모호한 개념이 여신으로 의인화된 것 같이 데모크라티아도 여성으로 의인화되었다. 아테네 사람들은 데모크라티아의 이름으로 법정을 개혁했고 영토를 정복했다. 데모크라티아는 만병통치약 같은 개념, 조작하기 쉬운 개념이 되었다. 당대 연설가들은 아테네의 민주주의가 제대로 영글기 전부터 데모크라티아의 이름을 헛되이 부르며 아테네가 비민주적인 이웃 도시국가보다 우월하다고 주장했다. 외교정책은 민주정 대 참주정 혹은 민주정 대 과두정같이 끝없는 이데올로기 경쟁이 되었다. 기원전 333년이 되자 데모크라티아는 여신으로 숭배되기에 이르렀다.[11] 2,000년 넘게 귀족 전사戰士 문화가 지배하던 아테네에서 굉장한 속도로 변화가 일어났다.

기원전 5세기 아테네의 민주주의는 분명히 급진적 사건이었다. 열여덟 살 이상 모든 아테네 남자 시민은 민회에 참가할 권리가 있었다. 민회는 한 달에 한 번 열렸다. 대개 아크로폴리스 근처 프닉스 언덕에서 열렸다. 햇볕이 뜨겁게 내리쬐고 손을 뻗으면 구름이 닿을 듯한 곳이었다. 그곳에서 적극적인 아테네 시민들은 아테네가 참전해야 하나?, 적절한 세율은 얼마인가?, 강간을 처벌하는 데 제일 나은 방법은 무엇인가? 등의 사안을 직접 결정했다. 고위 관료직과 영향력 있는 직위도 평범한 시민들이 맡았다. 시민들은 제비뽑기로 매일 돌아가면서 해당 역할을 수행했다. 아테네 정치에서 1주일은 긴 시간이었다. 아테네 민주주의자의 정치 생명은 하루 만에 잉태되었다 사라졌다.

민주주의를 위한 무대장치

모든 일은 공정하게 처리하려고 복잡한 체계를 마련했다. 공무집행인과 배심원, 국가 관료 모두 제비뽑기로 뽑았다. 그 과정은 매수나 부정을 막으려고 빈틈없이 감시했다. 공공기록은 돌에 새기거나 파피루스에 적어 아테네 곳곳에 공개했다. 민주주의는 투명하게 운영되어야 했다. 옛 왕조와의 유대는 법으로 약화시켰다. 아테네 사람들은 재산을 과시하는 사람에게 눈살을 찌푸렸다. 마침내 아테네인은 견고하고 획기적인 정치제도를 만들었다. 건축가들은 아테네의 직접 민주주의와 참여 민주주의가 번성할 수 있는 공간, 건물, 법정, 통로를 어떻게 지어야 할지 고심했다.

소크라테스는 이렇게 특별한 목적으로 세운 공간에서, 역사상 최초의 민주주의 도시에서 자랐다. 소크라테스를 재판하는 날, 그와 그를 심판하려고 모인 사람들은 이 대담한 민주주의 실험을 상기시키는 웅장한 건물들을 지나쳤을 것이다.

이 건물들은 지금도 발굴되고 있다. 아테네 중심가 아드리아누스 거리에 늘어선 활기찬 길거리 음식점 주변 6미터 아래에서 스토아 포이킬레 Stoa Poikile(채색 주랑. 스토아는 지붕이 있는 줄기둥 회랑으로 공공장소와 시장 등의 기능으로 사용했다. 스토아 포이킬레는 기원전 5세기 아테네 아고라 북쪽에 지은 주랑으로 울긋불긋 벽화가 있어서 채색 주랑이라고 부르게 되었다_옮긴이)의 거대한 도리아식 기둥이 출토되었다. 길이 40미터에 너비가 12미터는 족히 되었을 이 커다란 스토아는 그림이 그려진 대형 나무판으로 장식되었다. 나무판 하나하나에 아테네인이 적군을 물리치는 장면이 그려져 있었다. 마라톤에서 페르시아 군대를 격파하는 장면도 있고 그리스 신화에 나오는 여자 무인족武人族인 아마존을 무찌르는 장면도 있었다. 이곳은 아테네의 주요 정치 구역 가장자리에 있었다. 평범한 아테네 시민들은 이곳을 걸으며 이야기를 나누었다. 그들은 시원한 그늘, 잘 다져진 흙길을 걷고 이야기하며 이 급진적인 민주주의의 삶을 지탱해갔다.

그러나 한 가지 문제가 있었다. 이론상 모든 남자 시민이 자신의 의견을 표현할 수 있는 이 새로운 민주주의는 언변을 강조했다. 그러다 보니 말재주로 갑자기 영향력을 얻은 사람들을 질투하는 동시에 숭배하는 문화가 생겨났다. 민주정 개혁자인 솔론과 클레이스테네스, 나중에는 에피알테스와 페리클레스가 미봉책으로 사회의 균열을 가리긴 했지만 귀족과 민중, 부자와 빈자, 능력 있는 자와 평범한 자, 소수와 다수 사이의 틈은 메울 수 없었다.

소크라테스의 폴리스는 탄탄해 보였지만 실은 키메라처럼 종잡을 수 없는 불안정한 존재였다. 소크라테스가 걸음마를 배우고 어린이로 성장하는 동안 아테네의 민주주의 역시 걸음마를 떼고 있었다. 소크라테스가 노년에 이르자 아테네의 민주주의는 처음에 아테네 시민을 단결시켰던 것만큼 시민을 분열로 몰아넣었다.[12]

그리고 그리스 본토, 펠로폰네소스 반도 내륙으로 240킬로미터쯤 들어간 곳에 아테네의 민주혁명을 유별나게 혐오하는 폴리스가 하나 있었다. 이 폴리스는 아테네의 내부 분열을 이용했다. 소크라테스는 이 폴리스와 그 극단적인 생각에 매료되기도 했다. 하지만 이 폴리스는 소크라테스와 아테네의 숙적이었다. 바로 스파르타였다.

한 발 앞선 스파르타의 사회혁명

소크라테스의 이야기는 곧 스파르타와 아테네, 두 도시의 이야기다. 아테네 남쪽으로 걸으면 사흘, 오늘날 차로 세 시간 거리의 라코니아 지역에 스파르타라는 폴리스가 있었다. 스파르타는 간혹 아테네와 동맹을 맺기도 했지만 적일 때가 더 잦았다.

도시국가 스파르타는 소크라테스가 살아있는 동안 전설적인 존재였다. 5개의 산맥에 둘러싸여 폐쇄적이고 비밀스러운 분위기를 풍기던 스파르타에서 또 다른 사회혁명이 일어났다. 하지만 그 결과는 아테네와 사뭇 달랐고 소크라테스가 태어날 때쯤 스파르타는 그리스 전체에서 가장 극단적인 도시국가였다.

하지만 스파르타의 풍경은 이상하리만치 안락했다. 봄에는 아몬드 꽃 향기가 가득하고 여름에는 오렌지 농장에 오렌지가 주렁주렁 열린다. 갈대가 높이 자란 에우로타스 강에 여러 물줄기가 모였다가 다시 평야를 따라 굽이굽이 흘러간다. 스파르타의 평평하고 기름진 땅은 그리스에서 보기 드문 자산이다. 여름에도 눈이 타이게토스 산맥(현재 타이예토스. 스파르타 서쪽의 산맥이다_옮긴이)을 덮고 있었다. 1만 2,950제곱킬로미터에 이르는 영토를 차지했던 고대 스파르타는 그리스에서 가장 큰 도시국가였지만 바위처럼 단단한 심장을 가진 지상 낙원, 샹그릴라였다.

정치개혁에서는 스파르타가 아테네보다 한 수 위였다. 아테네에서 민주주의가 시작되기 200년 전인 기원전 7세기부터 스파르타의 사회와 정치에 거대하고 중요한 변화가 일어났다. 특권을 지닌 시민계층, 호모이오이homoioi(동등자)가 모든 토지를 동등하게 나누어 가졌다. 호모이오이는 정예병사로서 스스로 단련하는 것 말고는 할 일이 없었다. 일곱 살부터 서른 살까지 모든 남자는 시시티온syssition이라는 캠프에 모여 살면서 가혹한 군사훈련을 했다. 소년들은 아고게agoge에서 자랐다. 아고게는 '짐승 떼'라는 뜻인데 소년들은 정말 짐승처럼 키워졌다. 옷 한 벌로 1년을 나고 도시 외곽의 숲에서 맨발로 지내며 스스로 살아남아야 했다. 이들에게 삶의 목적은 단 하나, 완벽한 전사로 자라는 것이었다. 스파르타에서 남자는 전장에서 전사했을 때, 여자는 아이를 낳다 죽었을 때만 묘비를 세울 수 있었다.

스파르타 사람들은 모든 스파르타 남자(완전한 남자 시민)가 땅과 재산을 동등하게 소유해야 한다고 믿었다. 또한 어떤 결정을 하든 도시국가의 이익이 항상 먼저이며 개인은 강건한 집단의 일부로서만 의미가 있다고 믿었다. 스파르타의 성인 시민은 누구도 일하지 않았다. 그들은 '완벽한 스파르타인'이 되는 일에만 전념했다. 8,000명에서 9,000명에 이르던 호모이오이가 이렇게 한 가지 일에만 몰두하는 특권을 누릴 수 있었던 것은 기원전 725년 무렵 스파르타가 그리스의 다른 부족인 메시니아인 전체를 헤일로테스heilotes로 만들었기 때문이다. 헤일로테스는 단순한 노예나 하인이 아니라 '포로'를 뜻한다. 스파르타는 포로로 잡혀 온 다른 그리스 부족의 땅이 있었기에 위대한 도시국가가 될 수 있었다. 메시니아는 한때 비옥하고 너른 영토를 소유했지만 스파르타에 모든 땅과 권리를 빼앗겼다. 그들은 이제 스파르타의 주인만을 위해 살고 죽는 수밖에 없었다.

　스파르타에는 복종만이 존재했다. 시민들은 이상한 규칙을 엄격하게 지켰다. 주조화폐, 콧수염, 매춘이 금지되었다. 스파르타를 대표하는 요리도 '검은 수프'라는 뜻의 멜라스 조모스melas zomos로 끓인 돼지 피와 식초로 만든 맛없는 스튜였다. 전해지는 이야기로는 스파르타인은 아기를 강하게 키우려고 포도주로 목욕시켰다고 한다. 소녀들도 전투 훈련을 받았고 그들의 남자 형제, 친척과 똑같은 음식을 먹어야 했다. 스파르타 청년들은 크립테이아krypteia(아고게의 군사훈련을 성공적으로 마친 스파르타 청년들이 군사 지도자가 지녀야 할 자질을 검증받는 비밀결사이다_옮긴이)를 만들어 밤이면 낮은 계급인 헤일로테스를 마음대로 죽이거나 불구로 만들었다. 스파르타에서 일어나는 모든 일에는 비밀이 가장 중요했다. 스파르타인은 폴리스 내부의 일이나 문화를 외부에 누설해서는 안 되었고 이방인을 자주 추방했다.[13]

　아테네는 스파르타와 스파르타가 상징하는 모든 것을 멸시했다. 스파르타와 아테네는 페르시아에 대항해 동맹을 맺기도 했고 한때 단짝이라 불리기도 했다. 그리스 도시국가 중 이 두 도시만 페르시아의 다리우스 1세에게 바치는 상징적 조공인 흙과 물을 바치지 않았다. 그러나 시간이 흐를수록 스파르타는 민주주의보다 전체주의 색채가 짙어졌다. 아테네는 스파르타의 폐쇄성과 정치적 후진성을 비교 대상으로 삼아 아테네의 우월성과 투명성을 온갖 미사여구로 찬양했다.

　　우리와 적 사이에는 엄청난 차이가 있다. 우리의 도시는 세상을 향해 열려 있다. 우리는 적에게 군사기밀이 알려질까 두려워서 이방인들을 정기적으로 추방하는 일 따위는 하지 않는다. 교육제도도 다르다. 스파르타인은 용기를 기르려고 어릴 때부터 무척 힘든 훈련을 받지만 우리는 그런 규제 없이 평생을 살아도 그들만큼 용감하게 위험과 맞설 준비가 되어 있다.

_투키디데스의 〈펠로폰네소스 전쟁사〉

스파르타와 아테네는 사상이나 군사, 문화로도 싸울 수밖에 없는 관계였다. 소크라테스 시대에 스파르타와 아테네의 갈등이 온 그리스를 뒤흔들었다. 그 결과로 소크라테스가 재판받을 즈음 아테네 인구는 10분의 1로 줄었다. 이 가슴 아픈 역사를 아테네인은 단순히 투쟁, 불화라고 불렀지만 오늘날 우리는 '펠로폰네소스 전쟁'이라 부른다. 펠로폰네소스 전쟁은 기원전 431년부터 404년까지 족히 한 세대에 걸쳐 계속되었다. 소크라테스가 처형되던 시기, 아테네 성벽은 이미 스파르타의 주먹에 무너졌고 성벽 밖에 있던 소중한 농장은 스파르타 군대의 불에 타버렸다. 전쟁은 비옥한 대지를 황폐화했고 수만 명의 목숨을 앗아갔다. 소크라테스가 병사로 행군했던 땅은 스파르타의 역공으로 잿더미가 되었다.

소크라테스와 함께 토론하고 김나시온에서 운동했던 청년들은 모두 전쟁세대였다. 그들은 전쟁의 시대에 전투만 보며 자랐다. 따라서 기원전 399년 소크라테스가 재판받으려고 아고라를 가로질러 갈 때 그 주변에는 전쟁으로 폐허가 된 건물들과 함께 마음에 상처를 입은 사람들이 있었을 것이다.

그가 재판받던 즈음, 한때 많은 것을 이루었던 아테네는 패배한 사회로 전락했다. 젖과 꿀이 흐르는 땅을 그렸던 민주주의의 약속은 얼어붙었다. 아테네는 이제 세상의 챔피언이 아닌 패자였다. 소포클레스와 에우리피데스, 아리스토파네스를 비롯한 아테네 극작가들은 아테네의 상처를 비통하게 기록했다. 그들의 글에서 우리는 무너지는 아테네 폴리스의 흔적을 찾을 수 있다.

전쟁은 사람의 일이어라. _아리스토파네스의 〈뤼시스트라테〉

그래서 신랄한 언사로 자신감을 뿜내던 그 사람들이 이제 죽은 자들의 저
택에 남겨졌으니 그들 모두와 그들의 도시는 노예가 되었다.
_소포클레스의 〈트라키스 여인들〉

왜냐하면 이곳에서 고통의 악순환이 아니, 그보다 더한 무자비한 운명의 악
순환이 시작되었기 때문이다. 이국의 해안에서 시작된 분란에서부터 … 그
결과로 전쟁이 일어나 사람들이 피를 흘리고 내 고향이 폐허가 되었으니.
스파르타의 많은 처녀가 아름다운 에우로타스 강둑에서 쓰디쓴 눈물을 흘
리고 아들을 도륙당한 많은 어머니가 흰머리를 쥐어뜯고 주름진 얼굴을 손
톱에 피가 맺힐 정도로 쥐어뜯었다네. _에우리피데스의 〈헤카베〉

소크라테스가 관심을 두었던 문제는 삶의 도덕적 기초를 이루는 것이
무엇인가였다. 하지만 이처럼 서로 충돌하는 신념과 갈등, 불안, 현실정책
이 뒤죽박죽 뒤엉킨 시대 상황에 그는 사형당할 만한 중대한 범죄를 저지
른 죄인으로 법정에 서야 했다.

전쟁은 아테네를 파괴하기도 했지만 정치·문화 발전에 자극제가 되기
도 했다. 기원전 5세기가 저물기 전, 아테네는 놀랄 만큼 회복했고 화려한
문화를 꽃피웠다. 소크라테스 시대의 민주주의는 합리적 사상과 실험적
예술 그리고 매우 야심 찬 사회적·정치적 프로젝트를 시작하게 했다(아
테네의 황금시대라 불리는 이 시기에 파르테논 신전과 디오니소스 극장, 오데이온을
비롯한 대표적 건축물이 세워졌고 고대 그리스 문화를 대표하는 비극과 미술이 꽃피

었으며 지식인들이 동지중해 곳곳에서 아테네로 모여들어 새로운 사상을 논했다_옮긴이). 스파르타와 싸우는 동안에도 오늘날 우리가 고전기classical age(그리스 미술사에서 아르카이크기와 헬레니즘기 사이에 있던 전성기를 말하며 클래식기라고도 한다_옮긴이) 건축의 전형이라 여기는 정교한 건축물들이 세워졌다.

소크라테스가 재판받던 기원전 399년 5월의 아테네는 전쟁 때문에 부서지고 헐벗긴 했지만 소크라테스가 아테네에서 보냈던 대부분의 시간 동안 아테네는 아름다운 도시였다. 특히 소크라테스의 주요 활동 무대였던 아고라는 고대의 다양한 명소 중에서도 가장 흥미로운 곳 중 하나였다. 약 15만 제곱미터 넓이에 경계석을 둘러친 아고라는 소크라테스에게 제2의 고향이었다. 소크라테스가 아테네인들에게 얼마나 큰 영향력을 발휘했고 왜 그토록 미움을 사게 되었는지 알기 위해선 당시 자신의 공개재판에 참석하려고 길을 나선 소크라테스와 함께 아고라를 걸어보아야 한다.

04 아고라에 선 소크라테스

기원전 451~399년, 아고라, 아테네의 시장

> 그러나 소크라테스는 항상 대중 속에 있었다. 아침이면 스토아를 거닐고 김나시온에 들렀고 시장이 서는 동안에는 아고라에 있었다. 그리고 어느 곳이든 많은 사람을 만날 수 있는 곳으로 끊임없이 돌아다녔다. 그는 말을 많이 했다. 그래서 그의 말을 듣고 싶어 하는 사람들은 쉽게 그의 말을 들을 수 있었다.
>
> ─크세노폰의 〈소크라테스 회상〉에서

기원전 399년, 소크라테스의 재판이 열리는 늦은 봄날. '금빛 제우스의 눈썹'이라 불리는 마거리트가 아고라의 성소 곳곳에 피어 있던(요즘도 그 유적지에는 마거리트가 자란다)¹ 그날, 소크라테스는 아테네 시장의 미로 같은 길을 따라 걸었다. 좌판이 다닥다닥 붙어 있는 아테네 시장의 활기는 고대 아고라 남서쪽 구역의 발굴작업에서 여지없이 드러났다. 발굴 담당자의 표현을 빌리면 발굴자들이 야단법석을 떨던 와중에 거대한 피토스 pithos(저장용 항아리)처럼 보이는 물건의 가장자리를 발견했다. 흙을 털어 내자 그것은 피토스가 아니라 우물이었다. 고고학자와 역사학자에게 우물을 발견하는 것은 희소식이다. 사람들은 우물에다 무언가를 던져 넣기도

하고 실수로 물건을 떨어뜨리기도 하기 때문이다. 우물 바닥은 땅 위의 삶이 어떤 모습이었는지 보여주는 한 장의 스냅사진이라고 할 수 있다.[2]

이 우물을 발굴한 학자들은 놀랐다. 최근까지 아고라는 새 민주주의 정치와 행정의 중심지이자 자유시장이 열리는 '공공장소'였다. 그러나 이 매끈한 적갈색 수직갱의 바닥에서 장보기 목록, 베틀 추, 깨진 화장품 상자 등 온갖 개인 소지품이 나왔다. 이 잡다한 물건을 보면 아테네 시장의 거대한 공공건물 옆 작은 석조 건물들이 가게나 창고가 아니라 주택, 즉 주거지라는 사실을 알 수 있다. 소크라테스가 살던 당시 아테네의 평범한 사람들이 거주하던 집이었다. 따라서 그날 아침, 법정으로 향하는 소크라테스의 주변에는 주거지에서 나는 시끌벅적한 소음과 소크라테스를 쳐다보는 수많은 시선이 있었을 것이다.

그는 평생 그랬듯 그날도 맨발로 조용히 걸었다. 하지만 그의 귀에는 법정을 향하는 분주한 발걸음 소리가 북소리처럼 들렸을 것이다. 법정을 향해 배심원 500명이 발걸음을 재촉하고 있었기 때문이다. 많은 사람이 재판에 참석하려고 가장 좋은 나들이옷을 빼입고 가죽 샌들이나 튼튼한 신발을 갖춰 신었을 것이다. 단단하게 다져진 자갈길에 울리는 500명의 발걸음 소리는 대단히 컸을 것이다. 아테네인들이 징을 박은 구두를 신었으리라 상상할 사람은 별로 없겠지만 아고라 변두리의 어느 공방 바닥에서 나온 잔해에는 수많은 철제 못과 신발 끈을 꿰는 상아 구멍이 있었다. 따라서 아테네의 구두 수선공들이 구두 가죽에 수많은 못을 박았으리라 짐작할 수 있다.

또한 문헌과 고고학 자료가 정확하다면 최근 다시 연구된 이 공방은 다름 아니라 소크라테스가 젊은 시절에 많은 시간을 보내며 철학을 논한 곳이었다. 크세노폰에 의하면 소크라테스는 아고라 가장자리의 공방 구역에 자주 들렀다. 이곳에서 젊은이들은 소크라테스의 말을 들을 수 있었다. 크세노폰의 〈소크라테스 회상Memorabilia〉을 보면 실제로 열여덟 살이 넘어야 15만 제곱미터 면적의 아고라 안으로 들어갈 수 있었다.

아테네 사회는 나이에 따라 엄격하게 구분되었다. 아테네 사람들은 힘은 젊은이에게, 지혜는 노인에게 있다고 믿었다. 소크라테스는 젊은이들에게 특별한 애정이 있었다. 나중에 그를 소아성애자라고 비방하는 사람도 있었지만 진실은 그보다 단순했을 것으로 보인다. 소크라테스가 젊은이들과 어울리려고 했던 이유는 젊은이들이 많은 걸 배워야 한다고 생각했기 때문이다.

구두장이 시몬

철학자 디오게네스 라에르티오스Diogenes Laertios는 소크라테스가 죽고 600년쯤 지났을 때 신중한 저작인 〈유명한 철학자들의 생애 · 가르침 · 격언Peri bion dogmaton kai apophthegmaton ton en philosophia eudokimesanton〉을 발표한다. 그는 이 책에서 기원전 5세기 젊은이들이 드나들 수 있었던 아고라 변두리 공방의 주인 이야기를 했다. 그는 바로 구두장이 시몬이었다. 최근 발굴된, 못이 널려 있는 공방 구석에서 기원전 5세기 중반의 잔조각이 출토되었는데 바닥에 대문자로 '시몬'이라는 이름이 새겨져 있었다. 따라서 소크라테스 시대에 시몬이라는 사람이 그곳에 살면서 신발을 만들었다는 사실을 알 수 있다.

디오게네스에 의하면 구두장이 시몬은 일찍부터 소크라테스를 열성적으로 추종했고 발굴자들은 바로 그 시몬의 공방을 발굴해낸 듯했다. 소크라테스는 시몬의 가게에 몇 시간씩 머무르며 아테네의 젊은이들과 어울려 이야기를 나누었다. 그리고 구두장이 시몬은 토론이 끝날 때마다 그 대

아테네의 아고라 유적. 도시국가의 중심 광장으로 이곳에서 소크라테스는 사람들과 대화를 나누었다.
©Timothy R. Nichols/Shutterstock.com

화를 기록해두었다고 한다. 디오게네스에 의하면 나중에 시몬은 33권 분량의 자료를 수집해서 〈구두장이의 대화Skutikoi Logoi〉를 썼다. 철학자와 구두장이가 가깝게 지냈다는 이 일화는 호기심을 자극하는 한편 상당히 신빙성 있는 이야기이기도 하다.

소크라테스가 철학하는 방식은 아주 특이했다. 그는 공식 학교에서 철학을 논하지도 않았고 왕과 귀족의 궁전에 머무르지도 않았다. 그는 바로 민중의 가운데에 있었다. 어찌 보면 관습에서 벗어난 방식으로 철학했던 소크라테스에게 우리 삶의 의미와 목적을 캐묻는 데 구두장이의 공방만큼 적절한 장소도 없었을 듯하다. 고고학자들은 소크라테스가 한창 철학자로서 왕성히 활동하던 시기인 기원전 435~415년 무렵에 아고라에서 살며 일하던 구두장이 시몬이 실제로 있었음을 증명했다.[3] 〈구두장이의 대화〉는 사라졌지만 나중에 등장한 고대 주석가들의 기록에는 공방에서의 논쟁이 남아 있다. 시끌벅적한 아테네 시장의 따뜻한 석조 공방에서 처음 탄생한 이 대화에서 소크라테스는 자신의 주요 주제인 사랑과 질투, 사회에서의 선의 역할을 논했다.[4] 소크라테스가 날마다 열렬하게 탐구했던 주요 주제들이었다.

그러나 기원전 399년 늦은 봄날, 그는 평소처럼 아고라 구석구석을 배회할 수도, 무심한 행인들에게 어떻게 사는 게 최선인지 물어볼 수도 없었다. 이날 소크라테스의 목적지는 단 하나, 법정이었다. 그곳에서 그는 자신을 심판하러 모인 아테네 민주주의자 500명을 앞에 두고 자신의 근본적인 삶의 방식에 관하여 변론해야 했다. 소크라테스가 평생 아고라에서 자유롭게 그리고 무료로 철학을 논했던 것을 생각하면 이 일은 정말 아이러니였다.

내부의 목소리

플라톤과 크세노폰이 남긴 수많은 글에 등장하는 소크라테스는 놀랄 만큼 예측 불가능하다. 그는 무심한 행인들에게 갑자기 다가가 도덕적인 질문을 마구 던지며 그들을 깜짝 놀라게 했다. 크세노폰도 처음에 그렇게 소크라테스를 만났다고 한다. 젊은 크세노폰이 거리를 걷고 있는데 소크라테스가 다가왔다. 그리고 크세노폰에게 가재도구 이름을 대며 어디에서 그것을 구할 수 있느냐고 물었다. 그러더니 용감하고 덕이 있는 사람은 어디에서 구할 수 있느냐고 질문을 던졌다. 크세노폰이 어리둥절해하자 소크라테스는 순진한 청년 크세노폰에게 더 깨우치고 싶다면 자기를 따라오라고 말했다고 한다.

플루타르코스가 남긴 글에도 소크라테스와 그 친구들이 대부업자가 책상을 놓고 앉아 있는 아고라에 매일 아침 찾아갔다는 이야기가 나온다. 소크라테스가 석공들의 작업장을 지나 남쪽을 향해 걷다가 목공방을 지날 때쯤 '숭고한 영감'에 사로잡혀 갑자기 강으로 뛰어들었다는 이야기도 전해진다. 그와 함께 걷던 무리는 소크라테스의 이상한 행동에 웃어대며 가던 길을 계속 갔다고 한다. 그런데 갑자기 냄새나는 돼지 떼가 꿀꿀대며 무리를 둘러쌌다. 곧 도축되어 살과 가죽이 잘려나갈 돼지들이었다. 도축된 돼지들의 가죽은 일리소스 강(아테네를 통과해 흐르던 강. 지금은 지하로 흐른다_옮긴이)을 따라 흘러간 다음 성벽 밖 무두장이 손에 씻길 것이었다.[5]

이 일화에서 소크라테스는 분명히 자기 내부의 목소리에 사로잡혔다. 그것은 일종의 내적이고 개인적인 신의 부름이었다. 소크라테스는 이런 특이한 행동 때문에 갈수록 사람들의 의혹을 샀고 결국 문제에 봉착했다.[6] 그는 이런 신성한 영감을 자신의 정령, 즉 다이모니온daimonion이라 불렀다. 소크라테스 시대에 이러한 개인적인 영적 경험은 무척 특이한 것이었다.

소크라테스는 모든 종교를 대중적으로 숭배하던 세상에서 살았다. 신은 너무 많았고, 그 시대 사람들은 다양한 신을 늘 경배해야 했다. 종교활동은 대개 대중적인 행사였다. 아고라를 방문하면 어떤 형태로든 종교활동에 참가할 수밖에 없었다.[7] 그런 시대 상황에서 아테네의 신을 의심하는 것은 이만저만한 신성모독이 아니었다. 디오게네스 라에르티오스가 쓴 〈유명한 철학자들의 생애·가르침·격언〉을 보면 소크라테스와 같은 시대를 살았던 사람들은 원자라는 게 있다고 상상하긴 했지만 더는 쪼갤 수 없는 그 작은 입자 너머에 눈에 보이지 않는 어떤 힘이 존재한다는 생각은 버리지 않았다. 그들에게 아테네의 삶을 이루는 입자, 모든 것을 구성하는 기본요소는 바로 신성한 종교의 세계였다. 그들에게는 삶 자체가 곧 종교적 경험이었다.

신은 우리에게 무엇을 원하는가? 아름다움이란 무엇인가? 사랑이란 무엇인가? 선한 자는 누구인가? 누가 권력을 쥘 자격이 있는가? 덕이란 무엇인가? 지식이란 무엇인가? 우리는 죽으면 어디로 가는가? 질문이 꼬리에 꼬리를 물었다. 플라톤이 묘사한 바로는 소크라테스는 사상을 키워가던 시절에 얼마나 대화에 빠져 있었는지, 자신의 철학 강의를 들었다고 돈을 받기는커녕, 자신의 이야기를 듣는 행인에게는 돈을 주겠다고 말할 정도였다.[8]

> 내가 사람을 워낙 좋아하다 보니 사람들은 내가 돈을 받고 내 생각을 쏟아내는 게 아니라 누구든 내 말을 들을 수 있도록 내가 돈을 좀 줄 것으로 생각하는 것 같네. _플라톤의 〈에우티프론〉

기원전 430년, 어쩌면 그보다 훨씬 전부터 아테네의 일부 어른들은 소크라테스의 열성적인 질문을 불편하게 여겼다. 이는 소크라테스와 동시대를 살았던 희극시인 칼리아스의 시에서도 드러난다. 칼리아스의 이 시구는 현재 나폴리 박물관에 보관된 파피루스 조각에 적혀 전해진다.[9] 이 파피루스 조각은 칼리아스 사후에 로마의 어느 학자가 기록한 것을 나중에 프랑크족의 필경사가 조심스럽게 옮겨 쓴 것이다. 칼리아스는 소크라테스를 아테네인의 삶에 한 번 나왔다 들어가는 단역 배우가 아니라, 매일 등장하는 단골 배우 이상의 존재라고 표현했다. 소크라테스는 추종자를 거느린 컬트 지도자 같은 존재였다. 아테네 민주정의 평범한 시민인 그의 주변에 급진적이며 참신한 그의 생각에 매혹된 추종자들이 모여들었다. 칼리아스의 글에 등장하는 한 인물은 소크라테스의 질문이 사람들을 불만에 찬 거만한 인간으로 만든다고 불평한다.

등장인물 A: 이 오만함과 경멸하는 눈빛은 무엇 때문인가?

에우리피데스: (여자로 변장한) 나는 그럴 만한 자격이 충분해요. 그 이유는 소크라테스 때문이지요!

충분히 이해할 만한 일이다. 소크라테스의 주종자들은 분주한 시장 거리를 돌아다니며 지나가는 사람을 닥치는 대로 붙들고 소크라테스의 방법대로 해보았을 것이다. 젊은이가 나이 많은 사람에게, 아랫사람이 윗사람에게 질문을 던졌을 것이다. 그들은 캐묻지 않는 삶은 살 가치가 없다는 소크라테스의 신념을 따랐다.

그러나 칼리아스는 아테네가 위험에 처했던 시절, 곧 펠로폰네소스 전쟁의 긴장이 고조되던 시절에 이 시를 썼다. 기원전 432년에 스파르타와 아테네는 전투를 시작했다. 전쟁이 벌어지지 않은 아테네의 황금시대, 아테네가 성벽 속에 몸을 숨기지 않아도 되던 시절에 소크라테스는 아고라에 가면 만날 수 있는 흥미롭고 훌륭한 유명인사 중 한 명이었을 것이다.

아고라의 감옥

아고라에는 감옥도 있었다. 감옥은 지저분한 공업지대에 있었다. 땀 흘리며 망치를 내려치면서 대리석을 다듬는 일꾼들 옆에 팽창하는 다국적 제국주의 도시 아테네는 당분간 감금해두어야 하는 사람들을 가뒀다.[10] 감옥은 11인 위원회가 관리했다. 11인 위원회는 절대 함부로 건드리면 안 될 법집행기관으로 공공 노예 300명을 써서 감옥을 관리했다. 이 감옥에는 재판이나 처형을 기다리는 사람들이 수감되었다. 이날 소크라테스의 재판이 그에게 유리한 판결로 끝나지 않는다면 그 역시 이곳으로 오게 될 터였다.

소크라테스가 사형되기까지 머물렀다고 추정되는 아고라의 감옥 ©Jessica Kuras/Shutterstock.com

소크라테스는 이 감옥 건물을 숱하게 지나쳤을 것이다. 소크라테스는 태어난 후부터 쭉 분주한 아테네와 그 주변에서 살았다. 플라톤의 〈크리톤Criton〉에 의하면 소크라테스는 전쟁과 종교제의에 참가하려고 남쪽을 방문한 것을 제외하면 거의 도시를 떠나지 않았다. 아고라의 소크라테스는 절대로 새로운 풍경이 아니었다. 소크라테스는 지난 50년간 아고라를 부지런히 오가며 시장의 소음에도 아랑곳하지 않고 말과 사상을 전하는 일에 몰두했다. 그곳에서 그는 역사상 최초의 민주정 시민 아테네 사람들의 삶을 보고 들었다. 얼마 전까지도 그는 아고라에서 아테네의 적극적인 민주 시민으로서 의무를 다했다.

하지만 소크라테스가 법정에 섰을 때 아테네 민주정은 위기와 고난을 겪고 있었다. 기원전 399년 늦봄의 아고라는 예전 같지 않았다. 아테네의 많은 유명인사가 이미 세상을 떠났다. 위대한 페리클레스 장군은 전염병으로 죽었다. 그가 역병에 두 아들을 잃고 상심한 탓에 죽었다고 말하는 사람도 있었다. 극작가 소포클레스와 에우리피데스도 몇 달 간격으로 세상을 떠났다.[11] 셰익스피어에 버금간다고 평가받는 에우리피데스가 아테네에서 추방되고 소포클레스가 미쳤다는 소문이 돌고 난 후의 일이었다. 아리스토파네스와 칼리아스가 희극에서 풍자했던 자유사상가들은 이미 추방되거나 처형당했고 그들의 저작은 불태워졌다. 역사가이자 장군이며 소크라테스의 열렬한 추종자이던 크세노폰은 페르시아 땅에서 용병으로 싸우고 있었다. 한때 소크라테스가 총애했던 알키비아데스는 이미 실각했고 청부 살해업자에게 살해당했다. 파르테논 신전을 비롯해 아테네의 여러 뛰어난 건축물을 책임졌던 건축의 거장 페이디아스는 독살되었다고 한다.[12] 그리고 이제 소크라테스는 아테네 사람들의 자존심을 건드리는 불편한 범죄로 고소당했다. 제안된 형벌은 사형이었다. 기원전 399년 늦봄의 이른 아침, 칠순의 철학자 소크라테스는 아고라를 가로질러 재판정으로 향했다.

05 스토아 바실레이오스

기원전 399년 3월/4월, 아르콘의 종교법정, 아테네

에우티프론 : 누가 당신을 고소했습니까?

소크라테스 : 저도 잘 모르는 사람입니다. 이름이 멜레토스라고 들었습니다. 혹시 피토스 출신의 멜레토스라고 착 달라붙는 곧은 머리카락에 코는 매부리코, 턱수염이 듬성듬성 난 사람을 기억하실는지.

에우티프론 : 기억나지 않는군요, 소크라테스. 그런데 그가 무슨 죄목으로 당신을 고소했습니까?

소크라테스 : 죄목이라고요? 제가 보기에 꽤 거창한 죄목입니다. 나이도 어린 청년이 그런 일까지 알고 있다니 대단할 정도입니다. 그가 말하길 자기는 아테네의 젊은이들이 어떻게 잘못된 길로 빠지는지, 누가 그들을 타락시키는지 안다더군요.

– 플라톤의 〈에우티프론〉에서

소크라테스는 기원전 399년 5월에 종교법정에서 재판받을 예정이었다. 국가에 반하는 범죄로 고소당한 것은 그로부터 4~6주 전이었다. 소크라테스는 공식적으로 죄목이 공표되는 것을 들으러 아고라를 지나 아테네

에서 가장 매혹적인 새 건물에 다녀왔다. 그 건물이 바로 스토아 바실레이오스Stoa Basileios이다.

스토아 바실레이오스는 1970년에야 비로소 아고라의 동북 구역에서 발굴되었다. 발굴작업은 1982년과 1983년에 이어졌고 아직 마무리되지 않았다. 스토아 바실레이오스는 발굴할 가치가 높은 건축물이다. 지붕 달린 주랑인 이 건물은 빼어난 조각상과 대리석 기둥으로 이루어졌다. 소크라테스 시대에 스토아 바실레이오스는 친구들과 시원한 그늘에서 환담을 나누며 거닐 수 있는 우아한 통로였을 뿐 아니라 중대한 기능을 하는 곳이었다. 바로 이곳에서 아테네 종교법정이 열렸다. 종교법정에서 소송을 집행하는 사람은 아르콘 바실레우스Archon Basileus(바실레우스는 고대 그리스어로 왕을 뜻한다_옮긴이), 즉 '왕 아르콘'이다. 그는 매해 제비뽑기로 뽑는 최고 아르콘 9명 중 한 명으로 고위 판사이다.[1] 왕권은 희미한 기억으로 남아 있을 뿐이지만 바실레우스라는 호칭은 이 스토아에서 열리는 불경죄 재판의 본질이 얼마나 중요한지 일깨워준다.

종교의 열기

고대 그리스에는 종교를 뜻하는 단어가 따로 없었다. 그리스인들은 신과 정령, 반신반인의 존재들이 곳곳에 그리고 모든 것에 깃들어 있다고 믿었다. 종교는 선택사항이 아니었다. 종교는 우리가 알고 있는 세계 전부이자 미지의 세계였다. 신은 언제 어디에서나 불쑥 나타날 수 있었다. 인간의 형상으로 나타날지, 백조·양·무지개·제비·폭포·돌풍 등 자연의 모습으로 나타날지는 아무도 몰랐다. 신들의 북소리에 맞추어 모든 생명이 행진한다는 믿음이 현대인에게는 답답하게 들리겠지만 고대 아테네인들은 그 북소리가 멈추지 않도록 열렬히 기도했다. 아테네인들은 어떤 의례도 제멋대로 하거나 조상이 물려준 관습에서 조금이라도 없애거나 덧붙이면 안 된다고 귀에 못이 박이도록 들었다.[2] 종교는 아테네 시민을 살게 하는 아테네의 심장이었다.

소크라테스가 살던 시절, 아고라는 종교 열기로 가득했다. 시장 좌판에서는 가정용 작은 제단을 팔았고 아주 작고 볼품없는 성소에도 제물이 쌓이곤 했다. 사람들은 불에 그슬린 염소 털, 비둘기 피를 바쳤고, 아픈 사람의 팔다리와 무릎, 성기를 본뜬 점토 모형도 바쳤다. 성소의 불꽃은 늘 타올라야 했다. 기름내 풍기는 연기가 항상 공중을 맴돌았다. 수많은 신이 아테네를 점거하고 서로 질투하며 사람들에게 관심을 구하고 있었다. 신을 무시하는 일은 위험을 각오하는 것이나 마찬가지였다. 몹시 가난한 사람들조차도 많은 신에게 어떤 종류로든 제물을 바쳤다. 사실, 고대 아테네 역사를 통틀어 현존하는 가장 긴 비문은 신에게 바치는 종교축전을 표시한 달력이다. 아고라에 서 있었던 이 비석의 비문에 의하면 아테네에서는 1년에 단 하루를 빼고 매일 크고 작은 종교축전이 열렸다.[3]

아테네에는 아프로디테 신전과 헤파이스토스 신전이 있었고 스토아 제우스 엘레우테리오스Stoa Zeus Eleutherios(개인과 폴리스의 자유가 최고신 제우스에게서 나온다는 의미로 기원전 5세기 때 페르시아에 승리한 후 세웠다_옮긴이)도 있었다. 반신반인과 영웅을 기리는 조각상은 아테네 심장부에서도 특별한 곳에 세웠다. 아르콘의 법정과 가까운 동북지구에는 위대한 12신 제단이 서 있다. 모퉁이가 아직도 남아 있는 이 거대한 석조제단을 기준으로 헬라스의 모든 지역까지의 거리를 측량했다고 한다.

기원전 5세기 사람들은 세상에 위협이 가득하다고 믿었다. 소크라테스와 동시대를 살았던 사람들은 세상에 정령, 특히 악한 정령들이 산다고 믿었다. 악령들은 넘실대는 파도에도, 부서지는 파도의 물거품에도, 옥수수

아테네 아크로폴리스 전경 ©Palis Michalis/Shutterstock.com

알에 슨 곰팡이에도, 죽어가는 사람의 악취 나는 숨결에도 있다고 믿었다.
삶은 언제나 위태로웠다. 그리스인들은 누군가 신을 의심하거나 모욕해서
자신의 삶을 힘들게 하는 걸 절대 원하지 않았다.

　바빌로니아나 이집트의 테베, 마케도니아의 도시들은 세속적 지도자의
강력한 권력을 중심으로 움직였다. 왕이나 파라오, 황제는 사제의 권력을
도용했지만 거대한 궁전과 황금 성문 안에서 철권을 휘두르며 국가를 통
치했다. 반면에 아테네에 들어서면 신전이 자리한, 많은 신의 고향 아크로
폴리스가 눈길을 끈다. 아크로폴리스 아래 아고라와 아레오파고스, 민회
를 비롯해 빽빽이 들어찬 건물에서는 자부심 넘치는 민주 시민이 분주하
게 움직였다. 왕과 참주, 폭군이 사라졌지만 시민들은 민주주의라 부르는
이 특이하고 새로운 제도에서도 올림피아의 신들이 여전히 통치한다고

믿었다. 아테네인들에게 삶은 그 자체로 종교적 경험이었다. 따라서 소크라테스의 기소사유인 불경죄는 근본적으로 무척 충격적인 범죄였다.

스토아 바실레이오스에서 열리는 재판의 무게는 이 건물의 대리석과 석회석 외양에서 잘 드러난다. 아고라를 향한 스토아 바실레이오스의 벽에는 아테네의 정치적 대부, 기원전 6세기의 저명한 시인이자 입법자인 솔론의 법이 새겨져 있었다.[4] 그 법은 아테네인이 품고 있는 자부심의 원천이었다. 그곳엔 말 그대로 엄연한 정의正義가 새겨져 있었다. 최근에 발굴된 유물과 유적을 보면 민주주의가 어떻게 스토아 바실레이오스의 기본 구조에 영향을 미쳤는지 알 수 있다. 스토아 바실레이오스 북쪽 벽에는 시민 배심원을 위한 돌 벤치가 죽 놓여 있었다.[5]

이곳에서 다루는 소송이 본질적으로 중대하다 보니 시민들의 감정이 격해지는 장소이기도 했다(아테네에서 신과의 관계보다 더 중요한 게 무엇이 있을까?). 하지만 (플라톤에 의하면) 그날 소크라테스가 이곳에서 지인인 에우티프론과 마주쳤을 때의 분위기는 차분했다. 소크라테스는 테아이테토스라는 젊은이와 환담을 나눈 다음 김나시온에서 나와 스토아 바실레이오스로 들어섰다. 스토아 바실레이오스의 나란히 늘어선 기둥들 사이로 들이치는 빛과 기둥의 그림자들은 최면을 거는 듯한 편안한 풍경이었다. 하지만 실제로는 소크라테스와 에우티프론 두 사람 모두 세상사에 지친 모습으로 각자의 소송 때문에 이곳에 왔다. 소크라테스가 이곳에 온 이유는 자신의 죄목을 듣기 위해서였다. 플라톤의 〈에우티프론Euthyphron〉을 보면 당시 소크라테스의 말에서 짜증이 묻어난다.

> 멜레토스는 분명히 똑똑한 친구인 것 같구려. 내 어리석음이 자기 동년배들을 타락시키는 걸 보고 국가에 달려가 나를 고소했으니 말이오. 꼭 엄마에게 달려가 이르는 것처럼.

소크라테스를 고소한 세 사람

소크라테스는 당시 나이가 지긋했다. 자식들도 있었고 자기만의 철학 사상도 있었다. 또한 정권 교체와 전쟁, 역병, 외세의 침입을 두루 겪었다. 이런 소크라테스를 법정으로 밀어 넣은 당사자는 촌뜨기 세 사람, 아니토스, 멜레토스, 리콘이었다. 멜레토스는 상당히 젊은 시인으로, 나이는 서른 다섯 살쯤이었다. 아니토스는 공방을 운영하는 무두장이자 정치가로서 민주주의자들에게 인기가 높았다(민주정은 기원전 404년에 해체되었다가 소크라테스의 재판 무렵 부활했다). 리콘은 아테네의 웅변가들을 대표했다. 리콘에 관해서는 그의 아들이 아테네 내전 중에 친스파르타 계열 과두주의자들의 손에 살해당했다는 것 말고는 알려진 바가 없다. 소크라테스의 재판으로 얻은 악명만 아니라면 이들은 훗날 역사의 각주로나 남을 인물들이었다. 아니토스가 부유한 상인이기는 했지만 당대 정치사에서 중요한 역할을 하지는 않았다.

소크라테스의 가장 큰 죄목은 불경죄였다. 젊은이들을 타락시킨 것은 부차적 문제였다. 소크라테스가 젊은이들을 아테네의 신에게서 등 돌리게 하여 그들을 타락시켰다고 했다. 김나시온이나 구두장이 시몬의 공방처럼 먼지 날리고 시끄러운 허름한 공방에서 청년들의 마음에 관습에서 벗어난 새로운 생각의 불씨를 틔웠다는 것이다. 아테네 사람들에게 이것은 무척 중대한 범죄였다. 플라톤의 〈프로타고라스〉를 보면 제우스가 헤르메스에게 아래와 같이 대답하는 장면이 나온다.

> 내 명하노니 신을 숭배하지 않고 옳은 일을 행하지 못한 사람을 사형에 처하는 법을 만들라. 그는 폴리스의 역병과 같은 존재다.

오늘날 경솔한 몇몇 역사학자가 이런저런 추론을 내놓기는 하지만 소크라테스가 아테네의 젊은이들을 타락시켰다는 고소장에 폭행이나 성희롱 따위의 언급은 없었다. 그런 꼬투리가 있었다면 법정에서 언급되지 않았을 리가 없다. 아테네의 사법제도에서 배심원은 과거의 소문을 참고로 피고인의 도덕성을 판단해야 했다. 또한 고소인들은 피고인의 사소한 잘못이라도 다 끄집어내야 했다. 당대의 소송 중에는 사소한 성범죄도 대단히 많았다. 그러나 소크라테스의 재판에서 성범죄는 한 번도 언급되지 않았다. 소크라테스는 예상외로 멜레토스의 두려움이 (초점이 완전히 빗나가긴 했지만) 터무니없지는 않다고 인정했다. 그러니까 젊은이들이 위험에 처해 있다는 생각을 중대하게 거론한 것은 일리가 있다는 뜻이었다.

> 그는 다른 정치가들과는 달리 올바른 문제 제기를 했소. 왜냐하면 무엇보다 젊은이들을 걱정해야 한다는 그의 생각은 옳기 때문이오. 훌륭한 농부가 어린 농작물을 먼저 보살핀 후 다른 작물을 살피는 것과 같은 이치지요.
>
> _플라톤의 〈에우티프론〉

아테네인에게 젊은이는 신성한 존재였다. 아테네인은 젊은이를 영웅시했다. 이는 아직 남아 있는 당대의 조각상을 보면 분명히 알 수 있다. 젊은이는 절대 함부로 다룰 상품이 아니었다. 소중한 젊은이들을 타락시킨다는 죄목만으로도 소크라테스는 이미 곤경에 빠진 셈이었다.

이날 소크라테스가 스토아 바실레이오스를 찾게 된 이야기는 재판 며칠 전 아테네의 거리에서 시작된다. 그날 그는 거리를 걷다가 갑자기 멈춰섰다. 소환인(소식을 알리는 포고자와 치안경찰의 역할을 겸하는 직책) 2명을 대동한 멜레토스가 재판 소식을 알렸다. 그들은 소크라테스의 죄목이 적힌 출석요구서를 다른 사람들도 다 들으라는 듯 큰 소리로 읽은 다음 사전 심리일을 정했다. 사전 심리일에는 소크라테스와 고소인이 판사를 찾아가 이 소송을 철저히 논의해야 한다. 당시 아테네에 공적인 통보 체계가 없었던 점을 고려할 때, 이날 사건에는 악의가 담겨 있는 듯하다. 멜레토스는 소크라테스가 자주 다니는 아고라나 심나시온으로 가는 길, 혹은 그가 즐겨 찾는 성소에 매복했다가 소크라테스가 나타나자 갑자기 앞길을 막아섰을 것이다.

물론 소크라테스는 아테네 거리에서 벌어지는 논쟁이나 다툼이 낯설지 않았다. 소크라테스는 '올바른 삶'을 탐구하면서 사람들이 진실에 접근하도록 괴롭히고, 귀찮게 할 때가 잦았다. 디오게네스 라에르티오스는 〈유명한 철학자들의 생애·가르침·격언〉에 소크라테스가 끝없이 귀찮게 질문해대는 통에 아테네 사람들이 소크라테스에게 비난을 퍼부으며 격렬하게 공격했다고 기록했다.

그는 자신이 탐구하는 대상은 사람이 겪을 수 있는 모든 선과 해악이라고 했다. 그리고 토론하고 주장을 펼치다가 사람들에게 폭행을 당하거나 비웃음을 사는 일이 무척 잦았다. 하지만 소크라테스는 이 모든 일을 대단히 침착하게 받아들였다. 한 번은 누군가가 두들겨 맞으면서도 꾹 참는 소크라테스를 보고 놀라워했다. 그랬더니 그는 이렇게 말했다. "당나귀 발에 차였다고 생각해보세요. 그렇다고 그 당나귀를 비난할 수 있겠소?"

무엇이 옳은 것인가? 우리가 무언가를 안다는 것을 우리는 어떻게 알까? 통치할 자격이 있는 자는 누구인가? 사랑은 무엇인가? 소크라테스는 사람들의 비위를 맞추는 성격의 소유자가 아니었다. 그는 50년 넘게 끊임없이 질문하며 아테네 사람들을 괴롭혔다. 그는 자신이 사람들을 가르치는 게 아니라 사람들이 '알고 있는 것을 잊게 한다'고 주장했다.

따라서 우리는 소크라테스의 재판이 아테네 사람들에게나 역사적으로나 왜 중요한지 이해할 수 있다. 기원전 399년 재판정에 설 때까지 소크라테스는 40년(어쩌면 50년)간 주위 사람들에게 삶의 의미를 비판적으로 진지하게 생각하라고 호소했다. 젊은 남자와 여자에게도, 사제와 신녀에게도, 병사와 나이 든 시민에게도 호소했다. 구두를 만들면서도, 노를 저으면서도, 빵을 구우면서도 인간은 언제나 생각해야 한다고 말했다. 현재를 '있는 그대로' 받아들이는 것은 단지 게으른 것을 넘어서 비인간적이기까지 하다고 말했다.

내게 생명과 기력이 있는 한, 나는 절대로 철학을 실천하고 가르치는 일을 멈추지 않을 것입니다. 만나는 모든 사람에게 나를 따르라고 권하며, 이렇게 말할 것입니다. "이보게, 이 위대하고 힘 있고 현명한 도시 아테네의 시민인 자네가 돈과 명예와 명성은 높이 쌓으려고 안달복달하면서 지혜와 진실, 영혼을 고양하는 일에는 왜 조금도 관심을 두지 않는가? 그것이 정말 부끄럽지 않은가?" 만약 이 말을 들은 사람이 "나는 그런 일에 신경 쓰고 있소"라고 대답해도 나는 그를 그냥 놔주지 않을 거요. 나는 그에게 묻고, 또 묻고, 거듭 물을 것이오. 내 생각에 그가 덕이 없으면서도 덕이 있다고 말한다면 나는 그에게 더 중요한 것을 경시하고, 덜 중요한 것을 대단하게 여긴다고 꾸짖을 것이오. 나는 내가 만나는 모든 사람에게 그렇게 말할 것이오. 젊은이든 늙은이든, 아테네 시민이든 이방인이든 가리지 않을 것이오. 하지만 특히 시민들에게 더 많이 말할 것이오. 그들은 나의 형제니까.

_플라톤의 〈소크라테스의 변명〉

소크라테스는 죄목이 너무 중대해서 사형선고를 받을 수 있다는 사실에도 크게 동요하지 않는 것 같았다. 플라톤이 〈크리톤〉에 남긴 기록이 옳다면(그가 그 무렵 아테네에서 소크라테스의 일거수일투족을 정말 목격했다면) 소크라테스는 법적으로 망명을 택할 수 있었지만 그러지 않았다. 그 대신 그는 태어난 후부터 전쟁만 겪은 젊은 세대와 김나시온에서 이야기를 나누었다. 그러고는 항변하려고 '왕 아르콘'(아르콘 바실레우스)을 찾았다.

왕 아르콘의 스토아에서 소크라테스의 기소 사유, 즉 그가 아테네의 신을 거부하고 새로운 신을 소개해 아테네의 젊은이들을 타락시켰다는 내용이 다시 낭독되었다. 소크라테스는 죄를 인정하지는 않았지만 아테네 법에 근거한 멜레토스의 기소는 성립한다고 인정했다. 소크라테스에게 그 기소는 사소한 언쟁이나 조금 불편한 상황에 불과했다. 그는 평생 이런 일을 숱하게 겪었던 터라 이번에도 여느 때와 마찬가지로 피하지 않았다.[6] 소크라테스는 기소 사유를 듣고 아르콘의 법정을 떠났다.

정의를 집행하는 관료조직은 이제 선로를 따라 척척 움직이기 시작했다. 아테네 민주정은 공고를 게시하는 일에 무척 집착했다. 당시에는 새로운 법률과 벌금, 종교집회 소집을 알리는 파피루스 메모와 낙서, 돌에 새긴 석판을 아테네 곳곳에서 볼 수 있었다. 민주주의의 결정 사항을 동료 민주 시민과 공유해야 했기 때문이다. 한때 소크라테스가 앉아 있거나 거닐면서 수없이 질문하고 사상을 펼치던 아고라에서 그의 명예가 땅에 떨어졌다. 소크라테스의 죄목은 붉은 글자로 커다랗게 쓰여 건국영웅상이 늘어선 제단 난간에 끈으로 묶여 게시되었다. 어쩌면 그 맞은편 흰색의 회반죽 벽에도 게시되었을 것이다. 기소장은 무례했으며 동시대 아테네인에게, 그리고 우리에게 소크라테스가 얼마나 불편한 영향을 끼쳤는지를 알렸다.

1954년 발굴 당시 아고라의 남동쪽 땅속 깊숙한 곳에서 하얀 파편들이 발견되었다. 대리석 가루로 만들어져 부서지기 쉬운 치장벽토(대리석 가루에 소석회를 섞어 만든 건축 마감재로 천장과 벽 등에 발랐다_옮긴이) 조각이었다.

이 파편은 발굴품 목록에만 기록되었을 뿐 발굴보고서에 포함되지는 않았는데 최근 조사팀이 이 파편에 다시 관심을 뒀다.[7] 파편에 새겨진 글씨의 크기는 약 1.3센티미터 너비에 6.4센티미터 높이이며, 갓 칠했을 때 글씨는 붉은색이었을 것이라는 조사 결과가 나왔다. 이 파편에 적힌 내용은 소크라테스가 죽고 수백 년이 흐른 후 고대의 누군가가 남긴 증언이다. 이 목격자는 지워지고 흐릿해진 소크라테스의 죄목이 벽에 여전히 남아 있다고 기록했다.[8]

사실 이 붉은 글자가 새겨진 장소도 눈여겨볼 필요가 있다. 개혁가 클레이스테네스는 아테네에 민주주의를 처음 도입하면서 민주주의에의 충성을 강화하려면 낡은 충성을 끊어내야 한다고 생각했다. 고대 그리스는 부족사회였다. 하지만 클레이스테네스의 생각에 따라 수천 년을 이어온 부족들은 사실상 해체되고 새롭게 고안된 10개의 부족이 그 자리를 대신했다(클레이스테네스는 기존 부족의 영향력을 약화시켜야 했지만 개혁에 관한 저항감을 줄이려고 기존의 부족 개념을 활용했다. 그는 기존의 부족 대신에 10개의 부족phylai을 새로 만들었다. 각 부족은 해안, 평원, 도시에 각각 하나씩 흩어진 소부족 triittyes으로 구성되며 이러한 소부족은 다시 행정단위인 데모스로 나뉘었다. 클레이스테네스의 개혁 이후 아테네는 10부족, 30소부족, 139데모스로 이루어진 도시국가가 되었다_옮긴이). 이는 자연적으로 형성된 구불구불한 지형에 인간이 애써 직선을 그려 넣으며 과거를 지워낸 순간이었다.

새로운 10부족은 사회·정치적으로 신중하게 구성되었다. 각 부족의 건국영웅이 탄생했고 아고라의 심장부에 그 영웅들의 커다란 조각상을 전시했다. 대략 5미터 높이의 연단에 조각상들이 나란히 서 있었고 양 끝에는 거대한 불꽃이 타올랐다. 소크라테스의 재판이 있던 때, 이 건국영웅들의 청동상은 25년간 밤이나 낮이나 아테네 시민을 내려다보며 민주주의의 급진적 위력을 상기시켰다.[9] 이 조각상은 공지사항을 알리는 게시판으로도 사용되었다. 건국영웅상 밑의 나무와 회반죽 명판에는 고위급 범죄자의 죄목을 새기기도 했다. 이상적 영웅인 건국우상과 유죄를 선고받은 죄인이 공존하는 장소였으며 소크라테스의 죄목도 바로 이 조각상 주변에 새겨졌다.

아테네의 사법제도

소크라테스가 아르콘 바실레우스의 법정에 간 시기는 한 세기에 걸친 아테네의 민주주의 실험과 위기가 최고조에 달했을 때였다(당시 아테네는 30년에 걸친 펠로폰네소스 전쟁에 패하고 과두파와 민주파 사이의 내전을 겪어서 정치·사회적으로 혼란스러웠다_옮긴이). 당시 아테네는 끔찍하고 역겨운 반목과 내전을 겪고 난 후였다. 아테네는 상처받은 조직이었다. 소크라테스의 재판이 있기 12년 전인 기원전 411년에 법 제도를 뒤흔든 끔찍한 사건이 일어났다.[10] 아테네의 귀족들이 민주주의를 전복한 것이다. 피 튀는 숙청의 밤이 이어졌고 정치 정변으로 살육과 고문, 협박이 횡행했다. 아테네 사람이 같은 아테네 사람의 피로 거리를 물들였다.

이 사건을 겪은 후 아테네는 너무나 생생한 내전의 공포를 잠재우려고 재판제도의 정비에 나섰다. 기원전 410/409년에 아테네를 다시 장악한 민주주의자들은 아테네가 다시 당파로 분열되지 않게 하는 방안을 모색했다. 무엇보다 정에 끌린 인사를 척결해야 했다. 아테네의 재판에 참가하는 재판관과 배심원들, 즉 디카스테스dikastes를 재판일 새벽에야 각 법정에 배정하게 했다. 부족의 이익이나 정치적 목표 달성을 위한 몰표를 막으려는 조치였다.

기원전 399년 소크라테스의 재판에서는 이런 아테네의 사법제도를 제대로 볼 수 있다. 우선, 소크라테스는 정식 재판 전에 사전 심리를 받았다. 아르콘이 주관하는 이 심문은 성실한 질의응답을 함으로써 기득권과 강압, 명백한 불법행위를 막아내는 절차이다. 사전 심리는 공정한 재판을 위해 신중하게 준비되었다.

시코판타이sycophantai, 즉 소송을 날조하는 밀고자도 바로 아테네 민주정 시기에 탄생했다.[11] 기원전 5세기 아테네 법정의 시코판타이는 오늘날의 앰뷸런스 체이서ambulance chaser(구급차를 쫓아다니며 피해자들에게 소송을 부추기는 변호사이다_옮긴이)와 같다. 그들은 근거가 부실한 죄목으로 누군가를 기소한 다음 법정에 출두한 대가와 심지어 손해배상금까지 받으려 했다. 이런 사람들 때문에 높은 벌금제도가 도입되었다. 배심원 표를 5분의 1 이상 얻지 못한 고소인은 국가에 소송비용을 내야 했다.

소크라테스의 재판은 밀고자의 소행으로 볼 수 없다. 이유는 불분명했지만 고소인 멜레토스는 소크라테스에게 본때를 보여주려는 듯했다. 이 젊은 시인은 소송비용을 낼 필요가 없었다. 소크라테스를 법정에 세우는 일은 곧 공익과 대중을 위한 일이었다. 당시 아테네에서 불경죄는 무조건 막아야 했고 따라서 고소인이 소송비용을 부담할 필요가 없었다. 당시 아테네 시민이 가진 감정과 종교적 감수성은 원초적이었다. 소크라테스가 재판받던 시기에 성인기에 접어든 아테네인은 치유하기 어려운 상처를 받은 뒤였다. 그들은 외세와의 전쟁이 끝난 후 같은 아테네 시민들이 절뚝거리며 돌아오는 모습을 보았고 내전 시기에는 권력을 쥔 파벌과 반대편에 선 친구를 두었다는 이유만으로 온 가족이 몰살당하며 울부짖는 소리를 들었다. 찬란한 도시 아테네에 찾아온 암흑의 시간이었다. 아테네는 카타르시스가 필요했고 책임을 물을 대상을 찾고 있었다. 상황이 이렇다 보니 천하의 소크라테스도 다가오는 재판을 생각하며 초조해해야 했다.

하지만 이 노년의 철학자는 배심원에게 무슨 말을 할지 조금도 걱정하지 않았다고 크세노폰은 전한다. 그는 사전 심리에서 기소 사유가 정당하다고 인정했으며 학자다운 태도로 정식 재판을 기다렸다. 소크라테스와 그의 친구인 헤르모게네스와의 대화에서 재판을 앞둔 소크라테스의 심정을 알 수 있다. 크세노폰은 〈변론Apologia〉에 두 사람의 대화를 한 편의 연극처럼 담아냈다.

> 헤르모게네스: 자네, 변론을 생각해두어야 하지 않나?
>
> 소크라테스: 나야 평생 내 변론을 준비해둔 사람일세. 그렇게 보이지 않나?
>
> 헤르모게네스: 어떻게 준비했나?
>
> 소크라테스: 부당한 일을 하나도 저지르지 않았으니 그거야말로 최고의 변론이 아닌가?
>
> 헤르모게네스: 부당한 일을 하나도 저지르지 않은 사람도 연설 한 번에 아테네 법정에서 사형 선고를 얼마나 많이 받는지 아나? 또 부정을 저질렀다 해도 영리한 연설 한 번에 동정을 사거나 사면받는 일은 또 얼마나 많은지 아나?
>
> 소크라테스: 신에게 맹세코 나는 변론을 고민하려고 했네만 내 신성한 목소리가 반대한다네.

그 후 몇 주 동안 소크라테스와 크리톤, 파이돈, 플라톤 같은 친구들뿐 아니라 사제와 상인, 깡충거리며 뛰어다니는 천한 아이들(아고라에 불법으로 들어온 아이들이다. 아고라에는 열여덟 살이 넘어 자격을 완전히 갖춘 시민만 들어올 수 있다[12])까지 아고라를 자유자재로 오가며 소크라테스가 저질렀다는 죄가 무엇인지, 그가 변론을 펼쳐야 하는 죄가 무엇인지 적힌 기소장을 한 번쯤은 보았을 것이다. 흰 회반죽 벽에 짙은 빨간색으로 이렇게 적혀 있었다.

피로스 출신 멜레토스의 아들 멜레토스가 알로페케의 소프로니스코스의 아들 소크라테스를 다음의 죄명으로 엄숙하게 고소한다.
'소크라테스는 나라가 인정하는 신을 믿지 않고 새로운 신을 믿는 죄를 범했다. 더 나아가 그는 젊은이들을 타락시킨 죄를 범했다. 형량은 사형을 제안한다.' 13

아테네인들은 시원한 저녁바람을 맞으며 집으로 돌아가다 햇빛을 손으로 가리고 이 기소장을 한 단어 한 단어씩 꼼꼼하게 읽으면서 혀를 쯧쯧 찼을 것이다.

사전 심리로부터 6~8주가 지난 5월 재판 당일에 많은 사람이 스토아 바실레이오스에 모였다. 해가 뜨고 재판이 시작되려는 법정은 사람들이 가득 차서 숨이 막혔고 분위기는 술렁였다. 소크라테스는 사람들이 빽빽하게 들어선 법정으로 들어갔다. 그는 공개적으로 나붙은 기소장을 읽었을 것이고 사람들이 수군대는 소리와 친구들이 걱정하는 소리도 들었을 것이다. 이렇게 법정에 모인 아테네 사람들이 정말 궁금해한 한 가지는 바로 이것이었다. 소크라테스는 어떻게 변론할 것인가?

06 희생제의 기원전 399년 5월, 종교법정, 아테네

> 당신이 제대로 살고 있지 않다고 누군가 비판할 때 그 사람을 죽여서 비판을
> 막을 수 있다고 생각했다면 … 가장 좋고 쉬운 방법은 다른 사람을 억누르는
> 것이 아니라 당신이 가능한 한 선해지려고 하는 것입니다.
>
> — 플라톤의 〈소크라테스의 변명〉에서

옛 종교법정인 스토아 바실레이오스가 있던 직사각형 터는 오늘날 늪
지로 변했다. 고고학자들은 단단한 것이라곤 서약의 돌밖에 없는 이곳을
지나다니려고 판자를 깔아야 했다. 스러져가는 고대 유물 주변에는 늪지
식물이 무성하고 교외 크피시아에서 피레우스항을 오가는 기차가 4분
간격으로 덜컹대며 지나간다. 서약의 돌[1](신성한 서약을 할 때 사용한 석회
석 탁자로 아테네 소재 미국 고전학 연구소American School of Classical Studies 팀
이 발굴했다)은 이곳 도로에서 6미터 아래 지점에서 발견되었다. 석조블록
과 무너진 기둥 위의 근사한 플라카 지구에서 그리스 샐러드를 먹는 여행
객들은 한때 그들의 발아래에서 어떤 드라마가 펼쳐졌는지 알지 못할 것
이다. 지금은 금이 가고 닳은 약 2미터 길이의 이 돌 제단은 소크라테스가

이곳에 서 있었을 기원전 399년에는 선홍빛 피로 물들었을 것이다.

한 편의 연극 같은 재판이 시작되었다. 재판은 희생제의와 함께 본격적으로 시작된다. 긴 머리에 도금양(지중해 연안에 자생하는 향기로운 나무로 화관을 만들 때 사용했다_옮긴이) 화관[2]을 쓰고 띠를 매지 않은 튜닉을 걸친 아르콘 바실레우스가 제물을 죽였다.[3] 이 자리에서 맹세한 서약은 법적 구속력이 있었고 그 위력은 원초적인 희생제의로 더욱 강조되었다. 염소나 양, 황소를 깨끗이 씻고 몸에 향유를 바른 후 뿔을 반짝반짝 닦아 제물로 바쳤다. 제물을 살살 구슬려 사제의 칼날 앞으로 데려가 죽인 다음 제물의 혈관을 따서 신성한 그릇에 피를 받았다. 아르콘은 이 피에 두 손을 손목까지 담근 후에야 비로소 재판을 주관할 수 있었다.

하지만 끔찍한 서약 의례는 그것으로 끝나지 않았다. 제물의 고환을 잘라 땅에 던지고 밟아 뭉개는 절차를 거쳐야 했다(이는 미래에 관한 경고로, 서약을 깨뜨린다면 그 가문이 거세될 것임을 암시한다). 이 과정은 오래전부터 지켜온 관습이다. '누군가 맹세를 깬다면 그와 자식들의 골이 이 포도주처럼 땅을 흘러갈 것이다'라는 경고는 〈일리아스Ilias〉에도 등장한다. 배심원도 모두 본분을 다하겠노라고 맹세한다. 공동의 목적을 위한 단단한 서약이었다. '서약이 민주주의를 지탱한다'[4]고 말했던 그리스인도 있다.

이날 민주주의 법정에는 얼마나 다양한 사람이 모였을까? 농부, 늙은 장군, 치즈 제조업자, 도로 공사 인부 등 온갖 사람이 소크라테스를 심판하려고 왔다. 서른 살이 넘은 아테네 시민은 모두 제비뽑기를 해서 배심원이 될 수 있었다. 그들은 신 앞에서 서약했으며 이 서약의례는 재판에서 중요했다. 또한 멜레토스의 소크라테스 기소 자체가 안토모시아antomosia, 즉 자신이 진실을 말하고 있음을 신께 맹세한 진술이었다.

아테네가 얼마나 신앙심이 깊고 미신에 사로잡힌 사회였는지 잊으면 안 된다. 아테네는 합리적 방식을 전파한 곳으로 알려졌지만 최초의 민주주의자들인 아테네 시민은 정령과 주술이 곳곳에 존재한다고 굳게 믿었다. 그들은 설명할 수 없는 신성하고 강력한 세계가 있으며 그곳에 사는 예측할 수 없고 신성한 존재들이 인간 세계의 그 누구보다 힘이 세다고 믿었다. 정령과 죽은 영웅, 신, 악령이 아테네 곳곳에 있었다. 이런 아테네의 종교법정에 소크라테스가 불경죄로 섰으니 그 재판은 얼마나 심각했을까?

제비뽑기

이른 시간부터 사람들은 소크라테스의 재판을 준비했다. 시민으로서 자격을 갖춘 사람들은 동트기 전부터 일어나 아고라로 분주하게 몰려들었다. 그들은 어스름한 새벽녘에 부족별로 줄을 섰다. 그들 앞에는 당시 획기적인 발명품인 클레로테리온kleroterion(제비뽑기할 때 사용한 기계)이 있었다. 아테네에는 이 기계가 많았고 시장과 각 법정 입구에는 반드시 하나씩 있었다. 각 부족도 이 기계를 하나씩 보유하고 있었다. 지금은 아테네에 가면 아고라 박물관과 비문 박물관에서도 볼 수 있다.

오늘날 봐도 경탄할 만한 유물인 클레로테리온은 고대 그리스인의 기술 수준을 짐작하게 한다. 이 기계를 이용해서 민주정의 행정에 참가할 사람을 무작위로 뽑았다. 클레로테리온은 속이 빈 돌상자로 표면에 가느다란 구멍이 뚫려 있다. 시민은 자기 이름과 데모스(자신이 살고 있으며 자신의 성이 등록된 마을)를 새긴 청동원반을 이 구멍에 넣는다. 구멍 옆에는 수직으로 떨어지는 관이 있는데 이곳에 검은색과 흰색 대리석 패를 떨어뜨린다(패는 원래 나무로 만들었지만 소크라테스가 재판받던 시절에는 나무패를 쓰지 않았다). 검은색이나 흰색 패 중 하나가(어떤 색 패였는지 아직 확인되지 않

제비뽑기에 쓰인 클레로테리온을 재건한 것으로 영국 유리 박물관이 소장하고 있다.

다) 떨어진 줄에 청동원반을 넣은 시민이 그날 배심원이 된다. 매해 제비뽑기로 배심원 후보 6,000명을 뽑았고 재판 당일에 2차 제비뽑기를 했다.[5]

아테네 시민에게 배심원으로 뽑히는 것은 무척 신 나는 일이었다. 이는 민주 시민이라는 표시이자 민주 시민만의 특권이었다. 많은 아테네인이 자신이 죽으면 이름이 새겨진 청동원반을 함께 묻어주길 바랐다. 그래서 우리는 최초 민주주의자들의 얼굴은 알 수 없지만 그들의 이름은 알 수 있다.

배심원으로 뽑힌 다음에도 처리해야 할 일이 있었다. 배심원들은 한 사람씩 항아리로 걸어가 공을 하나씩 뽑았다. 공에는 서로 다른 글자가 적혀 있었다. 그리스 문자의 열한 번째 자모인 '람다'(λ)를 뽑느냐 열다섯 번째 자모인 '오미크론'(O)을 뽑느냐에 따라서 그날 참가할 법정이 달라졌다. 이 과정에서 부정행위는 절대 불가능했다. 판사는 배심원이 뽑은 글자를 확인하자마자 색칠한 막대기를 배심원에게 줬다. 그러면 막대기와 같은 색깔이 입구 위에 칠해진 법정을 찾아가 막대기를 내밀어야 비로소 입장할 수 있었다.

민주주의의 평등 제도는 클레로테리온과 색깔 막대기에 그치지 않았다. 부족마다 입구와 제비뽑기 도구, 구역을 배정받았다. 아테네는 여전히 부족 사회의 성향이 강했지만 법정에서는 가족, 친구, 동료와 함께 앉을 수 없었다. 가까운 관계로 의심되거나 이해관계가 얽혀 있어 판단을 흐릴 수 있는 사람은 서로 다른 구역의 좌석을 배정받았다. 구역마다 오늘날 극장이나 영화관처럼 알파벳이 적혀 있었다. 따라서 플라톤이 〈소크라테스의 변명Apologia Sōkratous〉에서 재판에 참석한 사람들을 관객이라 표현한 것은 단순한 우연이 아니었다. 그날의 재판이 진정 정의를 실현할지 보려고 법정에 모인 관객을 머릿속에 그려보라. 그들은 모두 중년이거나 중년을 넘긴 남자였다. 차가운 돌 벤치에 엉덩이가 배기지 않게 방석이나 갈대자리를 깔고 앉은 관객들은 모두 공정하게 심판하겠다고 서약했다.

법정 참여 의무

아테네의 법정에 말쑥하게 빼입고 꼼꼼하게 재판을 기록하는 서기는 없었다. 이곳에서는 직접 민주주의가 행해졌다. 한 사람 한 사람이 폴리스의 의사결정에 직접 참여했다. 외양간 냄새를 풍기는 농부든 향유 냄새를 풍기는 상인이든 이곳에 오면 모두 정치가가 되었다. 모든 사람이 그날 노고의 대가로 3오볼로스(고대 그리스의 은화)씩 받았다.[6] 그렇다고 해서 아테네 민주주의의 전성기에 시민이 정치에 참여한 주요 동기가 돈이었던 것은 아니다. 민회에서는 정책이 만들어지고 법률이 탄생했다. 하지만 아테네인들의 자치가 실질적으로 벌어지는 곳은 바로 이곳 법정이었다.[7] 아테네 시민에게 법정 참여는 의무이자 특권이었다.[8]

하지만 소크라테스의 재판이 열린 시기는 배심원이 될 아테네의 많은 시민이 아테네를 위협하는 숙적이나 경쟁 파벌의 손에 희생된 후였다. 그

자리에 모인 사람들은 불구가 된 사람, 나이 든 사람 그리고 험난한 역사에서 운 좋게 살아남은 사람들이었다. 대부분 배심원은 가난했다. 그들에게는 재판 참가로 받게 될 보수가 필요했다.

소크라테스의 재판은 그라페, 곧 공법재판(피해당사자가 아니더라도 아테네 시민이면 누구든 제기할 수 있는 재판으로 공적인 사안을 다룬다. 소크라테스가 도시국가의 신을 섬기지 않았다는 불경죄로 고소당했으므로 그의 재판은 공법재판에 해당한다_옮긴이)으로 적어도 500/501명의 배심원이 필요했다. 소크라테스의 범죄는 공적인 관심사였고 중대한 사안이었다. 멜레토스는 소크라테스를 고소함으로써 종교적 폭거를 사전에 막았고 아테네의 공익에 보탬을 주었다. 하지만 이상하게도 소크라테스의 재판은 배심원들에게 인기가 없었다. 배심원에 참여하려는 시민이 1,000명 또는 2,000명이 넘는 평소의 재판과는 달랐다. 어쩌면 아테네 사람들은 그 재판을 진작부터 불편하게 생각했는지도 모른다. 배심원으로 참여하겠다고 온 사람들은 수천 명은 고사하고 수백 명에 불과했다.

소크라테스의 재판이 열린 그날 아침에 배심원 500명은 여느 때처럼 보안이 허술한 통나무 울타리 안으로 들어갔다. 법정은 공평하고 권위 있는 곳이지만 법정에서 벌어지는 풍경은 그리 아름답지 않았다. 승소한 원고가 그 자리에서 피고를 멍이 들도록 두들겨 패기도 했다.[9] 크세노폰의 〈변론〉에 의하면 소크라테스의 재판에서 배심원들은 엄청나게 소란스러웠고, 고소인이나 피고인의 의견이 마음에 들지 않으면 험악하게 인상을 쓰며 불평했다고 한다. 소크라테스조차 토루보스thorubos(한 무리가 소란을 피우고 왁자하게 떠들며 내지르는 고함과 환호) 때문에 재판이 소란스럽다고 불평할 정도였다. 하지만 재판이 시작되기 전에는 제비뽑기로 뽑힌, 다양한 배심원이 그저 낮은 소리로 웅얼거리며 들어와 자리를 채우고 있었을 터였다. 전체 배심원이 자리에 앉으면 아르콘이 대문 쪽으로 신호를 보냈고 원고와 피고가 입장했다. 원고와 피고가 연단에 올라서자 모든 시선이 사냥감을 쫓듯 그들에게 쏠렸다.[10]

아테네의 법정에서는 세계 최초의 민주주의가 뽐내던, 염려스러운 자신감을 엿볼 수 있다. 모든 시민이 동료 시민을 평가할 수 있다면, 온갖 계층의 사람이 재판에 참가할 수 있다는 뜻이다. 그들의 결정은 모든 시민의 결정을 대표한다. 알파벳으로 구분한 좌석 구역, 비밀투표, 제비뽑기 기계 등 부정을 막기 위한 모든 방법이 고안되었다. 하지만 재판의 질은 그날 제비뽑기로 스토아 바실레이오스를 가득 채운 임시 배심원 500명에게 달려있었다. 그들은 고함을 지르고 야유하고 환호하면서 서로 자극하고 선동했다. 또 그들이 느낀 공포와 좌절, 그들이 들은 온갖 소문, 그들이 가진 선입견을 고스란히 드러냈다.

소크라테스는 평생 모든 사람이 선해지려고 온갖 노력을 다해야 한다고 설파했다. 하지만 그는 자기 충고가 제도로 정착되기 전에 심판대에 올랐다. 소크라테스는 법정을 둘러보았다. 굶주림과 좌절로 비쩍 마른 남자들, 전쟁으로 상처 입은 참전용사들, 패배의 수치에 진저리치는 사람들, 그를 국가의 적으로 보는 사람들이 눈에 들어왔다. 소크라테스는 이런 상황에서 얼마나 자신감을 가질 수 있었을까?

07 견제와 균형 기원전 462~399년, 아테네

진실을 말한다고 제게 화내지 마십시오. 여러분 혹은 대중과 진짜 반목하면서
도시에서 부당하고 불법적인 사건이 발생하는 걸 막으려는 사람은 누구도 살
아남지 못할 것입니다. 진정 정의를 위해 투쟁하는 사람은 숨어 지내야지 공
적으로 나섰다가는 잠시라도 목숨이 붙어 있지 못하는 법이지요.

-플라톤의 〈소크라테스의 변명〉에서

아고라 박물관의 지하실에는 1950년대에 공들여 설치한 선반들이 있
다. 그 위에는 고대 유물 25만 점이 나란히 전시되어 있다. 유물 중에는 아
직도 멀쩡한 기원전 5세기 투표함도 있다. 진흙으로 빚은 이 유물은 아무
리 봐도 지중해 지역의 그을린 굴뚝처럼 보이지만 아테네 남자들이 투표
원반인 프세포스psēphos(그리스어로 조약돌이라는 뜻이다)를 여기에 던져 넣
었다. 원래는 투표할 때 조약돌을 사용했지만 기원전 399년에는 투표원반
을 썼다. 소크라테스의 재판 무렵, 이 투표원반은 최신식 도구였다. 투표
원반은 손가락 심벌즈 정도의 크기에 손잡이가 달려 있었다. 손잡이는 속
이 빈 것과 막힌 것이 있었는데 속이 빈 것은 유죄, 막힌 것은 무죄를 뜻했

다. 엄지와 집게손가락으로 손잡이 가운데를 잡으면 어느 편에 표를 던지는지 알 수 없었다(투표함 한쪽에는 '무죄' 원반을, 다른 쪽에는 '유죄' 원반을 모았다). 고대의 비밀투표 방식인 셈이었다.

아고라 지하에서 살아남은 이 유물을 보면 우리는 아테네 민수정의 중요한 심리를 파악할 수 있다. 아테네 사람들은 말과 설득의 힘을 중요하게 생각했지만 또한 (선거 부정과 부패는 물론이거니와) 수사학도 경계해야 한다는 사실을 알고 있었다. 아테네인은 자신의 '열린' 체계가 욕설과 협박에 쉽게 무너질 수 있으며 민중이 주도하는 정치제도에서 뛰어난 언변이나 사적인 이해관계가 대단히 큰 영향력을 발휘하기 쉽다는 것을 재빨리 간파했다. 그래서 아테네 사람들은 이 모든 절차를 인간의 힘으로 최대한 공정하고, 실수 없이 수행할 방법을 찾으려고 엄청나게 고심했다.[1] 하지만 아무리 공정하다 해도 소크라테스와 같은 일개 인간에게 이런 공개재판은 불리했다.

법정 판결과 흑주술

아테네 사람들은 악령도 법정의 판결에 영향을 끼친다고 생각했다. 스토아 바실레이오스에서 북서쪽으로 걸어서 5분 거리의 케라메이코스 박물관(케라메이코스는 고대 아테네의 도공들이 모여 살던 곳으로 케라메이코스 박물관은 이 지역에서 발굴된 유물을 전시하고 있다_옮긴이)에는 사람의 축소모형이 있다. 납으로 만든 이 축소모형은 손이 뒤로 결박당한 채 납관에 들어 있다. 모형의 오른쪽 다리와 관 뚜껑에는 '므네시마코스'라는 이름이 새겨져 있다. 누군가 므네시마코스에게 흑주술을 건 것이다. 므네시마코스는 흑주술의 피해자였다.

아테네의 사법제도를 거론할 때 보통 흑주술은 간과하기 쉽다. 고매하고 문명화된 아테네의 이미지와 잘 들어맞지 않기 때문일 것이다.

이 축소모형의 납관 뚜껑에서 다른 아테네인의 이름도 발견되었다. 그들은 희생자의 친구이거나 아니면 그를 고소한 적일 것이다. 관 뚜껑에 적힌 저주에는 관련된 사람들이 빠짐없이 거론되었고 명단의 마지막에 이렇게 적혀 있었다. '그의 편에 서서 변호하거나 증언하는 모든 사람.'[2]

아테네의 다른 곳에서도 저주가 적힌 납판들이 발견되었다. 접어서 못으로 박은 뒤 우물과 저수지에 던진 것들이었다. 납판에는 법정에 선 사람을 저주하는 내용이 적혀 있다.

> 이 납판이 쓸모없고 차가운 것처럼 그 사람과 그의 행동도 쓸모없고 차갑게 하소서. 그리고 그의 편에 선 사람들 또한 그들이 무슨 말을 하든, 나에 관해 어떤 음모를 꾸미든 쓸모없고 차갑게 하소서.[3]

이런 작은 입상과 저주가 적힌 납판은 법정이 있던 지역을 발굴할 때마다 나온다(아테네 중부, 피레우스, 케라메이코스에서도 나왔다). 이런 걸 보면 아테네가 얼마나 미신을 따르며 의심 많은 사회였는지 알 수 있다. 이런 저주 납판이 하위 계층민들 사이에서 성행한 관습이라고 생각하기 쉽지만 최근 아테네 발굴에서 드러난 사실을 보면 그렇지만도 않다. 입상과 저주 납판이 발굴되는 빈도와 새겨진 이름을 볼 때 이런 주술은 상당히 보편적으로 행해졌다는 사실을 알 수 있다. 최근에 미국 고전학 연구소는 아테네에서 발굴된 모든 낙서를 조사했다. 그 결과, 낙서는 두 종류로 나눌 수 있었다. 하나는 알파벳, 곧 아테네 사람들이 읽고 쓰기를 연습한 것이고 다른 하나는 서로에게 내리는 저주의 글이었다. 플라톤은 〈국가Politeia〉에서 주문으로 저주를 내리는 법정 주술에 관해 언급한 바 있다.

그들은 이런 방법으로 자신을 다른 세상의 악에서 구원할 수 있으며 주문을 외우거나 제물을 바치는 일을 소홀히 하는 사람들에게는 끔찍한 일이 일어난다고 믿는다.

클레로멘시, 제비뽑기를 관장하는 초능력

사람들은 주술이 사법제도에서 다른 방식으로도 영향을 미칠 수 있다고 생각했다. 그들은 클레로멘시, 즉 제비뽑기를 관장하는 초능력을 가진 존재가 클레로테리온에서 특정한 구멍에 공이 떨어지도록 한다고 생각했다. 아테네 사람들은 재판 결과가 피고의 언변이나 배심원들의 결정에 따라 좌지우지되도록 내버려 둘 수 없었다. 그들은 어둠의 힘을 불러들여야 했다.[4] 아테네는 굉장히 소송이 많은 사회였다. 매해 4만 건 가까이 소송이 일어났다. 그러니 흑주술이 얼마나 성행했겠는가? 무고한 자든, 죄지은 자든 악령의 힘으로 저주를 내리고 제거하는 일이 비일비재한 곳이었다.

아르콘의 법정에서 물시계가 움직이기 시작했다. 아테네인은 이날 해가 지기 전에 법정에 선 이 칠순의 철학자를 죽일지 살릴지 결정할 것이다. 하지만 누가 재판에서 이길지는 확실치 않았다. 사람들의 시선은 멜레토스와 아니토스, 리콘(그리고 멜레토스가 자신의 주장을 입증하려고 데려온 사람들)에게 쏠렸다. 고소인들은 정확히 세 시간 동안 주장을 펼 수 있었다.[5]

고대 아테네의 재판제도에는 변호사나 대리인이 없었다. 멜레토스와 아니토스, 리콘은 고소가 타당함을 입증해야 했고 소크라테스는 고소인들의 주장에 관해 스스로 변호해야 했다. 하지만 소크라테스가 그 특유의 재치와 농담, 깊이 있는 사고와 자신감으로 고소인들의 공격을 무사히 막아낼 수 있을지는 아무도 모를 일이었다.

08 아르콘 바실레우스의
종교법정 기원전 399년, 종교법정

저는 분명히 이 사람보다 현명합니다. 물론 저희 둘 다 안다고 자랑할 만한 처
지는 아닐 겁니다. 하지만 그는 자신이 모르는 것을 안다고 착각하는 반면, 저
는 제가 무지하다는 것을 잘 알고 있습니다. 그래서 저는 제가 모르는 걸 안다
고 생각하지 않을 만큼은 이 사람보다 현명한 것 같습니다.

－플라톤의 〈소크라테스의 변명〉에서

소크라테스는 젊은이들을 타락시키고 도시의 신을 부정한 혐의로 아테
네의 법정에 섰다. 참가자들의 감정은 격앙되었고 어느 모로 보나 소란스
러운 재판이었다. 사람들이 소크라테스의 말을 들을 수 없을 정도로 고성
이 오갔다고도 한다. 사람들은 죽음 앞에서도 눈 하나 깜짝하지 않고 침착
하게 논리를 펴는 소크라테스의 모습에 분명히 분노했을 것이다. 그러나
아테네 민주정에서 이처럼 소란스러운 분위기는 흔히 볼 수 있었다. 아테
네 사람들은 고함에 익숙했다. 매달 프닉스 언덕에서 열리는 민회에서 내
지르는 고성이 온 아테네에 쩌렁쩌렁 울렸다. 한 장소에 남자 6,000명이
모여 있는 모습을 상상해보라. 구두장이와 귀족, 천을 다듬는 축융공과 향

수제조자, 항만감독, 노예상인이 한데 모여 자기의 삶에 직접 영향을 미칠 문제를 놓고 논쟁을 벌였다. 민회는 민주주의 사상을 생생하게 구현한 제도였다. 민회에서는 모든 시민이 법 앞에 평등했으며 누구든 돌아가며 통치하고 통치당할 권리가 있었다. 그러니 전령들이 장내 질서를 유지하려 애써도 아테네 민주 시민들이 떠들어대는 소리가 하늘을 찌르곤 했다.

프닉스 민회장은 아크로폴리스 서쪽에 있는 자연적인 바위 지형을 이용해 세운 강당으로, 아고라 위에 있었다. 남자들은 동틀 무렵부터 이곳에 모여 아테네의 여러 일을 의논했다. 민회에서 의논할 주제는 500명의 남자가 돌아가면서 위원직을 맡는 아고라의 평의회에서 정했다. 매일 50명의 평의원에게는 엄격한 당번제로 저녁을 제공했다. 프닉스 민회장에서는 주장과 반론이 충분히 전개된 다음 거수로 결정을 내렸다. 어느 학자가 법의학적으로 연구한 바로는, 당시 한 사람이 자기 의견을 밝히고자 프닉스 민회장에 서거나 앉아 있을 수 있는 공간은 정확히 0.65제곱미터였다.[1]

민회 참가는 선착순이 원칙이었다. 아테네 민주주의에서 의사결정권자는 각 지역 또는 아고라에 자기 이름을 제출한 사람들, 민주 시민의 의무를 다하겠노라고 나선 사람들이었다. 특정 업무를 수행하는 단순한 사무직이 아닌 고위관료는 주로 제비뽑기로 뽑았다. 말하자면 1년 동안 국가의 수장이 될 사람을 제비뽑기로 뽑고 국무총리를 스물네 시간마다 제비뽑기로 뽑은 셈이다. 모두 폴리스의 에우다이모니아eudaimonia(행복, 복지, 번영으로 옮길 수 있는 단어로 인간이 성취할 수 있는 한 최고의 선을 성취한 상태를 말한다_옮긴이)를 위해서 일했다. 모든 관리는 (적어도 이론상으로는) 대중의 의지를 실현하고자 일해야 했다. 당시의 시민은 폴리테스polites(도시민)라 불렸다. 아테네의 사회정치제도는 흥미진진하고 자율적이며, 머리가 어지러울 만큼 급진적이었다. 정책은 왕이 내린 선물이 아니라 민중이 생각해내고 실행하는 것이었다.

새로운 형태의 정치인

이런 제도에서 살아남으려면 새로운 형태의 정치인이 되어야 했다. 과거 그리스의 영웅들도 집단을 대상으로 연설하긴 했지만 그들은 주로 업적 때문에 기념되고 기억되었다. 하지만 이제는 말을 어떻게 하느냐가 중요해졌다. 다양한 청중을 대상으로 논증해야 했기 때문이다. 하위 계층의 시민은 농사일 때문에 바빠 민회에 참석하지 못하기도 했다. 하지만 여위고 나이 든 남자들, 전쟁으로 불구가 되고, 질병과 영양실조로 허약해진 남자들은 참석했을 것이다. 그들의 표는 다른 사람들의 표와 마찬가지로 중요했다. 아테네 민주정에서는 시민 한 사람 한 사람이 정치인이었다.

하지만 민중의 의사표현을 문제 삼은 아테네 사람도 많았다.[2] 민주주의에서 시민은 사회적·정치적 입지나 교육, 재능, 미덕에 따라 영향력이 달라지지 않는다. 편향적인 사람도, 정신 나간 사람도, 누군가에게 앙심을 품은 사람도 의사를 표현할 수 있다.

직접 민주주의는 이념적으로는 완벽했지만 현실적으로는 결함이 있었다. 현실에서 민주주의 정치과정이 반드시 공동체의 질서 유지와 정의 실현으로 이어지란 법은 없다. 소크라테스 역시 절대적 민주주의의 가치를 물은 인물이었다. 그는 민주주의가 어린아이 같았던 시절에 나고 자랐다. 그 누구도 민주주의 실험이 어떤 결과를 낳을지 장담할 수 없었다.

소크라테스는 민주주의라는 새로운 개념의 잠재력에 안주하지 않았고 이 새로운 제도에 싫증 내거나 두려워하지도 않았다. 그는 영리한 아이처럼 자신을 둘러싼 제도에 질문을 던졌다. 그러다 보니 소크라테스를 반민주주의자라고 부르는 사람도 있었다. 하지만 소크라테스는 당시의 현실 민주주의에 두려움을 표현했을 뿐이다. 사실 많은 아테네인이 가끔 민주주의의 가치를 의심하면서 남몰래, 자신도 모르게 혹은 공개적으로 두려

움에 몸을 떨었다.[3]

> 테세우스: 이 국가는 한 사람의 의지에 복종하지 않는 자유 도시입니다. 이
> 곳의 왕은 민중입니다. 그들은 1년씩 돌아가며 국가를 다스리지요. 부자라
> 고 특별한 권력을 누리지 않습니다. 가난한 사람의 의견도 똑같은 힘이 있
> 습니다.
>
> 전령: 제가 살던 도시(테베)는 폭도들이 아닌 한 사람의 명령 아래 삽니다.
> 그 누구도 크게 고함을 지르며 이래라저래라 도시를 조종할 권한이 없습니
> 다. 대중은 개인적인 이유로 오늘 어떤 이를 사랑하다가도 내일이면 해악을
> 끼쳤다고 무고한 자들을 비난하겠지요. 정작 그자는 온갖 죄를 저지르고도
> 결국 법정에서 풀려날 겁니다. 평민들이라니! 쉬운 논리도 이해하지 못하
> 는 사람들이 어떻게 건전한 정책으로 도시를 이끌겠습니까?
>
> _에우리피데스의 〈탄원하는 여인들〉

정치적 자유와 표현의 자유를 옹호한 것으로 알려진 소크라테스는 민
주주의에 당혹스러운 질문을 또 하나 던졌다. '설득력 있는 연설은 훌륭합
니다. 하지만 그 설득에 선이, 진실이 얼마나 담길 수 있을까요?'[4]

말 잘하는 사람들의 시대

아테네에서 표현의 자유는 기본이었다. 하지만 교활한 민주주의자는
신중하게 말을 가렸다. 민회나 법정 어느 곳에서나 언변 좋은 사람들이 성
공했다. 요즘 들어 파피루스 조각에 남은 당시 평범하고 이름 없는 아테네
사람들의 말이 번역되고 있다. 그 글을 보면 이 초기 민주주의자들이 얼마

나 노련한지 알 수 있다. 속내를 말하는 사람도 더러 있지만 많은 사람이 대중이 듣고 싶은 말을 하면서 개인의 이익을 추구했고 그 행동에 도덕적 목적이 있는 것처럼 포장했다.[5] 한 사람보다 3만 명을 설득하기가 쉽고, 한 사람보다 다수를 속이기 쉽다는 헤로도토스의 말은 아테네의 직접 민주주의에서도 변함없는 진리였다.[6] 이제 소크라테스도 자신의 재판에서 그 말의 참뜻을 알게 될 것이다.

수사학 기법을 간략하게 설명한 소책자가 거리에서 불티나게 팔렸다. 기원전 4세기 아리스토텔레스의 〈수사학Ars rhetorica〉이 이집트 사막에서 여전히 발굴되는 것을 보면 이런 소책자가 당시 평범한 사람들 사이에서도 얼마나 인기를 끌었는지 알 수 있다. 법정에서는 정교한 기술이 필요했다. 연설을 읽는 게 아니라 외워야 했다. 피고나 원고는 또렷한 목소리로 감정을 살리며 연설해야 했고 (다음절어에다 발음이 복잡한) 그리스어를 잘 구사해야 했으며 제한시간 안에 정확히 논증을 마쳐야 했다.

소크라테스의 재판에서 먼저 연설한 사람은 고소인들, 즉 멜레토스, 아니토스, 리콘이었다.[7] 플라톤의 〈소크라테스의 변명〉에 의하면 멜레토스는 소크라테스 때문에 은연중에 불쾌했던 여러 시인을 대표해 연설했다. 유명인사와 그 추종자들이 이 귀찮은 잔소리꾼 철학자에게 등을 돌렸다. 리콘은 웅변가를 대표해 발언했다. 소크라테스는 웅변가가 내용보다 형식을 중요시한다고 비난한 적이 있었다. 아니토스는 아테네의 사업가였다. 그의 아들이 소크라테스와 잠깐 어울렸는데 소크라테스는 그 아들에게 가업인 제혁사업을 잇기보다 '생각하라'고 충고했다고 한다. 아니토스는 소크라테스의 제자 크리티아스(펠로폰네소스 전쟁 말기에 잠시 아테네를 통치했던 친스파르타 계열 30인 참주의 대표이다_옮긴이) 같은 과두정 지지자가 득세했던 내전 당시 많은 재산을 잃었다. 아니토스의 원한이 언제부터 시작되었는지 누가 알겠는가? 어쩌면 소크라테스가 일리소스 강 주변을 젊은

이들과 거닐며 이야기하던 그 시절에 시작되었는지도 모른다. 당시 일리소스 강 주변에서는 제혁업자들이 피묻은 가죽을 씻지 못하게 했다. 잘생긴 청년들이 여흥을 즐기며 강물에서 첨벙거리고 소크라테스와 다른 소피스트들의 말에 귀 기울이는 동안 아니토스는 생업이 부시당하고 위협받고 있다고 느꼈을 것이다.

소크라테스와 그의 친구들이 일리소스 강에서 더위를 식히고, 김나시온에서 청년들과 어울리며, 삶의 목적이 무엇인지 깊이 생각하는 동안 아니토스의 사업은 천대받았다. 플라톤이 남긴 대화편 중에는 아니토스와 소크라테스가 아테네 뒷골목에서 마주치는 장면도 나온다. 그 장면에서는 소크라테스를 향한 아니토스의 적대감이 숨김없이 드러난다.

> 소크라테스, 당신은 다른 사람을 지나치게 흉보는 것 같습니다. 당신이 제 충고를 듣겠다면 조심하라고 경고해드리죠. 많은 도시에서 사람들은 다른 사람에게 도움을 주기보다 해를 입히기가 쉬운 법이죠. 특히 이 도시에서는 더욱 그렇습니다. _플라톤의 〈메논〉

소크라테스의 재판에서 누가 이 시인, 웅변가, 제혁업자의 주장을 대변하는 연설을 썼는지는 알 수 없다. 고소인들이 직접 썼거나, 아고라에 책상을 놓고 앉아 설득력 있으면서도 짧은 연설을 후딱 써주는 사람 중 하나를 고용했을 수도 있다. 이런 사람들 덕택에 누군가는 목숨을 구하기도 하고 낙태를 막기도 하며 이웃집 마당이 사실은 자기 마당이라고 주장하기도 했다. 지금 우리는 멜레토스와 아니토스, 리콘이 재판에서 무엇을 말했는지 모른다. 그러나 우리가 확실히 알 수 있는 한 가지 사실은 그 고소인들이 연설하는 데 제한시간이 있었다는 것이다.[8]

법정에 사람들이 들어차자 전령이 소크라테스의 죄목을 큰 소리로 알렸다. 아르콘이 지루하게 기다리던 법정 관료들에게 물시계의 물줄기를 내려보내라고 신호를 보냈다. 그 신호에 맞춰 연사들은 500명의 재판관 겸 배심원 앞에서 주장을 펴기 시작했다. 우리는 소크라테스의 재판에 사용했던 아테네의 물시계, 클렙시드라klepsydra가 어떤 모양이었는지 알 수 있다. 1930년대에 금이 간 클렙시드라가 발견되었기 때문이다. 중앙 아테네의 우물 밑에 버려져 있던 이 유물은 도기 항아리 두 개를 위아래로 나란히 쌓은 것으로 큰 항아리에서 작은 항아리로 물

물시계인 클렙시드라를 재건한 것으로 아테네 고대 아고라 박물관이 소장하고 있다. ©G.dallorto

이 흐른다. 이 유물은 물을 비교적 빨리 흘려보내는 종류로 6분 만에 물이 다 빠졌다. 하지만 큰 법정의 물시계는 법정의 규모에 맞게 더 컸을 것이다. 그리고 재판 과정 동안 몇 번이나 항아리에 물을 다시 채웠다고 한다. 정해진 항아리에 담긴 물처럼 제한된 시간은 삶을 근본적으로 탐구해온 소크라테스와는 어울리지 않았다. 재판에서 소크라테스는 생명 없는 시계를 재판의 중재자로 삼는 게 얼마나 우스운 일인지 지적했다.

다른 곳처럼, 사형을 결정하는 재판을 하루가 아니라 여러 날 계속하는 법이 우리에게도 있다면 여러분이 저를 믿게 되셨겠지만, 이렇게 짧은 시간에 제가 쓴 오명을 벗기란 쉽지 않습니다. _플라톤의 〈소크라테스의 변명〉

이날 법정에서 많은 '시간'이 지났다는 이야기는 성립되지 않았다. 그리스어 ὥρα가 '시간hour'을 뜻하게 된 것은 4세기 후반이었다. 그전까지 이 단어는 계절과 정해진 시간이라는 뜻으로 사용되었다. 소크라테스 시대는 '축의 시대'axial age(철학자 칼 야스퍼스가 만든 용어로 인류정신의 기원으로 인정할 수 있는 시대를 말한다_옮긴이)라 불러 마땅하다. 인류 역사에서 구세계가 새로운 세계로 탈바꿈하기 시작한 순간이기 때문이다. 그러나 아직 아테네는 원시적·목가적 역법을 따라 의례와 계절로 시간을 표시하고 있었다. 그러나 새로운 기술로 변화가 일어나기 시작했다. 이제 똑똑 떨어지는 물시계의 흐름을 멈출 수 없게 되었다.[9]

소크라테스: 떨지 마시오. 잠깐 자기 생각에서 멀어져야 하오. 그 생각을 무시하고 한동안 잊으시오. 그런 다음 다시 머릿속으로 돌아가 생각하며 그 문제를 판단하시오.[10] _아리스토파네스의 〈구름〉

소크라테스는 아테네 법에 의거해 법정의 규칙을 준수하는 데 동의했고, 따라서 그는 그곳에 서 있어야 했다. 칠순의 나이에 낡은 옷을 걸친 소크라테스는 법정에 모인 다른 사람들처럼 그의 고소인들이 정해진 시간 동안 하는 말에 귀 기울였다. 고대 아테네 법정에 섰던 다른 모든 사람처럼 그 역시 고소에 맞서 자신을 변론해야 했다.

합의는 없다

현대 법정의 대결적 본성은 그리스의 전사 전통에서 유래했다. 그리스 전사들 간에는 '대결'이라는 뜻을 지닌 아고네스agones가 진정한 남자임을 증명하는 주된 수단이었다. 아테네 법정은 서로 합의하기 위한 곳이 아니라 상대를 이기기 위한 곳이었다. 피고와 원고는 법정이라는 극장에서 공연했고 교묘한 감정 조작은 이 공연의 중요한 일부였다. 남자들이 울고 애걸하기도 했고 귀족들이 민중의 발아래 엎드리기도 했다. 물론 이 공연의 절정은 박수갈채가 아니라 판결이었다. 법정 가득 들어찬 평범한 아테네 사람들은 농구장을 가득 메운 관중 같았다. 그들은 원고와 피고의 눈물, 간절한 손동작, 멋진 언변에 좌지우지되었다. 그리고 되돌릴 수 없는 최후의 판결을 내렸다.

소크라테스를 향한 멜레토스, 아니토스, 리콘의 반감은 무척 컸지만(그리고 그 재판에 걸린 이해관계도 대단했지만) 그들이 수준 높은 연설을 한 것 같지는 않다. 그들의 연설 중 어느 한 구절도 전해지지 않으니 1,000년을 전해 내려온 키케로의 연설 같은 명연설이 아니었음은 분명하다. 하지만 법정에서 힘을 발휘하는 것은 상대를 궁지로 몰아넣는 연설의 기술만이 아니었다. 소크라테스 또한 자신이 상대해야 할 것이 그것만이 아님을 잘 알고 있었다. 그날 법정에는 분명히 편견이 존재했다. 편견의 힘이 어찌나 센지 그리스인들은 편견을 여신의 모습으로 표현할 정도였다.

> 소크라테스: 악의와 비방으로 여러분을 설득한 사람도 있고, 그렇게 설득당한 사람이 다른 사람까지 설득하기도 했습니다. 그들은 모두 상대하기 매우 어렵습니다. 그들 가운데 누구든 이곳으로 데려와 심문할 수가 없기 때문입니다. 그러니 저는 제 변론을 하면서 말 그대로 가상의 상대와 싸우며 아무도 대답해주지 않는 질문을 던지고 있습니다.
> _플라톤의 〈소크라테스의 변명〉

소크라테스는 비방과 소문, 풍문을 듣고 내린 판단이 위험하다고 지적

했다. 비방과 소문은 무서울 정도로 강력한 신이 퍼트린다. 아테네 민주주
의자들이 사랑했던 신 중에는 설득의 여신 페이토가 있다. 소크라테스가
입을 열기도 전에 법정에 앉아 있는 몇몇 사람은 이미 풍문에 설득당한
상태였다. 소그리테스를 향한 비방은 이미 여신의 숨결을 타고 아테네 곳
곳에 빠르게 퍼졌다. 역사는 설득의 여신 페이토를 무시했지만 페이토는
아테네 전체에 엄청난 힘을 발휘하며 법정에 늘 함께했다.

> 어쨌든 아테네 시민 여러분, 제가 멜레토스가 말한 죄를 짓지 않았다는 데
> 는 그다지 많은 변론이 필요 없을 듯합니다. 제가 지금까지 말한 것으로도
> 충분합니다. 제가 앞서 한 이야기들, 그러니까 사람들이 제게 품은 증오가
> 엄청나며 그것도 많은 사람이 저를 증오한다는 것은 여러분도 분명히 사실
> 이라고 생각할 겁니다. 그러니 제가 정말 유죄판결을 받는다면 그것은 바로
> 멜레토스나 아니토스 때문이 아니라 많은 사람의 편견과 악의 때문입니다.
> 이제까지 많은 선량한 사람이 편견과 악의로 유죄판결을 받았고 제 생각에
> 는 앞으로도 그럴 겁니다. 그러니 이런 일이 저의 재판으로 끝날 거라고 우
> 려할 필요는 없겠지요. _플라톤의 〈소크라테스의 변명〉

어느 민주사회에서나 설득의 힘을 과소평가할 수 없는 법이다.

🏆 *09* 페이토, 설득의 힘

기원전 469~399년, 아고라, 민회, 법정

여러분이 저를 고발한 고소인들에게 설득되셨는지는 모르겠습니다만 저는 거의 넋을 놓을 뻔했습니다. 정말 설득력 있는 주장입니다. 하지만 진실이라곤 거의 한 마디도 없군요.

— 플라톤의 〈소크라테스의 변명〉에서

오늘날 아크로폴리스 남서쪽을 걷다 보면 웅장한 대리석 계단이 시작되기 전 오른편에 사방으로 벽을 둘러친 집이 보인다. 바로 신이 사는 집, 신전이다. 고대 아테네 사람들은 숭배의 장소, 아크로폴리스를 오를 때 상징적인 신의 거처가 아니라 신과 여신이 실제로 사는 곳, 그러니까 세속에 지은 신들의 집을 찾아간다고 생각했다. 신전과 성소는 신족을 위해 세속에 지은 처소였다. 이곳을 오르는 아테네 사람들은 분명히 가슴이 벅차올랐을 것이다. 그들은 천상과 지상에서 가장 강력한 존재들 속으로, 영적인 자기장 속으로 빨려 들어갔다.

아크로폴리스를 오르는 사람의 눈에 가장 먼저 들어오는 집이 바로 강력하고 간교한 여신이자 자석처럼 사람을 끌어당기며 소원을 이뤄주는 존재, 페이토의 거처이다.[1] 자세히 살펴보면 아테네 곳곳에 페이토가 있었다. 그녀는 고대 그리스의 남녀 의복인 퍼덕이는 키톤장식에도, 유골함에도, 잔에도 있다. 그녀는 고대 그리스의 위대한 서정시인 핀다로스가 올림피아 제전의 승자들을 찬양하여 쓴 축승가에도 나온다. 아테네의 신생 민주정에서 그만큼 설득의 기술은 중요했다. 당시 아테네에서는 사회정책, 판결, 전쟁을 비롯한 문명의 모든 활동을 민회에 참가한 시민에게 이해시켜야 했다. 기원전 4세기 변론가인 이소크라테스는 사람들이 페이토에게 매해 제물을 바치면서 그녀의 능력을 나누어 갖기를 소망했다고 한다.[2]

사랑과 설득의 위험한 만남 때문일까? 페이토는 사람을 홀리고 조종했다. 아무도 그녀를 꺾을 수 없으며 그녀는 끼지 말아야 할 곳에 끼어들었다. 그래도 아테네 사람들은 페이토를 신뢰했다. 민주주의를 신봉하는 아테네는 사실상 페이토를 사랑했다. 그렇다면 이해관계가 복잡하게 얽히고, 많은 자유가 보장된 당시의 아테네에서 어떻게 정치적 통일체를 유지할 수 있었을까?

합의를 이끄는 도구

아테네에서 페이토는 야심가들의 선전을 돕고, 아테네인들이 그들을 하나의 집단으로 생각하게 하고, 공동의 선을 위해 합의하도록 독려하는 중요한 임무를 맡았다. 페이토의 여사제들은 디오니소스 극장의 특별석에 앉았는데[3] 이는 페이토의 명성이 극장 자리에도 반영되었다는 뜻이다. 당대의 유명한 조각가들은 페이토의 카멜레온 같은 모습을 목상이나 석상으로 표현했다.[4] 여사제가 페이토 조각상을 닦은 다음 비둘기 피를 제단에 뿌리는 의식도 있었다. 비극작가 아이스킬로스가 쓴 〈오레스테이아

Oresteia〉 3부작(아가멤논의 아들 오레스테스의 복수와 재판을 그린 비극으로 〈아가멤논〉, 〈제주를 바치는 여인들〉, 〈자비로운 여신들〉 3부작이다_옮긴이)의 클라이맥스에도 페이토의 이름이 등장한다.

아테나: 설득의 여신 페이토도 축복하노라.

그녀는 중재자 제우스가 법정에 나와

승리를 안겨줄 때까지

단호하게 거부하는 신들을 부드럽게 설득했노라.

선은 선을 위해 애쓰니

우리 모두 그 승리를 함께 누리리라.

코로스: 내분이 아테네에 일어나지 않게 하소서.

내분은 온갖 불행에 싫증 낼 줄 모르므로.

타오르는 분노가 복수심을 달래고자 무기를 들고

이 땅을 사람들의 피로 물들이는 일이 없게 하소서.

함께 즐거움을 찾고 피를 나눈 형제로서

한마음 한뜻으로 사랑하고 증오하기를.

그것이 사람들의 상처를 치유하리니.

아테나: 이 훌륭한 말과 서약이

지혜가 이끄는 길을 수놓으리니…

정의를 국가의 최고 과제로 여긴다면

그대들의 나라와 도시가 번창할 것이며

모든 면에서 영광을 누리리라.

_아이스킬로스의 〈자비로운 여신들〉

〈오레스테이아〉 3부작은 기원전 458년에 처음 공연되었다. 당시 민주주의는 대담하고 새로운 사상이었다. 직접 민주주의 제도에서 설득의 여신은 아테네인에게 멋지고 질 높은 삶을 선사하는 듯했다. 훗날 내전이 일어나 설득과 운명의 여신이 아테네를 얼마나 끔찍한 곳으로 만들었는지 아는 사람에게는 이 구절이 의미심장하게 다가올 것이다.

소문과 뒷공론

고대 민담에 의하면 페이토는 괴물 같은 사생아를 낳았다. 그리스어로 페메pheme라는 이 아이의 이름은 라틴어의 파마fama, 영어의 'fame'으로 이어졌고 이 단어의 어원은 기억할 만하다. 원래 영어의 'fame'은 평판이 아니라 평판을 탄생시킨 소문을 뜻했다. 기원전 5세기의 민주정치는 표현할 자유를 주었고, 그 부정적인 면인 페메 또한 대단한 열정으로 숭배했다. 사람들 사이 유대가 긴밀하고 자유로운 아테네에서 소문과 뒷공론은 대화에 있어 약방의 감초였다. 하지만 소크라테스의 재판 무렵 페메는 아테네 시민에게 즐거움 못지않은 고통을 주었다.

소크라테스는 페이토와 페메에 늘 모호한 입장이었다. 그는 사실 속이 비었지만 설득력 있는 언사가 대단한 영향력을 발휘하기도 하는 모순을 잘 알고 있었으며, 그 사실을 혐오하는 듯했다. 많은 소피스트가 페이토의 이름을 부르며 아고라에서 설득의 기술을 팔았지만, 소크라테스는 그런 일을 무척 꺼렸다. 플라톤과 크세노폰을 비롯해 후대의 주석가들이 전하는 바로는 소크라테스는 아테네의 많은 수사학자와는 달리 진실을 소홀히 하는 것을 진심으로 우려했다.

소크라테스: 소피스트들과 벌이는 영리하고 한가한 논쟁을 계속 즐긴다면 사람들과 함께 살아가는 방법을 절대로 배우지 못할 것이다.[5]

_에드워드 비시의 《소크라테스의 명언》

소크라테스는 선과 악, 진실과 거짓의 차이를 탐색했다. 아테네에서 타협과 조작이 높은 평가를 받던 시절에도 소크라테스는 끝내 인기에 영합하지 않았다. 그는 교묘한 말솜씨로 검은색을 흰색으로 위장하는 일 따위는 하지 않았다. 좀 더 견고한 무엇, 형식보다는 내용이 있는 무엇인가를 찾고 있었다.

소크라테스: 제게 유죄선고를 내리는 것은 이 증오라는 것입니다. 제가 실제로 유죄선고를 받는다면 그것은 멜레토스나 아니토스 때문이 아니라 많은 사람의 편견과 악의 때문입니다. 그리고 이런 일은 앞으로도 일어날 것입니다. 제 소송으로 절대 끝나지 않을 것입니다.

_플라톤의 〈소크라테스의 변명〉

소크라테스는 분명히 페메와 페이토의 희생자였다.

2막

사건의 발단

위대한 철학자의 탄생

🏆 *10* 알로페케, 철학자의 고향

기원전 469년, 아테네 남동지역

*크리톤: 아이를 낳지 말든가, 아이를 낳았으면 제대로 키우고 가르치면서 함
께 살아야 하지 않겠나?*

– 플라톤의 〈크리톤〉에서

우리는 유명하고 역사적인 인물의 죽음에 관해서는 세세하게 알지만
그의 탄생에 관해서는 잘 모를 때가 많다. 다만 우리는 소크라테스가 아크
로폴리스의 기다란 그늘에서 태어났다는 정도는 알고 있다.[1] 그는 아테네
에 10부족과 139데모스가 있던 시절에 안티오키스 부족의 알로페케 데모
스에서 소프로니스코스와 파이나레테의 아들로 태어났다. 아테네 중심부
에서 남동쪽에 있는 알로페케는 히메토스 산기슭 높은 곳에 아늑히 자리
잡고 있었다.

오늘날에는 세계 최고의 건물이 가득한 아크로폴리스를 그냥 지나칠
수 없다. 파르테논 신전이 웅장하게 자리 잡은 아크로폴리스의 모습은 오
랜 친구처럼 친근하다. 파르테논은 그 자체로 서양문명을 상징하는 존재
가 되었다. 물론 소크라테스가 어린 시절에 본 풍경은 우리가 보는 풍경과

달랐다. 그가 태어났을 때에는 아테네의 웅장함이 싹트지 않았고 고전기 파르테논 신전은 아직 그림조차 그려지지 않았다. 어린 소크라테스는 매일 아침 전쟁의 흔적이 남아 있는 폐허의 풍경과 마주쳤다. 아르카이크 시대의 파르테논 신전은 페르시아 군대의 파성퇴battering ram(성벽이나 성문을 부술 때 쓰는 장치이다_옮긴이)와 횃불, 칼에 참담하게 부서지고 불탔기 때문이다. 하지만 잿더미 속에서 파르테논 신전이 불사조처럼 부활하리라는 소문이 돌았다.

소크라테스는 웅장한 파르테논 신전은 볼 수 없었지만 아테네를 지켜주는 우람한 산맥에 안락하게 둘러싸여 어린 시절을 보냈다. 아테네 서쪽의 리카베토스 언덕과 아이갈레오스 산, 북쪽의 파르네스 산(현재 파르니타 산), 북동쪽의 펜텔리 산 모두 구름에 닿을 듯 높았다. 소크라테스는 피레우스 항구로 밀려오는 상인들도 보았다. 또한 완만한 해안선이 남부 그리스로 구부러지며 내려가다 코린토스를 지나 펠로폰네소스 반도를 이루는 풍경도 보았다. 신비로운 흰 바위 언덕 필로파푸도 소크라테스의 오랜 친구였을 것이다. 오늘날 필로파푸 언덕은 연인들의 만남의 장소이지만 당시에는 외세의 침략을 살피는 중요한 망루였다.

소크라테스가 태어난 알로페케에서 아래로 내려다보면 아테네 역사에 지리적 조건이 어떤 자극을 주었는지 알 수 있다. 알로페케에서 내려다본 세상은 가능성이 실현되고 새로운 도전이 이루어질 것처럼 보였다. 실제로 아테네는 방어벽 같은 산맥에 둘러싸여 있고 문명이 일어나고 유지하는 데 필요한 천연자원(대리석, 석회석, 점토, 은)이 풍부해, 마치 물총새의 보금자리 같은 곳이었다. 전설에는 아테나와 바다의 신 포세이돈이 아테네를 차지하려고 싸웠는데 결국 지혜로운 아테나가 승리하고 포세이돈은 물러갔다고 한다. 그래서 아테나는 '높은 도시', 즉 아크로폴리스라 부르는 거대한 붉은색 석회암 바위 위의 장기 거주자가 되었다고 한다.

10부족과 데모스

소크라테스가 살던 아테네는 여전히 부족사회였다. 부족이라는 정서적 단위로 느슨하게 나누어진 체제였다. 데모스라 부르는 행성구역은 10부족 중 하나에 속해 있었다. 플라톤의 〈고르기아스Gorgias〉에 의하면 소크라테스는 알로페케 데모스의 구성원으로 태어났다. 데모스는 옛날로 치면 부족장이 지배하는 마을이었다. 그러나 개혁가인 클레이스테네스는 부족문화와 민주주의가 양립할 수 없다는 걸 깨달았다. 부족에 충성을 바치면 더 큰 공동체인 도시국가에 충성할 수 없기 때문이다. 그래서 기원전 508/507년 클레이스테네스는 가장 급진적이고 혁신적인 개혁을 도입했다. 바로 오랜 부족제도를 청산하는 것이었다. 그러나 지략가였던 클레이스테네스는 변화를 친숙하게 포장해야 사람들이 쉽게 받아들인다는 것을 알고 있었다. 그래서 기존의 마을을 여러 개 묶거나 개별적으로 분리해서 '데모스'라고 새롭게 불렀다. 결국 부족은 남았지만 이름도, 성격도 크게 달라졌다.

역사상 많은 권력자처럼 클레이스테네스도 구불구불한 자연적 인구구성을 무시하고 직선을 그었다. 그는 군사력을 강화한다는 명분으로 아테네인들을 새로운 집단으로 분류했다. 이제 아티케 전역이 아테네의 10부족으로 재편되었다.[2] 족벌주의와 왕실 파벌, 수세대에 걸친 특정 가문의 지배권이 단번에 축소되었다. 물론 극단적으로 불만을 품은 부족장들도 있었지만 그들의 의견은 무시되었다. 흥미진진한 변혁의 시대였던 당시, 그들의 수보다 훨씬 많은 아테네 시민이 발언권을 확보했기 때문이다.

부족마다 50명의 남자가 부족의 이익을 대변하려고 평의회에 참가했다. 그리고 부족 내부의 각 데모스(사실상 마을을 다스리는 정부)는 누구에게 아테네 시민 자격을 줄지 투표로 결정할 수 있었다. 귀족과 왕족은 곧 분열되었다. 이제 데모스는 민중의 힘을 대변하는 작은 단위가 되었다. 모든 아테네 시민에게 권력을 주는 한편, 모든 시민이 어머니 도시, 아테나의 도시, 아테네와 끈끈하게 연결되었다.

지방에서는 디오니소스 축전 같은 지역 축전이 소속감을 강화시켰다. 지방 디오니소스 축전은 한겨울인 포세이돈의 달(12월/1월) 하순에 열리는데 시민은 거대하고 멋진 남근상을 들고 거리를 행진했다(디오니소스 축전은 지방 축전과 도시 축전으로 나뉘는데 도시 축전은 3월에 열렸다_옮긴이). 나무로 만든 남근상은 백합과 담쟁이 화환으로 장식했다. 그리고 숫염소를 제물로 바치고 지역민이 모여 연극경연대회를 열었는데 경쟁이 무척 치열했다. 아리스토파네스는 데모스가 중심이 된 이런 축전이 어떻게 소속감을 강화하는지 잘 묘사했다.

> 오, 디오니소스신이시여, 저의 행렬과 제물을 보고 부디 기뻐하소서. 그리고 저와 제 가족이 행운으로 지방 디오니소스 축전을 기리게 하소서. 이제 제가 원정을 마치고 돌아왔으니 말입니다.
>
> 흥청대며 놀기, 한밤에 어슬렁거리기,
> 간통, 남색:
> 6년의 원정 끝에
> 기쁘게 제 고향 데모스로 돌아와
> 제가 이룬 평화와 더불어 인사를 드립니다.
> 이제 모든 전쟁과 괴롭힘에서 해방되었나니.
> _아리스토파네스의 〈아카르나이 구역민들〉

도시 디오니소스 축전처럼 아테네 도시국가 전체가 참여하는 축전은 궁극적으로 데모스와 민주주의를 향한 시민의 소속감을 다지는 행사였다. 플라톤은 〈국가〉에서 아테네인이 이런저런 축전을 벌이며 분주하게 지내는 모습을 묘사했다. 아테네 시민은 모여든 인파와 함께 축전을 즐기며 신과 동료 시민을 즐겁게 했다. 이 새롭고 대담한 개혁의 화신인 지도자 10인, 즉 건국영웅 10인(클레이스테네스는 아테네를 10부족 체계로 재편할 때 아테네의 신화 속 영웅의 이름을 따서 각 부족의 이름을 붙였다. 이 10인의 건국영웅은 델포이의 아폴론 신탁에서 선택되었으며 그들의 청동상이 아고라에 있다_옮긴이)의 청동상이 아고라 중심에 밤이나 낮이나 서 있었다.

소크라테스의 고향인 알로페케는 오늘날에도 여전히 오래된 마을 느낌이 나는 곳이다. 아테네 중심부에서 걸어서 25분이면 도착하는 이 마을의 입구에는 야생 금어초가 무성하고 오래된 진흙 벽돌집 몇 채가 산비탈에 납작 엎드려 있다. 개발업자들이 이처럼 탁 트인 노른자위 땅을 사는 데 열을 올리고 있으니 이 오랜 집들은 곧 사라질 것이다. 알로페케는 부유한 동네가 아니다. 비가 많이 내리고 나면 턱수염을 기른 남자들이 약간 민망한 표정으로 풀 덮인 기슭을 뒤지며 저녁거리로 쓸 달팽이를 찾는다. 이곳에 사는 나이 든 아테네인과 난민은 이미 삶의 막다른 골목에 들어선 사람들이다. 하지만 소크라테스가 태어났을 때 이 구역은 희망찬 동네였다.

페르시아 전쟁

기원전 469년 아테네는 거대한 땅덩어리에 속한 작은 도시였다. 풍요롭고 전략적인 위치에 있던 아테네는 무자비한 페르시아 제국의 달갑지 않은 관심을 받고 있었다. 기원전 480년 8월 말 그리스 연합군의 선봉에 섰던 스파르타인 301명은 크세르크세스 1세와 그의 군대를 테르모필레 협

로인 '열문Hot Gates'(마케도니아 해안에 있는 좁은 골짜기로 그리스로 가려면 꼭 지나야 하는 관문이다_옮긴이)에서 저지하고 있었다. 그들은 모두 쓰러질 때까지 싸웠다. 마지막 순간에는 맨주먹으로 이를 악물고 싸웠다. 그러나 페르시아군은 아티케로 진군했다. 진군하는 페르시아 군대는 마을에 불을 질렀고 달아나려 몸부림치는 시민을 덮쳤다. 그들의 손에 잡힌 사람들은 살육되거나 노예가 되었다. 9월 말[3] 페르시아 군대는 아크로폴리스에 당도했다. 그들은 낡은 계단과 붉은 석회암 바위를 올라가 불을 질렀다. 목조 건물들이 불길에 휩싸여 땅으로 주저앉았고, 옛 아테나 신전이 갈라지고 쪼개져 파괴되었다. 오늘날에도 페르시아 군대가 지른 불에 부서지고, 그을린 흔적이 남은 쿠로스(청년을 묘사한 석상)를 볼 수 있다.

그러나 소생의 기회가 생겼다. 기원전 483년 아테네 남부 라우리온의 낮은 구릉에서 지하 6.5킬로미터 아래에서 일하던 노예들이 신의 선물을 발견했다. 그것은 신들이 아테네를 얼마나 아끼는지 보여주는 선물 같았다. 노예들이 발견한 것은 은이 함유된 납층이었다. 하룻밤 사이에 아테네는 풍부한 현금을 손에 쥐게 되었다. 부자 국가가 될 기회였다. 가난한 아테네 시민이 가난에서 벗어나고, 부자가 더 부유해질 기회였다.

그러나 한 사람, 바로 테미스토클레스(페르시아 전쟁 당시 살라미스 해전을 승리로 이끈 아테네의 정치가이자 장군이다_옮긴이) 장군이 아테네 민회 앞에 나서서 장기 계획을 제안했다. 그는 굴러든 호박을 그 자리에서 바로 다 먹어치우기보다는 장기적인 안목으로 써야 한다고 말했다. 그는 상당히 급진적인 계획을 제안했다. 즉 아테네가 남쪽으로, 바다로 눈을 돌려야 한다는 것이었다. '아테네는 해상강국이 되어야 한다. 제해권을 쥐고 호메로스의 서사시에 나오는 옛 영웅들처럼 바다를 다스려야 한다.' 그가 이 거대한 계획을 곰곰이 생각하고 있을 때 델포이의 신탁이 도움의 손길을 내밀었다. 수수께끼 같은 신탁은 아테네인들은 나무 성벽에 위탁해야 한다고 했다. '그게 어딘데? 신성한 아크로폴리스를 둘러싼 나무 울타리를 말하나?' 사람들은 물었고 그게 아니라고 테미스토클레스가 답했다. 신탁이 말하는 나무 성벽은 바다를 수놓는 성벽, 곧 목선의 숲이었다.

처음에 사람들은 회의적인 반응을 보였지만 결국 테미스토클레스의 열정이 이겼다. 그는 삼단노선(고대의 전함으로 양쪽에 3층으로 노를 장착했다_옮긴이) 200척을 주문했다. 처음에는 방어막으로, 나중에는 전투에 쓸 함선들이었다. 풋내기 선원이 단번에 노련한 선원이 되어 버렸다.[4] 아테네는 분명히 도움이 필요했다.

도끼눈을 하고 호시탐탐 아테네를 주시하던 페르시아 군대는 그 규모가 인류 역사상 가장 컸다. 당대의 자료를 보면 170만 대군이었고, 더 냉철한 현대의 계산으로는 25만 명으로 추정된다. 그 수가 얼마이든 군대의 규모는 압도적이었다. 분명히 막을 수 없는 거대한 강물로 보였다. 페르시아 군대는 흙과 땔감으로 보트를 연결해서 헬레스폰토스 해협(현재 다르다넬스 해협)에 다리를 지어 유럽과 아시아를 연결할 정도였다. 또한 지중해를 향해 남쪽으로 뻗은 울창한 아토스 반도에 운하도 팠다. 오늘날 이곳에는 그리스 정교회 자치주가 자리 잡고 있다. 페르시아의 왕 크세르크세스 1세가 이처럼 지형을 바꾸는 무시무시한 공사를 벌이는 것을 보고 그는 변장한 제우스신임이 틀림없다고 두려움에 떠는 사람도 있었다.[5]

살라미스 해전

그리스는 페르시아의 상대가 되지 않았다. 하지만 그리스의 누스nous, 즉 지성에 희망을 걸 수 있을지도 몰랐다. 현대의 달력으로는 9월, 아테네의 달력으로는 피아네프시온인 초가을 무렵, 아티케 변두리 근처에 주둔하고 있던 페르시아 군대가 훗날 그들의 최종 군사작전으로 기록될 작전을 개시했다(아테네 함대를 주축으로 한 그리스 군대가 페르시아 군대를 무찌른 살라미스 해전을 말한다_옮긴이).

아테네의 모든 인구는 펠로폰네소스 반도나 근처의 살라미스 섬으로 대피했다. 아테네에 남은 사람이라고는 아크로폴리스에 숨은 여사제와 국고를 지키는 사람, 두려움에 떨며 꾸물거리는 사람뿐이었다(그들은 아테나 신전이 불탈 때 살육되거나 불에 타 죽었다). 대피한 사람은 10만 명이 넘었다. 아이들은 훌쩍였고 여인들은 두려움과 고달픔에 떨었다. 피난민 무리 속에는 훗날 아테네를 위대하게 만든 인물도 있었을 것이다. 십 대의 페리클레스도 있었을 테고 극작가 소포클레스도 있었을 것이다.

피난민들은 퍼붓는 뇌우 속에 꾸물대며 움직이는 달팽이 행렬 같았다. 재산과 식량을 조금 들고 나왔을 뿐인데 집은 불에 타버렸다. 모든 것이 부서지고 약탈되었다. 슬프고 모멸스러운 사건이었다. 아테네인들은 불타는 도시 아테네를 그저 바라볼 수밖에 없었다. 아테네는 이제 가망이 없었다. 노예의 운명과 살육, 강간이 그들을 기다리고 있을 것이었다. 많은 사람의 기대처럼 아테나 여신이 개입하는 기적이 일어나지 않는 한, 그래서 그리스의 전략이 성공하지 않는 한, 가족을 이끌고 불타버린 고향으로 돌아가기란 불가능해 보였다.[6]

하지만 그날 올림포스 산의 신들, 특히 바람의 신들이 아테네 편에 선 듯했다. 살라미스 해협은 그 폭이 1.5킬로미터도 되지 않았다. 크세르크세스 1세가 전투를 관전하던 하얀 바위 절벽에서 내려다보면 그곳의 바다는 유람선을 띄우기에나 적당한 호수 정도에 불과했다. 살라미스 해협은 절벽 사이에 끼어 있었다. 아무리 넉넉하게 계산해도 그곳에서 싸울 수 있는 병사의 수는 얼마 되지 않았다.

해협으로 들어서던 페르시아 함선 몇 척이 비스듬히 기울면서 함선의

널찍한 측면이 그리스군에 노출되었다. 순간 전함들이 물웅덩이에 뜬 나뭇잎처럼 서로 엉기더니 광란의 들이받기가 시작되었다. 그리스 군대는 배 앞에 붙은 주먹코처럼 생긴 쇠로 적함의 중앙을 들이받아 산산조각냈다. 페르시아 병사들은 익사하거나 그리스군의 창에 찔려 죽었다. 비명이 바다를 뒤흔들었고 아직 숨이 끊어지지 않은 병사들의 몸뚱이가 온 바위를 뒤덮었다. 바다는 그리스와 페르시아 병사의 피로 물들었다.

그리고 얼마 뒤 날카롭고 경쾌한 소리가 하늘을 갈랐다. 그리스군의 승리를 자축하는 피리 소리였다. 살라미스 해전의 승리를 기념하는 조각상이 델포이에 세워졌다. 5미터 길이의 이 조각상은 페르시아 함대의 선미재船尾材를 꽉 붙잡고 있다. 아테네 전역에 글자와 그림을 새긴 비석이 세워졌다. 서양의 자유가 동양의 압제를 이길 수 있다고, 이겨야 한다고 선언하는 기념비들이었다.

엄청난 적군을 물리쳤다는 사실에 아테네인들은 흥분했다. 페르시아는 70년 동안이나 힘을 과시하며 그리스의 동맹도시를 빼앗았고 그리스 땅을 진군했다. 그들은 그리스인들에게 허황된 부를 약속하며 그리스의 도시들을 자기편으로 끌어들였다.[7] 그런데 이제 하룻밤 사이에 아테네라는 작은 도시가 천하무적의 도시가 되었다. (망명자들이 아테네로 모여들었다. 아테네의 중무장 보병들이 손에 물집과 못이 박이도록 신기술을 익혔고 삼단노선을 1주일에 두 척씩 만들었다.) 아테네인들은 무너진 집을 다시 짓기 시작했고 명성과 영광스러운 도시국가를 더 견고하게 쌓기 시작했다.

아테네의 이름이 곳곳의 마을 광장에서 거론되었다. 아테네인들의 사기는 드높았다. 가장 좋은 옷을 빼입은 아테네 관리들이 아나톨리아와 트라키아, 이집트 등을 돌아다니며 아테네가 동지중해 지역과 연합해 적과 맞설 것이라는 희소식을 알렸다. 이제 아테네가 제해권을 장악했기 때문에 해로와 육로로 침략해오는 적에 맞서는 사령부가 되는 것은 당연해 보였다. 그로부터 2년 후 아테네의 탁월함은 키클라데스 제도(에게 해 남쪽, 그리스 반도와 크레타 섬 사이에 있는 군도로 델로스 섬과 멜로스 섬, 산토리니 섬 등을 포함한다_옮긴이)의 신성한 섬, 델로스에서 공식적으로 인정받았다. 기원전 478년 겨울, 아테네는 이곳에서 델로스 동맹(페르시아 전쟁 후 아테네를 주축으로 결성된 그리스 도시국가들의 군사동맹으로 동맹국의 공여금을 델로스 섬에 있는 아폴론 신전에 보관했다고 해서 델로스 동맹이라 부른다_옮긴이)의 지도자로 선포되었다. 동맹국은 아테네에 감사의 조공을 바쳤고 아테네 영토로 돈이 쏟아져 들어오기 시작했다. 그리스의 단결은 동지중해의 경제를 부흥하게 했다. 아테네가 '동양의 무식한 야만인'을 패퇴시켰다는 소식에 도시들은 활기를 되찾았다.

그리고 살라미스 해전 승리 10년 후 소크라테스가 태어났다. 이름이 성격을 좌우한다는 그리스의 보편적인 믿음이 맞는다면, 어린 소크라테스는 소스sos, 즉 '안전한', '매우 튼튼한' 아이였고(sos는 영어 so의 어원이다) 크라토스kratos, '강력하고', '마음을 사로잡는' 아이였다. '소－크라테스'라는 이름은 아마 잔혹하고 불안하고 피비린내 나는 시대를 살았던 어머니와 아버지, 파이나레테와 소프로니스코스의 진심 어린 소망이었을 것이다. 그들은 아들을 위해 더 안전한 미래를 바랐다.[8]

건축과 조각의 시대

소크라테스가 요람에서 울어대고 있을 때 아테네는 망치와 끌로 자기 모습을 다듬고 있었다. 아테네 전역에서 건설사업이 진행되고 있었다. 아크로폴리스의 북쪽 성벽이 소크라테스가 태어나던 해에 건축되었다. 스토아 포이킬레의 토대가 아고라 가장자리에 놓였다. 근사한 피레우스 항구

아테나 성역의 중심 톨로스. 이 시기에 지어진 톨로스 회관은 왕의 무덤을 떠오르게 하는 건물이었다. ©Dmitri Ometsinsky/Shutterstock.com

는 지은 지 20년밖에 되지 않았을 때다. 조각가와 석공 들은 석회석과 대리석을 쪼개고 다듬으며 그리스의 숭배대상을 구현하고 있었다. 통통한 실물 크기의 꼬마가 풍요의 여신에게 기도하는 모습을 만들기도 했다. 또 갈라진 발굽에 염소 다리를 하고 암벽을 오르는 판신(그리스 신화에 나오는 목신이다. 상반신은 사람의 모습이며 머리에는 염소의 뿔이 났고 다리는 염소 다리를 하고 있다. _옮긴이), 전쟁터로 행진하는 중무장 보병의 석상, 화장 장작더미 앞에서 애도하는 젊은 아내들의 모습을 새겼다. 디오게네스 라에르티오스의 〈유명한 철학자들의 생애·가르침·격언〉에 의하면 소크라테스의 아버지는 돌을 쿵쿵 쪼아대느라 여념 없던 이 도시에서 석회가루와 돌가루를 뒤집어쓴 석공 중 하나였다. '할 수 있다'는 당대의 정신 덕택에 늘 일이 많았고, 그 덕에 돈을 번 사람이었다.

알로페케와 그 주변 지역은 그 시절부터 지금까지 대리석을 다루는 석공들이 사는 곳으로 유명하다.[9] 언덕 기슭에는 오늘날까지 석공들이 조그만 가내공업 단지를 이루어 공동묘지 입구에 공예품을 전시하고 있다. 오늘날 그들의 공예품은 죽은 자에게 경의를 표하고 싶은 유족을 위한 공예품이다.

그러나 기원전 5세기 석공들은 새로운 아테네를 건설할 사람들이었다. 따라서 소크라테스의 아버지 소프로니스코스도 늘 분주했을 것이다. 정교한 '슬픔에 잠긴 아테나' 부조가 만들어진 것도, 아크로폴리스 북서 기슭 지하에 클렙시드라 샘(기원전 470~460년에 만든 지하 저수지로 동굴 속의 지하수를 활용하도록 지었다_옮긴이)이 만들어진 것도 이 시기였다. 또한 조각가 페이디아스가 '아테나 프로마코스Athena Promachos'(선봉에 선 아테나라는 뜻의 거대한 청동상이다_옮긴이) 청동상을 주조하기도 했다. 이 시기에 지어진 톨로스 회관은 청동기 시대 말기, 영웅시대의 전사戰士 왕의 무덤을 떠오르게 하는 건물이었다. 아고라에 세운 이곳에서 한 번에 평의원 50명[10]에게 푸짐한 음식을 대접하여 그들의 노고를 달랬다. 아테네의 인구는 증가하여 소크라테스가 사망할 무렵에는 무려 다섯 배가 되었다. 사람들은 구역별로 모여 살았다. 아담하고 소박한 집들이 아테네의 거리를 채웠다.

당대에는 건물을 아름답게 장식하는 것이 유행이었다. 그러다 보니 창조의 물결이 거리마다 넘실댔다. 조각가를 재정 지원하는 후원자가 있었으며 희망찬 도시 아테네는 예술가들을 심리적으로 지원했다. 참주 살해자, 하르모디오스와 아리스토기톤(기원전 6세기에 참주 히피아스의 동생인 히파르코스를 살해한 사람들이다_옮긴이) 청동상이 아고라에 항상 서 있었다. 이 조각상은 크세르크세스 1세의 군대가 훔쳐간 원본 조각상을 대신해 세운 것으로, 고전기를 대표하는 정치 미술의 초기 형태를 보여준다. 이 무렵 페이디아스는 '아테나 렘니아Athena Lemnia'를 정교하게 조각했다. 이 조각상은 훗날 파르테논에 세워진 거대한 도금 아테나 상의 전신이었다.

모형과 조각을 볼 때 관객은 무엇에 가장 압도당할까? 가장 아름답고 가장 멋있는 조각상, 미에서 완벽의 극한까지 다다른 조각상이 아닐까? 위엄 있는 제우스와 아테네의 수호신 아테나 여신.[11]

아테네의 재능 있는 조각가들은 아테네 북부와 남부, 동부 출신의 공예가들과 경쟁했다. 타소스 섬 출신의 화가 폴리그노토스는 스토아 포이킬레에 힘차게 발을 내딛는 말과 아마존 부족을 생생하게 표현했다. 그의 맞수였던 사모스 섬 출신의 화가 아가타르코스도 뛰어났다.[12] 아브데라(에게 해 북쪽 트라키아 연안의 도시국가이다_옮긴이) 출신의 철학자 프로타고라스('인간은 만물의 척도다'라는 말을 남긴 것으로 유명하다_옮긴이)도 아테네에 있었다. 크레타 섬 북서쪽의 키도니아(현재 카니아) 출신 조각가 크레실라스도 아테네에서 활동했다. 철학자 데모크리토스도 트라키아(발칸 반도 동남부에 걸쳐 있는 지방이다_옮긴이)에서 왔다. 그는 원자라는 개념에 처음 착안한 사람이다. 원자는 너무 작아서 나눌 수 없는 입자이다. 원자를 발견하기 2,500년 전에 원자라는 존재를 상상하고 이름을 짓다니 놀라운 일이다.[13] 북쪽 고향에서는 꽤 이름이 알려졌던 데모크리토스는 아테네의 거리에서 이렇게 말하곤 했다. "아무도 내가 누군지 몰라!"[14] 아리스토텔레스도 아테네 북부인 마케도니아 근처 칼키디케 스타기로스에서 아테네로 왔다. 아테네는 거물로 가득한, 팽창하는 도시였다.

어린 소크라테스의 교육

어린 소크라테스는 어떤 모습이었을까? 어머니의 등에 업히기도 하고, 못된 짓을 하다 아버지에게 매를 맞기도 했다. (나중에 플라톤은 〈크리톤〉에서 소크라테스를 아버지를 피해 달아나는 게으른 소년으로 묘사하기도 했다.) 소크라테스는 세 살에 형제단, 프라트리아phratria(형제를 뜻하는 그리스어 프라테에서 왔다_옮긴이)에 이름이 올랐다. 프라트리아는 혈연관계와 종교의례로 맺어진 느슨한 충성 집단이다. 그리고 안테스테리아Anthesteria 축전(술의 신 디오니소스를 기리는 축전 중 하나로 매년 안테스테리온(2~3월)에 사흘 동안 열렸다. 유아기를 지낸 아이들에게 포도주를 따라 마시게 했다_옮긴이)에서 축하를 받았다.

살아남은 아이들은 공동체의 중요한 구성원이기도 했다. 그 시절의 죽음은 노인보다는 어린이와 더 가까웠다. 당시 아테네에서는 5명 중 3명의 아이가 질병으로 쓰러졌다. 어린 소크라테스는 그런 질병을 견디고 살아남은 아이였다. 그의 어린 시절은 유례없이 평온했다. 페르시아 군대는 동양에 있었고 어린 소크라테스는 무자비한 살육을 경험하지 않아도 되었다. 소크라테스와 그의 데모스 친구들은 여러 가지 놀이를 즐길 여유가 있었다. 당시에는 구체관절인형이 인기 있었다. 아스트라갈로이astragaloi, 곧 지골구슬놀이(양의 복사뼈를 깎아 만든 구슬을 사용한 공기놀이이다_옮긴이)도 인기 있었다. 여유 있는 집 아이라면 요즘 것과 같은 주사위도 갖고 놀았을 것이다. 이 모든 게 아테네의 어린 세대가 즐겨 했던 장난감이었다.

어린 소크라테스는 분명히 교육도 받았을 것이다. 당시에는 학업을 돕는 노예인 파이다고고스paidagogos(고대 그리스에서 귀족 자제의 교육상 일을 돌보던 노예이다. 주로 생산 노동이 어려운 늙은 노예가 귀족 자제의 통학을 돕고 신변을 돌보았다_옮긴이)가 어린 아이들의 곁을 항상 지켰다.[15] 또 햇볕에 그을린 동네 아이들과 어울려 놀면서 장인과 과학자, 점성술사, 화가, 조각가, 돌팔이 의사, 노예 상인, 향료 상인 들이 골목길과 오솔길을 따라 도시로, '제비꽃 화관을 쓴'[16] 아테네로 자기장에 이끌리듯 몰려드는 모습도 보았을 것이다.

아스트라갈로이. 공기놀이용 어린이 장난감

역사 자료를 믿는다면 소크라테스는 다른 아이들과 약간 다른 점이 있었다. 어쩌면 그것은 위인의 어린 시절을 미화하길 좋아하는 후대 사람들이 만들어낸 이야기인지도 모른다. 하지만 소크라테스는 어딘지 모르게 달랐고 성자 같은 구석이 있었다는 이야기도 있다. 오죽하면 소크라테스의 아버지가 델포이 신탁에 이 괴짜 아들을 어떻게 키워야 하는지 물어봤을까? 신탁은 그냥 놔두라고 대답했다. "아들이 마음에 떠오르는 대로 뭐든지 하게 놔두고 그의 동기를 구속하거나 바꾸지 말고 있는 그대로 놔둬라."[17]

평범한 아테네 가족에게 최고의 처세술이란 머리를 숙인 채 골치 아픈 문제에 휘말리지 않는 것이었다. 그러나 괴짜 아들을 둔 아버지가 할 수 있는 일이라곤 아고라의 제우스신과 뮤즈에게 기도하는 것뿐이었다. 민주정의 활기로 넘치는 시기였지만 그래도 사람들은 주목받는 것을 꺼려했다. 위대하고 선량한 사람이 중상모략의 희생물이 되기도 하던 때였다. 아니, 더 심하게는 아테네에서 추방되기도 했다.

하지만 '안전한' 소크라테스는 이름 없는 시민으로 현실에 만족하며 사는 일에 그다지 관심이 없었다. 철학자 소크라테스는 어린 시절부터 벌써 자신을 둘러싼 세상에 질문을 던지기 시작했다. 평생 그는 질문을 업으로 삼았다. 디오게네스 라에르티오스의 〈유명한 철학자들의 생애 · 가르침 · 격언〉을 보면 소크라테스는 '유일한 덕은 지식이며 유일한 악은 무지이다'고 말했다고 한다. 플라톤의 〈소크라테스의 변명〉에서는 '캐묻지 않는 삶은 살 가치가 없다'는 소크라테스의 말을 전한다. 석회석 가루가 날리는 알로페케 구역은 탐구 정신을 충족시킬 만큼 크지 않았던 것 같다. 소크라테스는 스파링 상대를 찾아나서야 했다.

♟ *11* 위험지대, 케라메이코스

기원전 450년, 아테네 성벽 밖

게다가 소크라테스는 철학을 처음으로 천상에서 끌어내린 인물이다.

― 키케로의 〈투스쿨룸에서의 논쟁〉에서

황금시대 아테네는 요즘으로 치면 철통 경계선이라 할 만한 것에 둘러싸여 있었다. 길이 6킬로미터의 울타리가 기원전 452년에는 24킬로미터까지 늘어나서 아테네와 자매도시인 피레우스 항구를 연결하기에 이르렀다. 피레우스는 바다로 통하는 관문이었다.[1]

성벽 건축에 동원된 자재는 '페르시아의 잔해', 즉 페르시아 군대가 파괴했던 건물의 파편이었다. 성벽 건축에는 남자와 여자, 아이, 노예 할 것 없이 모두가 참가했다. 페르시아 침략의 악몽이 살라미스 해전의 승전보와 함께 막을 내린 뒤 고향 아테네로 살아 돌아온 모든 사람이 참가했다.[2] 다시는 그런 살육을 겪고 싶지 않았던 아테네 사람들은 성벽 건축에 열성을 다했다. 야심 찬 성벽 건축은 그렇게 시작되었다. 아테네는 바빌로니아와 니네베 같은 서아시아의 위대한 도시들을 닮아갔다. 그 도시의 방어벽은 멀리서도 뚜렷이 눈에 들어왔다. 하지만 바빌로니아의 성벽이 푸른색 채유벽돌(색깔 물감을 칠해 구운 벽돌로 선명한 색조가 두드러진다_옮긴이)로 지어졌고, 니네베의 성벽이 낙원을 환상적으로 표현한 데 반해서 아테네의 성벽은 급하게 쌓은 흔적이 역력했다.[3] 묘비 조각, 법률 포고문, 깨진 항아리 조각[4] 등 온갖 잔해가 벽돌에 섞여 있었다. 아테네를 철옹성으로 만들려고 허둥대던 아테네인들은 손에 잡히는 것이라면 무엇이든 이용했다.

도시를 보호하는 튼튼한 성벽 이미지는 당대의 문학과 정신에도 그 흔적을 남겼다. 소아시아의 에페소스 출신 철학자 헤라클레이토스는 '사람들은 법을 위해 투쟁하듯 성벽을 쌓으려고 투쟁해야 한다'고 말했다.《구약성경》을 찬찬히 읽다 보면 성벽이 무너질 때의 공포가 어떤 것인지 생생하게 느낄 수 있다. '나는 성벽과 탑을 파괴하여 많은 도시를 쓸어버렸지. 그들의 도시는 이제 버려졌고 거리는 인적 없는 폐허로 변했지. 무슨 일이 있었는지 전해줄 생존자도 하나 없는 곳으로.'[5] 그리고 하느님은 이렇게 고함친다. '나는 사악한 도시를 잔해더미로 무너뜨릴 것이다.'[6]

아테네는 그렇게 무너지고 싶지 않았다. 그래서 아테네 사람들은 벽돌을 쌓아 올렸다. 성벽 건축으로 집과 도로와 올리브나무 숲이 사라졌지만 성벽은 마침내 완성되었다. 아테네는 견고한 방어체계가 없다면 피레우스 항에 아무 때나 안전하게 접근하는 일이 쉽지 않다는 것을 깨달았다. 피레우스 항에 접근할 수 없는 아테네는 그저 바다에 근접한 내륙국가로 웅크리고 있을 수밖에 없었다.

델로스 동맹의 수장이 된 아테네의 선박제작소에는 델포이의 신탁이 말한 매끈한 나무 성벽이 가득했다. 또한 아테네는 민주주의라는 새로운 개념을 탄생시켰고 페르시아 군대를 쫓아냈다. 하지만 그렇다고 해서 모두 아테네를 좋아하지는 않았다.

코린토스: 그리스에 폭군 같은 도시가 세워졌다는 걸, 우리 모두에게 저항하는 도시가 세워졌다는 걸 유념하라. 그 도시는 벌써 우리 중 몇몇을 지배하고 나머지도 자신의 제국에 집어넣으려고 하고 있다.

_투키디데스의 〈펠로폰네소스 전쟁사〉

당시 아테네는 '제비꽃 화관을 쓴 도시'라는 찬사를 받기도 했지만 또 다른 별명을 얻기도 했다. 바로 '참견쟁이 아테네'였다. 공공의 적 페르시아가 사라지자 그리스의 도시국가들은 누가 그들을 구원했는지 금세 알 수 있었다. 아테네는 분명히 월계관을 쓸 자격이 있었다. 그러나 코린토스만 불평했던 것은 아니다. (펠로폰네소스 반도 남부 라코니아의) 스파르타 또한 아테네가 아티케 평야에 방어벽을 세운다는 소식이 반갑지 않았다.[7] 스파르타는 아테네의 성벽을 비웃었다. 플루타르코스가 〈모랄리아 Moralia〉에서 전하는 바로는 스파르타는 '우리의 젊은이가 우리 도시의 성벽이요, 젊은이들의 흉벽이 우리의 창끝이다'라고 말했다.

소크라테스가 죽을 무렵에는 그리스 도시국가 중 75퍼센트가 어떤 형태로든 성벽을 가지고 있었다. 웅장한 성벽은 도시에 신비로운 힘을 주었다. 성벽은 절대 침략당하지 않겠다는 선언이었다. 아테네는 성벽 건축으로 그리스의 또 다른 강국 스파르타의 적대감을 불러일으킬 수 있음을 알았을 것이다. 하지만 그 때문에 주저할 생각은 없었다. 기원전 478년에 성벽 요새화 작업이 마무리되었다. 소크라테스는 밀폐된 도시국가 아테네의 철통 같은 성벽 밖에서 태어났다.

성벽 밖의 세상

소크라테스가 열아홉 살이 될 무렵 아테네는 12년째 민주주의를 누리고 있었다.[8] 소크라테스가 성장하는 동안 민주주의도 함께 성숙했다. 민주주의는 독특하고, 대담하며, 급진적인 실험이었다.[9] 모든 훌륭한 실험이 그러하듯 민주주의도 엄격한 통제 아래서 최선의 결과를 낼 수 있었다. 아테네는 절대로 개방된 사회가 아니었다. 아테네의 급진적 변화는 역사가 매우 짧았고 따라서 몹시 생경한 풍경이었다. 게다가 아테네의 적들은 반나절 행군이면 당도할 거리에 있었다. 아테네는 결국 부드러운 속살에 오이 같은 껍질을 두른 무척 방어적인 도시가 되었다. 도시 밖에는 외국인, 장인, 매춘부 들이 있었고 도시 안에는 시민, 즉 아테네 민주주의의 이해당사자들이 있었다. 황금시대의 아테네는 분명히 군사요새였다. 12미터 높이의 성가퀴(성 위에 낮게 쌓은 담으로 몸을 숨기고 적을 공격하는 데 사용했다)와 흙벽을 사이에 두고 가진 자와 못 가진 자가 나뉘었다.

오늘날 아크로폴리스 북서쪽을 걷다 보면 흥미진진한 고고학 발굴현장이 나온다. 바로 아테네의 보호벽 밖에 있던 위험지대, 케라메이코스 구역이다. 이곳으로 향하는 길에는 아직도 변두리 분위기가 남아 있다. 콧수염을 기르고 이 빠진 노인들이 백개먼(기원전 3000년경 메소포타미아 지방에서 시작한 것으로 추정되는 서양식 주사위 놀이이다_옮긴이)을 하고 있고 보잘것없는 벼룩시장이 있다. 오랜 잡지들이 그보다 더 오래된 칼 옆에 어지러이 놓여 있고 상인들조차 자신이 파는 물건이 그저 쓰레기에 불과하다고 생각하는지 비가 오면 그냥 버리고 떠난다.

말 그대로 변두리인 이곳에서 우리는 소크라테스의 삶이 어땠는지 알아낼 많은 단서를 찾을 수 있다. 일반적인 경로가 아니라 바로 이곳에서 아테네에 접근한다고 상상해보라. 거대한 신전과 성소를 머리에 인 아크로폴리스가 지금처럼 멀리에서도 보일 것이다. 배수 체계나 쓰레기 수거 체계가 없었으므로 가까이 다가가면 도시의 악취가 풍길 것이고, 군대가 행군할 만큼 넓은 석회칠을 한 방어벽이 보일 것이다. 이것은 문명이 가까이 있다는 신호이다. 이곳에서 아테네로 들어가려면 허름한 판자촌과 거대한 이중문을 지나야 한다.

이 성벽들과 북서쪽의 디필론 성문(고대 아테네의 주요 관문. 디필론은 그리스어로 이중문을 뜻한다. 두 개의 성문 사이에 성벽에 둘러싸인 뜰이 있어 평상시에는 아테네로 들어오는 사람들이 몸을 정화하고, 전시에는 성문으로 들어오려는 적을 포위하는 역할을 했다_옮긴이) 내부에는 너비가 40미터에 이르는 뜰이 있었다. 이 뜰까지 합하면 성벽과 성문의 총면적이 1,800제곱미터에 달한다. 고대 시대 최대의 문이라 할 수 있는 성문 주변에는 오래된 동네가 있었다. 여행자들은 아테네 도시로 들어가기 전에 이곳의 샘에서 갈증을 풀고 몸을 씻었을 것이다. 케라메오스신(케라메오스는 도공을 뜻한다)의 이름을 딴 이 변두리 지역, 케라메이코스에는 동네 이름처럼 도공들이 살았다. 이곳의 도공들은 고대를 상징하는 그리스 도기를 우리에게 남겼다. 우리는 '도예ceramics'를 논할 때마다 그들의 노고와 케라메오스신을 은연중에 기억할 수밖에 없다.

케라메이코스는 분명히 천박하고 악취 나고 시끌벅적한 장소였다. 이곳은 삶과 죽음을 모두 기념하는 곳이었다. 당시에는 에리다노스 강이 풍요롭게 흘렀지만 지금은 지하로 작은 물길이 흐르는 늪지에 불과하다. 한때 강이었던 이곳을 거북이들이 느긋하고 고집스럽게 기어간다(당대의 화병 그림을 보면 거북이가 고대 아테네에서 매우 인기 있는 애완동물이었음을 알 수 있다). 소크라테스 시절에 도시의 성문으로 흘러나오던 이 강은 더럽고 악취가 났다. 그래도 이 흙빛 강물을 당시 유행하던 공중목욕탕에서 사용했다. 극작가 아리스토파네스는 〈기사Hippeis〉에서 익살스러운 어조로 에리다노스 강에서 '소시지 상인'(온갖 내용물과 조미료를 섞은 소시지 같은 감언이 설로 민중의 환심을 사는 대중 선동가를 뜻하기도 한다)이 '개와 당나귀 고기를 다져서 만든 소시지를 팔고, 술을 벌컥벌컥 들이켜며, 창녀들과 욕설을 주고받다가 목욕탕에서 쓰고 버린 더러운 물로 목을 축인다'고 묘사했다.

청년 소크라테스가 이 구역을 거닐 무렵, 이곳에는 농을 걸 만한 매춘부들이 많았다. 케라메이코스에는 수많은 매춘부가 있었다. 그들은 그리스어로 '섹스 공장'이라 부르는 곳에서 일했다. 오늘날 발굴현장을 걷다 보면 여전히 매춘부들의 좌판을 볼 수 있다. 잔디와 층층이부채꽃이 더부룩하게 자라고 사방이 뻥 뚫려 있지만 '공장'이 있던 폐허는 우리의 상상력을 자극한다.

그 시절에 여자들은 줄지어 앉아 낮에는 옷감을 짜고 밤에는 더 바삐 일했다. 건물 구석에서 발견된, 부서진 은 메달리온(원형 모양의 장식이다_옮긴이) 조각에는 풍만한 열락悅樂의 여신 아프로디테가 염소를 타고 별이 총총한 밤하늘을 건너는 모습이 묘사돼 있다. 2,500년 전 이곳이 얼마나 음란한 곳이었는지 보여주는 유물이다.[10] 기원전 4세기 자료에는 아테네의 홍등가를 묘사한 기록도 있다. '여자들은 가슴을 드러내고 반원대열로 앉아 있다. 이 여자들 중에서 아무나 마음에 드는 여자를 고를 수 있다. 마른 여자, 뚱뚱한 여자, 통통한 여자, 작은 여자, 젊은 여자, 늙은 여자, 중년의 여자나 중년을 지난 여자까지.'[11] 온갖 여자가 이곳에 있었다. 매춘부 중 상당수는 트라키아와 시리아, 아나톨리아의 군사원정 기간에 노예로 잡혀 온 여자들이었다. 아테네 도시 안에는 들어갈 수 없는 이 포로들은 아테네 도시 가장자리를 둘러싼 이국적인 장식품이 되었다. 음모를 뽑거나 태운 여자들은 어떤 성적 취향도 맞춰 줄 준비가 돼 있었다. 남자들은 침대에서 짧은 시간 동안 즐기거나 아테네 사람들 표현대로 '한낮의 혼인'을 즐길 수도 있었다. 노예가 살 정도로 천한 창녀도 있었다. 그들은 한 번에 1오볼로스에 거래되었다.

케라메이코스에서는 남자 창부도 구할 수 있었다. 아이스키네스(그리스의 정치가이자 웅변가이다_옮긴이)는 '소년들이 줄지어 좌판에 앉아 있다'고 묘사했다.[12] 이 좌판에 있던 소년 중에 훗날 소크라테스의 제자가 된 이도 있었다. 그리스 남부 펠로폰네소스 반도의 북서쪽에 있던 고대 그리스의 도시국가 엘리스의 몰락한 귀족 출신인 파이돈으로, 소크라테스가 감옥에서 그의 머리를 쓰다듬어주었다고 한다.

케라메이코스에는 사랑과 섹스, 죽음이 공존했다. 그곳은 기원전 12세기부터 묘지였고 소크라테스 시대에도 주요 도로에는 눈 닿는 곳까지 비석이 서 있었다. 그 비석들은 소박했다. 귀족의 권력을 과시하는 비석이 아니라 민주적으로 보이는 비석들이었다. 죽은 사람은 부족별로 나열되었다. 공동묘지로 쓰이는 '정치적' 묘지도 있었다(페리클레스가 기원전 431년 유명한 추모연설을 했던 공동묘지가 이곳에 있다_옮긴이). 하지만 죽은 사람은 계급을 불문하고 존중받았다. 연설가들이 용감한 병사의 덕을 칭송했고 죽은 자를 하데스로 떠나보내기 위한 운동경기가 특별히 열리기도 했다.

소크라테스는 이처럼 시끌벅적한 쾌락과 죽음의 공간인 케라메이코스를 젊은 시절에 자주 찾았다고 한다. 케라메이코스는 소크라테스와 아테네 황금시대의 이야기를 푸

케라메이코스 무덤에서 나온 비석
©Lefteris Papaulakis/Shutterstock.com

는 중요한 실마리이다. 케라메이코스의 본능적이며 시끌벅적한 골목에서 그의 윤리가 탄생했다. 여기는 남자들의 원초적 욕구뿐 아니라 가장 고상한 욕구에도 부응하는 곳이었다. 소크라테스는 인간이 살아가기 좋은 장소와 나쁜 장소, 추한 장소에서 자신의 철학이 탄생했음을 분명히 밝혔다. 그는 그곳에서 함께 살아가며 관찰했다. 소크라테스가 우리에게 남긴 메시지는 단순하면서도 희망적인 동시에 마음 한켠을 불편하게 만든다. 그는 주변 환경이 아무리 어수선하고 어렵더라도 우리가 올바른 삶, 행복한 삶을 찾아가야 한다고 주장했다.

> 말해보십시오. 결과 때문이 아니라 그 자체만으로 기꺼이 받아들여야 하는 선이라는 게 있다는 데 동의합니까? 예를 들어, 즐거움을 주는 것 외에는 아무런 결과도 낳지 않지만 우리에게 해가 없는 즐거움과 쾌락처럼 말입니다.
> _플라톤의 〈국가〉

청년 소크라테스의 과학탐구

청년 시절 소크라테스는 흥미롭게도 선과 행복의 본질을 탐구하기보다는 과학적인 취향을 지녔었다. 케라메이코스에서 청년 소크라테스는 새로운 것들을 배웠다. 그는 철이 자력에 이끌리듯 아테네로 몰려든 소피스트와 사상가 들과 어울려 시간을 보냈다. 그들의 연구는 급진적이었다. 지구는 둥근가, 평평한가? (소크라테스는 둥글다고 결론을 내렸다.) 공기는 무엇으로 만들어졌는가? 별은 왜 있을까? 이 사상가들은 피시스phusis, 자연의 기능을 중점적으로 탐구했다.

소크라테스: 케베스, 내가 어렸을 적에는 사람들이 자연 탐구라는 것을 몹시 열심히 하였다네. 나는 모든 것의 원인을 아는 일이 멋지다고 생각했지. 왜 모든 것이 생기고, 왜 사라지는지, 왜 존재하는지 말이야. 나는 매우 큰 기대를 안고 책을 진지하게 붙든 다음, 되도록 빨리 탐독했다네. 그래야 가능한 한 빨리 최선과 최악에 관해 알 수 있을 테니. _플라톤의 〈파이돈〉

소크라테스는 야외에서 토론하는 무리와 자주 어울렸다. 부유한 사람들은 아테네 성벽 안에서 시간을 보냈고 열여섯, 열일곱, 열여덟 살의 한가한 소년들은 케라메이코스 같은 곳에 모여 토론하고 탐구했다. 아테네 시민은 1인당 노예를 2명 혹은 3명씩 거느리고 있었다. 따라서 젊고 유복한 아테네 청년들은 애써 일할 필요가 없었다. 그 대신에 깨어 있는 동안 몸과 마음을 수련했다.[13] 젊은 남성 시민(그리고 특히 부유한 젊은 남자)보다 노예의 수가 많은 덕분에 아테네 시민은 긴 여가를 즐겼다. 청년과 중년 남성은 하루 중 4분의 3을 김나시온에서 보냈을 것으로 추정된다. 그곳에서 그들은 경쟁과 전쟁, '아름다운' 존재가 되는 법과 아테네의 많은 축전에서 자신이 해야 할 역할을 익혔다.

아테네에서는 특정 나이가 되면 해야 할 일이 있었다. 소크라테스는 아테네의 여느 건강한 청년들처럼 걸음마를 배우던 어린 시절부터 안테스테리아 축전에 참가했다. 일곱 살부터는 읽기가 허락되었다. 열두 살에는 종교의례에 참석할 수 있었다. 수염 없는 소년에서 수염 난 남자로 진짜 성인이 되는 열여덟 살이 되자 참가할 수 있는 축전의 수는 기하급수적으로 늘었다. 거의 매일 열리다시피 하는 종교축전은 아테네인들에게 삶의 위안이자 목적이었다. 소크라테스도 이런 축전에 참가했을 것이다.[14]

판아테나이아 축전

 가장 화려한 축전은 위대한 판아테나이아Pan Athenaea 축전이었다. 4년
마다 한 번씩 열리는 축전기간에는 외부인들도 도시 출입이 허가되어 아
테네의 위대함에 경탄할 수 있었다. 아티케 10부족 사이의 경쟁은 치열했
다. 파르테논 신전의 프리즈(고대 서양건축의 기둥 상단을 띠처럼 두른 장식부
의 중간 부분이다_옮긴이)에 묘사된 것이 바로 이 판아테나이아 축전이다. 외
국인들은 벌꿀 케이크를 들고, 귀족들은 말을 타고 거리를 행진한다. 귀족
들이 탄 말은 앞다리를 들고 서기도 하고 깡충거리기도 하면서 거리를 활
보한다. 피리와 리라를 부는 연주자들이 있고 신들이 사람들 속에 섞여 있
다. 어린 소녀들이 종교의례에 쓸 집기를 최고 여사제에게 들고 간다. 이
여사제와 등을 맞대고 서 있는 사람이 다름 아닌 아르콘 바실레우스, 훗날
소크라테스의 심판을 주관하는 직위에 있는 사람이다. 파르테논 신전 프
리즈의 아르콘은 다부진 체격에 잘 단련된 몸매를 지닌 인물로 그려져 있
다. 그는 두텁고 무거운 페플로스peplos, 즉 아테네의 최고 여신인 지혜로
운 아테나에게 바치는 새 옷을 능숙하고 부드러운 손길로 접고 있다.
 소크라테스도 분명히 판아테나이아 축전에 참가했을 것이다. 판아테나
이아 축전은 도시 전역에서 1주일 동안 열렸다. 축전의 경로, 즉 판아테나
이아 길은 디필론 문에서 아크로폴리스까지 이어진다. 판아테나이아 길을
따라 걷던 사람들은 갑옷을 갖추어 입고 아고라를 달리는 선수들의 땀 냄
새를 맡았을 것이다. 기마대와 전차대회장의 말들이 내뿜는 뜨거운 입김
도 느꼈을 것이다. 항구에서는 보트 경주가, 아크로폴리스의 비탈에서는
오케스트라대회가, 프닉스 언덕에서는 호메로스의 서사시 암송대회가 열
렸다. 판아테나이아 축전의 승자는 명예뿐 아니라 상품도 얻었다. 예를 들
어 전차대회에서 1등을 하면 상품으로 140암포라(암포라는 고대 그리스와

포도주나 올리브를 세는 단위로 쓴 암포라 ©topal/Shutterstock.com

로마 시대에 쓰던 항아리로 양쪽에 손잡이가 달리고 목이 긴 항아리이다. 포도주나 올리브를 세는 단위로도 사용했다_옮긴이)라는 어마어마한 올리브기름을 받았다. 요즘으로 치면 대략 3,700리터 분량이다. 승자들은 아테나 여신을 위한 화려한 행진에서 받은 상품을 과시했다. '폼페pompe'라 불리던 이 행렬은 케라메이코스의 폼페이온에서 출발했다. 오늘날 폼페이온 유적에서도 행렬과 축전의 순간, 웅장한 의식의 장면을 어렴풋이 그려볼 수 있다.

'존재' 개념에 눈뜨다

소크라테스는 여러 가지 일을 훌륭하게 성취하는 도시에서 자랐다. 하지만 기원전 450년경 청년 소크라테스는 '무엇'보다는 '왜'를 탐구하기로 한 듯 보인다. 어느 해 판아테나이아 축전의 활기가 넘치던 때 케라메이코스 구역에 그리스인들에게서 특히 존경받던 여행객 두 사람이 찾아왔다. 당대의 위대한 원로 사상가인 파르메니데스와 제논이었다.[15] 남부 이탈리아의 마그나 그라이키아(위대한 그리스라는 뜻으로 그리스인들이 식민지 정착촌을 건설한 남부 이탈리아 해안지대를 말한다_옮긴이)에서 먼 길을 온 이 두 여행객의 관계가 제자와 스승이라느니, 연인이라느니 하는 온갖 소문이 돌았다. 그들의 사상은 진보적이었다. 그들은 내적인 삶이 육체적 존재만큼 중요하다고 말했다. 케라메이코스에서의 모든 경험을 열렬히 빨아들이던 청년 소크라테스는 이 일을 계기로 '존재'라는 개념에 눈뜨게 되었다.

파르메니데스는 분명히 정열적인 사상가였다. 그는 우거진 잡목 사이로 자기만의 길을 닦았고 많은 사람이 그를 서양철학의 창시자로 여긴다. 그의 글은 시적이고 생생하며 묘사적이다. 그는 선명한 이미지를 동원해 자기 생각을 설명했다. 또한 처녀들, 다름 아닌 태양의 딸들이 몰며, 순한 암말들이 끄는 신성한 마차가 자신을 진실의 길로 이끈다고 했다. 그 길의 끝에서 그는 '존재한다'는 것이 무엇인지 발견할 수 있다고 했다. 파르메니데스의 제자인 제논은 철학을 더 발전시켜 '변증법'을 세웠다. 변증법은 한 가지 생각을 터무니없고 역설적인 순간까지 밀고 감으로써 그 생각의 타당성을 검증하는 방법이다.

기존의 규칙에 끊임없이 도전하던 이 신생 민주정에서 사람들은 새로운 정치제도와 환경, 질서를 세울 수 있다고 생각했다. 따라서 새로운 생각과 삶의 태도가 등장할 수 있었고 케라메이코스 구역에 모여든 젊은이들은 새로운 생각을 놓고 열렬히 토론했다. 그들은 야외 화로 주변에 모여 (2007년 아테네 도심에서 출토되었으며 현재 뉴아크로폴리스 박물관에 전시 중인) 그을린 토기 프라이팬에서 뜨겁게 익힌 생선을 호호 불어먹으면서 정말 새로운 생각을 펼쳤을 것이다.

어느 무더운 여름날(판아테나이아 축전은 7, 8월에 열렸다) 떠들썩한 소문이 돌았다. 먼 곳에서 온 두 철학자 파르메니데스와 제논이 아테네의 싸구려 여관에 묵고 있는데 정말 소중한 무언가를 들고 왔다고 했다. 그건 새 책이었다. 상상해보라. 가죽 주머니를 열고 파피루스를 펼치면 오배자(참나무 잎에 생기는 둥그스름한 혹으로 고대 그리스와 로마 시대부터 잉크를 만들 때 사용했다_옮긴이)와 석탄으로 검게 쓴 단어들 속에서 새로운 사상이 전개되는 광경을.

> 제논과 파르메니데스는 판아테나이아 축전 동안 아테네에 온 적이 있다. 파르메니데스는 눈에 띄는 용모였다. 당시 그는 꽤 나이가 들어서 머리가 거의 백발이었다. 그는 예순다섯 살쯤이었을 것이고 제논은 아마 마흔 살쯤 되었을 것이다. 그들은 케라메이코스의 성벽 밖 피토도로스에 머물고 있었다. 소크라테스와 몇몇 다른 청년이 찾아가, 제논이 처음으로 아테네에 들고 온 그 책의 내용을 듣기를 간절히 원했다. 소크라테스는 그때 상당히 젊었다. _플라톤의 〈파르메니데스〉

당시 소크라테스는 꽤 젊었다. 아마 열아홉 살쯤 되었을 것이다. 열아홉 살은 중요한 나이였다. 아테네에서는 성별과 부족뿐 아니라 연령대도 아주 중요했다.

아테네의 성인식

연대 계산이 맞는다면, 그해 여름 해질 무렵, 소크라테스와 그 동갑내기들은 케라메이코스에서 발가벗은 몸으로 아테네 시민 공동체에 입단했을 것이다. 아테네의 1년은 하지에 시작해 하지에 끝난다. 새해가 시작될 무렵, (만약 판아테나이아 축전이 열리는 해라면 축전이 열리기 전날 밤에) 소년들은 아카데메이아(훗날 플라톤의 아카데미아로 유명해졌다. 기원전 6세기부터 이곳에 공원을 조성해 체육 활동에 사용했으며 추모경기를 비롯한 운동경기가 열리기도 했다_옮긴이)의 사랑의 제단에서부터 도시의 제단까지 서로 경주를 벌였다.[16] 일종의 성인식이었다. 막 열여덟 살이 되었거나 조금 더 나이 든 소년들이 이 경주에 참가했다. 이 소년들을 '애송이'[17]라 부른 학자도 있는 것을 보면 그 모습을 짐작할 수 있을 것이다. 소년들은 발가벗은 채 손에 횃불을 하나씩 들고 달렸다.[18] 무척 시끌벅적할 수밖에 없는 광경이었다. 아리스토파네스의 〈개구리Batrachoi〉에 의하면 케라메이코스에 모인 많은 구경꾼이 달려가는 소년들의 엉덩이를 찰싹 때렸다.

이 젊은이들의 아버지 세대는 거의 반세기 동안 페르시아 군대에 살육됐고 어머니들은 강간당했다. 하지만 그들은 아직 무너지지 않았다. 아테네 사람들이 이 젊은 세대에 거는 기대는 컸다. 당시 소년이던 소크라테스의 동갑내기들은 남자가 되는 순간을 과시하며 도시로 들어갔다. 횃불을 들고 향유를 바른 건강한 피부를 반짝이며 판아테나이아 길을 힘차게 내딛으며… 아테네의 수평선이 점점 장밋빛으로 물들었다.

판아테나이아 축전의 끝에는 대량 살육이 있었다. 아테네에 조공을 바치는 모든 도시는 빠짐없이 제물을 바쳐야 했다. 동물 수백 마리(대체로 어린 암소)가 죽었다. 피가 뚝뚝 떨어지는 고기가 아크로폴리스에서 케라메이코스로 전달되었고 아테네의 여러 데모스 사람들이 참가하는 거대한 향연을 위한 요리 재료가 되었다. 소크라테스도 분명히 이런 단체활동에 참가했을 것이다. 고기 굽는 냄새가 밤하늘에 가득하고 사람들은 여기저기 모여 여행객들의 여행담을 듣거나 인간의 삶에 관한 새로운 관점을 탐구했다. 세계와 세계의 부가 아테네로 모여들었다. 아테네는 강력하고 자신감과 영향력 있는 도시가 되었으므로.

그 장면을 생생하게 그려볼 수 있을 것이다. 석공의 아들과 그의 동네 친구 그리고 명문가 출신의 아테네인이 한데 모여 급속도로 발전하는 도시를 찬양하고 새로운 사상에 귀 기울이는 모습을. 사람처럼 걸핏하면 화를 내는 신들이, 술 마시고 다투고 간통하는 신들이 지배하던 우주에서 갑자기 자연과 인간이 스스로 신비와 쾌락을 창조하는 존재가 되었다. 자연과 인간, 이처럼 강력한 조합에 권력자들은 주목할 수밖에 없었을 것이다. 민주주의 도시 아테네의 환한 불빛에 드러난 세상의 가능성은 끝이 없었다. 그리고 아테네에 거대한 영향력을 미치기 시작한 한 사람이 이 새로운 사상과 그 사상을 퍼트리는 급진주의자들에게 자신의 집을 개방했다.

12 페리클레스와 민주정

기원전 465~440년, 아테네

소크라테스: 아테네 시민인 여러분은 지혜와 힘을 지닌 것으로 명성이 자자한 위대한 이 도시에서 최고의 사람들입니다. 그런 여러분이 돈과 명성, 명예를 많이 가지려고 갖은 애를 쓰면서 지혜와 진실과 여러분의 영혼을 제일 좋은 상태로 만들려고 노력하지 않는 것이 부끄럽지 않습니까?

– 플라톤의 〈소크라테스의 변명〉에서

콜라르고스(페리클레스의 출생지로 아테네 외곽 북동쪽에 있는 데모스이다_옮긴이)의 페리클레스 흉상은 이상하게 보인다. 길게 잡아당긴 공 같은 투구가 기이하다. 하지만 그건 예술가가 마음대로 변형한 모양이 아니다. 사실, 이 투구의 형태는 정치가이자 장군인 페리클레스를 두고 생전에 떠돌던 익살스러운 소문과 일치한다. 그를 지칭하는 '양파 머리', '알뿌리 머리'는 분명히 근사한 별명은 아니었다.[1] 그러나 아테네에서 가장 영향력 있는 페리클레스의 거대한 원형 투구 속에는 엄청난 생명력이 윙윙댄다는 소문도 있었다. 실제로 그 둥글납작하고 거대한 투구 속에 매우 명민한 정신이 있었기 때문이다. 페리클레스는 당대의 기준으로나 현대의 기준으

페리클레스의 특징을 잘 묘사한 조각상
©Georgios Kollidas/Shutterstock.com

로나 대단한 전략가였다. 그는 그리스의 스트라테고스strategos(군사령관으로 1년마다 선거로 뽑는 선출직이다. 아르콘의 권력이 약화된 후부터 군사작전을 지휘하는 동시에 정치 지도자로서 민회의 결정에 영향을 끼쳤다_옮긴이)였고 미래에 큰 희망을 품은 사내였다.

열아홉 살이 된 소크라테스가 케라메이코스 구역을 어슬렁대고 있을 때 페리클레스는 권력의 정점에 서 있었다. 그는 아테네 민주정의 전략과 건축물, 지성을 세운 개혁가였다. 페리클레스는 명문가 출신이었다.

어머니에게서 알크마이오니다이 가문(고대 아테네의 영향력 있는 귀족 가문으로 전설 속의 영웅 네스토르 왕의 후손임을 자처한다_옮긴이)의 피를 물려받았고 민주개혁의 핵심에 섰던 클레이스테네스와 친척이기도 했다. 페리클레스 가문은 넓은 시골 영지를 소유했다. 하지만 그의 가문에도 비밀은 있었다.

페리클레스의 아버지는 (페르시아와 가깝게 지낸다는) 비방 속에 실종되었다. 페리클레스도 어린 시절에 잠시 망명생활을 했다. 망명은 그의 가족에게 익숙한 일상이었다. 더 오랜 과거로 거슬러 올라가면 페리클레스의 먼 조상은 종교적으로 저주를 받아 아테네에서 쫓겨난 적이 있었다. 신성한 성지에 숨은 개혁가들을 처형한 대가였다. 제단에 인간의 피를 흘리는 것은 제단을 심히 모독하는 행동이었다. 아테네 사람들은 도시를 정화하려고, 그리고 알크마이오니다이 가문을 추방하려고 크레타의 점쟁이를 불러왔다.[2] 한 치의 실용주의도 허락하지 않는 미신의 폐해였다. 어쩌면 그런 까닭에 아테네에서 주도권을 쥔 페리클레스가 미신 전통을 강화하기보다는 새로운 생각의 물결에 관심을 돌렸을지도 모른다.

페리클레스가 주목받기 시작했을 때는 기원전 463년이라 소크라테스는 고작 여섯 살이었다. 페리클레스는 아테네 사람들을 위해 정치적 영향력을 행사하여 개혁을 추진했다. 그는 아레오파고스 회의(고대 아테네 귀족 정치 초기의 위원회로 광범위한 사법권과 막강한 정치권력을 쥐고 있었다_옮긴이)의 권한을 박탈하는 정책을 세우는 데 중요한 역할을 했다. 소크라테스가 아테네의 전통에 따라 성년이 되었을 때 페리클레스는 코린토스 만에서 군사작전을 벌이고 있었고 정치적으로 대단히 존경받고 있었다. 매해 아테네의 군사령관으로 선출된 그는 군사 업적을 권력의 토대로 삼았다.

제1 시민

페리클레스는 민주주의의 뼈대를 튼튼히 하는 데 필요한 인물이었다. 페리클레스 자신 또한 민중에게 그 사실을 늘 상기시켰다. 그의 혀는 그의 칼처럼 날렵했다. 그는 노련한 연설가였다. 플루타르코스는 그가 기원전 443년부터 15년 동안 매해 (그리고 통틀어 22년간) 아테네 최고 시민으로 뽑혔다고 기록했다. 물론 공식적으로는 지도자가 아니었지만 사람들은 그를 아테네의 제1 시민으로 여겼다. 그의 영향력은 대단했다. 그가 제안하면 민회는 거의 그의 뜻을 따랐다. 군사령관이었던 그는 민중이 무엇을 토론할지 발의할 수 있었다. 그는 아테네의 황금시대에 시민이 토의할 안건을 좌지우지했다. '영광에 둘러싸이다'는 뜻의 그의 이름은 그의 운명을 예언한 듯했다.

페리클레스는 직책과 지능 그리고 잘 알려진 고결한 품성 덕택에 민중의 자유를 존중하는 동시에 그들을 통제할 수 있었다. 민중이 그를 이끌었다기보다 그가 민중을 이끌었다. 그는 절대 거짓 동기로 권력을 추구한 적이 없어서 민중에게 아첨할 필요가 없었다. 사실 그는 워낙 존경받는 인물이어서 민중에게 화를 낼 수도, 그들의 의견에 반대할 수도 있었다. 아테네 민중이 지나친 자신감으로 너무 앞서 가면 페리클레스는 그들에게 위기의식을 일깨우곤 했다. 그리고 아테네 민중이 타당한 이유 없이 기죽어 있으면 그는 자신감을 되찾도록 했다. 아테네는 명목상 민주주의 사회였지만 권력은 사실상 이 제1 시민의 손에 있었다. _투키디데스 〈펠로폰네소스 전쟁사〉

페리클레스가 동년배들과 비슷하게 행동하며 술을 마시고 김나시온에서 소문을 안주로 삼아 수군거렸을 거로 생각하기 쉽지만 사실 그는 평범하지 않았다. 그는 늘 고개를 숙이고 한눈파는 일 없이, 민주정 아테네의 업무를 보려고 집에서 민회까지 곧장 걸어갔다고 한다. 그는 지식인이자 이론가였으며 또한 행동하는 사람이었다. 그의 머릿속에는 정치 개혁에 관한 새로운 생각이 들끓었다. 그는 아레오파고스 회의의 특권을 공격했다. 기원전 451년 페리클레스는 부모 양쪽 모두 아테네 시민인 경우만 시민이 될 수 있도록 시민 자격을 제한했다. 기원전 450년 말에는 배심원에게 일당을 주는 제도를 도입했다. 그래서 모든 남자가 배심원이 될 수 있었다. 가장 가난한 사람조차 배심원이 될 수 있었다. 기원전 440년대 내내 그는 급진적 사상가를 지원했고 그들의 생각을 아테네에 적용하려 했다.[3]

페리클레스는 분명히 주변을 꼼꼼히 관찰하고 사람들의 말에 귀 기울이는 사람이었다. 그는 시민의 노고를 보상해주지 않으면 민주 시민의 권리를 제대로 행사할 수 없다는 것을 깨닫고 변화를 주도했다. 따라서 그의 말년에 병사와 선원, 배심원, 평의원이 민주 시민의 권리를 행사하려고 아테네 중심지로 혹은 피레우스 항으로 갈 수 있었다. 대부분은 걸어서, 부유한 몇몇 사람은 말을 타고 갔다. 투키디데스는 페리클레스가 정치인에게 무엇이 필요한지 예리하게 꿰뚫어보는 사람이었다며 그가 말한 정치인상을 다음과 같이 묘사한다. '무슨 일을 해야 할지 알며 그 일을 사람들에게 설명할 수 있고 나라를 사랑하며 부패하지 않는 사람'[4]

아테네, 민주주의의 시험 무대

소크라테스가 이십 대 초반일 무렵 페리클레스는 아테네 제의의 중심인 아크로폴리스의 재건축에 도시 재정을 투자하자고 시민을 설득했다. 그는 프로필라이아 건축을 지휘했다. 프로필라이아는 거대한 건축물인데 아크로폴리스 정상에 오르기 전에 통과해야 할 신성한 현관이라 할 수 있다. 경사로를 오르면 이오니아식 기둥이 줄지어 서 있고 기둥 위 천장은 금빛별로 수놓은 검푸른 밤하늘로 장식했다고 한다. 아테나 여신의 신전을 찾는 순례자가 처음 보게 되는 광경이었다.[5]

페리클레스는 아고라를 굽어보는 자리에 헤파이스토스(불과 대장간의 신이다_옮긴이) 신전도 짓도록 했다. 그리고 네메시스(운명의 여신)의 처소를 바람 부는 람누스(아티케 북부 끝자락에 있는 데모스)에 지었고, 콜로노스 언덕 위에 아테나 신전도 지었다. 페리클레스는 새로운 아테네를 열 다른 건축물도 계획했다. 종교적 기능을 수행할 석조건물을 세웠고 기원전 480/479년에 페르시아 군대가 파괴한 신전을 대체했다.[6] 페르시아 군대는 아크로폴리스의 건축물을 태워 없앴지만 페리클레스는 파괴되었던 건물을 더 높이 쌓아올렸다.

당시 아테네의 건축 열기는 석조건물의 크기에서만 느껴지는 것이 아니었다. 당대의 환경오염에 비하면 요즘 아테네 중심부에서 볼 수 있는 뿌연 매연은 아무것도 아니다. 최근 아크로폴리스 남서쪽 비탈에서 주조공장이 발굴되었는데 이 공장에는 거대한 진흙 수로가 있었다. 녹인 밀랍을 비롯해 주조과정에서 생기는 부산물을 흘려보내던 수로였다. 이 공장의 화로는 최대 섭씨 950도까지 불을 때야 했다. 그러다 보니 아고라뿐 아니라 파르테논 신전까지 석탄재 구름이 뒤덮는 일이 잦았다. 이 주조소에서는 청동상을 만들었다. 대개 귀족 가문이 사적으로 비용을 대서 만든 이 청동상들은 아테네의 새로운 민주 시민상을 표현할 뿐만 아니라 귀족들의 경쟁심리도 충족시켰다.

당시 아테네에서는 인간 형상의 조각상을 무척 많이 만들었다. 수많은 석상과 청동상이 아름다운 자태로 살아 숨 쉬는 사람들을 내려다보았다. 그들은 이상적 인간형이자 아테네 민주주의의 야심이기도 했다. 조각상은 청동이든 대리석이든 나무든 인간처럼 추위와 더위를 느낀다는 듯 진짜 옷을 입었다. 그들은 성소와 도로, 주랑, 법정에 줄지어 서 있었다. 기원전 5세기의 아테네에서 주조된 청동상 중 극히 일부만 오늘날까지 남아 있다 보니 당시 아테네에 얼마나 조각상이 가득했는지 간과하기 쉽다.

당시 아테네는 조각상이 끊임없이 늘어나는 미술관이었다. 공공장소는 말 없는 인간 군상으로 붐볐다. 하지만 말이 없었을 뿐 색조는 눈부셨다. 아테네 사람들은 (민주주의 진열관이 된) 아테네를 페르시아 왕궁이나 바빌로니아 폭군의 행렬 대로(이슈타르 대문을 통과해 이어지는 길로, 양 가에 사자 벽돌상으로 장식한 벽이 둘러쳐져 있었다_옮긴이) 못지않게 화려하게 꾸미려는 듯 데모스 크라티아를 위한 무대장치를 만들었다. 조각상, 기념물, 사원, 민주정의 법정을 모두 선명한 색으로 칠하거나 그림을 그려 넣었다. 오늘날 사람들이 그 선명한 색과 두껍게 발린 물감을 보았다면 충격을 받았을 것이다. 하지만 당대에는 밝은 아티케의 태양 아래 강력하게 빛나는 이 색들이 아테네의 영광을 상기시키는 듯했다.

2007년에 고고학자들은 아고라 동쪽에서 선홍색과 진청색, 청록색 물감을 예쁘게 칠한 조개껍데기들을 발견했다. 장인들이 물감통으로 쓴 이 조개껍데기에는 물감이 반쯤 들어 있었다. 어떤 이유인지 모르지만 장인들이 작업을 중단한 듯했다. 아테네의 공공건물에는 대체로 그림을 그려 넣거나 색을 칠했다. 최근 분석 결과를 보면 파르테논 신전은 초록, 파랑, 빨강, 금색으로 화려하게 칠해져 있었다고 한다.

아테네 민주주의의 배경이던 아고라는 상징적인 장소이기도 했지만 아테네 내부뿐 아니라 국외에서 맺은 결실을 즐길 수 있는 곳이기도 했다. 아나톨리아 서해안의 과학자들과 시켈리아의 웅변가들, 그리스 북부 에게 해에 접해 있는 테살리아와 마케도니아의 철학자들이 아테네를 찾아와 함께 이야기를 나누고 논쟁하고 생각했다. 그 시끌벅적한 소리를 상상해 보라. 아테네 사람들은 이를 '토루보스'라고 불렀다. 이는 거리와 의회, 민회 그리고 향연에서 주장과 반론을 펼치는 시끄러운 소리를 뜻하는 단어이다. 플라톤과 아리스토파네스, 크세노폰을 비롯한 여러 사람을 통해 후세에 알려진 향연은 방탕하면서도 고상한 분위기였다. 그곳에서는 재치와 포도주가 흘러넘쳤고 시를 낭송했으며 진보를 위한 계획을 시작했다.

페리클레스는 또한 아테네에 음악이 울려 퍼지게 했다. 그는 기원전 440년에 오데이온 건설을 지시했고 행진에 쓸 새로운 음악을 만들도록 했다. 음악가들의 연습소리가 아테네의 미풍을 타고 아테네 중심부를 비롯해 주변 데모스까지 들렸을 것이다. 원뿔형 지붕을 덮은 오데이온은 화려했다. 지붕 덮인 건물로는 그리스 최대 규모였다.[7] 후대 사람들은 오데이온은 크세르크세스 1세의 천막을 흉내 낸 모양이라고 했다. 페르시아의 위력을 건축물로 조롱한 셈이었다.[8] 이소크라테스의 〈안티도시스 Antidosis〉에는 페리클레스가 기원전 5세기 음악학자 다몬의 가르침을 받왔다는 언급이 있다. 다몬은 음악이 행동과 인성에 미치는 영향도 연구했다. 다몬의 가르침을 받은 페리클레스는 아테네를 조화롭게 만들 음악을 만들게 했다.[9] 또 플루타르코스는 페리클레스가 판아테나이아 축전에 쓸 음악을 새정비했다고 기록했다. 기원전 5세기 아테네인은 음악에 의학적 효능이 있다고 생각했다. 그런 의미에서 보면 결국 페리클레스는 아테네 시민에게 의술을 연주해준 셈이다.

어느 모로 보나 페리클레스는 아테네에 헌신했다. 하지만 그는 괴짜들의 사변을 즐기기도 했다. 당시는 온갖 놀라운 생각과 외국 사상가들의 기이한 개념들이 떠돌아다니던 시절이었다. 철학자 탈레스는 만물이 물에서 나온다고 생각했다. 아낙시만드로스는 적당히 열이 오른 물과 땅에서 물고기나 물고기와 비슷한 동물이 나왔고 여기에서 인간이 창조되었다고 말했다.[10] 아나톨리아 클라조메네 출신의 아낙사고라스는 태양은 빨갛게 달아오른 바위이며 달은 흙덩어리라고 말했다. 이 철학자는 한술 더 떠서 의식은 가슴이 아니라 머리에 있다고 말하기도 했다. 그는 '누스'라는 정신 혹은 이성을 뜻하는 개념을 도입했는데 누스는 세상을 움직이게 하는 일종의 초월적 존재였다.[11] 플라톤의 〈파이드로스Phaidros〉를 보면 '소크라테스는 아낙사고라스가 "나를 고매한 사상으로 가득 채워주고 나에게 정신의 본성을 가르쳐주었다"고 말했다'고 한다.

페리클레스의 오픈 하우스

아낙사고라스는 페리클레스의 집에 초대받기도 했다. 페리클레스의 아들들은 프로타고라스와 친분이 있었다. 당시 철학을 듣고 토론하는 데 열성적이던 소크라테스도 어쩌면 페리클레스의 집에 초대받았을 것이다.[12]

페리클레스가 후원하는 연회에서 모두 만났을지도 모른다. 그리스어에서 '철학자'보다 더 자주 쓰는 단어인 프론티스타이phrontistai, 즉 사상가들이 한데 모여, 이 새롭고 실험적인 사회에서 올바른 삶이란 무엇인지를 실질적으로 조언했을 것이다. 그들은 이 새로운 이데올로기를 가꾸고 유지하려고 비상한 노력을 했다. 하지만 그로부터 30년 뒤 아리스토파네스는 사상가들이 프론티스테리아phrontisteria, 즉 '사상소'라는 곳에 살고 있다고 거침없이 조롱했다. 아리스토파네스는 그들이 부도덕한 논리를 가르친다고 맹공격했고 소크라테스 같은 사람들은 완전히 말도 안 되는 질문을 고민한다고 비난했다.

> 학생: 스페토스의 카이레폰이 소크라테스에게 각다귀가 윙윙거리는 소리를 입에서 내는지 엉덩이에서 내는지 물었습니다.
> 스트레프시아데스: 그래, 소크라테스가 뭐라고 하든?
> 학생: 소크라테스가 대답하길 '각다귀의 창자가 너무 좁아서 공기가 엉덩이로 곧장 빠져나갈 수밖에 없지. 엉덩이는 이 좁은 통로의 출구가 되니 바람의 압력 때문에 앓는 소리를 내는 거라네'라고 했습니다.
> 스트레프시아데스: 나팔처럼 말이지. 정말 놀라운 내장학 지식이군. 각다귀의 내장도 그렇게 훤히 들여다보는 사람이니 법정에서 사면받는 것쯤이야 하찮은 일이겠지.[13] _아리스토파네스의 〈구름〉

페리클레스의 모임은 전례가 되었다. 그 후 아테네의 다른 곳에서도 오픈 하우스 모임이 열렸다. 남자들은 중산층 아테네 가정에서 흔히 볼 수 있는 안뜰에 모였다. 플라톤은 〈프로타고라스〉에 이 모임에서 아테네의 최고 교육자들이 아테네의 미래와 그 희망인 젊은이들에게 영향을 주려고 서로 경쟁했다고 기록했다.

이 고매한 모임에 참여한 소크라테스를 상상해보라. 어쩌면 페리클레스의 집일 수도 있고 이웃한 정원일 수도 있다. 그는 아낙사고라스의 새로운 개념인 누스에 귀 기울이며 이 새로운 생각들을 성숙해가는 머릿속에서 곱씹어보았을 것이다.

> 나는 그 말이 마음에 들었다네. 정신(누스)이 모든 것의 원인이라는 게 어쩐지 타당하게 들렸지. 나는 그게 정말이라면, 정신이 만물을 배열할 때에는 하나하나에 가장 좋도록 배열할 거로 생각했지. _플라톤의 〈파이돈〉

당시는 밤하늘을 올려다보며 세상의 이치를 깨달으려는 사상가들을 용납하는 분위기였다. 나중에 소크라테스는 이런 식의 탐색을 버리긴 했지만 젊은 시절에는 주변의 위대한 사상가들과 함께 별의 비밀과 목적에 관해 숙고했다.

> 그는 또한 천체관측도 잘 알아야 한다고 강하게 권했습니다. 하지만 여행과 항해를 위해 그리고 망을 보려고 밤과 달, 한 해의 시간단위를 알 수 있을 정도면 된다고 했습니다.[14] _크세노폰의 〈소크라테스 회상〉

그러나 당시 소크라테스는 시골소년, 장인의 아들에 지나지 않았다. 아테네에서 가장 영향력 있는 사람의 모임에 들락거리는 게 두렵지 않았을까?

아테네산 민주주의

하지만 민주정의 아테네에는 기억해야 할 일이 한 가지 있다. 바로 아테네가 무척 아늑한 도시였다는 것이다. 알렉산드리아 도시에 위풍당당하게 서 있는 왕궁이나 네로 황제가 대화재 이후 로마의 중심에 지은 별장 도무스 아우레아 궁전 같은 건축물로 이어지는 30미터 너비의 대로는 아테네에서 찾아볼 수 없었다.

아직 고고학자들은 아테네에 귀족 주거지가 따로 있었다는 증거를 찾지 못했다. 모든 계급의 사람이 구불구불한 거리에서 서로 어깨를 부딪치며 걸어 다녔을 것이다. 창녀들은 징 박힌 작은 맞춤 부츠를 신고 자신 있게 좁은 거리를 오가며 호객행위를 했을 것이다. 징 박힌 부츠로 흙길에다 '이쪽으로' 또는 '나를 따라오세요'라고 쓰기도 했을 것이다. 평범한 여자, 빵장수, 세탁부가 귀족들과 같은 길을 걸으며 성소나 아크로폴리스에 제물을 바치러 갔을 것이다.[15] 길 위에서 모든 아테네인의 삶이 펼쳐졌다. 걷는 데 일가견이 있는 소크라테스도 (그는 이웃 도시인 메가라까지 걸어가기도 했다. 소크라테스는 걷기가 '생각하기에 좋은 방법'이라고 했다.) 놀랍도록 평등한 아테네의 거리를 활보했을 것이다.

귀족 혈통, 아테네의 '옛' 명문가들은 민주적 삶의 혜택을 독점하지 않기로 마음먹은 듯했다. 적어도 소크라테스의 청년기에는 그런 것처럼 보였다. 아테네의 민주 시민은 부자든 빈자든 겉으로는 매우 비슷해 보이는 집에 살았다. 아테네 뉴아크로폴리스 박물관을 건설하기 위한 발굴작업에서 토끼굴 같은 아테네 거리와 기원전 5세기 아크로폴리스 바위 근처까지 이어졌던 수수한 주택들이 그 흔적을 드러냈다. 뉴아크로폴리스 박물관에 가면 유리와 투명 아크릴 수지 지붕에 덮인 채 6미터 아래에 누워 있는 페리클레스와 소크라테스의 거리 위를 걸어볼 수 있다. 흙투성이 유적지 한 부분에는 소크라테스 시대의 정비된 배수로도 있다. 아테네 사람들이 역사상 최초의 민주주의자가 되는 일에 골몰했던 시절에 이 작은 공학 장치가 조용히 제 역할을 했으리라 생각하면 왠지 감동적이기도 하다.

아테네 사람들의 집은 소박했다. 진흙 벽돌로 만들었고 **빨간 기와지붕**을 이고 있었다.[16] 소크라테스는 서른 살 즈음까지 부모님과 함께 그런 집에 살았을 것이다. 아테네 사람들의 북적거리는 일상사는 주로 뜰에서 이루어졌고 집에는 근사한 장식도 거의 없었다. 오늘날 꾸준히 발굴되는 섬세한 필치의 파스텔 색조 프레스코 벽화는 주로 무덤(그래서 오늘날까지 살아남을 수 있었다)과 공공장소의 벽에 있던 것이다. 아테네 민주주의자들은 권력이 있든 없든 놀랄 만큼 수수하게 살았다.[17]

새로운 민주사회에서 개인의 만족은 그다지 중요하지 않았다. 오히려 아테네 사람들은 사적인 것을 미심쩍은 시선으로 보았다. 수년 후 소크라테스가 아테네 사람들의 눈 밖에 난 것도 이 때문이었다. 그가 폐쇄적인 상류층 모임에서 자신의 사상을 설명하자 민주주의자들이 소리 질렀다. "과두파다! 반민주주의자다!" 그런 그에게 알키비아데스라는 귀족 친구가 있었다.

알키비아데스는 집안 장식에 허영을 부린 사건으로 오늘날까지 (고고학적 증거는 희박하지만) 그 일화가 전해진다. 오만하고, 전설적이며, 지극히 귀족적인 알키비아데스가 화가(사모스의 아가타르코스로 추정된다)를 납치해서 자기 집에 그림을 그리게 했다는 내용이다. 알키비아데스는 또한 금세공 작업장을 개인적으로 소유하기도 했다. 귀족의 생활방식을 포기하고 싶지 않은 그의 가식을 전형적으로 보여주는 태도였다.

그러나 페리클레스는 절대로 그렇지 않았다. 희극에서 성적 쾌락을 탐닉하는 인물로 그려지긴 했지만 페리클레스에게 만족을 주는 것들은 재산이나 안락한 집안, 아테네의 사창가, 정부인 아스파시아[18]가 아니라 철학적 논쟁과 군사전략, 연극(그는 젊은 시절에 아이스킬로스의 연극을 했었다) 그리고 아테네의 가능성이었다.

따라서 우리는 페리클레스의 집이 수수했을 것으로 추측할 수 있다. 그는 당대 아테네의 비공식적인 지도자였고 오늘날까지도 여전히 많은 정치 지도자의 역할모델이다. 노예들이 집안일을 도맡아 하고 여자들이 안드론andron(남자들의 방, 향연이 열리는 곳이었다_옮긴이)을 제외한 집안 이곳저곳에 있는 동안, 안드론의 식탁 위에 소박한 식사가 차려지고 새로운 생각이 오갔다. 사람들은 페리클레스의 식탁에서 이야기를 주고받았다. 페리클레스의 집을 드나들던 사람들은 번뜩이는 새로운 사상에 자기도 모르게 젖어들곤 했다.

아테네 사람들이 사상을 중심으로 문명을 건설했다는 것은 중요하다. 당대에는 놀라운 업적이 많았다. 바빌로니아에는 진청과 황색 유약을 바른, 용과 사자가 그려진 벽에 둘러싸인 행렬 대로가 있었고(현대 이라크의 사막에 1902년까지 남아 있었다), 2,000년이나 된 기자의 피라미드도 있었다.[19] 페르세폴리스에는 거대한 개와 날개 달린 황소의 석상으로 백성을 주눅이 들게 했던 다리우스와 크세르크세스의 아파다나(알현실)도 있었다. 물론 다른 많은 도시, 특히 아나톨리아의 서해안(오늘날의 터키)을 따라 있는 도시들이 사상가와 과학자를 후원하기는 했지만 아테네는 조금 달랐다. 아테네에서는 여러 생각과 사상이 데모스 크라티아, 즉 민중 권력이라는 이데올로기를 떠받치는 기둥이 되기 시작했다.

당대 페르시아 귀족인 오타네스가 아테네의 평등한 사고방식을 찬양한 글도 있다.

> 다수의 지배는 무척 아름다운 이름입니다. 법 앞의 평등, 이소노미아 isonomia. 관직을 담당할 사람은 제비뽑기로 정하고 자기 행동에 책임을 집니다. 모든 결정은 공적으로 이루어집니다. 제가 예언하건대, 우리는 군주제를 버리고 민주정으로 대체해야 할 것 같습니다. 왜냐하면 민주주의에서는 모든 일이 가능하니까요. _헤로도토스의 《역사》

페르시아에 민주정이 세워질 것이라는 오타네스의 예언은 아직 완전히 실현되지 않았지만 그는 선견지명이 있었다. '민주주의에서는 모든 일이 가능하다.' 아테네인은 민주정에 맞게 도시를 꾸밀 뿐 아니라 다른 곳으로도 눈을 돌렸다. 페리클레스는 모든 시간을 소크라테스와 아낙사고라스 같은 미천한 사상가들과 보내며 혁신적인 정치 실험에 관해 환담할 수만은 없었다. 왜냐하면 그는 하나의 도시국가가 아니라 급성장하는 제국을 운영해야 했기 때문이었다.

13 델로스 동맹과 제국의 탄생

기원전 478/477~454년, 키클라데스 제도

칼리클레스: 무슨 말씀입니까?

소크라테스: 모든 사람이 스스로 다스린다는 이야기이네. 아니면 자신을 다스릴 필요가 없고 다른 사람들을 다스려야 할까?

— 플라톤의 〈고르기아스〉에서

아테네는 예전부터 제국주의적인 움직임을 보였다. 기원전 477년까지는 테르모필레 전투(기원전 480년 테르모필레에서 벌어진 페르시아와 그리스의 전투. 301인의 스파르타 전사들이 페르시아 대군에 맞서 싸우다 모두 전사했다고 전해진다_옮긴이) 같은 패배를 막으려고 그리스의 도시국가들이 느슨하게 연합했는데, 이를 이끌었던 것은 페르시아에 이를 갈던 스파르타였다. 하지만 그 후로는 아테네가 그리스 세계의 보호자가 되었다. 누가 군함을 제공해야 할지, 누가 그리스 대 야만인의 싸움이라는 명분에 인력을 제공해야 할지 결정하는 것도 아테네였다. 노병과 수병을 제공하지 못하는 도시에 조공을 받은 것도 아테네였다. 조공은 페르시아에 대항한다는 명분을 내세워 아테네의 무기와 군대의 비용을 부담하게 한 일종의 보호세였다. 이 강제 헌납품은 아테네 남서쪽 160킬로미터 지점의 신성한 델로스 섬에 비축되었다.

델로스는 소크라테스의 이야기에서 큰 자리를 차지하지만 지도상에서는 작은 점에 불과하다. 그런데 사람들은 키클라데스 제도 가운데 조그맣게 떠 있는 이 섬에 신성한 힘이 있다고 믿었다. 그래서 선사 시대부터 동지중해 전역에서 사람들이 델로스 섬으로 모였다. 선사 시대 사람들은 석회암으로 단순하고 앙상한 사람 형상을 만들어 델로스 섬에 남겼다. 그 표면에는 응시하는 눈과 남근을 새기거나 추상적인 무늬나 자연물의 형상을 그렸다. 그리스인은 동방의 악한에게 대항할 만큼 강해지자 이 섬을 동맹의 중심지로 삼았다. 델로스는 동지중해의 강대국 사이에 있는 섬이기도 했지만 고대인의 눈에는 보기 드물게 많은 신과 악령이 머무는 곳이기도 했다. 그들은 정신이 제대로 박힌 사람이라면 그토록 많은 신과 악령이 머무는 곳을 절대 공격하지 않으리라 믿었다.

델로스 섬에 있는 아르테미스 신전 유적 ©Luca Grandinetti/Shutterstock.com

타소스의 금광 채굴권

소크라테스의 젊은 시절에는 세상이 상당히 평화로웠다. 아테네가 걸출한 지도력을 발휘했고 페르시아가 도발을 멈추었으며, 그리스의 다른 도시국가들이 말없이 아테네를 따랐기 때문이다. 그러던 중 기원전 465년 북부지역에서 작은 분쟁이 일어났다. 오늘날 카발라 남쪽의 풍요의 섬 타소스는 좁은 해협을 사이에 두고 그리스 본토와 떨어져 있었지만 해협 건너 본토의 탄광에 관한 채굴권을 갖고 있었다. 탄광지역의 토양은 푸석푸석했고, 무덤은 자주 무너졌지만 금이 종종 나왔다. 헤로도토스는 흥분한 목소리로 이렇게 서술했다.

> 스캅테 힐레Scapte Hyle(타소스 섬 맞은편 트라키아 지방의 작은 마을이다_옮긴이)의 금광은 매해 80달란트의 금을 생산한다. 섬사람들은 광산과 본토에서 나온 생산물을 세금 없이 누릴 수 있었다. 특히 생산량이 많았던 어느 해에는 300달란트의 금이 나오기도 했다. 나도 이 광산들을 직접 본 적이 있다. 사람들은 금을 찾아 산 전체를 온통 파헤치고 다닌다. _헤로도토스의 〈역사〉

요즘 이 지역에서는 고대의 가장 정교한 유물들이 출토된다. 샹들리에 모양 귀고리, 황금으로 만든 벨트 버클, 그리고 금과 에나멜로 만들어 벽돌만큼이나 무거운 조그만 향수병 등이다. 금으로 만들어 청색 에나멜을 칠한 야생 화관 모양의 왕관을 보면 이 북부의 섬지방에서 얼마나 아름다운 공예품을 생산했는지 알 수 있다.[1] 이 왕관은 뉴아크로폴리스 박물관의 실험실에서 작업을 거쳐 2008년에 복원되었다. 그 모습이 얼마나 우아한지, 실험실 문이 열리고 복원을 끝낸 왕관이 나오는 순간 황금 꽃들이 부드러운 바람에 잠시나마 춤추는 것처럼 보였을 정도이다.

하지만 보석에는 도둑이 꼬이게 마련이다. 아테네도 이 풍요로운 금광 채굴권을 나눠 갖길 원했다. 타소스 섬은 그에 관한 반감으로 기원전 465년 델로스 동맹에서 탈퇴했다. 그러자 아테네는 곧 타소스 섬을 봉쇄했고 아테네의 전함들이 줄지어 피레우스 항구를 출발했다. 족히 2년 동안 아테네 시민으로 구성된 장갑보병대가 칼과 창을 치켜세우고 타소스 섬 사람들을 노려보았다. 물론 타소스 사람들은 적군이 페르시아 군대가 아니라 같은 언어를 쓰는 그리스 사람들이라는 데 적지 않게 동요했다. 아테네는 뻔뻔하게도 델로스 동맹의 재정을 아테네의 이익을 위해 썼다. 결국 기원전 463/462년 타소스 섬은 항복했다. 타소스는 함대를 넘겨주었고 본토의 탄광 채굴권을 포기해야 했으며 30달란트(오늘날로 치면 대략 100억 원에 해당하는 감당할 수 없는 액수였다)를 내야 했다. 그리고 성벽을 완전히 제거해야 했다.[2] 타소스 섬은 비밀리에 스파르타의 지원을 약속받기도 했지만 결국 아테네에 항복할 수밖에 없었다.[3] 아테네는 의기양양하게 탄광을 손에 넣었다.[4]

아테네, 야욕을 드러내다

아테네 사람들은 승리감에 취하지 않았다. 페르시아를 향한 적개심도 버리지 않았다. 아테네의 고압적인 태도가 마음에 들진 않았지만 다른 그리스 사람들은 페르시아의 야욕에 맞서려면 대비를 단단히 해두어야 한다고 생각했다. 아테네는 그리스 공통의 필요를 알아차렸지만 그것을 오로지 아테네의 이익을 위해 이용했다. 델로스 동맹을 지킨다는 구실로 아테네는 독자적으로 일을 처리했다.

델로스 섬에는 웅대한 아폴론 신전이 있었다. 아폴론 신전은 델로스 동맹의 소중한 보물과 재정을 모아두려고 건축한 신전이었다. 그 신전에 비축된 돈은 전함을 짓고 병사들을 무장시키고 페르시아 군대가 다시 쳐들어왔을 때 마을과 사람들을 지키기 위한 것이었다.[5] 신전은 사실상 델로스 동맹의 금고이자 델로스 동맹의 공동 재산이 가득 찬 건물이었다.

이 작은 섬 주변을 늘 맴도는 이상한 날씨와 파도를 용감하게 뚫고 해안가를 둘러본 사람은 광물이 풍부한 바위에 말라죽은 식물과 함께 서 있는 건축물을 보고 놀랄 것이다. 이 건물은 이상하게 잘려나간 느낌이 든다. 건물이 잘려나간 것처럼 보이는 것은 전쟁 등으로 폐허가 되어서가 아니라 처음부터 완성되지 않은 건물이기 때문이다. 거기에는 그럴 만한 이유가 있었다. 기원전 454년, 이곳에서 아폴론 신전을 짓느라 벽돌을 쌓던 노예들에게 작업을 중단하라는 명령이 내려왔다. 아테네가 그리스 연합군의 재정을 아테네 근처로 옮기고 싶어 했기 때문이다. 결국 금고는 중립적인 영토인 델로스에서 이해관계가 얽힌 아테네 땅으로, 그리고 아테나 여신의 품으로 몽땅 옮겨졌다. 결국 그리스 동맹국의 재정이 파르테논 신전의 저장고로 옮겨진 것이다.

기원전 434/433년의 조공수입 목록이 아직도 남아 있다. 은그릇 113개, 금그릇 1개, 뿔 모양 은잔 3개, 은컵 3개, 은 램프 1개, 긴 받침이 달린 잔 1개, 큰 금그릇 3개, 금 여인상 1개, 은대야 1개, 페르시아 단검 6개, 도금 리라 1개, 상아 리라 3개, 나무 리라 4개, 상아 세공 탁자 1개, 은도금 가면 1개, 밀레토스산産 소파 10개, 왕좌 6개, 은도금 못 2개, 방패 70개.[6]

이제 파르테논 신전은 성소보다는 은행 같은 곳이 되었다. 타소스 섬 맞은편, 그리스 본토에 있는 네아폴리스(현재 카발라) 같은 폴리스는 보호의 대가로 매해 1,000드라크메(고대 그리스의 화폐단위. 1드라크메는 6오볼로스, 100드라크메는 1므네에 해당한다. 고대 그리스 전성기에 아테네에서 숙련공의 하루 임금이 1드라크메였던 것으로 추정된다_옮긴이)를 냈다. 동지중해 전역에서 아테네로 곧장 돈이 운반되었다. 아테네의 의도는 분명했다.

소크라테스는 바로 이런 아테네에서 성장했다. 하지만 그는 행복해지려면 군함과 성벽과 번쩍이는 전리품이 꼭 필요한지 의구심을 가졌다. 제국의 물질적 성상을 추구하는 페리클레스와 도덕적인 삶을 추구하는 소크라테스의 철학이 과연 잘 어울릴 수 있었을까?

14 자줏빛 야망 기원전 465~415년, 동지중해 지역

페리클레스: 여러분이 아테네 제국의 위엄을 지지하는 것은 정당하고 옳은 일입니다. 여러분 모두 그 일에 자부심을 느껴야 합니다. 제국의 짐을 함께 지지 않는다면 여러분은 계속 특권을 누릴 수 없습니다.

– 투키디데스의 〈펠로폰네소스 전쟁사〉에서

놀랍게도 오늘날 아테네의 국립 비문 박물관을 방문하는 일은 위험한 일이 되고 말았다. 국립 비문 박물관의 입구는 골목길에 있다. 국립 고고학 박물관 바로 옆이다. 신기하게도 아테네 당국은 이 박물관의 신고전주의풍 건물 정면은 깔끔하게 관리했지만 측면 통로는 마약 중독자들에게 내주고 말았다. 따라서 국립 비문 박물관 안으로 들어가려면 야위고 화난 중독자들의 야유를 들어야 한다.

하지만 국립 비문 박물관은 그런 고난을 감수할 만한 곳이다. 박물관 건물 안으로 들어가면 바로 왼편 통로에 거대한 조공 비석이 우뚝 서 있다. 비문이 새겨진 바위의 높이는 5미터가 넘는다. 이 거대한 바위 표면에 새겨진 것은 기원전 454/453년과 440/439년 사이에 아테네에 조공을 바친 폴리스의 이름이다.[1] 비잔티움도 있고 밀레토스, 그리스 북부의 아토스 산, 고대도시 트로이(그리스어로 트로이아라고 한다_옮긴이)의 영토인 트로아스(요즘으로 치면 터키 북부의 비가 반도)를 따라 늘어선 정착촌도 있다. 비석에는 글자가 빽빽이 새겨졌다. 빈칸이 조금도 없을 정도이다. 이 조공 비석에는 델로스 동맹국에서 아테네의 돈궤로 들어온 돈 꾸러미와 통, 상자 명세가 적혀 있다.

기원전 483년 아테네 남부 라우리온의 은광맥 발견으로 동지중해 지역의 경제 전망은 분명히 밝아졌을 것이다. 특히 아테네에 더욱 밝았을 것이다. 나간 돈은 다시 들어올 것이므로. 그것도 이자와 함께. 조공으로 바친 돈에는 아테나 여신이 부과하는 이자율이 붙었다. 따라서 신상이나 기념상, 군사작전을 명목으로 아테나 여신의 금고에서 돈을 빌려 간 폴리스는 원금은 물론 두둑한 이자도 붙여서 갚아야 했다. 그렇게 아테나 여신은 신성한 고리대금업자가 되었다.

그렇게 해서 남은 돈이 아테네 민주정으로 쏟아져 들어왔다. 아테네는 그 수익으로 배심원들에게 일당을 지급하고, 극장에 보조금을 대고, 공공건물을 관리하고, 평의원들에게 무료로 음식을 대접했다. 소크라테스의 생전에 800척이 넘는 삼단노선이 아테네가 지배하는 항구에서 진수되었다. 사람이 노를 젓는 해군으로는 세계 역사상 최대 규모였다.

소크라테스가 자라는 동안 조공은 꾸준히 쌓였다. 북쪽으로는 흑해, (요즘 우크라이나에 속한) 올비아에 이르기까지, 아나톨리아의 아비도스, 동쪽으로는 멀리 카리아에 이르기까지 팔레스타인의 카르멜 산과 서에게 해의 수많은 섬에서도 조공이 들어왔다.[2]

기원전 420년대 초반쯤[3] 아테네는 동맹국들에 아테나의 화폐인 올빼미 은화(올빼미는 오볼로스를 비롯한 아테네의 다양한 화폐에 새겨져 있었으나 조공에는 4드라크메의 가치가 있는 테트라드라크메가 사용되었다_옮긴이)로 조공을 내라고 요구하기 시작했다. 이는 국제 교역에서 지배권을 쥐려는 조치였다. 이제 동맹을 맺은 도시국가들은 조공을 내는 데 필요한 통화를 얻으려고 상품을 직접 아테네에 (혹은 아테네의 교역 상대국에) 팔아야 했다. 상황이 이렇다 보니 아테네에서 포도주와 양모가 생산되는데도 아테네인은 에게 해에 있는 키오스 섬의 최고급 포도주를 마시고 밀레토스산 양털로 만든 섬세한 섬유로 옷을 지어 입는 것을 더 좋아했다.[4] 고대인들은 땅, 곡식, 금, 어류 같은 자원을 찾아 동지중해 전역을 오랫동안 돌아다녔다. 하지만 이제 아테네 사람들은 그런 생활필수품뿐 아니라 더욱 세련된 취향의 물품을 즐기게 되었다. 공작이 아테네로 수입되었고 아프가니스탄에서 보석이, 화산섬 티라(현재 산토리니 섬)에서 사프란이 수입되었다.

물론 강압도 있었다. 아테네의 지배에서 벗어나려는 지역은 두 배로 처벌받았다. 자유를 빼앗겼을 뿐 아니라 아테네의 여신, 아테나에 바쳐야 한다는 명목으로 땅도 빼앗겼다. 이오니아(현재 터키 서해안 지방)의 에리트라이는 아테네의 완력으로 민주주의 편에 서게 된 지역이었다.[5]

오늘날까지 남아 있는 문헌과 비문을 주의 깊게 읽어보면 동지중해 사람들은 아테네의 비호를 받는 쪽에 더 호감을 느낀 듯하다. 영향력 있는 소수 집단이 지배하는 과두정 아래에 있는 것보다 비록 식민지배를 받더라도 민주정의 지배를 받는 것이 낫다는 생각이었다. 하지만 양극단(과두정과 민주정, 즉 스파르타와 아테네)의 팽팽한 대립 속에서 무수한 사람의 삶이 파괴되었다. 소크라테스는 원초적인 계급투쟁시기를 살았다. 투키디데스는 이런 상황을 절망적으로 성토했다.

사실상 헬라스 세계 전체가 진통을 겪고 있다. 민주정 지도자들은 아테네를 끌어들이려 하고 과두정은 스파르타를 끌어들이려 한다. 여러 도시에서 이런 혁명은 많은 재앙을 낳았다. 야만의 정도야 차이가 있겠지만 인간의 본

서양 문명의 상징이 된 웅장한 파르테논 신전 ©Anastasios71/Shutterstock.com

성이 바뀌지 않는 한 늘 일어나는 일이고 앞으로도 일어날 일이다.

_투키디데스의 〈펠로폰네소스 전쟁사〉

　그래도 여전히 들어오는 조공으로 아테네는 성벽과 기념비, 조각상을 세워 도시를 치장할 수 있었다. 아프로디테의 남편 헤파이스토스에게도 아고라를 굽어보는 새 신전을 바쳤다. 갓 완성된 아테네의 오데이온에서는 시민이 대중 문화공연과 대회를 열었다. 50명에서 1,000명에 이르는 남성 합창단이 이곳에서 실력을 겨루었다고 한다. 시 당국은 공연자들과 공연자들이 음악으로 경배하는 신들을 위해 새 옷을 샀다. 아테네의 구불구불한 성벽은 남쪽 피레우스 항까지 6킬로미터가 넘게 이어졌다.

페리클레스의 신전 건축

페리클레스의 건축계획으로 아테네에 거대한 건축물들이 들어섰다. 프로필라이온, 견고한 여인상이 받치고 있는 에레크테이온(아테네의 전설적인 영웅 에렉테우스를 비롯해 아테나와 포세이돈을 모신 신전이다_옮긴이),[6] 그리고 무엇보다 아테나의 신전 파르테논도 세워졌다. 초록, 파랑, 금빛으로 치장한 파르테논 신전은 공작처럼 눈부셨다. 금으로 도금한 아테나 여신상, 즉 아테나 파르테노스(처녀신 아테나)는 수정과 하마의 상아로 반짝였다. 신전 안에 놓인 이 신상은 높이가 12미터나 됐다. 신상에 걸친 금옷과 장식품의 무게만 해도 55킬로그램 정도였다. 피부는 환하게 빛났고 펼친 손바닥 위에는 2미터 길이의 승리의 여신 니케 상이 있었다. 조각상 아래에는 연못이 있어 아테나 여신상을 아름답게 비추었다. 여신상의 피부가 연못에 반사된 햇볕 위로 일렁이는데 마치 살아 있는 것처럼 보였다.

오늘날에도 파르테논 신전은 새벽녘에는 어슴푸레 빛나는 모습으로, 해 질 녘에는 말 없는 유령 같은 모습으로 늘 그 자리에 서 있다. 오래전 아테네의 모습도 그러했다. 플루타르코스는 페리클레스가 파르테논을 건축한 지 500년이 흐른 뒤에 이렇게 감탄했다.

> 짧은 시간에 지어졌지만 매우 오랜 시간 완벽한 모습으로 남아 있다. 지금도 갓 지은 건물처럼 보인다. 이 건물을 창조할 때 영원히 꽃피는 생명과 늙지 않는 영혼을 불어넣기라도 한 것처럼.[7] _플루타르코스의 〈플루타르코스 영웅전〉

기원후 6세기 비잔틴 시대부터(정확한 일자는 기록되지 않았다), 파르테논 신전은 아테나 여신의 신전이 아니라 성모 마리아의 성소가 되었다. 아직도 초기 기독교의 성소로 쓰였던 시절의 흔적이 남아 있는데 기둥에 새겨진 비잔틴 제국의 주교 두 사람의 이름, 테오도시오스와 마리노스를 읽을 수 있다. 1175년쯤에는 비잔틴 제국의 새 아테네 대주교 미카엘 코니아테스가 파르테논 신전의 내부에서 취임설교를 하면서 아테네를 찬양했다. 그는 아테네가 도시 중의 여왕, 이성과 덕의 산실이며 단지 유물 때문이 아니라 어느 모로 보나 빼어난 덕과 지혜로 칭송받는다고 표현했다. 무엇보다 코니아테스는 그의 새 교회를 마음에 들어 했으며 사랑스럽다고 평했다. 300년 후에는 이슬람 지도자들이 파르테논 신전에 찬사를 보냈다. 오스만 제국의 술탄 메메트 2세는 비잔틴을 정복하고 난 후 1458년에 아테네를 공식 방문했다. 그는 아크로폴리스를 보고 충격을 받았고 아테네에 완전히 열광했다.

1687년에 베네치아 군대가 당시 아테네를 점령하고 있던 튀르크인을 공격하려고 파르테논 신전 측면에 700개가 넘는 포탄을 발사했다(포탄자국을 아직도 볼 수 있다). 튀르크인은 신전 안에 보관해두었던 소중한 아랍어 필사본들을 황급히 대피시켜야 했다. 페리클레스가 파르테논 신전을 건축한 지 2,000년이 지난 그때, 파르테논 신전은 역사상 처음으로 큰 타격을 입었다. 벽에 금이 가고 기둥이 무너졌으며 지붕이 내려앉았다. 결국 파르테논 신전은 폐허가 되었다. 그리고 18세기 중반 이래 외교관과 도굴꾼, 탐험가 들이 신전을 훼손했다. 파르테논 신전은 숙성된 스틸턴 치즈처럼 조각조각 잘려나갔다.[8] 뉴아크로폴리스 박물관은 이렇게 잘려나가 전 세계에 흩어진 조각상과 건축 파편을 되찾아오려고 조용히 온갖 노력을 다하고 있다.

그래도 우리가 알고 있는 것보다 더 많은 파르테논 신전의 조각이 아테네에 남아 있다. 아테네 도심부에 건축 작업을 할 때마다 파르테논 신전의 조각이 새롭게 나타난다. 손 하나, 팔 한쪽, 얼굴 옆면 조각 하나, 석창 하나가 여기저기에서 발견된다. 그러면 고고학자들은 몇 주 동안 신체부위

에레크테이온을 받치고 있는 견고한 여인상 ©littlewormy/
Shutterstock.com

를 재결합하려고 애쓴다.[9] 파르테논 신전은 끈질긴 서양 문명의 상징이 되었고 많은 사람에게 특정 가치를 보여주는 상징물이 되었다.

파르테논 신전을 건설하던 시절에는 신전 건설을 소리 높여 반대하는 사람도 있었다. 그들은 외쳤다. "머리에 피도 안 마른, 새파란 정치제도가 지금 그런 일에 신경을 쓴단 말인가?" 어느 강경한 비판자는 페리클레스가 동맹국의 조공으로 아테네를 잔뜩 치장하고, 궁정 조신처럼 화려하게 꾸미는 것은 지나치게 도리를 벗어난 일이라 주장했다. 결국 기원전 443년에 이 반대자는 추방되었다.[10]

페리클레스는 사회 전체에 위대한 일을 할 수 있다는 자신감을 불어넣는 것이 얼마나 중요한지 잘 알고 있었다. 투키디데스가 요란하게 기록한 페리클레스의 연설 한 대목을 들어보자.

여러분은 위대한 도시의 시민이며, 그 위대한 도시의 시민으로서 살도록 키워졌다는 걸 잊지 마십시오. 그러니 여러분은 엄청난 재앙에 기꺼이 맞서, 여러분의 명예를 잃지 않겠노라고 다짐해야 합니다. 현재의 탁월함은 미래의 영광이 되어 인류의 기억 속에 영원히 남을 것입니다. 미래의 영광을 지키고 지금 치욕스러운 일을 하지 않는 것이 바로 여러분이 할 일입니다. 자, 이제 여러분의 힘을 보여주고 이 두 가지 목표를 이루어야 할 때입니다.

_투키디데스의 〈펠로폰네소스 전쟁사〉

멋진 이야기이다. 그러나 소크라테스는 아테네 민주주의의 위대함이 아테네인의 정직한 노력뿐 아니라 전쟁으로 흘린 피와 다른 그리스인의 땀으로 지어졌다는 것을 잘 알고 있었다. 기원전 420년 이전에 소크라테스의 철학적 견해가 어땠는지는 알 길이 없다. 하지만 마흔 살 무렵의 그의 생각, 즉 플라톤이 우리에게 전해준 소크라테스의 생각은 분명히 뜨거운 용광로 속에서 만들어진 것이었다. 소크라테스는 도시국가 아테네에서 성장하며 돈과 영광, 권력을 추구하는 것이 타협과 고통, 문제를 불러일으킨다는 것을 배웠다.

기원전 450년대에 아테네는 페르시아에 대항해, 또 한편에서는 스파르타에 대항해 곳곳에서 전쟁을 벌였다. 또한 동지중해라는 권력의 무대에 올라선 다른 폴리스들, 즉 민주정으로 전향하지 않으려는 다른 폴리스들과도 싸웠다. 기원전 459년에서 454년 사이에 아테네는 이집트만큼이나 넓은 영토를 정복하려 했다. 기원전 457/456년에는 근처의 아이기나 섬(그리스의 사로니카 만에 있는 섬으로 기원전 5세기에 아테네와 해상지배권을 두고 경쟁했다_옮긴이)을 포위해 항복시켰다. 기원전 456년에는 아테네 병사들이 스파르타의 기테이오(스파르타에서 남쪽으로 40킬로미터쯤 떨어진 스파르타의 항구이다_옮긴이) 조선소를 습격했고 아이톨리아(코린토스 만 북쪽 해안지방)에서 코린토스 영토이던 칼키스를 빼앗았다(펠로폰네소스 전쟁이 일어나기 전에 있었던 이러한 일련의 갈등을 1차 펠로폰네소스 전쟁이라 부르기도 한다_옮긴이). 청년 소크라테스에게 가혹한 교훈을 일깨워준 사건들이었다.

소크라테스는 야망의 피해자를 익히 알고 있었다. 기원전 449년에는 같은 아테네 사람인 키몬이 키프로스 원정에서 죽었다. 원정 중에 생긴 상처의 감염이 원인인 것으로 추정된다. 키몬은 키프로스에서 페르시아 군대의 재산, 특히 페르시아와 포이니케(현재 시리아와 레바논 해안지대에 발달했던 고대 문명으로 지중해 무역을 주도했으며 이단노선을 개발했다_옮긴이)의 강력한 연합 해군을 강타하려 했다. 그리스인에게 키프로스는 이상한 땅이었다. 키프로스의 황량한 바위 지형도, 여러 왕국으로 쪼개진 것도, 이슈타르 여신을 섬기는 것도 이상했다. 키프로스 섬 사람들은 사랑과 전쟁의 여신 이슈타르(메소포타미아 신화에 등장한다_옮긴이)를 청동기 시대부터 섬겼다. 기원전 5세기 기록에 의하면 키프로스는 불안하고 위협적인 곳이었다. 하지만 그리스인은 이 섬을 '해방'시키길 원했다.[11] 당시에도 유럽은 중동의 정치제제를 견디지 못했던 것 같다.

소크라테스가 정확히 언제부터 제국과 부의 목적에 관해 묻기 시작했는지는 알 수 없다. 그가 지역 최고의 고리대금업자 노릇을 하는 아테네를 보고 무슨 생각을 했는지도 알 수 없다. 하지만 소크라테스는 아테네의 행보가 마음에 들지 않은 듯하다. 아테네 제국을 바라보는 그의 태도에는 다소 불편함이 섞여 있었다. 질문하는 철학자 소크라테스는 전쟁과 성벽, 전함 얘기에 고개를 저었다.[12] 하지만 다른 아테네 시민은 이런 것들을 기꺼이 받아들였다. 그들은 시리아에서 수입한 장미기름을 바르고 코린토스에서 수입한 리넨을 몸에 걸치고 정교한 흑화식 도자기(기원전 7세기에서 5세기 사이에 유행했던 도자기로 황토색 배경에 검은색 그림이 그려진 도자기이다_옮긴이) 식기를 집에 들여놓았다. 이 식기를 얼마나 소중히 여겼는지 시신을 매장할 때 같이 묻을 정도였다. 소크라테스는 고집스럽게 반물질주의를 고수했고 공적으로나 사적으로나 과시하는 행위를 싫어했다. 그는 위대한 권력에서 훌륭한 작품이 탄생했을지는 모르지만 훌륭한 작품이 그 권력을 표현하지도, 그 권력을 보장하지도 않는다는 것을 알고 있었다.

오 사랑하는 판신과 이곳의 모든 신이여. 저의 내부, 영혼이 아름다울 수 있
도록 해주십시오. 그리고 제가 외적으로 소유한 모든 것이 제 내적 상태와
어울리도록 해주십시오. 부 대신 지혜를 주십시오. 절제하는 사람이 감당하
거나 견딜 수 있을 만큼만 부를 주십시오. _플라톤의 〈파이드로스〉

라코니아의 스파르타

소크라테스와 비슷한 의구심을 품은 도시국가가 하나 있었다. 라코니
아의 스파르타였다. 위대한 역사가인 투키디데스는 선견지명이 있었던 것
같다. 그는 아테네와 스파르타에 관해 이렇게 말했다.

예를 들어 스파르타가 폐허가 되고 건물의 토대와 사원만 남는다고 가정해
보자. 그러면 시간이 흐른 뒤 후세는 그곳이 정말 그토록 강력한 도시였는
지 믿기가 매우 어려울 것이다. 반면에 똑같은 일이 아테네에 일어난다면
후세는 그 도시가 실제보다 두 배는 더 강력했다고 추측할 것이다.

현재의 스파르타를 걷는 사람들은 한때 세상에서 가장 위대하고 위협
적인 문명이 그곳에 있었다는 사실을 상상하기 어려울 것이다. 스파르타
의 유적은 보잘것없고 1960년대에 아무렇게나 지은 아파트 사이에 끼어
방치되어 있다. 잊을 만하면 한 번씩 일어나는 지진으로 20세기에 지은 건
물들이 종종 무너져 내리기도 한다. 소크라테스 시대에도 그러했다.

하지만 그러한 분위기에는 그럴듯한 이유가 있었다. 고대 스파르타는

물질적 쾌락보다 즐거운 경험이 더 가치 있다고 믿었다. 스파르타인은 아름다운 예술작품 주문을 자제했고 주조화폐와 향수 사용을 금지했다. 그들은 역사를 기록하지 않았으며 법을 비문으로 남겨야 할 필요도 느끼지 않았다. 그들은 아테네인과는 달리 언어를 불신했고 말도 글도 불신했다. 라코니아(펠로폰네소스 반도 남동부에 있는 지역으로 이곳의 에우로타스 강변에 도시국가 스파르타가 자리 잡고 있었다_옮긴이) 지역에 사는 훌륭한 스파르타인은 '과묵한laconic' 사람이어야 했다.

그러나 스파르타인은 삶을 뜨겁게 사랑했다. 그들은 밤늦도록 춤추며 황홀경에 가까운 상태로 신을 숭배했다. 심지어 출정할 때도 정신을 홀리는 아울로스(복잡하고 관능적인 리듬을 내는 이중 관악기)를 불어대며 신 나게 달려갔다(물론 지휘에 따라 발맞추어 달렸다). 스파르타에서는 소년뿐 아니라 소녀도 김나시온에서 운동할 수 있었다(아테네에서는 있을 수 없는 일이다). 젊은 여자들은 에우로타스 강둑에 모여 서로의 머리카락이 반짝일 때까지 올리브기름을 바르고 쓰다듬으며 '향기로운 밤'에 '나른한 욕망'(기원전 7세기 스파르타의 서정시인 알크만이 지은 합창시에 나오는 구절이다_옮긴이)을 읊조리며 황홀한 밤을 보냈다.[13]

호메로스는 스파르타를 '아름다운 여인들의 땅'이라 불렀으며 '라케다이몬(스파르타의 옛 이름)의 사랑스러운 언덕'을 칭송했다. 펠로폰네소스 반도 중심부에 있는 이곳의 영토는 평평하고 비옥했다. 바위가 많은 산악지대 그리스에서 라코니아는 낙원 같은 곳이었다. 타이게토스 산맥 정상의 눈 녹은 물이 넓은 에우로타스 강으로 흘러내리며 타이게토스 계곡을 굽이굽이 감아 돌다 스파르타의 대지로 흘러갔다. 사실 스파르타인이 얼마나 뛰어났는지를 알려주는 실마리를 발견한 곳도 이 강과 강 주변이었다.

2008년에 특별하지 않아 보이는 사각 석조건물이 발굴되었다. 이 건물은 기원전 5세기 초반의 것으로 추측되었으며 건물은 사실상 실패작이었다. 여러 해에 걸쳐 여기저기 뜯어고치고 손을 댄 흔적이 역력했다. 하지만 비전문가의 서투른 작품 같은 이 석조건물에서 흥미로운 사실을 알 수 있었다. 에우로타스 강을 굽어보는 이 건물은 오랜 역사를 간직한 성소로, 죽은 영웅들을 숭배하는 곳이었다.[14] 오늘날 찾아산 성소의 현상은 _L서 평범했다. 쐐기풀이 주변을 에워싸고 있었는데 나와 동행한 고고학자들은 부서진 차 옆, 비좁은 틈으로 간신히 유적지 안으로 들어갔다. 집시 아이들이 귀엽게 웃으며 우리가 유적지에 들어가려 애쓰는 모습을 구경했다.

소크라테스 시대에 그곳은 사람들이 활발하게 오가던 곳이다. 스파르타인은 훌륭하게 사는 것과 훌륭하게 죽는 것을 중요하게 여겼다. 스파르타의 상징인 붉은 망토를 걸친 스파르타의 병사들은 살아서든 죽어서든, 스파르타의 이상인 절대복종과 끝없는 투쟁을 진정으로 실천했을 때만 스파르타로 돌아올 수 있었다. 1년 중 정해진 날, 원정이 끝날 무렵 늦가을에 스파르타 사람들은 이 영웅들을 열렬히 경배했다. 햇빛을 받아 은색으로 반짝이는 에우로타스 강 건너 들판이 녹청색으로 물들고, 스파르타를 감싸는 타이게토스 산맥을 따라 구름이 바람을 타고 흘러갈 무렵 이곳에 서 있으면, 하늘을 찌를 듯했던 열정과 스파르타가 지녔던 흔들림 없는 자신감과 우월감을 상상하기란 어렵지 않다. 무한한 자신감이 넘쳤던 스파르타인은 자기를 내세울 필요가 없었다. 아테네인과 달리 스파르타인은 자기 이름을 미화하지도, 자기 이야기를 역사로 남기지도 않았다. 스파르타에는 성벽도 없었다. 아테네인과는 달리 그들은 성벽을 비웃었다.

멀리 아테네에 있는 소크라테스의 귀에도 여러 해 동안 뼈를 깎는 훈련으로 단련된 스파르타 청년을 찬양하는 소리가 들렸을 것이다. '우리의 청년이 우리의 성벽이요, 우리의 흉벽은 청년의 창끝이다'는 스파르타의 자랑이 들렸을 것이다.[15] 우수한 종족 스파르타인의 최대 목표가 아름다운 죽음을 성취하는 것, 즉 전쟁에서 주저 없이 용감하고, 훌륭하게 죽는 것이라는 이야기도 들렸을 것이다. 칼로스 타나토스kalos thanatos, 즉 아름다운 죽음은 스파르타식 성취의 완벽한 전형이었다. 스파르타인의 한결같은 삶의 목표에는 무언가 사람을 끌어당기고 매혹하는 힘이 있었다.

소크라테스가 성장하던 시절에 스파르타는 아테네의 철천지원수였다. 소크라테스 자신도 중무장 보병이 되어 수십 년간 스파르타와 스파르타의 동맹국에 맞서 싸웠다. 하지만 그는 펠로폰네소스 반도의 이 친척 도시를 절대로 멸시하지 않았다. 오히려 반대였다. 소크라테스와 그 주변 사람들은 남자 중의 남자인 스파르타인을 흉내 내고 싶어 했다.[16] 소크라테스는 스파르타 사회의 엄격한 구조를 숭배했다. 그는 훌륭한 삶을 살겠다는 스파르타인의 소망을 긍정적으로 보았고 겉치레보다 삶의 근본에 집중하려는 자세를 받아들였다. 물론 소크라테스는 아테네의 법을 더 좋아하긴 했다. 하지만 플라톤의 〈크리톤〉을 보면 소크라테스가 스파르타를 잘 통치되는 사회라고 인정했다고 한다.

제멋대로 자란 머리에다 목욕도 매일 하지 않는 소크라테스의 성향은 스파르타인과 매우 비슷했다. 스파르타의 남자들처럼 소크라테스도 맨발로 거리를 걷는 걸 좋아했다. 사람들은 그를 '스파르타의 사냥개'[17]라 부르기도 했고(냄새를 잘 맡기로 유명한 스파르타의 개처럼 소크라테스도 '진실의 냄새를 잘 맡을 수 있었다') 라코노마니아lakonomanea 즉 스파르타 추종자라고 부르기도 했다. 소크라테스의 절친한 친구인 키몬은 아들의 이름을 라케다이모니오스Lacedaimonius라고 짓기도 했다. 소크라테스가 스파르타의 관습에 매혹되었던 탓에 훗날 그는 스파르타의 정치제도를 찬양한다고 오해받기도 했다. 20년 뒤 소크라테스와 그의 동료는 친스파르타 계열, '라코노필리아Laconophilia'라고 비난받았다.

아테네가 스파르타를 불안하게 주시한 데는 또 다른 이유가 있었다. 아테네 내부에도 과두정을 고집하는, 스파르타를 몰래 찬양하는 사람이 많았다. 수백 년, 어쩌면 수천 년 동안 그리스 사회는 신의 선택을 받은 사람이 권력을 쥘 수 있다고 믿었다. 신이 내린 통치권뿐 아니라 신이 내린 선물 즉 지위, 용기, 육체적 아름다움, 남자다운 미덕을 지닌 사람이 통치할 수 있다고 믿었다. 소크라테스가 태어난 날에서 죽는 순간까지 많은 아테네인이 스파르타의 확고한 사회질서를 공공연하게 혹은 남몰래 동경했다.

과두정과 민주정, 귀족과 민중 사이의 긴장은 아테네의 정치와 문화에 깊은 흔적을 남겼고 사회 분위기에도 영향을 미쳤다. 소크라테스는 아테네가 직면한 거대한 딜레마의 실례이자 희생물이었다. 진정한 민주정에서, 모든 시민이 권력과 책임을 동등하게 공유하는 곳에서, 그저 훌륭한 정도가 아니라 정말 위대한 사람들의 자리는 무엇일까?

그렇다면 이 도시의 관용은 어떠한가? 민주주의 특유의 관대함, 사소한 것에 신경 쓰지 않는 태도 말일세. 이 도시는 우리가 이 도시를 세울 때 심각하게 생각했던 것들을 완전히 무시하지. 그러니까 탁월한 재능을 타고나지 않은 사람이라면, 아주 어린 시절부터 적절한 놀이를 하고 훌륭한 생활방식을 따르지 않는 이상 훌륭한 사람이 되기 어렵다는 사실 말일세. 민주주의가 이 모든 원칙을 밟아 뭉개는 게 놀랍지 않나? 어떤 사람이 관직에 들어오기 전에 무얼 했는지 전혀 살펴보지도 않고 그가 스스로 민중의 친구라고 말하기만 하면 그를 존경해버리지 않나? _플라톤의 〈국가〉

소크라테스를 곤란하게 한 청년

시간이 흐를수록 아테네의 데모크라티아는 스파르타 고유의 성취 지향적 공동체 의식과 대조되었다. 따라서 스파르타에 매료되는 것은 반아테네 활동으로 치부하였다. 하지만 이런 정치 분위기에도 스파르타식 이름을 지녔고 스파르타인 유모 손에 자란 한 청년이 소크라테스의 사랑을 받았다. 소크라테스를 상당히 곤란하게 만든 그 청년의 이름은 알키비아데스였다.

기원전 450년에 태어난 알키비아데스는 네 살에 아버지를 여의고 고아가 되었다. 하지만 그는 궁핍하게 살 운명이 아니었다. 귀족의 피를 물려받은 그는 버려질 운명도 아니었다. 사실상 그는 위대한 페리클레스 장군의 친척이었고 아테네에서 가장 영향력 있는 페리클레스는 그의 후견자였다. 그의 유모는 스파르타 여자였다. 스파르타인들은 육체적으로 가장 강한 종족으로 생각되었기 때문에 당시로서는 흔한 일이었다. 알키비아데스는 앙숙인 두 도시국가 사이에 양다리를 걸치다 보니 기원전 5세기 민주주의라는 연극의 주요인물 중 하나가 되었다. 일곱 살 때부터 페리클레스의 집에서 양육된 알키비아데스는 페리클레스가 후원하는 고매한 사상가들의 모임에 낄 수 있었다. 따라서 반도 남쪽 아고게에서 어린 시절을 보내고 있을 일곱 살짜리 스파르타 친척과는 완전히 다른 교육을 받았다. 알키비아데스가 소크라테스를 처음 만났을 때 그는 아마 더벅머리의 철없는 어린아이이거나 아름다운 소년이었을 것이다.

알키비아데스는 매혹적인 인물이었다. 그는 어느 모로 보나 눈부셨다. 그가 죽은 지 500년이 흐른 뒤에도 여전히 플루타르코스 같은 저자들이 그에게 매혹되었다. 고대 시대 곳곳에서 그에 관한 글을 썼다.[18] 스파르타 박물관에 아직도 전시 중인 로마 시대의 모자이크를 보면 사람들이 그에게 왜 그렇게 호감을 느꼈는지 알 수 있다. 알키비아데스는 당대의 아도니스였다. 그는 숱이 많은 금발머리, 근사한 옆모습, 중성적인 느낌의 부드러운 피부를 가진 미소년이었다.[19] 그는 혀짧은 소리를 내며 육감적으로 말했고 그런 알키비아데스를 여자, 남자, 소년, 소녀, 개 할 것 없이 모두 사랑했다고 한다. 그는 긴 자줏빛 망토를 끌며 아고라를 걸어 다녔다. 소크라테스와는 정반대의 인물이었다. 자신만만하고 무책임하고 시끄럽고 방탕했다. 사실 두 사람의 관계는 황금시대 아테네와 소크라테스의 관계를 보여준다고 할 수 있다. 개인의 사유와 사회적 야망 사이의 갈등, 육체와 영혼의 관계, 내적인 아름다움과 외적인 아름다움의 관계 그리고 진정 올바른 삶이 무엇인지 알기 어렵다는 것을 보여준다.

소크라테스와 알키비아데스는 역설적인 한 쌍이었다. 아테네에는 긴 속눈썹 아래 진지한 눈빛을 한 청년이 많았지만 그중에서도 과두파 성향에 스파르타식 이름을 지닌 알키비아데스는 소크라테스의 사랑을 듬뿍 받았다.

15 강물에 발을 적시고 김나시온에서 운동하다

기원전 450~339년, 일리소스 강

소크라테스는 자기 몸을 소홀히 하지 않았고, 몸을 소홀히 하는 사람들을 칭
찬하지도 않았다.

— 크세노폰의 〈소크라테스 회상〉에서

고대 아테네인은 분명히 먼지를 뒤집어쓰고 다녔을 것이다. 코흘리개
꼬마부터 호르몬 분비가 왕성한 십 대, 상처에 궤양이 생긴 참전용사까지
아테네 남자들은 때 묻은 채 돌아다녔을 것이다. 그리고 어쩌다 흘린 땀방
울이 피부에 묻은 먼지를 씻어 내렸을 것이다. 당시 동지중해의 도심에서
는 그럴 수밖에 없었다. 그러니 몸을 씻는 일이 얼마나 즐거웠을까?[1]

소크라테스는 어린 시절부터 노년기까지 아테네 성벽 남동쪽 밖 일리
소스 강가에서 자주 시간을 보냈다. 거기에서 그는 젊은이들과 이야기를
나누거나 강물을 철벅거리며 걸어 다녔다(플라톤이 파이드로스의 입을 빌려
소크라테스는 늘 맨발로 다녔기 때문에 물놀이하기에도 좋았다고 말했다). 오래 걸
은 다음에는 풀이 보드랍게 자란 강둑에 서 있는 플라타너스나무나 나뭇

잎이 부드럽게 날리는 향긋한 버드나무 아래 누워 있기도 했다. 서늘한 바람이 부는 강가에는 체이스트베리 덤불이 자라고 있고 매미들이 귀청이 떨어져라 울어댔으며 신상들이 서 있었다.

> 파이드로스: 오늘 제가 맨발이어서 다행입니다. 선생님은 항상 맨발이시지요. 시냇물에 발을 적시며 가는 게 가장 편하지요. 나쁘지 않은 일입니다. 특히 한 해 중 이맘때와 하루 중 이 시간에는 더 그렇지요.
>
> _플라톤의 〈파이드로스〉

일리소스 강 하류 쪽으로 800미터쯤 내려와 자리 잡은 이 아름답고 전원적인 동네는 청동기 시대부터 신성하게 여겨졌다. 성소도 많았고 성지도 많았다. 종교행렬이 이 지역의 바위와 시내를 구불구불 돌며 지나가기도 했다. 아테네에서 가장 강력하고 심원한 축전인 엘레우시스 신비의식 Eleusinian Mysteries(아테네 서쪽 마을 엘레우시스를 중심으로 열리는, 여신 데메테르와 그의 딸 페르세포네에 관련된 비의秘儀로 참가자들은 이곳에서 보고 들은 것을 절대 발설하지 않겠다고 맹세한다_옮긴이)의 예행연습이 일리소스 강둑 옆에서 이루어졌다. (항상 같은 가문 출신인) 엘레우시스의 사제들은 그리스어로 '미스타고고스mystagogos'라 부르는데 3월이면 일리소스 강둑에서 엘레우시스 신비의식을 처음 경험하는 입회자들을 지도했다. 입회자를 위한 소의례에 참가한 사람들은 생명의 위대한 비밀을 맛보길 기대했다. 아테네 최고의 (그리고 가장 부유한) 가문들이 이 제의에 반드시 참가하려고 했다. 엘레우시스 신비의식에서 아테네 사람들은 과거와 미래를 모두 경험할 수 있었다. 선택된 특권집단이 권력을 손에 쥐었던 과거를 돌아볼 수 있었고, 사후의 삶이 이어지는 미래를 내다볼 수 있었다.

이런 특징은 아테네 민주주의의 매혹적인 측면이기도 했다. 아테네 사람들은 지상에서 인간의 잠재력을 실현할 수 있다고 믿었고 사후에도 삶이 이어진다는 믿음을 어느 때보다 더 강렬히 지녔다. 소크라테스 또한 (플라톤의 글에서) 이 세상에서 선한 사람들은 사후에서도 계속 '선'을 누린다고 말했다.

> 죽음은 둘 중 하나일세. 완전한 소멸이거나 하나의 변화이지. 죽은 자는 아예 의식이 없거나 영혼이 한 장소에서 다른 장소로 이동하는 것이라네.
>
> _플라톤의 〈소크라테스의 변명〉

소크라테스의 일리소스

일리소스 강변에서는 분명히 많은 것을 경험할 수 있었다. 그곳에서는 아테네의 전형적인 삶이 펼쳐졌다. 한편에서는 관능적인 종교의식이, 다른 한편에서는 민주주의 폴리스를 신성시하는 냉철한 신념이 서로 충돌하며 펼쳐졌다. 또한 소크라테스의 전형적 삶을 엿볼 수 있는 곳이었다. 일리소스 강변에서는 그의 깊은 사색과 활기찬 일상이 함께 어우러졌다. 강물은 소용돌이치며 흘러 바위 사이의 작은 웅덩이에 고였다가 비좁은 틈새로 쏟아져 내렸다. 물론 소크라테스는 이곳을 훤히 알고 있었다. 그는 이곳에 익숙했다. 그가 태어난 알로페케 데모스에서 아테네의 잘 다져진 도심까지는 25~30분이 걸렸다. 그는 그 거리를 걸어 다니며 이곳을 자주 지나다녔을 것이다.

소크라테스: 헤라신에 맹세코, 이곳은 아름다운 장소이지요.

파이드로스: 당신은 놀라운 분입니다. 이곳이 처음인 듯, 제 안내를 받으시

는 분처럼 보입니다. 이곳 사람이 아닌 것처럼 말입니다.

_플라톤의 〈파이드로스〉

플라톤의 대화편 가운데 이 구절은 소크라테스가 도시에만 관심을 두었다는 것을 보여주는 증거로 인용되곤 하지만 소크라테스의 됨됨이를 보여주는 구절이기도 하다. 소크라테스는 늘 즐겨 찾는 일리소스 강변을 마치 처음 온 사람처럼 즐겁게 바라보았다. 지혜로운 사람들은 매일 세상을 처음 경험하는 사람처럼 산다고 하지 않는가?

소크라테스 시절에는 이 강가에 사람이 많이 모였다. 그 강은 1950년대 하수관으로 옮겨져, 이제 지하로 흐르고 덤불 옆으로는 시끄러운 도로가 지난다. 하지만 젊은이들은 오늘날에도 강가에 모이는 걸 좋아한다. 이 쾌활한 젊은이들은 수천 년 전에도 이곳에 젊은이들이 모였다는 것을 알까?

사실 일리소스 강변에는 고전기 아테네(고대 아테네의 문화, 예술, 학문이 정점에 다다른 기원전 5세기~4세기를 말한다_옮긴이) 당시 유명한 만남의 장소가 몇 군데 있었다. 그곳 어디에선가 소크라테스도 운동을 했을 것이다(소크라테스는 항상 인간으로서의 육체적 쾌락을 즐기는 일에 열성을 보였다). 하지만 현재 이 동네에서는 소크라테스 시절의 흔적을 거의 찾을 수 없다. 오늘날 고전기 유물로 보이는 돌기둥도 기원전 5세기에는 아직 세워지지 않았다. 현기증이 날 만큼 높은 신전의 기둥들은 로마 황제 하드리아누스가 올림피아의 신 제우스와 황제인 자신을 기리려고 세운 것이다(올림피아 제우스 신전은 기원전 6세기 아테네의 참주가 짓기 시작했지만 중단되었다가 기원후 2세기 로마제국의 하드리아누스 황제 때 완공되었다_옮긴이). 하지만 이곳 일리소스 강변 지역을 좀 아는 사람들은 진정한 고전기 그리스의 흔적도 찾을 수 있다.

일리소스 강 동쪽에는 가파른 협곡이 있는데 옛날 사람들이 이곳에서

꿀 바른 케이크를 던졌다. 이는 대홍수의 마지막 물줄기를 재현하는 의례였다. 그리스 신화는 제우스가 인류를 파멸하려고 보낸 대홍수에 '그리스의 노아'인 데우칼리온(프로메테우스의 아들로 제우스가 대홍수를 보냈을 때 방주를 만들어 살아남았다_옮긴이)이 용감히 대응했다고 한다. 울퉁불퉁 튀어나온 바위 아래에는 법정의 기초구조벽과 돌바닥이 여전히 보인다. 여기서 살인이나 간통으로 고발당한 자들을 심판했다.[2]

이곳에는 공장도 있었다. 아테네처럼 혼잡한 도시에는 기득권이 많다. 자유롭게 흘러가는 강과 깊은 웅덩이는 누군가에게는 한가로운 전원풍경이지만 사업가들에게는 기회였다. 소크라테스가 이곳을 거닐던 시절, 헤라클레스의 성소 바로 위에 무두장이들이 들어왔다. 무두질은 역겨운 일이었다. 사람의 소변을 쓰는 데다 죽은 동물의 살점이 폐기물로 많이 나오기 때문이다. 대충 씻은 가죽뿐 아니라 동물의 주검이 통째로 수입되기도 했다. 이런 동물의 주검이 홍해와 북아프리카의 키레네(현재 리비아 동부)처럼 멀리서 오기도 했다. 그러니 무두장이들이 모인 곳에서는 살 썩는 냄새가 진동했을 것이다.

소크라테스와 그 시대 사람들은 가죽을 다양하게 사용했다. 옷에도 쓰고 군사장비와 농업도구를 만들 때도 썼으며 의자와 벤치를 덮는 용도로도 썼다. 가죽제품의 수요는 높았다. 따라서 일리소스 강가의 생산규모는 대단했다. 먼저 가죽을 바닥에 펴서 고정하고 오디 잎이나 오줌으로 처리해서 그 털을 제거했다. 개의 배설물을 사용해서 가죽을 '정화'할 때도 있었다. 고대 다른 지역의 고소 기록을 보면 무두질이 얼마나 악취가 심한 일인지 알 수 있다(로마 시민은 무두장이들이 고약한 냄새로 공기를 오염시킨다고 소송을 빈번하게 제기했다). 아리스토파네스는 희극 〈기사〉에서 당대의 유명한 무두장이이자 정치인인 클레온을 '똥 냄새나는 인간'이라고 조롱한다.

최근에 리시크라테스 기념비(코레고스 리시크라테스가 자신의 합창단이 우승

아테네의 아크로폴리스 동쪽에 있는 리시크라테스 기념비 ©Lefteris Papaulakis/Shutterstock.com

한 것을 기념하여 아크로폴리스 근처에 세운 기념비. 코레고스는 고대 아테네에서 합창단의 의상 및 훈련비용을 후원하는 부유한 아테네 시민을 말한다_옮긴이) 근처에서 기원전 420년의 법령이 발견되었는데, 그중에는 신성한 칼리로예 샘물(아테네 성벽 밖에 있는 샘으로 결혼식 날 신부들이 이곳에서 떠온 물로 몸을 정화하는 풍습이 있었다_옮긴이) 상류에서 무두장이들이 피묻은 가죽을 씻지 못하게 하는 법도 있었다.[3] 소크라테스가 아테네 민주정의 명령으로 독배를 마

190

시고 죽은 후 2,000년이 지나도록 비잔틴과 오스만 제국의 무두장이들이 이곳에서 왕성하게 장사했던 것을 보면, 기원전 5세기에 이곳에 들어찼던 가죽상인들이 얼마나 활발하게 사업을 벌였을지 알 수 있다.

키노사르게스 김나시온

한 가지 무척 아쉬운 점은 기원전 5세기 당시 일리소스 강변의 주요 명물 중 하나였던 '개' 김나시온이 사라졌다는 것이다. 키노사르게스 김나시온(키노사르게스kynosarges는 그리스어로 하얀 개를 뜻한다)은 로마의 발레리아누스 황제가 게르만족을 방어한다는 구실로 기원후 254년부터 성벽을 재건하던 중에 무참히 파괴되었다. 소크라테스는 디오메이아 성문으로 나오면 아테네를 둘러싼 성벽 바로 밖에 있던 이곳을 즐겨 찾았다.

키노사르게스 김나시온은 흐르는 세월 속으로 사라졌지만 최근에 그곳으로 이어지던 길이 발굴되었다. 바로 그 길을 따라 소크라테스가 걸어가곤 했을 것이다.[4] 김나시온까지 가려면 일리소스 강의 작은 개울과 시내를 건너야 했다. 바위 사이에, 혹은 김나시온의 달리기 트랙 가장자리에 사람들이 파놓은 해자 위에 걸쳐진 나무판자를 건너야 했을 것이다. 소크라테스가 젊은 시절에 그리고 나이 든 후에도 아테네 체육활동의 중심지로 가는 모습을 상상해보자. 그곳에서 소크라테스는 운동도 하고 구경도 하면서, 아름다운 육체를 가꾸는 그리스의 전통을 즐겼을 것이다.

일리소스 강의 물길은 지금도 청동기 시대와 변함없다. 나무 위에 앉아 있는 앵무새들과 발아래 융단처럼 피어난 캐모마일을 보면 이곳 키노사르게스 김나시온 주변이 도심에서 벗어나 숨 돌리기 좋은 곳이라는 것을 알 수 있다. 그러나 이제는 달리기 트랙 위로 4차선 도로가 시끄럽게 지나고 운동장에는 오토바이 전시장과 유로뱅크를 포함한 흉측한 상업지구가 들어섰다. 그러니 오늘날 소크라테스와 함께 이 길을 걸으려면 고고학적·문헌적 지식과 상상력이 상당히 필요하다.

당시 키노사르게스 김나시온은 183미터에 달하는 단거리 경주 코스를 뽐냈다. 일상적인 체력 단련을 하는 운동장뿐 아니라 군사훈련을 하는 시설도 있었을 것이다. 사실, 키노사르게스 김나시온은 아테네에 있는 여느 김나시온보다는 군사훈련을 덜 중시했다. 키노사르게스 김나시온에서는 헤라클레스를 숭배했다. 헤라클레스는 스파르타 최고의 영웅이었기 때문에 몇 년 후에는 스파르타 침략군이 이곳을 찾기도 했다.[5] 사람들은 운동을 하기 전에 반신영웅 헤라클레스에 헌주를 바치곤 했다. 소크라테스 시절에는 운동조차 종교적 경험으로 여겼다. 정신뿐 아니라 육체의 건강까지 지키는 것이 소크라테스의 기본원칙이었다. 소크라테스는 우리가 영혼뿐 아니라 살과 피로 이루어진 존재임을 강조했다. 젊은 시절 그는 다른 젊은이들처럼 정신뿐 아니라 몸도 가꾸었다. 또한 그의 도시국가 아테네를 침략자에게서 보호하고 동료 시민을 위해 새 영토를 정복하려고 전투 훈련에도 많은 시간을 보냈다.

16 단련된 전사

기원전 450~399년, 아카데메이아와 리케이온

그는 용모도 뛰어났고 무척 건장했다. 소년기를 지나 남자가 되는 한창나이의
그는 무척 아름답게 활짝 피었다. 그는 갑옷도 의복도 걸치지 않고 발가벗은
채 향유만 발랐는데 한 손에는 창을, 다른 손에는 칼을 잡고 있다.

— 플루타르코스의 〈플루타르코스 영웅전〉 중 「스파르타 왕 아게실라오스 2세」에서

플라톤은 소크라테스가 키노사르게스 김나시온을 찾은 것은 나이가 좀
든 후였다고 한다. 따라서 우리는 청년 소크라테스가 키노사르게스 김나
시온에서 시간을 보냈는지(어쨌든 그곳은 그가 자주 드나들던 동네였다), 아니
면 (요즘 더 유명해진) 아카데메이아나 리케이온(아폴론 리케이오스의 신전 근
방에 있던 것으로 체육활동과 모임 장소로 이용되었다. 훗날 기원전 335/334년에 아
리스토텔레스가 이곳에 철학학교를 세워 유명해졌다_옮긴이)에서 꾸준히 운동했
는지는 알 수 없다. 플라톤은 분명히 아카데메이아와 리케이온 사잇길로
소크라테스를 찾아갔다고 한다. 그리고 노년의 소크라테스가 리케이온에
서 진지하게 귀 기울이는 무리에 둘러싸여 말하는 모습을 볼 수 있었다고

한다.[1] 리케이온에서 소크라테스는 탈의실에 앉아 있곤 했다.

리케이온에는 지붕 덮인 트랙도 있었고 운동선수를 위한 샤워실도 있었다. 벽에는 우화풍의 그림이 그려져 있었으며, 마치 도시 속의 전원 같기도 했다. 리케이온이 아폴론 리케이오스(늑대신 아폴론)에게 봉헌되었다는 사실로 미루어 그 지역이 한때 울창한 숲이었음을 짐작할 수 있다. 아테네 남자들이 육체와 정신 모두를 단련했던 이 목가적 동네는 아리스토파네스의 희극 〈구름Nephelai〉에서도 아름답게 묘사된다.

아카데메이아와 리케이온

훗날 이곳에서는 많은 일이 일어났다. 플라톤이 아카데메이아에 철학학교를 세웠고 그의 제자이자 경쟁자인 아리스토텔레스도 리케이온에 학교를 세웠다. 이 두 학교 덕택에 오늘날 세계에는 '아카데미'와 '리세'라는 이름의 온갖 교육기관이 생겼다.

옛 리케이온 터에는 이제 국립정원이 자리 잡고 있다. 이곳은 그리스 독립전쟁 후 1836년에 아말리아 왕비(오스만 제국에서 독립한 신생 그리스의 초대 왕비이다_옮긴이)를 위한 수목원으로 꾸몄다. 정원에는 이국적인 식물이 정글처럼 높이 자라 아테네의 한여름 무더위에 반가운 그늘을 만들어준다. 아이를 태운 유모차들은 모래가 깔린 오솔길을 따라 한때 근사했던 동물원으로 향하고, 그네를 타는 아이들도 있다. 살을 빼려는 아테네 시민들이 힘겹게 주변을 달린다. 국립정원은 오래되었지만 시간을 보내기에는 매우 즐거운 곳이다.

하지만 리케이온의 옛 모습을 상상하기는 어렵다. 아카데메이아도 마찬가지다. 고대 아테네의 아카데메이아는 고철, 폐플라스틱, 연철 대문을 다루는 난잡한 경공업 단지 아래에서 신음하고 있다. 주변에는 개와 집시 소년들이 어슬렁거리고 바로 옆으로 케피소스 강이 흐른다. 사실 강이라기보다 (불법) 산업폐기물을 사로니코스 만으로 흘려보내는 통로가 되고 말았다. 아카데메이아와 마찬가지로 리케이온이 있던 곳에서도 아리스토파네스의 멋진 시구절을 연상하기란 어렵다.

> 정론: 김나시온에서 시간을 보내 날렵하고 건강해지게.
> 아고라에서 다른 사람의 지저분한 이야기를 떠들어대거나 법정에서 트집이나 잡는, 시시하고 추잡한 논쟁에 끼어드는 녀석이 되고 싶진 않겠지. 그러면 안 되지. 아카데메이아로 달려가 하얀 화관을 머리에 쓰고 신성한 올리브나무 그늘에서 쉬면서 행동거지가 바른 고상한 친구들과 어울려야 하네. 플라타너스나무가 느릅나무에 사랑을 속삭일 때면 봄의 즐거움과 무성한 미루나무와 환한 메꽃의 향기를 함께 즐기면서 말일세.
> 내 충고를 귀담아듣고 내가 이끄는 대로 따라 하면 건강하고 강해지고 날렵해질 걸세. 단단한 근육과 작고 귀여운 남근을 가지게 될 거야. 자랑스러운 외모와 신체를 갖게 되지.
> _아리스토파네스의 〈구름〉

소크라테스가 상류층 인사가 많이 모이는 아카데메이아와 리케이온뿐 아니라 키노사르게스 김나시온에서 즐겨 쉬었다는 것으로 우리는 중요한 사실을 하나 알 수 있다. 키노사르게스 김나시온은 사실 아테네의 혼혈인을 위한 공간이었다. 그러므로 소크라테스는 자줏빛 금관을 쓴, 화려한 아테네의 멋진 장소뿐 아니라 천한 곳에도 있었음을 알 수 있다.

키노사르게스 김나시온에 드나드는 사람들은 서자 시민, 즉 부모 중 한 사람만 순수 아테네 혈통인 자들이었다.[2] 기원전 451년에 페리클레스는 아테네 시민권을 제한하는 개혁안을 통과시켰다. 아테네 인구가 점점 증가하자 페리클레스는 데모스의 세력기반을 제한해야 했다. 그래서 아버지와 어머니 모두 시민인 경우에만 완전한 자격을 갖춘 아테네 시민이 될 수 있는 개혁안을 통과시켰다. 그런 방법으로 아테네 민주정의 시민 규모를 줄일 수 있었기 때문이다. 김나시온에 가서 땀을 쏟으며 완벽한 신체를 가꾸려고 노력하고 잘 다듬어진 병기가 되는 것은 아테네의 이류 시민이 자기 가치를 증명하는 중요한 길이었다.

당대 아테네 젊은 남자들의 가장 큰 소망은 아테네를 위해 싸우고 죽는 것이었다. 아테네 남자들은 열여덟 살이 되면 일종의 군사조직인 에페보이(고대 아테네에서 열여덟 살부터 스무 살 사이의 남자를 가리키는 말. 기원전 355년부터는 열여덟 살이 되면 2년간 군사훈련을 받았으나 그 기간과 성격이 점점 변했다_옮긴이)에 입단하면서 적어도 기원전 4세기부터 이런 서약을 했다.

나는 전선의 어디에 있든 (내가 들고 있는) 신성한 무기를 욕되게 하지 않을 것이며 내 옆의 동지를 버리지도 않을 것이다. 나는 신성한 것과 세속적인 것 모두를 지키려고 싸울 것이며 (내 자손들에게) 작아진 조국을 물려주지 않고 (힘닿는 한) 강하고 넓은 땅을 물려줄 것이다.[3]

소크라테스도 이 서약을 했을 것이다. 아테네의 젊은이들은 아테네의 이익을 수호하고 아테네 영토를 확장하는 것이 임무라고 생각했다. 그리고 그 임무를 완수하고자 신체를 아름답고 완벽하게 단련해야 한다고 생각했다. 소크라테스의 젊은 시절을 알 수 있는 전기자료가 빈약하긴 하지만 그는 분명히 기원전 431년과 기원전 422년 사이에 아테네를 위해 싸웠다. 어쩌면 기원전 440년부터 병사 생활을 했을 가능성도 있다. 이 젊은 철학자가 김나시온에서 동료 시민들과 함께 전투훈련을 했을 것이라는 데는 의심할 여지가 없다. 그가 겪은 전투훈련은 분명히 힘들고 거칠었을 것이다.

김나시온에서 운동하는 아테네 청년들은 스파르타 청년들과는 달리 호전적인 전사의 이상 같은 것을 충족시키려고 운동하지 않았다.[4] 투키디데스는 이 점을 분명히 짚었다. 아테네의 김나시온에서 청년들은 무기를 들고 훈련했으며 훈련은 국가가 통제하고 규제했다. 그러나 김나시온에서의 훈련은 그리스의 다른 지역에서처럼 산적같이 마구 단검을 휘두르는 야만스러운 활동이 아니었다(단검만으로 야외에서 생존하며 헤일로테스를 마음대로 죽일 수 있었던, 스파르타의 청년군사조직인 크립테이아와 비교된다_옮긴이). 아테네의 군사훈련은 무조건 호전적이지는 않았다.[5]

> 아테네 사람들은 무기를 소지하는 관습을 버리고 느긋하고 편안한 생활방식을 채택한 최초의 도시였다. _투키디데스의 〈펠로폰네소스 전쟁사〉

하지만 예외도 있을 수 있었다. 소크라테스와 동시대를 살았던 안티폰이 아테네의 운동장에서 일어난 슬픈 일을 언급한 적이 있다. 투창 연습을 하다 사망자가 나온 사건이었다.

> 내 어린 아들은 친구들과 투창 연습을 하고 있었습니다. 아들이 투창을 던진 것은 사실이지만 딱히 누군가를 죽이려고 했던 건 아닙니다. 그 소년이 투창이 날아가는 길로 달려들어 투창에 몸을 갖다 댄 것입니다. 내 아들은 이 사건의 가해자일 뿐 아니라 피해자이기도 합니다. 왜냐하면 내 아들도 그 일로 과녁에 적중하지 못했으니까요.[6]

근육질의 영웅 테세우스

키노사르게스 김나시온에서 신체를 단련한 이류 시민들도 완벽한 몸 가꾸기를 열망했다. 소크라테스도 김나시온에서 꾸준히 운동했다. 소크라테스를 물시계 옆에 선 백발의 피고인으로만 기억한다면 그에겐 심히 부당한 일일 것이다. 그도 한때는 동료 아테네인들과 땀 흘리며 운동하던 젊은이였다.[7]

아테네에서 아름다움은 귀중한 자산이었다. 김나시온과 레슬링장에서는 오일과 향수, 신선한 과일, 머릿기름을 모두 썼다. 시간이 흐를수록 김나시온에서 열리는 남성미 경연대회의 수가 늘어났다. 대회는 참가자들의 용기와 도덕성, 신체를 모두 평가했다. 아름다운 신체는 보기 좋을 뿐 아니라 싸울 때도 좋았다. 플루타르코스가 어느 (스파르타) 청년의 훌륭함을 묘사하는 구절을 들어보자.

소년기를 지나 청년기로 접어드는 그 좋은 시절에 무척 아름답게 피어났으니…[8]

키노사르게스 김나시온에서 훈련했던 솜털이 보송한 젊은이들은 아테네의 특별한 영웅 테세우스의 이야기를 기억하고 있었을 것이다. 처음에 사람들은 바닥까지 닿는 키톤을 입고 머리를 굵게 땋은 테세우스를 여자인 줄 알았다고 한다. 아름다운 테세우스에게 공사장 인부들이 끊임없이 구애했고 그는 이를 물리치려고 무거운 석조블록을 번쩍 들어 올려 이곳에 아폴론 신전을 지었다고 한다. (이 이야기가 사실이라면 소크라테스는 아테네의 건국시조인 테세우스와 마주쳤을지도 모른다. 아폴론 신전은 기원전 450년경

198

에 세워졌기 때문이다.)

소크라테스가 젊었을 때는 아테네 곳곳에 근육질의 영웅 테세우스의 이미지가 있었다. 케라메이코스의 도공들이 테세우스의 위대한 업적을 싸구려나 최상품이나 할 것 없이 홍화도자기에 묘사했다. 당시에는 이 최고 영웅의 모습을 모사하는 것이 대단히 유행했다. 개인 한 사람 한 사람이 왕처럼 때로는 신처럼 행동할 능력과 권력을 지닌 민주주의가 정착될수록 아이러니하게도 개인숭배, 즉 '아름다운 사람들'을 숭배하는 경향이 더욱 강해졌다. 매해 헤카톰바이온의 달(7월~8월)에는 시노이키아 축전이 열렸다. 시노이키아 축전(테세우스가 이룬 아티케 통일을 기념하는 축전으로 아테나 여신과 제우스 프라리오스(형제애 제우스)에게 제물을 바쳤다_옮긴이)은 아티케의 통일, 그리고 데모스와 트리튀스trittys(10부족 체계에서 아티케는 모

아테네의 완벽한 이상형 테세우스 ©Vladimir Korostyshevskiy/Shutterstock.com

두 30개의 트리튀스로 구성된다. 각 부족은 해안, 내륙, 도시에 하나씩 총 3개의 트리튀스를 두었다)로 구성된 새로운 부족체계를 기념하는 행사였다. 의례 중에 테세우스의 모습을 재현하기도 했는데 아테네의 거리를 당당하게 걸어가는 테세우스의 모습에 시민들은 열광적으로 환호했다. 심지어 테세우스의 '유골'을 찾아와 아테네에 재매장하기도 했다.

아테네 사람들의 머릿속에서 테세우스는 완벽한 이상형이었다. 그는 사내답고 야심 차며 힘이 세고 용감했다. 또한 그는 아테네 도시만큼이나 오만한 반항심과 욕구를 지녔다. 그리고 자기 몸과 도시 그리고 그 둘을 완벽하게 만들려는 자신의 거대한 야망을 사랑했다. 영웅과 세습귀족이 이론적으로 사라진 새로운 민주사회 아테네에서 테세우스는 가상의 역할 모델이 되었다. 사람들은 이 마초 스타일의 전사이자 영웅을 아테네 도시국가의 시조로 여겼다.

그러므로 소크라테스의 성장기에 아테네의 구원자는 지혜로운 아테나 여신뿐 아니라 (전장에서 물러서지 않으며, 청동흉갑을 두른 아테네 청년들의 수호자)[9] 테세우스도 있었다. 아테네는 테세우스들, 즉 용감하고 충성스러우며 빼어나게 아름다운 아테네의 젊은이들을 열렬히 숭배했다. 하지만 이런 믿음은 후일 소크라테스에게 불리하게 작용했다. 소크라테스는 신비의식의 지도자처럼 아름다운 젊은이들의 마음을 사로잡았고 아테네는 질투했다. 소년들에게 매혹된 아테네는 젊은이들을 숭배했고 젊은이들을 유혹하는 피리 부는 사나이 소크라테스는 이 신생 민주정 도시국가의 많은 사람을 불안하게 했다.

17 아테네의 황금시대

기원전 465~415년경, 젊은이들의 출입이 허락된 곳

크레메스: 그때 모든 사람이 보는 앞에서 잘생긴 청년 하나가 연단으로 뛰어 갔습니다. 그는 젊은 니키아스처럼 온통 뽀얗게 보였습니다.

—아리스토파네스의 〈여인들의 민회〉에서

'황금시대'의 존재를 믿지 않는 사람도 있겠지만 아테네의 황금시대는 말 그대로 황금의 시대였다. 소크라테스 시대에는 아테네 거리에 서 있던 조각상의 머리카락과 공공건물을 금박과 노란 물감으로 밝게 칠했다. 청동상이 얼마나 많았는지 스스로 복제해서 퍼지는 것이 아닌가 하고 생각할 정도였다(실물을 본떠서 청동상을 만들었다고 주장하는 사람도 있다. 그래서 그렇게 놀랄 만큼 사실적이라는 것이다[1]). 유두, 입술, 치아와 같은 미세한 신체부위는 구리와 은으로 만들기도 했고 상아상은 도금했다. 조각상의 수정 눈은 햇빛이 반사되어 반짝이고 피부는 금과 상아로 반짝였다. 그들이 걸친 리넨 옷도 반짝일 때까지 기름을 먹였다. 그래서 조각상은 아테네 곳곳에서 번쩍거렸다.[2] 이처럼 완벽하고 영원히 아름다운 잉여 존재가 이곳 저곳에서 반짝이며 사람이 어떤 존재가 될 수 있는지, 어떤 존재가 되어야

하는지 아테네인에게 끊임없이 상기시켰다.

아테네 사회는 육체적 완벽함을 무척 중시했다. 그래서 허약한 자, 불구자 들은 환영받지 못했다. 이러한 사실은 발굴된 유골에서 알 수 있다(공식 묘지에는 선천적으로 기형인 유골의 수가 매우 적은 것으로 보아 많은 불구자가 추방되거나 버려졌다고 짐작할 수 있다).[3] 그뿐만 아니라 플라톤의 대화편에서 소크라테스가 무심결에 하는 말로도 짐작할 수가 있다. 기원전 399년에 소크라테스가 탈옥을 거부하는 장면에서 사용한 비유와 표현을 보면, 불구자들이 도시에서 종종 추방되었음을 알 수 있다.

> 소크라테스: (아테네의 법이 그에게 말한다고 상상하며) 하지만 소크라테스, 당신은 라케다이몬도 크레타도 선택하지 않았어. 자네가 늘 잘 통치된다고 말하던 나라들인데도 말이야. 그리고 그리스의 다른 도시국가나 외국을 선택하지도 않았지. 그리고 절름발이와 장님, 다른 불구자들보다도 도시를 떠난 적이 더 적지. _플라톤의 〈크리톤〉

아테네는 겉모습을 중시하는 도시였다. 그리스어에서도 시각적 표현이 두드러졌다. 아테네에서는 나이 든 여자들을 '가우나gauna'라고 불렀는데 말 그대로 '뜨거운 우유 피부'라는 뜻이다. 아테네인에게 중요한 것은 훌륭해지는 것이 아니라 훌륭하게 보이는 것이었다. 아테네의 가장 소중한 보물은 좋은 가문 태생의 아름다운 젊은이들, 즉 몸과 마음이 고귀한 젊은이들이었다.

하지만 소크라테스는 이상한 외모와 어울리지 않는 건강한 내면을 지닌 탓에 아테네 사람들을 혼란스럽게 했다. 기원전 399년 5월 아침, 종교 법정에서 소크라테스는 이 소중하고 멋진 젊은이들을 타락시켰다는 죄명으로 고소당했다. 타락시켰다는 뜻의 그리스어는 다이아프테이레인

diaphtheirein으로 육체적, 정치적으로 파괴하다, 유혹하다, 잘못된 길로 이끌다라는 뜻으로 쓴다.

아테네의 각별한 젊은이 사랑

당대 아테네를 주제로 한 고고학 연구를 보면 아테네 도시국가가 이 젊은이들을 얼마나 소중히 여겼는지 알 수 있다. 젊은이들의 모습이 정치 · 종교 · 군사 장소에 아름답고 자랑스럽게 그려져 있다. 파르테논 신전에도 막 남자가 되려는 소년들이 제물을 끌고, 무기를 들고, 바다를 바라보며 바다 건너 풍요로운 땅을 상상하는 모습이 대리석에 새겨져 있다.

오늘날 아테네에 있는 박물관 곳곳에서도 이 '완벽한 아테네인들', 즉 아름다운 젊은이들을 볼 수 있다. 그들은 건강하다. 부모세대처럼 상처를 입지도, 기진맥진하지도 않고 근육은 단단하며 치아는 하얗다. 이러한 그들의 아름다움에 감탄하지 않을 수 없다. 얼마 전, 케라메이코스에서 그들의 유골과 연서가 발견되었다. 케라메이코스 도공이 테라코타에 새겨 넣은 연서에는 '그 소년은 아름다워라'고 쓰여 있었다.

소크라테스 시대에는 도시 중앙에 젊은이들의 이름을 게시했다가 청동으로 주조했다. 요즘 우리는 전장에서 스러진 사람들을 기념하는 데 익숙하지만 고대 아테네는 전장으로 출정하기 전에 그 젊은이들을 기념했다. 군대는 열여덟 살 이상의 남자로 충원했다. 데모스마다 젊은이들의 명단이 게시되었다.[4] 젊은이들을 육체적 · 심리적 해악에서 보호하는 법률이 통과되었다.

아테네 사람들은 젊은이들이 건강하게, 법과 국가가 정한 대로 자란다면 폴리스를 안전하고 부유하게, 대단히 훌륭하게 만들 수 있다고 믿었다.

아테네는 소아성애를 경계했고 아름다운 소년들이 나이 든 남자들의 먹잇감이 되지 않을까 걱정했다. 중년의 시민들(아테네인에게 중년은 이십 대와 삼십 대를 뜻한다)은 (법의) 감독하에 김나시온에서 운동했고 트레이너가 되려면 사십 대가 넘어야 했다.⁵

소크라테스는 이처럼 젊은이와 그들의 역할을 물신화하는 문화에서 자랐다. 나이가 들면서 그는 젊은이들을 애제자로 삼아 그의 철학을 전수하기로 마음먹었다. 그의 감정이 육체적 욕망이었던 아니든 소크라테스가 젊은이들을 사랑했던 것은 분명하다. 그가 청년들을 얼마나 좋아했는지를 보여주는 기록이 있다. 플라톤의 대화편에는 아름다운 소년 카르미데스가 김나시온으로 들어오는 모습을 본 소크라테스가 얼마나 강렬한 인상을 받았는지 묘사하는 부분이 있다.

> 카르미데스가 나를 보는 표정에 나는 무력해지고 말았네. 그때 연습장에 있던 모든 남자가 둥그렇게 모여들었지. 나는 카르미데스의 옷 안을 슬쩍 들여다보고는 열정이 끓어올랐지. 내가 할 수 있는 일이란 아무것도 없었다네. _플라톤의 〈카르미데스〉

플라톤은 자신의 삼촌인 카르미데스와 소크라테스 사이에 부적절한 일은 절대로 일어나지 않았다고 힘주어 말한다. 소크라테스의 제자들은 이 두 사람만 따로 만난 적은 없다고 강조했다. 하지만 그들 사이에는 성적인 암시 이상의 무엇이 있었다.

소크라테스가 실제로 무엇에 관심을 두었든, 기원전 5세기와 4세기의 사람들에게는 그가 아테네의 훌륭한 시민이 되려고 김나시온에 들어선 건강한 젊은이를 삶의 본질을 논하는 끝없는 대화로 붙들어두었다는 사실 자체가 문제였다. 온 그리스에서 젊은이들은 도시국가의 꽃으로 칭송받았다. 젊은이들은 도시국가의 희망이자 힘이었다. 그리고 아테네에서는 이류 시민이나 완전한 시민이나 모두 제국의 아들이었다. 청년들은 설득력 있게 말하는 법을 훈련받았지만(소크라테스를 고소한 사람 중 하나가 젊은 멜레토스였다는 점을 기억하라) 그 훈련의 목적은 순응이지 저항은 아니었다. 그들은 체제에 도전하기 위해서가 아니라 체제를 유지하기 위해 키워졌다. 도시국가를 지탱하기 위해, 그리고 서로 얽히고설킨 가족과 부족, 종교와 민주정의 섬세한 조직망을 지키기 위해서 말이다. 따라서 젊은이들에게 미치는 소크라테스의 영향력을 두고 사람들은 심각하게 우려했다.

> 나는 당신이 부모보다 당신을 믿도록 유혹한 젊은이들을 분명히 알고 있
> 소. _크세노폰의 〈변론〉

소크라테스의 잘못된 사랑

따라서 기원전 399년 소크라테스는 고소당해 법정에 섰다. 그가 지적한 대로 그를 곤경에 빠트린 것은 젊은이들이 그의 사상을 잘못 사용했기 때문이었는지도 모른다(그는 그 사실 자체가 지혜로운 사람이 그들을 가르치고 인도해야 함을 보여주는 예라고 지적했다).

> 하지만 그뿐 아니라 한가로이 자유롭게 저를 따라다니는 부유한 가정의 자제와 젊은이들은 질문받는 사람들의 모습을 즐겼지요. 그들은 종종 저를 흉내 내며 다른 사람들에게 질문을 했습니다. 그리고 아마 스스로 뭔가 알고 있다고 생각하지만 사실 아무것도 모르는 사람들을 무수히 발견했겠지요. 그래서 젊은이들에게 질문을 받았던 사람들이 젊은이들이 아니라 바로 제

게 화가 난 것입니다. 그들은 소크라테스라는 작자가 이 땅과 젊은이들을 더럽히고 타락시킨다고 말하지요. _플라톤의 〈소크라테스의 변명〉

아테네의 젊은이들을 타락시키는 것은 엄청난 중죄였다.[6] 그러니 소크라테스의 재판이 시끄러울 만도 했다.

기원전 399년에 소크라테스의 인기를 떨어뜨린 요인이 하나 더 있었다. 소크라테스는 젊은이들의 정신을 어지럽혔을 뿐 아니라 아테네의 이류 시민, 여자들과 어울렸다. 더더군다나 사람들에게 악평을 받던 여자와 어울렸다. 여자라는 이유로, 외국인이라는 이유로, 똑똑하다는 이유로 사람들이 끔찍이도 싫어했던 여자와 말이다.

소크라테스가 이십 대 초반이었을 무렵, 한 십 대 소녀가 배를 타고 피레우스 항에 내렸다. 당시 동지중해 지역에는 아테네가 놀랄 만큼 성장하고 있다는 소문이 돌았다. 필수품과 사치품이 피레우스 항으로 쏟아져 들어왔다. 작은 배로 들어오기도 했고 부자들의 튼튼한 무역선에 실려 들어오기도 했다.[7] 매우 중요한 화물은 인간 전리품이었다. 어느 날(연도추정은 다양하지만 기원전 450년일 가능성이 크다) 항구에 도착한 화물 중에 아름다운 소녀가 한 명 있었다. 그녀는 아나톨리아의 도시국가 밀레토스에서 왔다. 아테네에 발을 디딘 이 난민 소녀는 소크라테스와 아테네 민주정의 야심가들과 밀접한 관계를 맺게 된다. (플라톤이 말하는 바로) 그녀는 소크라테스의 교사이자 친구였으며 기원전 5세기에 많은 악담과 비방을 낳은 소문의 희생양이기도 했다. 그녀를 향한 비방은 2,500년이 지난 오늘날까지 남아 있다. 그녀의 이름은 아스파시아였다.

18 아스파시아 기원전 470~411년, 피레우스 항

아테네에 거주하는 외국인은 다른 도시국가에서 온 그리스인뿐 아니라 프리
지아 사람, 리디아 사람, 시리아 사람, 그리고 다른 여러 이방인이 있었다.[1]

아스파시아가 피레우스 항에 내렸을 때 동방의 향료냄새와 함께 분란
의 씨앗도 따라 내렸다. 그녀는 밀레토스 출신이었다. 밀레토스는 현재의
터키 해안에서 조금 들어간 저지대에 있는 자연항이었다. 밀레토스는 풍
요로우면서도 분주한 곳으로 해안도시뿐 아니라 아나톨리아 내륙과도 교
역할 수 있는 곳에 있었다.[2] 아나톨리아 내륙과는 마이안데르 계곡(현재 터
키 서부에 있는 멘데레스)을 거쳐 교역할 수 있었다.

밀레토스는 역사 깊은 곳이었다. 오래전 미케네 그리스인(미케네 문명은
기원전 2000년경부터 기원전 1200년까지 그리스에 꽃피었던 청동기 문명으로 지중
해 연안을 따라 여러 곳에 식민지를 건설하며 상업 패권을 장악했다_옮긴이)과 히
타이트인(히타이트 문명은 미케네 문명과 비슷한 시기에 아나톨리아를 중심으로
번성했던 문명이다_옮긴이)도 이곳을 거쳐 갔다. 밀레토스라는 지명은 선형B

문자가 새겨진 그 시대의 점토판에도 등장한다. 선형B문자(미케네 유적지에서 발견된 문자로 기원전 1400년경에서 1150년경 사이에 그리스어를 표기하는 데 사용한 음절문자이다_옮긴이)는 그리스 문자로, 이 문자가 발견되면서 유럽의 역사 시대가 기원전 1450년으로 앞당겨졌다.

전성기의 밀레토스는 당대의 다른 그리스 폴리스보다 영토가 넓었다. 그러나 기원전 5세기의 밀레토스는 다시 동방의 지배 아래 놓였다. 기원전 494년 아르카이크 시대에 밀레토스는 처참하게 무너졌고 수천 명의 밀레토스인이 학살당했다. 아테네보다 한 해 더 페르시아의 굴레에 묶여 있던 밀레토스는 동지중해의 새로운 수호자로 떠오른 아테네가 기원전 479년에 밀레토스의 교역로와 동맹국을 가로채는 것을 무력하게 지켜볼 수밖에 없었다. 엎친 데 덮친 격이었다.

오늘날 밀레토스는 갈다귀 떼로 시끄럽다. 늪 같은 저지대 갯벌에 있는 탓에 밀레토스의 유적은 목까지 물에 잠기기도 한다. 버스도 드물어서 고대 유적지를 오가려면 히치하이크를 해야 한다. 하지만 유적지에 남아 있는 돌덩이들에는 머나먼 과거의 놀라운 문화가 숨 쉬고 있다.

밀레토스에는 뭔가 특별한 것이 있었다. 어쩌면 그럴 수밖에 없었을 것이다. 바티 멘테스 산맥Bati Mentese Daglari(터키에 있는 산맥이다_옮긴이)에서 서쪽으로 뻗어 나온 밀레토스의 작은 언덕에는 오늘날 올리브나무들이 빽빽이 서 있고 믿을 수 없을 만큼 기름진 마이안데르 계곡에는 목화밭이 부드럽게 펼쳐져 있다. (기원전 5세기 초반에 북으로는 힌두쿠시 산맥부터 남아라비아까지 팽창한) 페르시아 제국에는 밀레토스가 서쪽으로 나갈 수 있는 중요 지점이었고, 이오니아 그리스(아나톨리아 서남부 해안에 있는 그리스인의 정착촌이다_옮긴이)에는 동쪽으로 쉽게 진출할 수 있는 길이었다.

문화적 교차로에 있는 밀레토스는 많은 독창적 사상가를 길러냈다. 물을 모든 생명의 구성요소로 보았고, 기원전 6세기 최초의 지도를 그린 탈레스, 피레우스 도시를 설계한 건축가 히포다무스, 생태계와 생태학이라는 개념을 그린 아낙시만드로스가 밀레토스 출신이다. 아낙시만드로스는 물리적 세계는 약자와 강자의 섬세한 균형을 이루는 게임과 같다고 설명했다.[3] 아테네에 새로운 사상을 제시했던 많은 사람이 밀레토스에서 태어났다. 그리고 창녀인지 귀족의 딸인지는 모르지만 젊은 아스파시아는 어쨌든 이 계몽한 해안도시에서 상당한 교육을 받은 것이 분명했다. 동방 출신에 교육을 받았으며 여자라는 세 가지 이유로 아스파시아는 아테네 사람들의 의혹을 샀다.

아테네 여자들이 사는 법

기원전 5세기에 여자들은 대체로 공포와 혐오의 대상이었다. 여자인 아스파시아는 '새는' 존재였다. 여자는 생식기와 입, 심지어 눈에서조차 불결함을 이리저리 흘리고 다니는 존재였다. 히포크라테스(코스 섬 출신의 의학전문가로 소크라테스와 같은 시대를 살았다)는 생리혈이 여자의 몸에 쌓이는 이유는 여자가 본디 구멍이 많은 존재이기 때문이라고 했다. 여자들이 주로 앉아서 지내다 보니 이런 분비물 찌꺼기가 몸에 쌓인다는 것이다.[4] 그리고 월경 시기의 여자들은 어떤 식으로든 병을 옮긴다고 생각했다.

아리스토텔레스는 더 자세히 설명한다. 아리스토텔레스는 생리혈이 몸 밖으로 배출되면서 여자의 눈 혈관에도 영향을 미치기 때문에 월경하는 여자는 눈으로도 공기를 오염시킨다고 했다. 아리스토텔레스는 증거를 대기까지 했다. 월경하는 여자가 거울을 보면 거울 표면이 어두워진다는 것이다. 아리스토텔레스의 말에 의하면 남자는 뜨겁고 건조한 반면 여자는 차고 축축하다. 여자의 몸은 남자의 몸을 흉측하고 역겹게 변형한 것이다.

여자들의 높고 가는 목소리에서 이런 '불안정한' 본성을 읽을 수 있다. 반면에 남자의 성대는 훌륭하게도 고환과 연결되어 있다.[5] 아리스토텔레스의 〈정치학Politica〉에 의하면 소포클레스 극의 등장인물 하나는 콧방귀를 뀌며 이렇게 말하기도 했다. '여자에게 가장 훌륭한 장식은 침묵이라네.' 이 구절은 몇 년 후 이를 열광적으로 인용한 아리스토텔레스를 거쳐 우리에게도 알려졌다.

여자에 관한 이 같은 생각은 아테네 문화 곳곳에서 법규정으로도 표현되었다. (전해지는 이야기로는) 기원전 594년 개혁자이자 법제정자인 솔론은 거리를 걸어 다니는 여자는 누구든 창녀로 간주해야 한다고 정했다.[6] 딸이 처녀성을 잃은 '손상된 상품'일 때 아버지가 딸을 노예나 창녀로 파는 것도 합법이었다. 이 시기에 정숙한 여자는 사람들의 눈에 띄어서도, 사람들 앞에서 말을 해서도 안 됐다.[7] 크세노폰도 저서에서 이런 의견을 설파한다. '집안 관리. 그러므로 여자는 문밖을 나서지 말고 집에 있는 것이 보기 좋다. 그러나 남자가 바깥일에 전념하지 않고 집에 머무는 것은 치욕스럽다.[8] 그리고 여자들은 되도록 적게 보고 들어야 하며, 질문도 적게 해야 한다.'[9]

이런 불신은 아테네의 속담에도 흔적을 남겼다. '여자가 사람들 사이를 누비고 다니는 것은 단정치 못하다.'[10] 특히 젊은 여자들은 믿지 못할 존재였다. 아테네의 연설가 히페리데스는 이렇게 지적한다. '여자들은 만나는 사람들이 그녀에게 누구의 아내인지 묻는 대신 누구의 어머니인지 물어볼 나이가 되어서야 바깥출입을 할 수 있다.'[11] 진짜 행실이 바른 아테네 여자는 남자 친척 앞에서도 부끄러워해야 했다. '그는 한밤에 술에 취해 그곳에 와서 문을 부수고 여자들 방에 들어갔다. 그곳에는 내 여동생과 질녀들이 있었는데 워낙 단정하게 사는 사람들이어서 남자 친척 앞에서도 부끄러워했다.'[12]

따라서 많은 아테네 여자가 침묵했다. 어쩌면 여자들이 기록을 남기지 않아서 침묵했던 것처럼 보일 수도 있다. 그 시절에 여자들이 큰소리로 말할 수 있었다 해도(그럴 것 같지는 않지만) 기록을 남기지 않았기 때문에 그들은 역사에 존재하지 않는다. 그들은 얼굴 없고, 목소리 없고, 기록이 없는 익명의 존재다. 그러나 아스파시아는 그들과 달랐다. 그녀는 황금시대 아테네의 이야기에 기록된 몇 안 되는 여자 중 하나이다.

페리클레스의 연인

아스파시아는 그리스의 희극과 연설에, 로마의 교훈적 이야기와 빅토리아 시대의 오페레타(작은 오페라라는 뜻으로 희가극 또는 경가극이라고도 한다. 통속적인 내용에 노래와 대사, 무용이 섞여 있다_옮긴이)에 등장한다. 고대 사람들은 그녀를 두고 '개 눈을 한 첩'[13], 또는 '몸 파는 여자'[14]라고 불렀다. 음란하고 탐욕스러운 바람둥이보다 좋게 표현된 적이 거의 없을 정도다. 그녀에 관한 흥미로운 이야기는 많다. 아테네의 젊은 남자나 늙은 남자나 그녀를 알고 있어서 그녀가 누군지 설명할 필요도 없었다. "어떤 여자인지 다 알다시피"라는 말이면 족했다.

아스파시아가 실제로 방탕했다고 증명할 만한 자료는 없지만 그녀는 당대와 후세에 방탕한 여자로 알려졌다. 그녀가 태어나고 150년이 지난 후 솔리의 클레아르코스(기원전 3~4세기 그리스의 철학자로 아리스토텔레스의 제자이다_옮긴이)가 쓴 글에서 그녀는 음탕하고 역겹게 그려진다. 그의 〈에로티카Erotika〉에서 아스파시아는 조각상과 섹스하려다가 고기조각 혹은 발정 난 동물로 대충 만족해야 하는 남자와 나란히 등장한다. 물론 이런 묘사 중 무엇이 진실인지는 알 수 없다. 사실 아스파시아에 관해 확신할

수 있는 한 가지는 그녀가 무척 활동적이고 영리했다는 것이다.[15]

페리클레스가 후원하는 살롱에서 아스파시아는 보기 드문 매력을 발산했다. 하지만 우리는 아스파시아가 소크라테스와 어울리기 전, 위대한 정치가이자 장군인 페리클레스와 같이 살기 전, 아테네인에게 장군을 나쁜 길로 유혹한다는 비난을 듣기 전의 삶을 먼저 살펴봐야 한다. 우선 아스파시아가 '제비꽃 화관을 쓴' 아테네에 발을 디딘 순간부터 살펴보자.

아스파시아는 기원전 450년, 어쩌면 440년대에 피레우스 항에 도착했다. 당시 피레우스 항에서는 다양한 언어를 들을 수 있었다. 그녀는 분명히 아버지와 함께 오지 않고 혼자 왔을 것이다.[16] 아스파시아는 당시 아테네로 들어온 수많은 외국인 중 하나였다. 많은 아테네 사람은 이런 외국인들을 마땅찮게 여겼다. 보수 성향의 선동가 이소크라테스의 주장에 이런 심사가 잘 표현되어 있다. '아테네 시의 묘지는 시민으로 가득하고, 아테네 시의 등록부는 외국인으로 가득하다.'

수십 년간 페르시아와 아테네의 지배를 받던 밀레토스는 아테네에 조공을 바치는 일에 넌더리를 내며 반란을 일으켰지만 기원전 452년에 아테네에 다시 복속되었다. 밀레토스의 어려운 시절이었다. 원래 아테네의 동맹이었다가 적이었다가 이제는 식민지가 된 밀레토스는 아테네와 애증관계에 있었다. 그들은 아테네와 혈족인 동시에 철천지원수이기도 했다. 그녀는 에게 해를 건너 한때 밀레토스의 우방이던 도시 아테네에서 새로운 삶을 시작하고 싶어 했다.

그러나 아스파시아가 아테네에서 더 나은 삶을 살 기회는 제한돼 있었다. 페리클레스 장군이 기원전 451년에 민주정 아테네의 시민 자격을 제한하는 법률을 통과시켰기 때문이다. 어머니와 아버지 모두 아테네 시민인 경우에만 시민이 될 수 있었다.[17] 아스파시아가 아테네에 정착해 아이를 낳으면 그 아이는 노토이nothoi(서자)라는 이류 시민이 될 수밖에 없었다.[18] 아카데메이아와 리케이온도 그녀의 자녀에게는 문턱 높은 곳이 될 터였다. 그들이 운동할 수 있는 유일한 장소는 키노사르게스, '흰 개' 김나시온뿐이었다.

당돌한 여자

하지만 아스파시아는 당대의 몇 안 되는 당돌한 여자였다. 그래서 그녀는 당시 아테네에서 많은 외국인 여자가 받아들여야 하는 지루한 옷감짜기나 매춘의 운명에서 벗어날 수 있었다.[19] 아테네 법은 그녀 같은 외국인을 친절하게 대우하지 않았지만 기원전 450년대부터는 첩 제도가 점점 자리를 잡았다. 첩은 아내가 누리는 권리를 동등하게 누리지는 못해도 비교적 상류층 남자 시민과 공식적(계약적) 관계를 인정받을 수 있었다.

아스파시아는 분명히 기지가 있는 여자였다. 그녀를 긍정적으로 그렸든, 부정적으로 그렸든 이야기 속의 아스파시아는 기지가 넘친다. 첩 제도는 난민으로 아테네에 도착한 그녀가 쉽게 비집고 들어갈 수 있는 틈새였다. 그녀의 삶에 관한 많은 외설적인 이야기는 대체로 꾸며낸 듯 보이지만 그녀에게 이렇게 많은 관심이 쏠린 걸 보면 동방에서 온 이 어린 여자에게 뭔가 특별한 구석이 있었던 듯하다. 어쩌면 아스파시아가 바른 리디아 장미기름 탓이었을 수도 있다. 어쩌면 사람들의 말에 순발력 있게 답했기 때문이거나 아나톨리아의 고향에서 배운 새로운 사상을 잘 알고 있었기 때문일 수도 있다. 어쨌든 아테네에 도착한 지 몇 년 만에 아스파시아는 제대로 대접받는 첩이자 동반자로서 페리클레스와 함께 최고의 자리에 앉았다.

고대 아테네에는 부부와 첩이 함께 사는 삼자동거 사례가 많았다. 하지만 당시 페리클레스는 아내와 이미 헤어진 상태였다. 그는 기원전 463년에 결혼해서 두 아들을 두었는데 아스파시아가 아테네에 도착하기 5~6년 전에 아내와 이혼했다. 당시 아테네에서는 이혼이 비교적 쉬웠다. 상호동의 혹은 제3자의 소송으로도 이혼할 수 있었다. 정확히 어떻게 혹은 언제 아스파시아가 페리클레스와 살게 됐는지는 몰라도 기원전 444년 무렵, 아스파시아는 이미 페리클레스의 집에 살고 있었다. 페리클레스는 자초한 신분 장애에 조금도 신경 쓰지 않았던 듯하다. 아스파시아는 페리클레스의 배우자이자 지적인 토론 상대 그리고 연인이 되었다. 페리클레스는 기원전 429년에 죽을 때까지 15년간 매해 '최고 시민'으로 뽑혔고 아스파시아는 그 긴 세월을 그와 함께 보냈다. 당대에는 두 사람이 매일 아침 사람들 앞에서 키스를 했다고 비난조로 쓴 글도 있었다. 희곡작가들은 두 사람을 신 나게 풍자했다. 아고라에도 분명히 온갖 비방이 나돌았을 것이다.

> 당파투쟁과 시간이
> 서로 교미하여
> 위대한 독재자를 낳았으니
> 신들은 그를 '연쇄 살인자'라 불렀네.
> 부끄러움을 모르는 욕망으로 그는 그의 여신 헤라, 아스파시아
> 개 눈을 한 첩을 얻었다네
> _크라티노스의 〈케이론들〉

그러나 아테네 거리를 떠도는 온갖 소문과 비방에도 장군은 아스파시아의 곁을 지켰다. 아스파시아도 페리클레스가 죽는 순간까지 그의 곁을 지켰다. 그녀는 어떻게 그렇게 할 수 있었을까? 외국인도 많았고 쉽게 손에 넣을 수 있는 여자도 많았으며 이국적인 미인도 많았던 아테네에서 어

떻게 장군의 눈에 들었을까? 어떻게 해서 금귀고리를 달고 굵은 바다진주와 강낭콩만 한 홍옥수를 목에 걸고 다니는 운 좋은 여자가 되었을까? (민주정 아테네의 시민은 재산을 공개적으로 과시하는 것을 좋아하지 않았다. 장신구는 주로 집에서 걸쳤다고 한다. 하지만 아테네 여기저기서 발견되는 금·은 장신구들을 보면 그들 역시 장신구를 즐겼다는 것을 알 수 있다.) 그리고 무엇보다 어떻게 아스파시아는 아테네의 위대한 장군에게 '영향력'을 행사할 수 있었을까? 어떻게 장군이 후원하는 '두뇌 집단'의 저녁모임에 그와 함께 참석할 수 있었을까?

물론 아스파시아가 (플라톤의 대화편에서 소크라테스와 함께 자신감 있는 모습으로 등장하는 것 외에는) 아테네의 지적 활동에 적극적으로 참여했다는 것을 증명할 '직접적 증거는 없다'고 주장하는 사람도 있다.[20] 하지만 유럽사회가 아무리 남성 우월적이라고는 해도 카리스마 넘치고 똑똑한 여성을 살롱에서 후원하지 않은 적은 없었다. 고트족과 칼리프의 궁정, 비잔틴, 카롤링거 왕조, 메디치 가문, 러시아 왕궁, 오스만 제국에도 아스파시아 같은 여자들이 있었다. 어쩌면 아스파시아는 전리품이었는지도 모른다. 아니 꼭두각시였는지도 모른다. 하지만 그녀는 단지 페리클레스와 침대를 함께 쓰는 사이는 아니었던 듯하다. 그녀는 페리클레스 옆에서 자기 의사를 조목조목 표현했다.[21]

기원전 440년 무렵을 상상해보자. 페리클레스의 홀에 새로운 향기가 등장한다. 헤타이라Hetaira(그리스어로 친구를 뜻하며 고위층과 어울렸던 교육받은 고급 창녀를 말한다_옮긴이)들이 문턱을 넘어섰다. 당시 헤타이라는 사프란으로 염색한 얇은 옷을 입었고 얼굴에 백연과 연지를 바르기도 했다. 아스파시아는 이제 페리클레스의 법적인 아내가 되어 안주인으로 서 있다. 그녀는 아직 젊었고 페리클레스는 오십 대 중반이었다. 많은 아테네의 아내는 남자 손님이 집을 찾아왔을 때 자리를 비켜야 한다. 가끔 유감스럽게도 예고 없이 찾아온 남자 손님에게 문을 열어주었다가는 행실이 단정치 못한 여자라는 평판을 듣기 십상이었다.[22] 하지만 아스파시아는 멸시당하는 외국인 신분이므로 그런 일에 신경 쓰지 않아도 되었다. 그녀는 이곳저곳을 다니며, 아테네 여자가 절대 경험할 수 없는 것을 경험하고, 절대 말할 수 없는 것을 말했다.[23]

아스파시아는 그냥 말만 한 것이 아니었다. 그녀는 아낙사고라스, 다몬, 소크라테스 같은 당대의 가장 흥미진진한 남자들과 이야기를 나누었다. 그녀는 남자들의 모임에 새로운 시각을 제공했다. 소크라테스가 플라톤의 〈국가〉에서 여자도 덕을 지닐 수 있다고 했을 때 아마 아스파시아를 염두에 두었을 것이다. 플라톤의 〈메넥세노스Menexenos〉에는 소크라테스가 중매쟁이와 신뢰, 진실에 관해 논하면서 페리클레스의 동반자인 아스파시아의 말을 인용했다고도 전한다.

크세노폰, 아리스토텔레스, 히포크라테스 등 당대 많은 주요 작가는 여성을 언급하지 않거나 언급해도 미심쩍고 부정적인 투로 말하는 데 반해, 소크라테스는 여자도 흥미로운 이야기를 할 수 있다고 생각했던 것 같다. 예를 들어, 플라톤이 그린 아스파시아는 정치의 정서적·감정적 특성을 강조한다.[24] 플라톤이 자기 뜻을 전달하려고 아스파시아라는 인물을 얼마나 사용했는지는 모르지만 행간을 읽다 보면 청년 소크라테스가 분명히 그녀에게 매혹되었고, 세상을 정서적 측면에서 해석하는 그녀의 의견에 매료되었음을 알 수 있다. 아스파시아는 아테네에서 기지를 발휘해 살아남았다. 가진 게 아무것도 없었지만 카리스charis, 즉 매력으로 주변 사람들에게 인기를 얻었다. 소크라테스에게 아스파시아라는 인물은 아직 쟁기질 되지 않은 밭처럼, 새로운 (여성의) 관점과 다른 삶을 열어 보였다. 분명히 소크라테스는 그 관점과 삶을 기꺼이 탐구했을 것이다.

탐구만 한 것이 없지요. 여러분께 아스파시아를 소개하겠습니다. 그녀는 모든 문제를 (좋은 아내에 관해서) 저보다 더 풍부한 지식으로 여러분께 설명할 것입니다. _ 크세노폰의 〈경영론〉

플라톤의 〈메넥세노스〉를 보면 소크라테스는 한술 더 떠 아스파시아가 자신에게 수사학을 가르쳤다고 말했다고 한다. 두 사람은 가까웠을 것이다. '창녀로 알려진 여자'[25]와 소크라테스가 가깝게 지낸 것도 훗날 아테네 시민이 그에게 등을 돌린 주된 이유 중 하나였다. 소크라테스가 아스파시아에 관해 한 말을 플라톤이 〈메넥세노스〉에서 전한다. '내겐 수사학을 가르쳐주는 훌륭한 여선생이 있다네. 그녀는 여러 훌륭한 연설가를 키워냈고, 그리스인 중 최고인 크산티포스의 아들 페리클레스를 키웠지.' 또 아스파시아가 페리클레스의 추도연설을 썼다는 내용도 나온다. 사실 오늘날 고대사를 연구하는 사람 중에도 그녀를 '페리클레스 뒤에 숨은 막후 실력자'로 보는 사람이 있다.[26] 소크라테스는 아스파시아가 완벽한 정신을 소유했으며 훌륭한 정치가였다고 말했다.

하지만 아스파시아는 기원전 5세기 아테네 역사에서 계속 경시되었다. 기껏해야 페리클레스를 교묘히 조종하는 하수인이나 조달청의 정부쯤으로 여겼을 뿐이다. 플라톤 또한 그녀를 그다지 좋게 평가하지 않았다. 이렇게 편견과 차별 때문에 아스파시아는 자유롭고 창조적인 젊은 여자가 아니라 말썽꾼으로 기록되었다.

아스파시아의 숙적

아스파시아의 숙적은 사모스 섬이었다. 사모스는 아나톨리아 해안지대에 자리 잡고 있다. 최근 잠수함 발굴로 이 지역이 소크라테스 시절에 얼마나 분주한 지역이었는지 밝혀졌다. 2002년에 해면동물을 채취하던 잠수부가 난파된 상선[27]을 발견했는데, 그 상선은 레트시나 포도주와 암포라 항아리를 가득 싣고 있었다. 이 화물로 당시 그 지역이 얼마나 부유했는지 알 수 있다.

지리적으로 아시아와 유럽의 각축장이 될 수밖에 없었던 사모스 섬은 독립을 지키려고 항상 격렬하게 투쟁했다. 기원전 6세기 이래 사모스 섬은 도시 중심부 주변에 커튼처럼 성벽을 둘러쳤다. 성벽의 높이가 5.2미터에 달하는 지점도 더러 있었다. 하지만 동지중해 건너편 아테네가 오지랖 넓게 간섭하는 통에 사모스 섬은 민주정으로 전환할 수밖에 없는 상황이었다. 섬을 통치하는 과두주의자들은 절대로 민주정을 원하지 않았다. 그래서 아테네에서 정확히 동쪽으로 322킬로미터 지점에 있는 사모스 섬은 반민주주의 활동을 했다는 이유로 (기원전 440년과 439년 사이에) 아테네에게 잔인하게 짓밟혔다.

사모스는 델로스 동맹 회원국이었지만 완전한 자치국이었다. 함대가 있었고 조공도 내지 않았으며 아테네와 거리를 두었다. 기원전 440년에 사모스 섬은 아침나절이면 노 저어 갈 수 있는 밀레토스, 즉 아스파시아의 풍요로운 고향을 괴롭힌 적이 있었다. 사모스와 밀레토스 사이의 격렬한 분쟁은 도시 프리에네 때문이었다. 프리에네는 원래 넓은 만 건너편, 아나톨리아 서해안에 있는 작은 마을로, 밀레토스의 식민지였다. 그런데 사모스가 프리에네의 소유권을 주장하고 나선 것이다.

밀레토스는 방어할 능력이 없어 아테네에 조공을 바치고 있었다. 그러므로 아테네가 밀레토스를 보호해야 한다는 주장이 성립했다. 불과 50년 전 페르시아 군대에 초토화되고 아테네가 영토와 동맹국을 가로채는 광경을 속수무책으로 지켜보기만 했던 밀레토스는 전쟁을 벌일 상황이 아니었다. 기원전 440년 초, 다급한 밀레토스 외교단이 아테네 민회를 찾아와 도움을 애걸했다. 페리클레스는 신속하고 단호하게 대처했다. 아테네의 삼단노선 50척이 사모스에 본때를 보여주려고 출발했다.

당시 동지중해 지역에서 아테네의 자신감과 우월감은 대단했다. 아테네는 '사모스 문제'에 내정간섭이 분명한 정책을 펴는 것이 당연하다고 생각했다.[28] 하지만 이 일로 기나긴 분란이 시작됐다. 페리클레스는 아테네가 약속을 책임지고 지킨다는 것을 보여주었지만 그를 비판하는 사람들은 사모스처럼 강력한 도시국가를 적으로 만드는 것이 마음에 들지 않았다. 그래서 그들은 페리클레스가 아니라 그의 배우자에게 비난의 화살을 쏘기 시작했다. 그들은 사모스 침략이 아스파시아가 고향 밀레토스를 사랑해서 일어났다고 주장했다. 추잡한 외국 여자가 아테네 병사들을 바다 건너 사지로 내몰고 있다고 말했다.

아테네 사람들은 밀레토스에서 온 창녀의 달콤한 말에 홀려 잔인한 전장으로 끌려갔다.[29]

하지만 아테네 사람들이 밀레토스의 일에 지나치게 예민했던 진짜 이유는 아스파시아가 밀레토스 사람이어서가 아니었다. 기원전 5세기 초반, 델포이 신탁은 그리스 도시국가들에 미움받는 밀레토스를 도와주려고 끼어든다면 해악이 될 것이라 말했다. 또 당시 그리스는 세계 곳곳에서 질투를 받고 있었고 그 긴장도가 위험수위에 와 있었다. 이 해외원정에 아테네 민주정 시민을 끌어들임으로써 페리클레스는 깊고 생생한 상처를 다시 건드렸다.

그러니 밀레토스, 많은 사악한 짓을 획책했던 네가

이제는 많은 이를 위한 향연과 화려한 전리품이 되리니.

너의 아내들이 긴 머리 남자들의 발을 씻게 될 것이니.

너의 손에서 디디마의 내 신전(현재 터키의 디딤으로 아폴론 신전이 유명하다_
옮긴이)을 빼앗아 다른 이들에게 넘겨줄 것이다.

_헤로도토스의 〈역사〉

아스파시아를 분쟁의 씨앗으로 보았던 아테네인의 생각은 틀렸지만 이
분쟁이 '잔인할' 것이라는 그들의 예상은 틀리지 않았다.

3막

전장에서 꽃핀 사상

19 사모스 섬 기원전 440~439년, 사모스 섬

갑자기 수많은 적군에게 날듯이 달려들며

그들의 거센 공격을 막으리.

그렇게 투사들과 함께 싸우다 소중한 생명을 잃었으니

도시와 부모와 모든 사람의 영광이어라.

적의 창이 거대한 방패를 뚫고 그의 흉갑을 뚫고

그의 가슴에 꽂히니

오, 나이 든 이든 어린 이든 한결같이 그의 죽음을 슬퍼하노라.

온 도시가 그의 죽음을 애도하고 슬퍼하노라.

사람들은 자랑스럽게 그의 무덤과 그의 자식과

자식의 자식과 그의 부족 모두를 칭송하리라.

—기원전 640년 티르타이오스가 쓴 스파르타 전쟁시에서 [1]

기원전 440년은 어두운 해였다. 아스파시아의 달콤한 말에 넘어갔든, 정치적 이익 때문이든 페리클레스는 사모스 정부를 제거하고 그곳에 아테네 방식의 민주정을 세웠다. 사모스가 아테네 동맹국의 이익에 간섭한

데 따른 보복이었다. 사모스 중심부에 아테네 수비대를 배치해서 섬사람들이 이 정권교체를 조용히 받아들이도록 했다. 인질들은 배에 태워 근처 렘노스 섬으로 보냈다. 아테네는 갑자기 동맹국이 아니라 지배자처럼 보였다. 페리클레스의 작전으로 불시에 함락된 사모스는 그 상황이 마음에 들 턱이 없었다.

사모스는 페르시아에 도움을 청했다. 소아시아는 사모스 섬에서 배로 금방 갈 수 있는 거리였다. 그 지역의 페르시아 총독 피수트네스는 사모스의 용병대 모집을 허락했다. 아테네는 이제 작은 분쟁이 아니라 제법 규모 있는 지역전을 치르게 되었다. 사모스인들은 밤중에 고향 땅을 공격했다. 지역을 훤히 알고 있으니 상황은 그들에게 유리했다. 그들은 아테네 수비대를 기습해 보복했다. 아테네 포로들은 얼굴에 아테나 여신의 올빼미 모양 낙인이 찍혔다. 사모스는 비밀리에 스파르타와 펠로폰네소스 동맹국에 전갈을 보냈다. 지금이 아테네의 오만한 패권에 도전하려는 국가들을 지원할 때라는 내용이었다.

사모스 섬의 대학살

하지만 아테네의 삼단노선과 극도로 자신감 넘치는 아테네 군대를 두려워한 주변국들은 아무 지원도 보내지 않았다. 사모스 성벽은 표면에 진흙 벽돌을 붙여 견고한 다각형의 석벽인데다 벽의 두께가 집 한 채 너비만 한 곳도 있었다.[2] 거기다 방어시설과 탑, 배수로까지 달려 있으니 난공불락의 요새였다.[3] 페리클레스는 사모스 섬을 아홉 달 동안 포위했다. 그는 귀족 출신 장군과 비극작가 소포클레스를 보내 그 지역 모든 그리스인의 충성을 독려했다. 이제 사모스인은 고립되었다. 굶주림에 지친 그들은 기원전 439년, 마침내 항복했다. 그로부터 10년 후에 발표된 소포클레스의 걸작, 〈오이디푸스 왕Oedipus Tyrannus〉에서는 사모스 섬의 잔혹상에 관한 끔찍한 기억을 읽을 수 있다.

오 신이여, 신이여!
말을 듣지 않는 자들, 복종하지 않는 자들을 모두 파괴하소서.
그들이 굶어 죽도록 땅을 얼어붙게 하시고
그들의 아내가 바위처럼 아이를 낳지 못하게 하시고
테베를 뿌리째 흔들었던 그 질병으로,
그 질병보다 더 심한 질병이 있다면 그 질병으로
그들을 멸하소서.
그들의 모든 재산과 그들의 모든 것을 파괴하소서.

사모스 섬의 헤라 신전 유적. 아테네의 파르테논 신전보다 네 배 컸다고 한다. ©Gabriela Insuratelu/Shutterstock.com

아테네는 새로운 동맹국을 위협으로 손에 넣었다. 사모스 섬은 소아시아에 근접한 이점이 있었다(게다가 사모스 섬보다 약간 북쪽, 보스포루스 해안가에 있던 비잔티움까지 덤으로 사모스를 따라 아테네의 '보호' 아래 들어왔다). 이 모든 사태에 동지중해 지역은 가슴을 졸였다. 아테네는 이제 '참견쟁이'라는 별명을 얻었다. 페리클레스가 행한 사모스 섬 군사작전은 훗날 펠로폰네소스 전쟁을 유발한 일련의 사건들을 차례로 일으킨 도미노 패였다. 페리클레스는 앞으로의 문제를 예견했고 아테네의 사기를 북돋웠다. 페리클레스는 아테네에서 전사자를 추모하는 위대한 연설을 했다.

> 우리는 신들을 볼 수 없지만 우리가 신들께 바치는 경배와 신들께 받는 축복을 통해 신들이 영생의 존재라는 것을 믿습니다. 조국을 위해 목숨을 바친 사람들도 마찬가지입니다. 그들 또한 영생을 얻을 것입니다.[4]
> _플루타르코스의 〈플루타르코스 영웅전〉

그러나 애국주의를 고취하려는 페리클레스의 노력에도 아스파시아를 향한 비방은 계속되었다. 사람들은 아스파시아가 밀레토스 사람이라는 것을 알고 있었고 분명히 그녀가 속삭이는 감언이설에 페리클레스가 칼을 뽑아들었다고 생각했다. 아테네 사람들은 아스파시아의 애국심 때문에 사모스 사람들이 본보기가 되었다고 수군거렸다. 아스파시아(그리고 페리클레스)의 적들은 그녀를 '헬레네'로 묘사했다. 결국 이 교활한 창녀를 향한 페리클레스의 욕정 때문에 사모스 섬에서의 잔학 행위와 펠로폰네소스 전쟁이 일어났다는 소문이 돌았다. 헬레네가 에게 해 전역의 남자들을 홀려서 트로이 전쟁의 불을 붙였듯, 아스파시아도 그리스의 단결을 깼다. 그녀를 두려워한 아테네 시민들은 아스파시아가 이민자이며, 정치에 개입해서는 안 될 여자라는 사실을 당대와 후대에 끊임없이 상기시켰다. 아스파시아에게 쏟아진 비난과 분노를 보면 아테네 시민들이 아테네의 국제적인 분위기를 그리 편하게 여기지 않았음을 알 수 있다. 곳곳에서 염증이 생기기 시작했다.[5]

소크라테스와 사모스 분쟁

흥미롭게도 사모스 사건은 소크라테스의 일대기에도 흥미로운 주석을 제공했다.[6] 사모스 원정이 시작될 무렵 그는 스물아홉 살이었다. 그는 아마 아테네 원정대의 일원으로 피레우스 항에서 배를 타고 떠났을 것이다. 아테네 원정대는 처음에는 군함 40척, 그다음에 60척, 다시 40척 그리고 20척이 출항했다. 사모스 원정은 탐욕스럽고 가혹했다. 해전은 치열했고 소크라테스 같은 한창나이의 아테네 남자들이 전장에서 싸워야 했다. 열여덟 살에서 서른 살 사이의 아테네 시민은 모두 병역의 의무를 져야 했으며 전시에는 예순 살 이하의 성인 남자라면 누구든 소집될 수 있었다. 소크라테스가 기원전 441~440년에 사모스 섬으로 갔다는 것을 직접 보여준 사료는 없지만, 사실 그가 가지 않았다면 오히려 이상한 일이다.

오늘날 피레우스 박물관 비석[7]에 그려진 젊은이처럼 차려입은 소크라테스를 상상해보라. 이 젊은이는 아테네가 이상적으로 그린 중무장 보병이었다. 청동흉갑으로 가슴을 가리고 다리에는 정강이받이를 찼다. 투구에는 자신을 보호하고 적을 위협하기 위한 말총이 달려 있다. 병사들 중에는 창(최대 2.5미터)으로 찌르거나 새총을 전문으로 다루는 병사도 있었고, 펠타스트(경무장 보병으로 작은 방패를 든다_옮긴이)처럼 방어대형으로 촘촘히 열을 지어 투창을 던지는 병사도 있었다. 그러나 소크라테스의 무기는 넓은 칼과 거대한 호플론hoplon이었다. 둥근 방패인 호플론은 너무 무거워서 병사들이 허벅지나 어깨에 올려놓고 있다. 호플론을 들고 다니는 병사들은 호플라이트(중무장 보병)라 불렀다.

중무장 보병은 전투장비를 스스로 마련해야 했다. 소크라테스가 그 돈을 어떻게 구했을지는 수수께끼다. 젊은 시절의 그는 분명히 지위가 낮았다. 게다가 아테네의 다른 소피스트들과는 달리 사상을 가르치는 대가로 1오볼로스도 받지 않았다고 자랑하는 사람이었다. 오볼로스는 오늘날의 페니처럼 아테네에서 가장 낮은 화폐단위였다. 어쨌든 그는 중무장 보병의 무장을 갖출 만한 재산이 있었던 것 같다. 아테네 도시국가의 척추인 중무장 보병이 되려면 창과 투구, 호플론을 장만할 여력이 있어야 했다. 당시 아테네에는 중무장 보병이 1만 4,000명 있었다. 그들은 쪼들리지 않을 정도로 사는 중하계급 남자들이었다.[8]

어쩌면 석공이었던 소크라테스 아버지가 페리클레스의 도시계획 덕택에 꽤 많은 돈을 벌었을 수도 있다. 소크라테스의 아버지 소프로니스코스가 아리스티데스(기원전 5~6세기에 활약한 아테네의 정치가이자 군인으로 공명정대한 지도자로 유명하다_옮긴이) 가문과 관련 있다고 말하는 자료도 있다. 아리스티데스는 페르시아 전쟁 이전부터 아테네에서 영향력을 발휘하던 가문이었다. 그러니 젊은 철학자 소크라테스가 좋은 인맥을 확보했을 수도 있다. 어쩌면 아버지가 아들의 됨됨이를 미리 알아볼 만큼 기지가 있었을 수도 있고, 뛰어난 기술과 독창성으로 돈을 잘 벌었을 수도 있다. 재정적 원천이야 어디든 소크라테스는 중무장 보병으로 싸울 만한 경제적 능력이 있었다.

아니면 아테네의 새로운 '두뇌집단' 귀족 모임에서 만난 소크라테스의 부유한 친구 중 누군가가 소크라테스에게 전투장비를 마련해주었을 수도 있다. 어쩌면 페리클레스가 직접 마련해주었을지도 모른다. 특권층과의 인맥을 보여주는 정강이받이와 팔뚝 밴드까지 차고 싸우러 갔을 수도 있다. 그는 한때 과두주의자라 불리기도 했던 특권층과 마시고 먹고 이야기를 나누었으니 그들과 함께 어깨 걸고 싸워야 했을 것이다. 소크라테스는 하찮은 노병, 즉 삼단노선을 움직이는 노잡이가 아니었다. 노병은 쉽사리 불고기 밥이 되어 뼈도 못 남기고 죽게 될 인간 기계였다. 하지만 소크라테스는 전장에서 창과 방패에 맞아 죽을 권리가 있는 아테네 시민이었다.[9] 그래서 그는 중무장 보병의 일원으로 삼단노선의 갑판에서 짠 내 나는 바닷바람을 맞으며 사모스 섬으로 갔을 것이다. 그는 그곳에서 최초로 전장을 경험했을 것이다.

소크라테스가 사모스 원정에 참가한 것이 사실이라면 그의 살아생전 활동반경이 아테네에만 국한되지 않았다는 것이 된다. 이렇게 소크라테스의 일대기와 아테네 민주정의 역사를 그리다 보면 아테네 주변 동서남북 지역의 역학관계를 모두 아우르게 된다.

소크라테스와 동시대를 살았던 키오스 출신의 이온은 소크라테스가 당대의 위대한 사상가인 아르켈라오스와 사모스에 있었다고 한다. 아르켈라오스는 페리클레스가 총애하던 아낙사고라스의 제자였다. 젊은 시절 소크라테스는 아르켈라오스와 함께 우주의 본성 같은 천상의 문제(훗날 희극작가들은 젊은 시절의 소크라테스가 이런 비현실적인 문제를 놓고 고민한 것을 조롱했는데, 아리스토파네스의 〈구름〉에도 그 내용이 나온다. 또 플라톤의 〈파이돈 Phaedon〉에도 젊은 시절 소크라테스가 자연과학 분야에 놀라운 열정을 품었다는 내용이 나온다)를 토론하려고 사모스 섬을 방문했을 수도 있다.[10] 소크라테스는 사모스에 배움을 얻으러 갔을 수도 있고 살육하러 갔을 수도 있다. 그가 병사로서 사모스에 갔다면 분명히 손에 피를 묻혀야 했을 것이다. 페리클레스가 아테네 군대에 내린 명령은 단호했다. 사모스 섬에서 아테네 병사들이 어떻게 싸웠는지는 100년 후 아리스토텔레스가 〈정치학〉에서 자세히 전했다.

한편, 아리스토텔레스는 〈정치학〉에서 아테네 심장부에서 혹독하게 군사훈련을 하는 목적을 잘 요약했다.

군사훈련에는 세 가지 목적이 있다.
1. 우리가 다른 이들에게 종속되는 것을 막기 위해서
2. 아테네가 지도자의 자리에서 다른 도시들을 돕기 위해서
3. 노예 취급을 받아도 마땅한 자들을 통치하기 위해서

팍스 아테니엔시스pax Atheniensis, 즉 '아테네 제국의 무력에 의한 평화'는 수명이 길지 않았다. 그 후 30년간 소크라테스와 아스파시아, 에우리피데스, 알키비아데스, 아테네 김나시온의 젊은이들, 아고라의 상인들, 아크로폴리스의 여사제들 모두 역사상 가장 냉혹한 전쟁을 겪어야 했다. 그들 중에는 살아남은 자도 있고 전장에서 죽은 자도 있었다.

20 이스트미아 제전

기원전 441~411년, 코린토스 근처

자네는 이스트모스에 간 것 말고는 축전에 참가하려고 아테네를 떠난 적도 없지 않나. 군복무 때문이 아니면 아테네 밖으로 나간 적이 없지. 다른 사람처럼 여행을 다니지도 않았고, 다른 도시나 다른 법을 가서 보려고 하지도 않았네. 우리와 우리 도시로 충분했으니까.

— 플라톤의 〈크리톤〉에서

소크라테스가 전쟁만을 이유로 아테네 밖으로 나갔던 것은 아니다. (현존하는 자료로 보건대) 소크라테스는 청장년기에 다른 일로도 아테네를 떠난 적이 있다. 땀을 흘리는 고된 일이긴 했지만 전쟁과는 다른 종류의 활동인 이스트미아 제전에 참가하기 위해서였다(선수보다는 관중으로 참가했을 가능성이 더 크다). 이스트미아 제전은 코린토스 만 남쪽에서 열렸다.

소크라테스는 아테네를 떠나 히에라 호도스Hiera Hodos, 즉 신성한 길을 걸었다. 그는 무척 잘 걸어서 40킬로미터 거리도 주저하지 않고 걸었다. 그에게는 걷기와 사색이 진정한 즐거움이었다. 신성한 길이 끝나고 옛 해변도로로 들어서면 고대 그리스의 전원풍경을 더 가까이 느낄 수 있다.

올리브나무와 무화과나무, 석류나무 숲이 등장한다. 새들은 지저귀고 에게 해 연안의 바람은 언제나 따스하다. 이스트미아 제전은 무척 진지한 행사였지만 이 제전에 참가하려고 길을 떠나는 사람들은 휴가를 떠나는 사람들 마냥 신명이 났다.[1]

소크라테스가 생전에 고향을 떠난 것은 딱 두′가지 이유 때문이었다. 바로 종교와 전쟁이었다. 이것은 또한 아테네를 움직인 두 엔진이기도 하다는 점에서 시사하는 바가 크다.[2]

올림피아의 가난한 사촌

오늘날의 이스트미아 제전 유적지는 고요하다. 유적지 안에서 가장 바삐 움직이는 것은 꿀벌과 나비다. 그들은 사로니코스 만까지 펼쳐진 양귀비 꽃밭에서 실컷 꿀을 먹고 있다. 경기장은 낮은 구릉의 고원에 자리 잡고 있지만 바다가 믿을 수 없을 만큼 가까이에 있는 느낌이 든다. 그러니 이곳의 성소가 위대한 바다의 신 포세이돈에게 봉헌될 만도 하다. 오늘날 관광업자들은 이 아름다운 장소를 두고 '올림피아의 가난한 사촌'이라고 부른다. 하지만 이곳에서 열렸던 고대의 경기는 멀리 서쪽에 있는 제우스의 올림피아 신전에서 열렸던 그 어느 행사 못지않았다.

2년마다 봄에 열리는 이스트미아 제전은 올림피아 제전(고대 올림픽으로 최고신 제우스를 기려 올림피아에서 4년마다 열렸으며 기록에 의하면 기원전 776년부터 열렸다_옮긴이)과 델포이의 피티아 제전(아폴론신을 기려 델포이에서 4년마다 열렸고 운동경기와 음악경연대회로 이루어졌다_옮긴이)의 전초전이라고 할 수 있다.

기원전 5세기에 이곳에 수레 자국이 여전히 남아 있는 포석도로가 깔린

수니온 곶에 있는 포세이돈 신전 유적 ©Bryan Busovicki/Shutterstock.com

것을 보면 사람들이 이곳에 얼마나 많이 모였는지 짐작할 수 있다. 포세이돈 신전은 코린토스에서 아테네까지 이어지는 간선도로변에 있다. 오늘날 사로니코스 만은 고요하고 침울하다. 가끔 화물선이 육중하게 움직이며 고요를 깰 뿐이다. 하지만 기원전 5세기에 이곳은 위대한 상업도시 코린토스의 활기찬 항구를 드나드는 상선으로 시끌벅적했다.

경기 참가자들은 레슬링, 복싱, 원반던지기, 도보 경주, 전차 경주, 승마, 5종 경기에서 원하는 대로 겨룰 수 있었다. 이 경기는 사흘 동안 신들께 바치는 육체적 봉헌이었다. 이곳에 오는 사람들은 성찬을 대접받았다. 그들은 제물로 바친 황소를 실컷 먹었다.

이 자리에 웅장하게 서 있던 고대 포세이돈 신전은 기원전 450년에 소실되었다. 신전 안의 거의 모든 것이 파괴되었고 화재시기를 추정할 수 있을 만큼의 유물만 남았다. 올리브기름이 가득 담긴 제물 단지가 엎친 데 덮친 격이었을 것이다. 나중에 신전이 재건되기는 했지만 소크라테스가 젊은 시절에 이스트미아를 찾았다면 신전은 아직 폐허였을 것이다.

그리스인이 이스트미아 제전을 찾은 이유는 소멸과 죽음을 받아들이는 일과 관련 있었다. 그리스인은 죽음 자체보다는 훌륭하게 죽는 일에 관심을 두었다. 특히 스파르타인은 아름답게 죽을 수 있기를 간절히 바랐다. 이스트미아 제전은 한 인간의 죽음을 기념한다. 이 제전은 멜리케르테스(그리스 신화 속의 등장인물로 어린 디오니소스를 키워준 이노의 아들이다. 헤라의 저주를 받고 미쳐버린 어머니 이노가 멜리케르테스를 안고 절벽에서 투신했다_옮긴이)라는 어린 영웅의 죽음을 기린다. 멜리케르테스는 바다에서 익사했지만 친절한 돌고래가 시신을 해안으로 옮겨주었다고 한다.[3] 이 제전에서 사제들은 검은 사제복을 입고 승자에게 야생 셀러리 화관을 씌워주었다. 야생 셀러리는 저승에서도 거침없이 자란다고 여기던 식물이었다.

그리스인은 툭 튀어나온 바위 아래로 지하 8미터 지점에 지하 식당을 만들었다. 최대 22명까지 수용할 수 있는 이 식당에서는 특별히 준비된 주방에서 특별한 식사를 마련했다. 사람들은 흙을 구워 만든 벤치에 몸을 기대고 식사를 즐겼다. 종교의례에서도 가진 자와 못 가진 자는 분수를 알았다. 여러 도시국가에서 온 귀족들이 이 제전에서 만났다. 그중 최고위층 몇몇만 이 특별한 식당에서 식사할 수 있었다. 이 제전은 범그리스적인 행사였고 다른 그리스인이 어떻게 사는지 알 수 있는 좋은 기회였다. 모든 참가자는 출신을 막론하고 이 제전이 봉헌되는 포세이돈의 보호를 받았다.[4]

침략 금지 기간

이스트미아 제전 동안 그리스인은 올림피아 제전 때와 마찬가지로 모든 침략을 중단했다. 물론 포세이돈은 이 독실한 신사들이 곧 자기가 다스리는 빠른 바닷길을 이용해 교역뿐 아니라 침략과 정복에 쓸 무기를 나르고 여자와 재산과 생명을 훔칠 것을 익히 알고 있었을 것이다. 플라톤은 〈국가〉에서 소크라테스가 이처럼 전통의 이름으로, 문명의 이름으로 자신을 속이는 인간의 부정직함을 꼬집었다고 한다.

> 신은 선하기 때문에 오로지 신만이 선한 일을 책임질 수 있다네. 하지만 나쁜 일에 관한 책임은 다른 곳에서 찾아야지, 신에게서 찾으면 안 되는 법일세.

이 무렵 소크라테스가 사모스 원정에 적극적으로 참여했든, 이스트미아 제전에서 운동선수로 뛰었든, 분명한 것은 그는 공격적인 아테네 제국주의 정책의 최전선에 있었다는 사실이다. 아테네의 민회에서, 아고라에서, 향연에서 사람들은 사모스 섬에 개입한 것이 위험한 외교 선례를 남겼다고 말하기 시작했다. 이국의 해안에 발을 담그고도 젖지 않기를 기대하기란 어려운 법이다.

사모스 원정 때문에 현대의 제1, 2차 세계대전 같은 전쟁이 당장 일어난 것은 아니었다. 전면전이 선포된 것은 기원전 432년이었다. 하지만 에게 해 전역의 그리스인들은 그전부터 쟁기날을 두드려 칼날을 만들고, 방패를 닦고, 단검을 갈고 있었다. 그리고 거대한 갈등이 일어날 때면 여자에게 책임을 돌리는 습성도 여전했다.

그때 마늘 냄새가 코를 찌르는 메가라인들이 아스파시아의 창녀 둘을 훔쳤는데 그렇게 해서 전쟁이 발발했다.[5] _아리스토파네스의 〈아카르나이 구역민들〉

희극작가들은 사모스 원정을 잊지 않았다. 그들은 가혹하게도 그 뒤 일어난 일련의 사건들을 다룰 때면 아스파시아와 그녀의 성적 매력에 관한 이야기를 지어냈다. 이제 도미노처럼 전쟁과 파괴가 일어나면서 거대한 펠로폰네소스 전쟁이 시작되기에 이르렀다. 그리고 아테네와 서구인들의 영혼에 지울 수 없는 상처를 남긴 갈등이 끓어오르기 시작했다.

21 고조되는 긴장

기원전 440~432년, 코르키라와 메가라

아테네가 세계에서 가장 위대한 도시일 수 있었던 이유는 어떤 역경에도 절대 굴하지 않았고 다른 도시국가보다 더 많은 생명과 노동을 전쟁에 쏟아부었기 때문이다. 그래서 아테네는 역사상 최고의 권력을 손에 쥐었다. 비록 우리가 항복할 수밖에 없는 때가 온다 해도 그 위대한 권력은 후세에 길이 기억될 것이다. 그리스의 모든 도시국가 중에 우리가 가장 넓은 영향력을 행사했으며 연합한 적군에 맞서서든, 개별 도시국가에 맞서서든 굳건히 대항했다는 사실도 역시 기억될 것이다. 또한 모든 면에서 완벽하고 전 그리스에서 가장 위대한 도시를 건설했다는 것도 기억될 것이다.

— 투키디데스의 〈펠로폰네소스 전쟁사〉에서

아테네 장벽을 따라 걸어가는 길은 쉽지 않다. 이 고고학 유적지는 가난한 동네에 있다. 기원전 459~457년에 놓인 이 거대한 석조블록들은 이제 철로와 오염된 운하가 지나고 CCTV 카메라가 곤두선 공장지대 사이에 놓여 있다. 머리 위로는 고가도로가 지난다. 오래된 담뱃갑들이 회반죽에 달라붙어 있다.

아테네 장벽은 아테네를 둘러싼 성벽을 지은 지 20년이 지난 후 아테네와 피레우스 항을 연결하려고 건설했다. 아테네를 찾는 여행객이 매해 500만 명에 이르지만 이곳을 찾는 여행객은 아무도 없다. 이 유적지는 사람을 당황하게 한다. 아테네의 황금시대, 평등과 자유, 고매한 문화로 기억되는 그 시대의 흔적을 찾기 어렵기 때문이다. 사실, 이 장벽은 우리에게 고대 아테네가 요새도시였다는 것을 알려준다. 아테네 도시를 오가는 사람들은 엄격하게 감시받고 통제되었다. 소크라테스는 그리스 역사상 가장 불안한 시대를 살았다. 도시와 시민들은 보호막이 필요했다. 또한 소중한 피레우스 항구를 지키기 위해서도 이 석벽이 필요했다. 피레우스는 아테네의 북적거리는 제2의 도시, 아테네의 삼단노선이 데모크라티아의 이름으로 새로운 영토를 점령하려고 출발했던 항구, 도시국가 속 작은 도시국가였다.

페르시아가 침공했던 그 어두운 시절, 그리스의 도시국가 700여 곳에서 딱 두 곳만 흙과 물을 상징적 조공으로 바치라는 메디아 왕국의 명을 거역했다. 바로 아테네와 스파르타였다. 둘은 단합했지만 나중에는 유별난 자존심 때문에 갈라섰다. 두 도시국가는 강과 산맥, 평야로 갈라져 있어도 매우 친밀한 관계였다. 페르시아 군대가 마라톤으로 몰려올 때 지원군을 요청하려고 약 247킬로미터를 이틀 만에 달려 스파르타에 간 사람이 바로 아테네인 페이디피데스였다.

하지만 그 뒤로 아테네와 스파르타는 서로 패권을 잡겠다고 경쟁했다. 아테네에 민주주의라는 이름의 새로운 이데올로기가 생긴 다음, 아테네는 민주주의의 우월성을 내세워 스파르타와 겨루기 시작했다. 두 도시국가는 싸우고 싶어 안달했고 피레우스 항은 매우 혼잡해졌다. 항구에는 아테네 해군 전용구역도 있었다. 페르시아에 대항한 전투(마라톤, 살라미스, 플라타이아이)에서 살아남은 병사들은 칠팔십 대가 되었다. 아리스토파네스는 그들을 '용감한 노인들'이라 칭송했다. 김나시온에서 매일 전투훈련을 하는 젊은 세대는 이 노인들에게 전략을 배웠다. 그리고 아테네와 스파르타는 서로 할퀴어야 할 이유를 금방 찾아냈다.

이런 반감의 결과로 소크라테스의 삶, 아니 그 지역 전체를 집어삼킨 전면전이 벌어졌다.

표적이 된 메가라

코르키라(현재 코르푸) 섬의 고요한 항구가 습격당했다. 기원전 433년의 어느 여름, 코르키라 섬 주민은 새벽녘에 들려온 무시무시한 소리에 잠을 깼다. 전함이 힘차게 파도를 가르며 전속력으로 달려오는 소리였다.

당시 코르키라는 교역로와 영토를 차지하려고 코린토스와 다투고 있었다. 그런데 동쪽으로 320킬로미터도 더 멀리 떨어져 있던 아테네가 코르키라의 가치를 깨달았다. 장기적으로 보면 코르키라는 마그나 그라이키아가 북부 이탈리아와 유럽에 진출할 수 있는 관문이었다. 그 시대의 다른 도시국가와는 달리 코르키라에는 120척의 함대가 있었다. 코르키라 섬의 사절은 아테네 민회에 이렇게 전갈했다. '우리는 그리스 전체를 통틀어 아테네에 버금가는 해군이 있습니다.'[1] 맞는 말이었다. 그래서 기원전 433년에 아테네의 정치가들은 코르키라와 수호동맹을 맺었다. 서늘한 프닉스의 회의장에서 아테네 시민들은 이 머나먼 서쪽 나라, 코르키라에서 아테네의 기상을 드높이는 데 찬성표를 던졌다. 계산적인 아테네는 멀리 있고 작지만, 부유하고 지리적 위치가 좋은 코르키라의 편에 서기로 했다.

코린토스와 코르키라가 충돌했을 때 전장에는 아테네의 삼단노선 33척이 있었다. 섬의 남쪽, 시보타라 부르는 곳에서 코린토스와 코르키라의 전

배 양쪽에 3층으로 노를 장착한 삼단노선 ©Morphart Creations inc./Shutterstock.com

함이 돛을 펴고 서로 세력을 과시하면서 특이하고 격렬한 전투를 벌였다. 아테네 민주주의자들은 코린토스가 이 전투로 동맹국을 자극해 아테네에 맞서게 할까 봐 두려운 나머지 선수를 치기로 했다. 늘 그렇듯 이런 갈등상황에서 싸움을 시작하는 쪽은 싸워야 할 이유가 많다며 스스로 설득하기 마련이다. 즉 싸워야 할 만큼 위협받고 있다면서 싸움을 정당화해야 한다.

싸움을 정당화할 구실을 제공한 것은 아테네 서쪽에서 약 50킬로미터 떨어진 메가라는 작은 도시의 목선들이었다. 메가라는 아테네의 동맹이었다. 코린토스는 강력한 도시국가이긴 했지만 화력이 더 필요했다. 그래서 코린토스의 함대에 메가라의 함선들을 끌어들였다. 이렇게 해서 보잘것없는 작은 도시 메가라가 무시할 수 없는 신호탄, 거대한 역사적 사건의 도화선이 되었다.

메가라는 요란한 아테네와 포근한 코린토스 만 사이에 놓인 중립지대이다. 사실, 그다지 자랑할 만한 것도 없고 땅은 무척 척박해 보인다. 기원전 4세기에 아테네의 웅변가 이소크라테스가 메가라는 '돌밭을 일군다'고 말했을 정도다. 하지만 겉모습만 보고는 진가를 알 수 없는 법이다. 당대 메가라인은 염전을 세심하게 관리하며 양을 키우고, 작업복을 만들었다.

게다가 배를 쉽게 댈 수 있는 잔잔한 만이 근접한 길목에 있었고 흑해 연안에 식민지 정착민들을 보내 비잔티움 같은 작지만 유용한 식민지들을 건설했다. 메가라는 절대 무시할 수 없는 존재였다.

코르키라 섬 주변 바다에서 시보타 전투가 있은 몇 달 후에, 아테네는 메가라를 위협하기 시작했다. 사실 아테네와 메가라의 관계는 우호적이라고는 할 수 없었다. 기원전 445년 메가라인들이 아테네 수비대를 학살한 적이 있었고 시간이 지났지만 그에 관한 분노가 수그러들지 않았다. 기원전 432년 무렵 페리클레스는 이상한 법안을 제안했다.[2] 그는 메가라 무역상과 그 외 상인들의 아테네 시장 출입을 금할 것을 제안했다. 또한 델로스 동맹국의 어느 항구에도 메가라인들이 배를 댈 수 없게 했다. 그의 제안은 승인되었다. 이것은 곧 무역 금지조치였고 가장 가혹한 제재이자 정치적 모욕이었다. 이 법안으로 동지중해 지역의 어느 누구도 아테네가 마음대로 권력을 휘두르고 있다는 사실을 무시할 수 없게 되었다. 페리클레스의 메가라 무역 금지조치는 명백한 전쟁 구실이 되었다.

펠로폰네소스 전쟁이 아테네에 불리하게 전개되면서 아스파시아를 비난하는 소문이 아테네에 다시 퍼졌다. 아스파시아가 사창굴을 운영하는데 그곳의 매춘부 두 사람이 메가라인들에게 납치되자 밀레토스 출신의 창녀 아스파시아가 페리클레스 장군에게 보복을 부탁했다는 소문이었다. 이 일로 그리스 전체에서 가장 거대한 전쟁이 일어났다. 이 비천한 창녀 세 사람 때문에. 동지중해 지역의 사람들은 분노했다. 대중은 이 일에 성적인 의미를 부여했고 전쟁의 원인을 여자에게 돌렸다. 너무나 친숙하고 슬픈 통념이었다.[3] 메가라라는 작은 지역에서 시작된 이 피비린내 나는 국지적인 갈등은 일개 정치가의 정부와 창녀들과는 아무 관계가 없었다.

펠로폰네소스 전쟁의 도화선이 된 메가라 사건은 이 전쟁의 증상을 잘 보여준다. 펠로폰네소스 전쟁은 피해의식에서 시작되었다. 곧, 누군가 내가 원하는 것을 원한다는 생각에서 비롯되었다. 세상은 탐욕스러운 곳이며 '헬레니즘'이라는 헐거운 우산을 같이 쓰고 있는 그리스의 이웃도시가 자기 땅을 탐할 수도 있다는 불편한 생각에서 전쟁이 시작되었다. 발전과 성공은 질투를 낳기 마련이다. 많은 전쟁처럼 펠로폰네소스 전쟁도 불쾌감과 탐욕, 공포, 좌절에서 시작해서 살육으로 번져갔다.

긴장이 고조되기 시작했다. 아테네인들은 해가 지는 머나먼 서쪽 시보타와 메가라에서 몸을 풀었고 이제 북쪽으로 슬슬 눈길을 돌릴 차례였다. 피레우스에 새롭게 정비된 항구 중 하나에서 소크라테스도 전장으로 출발했다. 그는 그리스 북부를 진압하는 임무를 맡았고 그가 탄 전함은 새들이 지저귀는 아름다운 도시 포티다이아를 향했다. 이제 그곳에서 아테네 시민병사들의 북소리가 울려 퍼질 것이다.[4]

전쟁의 시대

고질적인 전쟁의 시대였다. 기원전 5세기 후반의 아테네 민회가 2년에 한 번씩 군사공격에 찬성표를 던진 것을 보면 아테네는 갈등을 몹시 좋아했던 것 같다. 젊은이들은 이 순간을 위해 몇 년씩 몸을 단련했다. 아테네 병사들은 아테네 민주주의에서 존경받는 역할을 적극적으로 수행했다. 그들은 페르시아의 채찍 아래 몸을 떨며 전장에 끌려 나가는 부역자들과는 달랐다. 선사 시대처럼 왕을 위해 술잔을 드는 트라키아인들과도 달랐다. 아테네의 중무장 보병은 아테네의 땅과 정신에 굳건하게 뿌리를 박고 있었다. 수백 년 동안 어깨를 나란히 한 중무장 보병 대열에서 오른편 사람은 둥근 호플론으로 자신의 왼편 사람을 보호했다.[5] 그리스에는 벌써 집단의식이 자라고 있었는데 특히 민주정에 관한 자신감은 대단했다. 아크로폴리스에는 웅장한 새 파르테논 신전이 우뚝 서 있고, 피레우스 항에는 튼튼한 새 군함이 정렬해 있었다. 아테네 민회에 나란히 앉은 아테네 시민들은 이제 무엇이든 해낼 수 있다고 서로를 설득했다.

삼단노선을 움직이는 힘줄과 근육 노릇을 하던 사병들도 한몫했다. 그들은 노예가 아니라 하층시민이었다. 갑판장과 노병들이 삼단노선을 움직였다. 삼단노선은 최대 9노트까지 속도를 낼 수 있고 한순간에 방향을 180도 틀어 데모스 크라티아를 새로운 땅으로 이끌 수 있었다.[6] 평범한 아테네 시민은 아테네의 영토 확장을 사명으로 여겼다. 소크라테스는 이런 변화를 직접 목격했다. 이처럼 시민들이 공통의 이해관계로 단결해 있어서 아테네는 국외에서 끊임없이 군사작전을 벌일 수밖에 없었다. 아테네 민회가 전쟁을 결의하지 않은 해가 한 해도 없을 정도였다. 당대 그리스인들에게는 새로운 시대였다. 이제 피와 칼을 도시를 방어하려는 목적이 아니라 새로운 이상 세계를 건설하는 데 쓰기 시작했다. 서둘러 실현해야 할 드높은 희망을 위해(회의론자들의 눈으로 보면 그 희망은 민중을 선동하는 감상적 이상일 수도 있었다).

소크라테스는 사람들에게 올바른 삶을 살고, 절대 부정을 저지르지 말라고 이야기했다. 그와 동시대를 살았던 아테네 시민들도 사회정의를 지키고 싶었는지 모른다. 하지만 그들이 민주주의라는 야망을 축으로 문명을 건설하는 길에 어쩔 수 없이 사상자들이 생겨났다.[7] 전쟁을 피할 수 없게 만든 것은 아테네의 성장과 그로 인한 스파르타의 두려움이었다.[8]

아테네는 높은 성벽과 번쩍이는 기념상, 자유로운 정치제도를 과시하더니 이제는 군사적으로 단단히 무장한 스파르타를 살살 놀리기 시작했다. 기원전 5세기의 역사가 투키디데스가 주목하고 소크라테스가 계속 지적한 바로는, 펠로폰네소스 전쟁은 세상에서 다른 사람과 어울려 사는 것이 얼마나 어려운지, 그 일에 얼마나 복잡한 감정이 함께 엉켜 있는지를 보여준다. 소크라테스의 전기를 쓰려는 사람에게는 펠로폰네소스 전쟁이 큰 도움을 준다. 이 시기부터는 그의 삶과 인간관계, 그리고 철학에 영향을 미친 사람이 누구인지 그 실마리를 문헌에서 찾을 수 있기 때문이다.

소크라테스: 그러므로 저는 끔찍한 일을 저질렀을 수도 있습니다. 아테네 시민 여러분, 여러분이 뽑은 저의 지휘관이 포티다이아에서, 암피폴리스에서, 델리온에서 제게 위치를 배정했다면(혹은 저 스스로 위치를 정했다면) 저는 그곳에 남아 죽음의 위험도 무릅써야 합니다. 하지만 신이 명령한다면 어떨까요? 제가 믿고 이해한 대로 신이 제게 철학에 평생을 바치고, 나와 다른 사람들을 탐구하라고 명령했는데 제가 죽음의 공포나 다른 걱정으로 그 자리를 떠났다고 해봅시다. 그건 끔찍한 일일 겁니다. 그런 상황이라면 신을 믿지 않은 죄로 저를 고발하는 게 정당하겠지요. 제가 신탁에 불복하고, 죽음을 두려워하며, 지혜롭지 않은데도 스스로 지혜롭다고 생각했으니까요. 인간에게 일어나는 가장 좋은 일이 죽음인지도 모르는데 사람들은 죽음이 최대 악이라 믿으며 죽음을 두려워하기 때문입니다. 무엇보다 이런 무지야말로 가장 부끄러운 것이 아닐까요? 모르는 것을 안다고 생각하는 것 말입니다. _플라톤의 〈소크라테스의 변명〉

우리는 소크라테스가 병사로 지냈던 시절에 또 다른 주요 인물을 만날 수 있다. 그는 이제 성인이 된 귀족 청년이다. 금욕적인 소크라테스와 육체적·정신적 대척점에 있었고 소크라테스의 재판과 자신의 때 이른 죽음에 부분적으로 책임이 있는 매력적인 인물이었다. 페리클레스 집안에서 자란, 머리숱 많고 아름다우면서도 위험한 이 귀족 청년은 스파르타식 이름을 지닌 알키비아데스였다.

22 병사가 된 소크라테스

기원전 432~429년, 그리스 북부 포티다이아

알키비아데스: 전장에서 그 역시 시민의 의무를 다했지요. 그가 어땠는지 듣고 싶다면 내가 무공으로 포상받던 날의 이야기를 들려주겠소. 그 많은 병사 중에서 나를 구한 사람이 바로 그였소. 나는 그 덕택에 내 갑옷과 목숨을 구할 수 있었다오.

ー플라톤의 〈향연〉에서

포티다이아는 그리스 북부의 마케도니아 바로 밑에 있다. 사실 이곳은 그냥 지나치기 쉬운 고대 유적지 중 하나다. 테살로니키에서 차를 몰고 가다 고가도로를 빠져나오면 바다로 곤두박질칠 것처럼 가파른 진입로로 들어서게 된다. 정확히 말하자면 바다가 아니라 1935년에 이곳의 지협을 난도질하여 만든 운하다. 이제 이 유적지 위로 6차선 도로가 지나고 '포르테스'라는 패스트푸드점이 버려진 항구의 가장자리에 들어섰다.

이곳에는 잔혹한 건축사가 있다. 중세의 방조제가 고전기 유적 위에 들어앉았고 로마 시대의 포세이돈 신전은 바닷속으로 사라졌다.[1] 해변의 조약돌 사이로는 도기조각을 볼 수 있다. 여름이면 나비들이 맑은 물에 비친

제 모습을 쫓아 날아다니고 겨울에는 은하 가장자리를 따라 얼음이 낀다.

포티다이아는 처음부터 바다와 관계가 깊었다. 기원전 7세기 이곳에 도착한 코린토스인이 좁고 기다란 반도의 마을을 차지하고 포티다이아라고 불렀다. 포티다이아는 바다의 신 포세이돈을 뜻하는 도리스 방언이었다.

고전기의 포티다이아는 카산드라 반도의 끄트머리에 있다. 정확히 말해 테살로니카 만으로 50킬로미터 정도 삐죽이 나와 있다. 봄이 오면 밝은 녹황색으로 물들고 토양은 비옥하며[2] 심지어 바위 천지인 불모지마저 그리스에서 가장 단 꿀이 나는 꿀벌들의 피난처였다. 마을에서 가장 높은 곳에 올라가면 아토스 산과 올림포스 산, 펠리온 산의 정상도 볼 수 있다.

오늘날 이곳은 한적해 보인다. 작은 마을광장에서 분수가 춤추고, 담배를 입에 문 어부들은 버섯 모양 스툴에 앉아 그물을 고치며 농담을 주고받는다. 제비들은 곤두박질치듯 날아다니며 수면을 콕콕 찍어 모기를 잡아먹는다. 하지만 소크라테스 시절에 포티다이아의 주민들은 낙원 속에 갇힌 신세였다. 아테네인들이 지협을 봉쇄했기 때문에 카산드라 반도 사람들은 어른, 아이 할 것 없이 모두 포로나 다름없었다.

기원전 430년 초 포티다이아의 활기찬 분위기에 그늘이 드리우기 시작했다. 포티다이아는 불만이었다. 페리클레스가 발을 들여놓은 이후로 분노가 들끓기 시작했다. 아테네인은 기원전 445년에 브레아 마을을 세웠고 기원전 437/436년에는 북쪽에 암피폴리스를 세웠다. 마을의 건설은 둘 중 하나를 의미했다. 하나는 아테네가 제국을 확장하려는 것, 다른 하나는 북부지역 그리스인들을 믿을 수 없어서 이 지역을 늘 감시하려는 것이었다. 어쨌거나 해당 지역 주민들은 두 가지 이유 모두 마음에 들지 않았다.

그리고 돈 문제도 있었다. 설상가상으로 아테네는 그리스의 도시국가들이 매년 내는 조세를 6달란트에서 15달란트로 올렸다.[3] 아테네는 조세 인상이 어떤 불만을 일으킬지 짐작하고 있었다. 따라서 사전에 반란을 막으려고 포티다이아에 최후통첩을 보냈다. '성벽을 허물어라. 인질을 보내라. 모도시母都市 코린토스와 관계를 끊어라.'

위기에 처한 포티다이아

포티다이아는 다급하게 아테네와 스파르타에 각각 사절을 보냈다. 아테네에는 가혹한 조치를 완화해달라고 요청했고 스파르타에는 아테네가 지나치게 억압하면 보복조치를 해 달라고 부탁했다. 포티다이아 주민들은 비옥한 사모스 섬과 코르키라 섬에서 아테네가 어떻게 무력을 행사했는지 모두 생생하게 기억하고 있었다. 분명히 아테네는 식민지에서의 이익을 지키고자 할 때 단호히 대처했다.

포티다이아는 비록 작은 마을이었지만 불행인지 다행인지 국제적 이해관계에서는 유용한 위치였다. 근처 마케도니아의 왕은 이 그리스 북부의 갈등에 코린토스를 끌어들여 아테네에 저항하는 세력에 힘을 보태려 했다. 그는 포티다이아처럼 코린토스와 스파르타에 사절을 보내 불안을 과장하여 남부 세력의 도움을 요청했다.

각 지역의 군사 지도자들이 휘말려 들었고 군 조직들이 움직이기 시작했다. 아테네 삼단노선 30척이 출항했고 소크라테스를 비롯하여 중무장 보병 1,000명이 북부로 출발했다.[4] 이 소식은 곧 마음을 졸이던 포티다이아 주민들에게도 알려졌다. 주민들은 이것이 단순한 경고가 아님을 알고 있었다. 포티다이아의 붉은 토양은 비옥했다. 아테네인은 분명히 그 땅을 지키고 싶어 했다(합병하고 싶었다고 해야 할까?). 포티다이아의 언덕은 여름 내내 푸르렀다. 경쟁도시(스파르타, 코린토스)를 비롯하여 다른 이민족이 이곳에 제국을 건설하려고 서로 다투고 있었다. 사상자가 생길 것을 예상한 포티다이아 주민들은 근처의 신생 전략도시 올린토스를 향해 피난길에 올랐다. 아테네 밖 펠로폰네소스 반도의 길에서 먼지가 피어오르기 시작했다. 코린토스는 위험에 처한 자도시 포티다이아를 구하려고 중무장 보병 1,600명과 경보병 400명을 보냈다. 그리스인끼리 전쟁이 시작되었다.

그리스군의 야영지는 정돈되지 않고 어수선했다. 나무를 잘라 공터를 만든 다음 자른 나무를 땔감으로 쓰고 대충 피신처도 만들었다. 1인용 텐트인 짐승가죽 속에 몸을 웅크린 병사도 있고 텐트를 마련할 여유가 없어서 모닥불 주변에 모인 병사도 있었다.[5] 기원전 432년의 원정은 9월과 11월 사이 언제쯤이었다. 그때는 밤이면 날씨가 쌀쌀했다. 정말 부유한 병사들만 커다란 막사를 쓸 수 있었다. 이 원정에 참가한 사내 중 가장 아름다운 알키비아데스는 소크라테스와 함께 지낼 만큼 큰 막사가 있었다.

알키비아데스와 같은 막사를 쓰다

알키비아데스와 소크라테스는 다른 부족 출신이었지만 이 원정에서는 한 지붕 아래에서 자는 동료가 되었다.[6] 민주주의가 그들을 한 배에 태운 것이다. 그들은 같은 극장에 갔고, 같은 향연에서 술을 마셨고, 어쩌면 김나시온이나 아고라에서 함께 운동했을 것이다. 그리고 분명히 아테네에서 서로 찾아다녔을 것이다. 플라톤은 〈프로타고라스〉에서 어떤 사람이 이러한 말을 했다고 전한다. "어이, 소크라테스. 어딜 다녀오나? 물어볼 필요도 없겠지. 그 잘생긴 알키비아데스를 쫓아다니고 있었겠지." 두 사람의 관계가 언제 시작되었는지는 몰라도 어느 정도 깊었는지는 알 수 있다. 플라톤의 〈향연〉에서는 소크라테스와 함께 누워 있었지만 육체관계는 절대로 없었다고 알키비아데스가 투덜거리는 장면을 찾을 수 있다. "아버지나 큰형과 자는 게 차라리 나을 뻔했다."

페리클레스는 원정 때 병사들이 뒤섞여 자는 것을 어느 정도 묵인했던 것 같다. 그래서 고위층이 아닌 철학자가 남성미 넘치는 귀족 선동가의 막사에서 함께 지낼 수 있었다. 그들은 이상한 한 쌍이었다. 플라톤의 〈파이드로스〉를 보면 마흔 남짓한 철학자는 얇은 외투를 걸치고 맨발로 다녔다고 한다. 알키비아데스는 스무 살쯤 되었는데 그 아름다움이 자랄 때마다 한 해 한 해 활짝 피어났다.[7]

소크라테스의 이야기를 하려고 마음먹은 사람이라면 누구나 알키비아데스와 얽힌 소문으로 책 몇 권은 쓸 수 있을 것이다. 이 우쭐거리는, 아주 매력적인 젊은이는 당대의 유행을 이끌었다. 그는 아침에 포도주 마시는 습관을 아테네 사람들에게 유행시켰다. 그리고 레슬링을 할 때는 코를 높이 쳐들었는데 평민의 살에 코를 문지르는 것이 천박하기 때문이라고 했다. 그는 얼굴이 보기 흉하게 일그러진다고 피리도 불지 않았다. 그의 미모는 보는 사람의 넋을 빼놓을 만큼 빼어났다. 크세노폰은 〈소크라테스 회상〉에서 많은 귀족 가문의 여자가 그를 쫓아다녔다고 말했다. 그가 죽은 뒤에도 수백 년 동안 그의 경솔한 행동에 얽힌 이야기가 전해졌다. 사람들은 혀를 쯧쯧 차면서 그가 살인을 계획했고 친구들에게 시체를 선물해 그들의 충성심과 용기를 시험했다는 소문을 수군거렸다.[8]

이상하게도 알키비아데스는 신이 내린 모든 선물(미모와 권력, 위험한 매력)을 받았음에도 자기 가치를 일일이 사람들에게 증명해야 하는(동시에 아무것도 증명할 필요가 없는) 남자였다. 어릴 때 고아가 된(아테네 사람들은 어머니가 살아 있더라도 아버지가 죽으면 고아로 간주했다) 알키비아데스는 페리클레스의 손에서 자랐다. 그에게는 양자가 누릴 수 있는 자유가 있었다. 반항할 친부도, 자신의 재능을 억압한다고 불평할 상대도 없었다. 그에게는 친부의 기대에 부응해야 하거나 그 기대를 저버릴지도 모른다는 불안감 따위는 전혀 없었기에 무슨 일이든 가능했다. 플라톤은 소크라테스의 입을 빌려 알키비아데스에게 이렇게 물었다.

> 알키비아데스, 자네는 지금 하는 일을 그대로 유지하며 살고 싶은가? 아니면 더 위대한 일을 할 수 없다면 당장 죽기를 택하겠는가? 자네는 아마 죽기를 택하겠지. 내가 보기에 자네는 살려고 하지 않을 걸세. 모든 사람이 자네의 이름과 권력을 칭송하기 전에는 말일세.[9]
>
> _플라톤의 〈알키비아데스〉

알키비아데스의 끝없는 야망과 지나친 방종은 기원전 5세기 그리스 역사에 길이 남았다. 하지만 아무리 방탕하다 해도 알키비아데스는 고귀한 혈통을 타고난 사람이었다. 호메로스의 서사시를 삶의 길잡이로 생각하는 소크라테스의 동시대인들에게 이 사실은 중요했다. 시인 핀다로스는 "핏속을 흐르는 위엄에는 대단한 힘이 있다네"라고 노래했다.[10] 알키비아데스는 온통 화려한 것으로 치장하며 주저 없이 혈통을 광고했다.

알키비아데스의 방패에는 벼락을 던지는 에로스가 새겨져 있었다. 당시의 에로스는 감상적인 큐피드의 모습으로 길들여지기 전이었다. 그리스인들은 에로스가 얼마나 위험한지 잘 알고 있었다. 사랑과 욕정은 사람을 파괴할 수 있다. 에로스는 강한 자나 약한 자, 모두를 항복시킨다. 소크라테스조차 에로스의 힘에 의한 키스를 전갈의 치명적인 독에 비유했다.

> "어리석은 사람 같으니," 소크라테스가 말했다. "잘생긴 사람들이 키스할 때 아무것도 쏘지 않는 것 같은가? 눈에 보이지 않는다고 아무것도 쏘지 않는다 생각하는가? 한창때의 청춘이라는 젊은이들이 전갈보다 더 위험하다는 사실을 모르는가? 전갈은 접촉했을 때만 독을 쏘지만 이 젊은이들은 접

촉도 필요 없다네. 보기만 해도, 그것도 아주 멀리서 말이야, 사람을 미치게 하는 독을 쏘지. 그러니 크세노폰, 자네에게 충고하네. 매혹적인 사람을 보거든 얼른 뒤돌아 도망가게." _크세노폰의 〈소크라테스 회상〉

알키비아데스가 그리스의 아름다운 영토를 맹렬하게 내달릴 때 금과 상아로 장식한 갑옷이 번쩍였다. 그가 적군과 뒤엉켜 싸우며 피투성이가 되어 곤경에 처한 모습을 상상하기는 어려울 것이다. 하지만 알키비아데스는 이름값을 했다고 전해진다. 그는 알케alke(강함)와 비아bia(힘)를 가진 남자였다. 말하자면 당대의 테세우스, 아테네 영웅이었다.

그러나 포티다이아에서 알키비아데스를 구한 건 소크라테스였다.[11] 알키비아데스가 소크라테스를 구한 것이 아니었다. 플라톤에 의하면 아테네군이 기습공격을 당하는 중에 이 아름답지만 전쟁 경험이 없는 풋내기가 죽을 위험에 빠졌다. 바로 이때 민첩한 소크라테스가 이 풋내기를 전장에서 끌어냈다. 하지만 자화자찬의 대가 알키비아데스와 절제의 대가 소크라테스라는 명성에 걸맞게 갑옷 한 벌과 왕관을 상으로 받은 사람은 알키비아데스였다. 물론 그는 귀족이었고 소크라테스는 석공의 아들일 뿐이므로[12] 알키비아데스가 상을 받는 것이 당연했다.

저항

가을 내내 팔레네 반도로 병력이 모여들었다. 9월 말 무렵에는 아테네 중무장 보병 3,000명이 그곳에 있었다. 아테네 성인 남자 시민의 6퍼센트에 해당하는 수였다. 거기다 마케도니아 기병대 600명도 있었다. 작은 마을 몇몇은 항복했지만 포티다이아는 아니었다. 포티다이아는 저항했고 전쟁의 불길에 휩싸였다. 첫 번째 전투는 모든 병사에게 싸워 볼 기회가 돌아가기도 전에 끝나버렸다. 포티다이아와 남부 도시국가에서 온 지원병 중 300명이 목숨을 잃었고 아테네의 중무장 보병은 칼리아스 장군을 포함해 150명이 죽었다.

알키비아데스는 이 첫 번째 전투나 나중에 벌어진 스파르톨로스 교전에서 부상당한 듯하다. 하지만 플라톤에 의하면 다행히도 소크라테스가 그의 곁에 있었다. 소크라테스는 갑옷(알키비아데스가 특별한 사내임을 과시하는, 현란하고 화려하게 세공된 금속조각이 달린) 입은 알키비아데스를 일으켜 세웠다. 이로써 소크라테스는 중무장 보병의 전투정신을 구현했다. 바로 나란히 방패를 들고 서 있는 중무장 보병 한 사람 한 사람은 전체만큼 강하다는 생각이었다. 북부의 희미한 햇살 아래서 소크라테스는 이 멋진 청년의 생명을 구했다. 두 사람은 살아남았고 또 다른 전투를 치렀다.

포티다이아는 아테네와 그 동맹국들과 몇 차례 전투를 치르고 난 후 아직 살아남은 자들의 목숨이라도 구하려고 성벽 안으로 후퇴하고 기다렸다. 소크라테스를 포함한 아테네 병사들은 날이 저문 성벽 둘레에서 잠을 청했다. 전쟁의 의례는 계속되었다. 아테네는 전사한 포티다이아 병사의 시신을 매장할 수 있게 허락했다. 아테네 병사들은 전투에 지거나 이긴 전환점에 급히 트로피(영어 단어 trophy는 전환을 뜻하는 그리스어 tropein에서 나왔다)를 세웠다. 이 때의 트로피는 귀신처럼 보이는 허수아비였다. 주로 나무토막에 패한 군대의 갑옷을 입혀 만들었다. 부질없는 짓이었다. 그러나 포티다이아인들의 희망도 부질없기는 마찬가지였다. 그들의 고통은 아직 끝나지 않았다. 아테네의 동맹국에서 보낸 지원병들이 속속 도착했고 포티다이아는 해로와 육로 모두 봉쇄되었다. 그들은 성벽 안에 갇힌 채 겨울을 두 번 넘겼다. 굶어 죽거나 병에 걸려 죽는 것만이 고통에서 풀려나는 길인 듯했다.

23 내면의 목소리

> 친구: 소크라테스, 어딜 다녀오는 길인가? 아, 물론 알키비아데스와 그 젊은
> 아름다움을 쫓아다녔겠지! 근데 내가 며칠 전에 알키비아데스를 보았는데 여
> 전히 사내답게 잘생겼어. 소크라테스, 자네한테만 하는 말인데 수염도 꽤 났
> 더라고.
>
> ─ 플라톤의 〈프로타고라스〉에서

포티다이아는 소크라테스를 둘러싼 걱정스러운 소문이 처음 돌기 시작
한 곳이다. (아테네로 돌아온 후 알키비아데스가 말한 바로는) 포티다이아에서
보낸 한겨울에 중년의 소크라테스가 넋이 빠진 채, 유령처럼 멍하니 앞을
응시하고, 자신의 다이모니온과 대화를 나누면서 맨발로 다섯 시간, 열 시
간, 열다섯 시간, 스물네 시간을 계속 서 있었다는 것이다. 그러다 동이 트
고 바다가 고요해지면 소크라테스는 태양을 향해 조용히 기도한 후 이국
땅에 원정온 민주 시민병사의 본분으로 돌아갔다고 플라톤의 〈향연〉은 기
록하고 있다.

소크라테스와 알키비아데스 그리고 아테네 시민 원정대는 북부에 2~3

년간 있었다. 그들은 그곳에서 그냥 시간만 보내지는 않았다. 그들은 북부 마을의 작물에 불을 지르고 반항적인 스파르톨로스 정착촌과 공공연하게 전투를 벌였다. 이 전투에서 아테네군은 모든 장군과 병사 430명을 잃었다. 아테네 병사들은 태양이 작열하는 메마른 숲을 행군했고 꽁꽁 얼어붙은 땅 위를 조심조심 뛰었다. 그들은 소크라테스가 얼어붙은 대지를 그 유명한 맨발로 걷는 모습을 보고 놀라 쳐다보았다. 소크라테스를 향한 미심쩍은 눈초리도 적지 않았다. 신발을 살 수 있는데 왜 맨발로 다닌단 말인가? 왜 아테네에 있는 구두장이 시몬 같은 사람에게 일거리를 주지 않는단 말인가? 알로페케 출신의 이 남자가 소름 끼치는 모습으로 멍하니 서 있는 동안 대체 무슨 일이 일어나는 것일까? 소크라테스가 혼자 말하면서 내면의 목소리와 대화하는 듯한 그 시간에, 어쩌면 내면의 악령과 싸우는 듯 보이는 그 시간에 대체 뭘 하는 것일까?[1]

> 소크라테스: 사랑하는 친구, 크리톤. 잘 알아두게. 나는 키벨레(아나톨리아의 대지의 여신으로 그리스에도 그 신앙이 전파되었다. 이 여신을 숭배하는 의식에는 화려한 술과 광적인 춤이 함께했다고 한다_옮긴이)를 숭배하는 사람들이 미친 듯 춤추며 듣는다는 피리소리와 비슷한 것을 듣는 것 같다네. 그리고 그 소리가 내 안에서 다시 울려 다른 소리를 들을 수가 없다네.
> _플라톤의 〈크리톤〉

그리스군 진영에 소크라테스의 소문이 퍼져 사람들이 수군거리는 소리를 상상하기란 어렵지 않다. "저 못생긴 소크라테스의 초인적인 면은 대체 뭐지?", "그의 다이모니온은 누구일까? 아니 무엇일까?", "어떻게 그가 영적 세계에 혼자만 은밀히 다가갈 수 있다는 거지?", "저 사람이 페리클레스와 어울리는 그 이상한 무리 중 하나라는 거 알아? 우리를 이 얼어붙은 오지로 몰아넣은 페리클레스가 어울린다는 그 사람들 말이야", "우리가 처음에는 모두 물고기였다느니, 태양은 빨갛게 타오르는 바윗덩어리라느니 하는 미친 소리를 떠들어대는 사람 중 하나라는 거 알아? 정말 이상해. 정말 특이해."

하지만 그때까지는 아무도 그를 괴롭히지 않았다. 아직은 비교적 좋은 시절이었고 아테네인들은 무엇이든 이룰 수 있다는 태도였다. 시민들은 자신이 찬성표를 던진 전쟁에 참여했다. 그들에게는 페르시아 군대를 물리친 기억이 생생했고 이제 스파르타와 떨거지 같은 그 동맹국들도 물리칠 수 있다고 믿었다. 그리고 지금 그 동맹국들의 신세가 얼마나 참담한가? 포티다이아인들은 정말 고통받고 있었다. 분명히 신들은 포티다이아의 편이 아닌 듯했다.

치졸한 전쟁

하지만 성벽 안에서 꼼짝도 못하는 포티다이아인들의 신세나 성벽 밖막사에 진을 치고 있는 아테네 병사들의 신세는 다를 바 없었다. 2년에 걸친 유폐 생활로 사기는 저하되고 삶은 방탕해졌다. 아테네에서 새로 도착한 지원병들이 몸이 약해진 병사들과 성 안 주민에게 이상한 부스럼 병을 옮겼다. 고열과 식은땀, 심한 기침, 화농성 발진을 일으키는 병이었다. 1,000명이 넘는 아테네 병사가 전투를 기다리다가 전염병에 걸려 사망했다. 포위된 성벽 안에 갇힌 사람들의 상황은 더 심했다. 그들은 달아날 방법도, 새로운 식량 보급도 없었다. 이 이상한 질병에 걸리지 않은 사람들은 인육을 먹어야만 살아남을 수 있었다. 그렇게 포티다이아인들은 식인종이 되었다.[2]

야비하고 치졸한 전쟁이 계속되었다. 아크로폴리스 위에서 내려다보는 아테나 여신의 수정 눈빛에 분명히 불편한 기색이 비쳤을 것이다.

소크라테스는 그 야비하고 치졸한 전쟁에서 싸웠다. 아테네에서는 이미 잘 알려진 철학자였던 그에게 3년의 원정은 새로운 질문거리를 던졌다. 포티다이아인들은 탐욕스러운 아테네에 맞서 저항했다. 소크라테스는 자신이 남의 집 앞마당에서 무얼 하고 있는지 의아해하지 않았을까? 전장에서 두개골이 으깨지고, 창자가 쏟아져 나오고, 심하게 부상당한 병사들의 얼굴이 창백해지다가 결국 마지막 숨을 거두는 것을 보면서, 그리스인들이 영광과 영토 확장을 위해 같은 그리스인을 살육하는 것을 보면서 소크라테스는 묻지 않았을까? '왜? 무엇 때문에?'

매일 아침 소크라테스는 코린토스인들이 진영에서 덜컹대며 전쟁을 준비하는 소리를 들었다. 스파르타 군대는 더 좋은 소리를 내며 전장에 등장하곤 했다. 스파르타는 전투 전에 에로스에게 제물을 바쳤으며 병사들에게 연인처럼 죽음을 끌어안으라고 독려했다. 그리고 노래하고 춤추면서 전쟁을 즐기러 나갔다. 스파르타인들은 일곱 살부터 이 의례를 배웠고 그 전통을 거의 깨뜨리지 않았다. 그들은 명령받는 것을 즐겼다. 스파르타인은 자유보다 복종이 더 중요하다고 믿었다. 스파르타에서는 가장 강력한 사람들도 관리들에게 지극한 경의를 표한다. 그들은 이렇게 복종하는 것을 자랑스러워했다. 자신이 그렇게 하면 나머지 사람들도 열성적으로 복종할 것이라 믿었기 때문이다.[3] 스파르타인에게 덕이란 변함없는 복종과 시민 겸 전투기계, 곧 스파르타 병사들의 단련된 이두박근이었다. 그들에게 전투를 향한 열정은 본능적이고 관능적이었다. 스타르타는 전쟁음악도 관능적이었다.

하지만 소크라테스에게 육체는 영혼이 머무는 곳이지, 영혼이 표현되는 곳은 아니었다. 그에게 육체적 복종은 도덕적 목표만큼 중요하지 않았다. 소크라테스는 스파르타를 몇 가지 측면에서 찬양하기는 했다. 그들의 이타적 공동체 정신과 뛰어난 삶을 살려는 노력을 훌륭하게 여겼다. 하지만 소크라테스는 어떻게 사는 것이 올바른 것인가에 관해 훨씬 더 복잡하게 생각하고 있었다.

플라톤과 크세노폰은 소크라테스는 오랫동안 덕, 즉 아레테arete를 숙고했다고 전한다. 당대 사람들은 흔히 덕이란 용기와 힘, 남자다움이라 여겼다. 젊은이들은 김나시온에서 군사훈련을 받으며 아레테를 배웠다. 기원전 5세기 아테네의 청년들에게 아레테, 곧 덕은 말 그대로 적을 베고, 찌르는 치열한 전투에 대비한 훈련이었다. 나중에 기독교도들이 소크라테스를 칭송하긴 했지만, 사실 그의 철학은 '오른뺨을 때리거든 왼뺨을 내밀라' 정신이 등장하기 훨씬 전이었다. 당시 그리스에서는 탈리오 법칙(복수의 법칙이라는 뜻으로 피해자가 가해자에게 당한 만큼 보복할 수 있다는 법칙이다_옮긴이)이 여전히 적용되었다. 사랑과 전쟁에서는 민간인 남자를 모두 살육할 수 있었고 여자와 아이를 노예로 만들 수 있었다. 이 모든 것이 정당화되었다.

소크라테스의 덕

따라서 아레테, 곧 남자의 덕은 끔찍한 행동을 낳을 수 있었고 실제로 그러기도 했다. 그러나 소크라테스는 다소 다른 개념의 '올바름'을 고민했다. 그는 더 미묘하고 다면적인 용어로 덕을 개념화했다. 플라톤의 〈프로타고라스〉를 보면 소크라테스에게 덕은 절제와 정의, 헌신, 용기가 한데 어우러져 더 큰 소피아, 즉 지혜 또는 지식을 얻는 것이었다. 그는 이것이 그림의 떡 같은 이상주의가 아니라 현실에서 가능하다고 믿었다. 누구든 쾌락과 고통, 분노, 좌절, 질투의 악순환을 견뎌내고 덕을 가질 수 있었다. 소크라테스가 말하는 소피아는 손쉬운 답변도 이미 만들어진 지식도 아니었다. 그것은 더욱 심오하고 일관된 사고방식으로 사람들에게 가르칠 수 있으며 가르쳐야 한다고 믿었다.

소크라테스는 한편으로는 인간의 위대한 가능성, 다른 한편으로는 끔찍하고 구역질 나고 비열한 인간 행동에 둘러싸여 살다 보니 새로운 덕을 지닌, 더 나은 인간 유형을 꿈꿨을 것이다. 그는 극단의 상황에 살았고 그래서 절제의 가치를 깨달았다. 그는 '나쁜' 것을 너무 많이 경험했기에 '올바름'을 더 간절히 탐구했다.

소모적인 전투 속에서 사람들은 분명히 이튿날 어떤 대학살이 벌어질지 자문하며 잠자리에 누웠을 것이다. 아테네는 민주정의 이익을 수호한다는 명목으로 소모적이고 수치스러운 원정을 수없이 벌였다. 포티다이아는 이런 원정 중 하나였을 뿐이다. 이런 원정의 배후에 깔린 이데올로기는 역겨웠다.

어쨌든 그 시절에 소크라테스는 전장에서 싸우고 알키비아데스와 같은 막사에서 지냈다. 그리고 창백한 달빛이 막사 안으로 비칠 때면 멍한 표정으로 얼어붙은 듯 가만히 서서 온갖 생각으로 어지러운 마음속에서 새로운 사상을 창조했다. 바로 '올바름'이 모든 다른 이해관계보다 우선하는 사상이었다.

소크라테스와 알키비아데스가 북부에 얼마나 오래 있었는지는 알 길이 없다. 포티다이아 성 봉쇄가 막을 내린 것은 기원전 429년이었다. 포티다이아 지도자들 또는 남아 있는 포티다이아인들은 코린토스 동맹국으로는 역부족이라는 것이 분명해지자 항복했다. 성문을 열지 않는다면 어머니든, 아이든, 갓 수염이 난 소년이든 모두 죽을 판이었다. 병사 소크라테스와 병사 알키비아데스는 포티다이아의 수척한 여자와 남자 들에게 성을 떠나도 좋다는 허락이 떨어지는 모습을 지켜보았을 것이다. 포티다이아 주민들은 그들의 앞날이 걸린 초라한 보따리를 움켜쥐고 비틀거리며 나왔다. 모든 성인 남자는 옷 한 벌씩, 여자는 두 벌씩 들고 갈 수 있었고 전쟁지대를 빠져나갈 수 있을 만큼의 돈을 가져갈 수 있었다.

아테네 시민들은 포티다이아인들을 그냥 떠나도록 두었다고 아테네군 사령관을 비난했다. 아테네에 있는 사람들은 피를 원했다. 그들은 완패한 도시국가, 포티다이아에 더 굴욕을 주고 싶었다. 하지만 북부의 원정대는 전쟁에 지쳤는지 모른다. 그들은 이제 더는 상처 주고 싶지 않았을 것이다. 아테네에 돌아온 소크라테스와 알키비아데스도 아테네군 사령관들처럼 비난받았을까?

포티다이아 원정 이야기는 추측과 문헌에 의존할 수밖에 없다. 포티다이아 근방의 전장은 아직 발굴되지 않았고 포티다이아에 남아 있던 몇 안 되는 유물마저 마을 학교의 사택에 보관되어 있다가 1941년 나치에 빼앗겼다. 그러나 포티다이아 원정은 역사로 기록되는 순간 이미 전설이 되었다. 왜냐하면 이 어울리지 않는 한 쌍의 병사, 알키비아데스와 소크라테스가 야사의 등장인물이 되었기 때문이다. 경솔한 소년과 이타적이며 현명한 반백의 남자. 두 연인의 갈팡질팡 연애담이 가장 카리스마 있는 도시 아테네와 고대의 가장 길고 교활한 전쟁을 배경으로 펼쳐졌다.

두 사람에게는 각자 주어진 길이 있었다. 우리의 편견에서 비롯된 이미지일 수도 있지만 포티다이아 원정 이후 소크라테스의 목표가 삶의 목적을 찾는 데 있다면 알키비아데스의 목표는 삶을 망치는 데 있는 듯했다.

소크라테스: 저는 한 사람씩 찾아다니며 물었지요. 그럴 때마다 사람들은 제 질문에 화를 냈고 저를 미워한다는 걸 느꼈습니다. 저는 그 사실이 슬프고 두렵기도 했습니다. 하지만 저는 제가 질문할 수밖에 없도록 한, 아폴론

의 신탁을 무엇보다 중요하게 생각해야 했습니다.

_ 플라톤의 〈소크라테스의 변명〉

소크라테스 시대는 문명이 생존보다 중요하던 시기였다. 한 무리의 도시국가가 문명의 일부가 아닌 바로 문명 자체의 이데올로기를 새로 형성하던 때였다. 이때 소크라테스는 알키비아데스가 문명의 결점을 고스란히 보여주는 존재가 아닌지, 더 많은 것을 원하고 갖지 못한 것을 원하는 욕망의 결정체가 아닌지 물었다. 알키비아데스는 많은 면에서 아테네적 이상을 구현했다. 그는 아름답고 강하며 무모했고, 쾌락을 즐기며 매력 있고 세련된 인물이었다. 소크라테스는 이렇게 말했다.

저는 여러분에게 여러분 개인이나 재산이 아니라 영혼의 완성에 신경 쓰도록, 아니 적어도 여러분이 개인이나 재산에 신경 쓰는 만큼 영혼의 완성에 신경 쓰도록 설득만 하며 돌아다닐 겁니다. 그리고 돈에서 덕이 나오는 것이 아니라, 덕에서 돈이 나오고 또한 사람에게 좋은 것, 개인이나 국가에 좋은 것이 나온다고 말할 것입니다. _ 플라톤의 〈소크라테스의 변명〉

소크라테스는 아테네를 걱정했고 그가 걱정하는 건 당연했다. 소망을 품을 때는 늘 조심하라고 하지 않던가? 아테네가 꿈꾸는 세상은 아테네가 모두를 이끌고 통치까지 하는 세상이었다. 하지만 올림포스의 신들이 아테네의 자만을 눈치채고 말았다.

스파르타가 아테네 도시 가까이 압박해 들어왔다. 스파르타의 전략은 아테네 군사를 밖으로 끌어내 아티케 평원에서 전투를 벌이는 것이었다. 스파르타의 보병들이 아티케 평원의 주민을 괴롭히고 작물을 없앴다. 아르키다모스 2세가 이끄는 이 침략은 15일에서 40일간 지속되었고 매해 꼬박꼬박 반복되었다. 이 침략은 아테네인들의 마음과 극작가들의 작품에 깊이 새겨졌다.

> 하지만 이제 잔인한 전쟁의 신이
> 성문에 서 있네.
> 핏빛 횃불을 들고
> 이 도시에 불을 붙이려 하네.
> 오, 제발 그를 막아주십시오!
> 우리는 혈육의 고통을 함께 나누니
> 너의 고통은 곧 나의 고통!
> 도시를 둘러싼 낮은 안개처럼
> 웅크리고 있는 것은, 적군의 방패.
> 핏빛 불꽃 하나면 충분한 연기처럼
> 전쟁 신의 전갈 하나면
> 오이디푸스의 아들들에게
> 복수의 여신이 달려든다네.
>
> _ 에우리피데스의 〈포이니케 여인들〉

전장에서 소크라테스는 온갖 부상을 보고, 온갖 죽음을 들었을 것이다. 쉽게 빨리 죽은 사람과 고통스럽게 천천히 죽은 사람의 이야기도 모두 들었을 것이다. 하지만 그 역시 아테네가 납골당 같은 도시가 되리라곤 상상도 못했을 것이다. 기원전 429년 5월, 소크라테스와 알키비아데스가 돌아온 고향은 병든 도시로 변해 있었다. 아테네는 전쟁영웅의 귀환을 반길 분위기가 아니었다.

24 역병 기원전 430~428년, 아테네 성벽 안

누구든 불안해하지 않는 자, 이미 이루었다고 생각하는 것에 만족하는 자가
있다면 어리석은 자이다. 우리의 삶을 조종하는 힘은 바보들의 행동만큼 예측
불가능하다. 확실한 행복 같은 것은 존재하지 않는다.

– 에우리피데스의 〈트로이아의 여인들〉에서

아테네에 새벽이 밝았다. 거리는 밤의 망각에서 깨어났다. 도시의 샘과
우물에 사람들의 형체가 몰려들었다. 머리를 가린 여자들이 물을 뜨고 소
식을 교환하러 왔다. 대부분 낮은 계층의 여성과 노예 들이었다. 하지만
전쟁 중에는 온갖 관습이 느슨해지기 마련이다. 동틀 무렵은 아테네 여자
들이 소문을 주고받는 시간이다. 시간이 흘러 낮이 되면 남자들이 변변찮
은 식량을 구하러 시장으로 나올 것이다.[1]

아테네에서 나쁜 소식은 빨리 퍼졌다. 오늘은 특히 좋지 않은 소문이
돌았다. 아테네 주민들이 외국인 주민이건, 여자건, 남자건, 사제건 할 것
없이 이상한 저주를 받아 쓰러지고 있다는 것이다. 죽은 자들의 시신은 퍼
렇게 멍들고 죽음의 고통으로 뒤틀려 있는데다 입은 벌어져 있다고 했다.

그들이 죽기 전에 남긴 마지막 소원은 하나같이 물을 달라는 것이었다. 그들의 눈은 불타는 듯 화끈거렸고 혀는 피투성이가 되었다. 또 피부에는 궤양이 잔뜩 생겼고 폐는 수축했다. 7일에서 9일이면 환자는 죽음에 이른다고 했다. 설령 살아남았다 해도 시력을 잃거나 몸을 가눌 수 없었다. 당대의 아테네 자료에는 사람들이 귀신에 씌었다고 했다. 하지만 오늘날 추론해보건대 그들은 뇌손상을 입었을 뿐이다. 이 질병을 무엇이라 규정해야 할지는 어렵다. 장티푸스이거나 에볼라 바이러스이거나 새로운 변종 바이러스라고 추정된다. 하지만 가장 최근에 당대의 무덤에서 발굴된 미라의 잇속을 분석한 결과, 발진티푸스일 가능성이 크다고 드러났다. 이 역병에는 특이한 점이 있었다. 죽은 동물을 먹고 사는 동물들조차 이 역병으로 죽은 시체만큼은 피했다. 더 끔찍한 것은 시체를 파먹은 개 또한 죽었다는 것이다. 다른 종으로도 전염되는 역병이었다.[2]

> 무엇보다 가장 끔찍한 것은 이 역병에 걸렸다는 것을 깨달은 사람들의 절망감이었다. 그들은 곧 완전히 무기력한 태도로 돌변한다. 이렇게 굴복해버리니 저항력을 잃는 것이다. 또 한 가지 끔찍한 것은 다른 사람을 간호하다 병에 걸려 죽는 사람들이다. 그것이 무엇보다 더 많은 죽음을 부르는 요인이었다. _투키디데스의 〈펠로폰네소스 전쟁사〉

죽음의 그림자

군사명령에 따라 도시 안에 갇혀 있다 보니 역병은 1년 안에 아테네의 주민과 아테네 이곳저곳을 휩쓸었다. 8만 명이 죽었다. 적어도 아테네 인구의 3분의 1이 쓰러졌다.

상황은 기원전 431년에 시작되었다. 페리클레스가 불운한 전략을 시행했다. 당시 스파르타는 아티케 평원의 시골을 공격하며 초토화 전략을 쓰고 있었다. 그들은 아테네 영토를 마구잡이로 파괴했다. 페리클레스가 십대 때, 아테네는 페르시아를 물리치려고 도시성벽을 쌓았다. 페리클레스는 그 아테네 성벽의 힘을 믿었다. 그는 아테네 도시국가의 모든 인구를 성벽 안으로 불러 모았다. 그래서 139개 데모스의 사람들이 명령을 따라 성벽 안으로 이주했다. 이미 인구가 많았던 아테네 도시는 이제 비좁을 정도였다. 도시로 강제 이주된 수많은 사람은 난민촌의 숨 막힐 듯한 판잣집에서 지냈다. 난민촌은 공동묘지처럼 보였다. 가축은 근처의 에보이아 섬으로 보냈고 인간들은 성벽 안에 방어벽을 치고 들어앉았다. 소크라테스가 즐겨 찾던 푸르른 강둑, 그가 소년들과 시간을 보냈던 강둑은 이제 없었다. 그곳의 성소와 신전을 돌볼 이도 없었다. 디필론 성문도 다른 성문처럼 차단되었다. 도시 밖에서 작물이 익어갔지만 아무도 거두어들이는 이가 없었다. 작물은 결국 스파르타 군대의 화마에 짓밟혔다.

역병은 처음에는 약했지만 곧 강한 영향력을 내보였다. 불행하게도 아테네 시민들의 작은 집은 서로 바짝 붙어 있어서(로마 시대 집처럼 높은 담을 두른 정원에 둘러싸인 저택은 없었다) 바이러스나 박테리아의 숙주가 되기에 안성맞춤이었다. 거기다 도시에는 평소보다 두세 배 많은 인구가 모여 있었다. 도시 거주민과 난민 그리고 살인적인 역병이 함께 살고 있었다. 역병이 번지자 뜰에 시체들이 가득 찼다. 남자와 여자, 아이 할 것 없이 병마와 싸우며 뜨거운 열을 식힐 곳을 찾았다. 점점 더 많은 사람이 매장되었다. 투키디데스의 당시 목격담은 정말 끔찍하다.

이 병의 일반적인 증상을 말로 표현하려면 사실 말이 나오지 않는다. 이 병이 주는 고통을 말하자면 인간이 거의 참아낼 수 없는 정도이다.

죽어가는 사람의 몸뚱이들이 쌓이고 반쯤 죽은 사람들이 거리를 비틀거리며 걸어가거나 물을 찾아 샘 주변에 모여든다. 그들이 숙소로 쓰는 성소에는 그곳에서 죽은 자들의 시신이 가득하다.

투키디데스는 역병 때문에 사람들이 타락했다고 말한다.

사람들은 그동안 억눌러 왔던 탐욕적인 행동을 자제하기 어려웠다. 결국 그들은 즉각적인 쾌락을 얻고자 했다. 왜냐하면 생명도, 재산도 찰나일 뿐이라고 생각했기 때문이다.

참혹한 전쟁에도 점잖게 행동하고 도시를 바르게 운영하던 시민들이 이제 내재된 동물의 속성을 기억해냈다. 그들은 발정 난 들개처럼 도시를 뛰어다니며 약탈했다. 도시 곳곳, 웅장하게 장식된 벽에 새겨진 호메로스의 영웅들이 이 아수라장을 가만히 지켜보았을 것이다.[3] 소크라테스와 알키비아데스가 돌아올 무렵 역병은 이미 2년 동안 아테네 거리를 휩쓸었다. 고향에 들어선 소크라테스와 알키비아데스는 바로 이 괴기스러운 도시를 보게 되었다.

아테네 북서부의 데모시온 세마Demosion Sema, 공동묘지는 예나 지금이나 가난한 동네다. 꾀죄죄한 노점상들이 그에 못지않게 꾀죄죄한 가방을 열고 20세기의 파편들을 판다. 자전거와 고리버들로 만든 의자를 고치는 사람도 있다. 주변 벽은 온통 낙서로 뒤덮여 있다. 사회통합을 목적으로 그린 것도 있지만 대부분은 그렇지 않다. 이곳에도 최근 개발사업이 많이 시행되었다. 이곳은 삶과 죽음 사이에 놓인 구역이었다. 1994년, 뒤죽박죽인 동네 끄트머리에서 아테네 전철 연장공사를 위한 토대작업을 하던 공사장 인부들이 섬뜩한 것을 발견했다.

미르티스의 두개골

    소크라테스 시대에 이곳은 공동묘지였다. 투키디데스는 역병 기간 동안 아테네가 하늘이 내린 초자연적인 귀신 같은 것에 오염되었다고 말했다. 그가 이 귀신 같은 존재를 묘사할 때 사용했던 단어는 바로 소크라테스가 마음속 목소리를 묘사하는 데 쓴 단어인 '다이모니온'이었다.

    이 죽은 자의 늪에서 나온 미르티스라는 이름의 열한 살 소녀가 투키디데스가 귀신 같은 다이모니온이라 부른, 아테네를 찾아온 초대받지 않은 손님의 정체를 알려주었다. 소녀의 모습을 복원한 과학자들이 미르티스라고 부른 이 소녀 덕분에 그 질병의 원인이 뇌손상이라고 추정할 수 있었다. 기원전 430/429년에 마구잡이로 땅속에 던져 급하게 매장한 시체들 사이에서 나온 미르티스의 두개골은 놀랄 만큼 훌륭하게 보존된 상태였다. 뼈는 매끄러웠고 두개골은 거의 손상되지

케라메이코스 무덤 유적 ©Pavla Bartonova/Shutterstock.com

않았으며 치아도 모두 남아 있었다. 두개골의 상태가 워낙 좋아서 이 어린 소녀의 아랫니가 윗니보다 돌출되었고, 송곳니가 비뚤어지게 났으며, 입꼬리가 살짝 올라갔다는 것도 알 수 있었다. 소녀의 얼굴은 스웨덴의 실험실에서 공들여 복원했다. 이제 소녀는 살았던 세상보다 2,500년이 지난 훗날의 세상을 놀란 눈으로 바라보고 있다. 미르티스의 얼굴을 보면서 이 어린 소녀가 자신을 둘러싼 세상이 무너져 내릴 때 느꼈을 두려움을 알아차리기란 쉽지 않다.[4]

데모시온 세마는 아테네의 공동묘지였다. 이곳은 케라메이코스에서 엘레우시스(현재 엘레프시나, 아테네 북서쪽 20킬로미터 지점에 있는 곳으로 데메테르 여신을 숭배하는 엘레우시스 신비의식이 열렸던 곳이다_옮긴이) 방향으로 약 1.5킬로미터에 걸친 위대한 아테네인과 전사자들의 안식처였다. 기원전 6세기 법제정자 솔론도 이곳에 묻혔다(고 추정된다). 참주 살해자들과 철학자들도 이곳에 묻혔다. 모두 비석 없는 무덤에 누워 있다. 물론 커다란 뼛조각들이 남아 있긴 하지만 누구의 뼈인지 알기는 어렵다. 왜냐하면 많은 사체가 최고 섭씨 800도에서 화장되었기 때문이다. 역병이 돌던 시기에 이곳은 집단매장지나 다름없었다.

이 우울한 잿빛 유골들 앞에서 참혹했던 재앙을 그리는 건 어렵지 않다. 아테네인들이 갑자기 죽기 시작했다. 전쟁 때문도, 노환 때문도 아니었다. 스파르타의 침략이 가져온 기아와 정체 모를 전염병 때문에 죽어갔다. 하지만 기원전 5세기 아테네인들은 사람들이 죽어가는 순간에도 아름다움을 추구했다. 아테네 국립 고고학 박물관에는 유골 항아리가 산더미처럼 쌓여 있다. 아름답고 슬픈 이 항아리들은 고급스럽게 장식돼 있으며 하얀 바탕에 다양한 가정사가 엷은 색조로 그려져 있다. 여자들이 병사들에게 작별인사를 하고, 요람의 아기를 돌보고, 애완동물을 쓰다듬는다. 아이들은 마당에서 뛰어놀고 젊은 남자들은 악수한다. 이 항아리들을 보면 섬세하고 유연한 붓놀림에 감탄할 수밖에 없다. 다람쥐 털로 만든 붓과 조심스럽게 혼합된 물감이 살아 있는 자들의 공포와 강렬한 그리움을 잘 포착했다. 도시 아테네에는 무척 역설적인 시대였다.

아테네로 돌아온 소크라테스는 침략의 흔적을 쉽게 볼 수 있었다. 스파르타군은 아테네에서 1킬로미터도 안 되는 곳의 올리브나무 숲과 무화과나무 숲을 태웠다. 500년, 700년, 심지어 2,000년 묵은 이 나무들은 그리스 역사가 시작되던 순간부터 있었다. 사람들이 글을 쓰고 별을 이해하기 전부터 자라던 나무들이 스파르타의 원한 앞에 석탄으로 변하고 말았다.

이러한 파괴 장면은 아테네인의 마음 깊숙이 새겨졌다. 스파르타의 농경지를 목양지로 바꾸겠다고 아테네인들은 수군거렸다.[5] 아리스토파네스의 희극에 나오는 등장인물 중 한 명은 타오르는 들판을 보며 스파르타에 복수심을 품게 되었다고 말했다.

> 디카이오폴리스: 나는 희극을 만드는 동안 아테네인들에게 연설할 준비를 했소. 왜냐면 희극도 무엇이 옳은지는 아니까요. 나는 스파르타인들을 끔찍하게 증오합니다. 타이나롬(라코니아 남부의 반도로 포세이돈 신전이 있었다_옮긴이)의 신 포세이돈이여, 지진을 보내 그들의 지붕이 그들의 머리 위로 무너져 내리게 하소서. 나 또한 포도나무를 잘라내야 했으니 말이오.
> _아리스토파네스의 〈아카르나이 구역민들〉

문자로 기록되지 않은 분노는 어떠했을까? 성벽 밖에서는 무르익은 작물이 썩어가고 성문 안에서는 인간 분비물 냄새가 코를 찔렀다. 아테네 사람들은 원래 신상과 성체를 깨끗이 닦고 옷을 입히면서 사랑하는 사람의 피와 살처럼 애지중지했다. 하지만 더는 아니었다. 석상에 입힌 옷은 빛이 바랬고 때와 새똥이 묻었다. 역병에 걸린 아테네 사람들은 신을 방치했고 신은 아테네인들을 잊었다. 소크라테스와 마찬가지로 '세련된' 아테네인들은 가만히 있는 걸 질색하는 사람들이었다. 하지만 이제 그들은 성 안에 갇혔을 뿐 아니라 불구가 되었다.

그래도 아테네는 무너지지 않았다. 아나톨리아 에페소스의 신비한 그리스 현자, 헤라클레이토스가 기원전 5세기 초반에 한 말이 옳았다. 그는 전쟁과 전투는 사람들에게 이상한 자극을 준다고 했다. 사실, 전쟁 후 몇 년 동안은 소크라테스를 비롯해 당대 창조적이고 지적인 인재들에게 가장 생산적인 시간이었다. 남아 있는 유골 항아리의 숫자는 당대의 수많은 죽음을 증언하지만 아테네 사람들이 여전히 일하고 있었음을, 여전히 최상급 장식품을 만들며, 이야기를 나누고 세상의 아름다움을 사랑했음을 보여준다. 아고라는 소크라테스에게 여전히 흥미진진한 곳이었다. 아침이면 아테네인들에게 익숙한 새들, 칼새와 제비, 바위산제비가 여전히 높은 소리로 지저귀었다.[6]

4막

사건 발생의 문화적 배경

새로운 신,
새로운 가능성

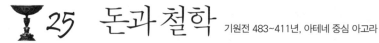

25 돈과 철학

라우리온 은광의 은으로 만든 작은 올빼미(은화)가
항상 떼로 들어올 것이니
주변에 온통 올빼미가 있을 것이요.
그 앙증맞은 것들이 점점 많은 알을 낳고
당신의 지갑에 둥지를 틀어서
조그만 은화를 부화시킬 것이오.

— 아리스토파네스의 〈새〉에서

아고라는 북적대는 중심지이자 아테네의 심장, 척추, 간, 비장, 폐였
다. (누군가에게는) 민주주의의 엔진이며 민주주의와 표현의 자유, '그리스
의 기적'을 만들어낸 곳이었다. 아고라는 '교역과 정치를 위해 모이다'라
는 뜻의 그리스어에서 나왔으며 '대중 앞에서 말하다'라는 뜻의 그리스어
agoreuein을 낳았다. 아고라는 대화하고 논쟁하고 의견을 교환하는 장
소로 정해졌다. 시장이 민주주의를 견인했고 말이 민주주의를 부채질했
다. 한 세대 전만 해도 생각지 못했던 일들이 이곳에서 실현되었다.

북부 원정에서 돌아온 소크라테스가 아고라의 중심축인 '신성한 길'을 따라 북동쪽에서 남서쪽으로 걸어갈 때면 온갖 냄새를 맡을 수 있었을 것이다. 생선, 고기, 참깨를 파는 노점, 직기에서 바로 나온 양모, 축축한 진흙탁자에 진열된 죽은 새, 소매 없는 튜닉과 희망 없는 노예들.[1]

소크라테스 시대가 오기 500년 전, '암흑기'(미케네 궁정문화가 몰락한 기원전 13세기부터 도시국가의 기반이 형성되기 시작한 기원전 8세기까지를 가리킨다_옮긴이)의 그리스에서 아고라는 묘지였다. 오늘날까지도 발굴자들이 지하 6미터쯤에서 3,000년 전에 죽은 아테네인들의 두개골과 뼈를 발굴해낸다.[2] 하지만 기원전 5세기의 아고라는 활기를 띠었다. 정치개혁과 군사적 성공을 이룬 아테네인들의 자신감은 대단했다. 수원을 끌어다 샘을 만들고 플라타너스나무를 심고 향기로운 제단에서 불멸의 신들께 제물을 바쳤다. 산더미처럼 쌓인 무화과와 아편, 향료, 동방에서 온 향유, 키클라데스 제도의 사프란을 팔았다. 시장은 새로 발굴한 광물과 새 은화가 가져다준 활기로 가득 찼다.

소크라테스가 보았던 아고라는 죽은 자의 집이 아니라 산 자들의 장소였다. 음악회가 열렸고 병사들이 훈련했으며 책을 팔았고 극을 상연했으며 조각을 새기고 다듬었다. 연설문 작가가 탁자를 놓고 앉아 파피루스와 나무껍질에 단어를 긁적이며, 달변을 뽐내지 못하는 사람들이 변론을 펴거나 다른 사람을 법정에 고소할 수 있도록 해주었다. 또 제비뽑기로 뽑힌 관리들이 모여 삶에 필요한 정책을 결정했다. 장미꽃을 조려 향수를 만들었고 뼈를 달여 접착제를 만들었다. 헤파이스토스 신전 주변에는[3] 냄새가 더 고약한 주조공장이 있어서 화살촉과 창끝을 대량생산했고 심지어 '받아라'라는 문구를 뽐내는 납 슬링샷slingshot(새총처럼 생긴 고대 무기이다_옮긴이) 탄환도 만들었다. 플라톤의 〈소크라테스의 변명〉에서, 소크라테스는 합창과 무용 공연연습을 열성적으로 하는 어느 동네에 가면 최신 원리와 사상이 적힌 소책자를 높은 가격에 구입할 수도 있었다고 전한다. 아고라에서는 모든 것을 팔았다. 아테네의 은화 덕택에 아고라의 시장은 최신 교역과 사상에 발맞출 수 있었다.

화폐 경제의 번성

최근 아고라에서 출토된 유물은 아테네의 아고라 박물관에서 조심스럽게 복원되고 있다. 한 젊은 고고학자는 녹아서 서로 엉겨 붙은 4드라크메 은화더미 400개를 하나씩 정성스럽게 떼어내고 있다. 4드라크메는 아테네에서 만들던 은화로 '올빼미 은화'라 알려져 있다. 이 동전은 위기 상황에 급하게 매장된 듯 보인다. 아마 페르시아군 침략기나 펠로폰네소스 전쟁 기간이었을 것이다. 하지만 너무 안전하게 보관한 것이 문제였다. 적군의 눈을 피해 몰래 감춘 이 은화는 심한 화재로 잿더미 속에 덮여 버렸다. 이곳에 숨겨둔 돈은 오늘날로 치면 적어도 25만 파운드(약 4억 원)어치다. 아마 은화의 주인은 무척이나 비통해했을 것이다. 눈을 크게 뜨고 쳐다보는 아테나 여신의 지혜로운 올빼미나 투구를 쓰고 전투 태세를 한 여신의 두상이 찍힌 이 동전들은 얼마나 뜨거운 열기에 노출되었는지 표면이 거의 지워졌다. 하지만 우연히 아고라에 떨어진 외국 동전 하나는 비교적 상태가 좋았다. 우리는 잘 보존된 이 동전으로 소크라테스 시

아테네의 화폐 올빼미 은화
©Russell Shively/Shutterstock.com

대 때 아테네인들의 경제활동이 물물교환에 그치지 않았다는 것을 알 수 있었다.

아테네의 주도 아래 화폐경제가 번창해서 동지중해 건너까지 퍼졌다. 비밀스러운 스파르타와 달리 아테네인들은 외부의 영향(그리고 외부의 화폐)을 기꺼이 받아들였다. 고전기 그리스에서는 도시마다 독특한 화폐를 주조했다. 금, 은, 동으로 만든 금속 동전과 오리, 아름다운 헬레네와 그녀의 쌍둥이 형제인 디오스쿠로이가 새겨진 코린토스 · 페르시아 · 아이기나 · 마케도니아의 동전이 소크라테스의 활동무대인 아고라에서 사용되었다.[4]

소크라테스 시절의 아테네 사람들은 우여곡절을 많이 겪었지만 부유해진 것만은 분명했다. 민주주의가 뚜렷하게 소비를 장려한 것은 아니지만 고고학자들이 발견한 것을 보면 아테네 사람들의 삶은 더 풍요로워졌다. 도기에는 물감을 더 두껍게 칠했고 금귀고리는 더 무거워졌으며 포도주가 외진 지역에서도 나왔다. 그러나 소크라테스는 대세를 거슬렀다. 해가 거듭될수록 소크라테스는 점점 가난해졌다.

> 나는 저 찢어지게 가난한 수다쟁이 소크라테스를 혐오하네. 그는 세상의 모든 것을 사색하지만 다음 끼니를 어디에서 구해야 하는지도 모르지.[5]

소크라테스는 아테네 사람들에게 거슬리는 존재였다. 돈을 사랑하는 이 도시국가에서 그는 분명히 비물질적이었다.

청동기 시대부터 아티케 반도 남쪽 모퉁이에 있는 라우리온의 은광은 아테네 폴리스에 특별한 곳이었다. 기원전 5세기에 이르자 은광 채굴이 열 배로 증가했다. 매일 노예 2만 명이 지하 6킬로미터도 넘게 내려가 은을 함유한 방연석을 채굴했다. 이 번쩍이는 수확물은 흙길을 따라 아테네로 운반되었다. 기원전 5세기 중반 아테네는 6,000달란트의 현금 보유율을 자랑했다.[6] 오늘날로 치면 4,520만 파운드 혹은 6,420만 달러(약 800억 원) 이상의 금액이다.

영혼의 내용을 교환하는 소크라테스 철학

물질적 풍요를 좇는 세상에서 소크라테스는 사리를 추구하기보다 어떤 일이 있어도 절대적 가치로 되돌아가야 한다고 주장하며 근본주의를 외쳤다. 그는 거의 신발을 신지 않았고 얇은 옷을 걸쳤다. 1년 내내 그는 늘 같은, 닳은 겉옷을 자랑스럽게 걸치고 다녔다. 아테네 사람들은 그의 허름한 복장을 비웃었다.

> 저 비천한 소크라테스는 비가 오나 눈이 오나 오로지 똑같은 옷을 뽐내면서 어떻게 설교를 한단 말인가![7]

당대의 다른 소피스트들은 대중에게 철학을 논하며 돈을 많이 벌었다. 하지만 그들과 달리 소크라테스는 돈 벌기를 거부했다. 그는 아테네의 공공장소에서 논쟁하고 대화했다. 아테네 젊은이들에게 그들의 미래는 제국주의적 야망과 근사한 주랑에 달린 게 아니라 더 행복한 삶에 있다고 말했다. 위대한 사람이 아니라 선한 사람을 중심으로 돌아가는 삶에 미래가 있다고 말했다. 소크라테스는 혼잡한 시장에 물건을 사고팔러 오지 않았다. 그는 매일 펼쳤다가 치우는 좌판을 지나쳐 걸어갔다.[8] 그는 그저 이야기를 하고 생각을 교환했다. 소크라테스는 상인들에게 악몽이었을 것이다. 디오게네스 라에르티오스의 〈유명한 철학자들의 생애 · 가르침 · 격언〉을 보면 너덜너덜한 옷을 걸친 그는 겉만 번드르르하게 차려입은 사람들을 조롱했다. '내겐 필요 없는 것이 얼마나 많은지!' 그는 맨발로 씩씩하게 걸어 다니며 자신과는 상관없는 좌판들을 지나쳤다. 소크라테스가 미를 보는 안목이 없었던 것은 아니다. 훌륭한 공예품과 쾌락을 몰랐던 것도 아니다. 그는 절대로 흥을 깨는 사람이 아니었다. 하지만 그는 처음부터 다시 시작하고 싶었다. 그의 목적은 형식이 아니라 영혼의 내용을 교환하는 것이었다.[9]

> 그러나 소크라테스 자신은 분명히 그런 유형과는 정반대의 사람이었다. 그는 사람들을 좋아했고 인간을 사랑했다. 자신을 열광적으로 추종하는 사람들을 기꺼이 받아들였다. 아테네 시민이든 외국인이든 상관없었다. 그리고 누구한테도 함께 있는 대가로 돈을 받지 않았다. 그는 재산을 모두에게 아낌없이 주었다. 그의 철학을 선물 받은 사람 중에는 다른 사람에게 많은 돈을 받고 판 사람도 있었다. 그들은 소크라테스만큼 사람을 사랑하지 않았다. 왜냐하면 그들은 돈을 내지 않는 사람과는 말하려 하지 않았으니까.
> _ 크세노폰의 〈소크라테스 회상〉

소크라테스의 야망은 프시케, 즉 인간의 영혼을 찾는 것이었다. 아고라가 문명의 용광로라면 소크라테스는 분명히 그곳에 불을 피우는 풀무질이 있을 것이며 모든 불꽃에 생명의 숨결을 불어넣는 것이 있을 것이라 믿었다. 그는 사람들과 시장을 걸으면서 이야기하며 해답을 찾으려 했다.

> "그러면 지혜로운 자 또는 온화한 자만이 자기를 알고 자기가 무엇을 알고 있는지 또는 무엇을 모르고 있는지 물을 수 있다. 또한 다른 사람이 무엇을 아는지, 무엇을 안다고 생각하는지, 무엇을 모르면서 안다고 착각하는지 이

해할 수 있다. 다른 사람은 그런 일을 할 수 없다. 이것이 바로 자기가 무엇을 아는지 그리고 무엇을 모르는지를 아는 자의 지혜이며 절제, 자기인식이다. 이 말씀이신가요?"

"그렇다네." 그가 답했다. _플라톤의 〈카르미데스〉

그의 탐구는 무서울 만큼 열정적이었다. 소크라테스와 같은 시대를 산 프로타고라스는 '인간이 모든 것의 척도'라고 선언했다. 하지만 소크라테스 철학의 어렵고도 불편한 진실은 '인간과 인간의 관계', '인간과 그를 둘러싼 세상과의 관계'가 모든 것의 척도라는 이야기였다. 소크라테스는 우리 각자가 온 힘을 다해 '올바른 개인'이 되지 않는 한 이런 관계가 이루어질 수 없다고 믿었다. 소크라테스는 시장에 모여든 상인과 무두장이, 병사, 선원 사이에서 사물을 인식할 수 있고, 사물을 인식하는 인식을 인식할 수 있는 인간의 독특한 능력을 탐구했다. 그는 현실을 사는 사람으로서, 현존했던 역사적 공간에서, 현실적인 용어로 탐구했다. 로마의 정치가 키케로는 소크라테스의 사상을 이렇게 이야기했다.

그는 철학을 평범한 삶에 적용했으며 악과 덕을 탐구하는 일에 썼으며 일반적으로 선과 악을 탐구했다. _키케로의 〈아카데미카〉

그러나 당시 아고라에는 다른 사람들도 있었다. 대화를 교환하는 데서 그리 훌륭하지 않은 기회를 찾은 사람들이었다. 바로 소피스트였다. 그들은 철학적 탐구를 계몽에 이르는 길로 보기보다 말을 재산증식의 수단으로 삼았다. (플라톤이 힘주어 주장한 것처럼) 소크라테스는 소피스트가 아니었다. 하지만 그가 하는 일이 말하는 것이었고, 생각을 말로 표현하다 보니 당대 사람들과 역사는 그에게 소피스트라는 오명을 붙였다.

26 아고라의 열기 기원전 426~416년, 아테네

소크라테스: 걱정 그만하게나. 자네 생각을 잠시 잊고 그냥 내버려두게. 잠시 그 생각이 사라지게 놔두게나. 그런 다음, 다시 돌아와 생각을 꺼내보고 그 문제를 곰곰이 뜯어보게.

– 아리스토파네스의 〈구름〉에서[1]

이 어수선하고 부패한 시절에도 삶은 계속되었고 스파르타군은 아테네를 괴롭혔다. 이 무렵 아테네는 오래되었으면서도 새로운 친구 하나를 기억해냈다. 바로 '말'이었다. 말은 민주주의를 돕는 요정이었다. 말로 표현된 사상들, 즉 데모스 크라티아(민중 권력), 엘레우테리아eleutheria(자유), 파르헤시아parrhesia(표현의 자유)는 아테네 건축물에 새겨졌고 지중해의 해류를 타고 주변지역에 알려졌다. 민회와 법정은 민주주의자의 포부를 말로 고취시켰고 민주 민회가 내린 결정을 대중에게 알렸다. 기원전 4세기 중반 아테네는 '말의 도시'[2]라 묘사되었다. 아테네는 웅변가들이 지배했다. 소크라테스가 거닐던 아테네 거리에서 말은 아테네 민주정이 여전히 타당하고 튼튼하다는 위안을 주었다.

앙상하게 뼈대만 남은 빛바랜 고대 유적지를 걷다 보면 한때 그곳이 얼마나 정신없이 바쁜 곳이었는지 쉽게 잊는다. 그러나 소크라테스 시대의 아테네에는 다양한 냄새와 색깔뿐 아니라 엄청난 정보가 쏟아졌다. 다양한 정보와 생각이 새겨진 비석이 도로 옆, 교차로, 성소 주변에 땅을 뚫고 나온 치아처럼 나란히 서 있었다. 석공들은 대리석, 석회석에 사회의 법과 희망과 공포를 새겼다. 긴급한 정보를 알리는 비석들이 빼곡히 들어선 공공장소는 새롭게 세워진 묘지처럼 보일 정도였다.[3]

세계 최초의 민주주의가 이러한 비석에 새겨졌다. 최근 아테네 국립 비문 박물관에서 직소퍼즐 같은 대리석 조각들을 재결합했다. 아고라 근처에서 발견된 약 0.04제곱미터의 이 조각들은 기원전 5세기의 것으로 추정된다. 유물들은 심하게 손상되었지만 적힌 단어는 정확히 읽을 수 있었다. '데'라고 쓰인 조각이 '모스'라 쓰인 조각과 들어맞았다. 이로써 우리는 '데모스(민중)'가 적극적인 정치단위로서 존재했음을 확실히 보여주는, 현존하는 가장 오래된 증거를 얻었다.[4]

아테네는 투명성을 지키려고 애썼다. 중대한 결정부터 별로 중요하지 않은 결정까지 비석에 게시했다. 돌을 깎아내고 붉은 물감으로 강조한 석판들에는 국가 재정상태 같은 고상한 문제가 적혀 있기도 했다(최근 복원되어 뉴아크로폴리스 박물관에 설치된 비석에는 신중하게 계산된 내용이 가득 적혀 있다. 이런 비석은 뇌물과 정치적 회유를 방지하고 공금횡령의 혐의가 있는 자를 알리려고 만들었다).[5]

오늘날까지 전해지는 비석 중에는 동물 내장의 적정 판매가격을 새긴 것도 있다. 피레우스 박물관에는 약 1미터 높이의 석판이 있는데, 거기에는 시장 감독관이 항구 근처 특정 가게에서 파는 동물 내장의 품질 검사를 한 내용이 새겨져 있다. 돼지와 염소의 발, 머리, 골, 자궁, 가슴, 간, 폐가 꼼꼼하게 나열되었다. 석판에 새겨진 이 물품목록은 민주적으로 대중

에게 공개되었을 것이다.[6]

아테네는 유별나게 말에 집착했다. 민주주의에서는 생각을 공유해야 하며 결정을 내릴 때도 시민들의 동의가 필요했다. 그리고 합의된 내용을 대중에게 알려야 했다. 독재는 서면확인이 필요 없을뿐더러 마을 광장의 난리법석도 좋아하지 않는다. 물론 아테네 이전의 문명도 모든 기록을 서판에 남기긴 했다. 가령, 청동기 시대에 현대의 터키와 팔레스타인, 흑해 남부지역과 이라크 북부지역을 지배했던 강대국 히타이트도 모든 것을 서판에 남겼다. 서판의 수가 너무 많아서 축구장 4개를 합한 것만큼 큰 서판보관실에 보관할 정도다. 또 이집트의 람세스 2세는 자신의 권력을 아부심벨 절벽 벽면에 과시했다. 하지만 아테네가 민주정의 결정을 게시한 것은 민중을 통제하려고 해서가 아니라 민중의 뜻을 알리려는 의도였다.

아테네의 집과 공공건물의 벽에는 흰색과 붉은색으로 글자를 칠했다.[7] 공지사항이 적힌 파피루스가 행상인의 좌판에 굴러다녔고 책이 욕망의 대상이 되기 시작했다. 비블리온biblion(길이는 대개 양팔을 편 정도였고 파피루스 끝에 달린 막대인 옴파로스에 동그랗게 말려 있었다)은 들고 다니거나 사용하기 편하게 만들었다. 이런 책 중에는 접어서 손에 쥐거나 옷 안에 밀어 넣고 다닐 만큼 작은 것도 있었다. 소크라테스가 우연히 동료인 파이드로스와 마주쳤고 파이드로스의 튜닉 안에 무언가가 이상하게 불룩 튀어나와 있었는데 바로 책이었다는 기록이 플라톤의 〈파이드로스〉에 있다. 20년 뒤에는 파피루스 두루마리가 서점과 아고라의 보관소에 쌓였다.[8]

글을 경계하다

튼튼하게 지어진 공공도서관, 메트룬Metroon에서는 날이면 날마다 많은 필경사가 파피루스와 납판 위에 몸을 구부리고 민주정에서 일어나는 여러 일을 '공식' 기록으로 남겼다. 그곳에 아테네인들의 개인사, 즉 편지와 계약서, 서류도 보관했다. 하지만 파피루스가 몇 주 만에도 부식될 수 있는 기후였고 아고라에서 벌어진 전투 때문에 이 지식의 보고는 오늘날까지 전해지지 못했다. 아테네의 수많은 파피루스들은 안타깝게도 시간을 견뎌내지 못했다.

하지만 그리스가 다스리던 이집트 옥시린쿠스(그리스어로 뾰족한 코 물고기의 마을이라는 뜻이다_옮긴이) 마을의 파피루스가 현재 옥스퍼드 대학교에 소장되어 있다. 이 파피루스를 보면 말의 도시, 아테네를 상상할 수 있다. 공지사항이 공공건물과 통로, 개인 집 외벽에 붙어 있던 도시를 말이다.[9]

옥스퍼드 대학교에서 소장하고 있는 파피루스 중 멤피스 근처 죽은 자의 도시 사카라에서 발굴된 파피루스를 주목할 만하다. 이것은 직사각형으로 길이 30센티미터, 폭 15센티미터의 공고문이다. 알렉산드로스 대왕의 사령관 막사에 게시했다가 더는 필요 없어지자 폐기된 것이다. 이 파피루스에는 빠르고 자신감 있는 필체로 완벽한 고대 그리스어가 적혀 있다.

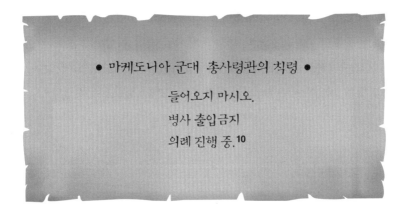

● 마케도니아 군대 총사령관의 칙령 ●
들어오지 마시오.
병사 출입금지
의례 진행 중.[10]

아테네의 공고문은 오늘날까지 남아 있지 않지만 분명히 아테네의 거리에는 수많은 공고가 나붙었을 것이다. 아테네는 문 안에서 무슨 일이 진행 중인지 사람들에게 즉각 알렸다. '들어오지 마시오', '사용 중', '점심 먹으러 외출 중. 곧 돌아올 예정', '의식 진행 중'과 같은 일상적인 공고가 곳곳에 붙어 있는 모습은 소크라테스가 살던 아테네의 일반적 풍경이었다.

하지만 아테네에서 말은 해로운 일을 하는 데 쓰이기도 했다. 시민들은 사람들의 미움을 산 사람을 도자기 조각에 적을 수 있었다. 관리들이 이 도자기 조각, '오스트라카ostraka'를 커다란 항아리에 모은 다음 신중하게 세었다. 오스트라카에 이름이 가장 많이 적힌 사람은 아테네 외부로 10년간 도편추방(아테네에서 참주가 될 가능성이 있는 위험인물을 추방하는 방법으로 도자기 조각에 이름을 써내는 비밀투표의 방식으로 진행되었다_옮긴이)당했다. 클레이스테네스가 이 제도를 처음 만들었다. 원래는 참주가 될지 모를 사람들을 제거하려는 방편이었지만 도편추방은 곧 세력을 얻지 못한 자, 세력은 얻었지만 인기가 없는 자들을 제거하는 편리한 방법이 되고 말았다.

아테네의 아고라 박물관에 쌓여 있는 오스트라카는 도편추방된 사람들을 보여준다. 칼리아스가 기원전 450년에 도편추방되었다. 히페르볼로스가 기원전 417~415년, 소크라테스 아나기라시오스가 기원전 443년에 추방되었다. 수만 개의 오스트라카가 출토되었다. 같은 글씨의 오스트라카가 많은 것으로 보아 아테네의 교활한 범법자들이 몰표를 던져 도편추방의 결과를 조작하기도 했던 듯하다.[11]

소크라테스는 글을 경계했다. 글은 스스로 설명도 대답도 할 수 없다며 우려했다. 아테네 곳곳에 글이 있었지만 소크라테스는 특이하게도 파피루스에 글을 쓰지 않았다. 온갖 종류의 글이 가득한 도시에서 소크라테스는 얼굴을 맞대고 이야기를 나눌 책임이 없는 글의 영향에 관해 걱정했다. "파이드로스, 나는 글쓰기가 안타깝게도 그림과 같다고 생각하지 않을 수 없네. 화가의 창조물도 생명이 있는 듯 보이지만 질문을 해보면 그냥 묵묵부답일 뿐이지."[12]

인류의 역사가 기록된 이래 처음으로 말, 특히 글로 옮겨진 말이 행동만큼 중요하게 생각되기 시작했다. 소크라테스는 정보혁명의 시대를 살았다. 그가 재판받을 무렵에는 장인계층을 포함한 많은 사람이 글을 읽고 쓸 줄 알았다. 아테네에서 발굴작업을 할 때마다 고전기 지층에서 수많은 문자자료가 나온다. 문자문화가 비상하기 시작한 곳이 바로 기원전 5세기의 아테네다. 아테네는 정교한 기념상뿐 아니라 문자로도 권위를 과시했다.

허세의 땅

기원전 429년부터 그다지 희망적으로 보이지 않던 민주주의에 말이 다소 활기를 불어넣었다. 아테네인들은 교활한 말을 고통의 방패로 삼았다. 말은 입으로 말하든 글로 쓰든 상품이 되었다. 말 잘하는 사람, 소피스트들이 아테네의 아고라에서 이 새로운 종류의 상품을 팔고 다녔다. 소피스트를 뜻하는 그리스어 '소피스테스sophistes'[13]는 기원전 478년부터 핀다로스의 글에 언급되었다.[14] 그러나 시간당 수당을 받는 소피스트들이 아테네의 시장에 들끓게 된 것은 그로부터 50년이 지난 후였다. 당시는 펠로폰네소스 전쟁 기간이었다. 갑자기 삶의 목적이 모호해지자 지식을 파는 행상과 다름없는 소피스트들이 없어서는 안 될 존재가 되었다.[15]

소피스트들은 어떻게 멋진 구절을 쓰고 말할 수 있는지 가르쳤고 그들의 가르침은 아테네 거리에서 잘 팔렸다. 소피스트들은 대개 비싼 요금을 불렀고 말 한마디로 천 냥 빚을 갚을 수 있다고 주장했다. 축전기간이면 훌륭한 연설가들이 웅장하고 긴 강연으로 아테네 대중을 즐겁게 했다. 말

은 이제 대중오락이 되었다.[16]

소크라테스는 말을 사랑했지만 정직하고 짧게 말하는 것을 좋아했다. 플라톤의 〈소크라테스의 변명〉과 〈국가〉를 보면, 그는 현란한 수사학과 웅장한 웅변술로 사람들을 설득하는 소피스트들의 행태를 경계했다. 소크라테스는 연설이 길면 애초에 무엇을 말하기 시작했는지 잊어버리기 쉽다고 말했다. 처음에 품었던 개념을 놓치게 되고 관객들이 말의 힘에 홀려버린다고 했다.[17] 소크라테스는 겉만 번드르르한 말이 아닌 대화가 아테네 민주주의에 도움이 된다고 생각했다.

> 교육받을 자격이 없는 자들이 철학에 접근하여 그들보다 한 수 위인 철학과 관계를 맺었을 때 어떤 종류의 생각과 의견을 만들어내겠는가? 궤변이라 부를 만한 것들이 아니겠는가? 진정 선이라고는 조금도 없고 진정한 지혜와 가깝지도 않은 그런 것이 아니겠는가? _플라톤의 〈국가〉

그러나 소크라테스의 취향은 당대의 유행과 어울리지 않았다. 서사시에 익숙한 당대의 아테네인들은 수사학의 명연기에 환호했다. 소피스트들은 시장을 개척하러 먼 곳에서 아테네로 왔다.[18] 시켈리아에서 온 고르기아스는 *헬레네 찬사*로 아테네 청중의 넋을 빼놓았다. 그는 변명의 여지가 없는 팜므파탈을 변론했다. 수천 명의 인파가 아고라에 와서 돈을 내고 그의 강의를 들었다.[19] 그의 연설은 자성적 예언이나 다름없었다. *헬레네 찬사*에서 그는 말에는 중독적이고 화학적인 힘이 있다고 말한다. "영혼에 미치는 말의 힘은 약이 몸에 미치는 영향에 비견할 만하다."[20]

기원전 5세기 후반 아테네는 허세의 땅이 되었다. (말 그대로) 설득의 여신을 숭배했다. 갑자기 논증의 내용보다 논증의 현란한 기술이 중요해졌다. 열여덟 살이 넘은 모든 남자 시민에게 투표권이 있었다. 시민들이 올바른 쪽에 표를 던지도록 설득해야 했다. 아테네인은 그들의 도시와 문화에 관해 좋은 점을 듣길 원했다. '메 므네시카케인me mnesikakein'(기원전 5세기 초반 갈등을 빚어온 아테네의 경쟁 파벌들 사이에 맺은 서약으로, 지나간 일은 잊어버리고 보복하지 말자는 일종의 사면협정이다_옮긴이), 나쁜 일은 기억하지 말자는 법이 통과되었다.[21]

그러나 소크라테스의 접근법은 다소 달랐다. 소크라테스는 칭찬이 가득한 도시국가에서 얼룩 같은 존재였다. 그는 사람들에게 자만보다는 겸손을, 자아도취보다는 정직을 권했다. 당시 아테네는 세계 역사상 가장 처참한 전란을 겪었지만 그들 도시가 깔끔하고 밝은 분위기로 유지되도록 애썼다. 그러려면 아테네의 민주주의 연극은 계속되어야 했다. 하지만 소크라테스는 사람들에게 자기기만을 멈추라고 다그쳤다.

> 지혜는 재산일세. 우리에게 무엇이 더 필요한가, 파이드로스?
> 우리에겐 그 기도만으로 충분하네. _플라톤의 〈파이드로스〉

소크라테스는 '가차 없다'는 소리를 들을 만큼 솔직했다. 그는 분명히 똑똑한 사람만이 느끼는 고통을 겪었을 것이다. 그것은 주변 사람들도 자신처럼 세상을 똑바로 판단하기를 소망하는 자의 고통이었다. 그의 생각은 사람들을 자극하고 화나게 할 수밖에 없었다. 양심을 자극하는 이 각다귀가, 이 잔소리꾼이 얼마나 사람들의 비위를 뒤집고 짜증을 돋웠을까? 소크라테스는 아테네 거리 곳곳에 거미줄처럼 달라붙은, 위대한 영성의 세계와 올림포스의 신과 정령들에 도전하는 듯 보였다. 왜냐하면 신의 힘이 아니라 인간이 사람을 선하게 만든다고 말했기 때문이다. 소크라테스의 말은 분명히 위협적이었다. 그가 제시하는 심오한 도덕적 개인주의에서 모든 개인은 자신의 도덕에 책임을 져야 했기 때문이다.

우선, 그들은 자유롭지 않은가? 그곳은 자유와 솔직함이 가득한 도시, 원하는 대로 말하고 행동할 수 있는 도시가 아닌가?

그렇다고들 하지요.

자유가 있는 곳에서는 분명히 각 개인이 원하는 대로 삶을 살 수 있겠구면?

분명히 그렇지요.

그런 국가에서는 인간의 천성도 굉장히 다양하겠군.

그럴 겁니다.

그러면 그곳은 가장 공정한 국가처럼 보이는걸. 온갖 종류의 꽃으로 아름답게 수놓인 예복처럼 말일세. 여자들과 아이들이 다양한 색상을 무엇보다 아름답다고 생각하는 것처럼 다양한 종류와 개성을 지닌 사람들이 모인 그 국가야말로 사람들에게 가장 훌륭해 보일 걸세.

_플라톤의 〈국가〉

문제는 그뿐이 아니었다. 주술을 믿는 아테네 사람들은 소크라테스에게 주술사 같은 힘이 있다고 생각했다. 소크라테스가 아테네의 골목과 김나시온, 초록 들판을 걸을 때면 젊은이들이 무리지어 그 뒤를 따랐다. 그 모습은 마치 소크라테스가 눈에 보이지 않는 줄로 그들을 끌고 가는 것처럼 보였다. 플라톤은 대화편에서 소크라테스의 영향력은 미천한 연설로 청중을 사로잡는 소피스트들과는 다르다고 했다. 그러나 플라톤은 소크라테스의 친구와 지인들의 입을 빌려 소크라테스의 말에는 어쨌든 주술적인 매력이 있다고 했다.

알키비아데스: 소크라테스의 이야기를 듣기로 마음먹었을 때, 처음에는 그의 이야기가 상당히 우습게 들립니다. 겉으로 보기에는 너무나 우스꽝스러운 말뿐입니다. 조롱하는 사티로스(그리스 신화에 등장하는 반인반수의 신으로

디오니소스 축전에서 비극 3부작 다음에 사티로스를 소재로 한 짧은 풍자극이 상연되었다_옮긴이)의 가죽 같은 것이지요. 그는 짐 나르는 나귀와 대장장이, 구두장이, 무두장이들을 이야기하지요. 그리고 같은 사물을 지칭할 때는 항상 같은 용어를 쓰는 것처럼 보입니다. 그래서 소크라테스를 잘 모르는 사람들, 생각 없는 사람들은 그의 연설을 비웃기 쉽지요. 하지만 그의 말을 한 번 이해하고 나면 새로운 시각으로 소크라테스의 이야기를 보게 됩니다. 그의 이야기에 점점 빨려 들어가면서 그의 말이 세상에서 유일하게 합당하다는 걸 알게 되지요. 그리고 둘째, 그의 말처럼 덕의 이미지로 가득한, 신성한 것은 찾을 수 없지요. 그 속에는 기품 있고 가치 있는 공부에 적합한 많은 것, 아니 모든 것이 들어 있습니다. _플라톤의 〈향연〉

이유가 무엇이든 소크라테스는 기원전 420년대에 인기를 얻었다. 평범한 사내인 그가 달콤한 거짓에 탐닉하지 않고 영혼을 닦았기 때문일 것이다. 소크라테스는 아테네의 자의식에 아첨하지 않았다. 그는 세상에 관해서 말할 뿐 아니라 세상을 바꾸고 싶었다. 주변 사람들이 문명을 장식하는 일에 온통 매달려 있을 때 그는 정신의 문명을 건설하는 데 관심 있었다.

소크라테스: 젊은이든 노인이든 그 누구든 내가 말하고 탐구하는 것을 듣고 싶다면, 나는 절대 반대하지 않겠소. 또한 나는 돈을 받아야만 말하고 돈을 받지 않으면 말하지 않는 짓도 하지 않겠소. 나는 가난한 자에게나 부자에게나 똑같이 말할 것이오. 나는 질문을 던질 것이고 원하면 누구든 대답할 수 있고 내 말을 들을 수 있소. _플라톤의 〈소크라테스의 변명〉

플라톤의 대화편 중 크세노폰의 〈향연Symposion〉과 형제격인 〈소 히피아스Hippias elatton〉를 보면 아테네인이 어떤 점에서 소크라테스를 불편하게 여겼는지 알 수 있다. "나는 다른 방향으로 왔다 갔다 하며 절대 똑같은 의견을 말하지 않는다네."

또한 플라톤의 〈에우티프론〉에서 소크라테스는 "어쨌든 자네가 말하는 동안 내겐 또 다른 생각이 떠올라 그걸 곰곰이 생각하고 있었네"라고 말한다. 소크라테스는 사람들이 한 가지 생각을 두고 씨름하는 동안 다음 생각으로 옮겨갔다. 매혹적인 동시에 짜증스러운 일이었다. 그는 사상을 물어뜯어 반쯤 빨아먹다 만 채 내뱉는 일이 없었다. 또한 그는 남성적인 군사문화가 지배하던 당시 아테네에서 남다르게 유연한 사상을 제시했다. 그는 진정한 합의에 관해 말하며 이렇게 언급했다.

> 우리가 동의에 이르지 못하고 충분한 대답에 다다르지 못할 때 우리는 서로 적이 되는 것 아니겠소. 나와 당신 모든 이가 말이오.
>
> _플라톤의 〈에우티프론〉

당대의 아테네는 전시인데다 역병으로 사람들이 죽어가고 있었다. 아테네는 이론이 아니라 행동을 원했다. 반대론자가 아니라 영웅을, 질문이 아니라 대답을 원했다.

화를 돋우는 철학자

소크라테스는 지성은 뛰어났지만 사람들의 화를 돋우기도 했다. 청중이 듣고 싶은 이야기를 해주는 소피스트들과는 달리, 소크라테스는 청중을 궁지로 몰아넣었다. 그에겐 청중을 놀리는 사회자 같은 기질이 있었다. 아고라에서 마음껏 비판할 수 있는 시간이면 소크라테스는 소위 점잖은 비판의 한계를 넘어서곤 했다. 플라톤의 〈고르기아스〉를 보면 소크라테스는 아테네의 상징적 영웅인 테미스토클레스, 페리클레스, 밀티아데스와 그의 아들 키몬을 '페이스트리 요리사, 무식한 다수에 아첨하는 자들'[22]로 묘사했다. (고대 그리스어의 에이로네이아ironeia에서 비롯된) 아이러니는 소크라테스에게 처음 쓰였던 말이다. 지상에서 최초로 아이러니한 사람이 되는 것은 분명히 부러워할 만한 일은 아닐 것이다.[23]

> 그러자 그가 이 말을 듣고 폭소를 터트리더니 이렇게 말했다. "이런, 그게 바로 소크라테스의 유명한 아이러니지요. 그 점은 제가 잘 알지요. 당신은 누군가에게 대답해야 할 상황이면 누군가 당신에게 물어본 질문에 대답하느니 대답을 거부하고 가식으로 꾸미며 어떤 일이든 하려고 들 것입니다."
> _플라톤의 〈국가〉

아이러니는 여러 의미로 옮길 수 있다. 표현하기 까다로운 개념을 나타내는 미묘한 단어이다. 아리스토파네스의 희극에서는 새빨간 거짓말을 뜻하고 플라톤의 글에서는 의도된 속임수를 뜻한다. 아리스토텔레스에게 아이러니는 탁월함을 감추는 것, 즉 뽐내는 것의 반대다. 고대의 여러 저자가 이 새롭고 위험한 장난 같은 개념을 두고 씨름했다.[24]

하지만 아이러니는 보는 이에게는 재미있지만 당하는 사람을 곤경에 빠뜨리기도 했다. 소크라테스는 충직한 민주주의자를 바보처럼 보이게 만드는 재주가 있었다. 소크라테스와 단둘이 논쟁을 벌이는 일은 분명히 여러 면에서 불편한 경험이었을 것이다. 아고라나 김나시온에 앉아 있거나 혹은 친구들과 술을 한잔하고 있는데 당신 옆에 칼처럼 예리한 변호사가 앉았다고 상상해보라. 독특하게 생긴 그 남자가 당신의 두루뭉술한 생각을 우아한 논리로 조각조각 자르면서 당신이 옳지 않다는 걸 거듭거듭 지

적한다면 기분이 어떻겠는가? 소크라테스는 향연에서 이야기를 나누며 다른 사람들의 얼굴이 빨개지게 만드는 재주가 있는 철학자였다.²⁵

> 트라시마코스는 무척 땀을 많이 흘렸다. 여름이니 땀을 흘리는 게 당연했다. 하지만 그다음에 나는 한 번도 본 적 없는 모습을 보았다. 트라시마코스의 얼굴이 빨개졌다. _플라톤의 〈국가〉

소크라테스의 적들은 소크라테스가 아이러니를 써서 가식을 떨고 있다고, 진짜 감정을 숨기고 있다고, 아테네인을 아끼는 척하지만 실은 조롱하고 있다고, 털이 가득 난 두툼한 손으로 입을 가리고 데모스를 비웃고 있다고 말했다.

하지만 소크라테스의 친구와 숭배자들은 아이러니한 그의 웃음에, 그의 영리함에, 그의 탁월함에 열광했다. 아고라에서 만날 수 있는 명물 중에서 소크라테스는 (특히 감수성이 민감한 젊은이들이) 가장 만나고 싶은 사람 중 하나였다. 하지만 그 사실은 훗날 소크라테스에게 불리하게 작용했다.

> 소크라테스 옆에 앉아 온종일 쓸데없는 소리나 떠들어대며 위대한 문화와 음악, 극작가들의 작품을 무시한다면 행복해질 수 없네. 그렇게 가식적이고 거만하고 헛된 말로 시간을 낭비하는 건 완전히 미친 짓일세! 정신 나간 사람들이나 하는 짓이야! _아리스토파네스의 〈개구리〉

소크라테스는 민주주의를 극한까지 끌고 갔다. 민회에서 늘어지게 잡담을 나누거나 위원회에서 이견을 조율하는 데 그치지 않고 거리와 골목을 걸어 다니며 사람들과 정치경험을 소재로 이야기를 나누었다. 그는 분명히 당대 사람이었지만 우리 시대의 사람이기도 하다. 그는 우리가 세상

속에서, 세상을 살아가면서 더 많이 배울수록 우리 자신에 관해 더 잘 알아야 한다고 생각했다. 우리의 환경이 더 복잡해지고 문명화될수록 우리 내면에서 벌어지는 일을 더 잘 알아야 한다고 생각했다.

소크라테스: 우리 자신을 알아야 한다는 명령은 우리의 영혼을 알아야 한다는 것을 뜻한다. _플라톤의 〈알키비아데스〉

소크라테스에게 아고라는 우리의 의식, 우리의 영혼이 머무는 곳이었다.[26] 소크라테스는 사람이 곧 사회라고 믿었다. 그는 어울릴 사람을 찾아 지구 끝까지라도 가겠노라고 했다. 또 그는 현명한 사람은 절대 완전히 고독할 수 없다고 믿었다. 지식을 추구할수록 함께할 동료를 만나게 된다고 생각했다. 무지는 올바르지 않고 앎은 올바르다. 우리가 무엇이 올바른지 안다면 우리는 그 올바름을 행할 것이다. 세상에서 고립되는 것이 아니라 세상과 어울리면서 세상의 나쁜 점까지 모두 받아들이는 것이 바로 올바름을 행하는 방법이다.

그래서 소크라테스는 아고라에서 말을 했다. 하지만 그는 다른 사람과는 달랐다. 그는 자신을 소피스트라 생각하지 않았다. 그는 가르치려고, 지식을 팔려고 아고라에 가지 않았다. 그리고 그는 자신이 아무것도 모른다고 선언했다. 지식이 없는 사람이 어떻게 지식을 판다고 말할 수 있겠는가? 소크라테스는 오직 신만이 소피스트가 될 수 있으며, 오직 신만이 진정으로 지혜롭다고 말했다. 그는 후대인들이 그에게 준 '필로소포스 philosophos'라는 명칭에 만족했을 것이다. 필로소포스는 지혜를 사랑하고 갈구하는 자라는 뜻이었다. 하지만 불행하게도 지혜로운 사람, 호모 사피엔스는 역사를 다시 쓰는 데 재주가 있었다. 그래서 알맹이 없는 근사한 말을 조심하라고 했던 그가 고대의 가장 유명한 소피스트 중 하나로 기억되고 비난받게 되었다.

그들은 "이 빌어먹을 소크라테스! 젊은이들을 타락시키는 나쁜 놈!"이라고
말하지요. 누군가 그들에게 "아니, 그가 어떤 나쁜 짓을 가르치거나 직접 합
니까?" 하고 물으면 그들은 답을 알지도 못하고 답을 할 수도 없지요. 하지
만 모르는 척하기 싫어서 철학자들이 구름 위의 것들과 지하의 것들을 가
르치며 신도 믿지 않고 나쁜 명분을 더 좋게 보이게 한다는 편한 답변을 되
풀이하지요. 왜냐하면 그들은 아는 척하다 들켰다는 것을 인정하고 싶지 않
기 때문입니다. 그들은 수도 많고 열정과 야망이 있는 자들이어서 온 힘을
다해 설득력 있게 이야기하면서 여러분의 귀에 시끄럽고 격렬한 비방을 가
득 채웠지요. _플라톤의 〈소크라테스의 변명〉

소크라테스의 상품은 말이었다. 하지만 말은 그의 무기인 동시에 그의
형 집행인이었다.

소크라테스: 글이 지성을 가진 것처럼 말한다고 생각하겠지만 사실 글이
하는 말을 이해하려고 질문을 던지면 늘 같은 답이 돌아온다네. 그리고 일
단 글로 적히고 나면 그 글을 이해하는 사람들이든, 아무 관심 없는 사람이
든 모든 사람의 입에 똑같이 오르내리지. 게다가 글은 오해받거나 부당하게
비난받으면 항상 도와줄 아버지가 필요하지. 스스로 방어하거나 주장할 능
력이 없으니까. _플라톤의 〈파이드로스〉

27 민주주의와 자유

기원전 420년, 피레우스 항과 아티케 곳곳

> 자유로운 사람에게는 자유로운 혀가 있다.
>
> — 소포클레스

기원전 420년, 갓 자른 소나무와 떡갈나무, 전나무가 피레우스 항구의 조선소에 가득했다. 새로운 배가 건조되고 있었다. 노예들은 톱질하지 않은 나무를 쪼개고 손도끼로 깎았다. 못 구멍은 살짝 어긋나 있어야 접합부에 못을 박았을 때 널빤지가 서로 잘 들어맞았다. 나무는 대체로 자연적인 굴곡을 그대로 살려 썼다. 자연적인 굴곡이 배의 불룩한 몸통에 힘을 실어주기 때문이다. 배의 겉면을 한 부분씩 완성한 다음 참나무 늑재肋材를 집어넣고 청동이나 구리 못으로 박았다.[1] 배마다 밝게 칠한 대리석 눈을 달고 청동으로 만든 뾰족한 충각을 달았다.

배를 만드는 일은 돈이 많이 드는 사업이었다. 노예 200명과 숙련된 배 건조 기술자 50명이 필요했다. 원자재는 마그나 그라이키아, 마케도니아, 포이니케, 시리아에서 수입해왔다. 배를 완성하는 일은 노동의 강도가 센데다 적어도 한 달이 걸렸지만 사람들은 이 배가 진수進水되는 날을 손꼽

아 기다렸다. 이 배의 이름은 '표현의 자유'를 뜻하는 파르헤시아였다.[2]

아테네 해군의 전함은 칸타로스와 제아 선착장 사이의 노지에서 만들어진 다음 제아의 함선 보관소에 보관되었다. 이 함선은 감탄할 만한 대규모 건축물이었다. 이렇게 제작된 삼단노선은 단순한 배가 아니라 민주주의를 실어 나르는 배였다. 아테네는 이 배로 동방의 폭군을 물리쳤다. 또한 이 배를 탄 아테네 병사들은 에게 해를 건너 데모스 크라티아의 이름으로 새로운 영토를 빼앗으러 갔다. 그러니 당연히 배에 이름을 신중하게 붙였다. 이런 함선 중 하나에 '파르헤시아'라는 이름이 붙었다는 것은 절대 가벼이 여길 일이 아니다.

표현의 자유는 새로운 민주주의가 이룬 위대한 혁신이었다. 사실 아테네의 모든 시민은 민회에서 말할 뿐 아니라 투표도 할 수 있었다. 그뿐만 아니라 어떤 문제를 투표할지도 평범한 사람들이 지시하고 제안했다. 민회는 호메로스의 〈일리아스〉에서도 중요했다.

> 아가멤논은 포고를 알리는 사람들을 보내, 사람들을 민회로 불러들이도록 했다. 그래서 그들은 사람들을 불렀고 사람들이 모여들었다.

그러나 이곳에서 사람들은 서거나 앉아서 지배층이 쏟아내는 말에 고개를 끄덕이거나 중얼거렸다. 호메로스의 〈일리아스〉에는 헤파이스토스가 아킬레우스에게 만들어준 방패가 등장하는데 이 방패에도 민회 장면이 새겨져 있었다.

> 한편 사람들은 민회에 모여 있었다. 그곳에는 두 사람이 죽은 사람의 피값을 두고 논쟁을 벌였다. 둘 중 하나는 사람들에게 돈을 전부 갚았다고 주장했고 나머지 하나는 아직 돈을 받지 못했다고 주장했다. 두 사람은 각자 주

장을 펼쳤고 사람들은 두 편으로 나뉘어 자신이 선택한 편에 섰다. 그때 전령이 사람들을 제지했고 원로들이 돌의자에 엄숙하게 둘러앉았다. 그들은 전령이 쥐어준 홀을 손에 들었다. 그러더니 한 사람씩 순서대로 일어나서 판결을 했다. 그들 앞에는 2달란트가 놓여 있었는데 가장 공정하게 판결을 내린 사람이 돈을 받게 된다. _호메로스의 〈일리아스〉

파르헤시아는 모든 아테네인이 평등한 발언권을 가졌을 뿐 아니라 생각을 자유롭게 표현할 수 있다는 것을 뜻했다. 즉 그들은 정권도 공개적으로 비판할 수 있었다. 파르헤시아는 '솔직하게 말할 능력'으로도 풀이할 수 있다. 그것은 아테네의 고유한 특성이었고 아테네 작가들은 이를 치켜세웠다. 디오게네스 라에르티오스는 〈유명한 철학자들의 생애·가르침·격언〉에서 가진 것 없이 초라하게 사는 소크라테스의 금욕주의 삶을 계승한 키니코스학파의 디오게네스가 "파르헤시아야말로 인간이 지닌 모든 것 중 가장 아름답다"고 선언했다고 밝혔다. 그러나 파르헤시아에는 중상모략이라는 그림자가 깔려 있었다.

아테네의 특권

소크라테스도 이 주제를 진지하게 숙고했다. 그에게 표현의 자유는 외국인에게는 없는, 아테네 시민만의 권한이자 특권이었다.[3] 소크라테스는 이 특권을 열정적으로 사용했다. 소크라테스는 마흔 살 이후부터 줄곧 아테네에서 가장 활동적인 사람이었다. 그는 이 시기에 거리에서든 부자의 집에서든, 사람과 영혼의 관계를 탐구했다. 공권력이나 종교권력이 그의 탐구를 제지하지는 않았던 듯하다.

아테네는 잔혹한 전쟁에 빠져 있었지만 그래도 아테네 시민과 외국인을 위한 지식의 향연장 구실을 했다. 아테네에는 아직 원칙이 살아 있었다. 아테네는 자유를 찬양했다. 기원전 460년에서 416년 무렵 아테네는 놀랄 만큼 관용을 베풀었다. 아테네가 소중히 지킨 원칙 중 하나는 자유로운 민주주의자는 표현의 자유를 누려야 한다는 것이었다.

사람들은 민회뿐 아니라 아고라, 김나시온, 신전, 자기 집에서 자유롭게 말하기 시작했다. 아테네의 뒤엉킨 골목길이 파르헤시아의 불길을 부채질했다. 비좁은 통로와 열린 창문, 개방된 정원, 도시의 광장에서 사람들 사이에 자유로운 이야기가 시작되었다. 하지만 모든 사람이 이 같은 현상을 반기지는 않았다. 유대가 긴밀한 공동체에서 표현의 자유는 이론상으로는 좋지만 뒷소문과 중상모략으로 전락하기 쉽다. 그리고 중상모략은 아테네법에 저촉되었다. 아테네는 최초로 표현의 자유를 허락한 정치 공동체였지만 자유롭게 중상모략을 일삼는 사람들이 만들어내는 복잡다단한 문제들을 해결해야만 했다.

"누가 말하고 싶은가?"[4] 아리스토파네스의 한 희극에서 민회의 간사가 묻는다. 하지만 이 장면은 파르헤시아를 찬양하는 것이 아니라 풍자하고 있다. 아리스토파네스의 또 다른 희극에서는 여자들이 도시를 장악하고 발언권을 가진다. 여자들이 발언권을 갖는다는 설정 아래 아리스토파네스는 그 어떤 끔찍한 존재도 민주주의라는 뒤죽박죽인 사회에서는 발언권을 가질 수 있다는 말을 하고자 했다.

21세기를 살아가는 우리는 표현의 자유를 권리의 개념으로 이해하는 일에 익숙하다 보니, 소크라테스 시대의 표현의 자유가 어떤 의미였는지 간과하기 쉽다. 당대의 표현의 자유는 '모든 것을 말하는' 것에 더 가까웠다.

아테네의 민회는 제물봉헌, 종교의례 집행, 자유롭게 말할 기회 제공의 순서로 진행되었다.

제물이 민회장을 돈 다음 전령이 큰 소리로 조상 대대로 내려온 기도를 말한다. 정화의식이 끝나면 전령이 의장에게 우선 종교행사와 관련된 일에 투표하도록 지시한다. 그리고 전령과 사절의 문제를 다루고 세속적인 문제를 다룬다. 그 후 전령이 묻는다. "쉰 살 이상인 사람 중에 말하고 싶은 자가 누구인가?" 쉰 살 이상의 시민이 모두 발언하고 나면 전령은 발언할 자격이 있으며 발언하기를 원하는 아테네인들이 발언하도록 한다.[5]

_에이스키네스

플라톤의 〈프로타고라스〉에서 소크라테스는 '목수, 청동장이, 구두장이, 상인, 장사꾼, 부자, 빈자, 귀족, 하층민' 할 것 없이 모두 일어서서, 도시를 어떻게 통치할지 각자 생각을 말하는 장면을 자세히 묘사했다.[6] 하지만 조건이 있었다. 사람들은 공손하게, 아이도스를 갖고 말해야 했다. 아이도스란 그리스어로 수치심, 분수를 아는 것을 뜻한다. 어느 그리스 문헌에서 제우스는 이렇게 소리친다. "아이도스가 없는 자는 도시의 암적인 존재다!"[7]

그러나 소크라테스는 감히 제우스께 도전했다. 그가 시작한 자유로운 이야기는 사람들을 불안케 했다. 〈프로타고라스〉에서 소크라테스가 제시한 자유로운 이야기는 대화였다. 그는 수치와 인습이 아니라 질문과 대답이라는 형식을 따르는 자유로운 대화를 도입했다. 그리스인들은 '자유로운'(구속 없이 자유로운) 말 때문에 사회가 무너지지 않을까 걱정했다. 소크라테스의 문답법(엘렌코스elenchus는 그리스어로 문답, 논박, 탐구를 뜻한다)은 이 자유로운 말을 담아낼 형식을 제공했다. 플라톤이 〈고르기아스〉와 〈라케스Laches〉에서 언급했듯이 소크라테스는 시대를 앞서 갔다.

표현의 자유가 아테네에서 어떤 가치를 지니는지를 이해하려면 요리를 생각하면 된다. 소크라테스의 아테네는 거대한 크라테르(고대 그리스의 도기로 술과 물을 섞기 위한 항아리 같은 용기이다_옮긴이), 거대한 믹싱볼이었다. 그 거대한 믹싱볼에는 온갖 재료가 들어 있었다. 아테네인들은 그 믹싱볼에서 만들어지는 새로운 요리가 맛있을지 확신할 수 없었다. 자신들이 창조한 요리가 훌륭하다고 완전히 확신할 수 없었다.

아테네에서 파르헤시아는 걱정스러울 만큼 새로운 개념이었다. 아리스토텔레스는 〈정치학〉에서 민주주의를 이렇게 평가한다. '다수에게 최선으로 보이는 것, 다수가 결정하는 것은 무엇이든 최종결정이 되고 그것이 곧 정의를 구성한다. 원하는 대로 사는 것이다.' 이런 평가는 시민의 자유를 극도로 보장하는 사회이거나 무정부 상태를 선포하는 정치적 광기, 이렇게 두 가지로 해석할 수 있다. 소크라테스는 소용돌이치는 이 태풍의 눈에 침착하게 앉아 있었다.

파르헤시아 논쟁

기원전 480/479년 페르시아의 패배와 더불어, 아테네 고유의 특징 파르헤시아에 관한 격렬한 논쟁이 시작되었다. 기원전 5세기의 아테네는 오늘날의 게시판 같은 것이 곳곳을 장식하고 있었다. 바로 청동과 돌에 새겨진 선언문들이었는데, 이 자랑스러운 거리 게시판들은 서양이 페르시아의 폭정에서 해방되었다고 선언했다. 결국 그리스 사람들이 페르시아의 폭군 아래 벌벌 떠는 백성이 아니라 진정한 그리스인으로서 자유롭게 자신을 표현할 수 있게 되었다고 선언했다. 이런 정서는 가장 영향력 있는 그리스 연극 아이스킬로스의 〈페르시아인들Persai〉에서도 표출되었다.

동에서 서까지 아시아의 모든 민족이 페르시아의 지배를 더는 받지 않고 왕의 강요에 조공을 바치지 않으며 얼굴을 땅에 박고 절하지 않으리.
이제 사람들은 두려움 때문에 입 다물지 않고 재갈을 벗은 백성들의 혀가
자유를 들먹일 것이다. 국가의 멍에는 이제 핏빛 해변에서 부서졌으니.

기원전 425년에 아테네 항구에서 또 다른 배 한 척이 제작되었다. 이 배
도 튼튼하게 지어야 했다. 또 다른 무거운 짐을 실어 날라야 했기 때문이
다. 이 함선의 이름은 엘레우테리아, 자유였다.[8]

자유의 주랑

소크라테스의 재판 당일, 법정으로 향하던 많은 배심원은 스토아 제우
스 엘레우테리오스라는 이름의 멋진 주랑을 통과했을 것이다. 우리는 미
국 뉴욕 항에 있는 자유의 여신상에 익숙하지만 아테네는 그보다 앞서 자
유의 주랑을 지었다. 제우스 엘레우테리오스, 즉 자유의 제우스, 해방자
제우스의 스토아는 살라미스 해전의 승리를 기념하려고 세웠다.[9] 햇볕을
피해 이 주랑을 한가로이 걷는 아테네 시민들은 노예가 되지 않을 자유,
폭군의 지배를 받지 않을 자유를 누렸다. 아테네인들이 페르시아의 통치
를 벗어난 데 감사하며 세운 유적은 마라톤과 람누스에도 있다. 아테네는
명백한 방식으로 자유를 찬양하는 사회였다.

하지만 소크라테스는 자유에 그다지 관심을 두지 않았다. 대신에 그는
덕을 이해하는 일에 집중했다. 그는 덕 있는 삶을 추구했을 때 진정한 행
복에 이를 수 있다고 주장했다. 완전한 자유란 이상한 조합이었다. 플라톤
이 그린 소크라테스는 한 걸음 더 나아가 모든 민중의 자유는 폭정을 낳
는다고 말한다. 그는 자유란 지배층이 군중을 행복하게 하려고 만든 환상

이라고 지적했다.

> 그러면 폭정이 어떻게 생겨나는지 말해보게, 친구여. 폭정은 민주주의의 자연스러운 결과물이라는 것이 상당히 명백하지 않나. _플라톤의 〈국가〉

　소크라테스는 '자유'를 열렬하게 사랑하던 시기에 태어났다. 페르시아를 무찌른 아테네 사람들은 자유에 지나치게 열광했다. 그들은 당대 최강대국의 굴레를 벗어던졌고 다시는 동방의 노예가 되지 않을 것이라 선언했다. 그들은 전제주의와 권력에 대항한 자결권에 지혜와 신념을 걸었다. 놀랍게도 그 도박은 성공했다. 그 도박에 성공하려고 아테네 사람들은 자유의 가치를 열렬히 믿어야 했다. 페르시아와의 살라미스 해전 직후 페르시아의 화평조건을 받아들이자고 제안한 사람이 있었는데 그의 아내와 자식들까지 모두 성난 군중의 돌에 맞아 죽었다.[10]

　하지만 소크라테스에게는 아테네 사람들이 이해하기 어려운 점이 있었다. 그는 자유의 필요성 자체에는 이견이 없었다. 그러나 그는 집단의 자유가 아니라 개인의 자유를 추구한다는 점에서 남달랐다. 플라톤의 〈국가〉를 보면 그는 개인의 내적인, 영혼의 자유를 추구했다.

> 그러한 것이 훌륭하고 좋은 도시(혹은 국가)이고 좋은 사람들이지. 그것이 옳다면 다른 모든 것은 그른 것이지. 그리고 악한 것은 국가의 질서뿐 아니라 개인 영혼의 규율에도 영향을 미친다네.

> "그렇다면 시민 중 어느 한 사람이라도 좋은 것이나 악한 것을 경험한다면 전체 국가가 그의 경험을 함께할까? 그와 함께 기뻐하거나 슬퍼하면서?" 그가 말했다. "네, 그것이 잘 통치되는 국가에서 일어나는 일입니다."

기원전 5세기 집단주의에 사로잡힌 아테네인들에게 도시국가의 자유가 아니라 개인의 자유는 생경하고 이상한 개념이었다. 그래서 아테네 사람들은 소크라테스의 새로운 관점을 불편하게 여겼다.

민주정 아테네에서는 전체 인구 3명 중 한 명, 어쩌면 2명 중 한 명이 노예였다. 노예는 거의 인간으로 취급받지 못했다. '살아 있는 도구'라 불리기도 했고 '사람 발을 단 물건'이라 불리기도 했다. 아테네는 특히 이방인 노예에 의존했다. 입법자 솔론이 아테네인은 다른 아테네인을 강제로 부릴 수 없다는 칙령을 통과시켰기 때문이다. 노예 소유는 자유로운 아테네인의 표식이었다. 노예가 있었기에 아테네인은 유례없이 높은 지위에 있다고 느꼈다. 물을 날라주고, 요리를 해주고, 보석을 반짝반짝 닦아주고, 편지를 대신 써주고, 이마의 땀을 닦아주고, 상처를 치료해주고, 주인의 시를 칭찬해주는 노예가 있기에 자유로운 아테네인은 스스로 조금 특별하다고 생각할 수 있었다. 1998년부터 2008년 사이 아테네 남서부 라우리온 광산지대의 고고학 발굴결과를 보면 이런 상황이 완전한 평화 속에서 이루어지지는 않았다는 것을 알 수 있다.

라우리온 구역(특히 오늘날 토리코스라 불리는 지역 주변)은 이상하고 무기력한 곳이다. 오늘날 이곳에는 국영전기회사 건물들이 만을 굽어보고 있다. 반짝이는 하얀색 바위와 붉은 토양은 낯선 행성에 온 듯한 느낌을 준다. 동굴마저 광물질을 함유해서 색깔이 화려하다. 1923년까지도 이곳의 지하에서 은이 나왔다. 납과 망간, 카드뮴은 여전히 채굴된다. 언덕 위에는 고전기 아테네의 폐석 더미가 오늘날까지 버려진 채 남아 있다. 소크라테스가 살아 있을 때 이 언덕들은 음울한 탄광지대였다. 갈라진 바위틈으로 더 내려가 보면 버려진 갱도를 발견하게 된다. 오늘날 이곳의 풍경은 황량하다.

하지만 기원전 5세기에 이곳은 노예와 그들을 부리는 주인 들로 북적였다. 밤이면 이 '인간 기계'들은 경비가 삼엄한 숙소로 돌아갔다. 노예의 임신은 효과적으로 차단했다. 노예는 남녀가 함께 어울릴 수 없었고 서로 다른 숙소에 분리수용되었다. 고고학자들의 연구에 의하면 노예 숙소를 굽어보는 부서진 사각 건물은 망루였다.

아테네 시민들은 이 숙소에 사는 인간들에게 자유를 허용해서는 안 되었다. 왜냐하면 이곳에 수용된 남자와 여자의 근육과 땀으로 아테네 도시의 상업이 굴러갔기 때문이다. 따라서 '배경에 관계없이 모든 사람이 개인적 자유를 누릴 능력을 똑같이 갖추고 있다'는 소크라테스의 생각은 아테네 사람들을 극도로 불편하게 했다. 바로 노예들이 아테네의 아고라에서 소비되는 화폐를 생산하고 있었다. 그들의 비참한 삶이 있기에 소크라테스 같은 남자들이 이야기를 나누며 자유롭게 의견을 표현할 시간을 얻을 수 있었다.

피레우스의 조선소에서는 파르헤시아와 엘레우테리오스라는 함선의 형태로 민주주의의 새 이상이 구현되었다. 하지만 피레우스는 새로운 민주주의 종교의식이 시작되는 곳이기도 했다. 아테네는 넓은 아량을 과시하며 새로운 형태의 종교를 기꺼이 받아들였다. 그리고 소크라테스는 새로운 종교를 받아들이는 멋진 장관을 직접 목격했다.

28 올바른 삶 기원전 432~428년, 피레우스 항

> "그러니까," 아데이만토스가 물었다. "오늘 밤 여신을 숭배하려고 말을 타
> 고 횃불 경주를 벌인다는 이야기를 못 들으셨다는 겁니까?"
>
> "말을 타고?" 소크라테스가 물었다. "그건 새로운 발상이군. 그러니까 사람
> 들이 말을 타고 경주하면서 횃불을 서로에게 넘겨준다는 말인가? 아니면
> 무슨 말인가?"
>
> "바로 그거예요." 폴레마르코스가 말했다. "거기다 야간 축전까지 있어서
> 볼 만할 겁니다. 저녁을 먹은 다음 나가서 구경하고 그곳에서 젊은이들을
> 만나 이야기도 나눌 거니까요."
>
> — 플라톤의 〈국가〉에서

해수면에 비치는 횃불은 신비롭다. 넘실대는 파도를 따라 불꽃이 너울
대며 이어진다. 피레우스 항에도 2,440년쯤 전에 이런 광경이 펼쳐졌다.
도시의 새로운 신을 경배하기 위해서였다. 기원전 429/428년 아테네 사람
들은 새로 아테네에 도착한 여신, 이국의 신 벤디스를 경배하려고 피레우

스 항에 모였다. 이날 밤, 금빛 불꽃 공연을 보려고 몰려든 사람들 속에 소크라테스도 분명히 있었을 것이다. 벤디스를 모시기 위한 새 축전이 피레우스 항구도시에서 열렸다.[1] 새로운 신을 들여오는 것은 중대한 일이었다. 민회가 분명히 이 멋진 환영잔치에 드는 비용을 승인했을 것이다. 사람들은 발칸 반도 동부 트라키아 황야에서 온 이 새로운 신에 경의를 표하려고 말을 타고 횃불 경주를 벌였다. 플라톤이 언급한 대화에서 알 수 있듯 저녁식사 후 보러갈 만한 구경거리였다.

동방의 신을 모시는 풍습은 그리스 역사에서 오래되었다. 제우스 또한 보스포루스 해협 서쪽 지방의 기록에 등장하기 전에 (기원전 3000년에 만들어진) 수메르의 작은 청동상으로 처음 등장했다. 디오니소스 역시 그리스의 문자기록이라는 것이 막 시작되려는 순간 중앙아시아에서 왔다. 하지만 그 뒤 1,000년 가까이 지난 기원전 5세기의 소크라테스 시대에 이르자, 올림포스 신들의 공동체는 어느 정도 안정되었다. 새로운 신의 도착은 비교적 드문 일이었고 항상 논란을 일으켰다.

벤디스 여신을 불러오다

벤디스는 아테네 사람들이 특히 환영했던 새로운 신이었다. 벤디스 숭배는 민회에서 투표로 결정했다. 벤디스는 아르테미스 같은 사냥꾼 신이었다. 그녀는 속도를 중요시했고 경쟁심이 강했다. 또한 피레우스에서 일하는 상당수의 트라키아 이주민을 보호할 뿐 아니라 용맹한 전사인 트라키아인이 아테네를 지지하도록 이끌 수 있었다. 아테네는 트라키아가 스파르타 편에 서는 것을 원치 않았다.

시끄러운 항구도시 피레우스에서 벤디스를 환영하는 축전이 계획되었다. 당시 피레우스는 다양한 출신이 섞여 살던 곳으로 '궂은일이 돈이 된다'는 분위기가 지배적이었다. 하지만 아무도 벤디스 여신을 어떻게 숭배해야 할지 몰랐다. 벤디스 교단을 관리할 여사제들이 뽑혔고 시민이나 외국인이나 할 것 없이 의례의 공식 역할을 맡았다.[2] 야간에 벌어진 축전은 분명히 흥겨웠다. 그리스의 횃불은 사람의 상반신 정도 크기였다. 소나무나 향나무로 만든 횃불 냄새가 코를 찔렀고, 그 불꽃은 환하고 오래갔다.

소크라테스의 전기작가들은 소크라테스가 당대 다른 소피스트들과는 달리 여행을 하고 강의를 하거나 동지중해 지역을 돌아다니지 않았다는 점을 강조한다. 하지만 사실 그는 아테네 밖으로 여행할 필요가 없었다. 세상이 그에게 왔기 때문이다.

벤디스 여신은 아테네의 정치적 생존을 위해 필요했다. 곳곳에서 전쟁의 함성이 들려오던 시기였다. 아테네인은 용맹한 트라키아인의 호감을 사는 것이 무척 중요하다고 생각했다.[3] 피레우스 지역에는 이민자가 많았는데 트라키아인도 상당했다. 벤디스가 도착하면서 트라키아인에게는 고유하고 매혹적인 큰 의례가 생겼다. 비석에 적힌 간단한 문구와 칙령으로 추정해보면, 여신을 환영하는 떠들썩한 행사는 밤새 계속되었다.

펠로폰네소스 전쟁 전 그리고 전시와 전후에도 소크라테스는 다양한 아테네의 축전을 즐겼고 소중히 여겼다. 이런 행사들은 중요했다. 시민들은 거리에서 함께 모여 즐기며 이런 행사로 공동체 의식을 느꼈다. 소크라테스는 이런 축전이 단지 맹목적인 전통이 아니라 기분 좋은 경험이라고 말했다. 축전은 삶의 이유였고 반복되는 축전은 올바른 삶의 일부였다.

온갖 종류의 축전과 가무, 축하연은 에로스가 시작한 것이지. 그것들은 삶에 달콤함과 의미를 준다네. _플라톤의 〈향연〉

어쩌면 소크라테스가 불경죄로 고소되었기 때문에 훗날 플라톤이 아테네의 다양한 신을 숭배하는 소크라테스의 모습을 수차례 강조했는지도 모른다. (소크라테스가 국가가 섬기지 않는 신을 섬겼다고 고소당한 정황으로 보건대) 플라톤이 벤디스를 언급한 대목은 소크라테스만이 아니라 아테네인들도 새로운 신을 받아들일 만큼 개방적이었음을 지적했을 수 있다. 플라톤은, 소크라테스가 죽기 전에 남긴 마지막 말은 아테네의 새로운 신인 치유의 신 아스클레피오스(원래 펠로폰네소스 반도에서 숭배하던 신으로 기원전 420/419년에 아테네에 소개되었다. 소크라테스는 죽기 직전에 "아스클레피오스께 닭 한 마리를 바쳐달라"라고 친구인 크리톤에게 부탁했다_옮긴이)에 관한 것이었다고 전한다. 어쩌면 벤디스 축전의 일화를 언급한 것은 플라톤의 책략일 수도 있다. 아테네에 새로 소개된 신이든, 아테네에 예전부터 함께 살던 신이든[4] 소크라테스가 아테네 신들에 경의를 표하지 않을 이유는 없었다.

선동적인 생각

펠로폰네소스 전쟁 기간에 소크라테스는 한 도시의 종교적 우상이 불타는 모습을 보았을 것이다. 신 또는 여신의 형상을 한 나무, 대리석, 물감, 금과 상아, 수정 눈동자, 가는 황금 머리카락이 화염에 녹아내리고, 뒤틀리고, 휘어지고, 틀어지고, 검게 탔다. 그리스 종교 또한 상처받은 신상처럼 누더기가 되었다. 욕정과 욕망에 사로잡힌, 까다로운 신족을 숭배하는 방법은 수천 가지였다. 소크라테스는 다른 아테네 사람들처럼 신앙심이 깊긴 했지만 더욱 본질적이고 안정적인 무언가를 찾았던 듯하다. 그는 분명히 신조 같은 것을 찾고 있었다.[5]

에우티프론, 그것이 바로 제가 고소당한 이유가 아닌가요? 사람들이 신에 관해 그런 이야기를 할 때 제가 그걸 받아들이기 어려워하기 때문에 말입니다. 당신은 정말 그런 일들이 일어났다고, 시인들이 말하는 대로 신들 사이에서 그런 종류의 전쟁과 전투가 일어났다고 믿습니까?

_플라톤의 〈에우티프론〉

프랑스의 상징주의 화가 오딜롱 르동의 작품으로 바다의 님프 갈라테이아를 사랑한 외눈박이 거인족 키클롭스를 그렸다. 네덜란드 크뢸레 뮐러 미술관 소장

선동적인 생각이었다.

오늘날 우리에게 도덕은 도덕성을 규제하는 편리한 수단일 수 있지만 당시 그리스인에게 종교는 도덕, 즉 사회규범이 시작되는 곳이었다. 호메로스의 〈오디세이아Odysseia〉에 등장하는 외눈박이 거인족 키클롭스에게는 신이 없다. 그래서 그는 인간을 잡아먹는다.[6] 플라톤의 〈법률Nomoi〉에 의하면 종교가 있기에 시민들의 분별력을 토대로 정치활동을 할 수 있다. 그리고 종교의례가 열리지 않는 날이 1년에 딱 하루뿐인 사회에서[7] 동료 아테네인들에게 신을 의심하는 사람으로 인식되는 것은 위험했다. 게다가 플라톤은 소크라테스가 인간이 신들처럼 지혜롭고, 신들의 생각을 이해할 수 있다는 더욱 충격적인 주장을 했다고 전한다.

𝟐𝟗 델포이의 신탁

기원전 440~420년, 코린토스 만 북쪽의 델포이

소크라테스: 여러분, 제 말에 소란을 일으키지 마십시오. 설령 제가 여러분께 떠벌리는 것처럼 보일지라도 말입니다. 제가 여러분께 하려는 이야기는 제 이야기가 아닙니다. 저는 여러분이 신뢰하는 존재를 언급하려 합니다. 저는 델포이의 신 아폴론을 증인으로 내세울 것입니다. 저의 지혜, 그러니까 제 지혜가 정말 지혜인지 그리고 어떤 종류의 지혜인지를 증명하려고 말입니다.

— 플라톤의 〈소크라테스의 변명〉에서

기원전 5세기에 자신의 미래를 알려면 육로로 가거나 해로로 가는 두 가지 방법을 쓸 수 있었다. 물론 해로가 더 빨랐고 목적지는 신성한 키라의 항구였다.[1]

키라는 그리스에서 가장 중요하고 신성한 장소로 통하는 관문이었다. 즉 델포이로 연결되는 해안 정거장이었다. 그리스인은 델포이를 옴파로스omphalos, 즉 세계의 중심으로 여겼다. 태초에 제우스가 독수리 두 마리를 날려 한 마리는 동쪽으로, 다른 한 마리는 서쪽으로 보냈다. 그리고 그 두 마리가 만나는 곳을 세계의 지리적·종교적 중심으로 표시했다. 델포이에 얽힌 믿음은 그리스 문명이 시작되기 전인 청동기 시대 초기부터 존재했다. 고고학 증거를 보면 소크라테스 시대 이전에도 거의 2,000년 이상 델포이가 중요한 종교적 장소였음을 알 수 있다. 그리고 청동기 시대 후기에 해당하는 '그리스의 암흑기'에도 사람들은 이곳을 찾았다. 아르카이크 시대에도 번창했으며 기원전 5세기에는 놀랄 만한 국제적 명성을 얻었다. 곳곳에서 사람들이 몰려들었다. 신성한 산맥과 델포이 성역에 이르려면 키라 항에 배를 대고 올라가야 했다.

오늘날 키라가 자리한 코린토스 만의 해변은 비치타월과 생선 굽는 냄새로 활기차다. 소크라테스 시대에는 이곳이 지금보다 열 배는 더 혼잡했다. 미래를 알고 싶은 숭배자들은 델포이의 신탁을 기다리는 동안 고기와 새 옷, 음식, 제물, 기념품을 사야 했다. 이 지역의 경제가 번성했다는 사실은 자체 화폐를 주조한 것만으로도 알 수 있다. 숭배자들이 끊임없이 키라를 찾은 덕에 이곳에서 사업하면 높은 수익을 보장받았다. 따라서 주위의 달갑지 않은 관심을 끌기도 했다.

항구도시 키라를 둘러싼 암투

아르카이크 시대에는 '신성전쟁神聖戰爭'(소크라테스가 태어나기 120년 전에 끝났다)이 있었다. 기원전 595~585년경에 일어난 이 전쟁에서 키라의 주민은 주변 부족의 동맹군에게 공격받았다. 인보동맹隣保同盟(델포이와 테르모필라이 인근 부족들이 아폴론 신전과 데메테르 신전을 수호하고 관리한다는 명목으로 동맹을 결성했으나 신전수호를 명분으로 정치적 영향력을 행사하는 동맹으로 변질되기도 했다_옮긴이)의 공격은 순전히 활기찬 종교관광 덕택에 경제가 부흥하는 키라를 질투하는 데에서 비롯됐다. 인보동맹(아테네가 연맹을

인보동맹의 구실이 된 데메테르 신전. 낙소스 섬에 있다. ©Alberto Loyo/Shutterstock.com

지지했으며 솔론이 직접 전략을 짰다고 한다)은 키라의 성문 앞에 군대를 주둔시켰다. 키라는 10년 동안 저항했다. 하지만 인보동맹군이 성의 수원에 악명 높은 독성을 지닌 헬레보레를 탔다. 헛소리, 설사, 근육경련, 질식, 발작, 심장마비 같은 증상을 일으키는 독초인 헬레보레는 하데스 입구에 자란다는 전설이 있을 정도다.

항구도시 안티키라에서 배를 타면 금방 도착하는 이 지역에는 예나 지금이나 헬레보레가 무성하다. 이 동네 카페니온kafenion(음료와 술을 파는 그리스식 선술집 또는 카페로 동네 사람들이 모여 환담을 즐기는 곳이다_옮긴이)에서 만난 남자들은 어린 시절 어머니들이 치통을 완화하려고 헬레보레 뿌리(아마 매우 적은 양이었을 것이다. 소량의 헬레보레는 치료에 쓰기도 한다)를 잇몸에 문지르는 모습을 본 적이 있다고 했다.

1차 신성전쟁 당시 인보동맹군이 눈에 보이지 않는 독초를 지하수로와 우물에 섞어서 처음에는 아이와 노인 들이, 다음에는 임산부와 병약자 들이 그리고 마지막으로 키라의 청년들이 쓰러졌다. 그리스의 소위 '명예규범'과는 맞지 않는 생물전이었다. 키라 주민 독살은 그리스의 기억에 오점으로 남았다. 그리스 원로들은 이처럼 의도적인 악행이 다시는 일어나지 않도록 규정을 만들었다. 결국 이 사건으로 소크라테스 같은 아테네 병사들이 따라야 하는 명예규범이 생겼다(이 사건 이후 인보동맹 회의는 전시이든, 평시이든 샘물을 악용하지 않는다는 규정을 만들었다_옮긴이).

오늘날 키라에서 과거의 영광을 찾기란 쉽지 않다. 기원전 5세기의 기이한 석조블록이 해변에 남아 있긴 하지만 어부들이 쉬거나 아이들이 뛰어노는 곳이 되었다. 옛 항구의 흔적이라곤 놀이터에 어울릴 것 같은 무릎 높이 정도의 돌기둥들밖에 없다. 배를 대던 부두의 유적이지만 오늘날에는 바다가 아니라 풀밭에 둘러싸여 있다.

하지만 소크라테스 시대에 이곳은 활기찼다. 키라 사람들은 '신성전쟁'에서 독립을 잃었고 델포이 신전 사제들이 이 지역을 통제했다. 하지만 키라는 여전히 전략적으로 중요한 위치였다. 델포이를 찾아 나선 순례자들은 특별법을 적용받았다. 즉 사절과 신자 들을 싣고 온 배들은 그들이 성소를 방문하는 동안 항구에 머물 수 있었다. 테오로이theoroi(고대 그리스의 제의를 관장하는 사절과 전령이다_옮긴이)와 사절들이 머무는 반영구적인 주거지도 있었다. 순례자들은 제물을 바쳤다. 소아시아, 북아프리카와 동지중해 건너에서 온 다양한 부족이 올리는 의례로 이 해안지방은 분주했다.

키라는 경쟁국과 동맹국을 저울질해보기 좋은 장소였다. 소문을 수군거리기에도, 새로운 정보를 얻기에도 좋았다(이곳에 오지 않는다면 테베 사람들이 헌주를 어떤 순서로 바치는지 어떻게 알겠는가?). 그뿐 아니라 다른 도시국가에 관한 편견을 확인하기에도 좋은 장소였다. 코린토스 만은 연어가 얕은 물살을 가르며 파닥이는 곳으로 그리스의 까다로운 도시국가들을 더 넓은 세상과 연결해주었다. 이곳에 오면 여러 언어를 들을 수 있었다. 키라와 델포이 언덕에서 무역협정이 체결되기도 했고 협상이 진행되기도 했지만, 무엇보다 이곳은 종교적인 장소였다. 델포이에서 신들은 인간에게 입을 열었다. (전해지는 이야기로는) 카이레폰이라는 소크라테스의 친구가 델포이를 찾아와 세상 사람 중 누가 가장 지혜로운지 물었다고 한다. 소크라테스가 직접 와서 신탁을 물었다는 설도 있다.

전해지는 바로는 카이레폰은 다소 괴짜였다. 비쩍 마른 체구에 늘 불안해하며 매사에 충동적인 사람이었다.[2] 사명감에 사로잡힌 채 상기된 얼굴에 땀을 뻘뻘 흘리며 언덕을 오르는 남자를 떠올려보라. 그는 수레를 타고 갔을 수도 있고 기나긴 언덕길을 올라갔을 수도 있다. 그는 '빛나는 봉우리들'(델포이 성역이 있는 파르나소스 산을 뜻한다_옮긴이) 사이에 들어앉은 델포이에 가려고 언덕을 올랐다.

그는 중요한 행사가 열리는 곳들을 지나쳐 갔을 것이다. 이곳에서는 오이디푸스와 이오카스테(오이디푸스가 아들인 줄 모르고 결혼한 테베의 왕비이다_옮긴이)의 비극도 상연됐을 것이다.[3] 델포이의 순례자들은 서사시 같은 이야기를 듣고 왔다. 모닥불 주변에서 낭송 되던 이 이야기들은 훗날 새로운 비극으로 상연되어 아테네 시민들에게 세상의 시련을 가르쳤다.

델포이는 포근하게 사람을 감싸주는 장소가 아니었다. 이곳은 위엄 있는 곳, 사람을 흥분시키는 곳이었다. 파르나소스 산의 대리석 바위 병풍은 해가 뜨고 질 무렵이면 선홍빛 줄무늬를 매혹적으로 반짝였고 한낮이면 웅장한 풍경을 뽐냈다. 이 바위 병풍은 아폴론의 태양 빛을 받아 다시 그의 성소를 비추는 거대한 반사경이 되었다.[4] 델포이의 기둥과 금고, 도로는 사람들이 오간 흔적으로 닳아 반짝였다. 그 모습이 마치 파르나소스 산의 바위를 빌려 지어놓은 듯, 금방 산의 품으로 되돌아갈 듯했다.

아폴론의 신탁을 방문하려는 사람은 카스탈리아 샘의 신성한 물로 정화해야 했다. 오늘날에도 얼음처럼 반짝이며 흘러내리는 이 샘물을 떠서

델포이의 아폴론 신전 터 ©krechet/Shutterstock.com

마실 수 있다. 그럴 때면 들뜬 관광객 무리에서 뒤처진 사람들이 옆에 와서 관광버스에서 마실 물을 물병에 채워가곤 한다(어쩌면 그들은 기원전 5세기 사람들이 믿었던 것처럼 그 샘물이 뮤즈를 불러오기를 바랄지도 모른다).

샘물로 정화한 다음 카이레폰은 아폴론 신전으로 이어지는 신성한 길을 걷는 순례자 무리를 뚫고 가야 했다. 순례자들은 성역의 주요 통로에 늘어선 각 도시국가 금고의 안팎에 채워진 물질적 풍요를 넋 놓고 쳐다보았을 것이다. 이곳에서 발굴된 유물 중에는 아직도 보는 사람의 입이 떡 벌어질 만한 크기의 은황소가 있다. 2미터가 넘는 이 황소상은 목재 골조에 은판을 세 겹으로 둘렀다. 상아로 화려하게 만든 아폴론과 아르테미스의 신상은 신성전쟁 중에 불탔다.[5] 신성한 길 아래에 묻혀 있던 이 신상들은 1939년에 발굴되었는데 금으로 만든 머리장식과 귀고리, 목걸이는 조금도 손상되지 않았다.

하지만 델포이 성역에 전시된 다른 보물들에 비하면 이 신상들은 아무것도 아니었다. 12미터 높이의 스핑크스 기둥은 너무나 인상적이어서 델포이 성역의 순례자라면 놓칠 수 없었을 것이다. 기원전 6세기 에게 해의 그리스 키클라데스 제도에서 가장 큰 낙소스 섬 주민들이 세를 과시하려고 헌납한 이 기둥은 세워지자마자 전설적인 존재가 되었다. 그 외에 거대한 아폴론 신상도 있었고 감청색 바탕에 빨간색과 파란색 그리고 청동으로 아마존 전사와 트로이 전쟁영웅을 새긴 프리즈와 크니도스 회관(일종의 종교 대사관)이 있었다. 크니도스 회관에는 트라키아 타소스 섬 출신의 화가 폴리그노토스의 그림이 화려하게 그려져 있었다. 폴리그노토스는 아테네의 스토아 포이킬레를 장식했던 인물이기도 하다. 리디아의 크로이소스 왕은 페르시아 군대를 공격하기 전에 델포이에서 신탁을 구했는데 순백금 117개 덩어리 위에 뒷발로 일어선 순금 사자상을 봉헌했다.

델포이의 보물창고

오늘날 델포이로 가는 길은 과거의 명성에 비하면 황량하기 그지없다. 하지만 경치는 여전히 숨 막힐 정도로 장엄하다. 구름이 평원 위를 빠르게 지나가고 독수리가 높은 산봉우리에 앉아 쉬고 있다. 구불구불한 계곡을 보면 문득 계곡 너머에 어떤 삶이 펼쳐질지 궁금해진다. 하지만 한때 이곳을 채웠던 왁자지껄한 소리는 이제 없다.

리디아의 군주가 델포이에 처음으로 보물창고를 지었다. 리디아의 정치적 의도야 무엇이었든 사실상 금고와 다름없는 이 화려한 보물창고는 보는 사람을 기죽게 했다. 아테네는 기원전 490년에 벌어진 마라톤 전투에서 페르시아 군대를 무찌른 다음 이곳에 아테네의 보물창고를 봉헌했다. 그곳에는 도금된 조각상이 많았다.

델포이의 보물창고. 왼쪽에 보이는 것이 일부 복원된 아테네의 보물창고이다. ©krechet/Shutterstock.com

신탁을 받으러 올라가는 카이레폰도 이 번쩍이는 전리품들에 넋을 잃었을 것이다. 당시에는 전리품의 10분의 1을 성소에 바치는 관례가 있었는데 대체로 델포이 성역에 바쳤다. 중무장 보병의 방패, 목걸이, 옥좌, 알현실의 장식품, 창, 금으로 만든 말 조각상, 애원하는 패잔병의 팔에서 낚아챈 팔찌 등이 모두 이곳에 전시되었다.

순례자들은 이곳에서 복잡하고 미묘한 감정을 느꼈다. 그들은 자신이 속한 폴리스의 위대한 승리와 처절한 패배를 이곳에서 모두 볼 수 있었다. 아테네의 알크마이오니다이 가문이 기원전 6세기 이곳에 아폴론의 화려한 신전(핀다로스의 표현을 빌자면 '무척이나 신비로운'**6**)을 완성했다. 하지만 아테네인들은 이곳에서 자긍심과 함께 수치심을 느꼈다. 석회석으로 지은 스토아 아테네(살라미스 해전에서 승리한 후에 아테네가 전리품을 보관하려고 지었다) 위 언덕에는 브라시다스(암피폴리스에서 아테네군을 물리친 스파르타 장군이다_옮긴이)와 아칸토스인들이 지은 성소가 있었다. 이 성소는 스파르타와 아칸토스(아토스 반도에 있던 고대 그리스의 도시) 연합군이 기원전 422년에 암피폴리스 전투에서 아테네군을 패퇴시킨 후 지었다. 소크라테스도 그 전투에서 싸웠다. 델포이 성역을 찾은 사람들은 권력이란 움직이는 것임을, 전성기가 있으면 쇠퇴기도 있음을 기억할 수밖에 없었다.

한창 시절의 아폴론 신전은 열정적이고 활기찬 분위기였다. 나이와 귀천을 막론하고 온갖 사람이 이곳에 모여들었다. 가장 아름다운 소녀들이 험난한 길을 걸어와 머리카락을 바쳤다. 국가의 지도자들은 외교문제에 충고를 얻으려고 고개를 숙였다. 델포이 신탁이 페르시아 전쟁 때 그릇된 답을 준 적이 많아서 공식 사절단의 수가 조금 줄긴 했지만 그래도 발길이 끊이지는 않았다. 압도적으로 많았던 질문은 개인적인 질문이었다. 떨리는 목소리로 "누구와 결혼해야 할까요?" 하고 물어보는 사람부터 한 인물의 복잡한 성격을 묻는 사람까지 있었다. 그래서 카이레폰도 물었다. "소크라테스가 가장 지혜로운 사람입니까?"

신녀 피티아

카이레폰은 아폴론 신전에서 신탁의 목소리를 내는 신녀 피티아가 있는 내실까지 들어가야 했다. 그는 키오스 사람들이 바친 무시무시한 제단도 지나쳤을 것이다. 4년마다 열리는 피티아 제전 동안 그 제단은 제물로 바쳐진 황소 100마리의 피로 물들었다. 카이레폰은 아폴론의 신성한 샘, 카소티스 샘이 졸졸 흐르는 소리도 들었을 것이다. 카소티스 샘은 신전 내부의 경사진 통로를 졸졸 흘러갔다.

고기 타는 냄새가 신전 외부뿐 아니라 내부에서도 코를 찔렀다. 순례자들도 사제들도 신전에 들어서기 전에 제물을 바쳐야 했다. 제물이 될 동물을 깨끗이 씻어서 꽃이나 리본 장식을 달고 뿔을 반짝이도록 닦은 다음 칼이 있는 곳으로 끌고 갔다. 칼은 '무고한 처녀'(그리스 종교의식 행렬의 맨 앞에서 제물을 희생시킬 칼을 담은 바구니를 머리에 이고 가는 처녀이다_옮긴이)가 들고 가는 바구니 속 보리 케이크 아래 숨겨져 있었다. 그다음 적절한 순간에 동물이 고개를 끄덕이도록 물이나 귀리를 뿌린다. 이는 신성한 샘물에 고개를 기꺼이 끄덕이는 동물이어야 정당하게 제물로 바칠 수 있다[7]는 델포이 신탁의 명령을 따르기 위해서였다. 배고픈 시골 사람들에게 델포이 성역의 냄새는 천국의 냄새 같았을 것이다.

그리고 아폴론 신전에서 가장 신성한 곳, 피티아가 앉는 아디톤adyton에서도 코끝을 간질이는 냄새가 새어나왔다. 그곳에는 꺼지지 않는 불꽃이 있었고 불꽃에 월계수 잎과 보리를 뿌렸다. 근래에 국제적인 지질학 연구팀이 이곳에서 환각성분이 있는 수증기가 스며 나왔다고 밝혀냈다.[8] 최근 지리학 연구에 의하면 현재 아폴론 신전 지하에서는 단층 두 개가 만나는데 그 석회암 단층의 틈새로 에틸렌을 포함한 탄화수소 가스가 나온다고 한다. 이 가스는 아마 고대에도 나왔을 것이다.

바로 이 틈새 위에 피티아가 앉았다. 피티아는 젊은 처녀처럼 차려입은 늙은 신녀였다. 피티아가 이곳에 앉아 횡설수설하는 소리를 사제가 6보격의 운문으로 옮겨 신탁을 전달했다. '메덴 아간Meden Agan(도를 넘지 마라)', '그노티 세아우톤Gnothi Seauton(너 자신을 알라)'이라는 경구가 새겨진 델포이 신전은, 동지중해 지역의 도덕적 원칙(예를 들어 살인하면 그 죗값을 치러야 한다)이 세워진 곳이기도 했다. 이곳 델포이에서 아티케 전역과 아테네 제국 곳곳에 입소문을 타고 순식간에 퍼져 나갈 충격적인 답변이 나왔다. 카이레폰이 물었다. "소크라테스보다 지혜로운 자가 있습니까?"

신탁이 대답했다.

"없다."

🏆 30 너 자신을 알라

기원전 430년, 델포이와 아테네

소크라테스보다 더 지혜로운 사람이 있습니까?

없다.

신은 대체 무슨 뜻으로 말씀하신 걸까요? 신의 수수께끼는 대체 무엇일까요?

저는 제가 지혜롭지 않다는 걸, 대단히 지혜롭지도, 아니 조금도 지혜롭지 않

다는 걸 압니다. 그러면 대체 신은 어떤 의미에서 제가 제일 지혜롭다고 말씀

하신 걸까요?

－플라톤의 〈소크라테스의 변명〉에서[1]

카이레폰은 아폴론의 대답을 스승에게 돌아가 알려야 했다. 그는 육로
로 가지 않았을 것이다. 전쟁 중인 탓에 그리스 중부의 델포이에서 남쪽으
로 400킬로미터 떨어진 아테네로 돌아가려면 광활한 적의 영토를 지나야
했기 때문이다.[2] 그래서 그는 중대한 소식을 알리려고 키라의 해안에서
작은 배를 타고 아테네로 돌아갔을 것이다. 시한폭탄을 실은 배가 피레우
스 항구를 향해 물살을 헤치며 나아갔다.

'너 자신을 알라'와 '도를 넘어서지 마라'는 사람의 삶에 유용한 격언

으로, 델포이의 신전에 새겨져 있었다. 정확히 어디에, 언제 새겨졌는지는 의견이 분분하다. 2세기경에 활동했던 그리스의 역사가이자 지리학자인 파우사니아스는 이 글귀가 아폴론 신전 앞뜰에 새겨져 있었다고 한다.[3] 하지만 신선 정문에 새겨져 있었다는 사람도 있고[4] 신전 전면이나 분설수에 새겨져 있었다는 사람도 있으며[5] 기둥이나 신전 벽(가장 그럴듯한 주장이다)에 새겨져 있었다는 사람도 있다.[6]

그러나 많은 그리스인에게 이 글귀의 교훈은 글귀가 새겨진 돌만큼이나 확고했다. 그리스인에게(물론 델포이 신전은 부족과 계층을 막론하고 모든 그리스인을 위한 신전이었다) 이 글귀는 네 분수를 알아라, 즉 자만하지 마라, 과욕을 부리지 말라는 뜻이었다. 기원전 5세기의 상황에서 이 글귀의 의미는 분명했다. 소크라테스의 동시대인들은 자기 분수를 아는 사람들이었다. 그들의 분수는 매일 의례와 기도, 운동경기에 참여하는 것, 그럼으로써 현 상태를 유지하는 것이었다.

최악의 오만

하지만 소크라테스는 격언을 그렇게 풀이하지 않았던 듯하다. '세상을 움직이려면 우선 너 자신을 움직여라.' 소크라테스는 이 격언을 역설적으로 이해했다. '너에게 커다란 한계가 있다는 것을 알아라.' '하지만 다른 사람들이 말하는 너 자신에 안주하지 마라.' '너의 내면을 알아라.' '다른 사람과 관계를 맺으면서 너 자신을 알아라.' '주변 사람들을 사랑함으로써 너 자신을 알아라.' '네가 아무것도 모른다는 것을 알아라.'

민주주의에 관한 자신감이 넘치는 시기에는 이런 파격적인 생각을 아고라에서 거리낌 없이 논할 수 있었다. 하지만 상황이 달라졌다. 기원전

델포이의 아폴론 신전 어딘가에 '너 자신을 알라'란 문구가 새겨져 있다고 한다. ©Netfalls - Remy Musser/
Shutterstock.com

430년대부터 아테네는 예민해졌다.

아폴론 신탁의 답변이 카이레폰의 극성스러움 때문인지, 그의 돈 때문인지(델포이 신전이라고 뇌물이 통하지 않았을 리 없을 터였다), 아니면 소크라테스가 떨친 악명 때문인지는 알 수 없지만 신탁을 들은 사람들의 반응은 냉정했다. 그 반응은 소크라테스의 죽음을 예고하는 듯했다.[7] 그리스인들은 델포이 신전이 세상 모든 문제에 해답을 내린다고 믿었다. 적군이 그리스를 침략하려 한다면 그리스인들은 델포이의 신께 전략을 물었다. 테미스토클레스가 어떻게 아테네를 구할 수 있는지 물은 곳도 델포이 신전이었다.[8] 건방진 소크라테스가 감히 위대한 신 아폴론께 신탁을 구해, 아테네 최고의 현자라는 소리를 들었다면 그는 최악의 오만을 저지른 것이다.

모든 도시에 에렉테우스(고대 아테네의 전설적인 왕으로 아테네인은 스스로 에
렉테우스의 아들이라 부르기도 했다_옮긴이)의 시민들 이야기가 돌았네.

아폴론이여, 당신은 어떻게 신성한 피토를 거처로 삼으셨는지 경이롭기만
합니다. _핀다로스의 〈피티아 송가〉

'에렉테우스의 시민들'이란 아테네 시민을 뜻한다. 피토는 델포이의 옛
이름이다. 아테네 사람들은 아테네가 신성한 델포이 신전과 특별한 관계
가 있다고 생각했다. 아폴론의 위대한 신전을 건축한 것도 아테네의 정신
과 현금이었다. 소크라테스가 눈부시게 위대한 신 아폴론께 특별히 총애
받는다는 것, 즉 그가 아테네 민주주의자들 가운데 가장 지혜롭다는(어쩌
면 신만큼이나 지혜로울지 모른다는) 신탁을 받았다는 것은 많은 사람에게 신
성모독이었다.

31 민주주의와 전쟁

기원전 426년경, 아고라

…번쩍이는 철을 날카롭게 갈며 …전체의 … 보았노라. 그리고 … 투구 … 자 줏빛 볏을 흔들며 … 흉갑을 입은 자들을 위해 직공이 움직이는 베틀에 북 나 드는 소리가 잠든 사람들을 깨우고 그는 전차를 조이는구나.

— 새로 발견된 소포클레스의 비극 중에서, 2007년 발표

최근 발견된 유물로 펠로폰네소스 전쟁 기간에 아테네 성벽의 내부와 주변의 물리적·정서적 삶을 그려볼 수 있게 되었다. 그 그림 속에는 소크 라테스가 있다. 기원전 420년 중반 내내 아테네 군중 앞에는 그가 있었다. 당대의 사회·정치 환경을 엿볼 수 있는 두 가지 유물 중 하나는 아주 작은 파피루스 조각이다. 이 파피루스 조각을 보려면 동지중해를 떠나 영국으로 가야 한다. 옥스퍼드 대학교 새클러 도서관에서 이 조각을 보관하고 있다.

옥스퍼드 대학교의 보몬트 거리는 분명히 2,440년 전 아테네 아고라의 다채로운 향기를 느낄 만한 장소는 아니다. 하지만 애슈몰린 미술고고학 박물관 뒤편에는 특별히 향긋한 비스킷 상자들이 있다. 그중에 1906년 금 고에 보관한 이후 한 번도 열지 않은 비스킷 통도 있는데 여기에는 이집

트의 쓰레기 매립지에서 주워온 잡동사니가 들어 있다. 그리고 소크라테스의 삶의 흔적도 여기 있다. 이곳에는 옥시린쿠스에 살던 그리스 필경사들이 수세기 동안 옮겨 쓴 아테네 이야기가 있다.

오늘날 우리는 멀티스펙트럼 기술(전자기 스펙트럼의 파장대역을 사용해 육안으로 볼 수 없는 이미지를 드러내는 기술이다_옮긴이)로 소크라테스의 도시를 묘사하는 단어의 흔적을 파피루스 조각에서 찾을 수 있다. 멀티스펙트럼 스캐너를 사용하면 원래 파피루스에 적혀 있었지만 이제는 육안으로는 볼 수 없는 옛 글자들을 읽을 수 있다. 파피루스에는 아고라에서 연설을 파는 연설문 대필작가의 글도 있고 편지 쓰는 사람, 화난 아내들, 성난 남편들, 소환장, 고소장도 볼 수 있다.[1] 《신약성경》에 실리지 않은 잃어버린 복음서도 있을 것이고 메데이아가 자식들을 죽이지 않는 에우리피데스의 〈메데이아Medea〉(주인공 메데이아가 이아손과의 사랑을 이루려고 아버지, 동생 등을 죽였지만 결국 이아손에게 배신당한 후 복수하려고 이아손과 자기 자식들을 죽인다는 비극이다_옮긴이) 버전도 있다.

하지만 나는 파피루스 4807번에 관심이 갔다. 파피루스 4807번은 새로운 발굴품으로, 1,900년간 읽히지 않고 묻혀 있던 소포클레스 비극의 사라진 일부가 적혀 있다. 이 파피루스 조각은 가로 10센티미터, 세로 7센티미터에 불과하다. 현재 유리판 사이에 넣어 보존하고 있는 이 조각은 심하게 훼손된 상태로 발굴되었다. 파피루스 식물의 섬유질이 또렷하게 보이고 뜯어진 부분의 글 두 줄이 함께 찢겨 나갔다.

이 파피루스에 적힌 시행은 〈에피고노이Epigonoi〉(그리스어로 후손들이라는 뜻이다)의 일부이다. 이 시행에는 전쟁을 준비하는 고대 도시가 묘사돼 있다. 테베를 배경으로 하고 있지만 소포클레스가 아테네인(그리고 장군)인데다 이 희곡이 기원전 5세기 후반에 창작되었을 것이란 점을 감안하면 소포클레스는 분명히 지독히 소모적인 펠로폰네소스 전쟁 시기에 직접 겪은 아테네의 분위기와 활동을 토대로 글을 썼을 것이다. 다시 구절을 읽어보자.

> … 번쩍이는 철을 날카롭게 갈며 … 전체의 … 보았노라. 그리고 … 투구 …
> 자줏빛 볏을 흔들며 … 흉갑을 입은 자들을 위해 직공이 움직이는 베틀에
> 북 나드는 소리가 잠든 사람들을 깨우고 그는 전차를 조이는구나. **2**

본문의 빈틈은 파피루스가 찢겨 나갔거나 부패한 곳이다. 파피루스 조각에서 군데군데 사라진 이 틈새에는 분명히 밝은 지중해의 태양 아래에서 소크라테스와 플라톤, 아리스토텔레스 같은 사람들이 감상했을 구절들이 적혀 있었을 것이다. 한때 모든 그리스인의 부러움을 샀던 책과 금장식, 대리석 석상을 만들었던 아고라에서 이제 장인들은 전차를 조립하고 숫돌에 칼을 가는 데 온 힘을 다했다. 도시민들은 아테네의 미래에 펼쳐진 가능성을 꿈꾸는 것이 아니라 직조공들의 베틀 소리에 잠이 깼다. 그것은 이제 곧 사지로 떠날 남자들의 옷을 짜는 소리였다.

아테네가 사랑한 말

아테네 도시 중심부에서 발견된 두 번째 유물은 화려하게 조각된 말 머리이다. 실물 크기 3분의 2 정도의 조각상에서 떨어져 나온 이 말 머리 조각은 근래 뉴아크로폴리스 박물관에서 복원되었다. 최근 복원작업이 끝났는데, 박물관 큐레이터가 말의 특징을 생생하게 묘사할 때 쓴 표현에 의하면 이 말은 콧구멍을 벌름거리고 눈동자를 굴리며 바람에 갈기가 날린다고 한다. 그의 말이 옳다. 이 조각상은 분명히 초상화나 다름없다. 어느 귀

족이 군마를 너무 아낀 나머지, 조각상으로 자기 말에 불멸의 삶을 선물했을 것이다.

아테네인들은 말과 기수를 무척 자랑스러워했다. 올림피아, 코린토스, 넬포이, 네메아에서 열리는 범그리스 제전에서 우승한 기마팀의 후원자들은 평생 공짜로 밥을 먹을 수 있었다. 파르테논 신전 프리즈에서 행렬을 이끄는 것도 말을 탄 기병대였다. 소크라테스가 재판받던 시절에는 경마장이 아고라의 중추였다. 경마장 곳곳에는 말이 물을 마실 수 있는 물통이 있어서 땀 흘리며 콧김을 내뿜는 말들이 목을 축일 수 있었다.[3] 기원전 450년대에는 아테네에서 가장 부유한 민주주의자로 구성된 '민주 기병대'가 탄생했다. 그러나 실제로 이 기병대는 구식 귀족들이 옛날처럼 귀족 행세를 하고 다니는 것을 합법화시켜주었을 뿐이다. 알키비아데스도 그런 귀족 중 하나였다. 그는 올림피아 제전의 전차 경주에서 일곱 번을 연달아 우승해 자신을 과시했다.

아테네 기병대는 아고라에서 훈련했다. 그들이 즐겨 훈련하던 장소는 스토아 바실레이오스 주변의 교차로들이었다. 이 교차로에는 눈먼 헤르메스신의 흉상(헤르마라고도 부르는 흉상으로, 주로 교차로에 세웠다_옮긴이)이 있었는데 아테네 사람들은 이 흉상의 발기된 남근이 행운을 가져다준다고 믿었다. 크세노폰의 글을 읽으면 이곳에서 훈련하는 말과 기수들의 역동적인 모습을 그려볼 수 있다.[4]

행렬에는 아고라의 경축 기마행렬이 포함되어야 신과 구경꾼들이 흥겹다. 기마행렬은 헤르마 흉상에서 시작된다. 기마대는 말을 타고 한 바퀴 돌면서 여러 신의 성소와 신상에 경의를 표한다. 한 바퀴를 거의 다 돌고 헤르마 흉상에 가까워질 무렵이면 각 부족의 기마행렬은 전속력으로 엘레우시스 신전을 향해 달려간다. _크세노폰의 〈기병장교〉

아테네는 말과 기수를 무척 자랑스러워했다. 말 탄 기수가 새겨진 부조

이는 귀족들이 그리는 천국이었다. 그리고 모든 아테네 민주주의자의 선봉에서 고귀한 혈통을 과시하며 전장으로 달려가는 기마대의 우월함을 뽐낼 기회였다.

아테네 도시 중심부에서 출토된 두 가지 유물로 소크라테스가 살던 사회의 표면 아래에 남아 있던 계급 분열을 읽어낼 수 있다. 민주정 아테네는 민주주의자뿐 아니라 귀족과 과두주의자들이 함께 거주하던 정치체제였다. 파피루스 4807번에는 수세기 동안 하층계급이던 데모스, (전쟁에 찬성표를 던지고 전장에서 싸워야 하는) 민중의 열망과 더불어 판에 박힌 일상이 그려져 있다.

소크라테스의 삶은 민중과 귀족의 두 사회계급을 모두 아울렀다. 하지만 훗날 소크라테스가 칠순이 되었을 때 아테네 시민들은 그의 이중적 태도에 불쾌해 했다. 소크라테스가 아테네 사람들과 여러 면에서 잘 맞지 않는다는 것이 서서히 드러나기 시작했다. 소크라테스는 연설로 민중을 설득하는 것에 다른 아테네인들과 견해가 달랐다. 그는 아테네 제국의 물질적 풍요를 멀리했다. 게다가 이상하게도 신들과 직접 소통하는 것처럼 보였다. 소크라테스는 전장에서 싸우긴 했지만 아테네의 군사적 우위가 진정 위대한 목표인지, 전쟁으로 선을 이룰 수 있을지에 의문을 품었다.

> 그러면 전쟁이 이득을 주는지 또는 해를 끼치는지는 아직 판단하지 않더라도 이것만큼은 확실히 말할 수 있네. 전쟁을 일으키는 원인이 국가의 공공적인 면뿐 아니라 각 개인에게도 거의 모든 악을 불러일으키는 원인과 같다는 걸 말일세. _플라톤의 〈국가〉

우리는 또 말 머리와 파피루스 조각으로 당대의 아테네가 군사원정을 혹독하게 준비했음을 알 수 있다. 더불어 소크라테스의 인생 후반기 내내 펠로폰네소스 전쟁이 모든 아테네인의 마음 한구석에 어둠을 드리웠으리라는 것을 알 수 있다. 전쟁은 아테네인에게 끔찍한 일상이 되었다.

역병이 아테네를 강타한 다음 전쟁이 잠시 중단되었다. 2년 정도 스파르타는 아티케 침략을 쉬었다. 그러나 공격은 다시 시작될 수밖에 없었다. 신전에 경배하려고 아고라에서 아크로폴리스로 향하거나, 평의회에 참석하고 돌아오거나, 법정이나 민회에서 투표를 하고 돌아오던 아테네인들은 북쪽과 서쪽에서 새롭게 타오르는 불꽃을 보았다. 엘레우시스 입회자들이나 벤디스 교단의 신녀들이 밝힌 소나무 횃불이 아니라 더 거칠고 어두운 불꽃이 멀리서 피어올랐다. 스파르타 군대가 아테네 땅에 다시 불을 지르기 시작했다. 하늘에는 새하얀 구름 대신 누런 연기가 맴돌았다. 아테네를 둘러싼 산들이 검은 잿빛으로 변했다. 아테네 성벽 안 시민들은 전쟁을 잊고 싶었을지 모른다. 연극을 공연하고 조각상 제작을 의뢰하고 소피스트들과 논쟁하고 여러 신을 경배하면서 전쟁을 잊으려 했을지 모른다. 하지만 전쟁은 그들을 잊지 않았다.

역겨운 기운의 미틸레네

아테네와 스파르타 간의 전쟁에서 사상자는 보병들만이 아니었다. 15년 동안 쭉 10장군의 1인으로 뽑혔던 페리클레스가 기원전 429년경에 죽었다. 아테네에 역병을 불러온 책임을 물어 페리클레스는 무거운 벌금형을 받았고 관직에서 쫓겨났다. 페리클레스의 가족도 아테네의 수많은 가족처럼 역병의 피해를 당했다. 역병이 돌기 시작했을 때 페리클레스가 첫 번째 아내와의 사이에서 낳은 아들들이 죽었다. 페리클레스를 죽음으로 이끈 것이 신체의 병이었는지, 마음의 병이었는지는 알 길이 없다. 하지만 그의 죽음으로 도시국가 아테네의 조직적 문제들이 드러난 것은 분명했다. 동지중해 주변 공동체들은 아테네가 흔들리는 것을 알아차리기 시작했다. 소아시아와 연안 섬의 도시국가들, 특히 여전히 과두정을 유지하던 도시국가들이 들썩이기 시작했다. 그 중 하나가 미틸레네였다. 미틸레네는 레스보스 섬의 첫 번째 도시국가였다. 미틸레네는 장차 미틸레네를 구원할지 모를 스파르타와 올림피아에 사절을 보내 아테네가 역병과 전쟁 비용 때문에 망가졌다는 사실을 상기시켰다.

아테네는 미틸레네의 뻔뻔한 수작에 충격을 받았다. 민회에서 거수투표가 다시 열렸다. 전쟁과 역병에서 살아남은 아테네 민주주의자들은 주저 없이 공격에 찬성표를 던졌다. 미틸레네는 포위당했다. 그들은 결국 굶주림에 지쳐 항복했다. 하지만 강경파가 우세했던 아테네 민회는 그 분노를 삭이지 못했다. 기원전 427년에 아테네 민주 시민들은 오만한 반역자들을 남녀노소를 막론하고 싹 쓸어버리기로 했다. 삼단노선이 동쪽으로 출항을 준비했다. 그들은 미틸레네의 모든 생명을 제거하라는 명령을 받았다. 삼단노선은 무기를 가득 채우고 미틸레네를 향해 떠났다. 그렇게 배가 떠난 날, 아테네의 민주주의자들은 밤새 잠을 설쳤다. 그들은 그 결정이 불러올 온갖 잔혹 행위에 관한 꿈을 꾸었다. 다음날 새벽 그들은 프닉스 언덕으로 모여들었고 청명한 새벽 공기 속에서 그들이 얼마나 끔찍한 결정을 내렸는지 깨달았다. 그때 디오도토스라는 사람이 일어서서 설득력 있는 말로 다른 방법을 제시했다. "살육하면 다른 국가들의 악의를 살 텐데 왜 하려고 하는가? 미틸레네의 자원, 그곳의 인력과 배, 현금이 우리에게 유용할 텐데 왜 파괴하려는가?" 또 다른 삼단노선이 피레우스를 출항했다. 노병들에게는 초인 같은 힘으로 노를 저으라고 보양식(꿀과 알코올로 강화한 포도주에 적신 보리 케이크)을 먹였다. 그들은 거의 하루나 앞서 간, 자객을 가득 실은 삼단노선을 따라잡아야 했다.

두 번째 삼단노선은 에게 해의 파도를 뚫고 때맞춰 도착했다. 명령이 번복되었다. 미틸레네의 여자들은 안도감으로 흐느꼈고 남자들은 힘을 얻었다. 신생 민주주의의 유연성과 군중심리를 단번에 보여주는 사건이었다. 그러나 아테네의 자비는 절대로 흔하지 않았다. 민회에서는 아테네 동맹국은 데모스 크라티아를 사랑해야 한다고 결의했다. 이제 아테네는 억압적이고 지배적인 동맹국이 되었다. 그러니 아테네와 동맹을 맺은 '자유 도시'를 기록하던 아테네 석공의 끝이 이따금 실수할 만도 했다. 석공들은 '우리의 동맹국'이라고 새기는 대신에 '우리가 통치하는 도시들'이라는 표현을 쓰기 시작했다.

미틸레네에는 자비를 베풀었지만, 코르키라는 그렇게 운이 좋지 않았다. 코르키라 섬은 과두주의자들이 세력을 쥐고 있었다. 결국 아테네는 말썽을 일으키면 어떻게 되는지 본보기를 보이기로 했다. 코르키라는 기원전 433년에도 아테네와 스파르타 사이의 갈등을 조장하더니 다시 말썽을 부리기 시작했다. 아테네가 지지하는 민주주의자가 아니라 올리고이, 즉 소수가 정권을 장악한 것이다. 하지만 아테네 지원병이 출발했다는 소식에 반란자들은 언덕으로 피신했다. 남자고 여자고 할 것 없이 이스토네 산에 올랐다. 이스토네 산은 거무스름한 바위산으로, 푸르른 아열대 숲을 굽어보고 있었다. 아테네는 한 사람도 달아나지 않는다면 이 천연 요새에 숨은 사람 모두에게 자비를 베풀겠노라고 했다. 반란자들은 프티키아 섬으로 이송되었다. 아테네로 재판하러 가기 전에 잠시 머무는 경유지 같은 곳이었다.

그러나 첩자들(코르키라의 민주주의자들이라는 설도 있고 아테네인들이라는 설도 있다)이 수용소에 잠입했고 항만에 배가 여러 척 있으니 그 배를 타고 검은 밤바다로 떠날 수 있다고 반란자들을 꼬드겼다. 곧바로 탈출계획이 세워졌다. 반란자 몇이 실행에 옮겼고 그들은 즉시 붙들려 처형당했다. 생존자 다수가 여전히 수용소에 몸을 웅크리고 약속을 지켰지만 아테네인들은 약속을 지키지 않았다.

포로들은 2명씩 밧줄에 묶인 채 20명씩 수용소 밖으로 끌려 나왔다. 코르키라인들은 이송될 것으로 생각했지만 적의 중무장 보병들이 그들을 기다리고 있었다. 대부분 복수심에 불타는 코르키라의 민주주의자들이었다. 그들은 달려오면서 창으로 포로들을 찔렀다. 채찍을 맞으며 창끝으로 내몰린 포로 60여 명이 중무장 보병의 창에 갈기갈기 찢겼다. 남아 있던 코르키라인들은 수용소 밖으로 나오려 하지 않았다. 그러자 아테네와 코르키라의 민주주의자들은 포로들을 상대로 사격연습을 하기 시작했다. 수용소를 향해 화살을 쏘자 지붕 기와로 화살이 비 오듯 쏟아졌다. 많은 포로가 스스로 목을 찌르거나 옷 조각과 침대보로 목을 매어 목숨을 끊었다.

이 사건으로 적어도 1,000명이 죽었다.[5] 이데올로기 투쟁이 지저분한 전쟁으로 변질되었다.

포로와 노예

민주주의의 이름으로 치른 전쟁 때문에 많은 사람이 자유와 생명을 잃었다. 기원전 425년에서 421년 사이에 아테네 시장에는 노예뿐 아니라 다른 종류의 포로도 있었다. 소크라테스도 시장 주변을 거닐며 이야기하는 동안 그들을 보았을 것이다. 우울한 얼굴로 앉아 아테네 제국주의의 참상을 보여준 그들은 300명에 달하는 스파르타 전쟁포로들이었다.[6]

아테네인들은 이 풀죽은 스파르타 포로들을 신기한 구경거리 보듯 했다. 많은 시민이 모여 빤히 쳐다보며 손가락질했다. 스파르타인들이 항복했기 때문이다. 일곱 살 때부터 절대 항복하지 말고, 포기하지 말고, 끝까지 싸워 아름답게 죽으라고 훈련받는다는 바로 그 스파르타인들이 항복한 것이다.

이 포로들은 몇 달 전 필로스 만 맞은편 스팍테리아라는 작은 섬의 스파르타 병영에서 포위당했다. 그곳은 덤불이 우거지고 바위투성이라서 농작물이나 가축을 키울 수도 없었다. 새와 몇몇 설치류만 살았다. 스파르타의 동맹군 함선은 스파르타 병사의 10퍼센트에 불과한 이 병사들이 곧 죽을 것이라 판단하고 철수했다. 스파르타 당국은 화평을 청했지만 아테네는 거절했다. 전투는 계속되었고 고립된 스파르타 병사들은 산딸기와 벌레, 들쥐를 먹으며 끝까지 버텼다. 그러던 중 재앙이 일어났다. 몇몇 스파르타 병사가 메마른 덤불에 불을 내고 만 것이다. 결국 스파르타 병사들은 연기 때문에 병영 밖으로 뛰쳐나왔다. 화염을 피하려 쏜살같이 달려 나온 병사들에게 아테네의 화살이 날아들었다. 스파르타인은 원래 화살을 하찮은 '나무 막대기'라 비웃으며 멀리서 화살을 쏘아 적을 죽이는 것은 나약하고 여자 같은 짓이라 생각했다. 하지만 결국 스파르타 병사들은 화살의 표적이 되느니 항복하고 말았다. 이렇게 해서 그들은 처량한 신세로 아테네에 끌려왔다.

아테네에서는 무서운 칼날이 그들을 기다리고 있었다. 아테네 민회는 스파르타 의회에 퉁명스럽게 전갈했다. 스파르타가 한 발자국이라도 아티케에 발을 들여놓았다가는 아고라에 웅크려 있는 이 불쌍한 병사들을 즉결 처형하겠다는 내용이었다. 이 소식은 스파르타의 에포로스ephors(스파르타의 2명의 왕과 함께 스파르타를 지도했던 최고행정관으로 매해 5명씩 뽑았다_옮긴이)들을 오싹하게 했다. 세상에서 가장 위대한 스파르타 전사들이 아름답게 죽는 대신 쇠고랑을 찬 채 도살장의 짐승처럼 개죽음을 당할 위험에 처했기 때문이다.

당시 스파르타 전쟁포로의 방패가 아직 아고라 박물관에 있다. 지름이 1미터가 조금 넘는 거대한 방패다. 이제는 연한 초록빛으로 덮인, 닳고 휘어진 이 청동방패는 분명히 많은 시련을 겪었을 것이다. 이 방패의 표면에는 당당하고 짧은 글귀가 찍혀 있다. '스파르타로부터, 필로스로부터.'

스파르타인들은 자기 방패가 다른 군대의 전리품이 될 것이라 생각지도 못했을 것이다. 스파르타의 약점을 움켜쥔 아테네는 스파르타 공격을 재개했다. 그리고 소크라테스는 다시 길을 떠나야 했다. 그가 사랑하는 도시국가와 이상을 지키려고. 그는 그 이상을 진심으로 믿었을까, 아니면 믿지 않았을까?

5막

사건 발생의 사회적 배경

전쟁의 늪

32 펠로폰네소스 전쟁 2기

기원전 424년, 델리온

소크라테스: 전쟁과 혁명, 전투는 무엇보다 몸과 욕망 때문에 생기지. 모든 전쟁은 부를 얻으려는 동기로 시작된다네. 그리고 우리가 부를 얻으려는 이유는 몸 때문이지. 우리는 몸을 위해 일하는 노예들이니까.

－ 플라톤의 〈파이돈〉에서

소크라테스는 단지 지혜롭기만 해서는 안 되었다. 그의 도시 아테네는 그가 살인하기를 원했다. 민주주의는 확신을 강요했다. 집단의 힘을 믿으라고 강요했다. 상류층과 대중이, 중무장 보병 시민들과 하층민들이 나란히 하늘 아래 서서 소리 지르고 야유하며 한 표를 행사하려고 손을 들었다. 곱게 자라 부드러운 손, 노동으로 굳은살 박인 손 등 치켜든 손도 각양각색이었다. 단단하게 단결된 시민들은 거듭거듭 전쟁에 참여하기로 했다. 이제 민주주의 아테네의 새로운 신념에는 돈도 추가되었다. 더 많은 위성도시가 아테네의 보호 아래 들어오고 더 많은 섬사람이 아테네 제국의 일부가 되면서 아테네는 더 많은 돈으로 상비군을 갖추게 되었다. 아테네 사람들은 계속 배를 만들어 침략원정에 나설 수 있었다.

포티다이아를 포위한 것이 식인이라는 끔찍한 공포를 낳았고 페리클레스의 정책으로 수만 명이 역병으로 죽었지만 아테네는 절대 스파르타와의 전쟁을 포기할 마음이 없었다. 기원전 424년 소크라테스는 아테네 북쪽으로 이틀간 행군한 끝에 끔찍한 전장으로 들어섰다.

1995년에 아테네 지하철을 정비하던 중 아름다운 비석이 발굴되었다.[1] 비석에는 말들과 말발굽 아래 짓밟히는 보이오티아(아테네 북서쪽, 코린토스 만 북부의 도시국가로 펠로폰네소스 전쟁 내내 아테네의 반대편에 섰다. 기원전 424년 델리온 전투에서 아테네를 패배시켰다_옮긴이) 병사가 정교하게 그려져 있었고 타나그라 전투(기원전 457년 아테네와 스파르타 사이의 전투이다_옮긴이)로 행군하는 귀족 기병대에 관한 글이 적혀 있었다. 그들은 아마 델리온으로도 행군했을 것이다. 여기에 아테네인들의 역설이 있다. 전쟁에 찬성표를 던지고 전장에 나가 싸워야 했던 아테네 민주정의 보병은 아무런 기념물 없이 묻혀 있지만 귀족, 대체로 옛 과두정을 지지하던 귀족은 자신을 영웅으로 기리는 기념물을 만들 수 있었다. 민주개혁이 되었어도 솔론이 언급했던 (정치개혁으로 아테네 사회에서 제거될지 모른다고 걱정했던) '크림층'은 여전히 남아 있었다. 남아 있었을 뿐 아니라 정상에 오를 수도 있었다.

델리온으로 갈 때 알키비아데스는 말을 탔고 소크라테스는 걸었다. 소크라테스는 이제 젊은이가 아니었다. 머리가 희끗희끗해졌고 마흔다섯 살쯤 되었다. 소크라테스와 함께 행군하는 중무장 보병들은 열여덟에서 예순 사이의 남자들이었다. 그들은 전장의 선봉에 설 민주주의자들, 그러니까 적군과 부딪혀 뒤로 밀릴, 질식사할, 창에 찔릴 사람들이었다. 그런 극한의 상황에서도 광란에 빠지지 않도록 서로 기를 쓰고 단결해야 하는 사람들이었다. 오늘날 그리스의 여러 박물관에서 그들의 목숨을 보호했던 물건을 자주 볼 수 있다.[2] 정강이와 무릎에 딱 맞게 만들어진 청동 정강이받이도 있고 쟁기날을 두드려 만든 조잡한 투구도 있다. 그리고 심한 충돌과 폭풍처럼 퍼붓는 화살에 구멍 나고 휘어진 방패도 있다. 하지만 그 치열했던 전장은 이제 너무도 고요해 보인다.

델리온 전투가 벌어졌던 오늘날의 딜레시는 고요할 뿐 아니라 오지 같은 느낌마저 든다. 쓰레기 수거인조차 오지 않고 도로는 아직도 포장되지 않았다. 이곳까지 오는 여행객은 많지 않다. 하지만 바로 그런 까닭에 이곳의 헬레니즘 문화는 훼손되지 않았다. 바다 건너에는 에보이아 섬의 눈 덮인 봉우리들이 푸른 바다를 배경으로 두드러진다. 이곳은 싸워서라도 지켜야 할 그리스 땅이다. 하지만 기원전 424년에는 완전한 그리스 영토가 아니었다.

긴 여름이 끝날 무렵 아테네의 병사들은 말 그대로 이데올로기를 위해 흙먼지 날리는 이 길을 행군하고 있었다. 그들은 이념, 즉 데모스 크라티아(민주주의)와 함께 행군했다. 당시 민주주의 역사는 40년도 채 되지 않았다. 그들의 임무는 보이오티아 영토를 차지하는 것, 보이오티아인을 과두파의 손에서 해방시키는 것, 델리온을 민주주의 전초기지로 만드는 것이었다. 아테네는 델리온을 교두보로 삼아 다른 영토, 다른 문화, '덜 민주적인' 지역을 차지하려 했다. 표면상 동기는 고매했지만 사실상 전쟁 게임이었다. 보이오티아와 스파르타의 동맹을 깨뜨린다면 아테네는 펠로폰네소스 전쟁에서 아테네와 지나치게 근접한 북부 전선을 무너뜨릴 수 있었다.

다시 찾은 전장

소크라테스는 전쟁에 참가한 지 6년 만에 다시 델리온 전투에 나섰다. 그와 함께 아테네 전체 중무장 보병 7,000명이 나섰다. 병사뿐 아니라 민간인 2만 명도 따라나섰다. 군속과 건설 일꾼, 시체를 수습하는 사람 모두

작전수행에 필요했다. 중무장 보병의 당번병들이 보급품을 운반했다. 밀가루 한 봉지, 포도주와 물 항아리, 무화과 잎에 싼 간단한 식사(염장 생선을 즐겼다), 취침용 매트, 여분의 가죽끈, 적의 농작물을 망가뜨릴 삽과 괭이, 도끼, 여분의 식량을 구하거나 몸값을 낼 때 쓸 돈이 전쟁에 필요했다.[3] 위성도시 하나가 움직이는 것 같았다. 이들이 곧 모도시를 지키려고 행군하는 위성도시였다.

그러나 북부에 민주주의를 실현하겠다는 아테네의 계획[4]은 실패했다. 중무장 보병 1,000명과 비무장 민간인 1,000명이 죽었다. 소크라테스는 살아남은 소수의 보병 중 하나였다.

아테네는 델리온을 기습공격하려 했다. 하지만 보이오티아에는 첩자가 많았다. 아테네의 진군 소식을 미리 알아차린 보이오티아는 맹공격에 대비했다. 아테네군은 두 개 부대로 나뉘어 따로 도착했는데 조직적으로 움직이지 못했고 시간상으로는 하루, 거리상으로는 24킬로미터나 떨어져 있었다. 악재는 거기서 끝나지 않았다. 아테네인들은 끔찍한 실수를 저질렀다. 델리온의 아폴론 신전을 요새로 삼고, 신성한 샘물을 병영의 수원으로 사용한 것이다. 구름에 둘러싸인 올림포스 산의 승리의 여신 니케는 그들의 무례에 분노했다(고대 그리스인들은 전시에도 침략군이 신전이나 성소, 종교적 건물에 손을 댈 수 없다고 믿었으므로 아폴론 신전을 병영으로 삼은 아테네군의 행동은 엄청난 신성모독이었다_옮긴이). 아테네군이 이렇게 신을 모독하고 수백 년에 걸친 전투관행을 무시한다는 소식에 지역민들의 분노가 하늘을 찔렀다. 분노는 전투의 실리적 명분에 더 힘을 실어주었다.

소크라테스와 동료 병사들이 신께 기도를 올리고 제물을 바쳤을 무렵이었다. 갑자기 철커덕 소리가 나더니 전투가 시작되었다. 그리고 곧 예상치 못한 난관에 부닥쳤다. 보이오티아군의 전투대형은 독특했다. 중무장 보병은 8열이 보통인데 테베의 중무장 보병(보이오티아군)은 25열이었다.

병사들은 서로 너무 가까이 있어서 누구를 찌르고, 누구의 목을 베는지 알 수 없었다. 아군의 공격에 죽은 사망자 수도 대단히 많았다. 살려고 아무나 닥치는 대로 찌르는 아수라장이 되었다. 태양은 하늘에서 밝게 빛났지만 땀과 먼지, 피, 콧물로 범벅이 된 병사들은 흘러내리는 무거운 투구 속에서 눈과 귀가 먹먹했다.

아테네 병사들이 몸을 돌려 달아나기 시작했다. 그러자 적군의 기병대가 그들을 쫓았다. 아테네 병사들은 숨 가쁘게 언덕을 올라갔다. 그들은 무겁고 귀찮은 갑옷을 내던지고 숲 속으로, 파르네스 산의 언덕으로 뛰었다. 그들은 다행히 해가 지자 어둠 속으로 숨을 수 있었다. 하지만 몸을 숨기기 쉽지 않은 지형이었다. 이곳의 산골짜기는 덤불이 많고 울퉁불퉁해서 병사들을 숨겨주는 동시에 드러냈다.

고대 그리스의 투구 © bkp/Shutterstock.com

살육의 현장에서 살아남다

소크라테스는 이 살육과 혼란에서 살아남은 몇 안 되는 사람이었다. 그는 침착함을 잃지 않았다. 대혼란 속에 살아남은 사람들이 그에게 모여들었다. (플라톤에 의하면) 그는 작은 무리를 안전한 곳으로 이끌었다. 그중에는 라케스라는 인물도 있었다. 라케스는 훌륭한 장군으로 플라톤의 대화편에는 그의 이름이 나온다.[5] 전해지는 바로는 이 모든 혼란을 말 위에서 지켜보던 알키비아데스가 뜨거운 햇볕과 먼지 속에서 분주하게 움직이는 소크라테스를 언뜻 보았다고 한다. 소크라테스의 아름다운 친구 알키비아데스가 '마침 그곳에 있어서'[6] 소크라테스와 그를 따르는 한 무리를 발견했다. 고대의 전투가 얼마나 혼란스럽고 마구잡이였으며 무계획적이었는지 알 수 있는 구절이다. 또한 언덕이 많은 지형에서 기마부대가 얼마나 무력했는지도 알 수 있다. 포티다이아 전투에서 기마부대가 얼마나 속수무책이었는지는 아테네인들에게 두고두고 기억되었다. 하지만 이 소란스럽고 험악한 소용돌이 속에서 소크라테스의 행동력과 결단이 두드러졌다. 그는 난관 속에서 싸울 만큼 강했고 그날의 혼란 속에서 허둥대지도 않았다. 그는 이상하리만치 침착했다.

> 알키비아데스: 이곳에서 나는 포티다이아에 있을 때보다 소크라테스를 더 잘 볼 수 있었지요. 말 위에 있어서 그다지 두려워할 필요가 없었으니까요. 우선 나는 소크라테스가 라케스보다 훨씬 침착하다는 것을 알 수 있었습니다. 아리스토파네스, 당신의 표현을 빌자면 그는 아테네 거리를 걸어갈 때처럼 '끊임없이 곁눈질하면서 오만한 오리처럼 뽐내며' 가고 있었지요. 적군과 아군 모두를 곁눈질하면서 유유히 가고 있었습니다. 누가 건드리든 군세게 방어할 수 있는 사내라는 것을 멀리서도 알 수 있었죠. _플라톤의 〈향연〉

플라톤의 대화편 가운데 〈프로타고라스〉[7]에서 소크라테스는 우리가 두려워하는 것이 무엇인지 알아야 한다고 충고한다. 그는 용기란 '무엇을 진정 두려워해야 하고 무엇을 두려워하지 말아야 하는지 아는 것'이라고 말한다.

전세는 좋아 보이지 않았다. 아테네군은 흩어졌고 너무 많은 병사가 부상을 당해 승리는 불가능했다. 아테네 병사 한 무리는 아폴론 신전의 병영을 단단히 지키고 있었다. 아테네군은 패배했을 뿐 아니라 아폴론의 신전을 차지하고 있었다. 따라서 그들은 패배했을 뿐 아니라 신성을 모독했다. 그래서 테베와 보이오티아는 스파르타와 공모하여 아테네군이 시신을 수습하지 못하도록 했다. 시체는 그곳에 17일간 방치되어 썩기 시작했다. 분명히 끔찍한 냄새가 났을 것이다. 시체는 부풀어 오르고 악취가 나고 파열되었다. 위대한 자와 이름 없는 자가 한데 엉켜 누워 있었다. 페리클레스의 조카도 이곳 해안의 킬링필드에서 죽어 서서히 썩어갔다. 보이오티아군은 죽은 병사들의 갑옷을 벗겨서 들고 갔고 개와 파리 들이 아테네 병사의 살을 파먹었다.

그러나 아직 살아남은 병사들은 몸을 웅크리고 아폴론 신전에서 버티고 있었다.[8] 보이오티아군은 이 뻔뻔한 침략자들을 몰아내야 했다. 그래서 그들은 '화학전'이라는 극악무도한 책략을 썼다. 유황과 피치(석탄을 건류하고 남은 콜타르 찌꺼기로 고대부터 화학전에 썼다_옮긴이)를 신전에 쏘기로 했다. 아테네 병사들에게 분노한 제우스의 번개처럼 날벼락을 내리려는 계획이었다. 6미터 높이의 조악한 나무 공성기계를 성벽 옆에 세웠다. 델리온은 이 화염방사기 덕에 탈환할 수 있었다. 그 장면을 상상하기란 어렵지 않다. 유황 타는 냄새, 머리카락 타는 냄새가 코를 찌르고 살타는 냄새가 혀를 자극했을 것이다. 아테네 민주주의자들은 패배의 고통으로 가슴이 아렸다. 분명히 영광의 시절과는 거리가 멀었다.

사후 7일이 지나면 썩어가는 시체를 운반하기 어렵다. 하지만 델리온에서는 시체들이 매장되지 않은 채 2주 반 동안이나 버려져 있었다. 소크라테스는 한때 인간의 피부였던 곳에 피어오른 곰팡이를 보며 무슨 생각을 했을까? 한 생명의 종말이 어떻게 이렇게 허무할 수 있을까 하고 생각했을까? 아테네에서 나누었던 활기찬 대화와 아름다운 이야기와 다른 모든 것이 어떻게 이렇게 도살되고 썩어 문드러지는 살점으로 전락할 수 있는지 의문을 품었을까? 소크라테스는 물론 탈리오의 법칙에 반대했다. 당대에는 전쟁이 끝나면 패배한 병사들을 처형하고 모든 여자와 아이를 비롯한 인간 전리품과 그 외 전리품을 수레에 싣거나 군대 뒤에 끌고 오는 것이 관례였다. 결국 그는 이 냉혹한 학살을 목격해야 했다.[9]

소크라테스는 살아남았고 델리온에서 그가 보여준 용기와 침착함은 기록으로 남았다.[10] 당대 사람들과 역사는 소크라테스를 용감한 인물로 기억했다.

> 왜냐하면 사람들은 전쟁에서 그렇게 침착한 용기를 보여준 사람에게는 손가락질하지 않는 법이지요.(패배했어도 소크라테스처럼 침착한 사람에게는 함부로 손댈 수 없는 법이다.) _플라톤의 〈향연〉

소크라테스가 훌륭하게 처신했다고는 해도 아테네로 돌아오는 길은 암담했을 것이다. 명예롭지 못한 패배임이 분명했기 때문이다. 소크라테스는 오합지졸인 패잔병들과 절뚝이며 아테네로 돌아왔다. 아테네에서 삶은 변함없이 계속되고 있었다. 아테네는 큰 충격을 받긴 했지만 여전히 건재했다. 사실 건재했을 뿐 아니라 '참견쟁이', '제비꽃 화관을 쓴 도시', '세련되고 기름진 도시' 등 다양한 별칭을 얻고 있었다. 아테네는 여전히 그리스 최고의 도시로 애써 포장하고 있었다. '지상 최고의 도시' 이야기는 한동안 이어질 것이고 소크라테스는 그 이야기의 중심에 서 있게 되었다.

⚱ 33 모욕과 화관

기원전 423년, 아테네 디오니소스 극장

뻔뻔한 악당에 훌륭한 연사, 파렴치한 철면피, 허풍쟁이. 거짓말과 둘러대기
에 능숙하고 법전을 샅샅이 알고 있는데다 떠벌리기 좋아하고 여우처럼 교활
하게 빠져나가고 가죽끈처럼 나긋나긋하지. 뱀장어처럼 알 수 없고, 교묘하고,
거드름 피우는 악한. 백의 얼굴을 지닌 악당. 교활하고, 견딜 수 없는, 게걸들
린 개 같은 놈.

- 아리스토파네스의 희극 〈구름〉에서

3월에도 극장 토큰을 움켜쥔 손에는 땀이 났을 것이다. 아테네의 가난
한 사람들은 영국주화 10펜스만 한 이 둥근 청동 토큰을 손에 쥐려면 하
루 치 일당을 몽땅 써야 했다. 더운 날 극장 토큰을 꼭 쥐고 있으면 손바닥
이 땀으로 끈적끈적해졌다. 안 그래도 이런저런 냄새가 코를 찌르는 아테
네의 공기에 땀 냄새까지 더했다. 하지만 아무도 그 냄새에 신경 쓰지 않
았다. 아크로폴리스 바위산 비탈의 디오니소스 극장에 들어가는 관중도
깔끔하다고 할 수만은 없었기 때문이다.

아테네의 주요 종교행사 중 하나인 연극경연대회는 그 준비가 치열했

으며 광적이기까지 했다. 예전에 연극은 엘레우시스 신전에서 종교의례로 시작되었다. 그 후 아티케 반도의 마을들을 거쳐 아테네의 아고라로 전파되었다. 기원전 500년 무렵 도시 디오니소스 축전, 즉 디오니소스 대축전이 재정비되면서 연극이 인기를 얻었다.

연극은 아테네 시민들이 민주주의라는 새로운 사회정치적 존재방식을 탐구하는 수단이었다. 소크라테스가 살던 시절부터 연극공연용으로 특별히 지은 극장에서 연극이 공연되었다. 아이스킬로스, 소포클레스, 에우리피데스 같은 극작가들이 합창단과 주요 인물로 구성되는 아테네의 극 형식을 창조했지만 연극에는 여전히 종교 특성이 남아 있었다. 예를 들어 공연 전에 치르는 의식은 언제나 잔인했다. 의례복을 입은 남자들이 제물로 바칠 동물을 끌고 거리를 행진했다. 군지도자와 사회지도층이 새끼 돼지의 선혈을 극장에 뿌렸다. 연극대회는 디오니소스께 바치는 행사이기 때문에 이렇게 제물을 바친 다음에는 장내에 포도주가 돌았다. 사람들은 밤이 새도록 포도주를 마셨다. 또렷한 정신으로 연극을 관람하는 사람이 거의 없을 정도였다. 공연이 시작되기 전 풍경도 자랑할 만한 것이 못 되었다. 사람들은 노천극장에 자리를 잡으려고 먹이를 발견한 동물처럼 우르르 달려갔다. "… 심지어 공연 전날에 와서 자리를 잡고 앉아 있기도 했다. 사람들은 서로 밀고, 다투고, 때렸다."[1]

시민들은 부족별로 모여 앉았다. 사제와 고위관리는 앞 열에 좌석을 배정받았지만 사람들은 그런 특혜를 좋아하지 않았다. 기원전 4세기 중반에 데모스테네스가 마케도니아의 왕 필리포스 2세의 사절을 아테네 극장에 초청했다. 그는 사절단에 보랏빛 차양에 푹신한 쿠션이 달린 무대 앞자리를 제공했는데 시민들이 대놓고 불평했다고 한다. 사람들은 그 치욕적인 처사에 야유했다.[2] 자리다툼을 피하려고 공연이 시작되기 한나절 전에 극장에 오는 사람도 있었다.[3]

소크라테스는 연극이 아테네에 활기를 더하던 시절에 성장했다. 소크라테스가 태어나기 3년 전인 기원전 472년, 아이스킬로스는 〈페르시아인들〉에서 아테네의 살라미스 해전 승리를 찬미했다. 소크라테스가 열네 살이었을 때 에우리피데스가 처음으로 디오니소스 대축전의 연극경연대회에 참가했다. 나중에 소크라테스와 에우리피데스는 무척 막역한 사이가 되었다. 소크라테스가 에우리피데스에게 영감과 아이디어를 제공하는 관계였다는 이야기도 있다.[4]

소크라테스가 스무 살 무렵 아크로폴리스 발치에 디오니소스께 바치는 극장이 세워졌다.[5] 아테네인들은 욕심 많은 디오니소스신을 위해 1년 중 3분의 1을 축전으로 바쳤다. 디오니소스는 아테네의 민주 시민 전체를 위한 신이었다. 이 반짝이는 새로운 도시의 모든 사람을 위한 신이었다. 어떤 학자는 이렇게 말했다. "환각의 대가인 디오니소스는 취기와 광기를 일으킨다. 그는 사람과 동물, 남자와 여자, 늙은이와 젊은이, 자유민과 노예, 도시와 시골, 인간과 신 사이의 경계를 허문다."[6] 디오니소스는 광란의 디오니소스란 뜻의 '마이노메노스 디오니소스mainomenos Dionysos'[7]라 불리기도 하고 필라스Psilax, 즉 사람의 마음에 날개를 달아주는 신으로 불리기도 했다.

연극을 신성시하다

기원전 5세기 아테네에서 연극은 신성한 행위였다. 그것은 신을 더 가깝게 모시는 오락이었다. 또한 민주 시민의 권리이자 책임이기도 했다. 많은 아테네 시민이 하루 내내 공연되는 연극(희극 또는 비극)을 보려고 줄을 섰다. 극장 토큰을 손에 쥐고 줄을 선다는 것은 당시 가장 모험적인 도시

아테네의 디오니소스 극장 ©bajars/Shutterstock.com

아테네의 일원임을 표시하는 상징 같은 것이었다. 아테네의 민주주의자들은 태양 아래 앉아 연극을 관람하면서 난해하고, 불편하고, 감동적인 생각을 함께 탐구했다. 부자들은 합창단(합창단과 배우 모두 아테네 시민이었다)과 공연에 필요한 비용을 댔다. 소크라테스 시대에 비극은 무척 참신하면서도 생경한 형식이었다. 아테네 사회의 많은 것이 그러하듯 연극 축전도 경연대회형식이었다. 연극은 각기 한 번만 공연했다. 극작가와 제작자의 경쟁은 치열했다. 연극대회에 참가해서 동료 아테네인 앞에서 인정받는 것은 무척 중요한 일이었다.

그리스의 연극을 예술이라 부르는 것은 다소 시대착오적이다. (요즘 관료들과는 달리) 그리스인은 연극을 예술로 따로 분류하지 않았다. 즉 연극을 사회, 정치, 생활과 분리된 것으로 보지 않았다. 연극은 아테네 민주주의자에게 삶의 기본이었다. 아리스토파네스는 희극의 등장인물 중 하나의 입을 빌려 이렇게 선언한다. "시는 사람들이 사회에서 더 훌륭하게 살게 하지."[8] 합창단원들은 병역의무를 면제받았다. 그리고 너무 가난해서 극장 토큰을 살 수 없는 사람을 지원하는 기금이 마련되기도 했다.

아테네의 극장은 삶의 문제를 다루었다. 아테네 시민 1만 명, 1만 5,000명 혹은 2만 명을 감동시키려고 온갖 기법과 비유를 사용했다. 춤과 노래를 밤새 즐기던 원시 시대의 축전에서 그리스 극장이 탄생했다. 극은 노래와 춤에서 진화했다. 극작가는 시인이기도 했다. 배우들은 한번 들으면 잊히지 않는 후렴구를 노래하는 법을 알았고 넋을 빼놓는 합창소리가 극장에 울려 퍼졌다. 에우리피데스를 비롯한 극작가들이 극에 쓴 음악을 직접 작곡했다. 주제를 리듬 있게 전달하는 단선율의 음악이었다. 고대 그리스의 관악기인 아울로스와 타악기의 후렴이 사람들의 감성을 자극했다. 연극은 관객의 감각과 감성을 온갖 형태로 자극했다.

당시 이 새로운 예술형식이 엄격한 비평의 대상이었던 점을 감안할 때, 소크라테스가 당대 최고로 기발하고 까다로운 극작가인 아리스토파네스의 희극 〈구름〉에서 가혹하게 풍자된 것은 중요한 대목이다.[9] 플라톤의 대화편에는 〈구름〉을 비롯한 연극이 그 시대 사람들에게 어떤 영향을 미쳤는지 알 수 있는 구절이 나온다. 소크라테스가 서사시 낭송가 이온과 우연히 마주쳤을 때 나눈 대화다.

소크라테스: 자네의 시가 관중에게 이와 똑같은 반응을 일으킨다는 것을 알고 있나?

이온: 네, 물론 알고 있습죠. 저는 무대에서 그들을 내려다보며 서 있는데 그런 순간이면 그들을 살펴보니까요. 그들은 눈물을 흘리면서 감탄하는 눈으로 저를 쳐다보고 제 이야기의 즐거움에 빠져들죠. 저는 관중을 잘 살펴봐야 한답니다. 그들이 울면 저는 웃죠. 돈을 벌게 되니까요. 그들이 웃으면 저는 울게 될 겁니다. 돈을 잃게 되니까요.[10]

아테네 연극의 솔직함

아테네 연극은 그 무엇과도 견줄 수 없이 솔직했다. 또한 아테네 연극은 무엇보다 철저하게 인간존재를 극단까지 분석했고, 인간의 결점을 탐구했다. 하지만 이 모든 것을 활기차고 유쾌한 분위기로 포장했다. 아테네인들은 연극에서 세상을 배웠고 세계관을 키웠으며 폴리스를 사랑하는 법을 배웠다. 연극은 아테네의 오만한 야망과 파벌, 성공한 사람들을 자주 비판하긴 했지만 연극 속에 그려진 아테네는 어쨌거나 고매하고 공정한 국가였다. 또한 그리스의 악당인 코린토스와 스파르타, 테베와는 극명한 대조를 이루었다.

극장은 아테네 민중이 연대감을 공고히 다지는 공간이었다. 맨 앞줄에는 전사자의 아들이 앉았다. 아버지를 잃은 젊은이들은 아테네 당국이 후원한 갑옷을 입고 공연이 시작되기 전에 극장을 행진했다. 행진이 끝나면 전쟁고아들은 한 사람씩 아테네를 수호하겠다고 굳게 맹세했다. 또한 아테네 동맹국의 조공(사실상 조세)을 디오니소스 대축전 개막식에 모인 아테네 군중 앞에 공개했다. 매년 3월이면 공개되는 아테네의 조공소득은 볼만한 구경거리였다. 이처럼 소크라테스 시대의 극장은 시민들의 사기를 돋우고 애국심을 고취하는 곳이었다.

여자와 외국인에게는 연극을 보는 것이 허락되지 않았을 테지만 아이들은 극장에 들어갈 수 있었을 것이다. 어쩌면 연극대회를 심사하기도 했을 것이다.[11] 한창 감수성이 예민한 소년들은 극장에 앉아서 현실의 삶을 매혹적인 장면으로 표현한 연극을 보았을 것이다.[12] 기원전 423년, 이런 열정적인 분위기의 극장에서 어릿광대 같고 일그러진 소크라테스라는 가상인물이 아테네 민주 시민과 차세대 아테네인 앞에 등장했다.[13]

소크라테스 비방

기원전 423년의 소크라테스를 상상해보자. 그해 3월 말 혹은 4월 초에 소크라테스는 아크로폴리스 발치에 있는 디오니소스 극장으로 서둘러 걸어갔다. 그는 배정받은 좌석에 앉아 공연을 보며 주전부리할 무화과와 견과, 병아리콩 같은 간식을 샀다. 이제 그와 친구들은 아테네 시민의 세계관을 키워줄 연극을 관람할 준비가 끝났다. 하지만 오늘의 공연은 조금 다를 것이다. 왜냐하면 오늘 오락거리가 될 사람은 바로 소크라테스 자신이기 때문이다. 젊은 작가 아리스토파네스가 이 괴벽스럽고 골치 아픈 철학자에 관한 극을 썼다고 했다. 중상과 비방이나 다름없는 이 극의 제목은 〈구름〉이었다. 정말 아리스토파네스는 거침없이 소크라테스를 묘사했다.

> 뻔뻔한 악당에 훌륭한 연사, 파렴치한 철면피, 허풍쟁이. 거짓말과 둘러대기에 능숙하고 법전을 샅샅이 알고 있는데다 떠벌리기 좋아하고 여우처럼 교활하게 빠져나가고 가죽끈처럼 나긋나긋하지. 뱀장어처럼 알 수 없고, 교묘하고, 거드름 피우는 악한. 백의 얼굴을 지닌 악당. 교활하고, 견딜 수 없는, 게걸들린 개 같은 놈.

이처럼 공개적으로 도를 넘는 비방이 가능했던 것으로 보아 소크라테스는 분명히 아테네에서 이미 잘 알려진 명물이자 중요 인사였을 것이다. 어쨌든 소크라테스는 그를 주제로 작품을 만들 만큼 가치 있는 인물이었다. 아리스토파네스는 9년 뒤에 또 다른 연극 〈새Orinithes〉에서 소크라테스의 추종자들을 '라코노 마네스lakono manes(스파르타 광신자)'라 묘사했다. 또 그들은 소크라테스를 흉내 내는 사람들로 '소크라테스화'되었다고 표현했다.[14]

기원전 423년은 〈구름〉의 해이기도 하지만 더 중요하게는 크라티노스의 〈포도주병Pytine〉이 우승한 해였다. 〈포도주병〉은 오늘날까지 전해지지 않지만 이 희극 또한 소크라테스를 조롱했다고 한다. 분명히 기원전 423년에는 소크라테스를 비난하는 것이 아테네 군중을 즐겁게 했던 듯하다.[15]

코로스: [구름 모양] 이보시오, 수사학을 찾는 백발의 사냥꾼이여! 이보시오, 소크라테스, 헛소리의 대가여! 우주학에 도통한 모든 전문가 중에 우리는 지혜로운 소피스트 프로디코스만 사랑하지. 그래도 우리는 당신도 사랑하지. 거들먹거리며 욕을 해대고 신발도 안 신고, 옷도 아무렇게나 입으면서 우리와 진지하게 대화를 나누는 당신을.

스트레프시아데스: [열정적으로] 이 얼마나 멋있는가! 얼마나 신성한가!

소크라테스: 그렇소, 이것이 진정으로 신성한 존재들이지. 나머지는 그저 꾸며낸 이야기에 불과하지.

스트레프시아데스: 세상에! 그러면 당신은 제우스를 믿지 않는단 말씀이오? _아리스토파네스 〈구름〉

무엇 때문에 이렇게 되었을까? 소크라테스는 지난 8년간 조국을 위해 싸웠다. 그는 여러 면에서 '훌륭한 아테네 시민'이라는 전형적인 길을 걸었다. 하지만 분명히 그는 사람들에게 눈엣가시였다. 어쩌면 아고라에서 귀찮은 질문을 너무 오래 던졌는지도 모른다. 그러나 〈구름〉의 줄거리를 보면 또 다른 이유를 짐작할 수 있다.

한마디로 말해 〈구름〉은 풍속희극(왕정복고기의 연극으로 특정 계층과 집단을 풍자하는 경향이 있다_옮긴이)과 비슷하다. 이 희극은 도시와 시골의 이야기이다. 주인공은 줏대 없는 시골뜨기 중년 스트레프시아데스인데 그는 도시 출신 아내 때문에 도시에서 살게 되었다. 그의 아들은 빚을 많이

졌다. 스트레프시아데스는 인기 있는 소크라테스의 철학 학원인 '사색소'에 아들을 보내기로 한다. 그는 사색소가 아들의 문제를 해결해주고 골치 아픈 상황에서 빠져나올 방법을 알려줄 것이라 기대한다. 그러나 정작 학원에 가게 된 사람은 아버지 스트레프시아데스이다. 스트레프시아데스는 (재미있게도) 소크라테스가 입을 떡 벌리고 하늘을 쳐다보다 도마뱀의 똥을 맞고 또 벼룩이 얼마나 멀리 뛸 수 있는지 진지하게 측정하며 '달의 자리를 훔쳐본다'(〈구름〉에 등장하는 대사로 달의 궤도를 탐구하는 소크라테스를 풍자한 구절이다_옮긴이)는 것을 알게 된다.

〈구름〉은 뛰어난 희극은 아니었다. 심사위원단의 의견도 그랬다. 아리스토파네스는 이 극이 처음 상연되었을 때 3등(꼴등)을 했다. 그러나 당시 스물두 살이었던 아리스토파네스는 냉정한 젊은이답게 더 신랄한 풍자로 각본을 다듬었다. 개작한 〈구름〉에는 원작에서 보여주지 않았던 더 잔인한 후렴구를 붙였고, 당대의 끔찍한 사건을 재현했다.

기원전 454년 무렵 피타고라스학파의 한 무리가 평소처럼 남이탈리아 마그나 그라이키아의 그리스 도시 크로톤의 학교에 모여 있을 때였다. 그들은 별과 수학, 우주와 사회, 사랑의 본성을 주제로 대화하고 있었다. 피타고라스학파는 가장 엄밀한 방식으로 세상을 탐구했다. 하지만 그날 그곳에는 그들만 있었던 것이 아니었다. 어둠 속에 또 다른 누군가가 있었다. 이 급진적인 사상가들이 학문을 논하고 있을 때 (밖에서) 누군가 문에 빗장을 걸고 횃불에 불을 붙였다. 안에 있던 피타고라스학파는 모두 불에 타 죽었다.

〈구름〉의 새로운 버전에서 아리스토파네스는 소크라테스와 그의 사색소에 있는 사람들이 피타고라스학파와 비슷하게 끔찍한 운명에 처하는 모습을 그렸다.

소크라테스: [연기 속에서 기침하며] 도와줘, 질식해 죽겠어!

카이레폰: [아직도 안에서] 사람 살려, 이러다 산 채로 화장되겠어!

스트레프시아데스: [노예 크산티아스를 뒤에 데리고 사다리를 내려오며] 당신들은 그래도 싸. 신들을 모독하고 달의 자리에 관해 왈가왈부했으니 그런 벌을 받는 게 당연하지. [소크라테스의 엉덩이를 걷어차며] 저들을 쫓아내라! 돌로 쳐라! 복수하라! 상처받은 신들을 위해 복수하라! 저들이 한 일을 기억하라! 복수하라!

연극에서 소크라테스와 동료들은 불타는 사색소를 빠져나왔다. 해피엔딩으로 끝났지만 이 장면은 분명히 보기 흉했을 것이다.

공개 배척

소크라테스는 이와 같은 공개적인 배척에 어떻게 반응했을까? 물론 침착하게 반응했다고 전해진다. 어쨌든 아리스토파네스는 플라톤의 〈향연〉에서 소크라테스의 지인으로 나온다. 적이 아닌 친구로 말이다. 두 사람은 함께 술을 마시고 토론하기도 했다. 그렇다면 아리스토파네스는 소크라테스를 향한 애정 어린 시선으로 〈구름〉을 거침없이 신랄하게 써내려간 것인가? 후일 전해진 이야기로는 소크라테스는 무대 위 소크라테스가 '달의 자리를 훔쳐보는 모습'을 보더니 일어나서 미소를 지으면서 관중에게 고개 숙여 인사했다고 한다. 아테네는 이처럼 대중 앞에서 사람들을 공개적으로 풍자하고, 그런 풍자를 보며 웃던 사회였다.

아리스토파네스가 〈구름〉을 상연하던 시절, 많은 선도적 사상가는 아테네의 극장에서 호된 비난과 풍자를 당했다. 하지만 아테네는 그들에게 관용을 베풀기도 했다. 그러나 시대는 바뀌기 마련이다. 미래에, 새로운 세기에 소크라테스는 고립되었고 그의 급진적 동료들은 처형당하고 추방되었다. 그의 아테네는 너무도 여러 번 전쟁에서 패했다. 아테네 군중의 함성은 더욱 커졌고 그 웃음은 공허해졌다.

이 시점에서 아리스토파네스는 민주주의 도시 아테네의 중요 인사들이 거만해지지 않도록 민주적인 방식으로 풍자했을 수도 있다. 하지만 아리스토파네스의 극에서 소크라테스는 분명히 젊은이의 마음을 매우 비민주적으로 주무르는 인물이었다. 디오니소스 극장에 앉아 아리스토파네스의 〈구름〉을 보던 아이들의 기억에 분명히 불쾌한 무엇인가가 각인되었다. 소크라테스가 재판받을 때쯤 이 아이들은 삼십 대의 성인 남자가 되었다. 법정에서 배심원이 되기에 충분한 나이였다. 소크라테스가 공연 관람을 마치고 알로페케의 어머니 집으로 오리처럼 뽐내며, 눈을 두리번거리면서 돌아갈 때, 아이들은 그의 등 뒤에서 키득거리며 비웃었을 것이다. 기원전 399년에 법정에 서게 된 소크라테스는 그제야 이 희극의 묘사가 자신의 명성에 대단히 나쁜 영향을 끼쳤음을 깨달았을 것이다.

아테네 시민 여러분, 저는 우선 최초로 저를 허위 고소한 내용과 그 고소인들(아리스토파네스를 비롯해 소크라테스에 관한 편견과 비방을 퍼트린 자들을 뜻한다_옮긴이)에 변론하고 그다음의 고소와 다음 고소인들(실제로 소크라테스를 법정에 고소한 아니토스, 멜레토스, 리콘을 뜻한다_옮긴이)에 변론하는 것이 좋겠습니다. …

하지만 저는 예전부터 있었던 고소내용을 더 걱정합니다. 여러분이 어렸을 때부터 들었던, 저를 향한 그럴듯한 비판은 지금 제가 맞닥뜨린 고소만큼이나 거짓이지요. 그들은 소크라테스라는 현자가 있는데 하늘에 있는 모든 것을 생각하고 땅 아래 모든 것을 탐구하며 약한 논증을 강하게 만드는 자라고 주장했습니다. 아테네인 여러분. 이런 소문을 퍼뜨린 자들이 저는 두렵습니다. 왜냐하면 이런 이야기를 들은 사람은 그런 대상을 탐구하는 사람은 신을 믿지 않는다고 믿기 때문입니다. 그런데 이런 고소인이 너무 많은데다 이미 오랫동안 그런 비방이 퍼졌지요. 여러분이 쉽게 무엇인가를 믿을 나이였을 때, 그러니까 여러분이 아이였고 청년이었을 때부터 그들은 이런 말을 하고 다녔습니다. 아무도 변론하지 못할 때 그런 주장을 퍼뜨렸지요. 이 모든 일에서 가장 불합리한 부분은 그들이 누구인지도 모르고 그들의 이름을 말할 수도 없다는 것입니다. 아, 희극작가 한 사람을 제외한다면요.

여러분은 아리스토파네스의 희극에서 보셨을 겁니다. 거기에서 소크라테스는 바구니를 타고 돌아다니면서 하늘을 걷고 있다고 말합니다. 제가 전혀 알아들을 수 없는 허튼소리를 했지요. _플라톤의 〈소크라테스의 변명〉

여론재판은 예전에도 이상한 영향력을 발휘했고 앞으로도 그럴 것이다. 그러나 아리스토파네스가 절대로 조롱하지 않은 것은 소크라테스의 용기였다. 소크라테스는 어쨌든 참전용사, 그것도 무공을 인정받은 용사였다. 그는 전쟁의 시대에 전쟁의 가치를 부정하지 않은 사람이었다.[16] 그리고 자신의 도시 아테네의 조롱을 받았다 해도, 〈구름〉이 상연되고 난 몇 달 후에도 다시 아테네를 위해 목숨을 건 사람이었다.

34 암피폴리스 기원전 424~422년, 그리스 북동부

소크라테스: 시기하는 사람들은 이웃이 살찔수록 살이 빠지는 법이지.

- 플라톤의 〈파이돈〉에서

아테네의 성벽 안에서 비극작가와 희극작가 들은 계속 글을 썼고 음악가들은 작곡을 멈추지 않았으며 철학가들은 논쟁을 이어갔다. 하지만 성벽 너머에서는 적대행위가 계속되었다. 델리온에서 아테네가 굴욕적인 참패를 한 후 아테네의 적들은 원기를 되찾았다. 기원전 424년에 스파르타와 그 동맹국이 그리스 북동부의 아테네 영토를 건드린다는 소문이 들려왔다. 소크라테스는 아테네군의 일원으로 북동부를 향해 다시 원정 길에 올랐다.

북동부지역은 오늘날에도 워낙 이국적인 지역이어서 이곳에서 남쪽으로 320킬로미터나 떨어진 아테네에서 소유권을 주장했다는 것을 납득하기 어려울 정도다. 이 지역은 오늘날 터키로 향하는 길목이다. 동쪽으로 더 가면 1923년에 로잔 조약이 낳은 상대국 주민 교환의 불행한 결과를 여실히 볼 수 있다. (당시 로잔 조약에는 상대국 주민 교환 조항이 있었는데 이슬람교도 39만 명이 그리스에서 터키로, 기독교인 130만 명이 터키에서 그리스로 강제 이송되었다.)

이곳에서 보스포루스 해협까지 이어지는 작은 마을은 여전히 임시 난민촌 느낌이 난다. 하지만 이 마을을 둘러싼 풍경은 풍요롭고 웅장하다. 언덕은 끝없이 이어지고 숲이 무성하며 대지는 광물을 넉넉히 품고 있다. 기원전 437년에 암피폴리스는 갓 세워진 새로운 마을이었는데 선사 시대 주거지가 있던 자리였다. 아테네는 기원전 465년에 이곳을 식민지 삼으려 했다. 그 과정은 끔찍했다. 식민지를 개척하려고 파병한 아테네 병사 1만 명이 전사했다. 이곳은 전략적으로 워낙 중요한 위치이다 보니 트라키아어로 '아홉 갈래 길'이라 불렸다. 그로부터 100년도 채 지나지 않아, 알렉산드로스 대왕이 바로 이곳에서 아시아 전역을 정복하려고 길을 나섰다.

소크라테스는 다음 전장인 암피폴리스를 가려면 스트리몬 강(소크라테스 시절에는 다리가 놓인 강)을 건너야 했다. 오늘날에는 녹슬고 덜컹대는 철제 건널목으로 강둑이 어지럽지만 강은 아직도 고대의 모습을 간직하고 있다. 강은 폭이 넓고 강둑에는 갈대가 자란다. 사실 스트리몬 강 덕택에 암피폴리스가 생겼다 해도 과언이 아니다. 암피폴리스는 아테네가 스트리몬 강을 건너기 편리한 교차점을 마련하고 교역을 통제하려고 13년 전에 세운 도시다. 이 지역에서 크는 나무와 이곳의 언덕에서 나는 금을 바로 소크라테스가 지켜야 했다.

투키디데스도 이미 기원전 424년에 이 지역에서 애국의 의무를 다했다. 스파르타의 지휘관 브라시다스가 펠로폰네소스의 중무장 보병과 중무장 보병 갑옷을 입은 헤일로테스로 구성한 군대를 이끌고 이곳을 급습했기 때문이다. 당시 투키디데스는 풍요로운 타소스 섬(이미 아테네 제국의 거친 야망을 경험했던)에서 삼단노선 70척을 지휘하고 있었다. 스파르타가 공격했으니 서둘러 암피폴리스로 오라는 명령이 투키디데스에게 떨어졌다. 그 역시 이곳에 이해관계가 있었다. 이 비옥한 땅의 탄광 채굴권을 소유하고 있었다.

투키디데스는 분명히 스파르타를 반격하기에 딱 맞는 사람이었다. 하지만 그가 그곳에 도착하기까지 한나절이 걸렸다. 그의 노착은 지체되었고 스파르타는 재빨리 움직였다. 상황은 그에게 불리했다. 스파르타는 암피폴리스 사람들을 설득해 칼 한번 휘두르지 않고 마을을 손에 넣었다. 스파르타는 마을을 떠나고 싶은 사람은 안전하게 떠날 수 있게 해주고 마을에 남고 싶은 주민은 그 재산을 약탈하거나 압류하지 않겠다고 약속했다. 스파르타는 갑자기 이 불쾌한 전쟁에서 공명정대하고 섬세한 외교로 도덕적 우위를 점하게 되었다. 투키디데스가 암피폴리스를 지키는 데 실패했을 뿐 아니라 브라시다스가 자비로운 구원자의 이미지를 얻었다는 소식이 아테네로 전해졌다. 결국 투키디데스는 아테네로 소환되어 재판을 받았다. 그에게는 유죄판결이 내렸다. 결국 〈펠로폰네소스 전쟁사〉를 쓴 이 역사가가 생생한 군사작전을 마지막으로 목격한 곳이 바로 이 암피폴리스였다. 투키디데스는 이 굴욕적인 실패 때문에 평생 망명자로 살았다. 투키디데스와 그의 가족은 트라키아에서 여생을 보냈다. 이 황량한 북부 지역에서 투키디데스는 〈펠로폰네소스 전쟁사〉를 썼다. 그의 책은 고대의 훌륭한 역사서 가운데 하나가 되었다.

트라키아 전투

스파르타 군대는 암피폴리스 요새에 들어앉았다. 그 후 2년간 두 적군은 서로 티격태격하며 땅을 조금씩 빼앗았고 지역 주민들을 체스 게임의 말처럼 취급했다. 그러나 아테네는 부유한 식민지 암피폴리스를 그냥 넘겨줄 생각이 없었다. 아테네군에 떨어진 명령은 무슨 수를 써서라도 암피폴리스를 탈환하라는 것이었다. 소크라테스도 승리를 위해 이곳에 파병된 병사 중 하나였다. 정전협정을 체결한 지 1년이 지난 기원전 422년에 아테네군은 돌아왔다. 소크라테스가 치열하게 전투를 벌였던 곳은 현재 덤불이 우거진 나지막한 언덕으로, 테살로니키와 드라마를 연결하는 간선도로가 지난다.

암피폴리스 전투에서 소크라테스는 트라키아인들과 함께 싸웠다. 트라키아인들은 변덕스러운 이방인 투사였다. 그들은 그리스어 대신 "바-바-" 하고 자신들의 언어로 떠들었다. 또한 트라키아인들이 아기를 잡아먹는다느니, 적군의 시체를 매장하지 못하게 한다느니 하는 소문이 돌았다. 그들은 아테네군의 고위 지휘관 자리에 고용되기도 했다.[1]

기원전 5세기 그리스 지층과 무덤에서 나온 흑화도자기에 새겨진 중무장 보병의 모습은 우아하다. 하지만 당대의 유골을 살펴보면 전쟁의 참상을 잘 알 수 있다. 유골의 눈구멍으로 화살이 관통했고 도끼날에 정강이뼈가 으스러졌으며 치아는 두개골 속으로 푹 들어가 있다. 흑화도자기의 우아한 그림이 아테네 민주주의자들이 역사에 남기고 싶어 하는 이미지라면, 발굴된 유골들은 기원전 5세기 아테네 민주정치의 현실을 증언한다.

스파르타에 암피폴리스를 빼앗기고 나서 2년이 지난 뒤, 클레온이 아테네군을 이끌고 와 암피폴리스에 주둔한 스파르타군을 공격하려 했다. 그는 아테네 병사들을 전략적 요지에 배치했다. 하지만 스파르타군은 암피폴리스 요새 밖으로 나오지 않았다. 원래 스파르타는 정면대응에 잘 대비된 군대였다. 그런 점에서 상황이 다소 이상해 보였지만 클레온은 스파르타가 싸울 의지가 없다고 판단했다. 클레온은 다른 전략을 짤 생각으로 군대를 돌려 후퇴했는데 그 뒤를 스파르타군이 쫓아왔다. 타이게토스 산맥의 구릉과 에우로타스 평원에서 훈련된 스파르타의 중무장 보병들은 이런 게릴라 전술에 강했다. 결과는 스파르타군의 일방적인 학살이었다. 아테네 기병대가 몰고 간 말 300마리가 피투성이 전장에서 울부짖었다. 스파르타의 완승이었다. 아테네의 중무장 보병이 600명 희생된 데 반해 스파르타 중무장 보병은 7명이 죽었다.[2] 선두에서 전투를 지휘하던 스파르타 장군 브라시다스는 치명적인 상처를 입었지만 아테네의 위협을 성공적으로 물리쳤다는 소식을 듣고 나서야 숨을 거두었다.

아테네는 원래 제국의 전초기지라는 구체적인 목적으로 암피폴리스를 개척했다. 암피폴리스는 원자재를 풍부하게 생산하는 곳으로, 조세를 걷기에도 좋았다. 하지만 스파르타가 암피폴리스를 장악했고 암피폴리스 사람들은 스파르타의 '훈훈한 선행담'에 마음을 내주었다. 브라시다스는 분명히 카리스마가 있었던 듯하다. 그가 죽은 뒤 그 지역주민들은 매해 그를 위한 경연을 벌였고 제물을 바쳤다. 또 그를 기리는 기념물도 세웠다. 그는 암피폴리스의 '건국자'이자 '그리스의 구세주'로 칭송받았다. 아테네는 전략적 요충지인 암피폴리스를 잃은 것보다 지역주민들이 두 팔 벌려 스파르타를 환영하는 모습에 더 화가 났다. 슬프게도 아테네는 다른 그리스인들이 데모스 크라티아를 사랑하도록 '강요'하는 사명을 완수하지 못했다. 민주주의 강대국 아테네는 암피폴리스에서 환영받지 못했다. 암피폴리스에서의 패배는 아테네에 군사적 좌절뿐 아니라 도덕적 좌절을 안겨주었다. 투키디데스는 이 일에 관해 아래와 같이 기록했다.

암피폴리스 함락에 아테네는 무척 놀랐다. 아테네의 식민도시가 변화를 기꺼이 받아들이고 브라시다스에게 접근해서 영토로 진군해달라고 했다니, 서로 앞 다투어 배신자가 되려고 했다니.
_투키디데스의 〈펠로폰네소스 전쟁사〉

옛 전장에서 자란 나무 위에 앉아 즐겁게 지저귀는 새들은 아테네의 패배가 아니라 스파르타의 승리라고 말하는 듯하다. 그리스 역사를 기록으로 남긴 사람들이 아테네인들이다 보니 기록은 당연히 편파적일 수밖에 없다. 우리는 아테네인의 관점에서 기원전 5세기 그리스의 역사를 읽는 일에 익숙하다. 그러나 펠로폰네소스 전쟁을 스파르타를 위시한 펠로폰네소스 동맹이 도발한 전쟁이 아니라, 아테네가 도발한 전쟁으로 본다면 암피폴리스 전투는 그리스인들에게 위대하고 중대한 승리였다. 억압받는 사람들이 압제자를 물리친 승리였다. 스파르타는 주민들의 애정을 얻었고 아테네는 고수익상품을 잃었다.

기원전 422년은 분주한 해였다. 암피폴리스 패배 이후 남은 아테네인들은 다른 중무장 보병대와 함께 반항적인 식민시 멘데와 스키오네, 토로네로 이동했다. 멘데는 고작 이틀 동안 저항한 후 항복했고 아테네군은 마을을 약탈했다. 스키오네에서는 남자들을 모조리 처형했다. 이제 토로네를 공격할 차례였다. 해안의 토로네는 전략적으로 중요한 위치에 있었다. 제2차 세계대전 당시 독일이 토로네의 항만을 해군기지로 이용한 것을 보면 알 수 있다. 오늘날의 토로네는 한산하다. 옛 요새터에 서 있는 비잔틴 요새만이 눈에 띌 정도다. 이곳에서도 가혹한 명령이 내려졌다. 기원전 423/422년에 이 흥겨운 동네는 파괴되었다. 모든 여자와 아이는 노예가 되었고 남자들은 전쟁포로로 아테네로 끌려갔다.[3] 이 지역의 도시들은 아테네의 위협과 무력에 하나씩 굴복했다.

전투 속에 꽃핀 사상

포티다이아에서는 민주주의를 수호하라는 명령 때문에 포위된 성벽 안에서 주민들이 인육을 먹는 참상이 벌어졌다. 델리온에서 아테네는 신성 모독을 했다. 하지만 세상은 멸망하지 않았다. 스키오네와 토로네에서는 아이들이 어머니의 치마를 움켜쥐고 비틀거리며 남쪽으로 끌려갔다. 그들은 이제 노예가 될 운명이었다. 이런 전투 속에서 소크라테스는 사상을 발전시켰다.[4] 어쩌면 그는 이런 전투 속에서 스파르타를, 극단적인 남부인들을 존중하게 되었는지 모른다. 세상의 모는 생명을 스파르타적인 개념으로 완벽하게 만들려고, 에우노미아Eunomia(질서, 법에 의해 잘 통치되는 상태를 뜻한다. 투키디데스와 헤로도토스를 비롯한 고대 작가들은 스파르타의 사회제도가 에우노미아를 실현한다고 보았다_옮긴이)가 실현될 수 있도록 사회제도 자체를 바꾼 사람들을 말이다. 스파르타인은 유한한 삶을 치열하게 살았지만 죽음을 두려워하지 않았다. 이는 소크라테스가 죽을 때 취했던 태도이기도 했다.[5]

기원전 422년, 클레온도 죽었고 스파르타의 지휘관 브라시다스도 죽었다. 전장에서 부상당한 병사, 죽어가는 병사, 탈주한 병사 들은 중무장 보병이 이상적으로 그리는 영웅상과는 거리가 멀었다. 원정이 끝나자 멘데, 스키오네, 토로네의 마을은 황폐해졌다. 아테네 군대가 지나간 곳곳은 상처를 입었다. 아테네군은 기원전 420년대에 무거운 몸을 이끌고 이곳저곳 원정을 다녔지만 영광은 찾을 수 없었다. 스파르타는 아테네의 공격에 용기와 끈기, 기동력으로 답했다. 남자들이 떠난 도시는 텅 비기 시작했고 도시 외곽에는 병사가 가득했다. 중무장 보병은 그리스에 아르마딜로의 등딱지 같은 존재가 되었다. 그리스의 고유한 특징이자 위대한 기관이었지만 더는 아름답지 않았다.

소크라테스는 분명히 외면상 보이는 힘에는 관심이 없었다. 그는 표면 아래 놓인 내용물을 찌르려고 애썼다. '절대 부정을 행하지 말아야 한다'고 주장했던 그가 자신의 손에 피를 묻혔다. 그는 추악한 전쟁의 추악한 병사로 남았을지도 모른다. 하지만 철학자 소크라테스는 추악한 기억뿐 아니라 아름다운 사상도 함께 들고 아테네로 돌아왔다. 그는 삶의 공포와 문제를 해결하는 가장 좋은 방법은 그것을 최대한 경험해보며 세상에서 선을 찾는 것임을 몸소 보여주었다.

아테네 북부에서의 끔찍한 군사작전은 남자들이 술을 마시며 잊고 싶은 경험이었다. 그러나 기원전 416년 어느 날 밤, (플라톤에 의하면) 소크라테스는 술을 마시며 그 일을 기억했다. 플라톤의 철학극장이 가장 훌륭하게 펼쳐지는 대화편인 〈향연〉에 그려진 어느 여유롭고, 따뜻하고, 다정한 향연에서였다. 이제 중무장 보병의 방패와 칼, 흉갑은 치우고 정교한 식기를 놓았다. 흥청망청 먹고 마시는 분위기 속에서 소크라테스는 동료들에게 기억하고, 토론하고, 의미를 찾으라고 말했다. 증오와 복수, 권력, 절망의 의미가 아니라 덕과 중용 그리고 무엇보다 사랑의 의미를 찾으라고 그들을 자극했다.

6막

위기의 시작

거침없는 사생활

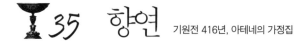

35 향연   기원전 416년, 아테네의 가정집

소크라테스: 짭짜름한 과자, 향수, 방향제, 창녀, 페이스트리

– 플라톤의 〈국가〉에서

아테네 도시 중심부에서 도기잔해로 가득한 우물이 발굴되었다. 도기의 잔해는 분명히 아테네인들이 흥청망청 포도주를 마셔댄 흔적이었다. 우물 깊숙한 곳에는 항아리와 검은색 유약을 바른 컵, 암포라가 있었다. 암포라에 담긴 술의 원산지도 알 수 있었다. 바람 부는 레스보스 섬에서 온 감미로운 포도주, 펠로폰네소스 반도의 해안을 따라 내려간 코린토스의 고급 포도주, 머나먼 타소스 섬에서 온 꿀처럼 달콤한 포도주도 있었다. 타소스 섬은 아테네인들에게 대단히 매혹적인 곳이었는데, 술의 신 디오니소스가 직접 그곳에 축복을 내렸다는 이야기도 있었다.

플라톤은 기원전 416년 무렵의 소크라테스가 낮에는 민주정 아테네의 광장에서 깊이 있고 예리하게 철학을 논하다가 해가 지면 소수의 무리와 함께 아테네 제국의 무르익은 열매, 향연을 즐겼다고 한다.

향연은 황금시대 시민의 특권이었다. 위대한 아테네 정신의 계승자, 시민들은 소파에 누워 소녀들이 연주하는 피리 소리를 듣고 청년들과 희희낙락하면서 다른 사람의 손으로 키우고 준비한 맛있는 음식을 먹었다. 다들 철학을 논한 대가를 받지 않는 소크라테스를 두고 반물질 주의자라고 했지만, 그는 저녁 식사 대접만큼은 기꺼이 승낙했다. 사실 향연은 누군가에게 베풀 수 있는 선물 중에서도 가장 좋은 선물이었다. 일반적으로 향연은 당대의 귀족들끼리 연대를 강화하는 장소이자 황량한 바위투성이 아테네에

여러 저작에서 소크라테스를 대화의 주인공으로 삼은 플라톤 ©Nick Pavlakis/Shutterstock.com

서 귀족적인 모습을 지키는 방법이었다. 그러나 향연은 우아하지 않았다. 오히려 외설적이었다. 아무리 고매한 대화가 오간다 해도 결국 유치했다. 당시 유행했던 '코타보스kottabos'라는 술 마시기 놀이(방 가운데에 있는 막대 위에 잔 하나를 올려놓고 사람들이 먹다 남은 포도주를 뿌려 잔을 쓰러뜨리는 놀이다)는 아테네 시민들이 어지럽히고 깨뜨린 잔을 치울 노예가 있어야 가능했다. 소크라테스도 아테네 상류층 시민들과 이런 방탕한 시간을 즐겼다. 우리는 소크라테스가 향연에 참가했다는 사실로 그는 분명히 뼛속까지 아테네인이었다는 것을 알 수 있다.

황금시대 아테네에서 특정 계층이 유대감을 형성하는 것은 돈과 음식이었다. 그리스 희극의 등장인물들은 굶주린 배는 거짓말하지 않는다는

농담을 하곤 했고, 시인들은 페르시아 제국을 정복해서 누릴 부와 향연을 상상하곤 했다.

> 언덕 위 나무들은 우리의 뜻대로 나뭇잎이 아니라 새끼염소의 내장을 떨어뜨리리.
> 낙엽수들은 고기와 채소를 다져 넣은 새 요리와 즙이 많은 오징어 조각을 떨어뜨리리.[1]

노예들은 향연, 즉 심포지온Symposion(함께 마신다는 뜻이다)을 준비할 때 온종일 음식을 장만했다. 비교적 건강식이었다(과도한 로마식 연회와는 달랐다. 아테네인들도 페이스트리를 좋아하긴 했지만 술을 끼얹고 잠깐 불을 붙여 향이 베이게 한 공작요리보다는 튀긴 생선과 렌즈콩 수프, 소시지, 건포도가 메뉴에 등장했다). 남자 손님 11명 정도가 초대받았고 보통 화관을 썼는데 도금양과 장미, 야생 샐러리 화관을 쓸 수 있었다. 참가자들은 찬송가 중에서도 주로 구원자 제우스신을 향한 찬송가를 불렀다. 그런 다음 향연 참가자들이 그날의 향연 진행자인 심포지아르코스symposiarch를 뽑고, 그러면 그가 그날 밤 물에 탄 포도주(주로 물과 포도주를 3대 1의 비율로 섞었다)를 얼마나 많이 마실지 결정했다.

플라톤은 소크라테스가 참가한 향연에서는 손님들이 직접 얼마나 마실지를 정했다고 전한다. 배타적인 귀족 모임 안에서도 민주주의가 이루어졌음을 보여주는 대목이다. 물론 소크라테스의 민주적 성향을 보여주려는 대목일 수도 있지만 플라톤은 그 점을 그리 강조하지는 않았다. 향연은 단지 술 마시고 흥청대는 시간이 아니었다. 향연은 세상을 움직이는 비공식 모임이었다. 향연이 열리는 저녁에(때로는 더 길게 열리기도 했다. 서른여섯 시간 지속되는 향연도 있었다) 소수의 남자가 닫힌 문 안에 모일 수 있었다. 청동기 시대 말부터 술 마시는 일은 사회 지도층이 경험과 조언을 나누고 어린 후계자를 적절하게 교육하는 기회였다. 민주정 아테네의 향연은 조금 달라지긴 했지만 귀족들은 향연에 참가함으로써 귀족정 시절의 향수를 달랠 수 있었다. 그리고 데모크라티아, 민주주의를 놓고 은밀히 이야기를 나눌 수 있었다. 몇 해 후 법정에 선 소크라테스에게 이 배타적인 무리와 어울렸던 과거는 분명히 불리하게 작용했을 것이다.

향연은 폐소공포증을 일으킬 만한 행사였다. 향연의 규모를 제대로 이해하려면 아테네를 떠나 북쪽으로 다섯 시간 차를 달려 올린토스의 작은 언덕으로 가보는 것이 좋다.

남자들의 방, 안드론

기원전 5세기의 아테네는 많은 부분이 현대도시 아테네 아래에 묻혀서 알 수가 없다. 하지만 최근 재발굴된 올린토스로 소크라테스가 살던 시대의 도시환경에 접근할 수 있다. 오늘날 올린토스의 거대한 유적지로 들어가는 길은 마치 토끼굴로 내려가는 느낌을 준다. 거대하고 특별한 게임판 위를 걸어가는 느낌이 들기도 한다. 고대 마을의 배치도가 돌덩이 4개를 쌓은 높이에 게시되어 있다. 놀라운 점은 배치도에 그려진 마을이 규칙적으로 배열되었다는 것이다. 산비탈에 있는 작은 상자 모양 집들이 기원전 5세기에 그리스인들이 살았던 곳이다.

올린토스에는 잘 보존된 집이 한 채 있다. 고고학자와 역사학자 들에게는 천만다행으로, 그 집의 방 하나가 특히 상태가 좋았다. 바로 남자들의 방, 안드론이다. 어떤 의미에서 고대 그리스의 집에는 여자를 위한 공간이 따로 없었다. 안드론을 제외한 집안 전체가 여자의 구역이었다.[2] 하지만 안드론에는 남자들만 들어갈 수 있었다. 안드론은 대체로 거리 쪽으로 문이 달려 있어서 여자들이 방 옆을 오가며 분위기를 망칠 이유가 없었다. 손님의 시중을 드는 노예 소녀와 피리 부는 소녀, 헤타이라는 예외였다.

당시 아테네의 주택은 무척 소박했다. 유일하게 내부를 장식한 방이 아마 안드론일 것이다. 안드론은 무엇보다 쾌락의 장소였다. 올린토스의 안드론 두 곳에는 모자이크 장식이 여전히 남아 있다. 약간 조잡하지만 매혹적인 이 모자이크 장식은 조약돌로 만들어졌다. 장식에는 코린토스의 영웅 벨레로폰이 페가수스를 타고 키마이라(그리스 신화에 나오는 괴물로 하나의 몸에 사자와 염소, 뱀의 머리가 달려 있다_옮긴이)를 죽이는 모습과 바다의 요정 네레이스가 해마들과 즐겁게 노는 모습이 그려져 있다. 돌로 만든 벤치들이 방 가장자리에 놓여 있다. 마른 그리스인 두 사람이 나란히 몸을 기댈 만큼 넓은 벤치다. 목재로 만든 소파가 연단 위에 놓이기도 했다. 이곳에서 노래를 부르고 건배를 하고 시를 짓고 폴리스에 중요한 정치문제를 논했다.

플라톤의 〈향연〉은 전시를 배경으로 한다. 전쟁에 지친 남자들이 술에 빠져 상처를 보듬고 전투에서 생긴 유대감을 더욱 단단히 다졌다. 소크라테스가 향연에 함께했다는 사실은 그가 좋은 포도주와 (노예들이 준비한) 맛난 음식을 즐겼다는 것 이상을 말해준다. 당대 모든 사람이 향연에 가지는 않았다. '타고난 통치자'는 향연에 참가하지 않았다. 예를 들어 페리클레스는 아고라에서 곧장 집무실로 갔다. 중간에 이야기를 나누거나 인맥을 쌓느라 시간을 낭비하지도 않았다.[3] 이 위엄 있는 지도자는 수다를 떨고 귀족들을 고무하는 일보다 더 중요한 일이 있었다. 하지만 소크라테스는 아테네의 장인과 최하위층뿐 아니라 최상류층과도 즐겁게 어울리는 철학자였다.

플라톤의 〈향연〉은 단순한 판타지인 동시에 훌륭한 심리극이기도 하다.

기원전 5세기 아테네의 어느 밤에 많은 사람에게 일어날 수도 있었고 또 실제로 일어났던 일을 생생하게 그린다.[4]

플라톤이 〈향연〉의 배경으로 한 향연은 기원전 416년 1월 혹은 2월에 열렸다. 부유한 무리가 참가한 이 향연에 소크라테스를 초대한 주인은 비극시인 아가톤이었다.[5] 극은 잘 쓰기도, 잘 만들기도 무척 어려웠으므로 당대 연극경연대회에서 상을 받는다는 것은 대단한 일이었다(물론 지금도 그렇다). 대단한 주인을 축으로 모인 이 향연의 분위기는 분명히 들떠 있었을 것이다. 노래와 토론, 게임이 진행됐다. 이 향연에는 위대한 지성인이 많이 모인 듯하다. 아리스토파네스도 함께했다. 가차 없는 필력으로 훗날 소크라테스를 죽음으로 몰고 간 그는 아가톤과 함께 벤치에 누워 소크라테스와 그 동료들과 더불어 밤을 새웠다.[6]

플라톤은 〈향연〉에서 강렬하고 뚜렷한 인물들을 그렸다. 알키비아데스가 평소보다 더 방탕한 모습으로 불쑥 들어온다. 소크라테스는 자조적이며 수수께끼 같은 인물로 그렸고 향연의 주최자 아가톤은 초자연적으로 아름답게 묘사했다. 또한 미스터리 같은 손님도 대화에 참여한다. 깊은 생각과 뛰어난 언변을 지닌 여사제, 디오티마이다. 플라톤의 〈향연〉에서 소크라테스는 디오티마의 생각을 이야기한다.

분명히 향연은 대체로 지루했을 테지만 생기 넘치는 향연도 있었다. 아리스토텔레스와 크세노폰, 에우리피데스, 이 모든 남자가 화관을 쓰고 소파에 기대어 시간을 보냈다. 이 혈기 넘치는 향연에서 소크라테스는 생각할 거리를 얻었을 것이다. 플라톤의 〈향연〉에서 손님들은 아직 취하지 않은 모습이다. 알키비아데스는 소크라테스가 금욕을 즐긴다며 놀린다.[7] 손님들은 소크라테스의 별난 점을 지적하며 그가 대체로 '꿈 같은' 소리를 한다고 말한다. 소크라테스의 못생긴 외모도 놀림거리가 된다. 그러다 다소 흥미로운 일이 일어난다. 알키비아데스가 소크라테스를 아테네의 어느 종교 교단의 신상과 비교한다. 그 신상은 나무로 만들어졌는데 겉은 투박하지만 안을 열면 대단히 아름다운 것이 들어 있다고 한다.

알키비아데스: … 소크라테스의 이야기를 듣기로 마음먹었을 때, 처음에는 그의 이야기가 정말 말도 안 된다고 생각할 것입니다. 소크라테스의 이야기는 겉보기에는 어리석은 말과 어구로 덮여 있으니까요. 그것은 물론 조롱하는 사티로스의 가죽 같은 것이지요. 그는 짐을 나르는 당나귀나 대장장이, 구두장이, 무두장이를 이야기하고 늘 같은 말로 같은 것들을 일컫는 것 같지요. 그래서 무지하고 생각 없는 사람들은 그의 이야기를 비웃을 수도 있습니다. 하지만 그 이야기를 열고 안으로 들어가면 완전히 새로운 관점으로 보게 되지요. 우선, 그의 이야기만이 유일하게 의미 있다는 것을 알게 될 겁니다. 그다음에는 그처럼 신성하고 덕의 이미지로 가득하고 대단히, 아니 완벽하게 의미 있는 이야기는 찾을 수 없다는 것을 깨닫습니다. 그의 이야기는 아름다움과 좋음을 찾으려고 애쓰는 사람이라면 누구든 고려할 만한 내용을 담고 있다는 것을 알게 되지요. _플라톤의 〈향연〉

아름다움에 관한 생각

기원전 5세기 아테네 사람들은 외적인 아름다움이 훌륭하고 고귀한 영혼을 드러낸다고 생각했다. 아름다움은 신이 내린 선물이었다. 특권과 지배권을 누릴 만큼 뛰어난 자질을 지닌 이들은 그에 맞는 매혹적인 겉모습을 지녀야 했다. 당시 아테네 곳곳에서 발가벗은 아테네 영웅들의 전형(김나시온에서 운동하는 남자들과 청동 및 대리석 조각상 모두)을 볼 수 있었다. 아테네에서 남자들은 발가벗고 운동했고, 대화했고, 신을 경배했으며 들에서 일했다. 여신 아테나에 바치는 남자들만 참가하는 미인경연대회 칼리스테이온kallisteion이 판아테나이아 축전기간에 열렸다. 우승자는 신성한 올리브기름을 100암포라 넘게 상품으로 받았다. 소크라테스의 아테네에서 아름다운 육체는 아름다운 정신을 뜻했다.[8] 아름다운 것은 도덕적으로도 아름답다는 것을 뜻했다. 그리스어에서 칼론kalon은 '건강한'이란 뜻 외에도 '멋진', '칭찬할 만한'이라는 뜻이 있다.

따라서 알키비아데스가 앞서 언급한 생각, 즉 멋대가리 없는 껍질 속에 아름다움이 들어 있을 수도 있다는 생각은 꽤 급진적이었다. 소크라테스와 관련한 고전 중에서 〈대 히피아스Hippias Meizon〉는 '아름다움'의 정의를 내리는 데 바쳐진 대화편이다. 소크라테스는 아름다움은 각선미와 코의 비율, 윤기 나는 피부가 아니라 영혼의 상태와 관련 있다고 말한다.

아름다움으로, 모든 아름다운 것은 아름답게 된다. _플라톤의 〈파이돈〉

아름답지 않을지라도 내면의 아름다움, 곧 덕으로 위대한 것을 만들 수 있다. 소크라테스가 말했다. "사랑에 관한 것을 추구하다 보면 갑자기 놀라운 본성을 지닌 '아름다운 어떤 것'을 직시하게 되지요. 바로 그동안 그토록 고통스럽게 추구했던 목표였던 것을요. 그것은 소멸하지 않고 늘 있는, 신성하고 순수한 것, 바로 '아름다움 그 자체'를 보게 됩니다."[9] 내면의 인격은 겉모습과 다르지만 겉모습 못지않게 강하다는 생각은 소크라테스의 주장대로라면 그리스 사회에서는 색다른 생각이었다. 이제 아름다움은 갖고 태어나는 것이 아니라 하나의 태도이자, 내면의 노력으로 도달할 수 있는 목표가 되었다.

당시 아테네 사람들의 관점에서 봤을 때 소크라테스의 외모는 무척 형

편없었고 역겨웠다. 사람들은 소크라테스의 외모를 풍자했지만 정작 본인은 거기에 개의치 않는 듯했다.

> 내 눈은 당신 눈보다 아름답습니다. 당신 눈은 오로지 앞만 쳐다보지만 툭 튀어나온 내 눈은 양옆도 잘 보지요. _크세노폰의 〈향연〉

〈향연〉에서 소크라테스는 애정 어린 농담을 담담하게 받아들인다. 그는 이곳에서도 아테네의 규범과 명성에 관한 집착을 골려댄다. 예민한 손님으로 가득한 아가톤의 향연에서도 소크라테스는 여전히 특이했다. 그는 알키비아데스의 구애를 거부했으며 밤새 술을 마셔도 여전히 조리 있게 말했다. 그리고 그는 훌륭한 아테네인의 전형인 칼로스 카가토스kalos k'agathos, 즉 아름다운 외모와 고매한 정신의 틀에 들어맞지 않아도 행복했다. 그는 사티로스 같은 존재였고 그게 전부였다. 소크라테스는 향연이 끝난 다음, 당시 아테네에서 흔하던 숙취 치료도 받지 않고 다시 온종일 철학을 논하고 김나시온에서 운동하려고 경쾌하게 길을 나섰다.

소크라테스를 논할 때 기억해야 할 중요한 사실은 그가 그래도 '그곳'에 있었다는 것이다. 그는 도시 크로톤의 사색소에 틀어박혀 있다가 불에 타죽은 피타고라스학파와는 달랐다. 소크라테스는 현실세계와 단절되어 살기를 거부했다. 디오니소스 극장에서 가차 없는 풍자의 도마에 오르긴 했지만 아직은 박해를 피할 수 있었다. 〈향연〉에서 다른 손님들과 그의 관계는 친밀했고, 동료애가 넘쳤고, 구체적이었고, 경박했고, 다정했다. 우리는 〈향연〉에서 인생을 최대한 즐기고자 했던 소크라테스를, 좀처럼 정치 풍조에 휩쓸리지 않으려 했던 소크라테스를 볼 수 있다.

그러니 소크라테스가 '올바른 삶'에서 쾌락의 추구를 허용한 것은 당연하다. 소크라테스가 추구하는 '올바른 삶'은 인생에서 즐거움의 자리, 쾌락주의를 거부하지 않았다. 플라톤의 〈고르기아스〉에서 소크라테스는 사랑하는 두 가지를 철학과 알키비아데스라고 말했고 자신의 얼굴을 호색가의 얼굴이라 평가하기도 했다.[10] 따뜻한 아테네의 밤에 정찬식탁에 둘러앉아 술 마시고, 떠들고, 음식을 먹는 소크라테스는 민중의 철학자였다. 그는 육체적인 것과 형이상학적인 것을 떼놓지 않았다.[11] 그리고 우리는 소크라테스가 지저분하고 현실적인 세상에서 사랑의 힘이 무엇인지 고민했음을 〈향연〉으로 알 수 있다.

36 에로스 기원전 5세기 그리고 그 이후, 아테네

소크라테스: 사랑은 내가 잘 아는 주제이지.

— 플라톤의 〈향연〉에서

에로스는 향연에 초대받지 않은, 그러나 당연히 함께한다고 생각되는 손님이었다. 뜨겁게 두근거리며, 질척대는 육체적 사랑은 오늘날보다 고대 아테네에서 더 분명하게 볼 수 있었다. 예를 들어 도자기공은 창녀들의 모습에 집착했다. 그들은 온갖 각도에서 본 창녀의 다양한 모습을 도자기에 그려 넣었다.

기원전 5세기 아테네의 많은 밤은 섹스로 끝났지만(때로는 섹스로 시작하기도 했지만) 소크라테스는 열정의 노예가 되지 않기로 결심한 듯했다. 그는 황홀경에 잘 빠졌고 관능적인 사람이었지만 성적 결합의 난장판에 딱히 관심을 두지는 않았다. 이런 절제는 이교도가 아닌 초기 기독교에서 더 쉽게 볼 수 있는 특징이다. 플라톤과 크세노폰이 전하는 기록을 보면 절제는 분명히 소크라테스의 기질 속에 있었다.

"하지만 신사 여러분, 제가 여러분께 솔직히 말하건대," 그가 계속 말을 이었다. "제게는 분명히 그 역시 클레이니아스에게 키스한 것으로 보입니다. 확실히 말할 수 있습니다. 열정에 불을 붙이는 것보다 더 강력한 것은 없습니다. 왜냐하면 열정은 만족할 수 없고 언제나 유혹하려고 손을 내미니까요. 따라서 저는 자제력을 갖고 싶다면 한창나이의 청년들은 키스하는 행동을 삼가야 한다고 생각합니다." _크세노폰의 〈향연〉

"소크라테스," 에우티데모스가 말했다. "그러니까 육체적 쾌락에 휘둘리는 사람은 덕에는 관심 없다는 말이십니까?"
"그렇다네. 에우티데모스. 어떻게 스스로 절제하지 못하는 사람이 짐승보다 낫다고 할 수 있겠나? 정작 가장 중요한 일은 고민하지 않고 무슨 수를 써서라도 쾌락을 주는 일만 하려는 사람이 어떻게 어리석은 짐승보다 나을 수 있겠나? 아니라네. 가장 중요한 일을 고민할 만큼 자제력 있는 사람만이 말로나 행동으로나 선을 선택하고 악을 거부할 수 있는 법이지."
_크세노폰의 〈소크라테스 회상〉

향연에서 벌어지는 독특하고 신 나는 성행위를 묘사한 도자기가 많이 있다. 이들 도자기는 전 세계 박물관의 창고와 수납장에 감춰져 있다. 대영박물관의 세크레툼Secretum(19세기 영국의 박물관 큐레이터들이 외설적이라 판단하여 대중에 공개하지 않은 공예품을 모아둔 곳이다_옮긴이)에, 나폴리 고고학 박물관의 가비네토 세그레토Gabinetto Segreto에, 코린토스 박물관 뒤 신관에 숨겨져 있다. 이곳에 저장된 유물들은 19세기의 발굴자들이 불쾌하고 '반헬레니즘적'이라 생각한 것들이다.

하지만 기원전 5세기 아테네의 민주주의자들은 발굴자들의 이러한 결정에 약간 어리둥절했을 것이다. 성행위 말고 건강한 공동체를 표현할 수 있는 더 좋은 방법이 무엇이란 말인가? 아테네는 무척 색色을 밝혔다. 길모퉁이의 헤르메스 흉상은 발기한 음경을 뽐냈다. 음경은 흉상을 떠받친 돌기둥 위에 당당하게 새겨져 있었다. 도자기에는 그것을 신체의 온갖 구멍에 넣어보는 소녀들의 모습이 새겨져 있다. 아테네에서 성행위는 운동이자 경기였다. 김나시온에서 벌어지는 운동과 경기처럼 성행위의 참가자들은 최대한의 만족, 즉 높은 보상을 얻으려고 애쓴다. 박물관의 비밀 보관실에 유물이 가득한 이유는 그리스인들이 춘화로 가득한 삶을 즐겼기 때문이다.

절제하는 사랑

소크라테스는 사랑의 힘을 확고하게 믿었지만 동성애적이고 질척이는 육체적 사랑은 그에게 맞지 않았다.[1] 크세노폰의 〈향연〉에는 노예 소년과 소녀가 등장해 에로스가 프시케를 유혹하는 장면을 연기하는 부분이 있다. 그때 방 안에 있던 모든 사람이 자극을 받아 아내와 사랑을 나누려고 집으로 돌아갔다고 한다. 하지만 소크라테스는 산책하러 나갔다.

소크라테스는 사랑이란 침대에서 뒹구는 순간 그 이상의 것이라고 말한다. 진정한 사랑은 우리를 더욱 풍요롭게 한다고.

> 소크라테스: 사랑하는 이의 외모에만 매혹된 사람은 농장을 빌린 사람과 같다네. 그의 목표는 농장의 가치를 높이는 것이 아니라 그곳에서 되도록 많이 수확하는 것이지. 반면에 우정을 목표로 하는 사람은 농장을 소유한 사람과 같다네.[2] _크세노폰의 〈향연〉

소크라테스가 향연에서 술을 마시며 나눈 이야기는 성행위가 아닌 사랑에 관한 이야기이다. 소크라테스의 이야기에서 '타 에로티카Ta erotika(에로스의 문제)'는 '올바른 것' 혹은 '우리를 올바른 것과 올바른 영혼으로 이끄는 것'을 가리킨다. 그리고 소크라테스는 절대로 인정사정 봐주지 않았다. 그는 역겨운, 불타오르는, 체액이 오가는 성행위에 집착한다는 이유로 당대의 최고 권력자도 비판했다. 후일 내전을 일으키고 아테네에 참주정을 복귀시킨 권세가이자 반동 과두주의자인 크리티아스도 그런 점 때문에 소크라테스에게 비판받았다.[3] 플라톤의 친척이자 음침한 비극 취향의 야심만만한 비극작가이기도 했던 그는 소크라테스의 무리에 끼어들었는데 에우티데모스라는 젊은이에게 몸이 달아 있었다. 소크라테스는 그런 그를 좋게 보지 않았다.

> 크리티아스는 돼지의 감정을 가진 것 같군. 돼지가 돌에 몸을 비벼댈 수밖에 없듯 에우티데모스에게서 떨어질 줄 모르니 말일세.
> _크세노폰의 〈소크라테스 회상〉

크리티아스는 격분했다. 이 일이 있고 난 다음 크리티아스는 소크라테스가 서른 살 미만의 사람들과 이야기를 나누지 못하게 해서 그의 입을 막으려고 했다. 크리티아스에게는 이 독불장군 철학자가 눈엣가시였을 것이다.[4]

이 일화는 크리티아스뿐 아니라 소크라테스가 어떤 사람인지 알려준다. 오늘날 학자 중에는 소크라테스를 두고 크리티아스 같은 반동적이며 억압적인 과두파를 가르친 장본인이라 비판하는 사람도 있지만 에우티데모스를 둘러싼 말다툼을 보면 사실 소크라테스가 크리티아스 무리를 불편하게 생각했음을 알 수 있다. 소크라테스가 그들과 함께 술을 마셨고 그들이 소크라테스의 말에 귀 기울였던 것은 사실이다. 하지만 그렇다고 소크라테스가 그들의 귀감은 아니었다. 소크라테스가 폭넓게 사귄 친구나 지인을 두고 모두 소크라테스가 그들을 교화시켰다거나 당파를 형성했다고 오해해서는 안 된다.

소크라테스는 향연에 무척 편안하게 앉아 있었지만 다른 사람들은 그렇지 않았다. 소크라테스는 어쨌든 귀족이 아니었다. 아테네의 민주주의자도, 과두주의자도 소크라테스가 관습을 깨고 밤늦도록 사회지도층과 향연을 즐겼다는 사실을 잊지 않았을 것이다.

소크라테스는 분명히 한마디로 정의하기 어려운 사람이었다. 그는 보통사람이자 엘리트였다. 아테네인들은 '재산으로나 태생으로나 최고위층'을 사랑했다. 그들은 아름다운 칼로이 카가토이kaloi k'agathoi(아름답고 뛰어난 자들), 즉 지배층이 아테네를 통치하기 적합하다고 믿었다. 소크라테스는 완전한 금욕주의자도, 민주주의자도, 과두주의자도 아니었다. 하지만 그는 어디에나 끼어들었다. 아테네인들이 많은 고통을 겪던 시기에도 그는 여전히 아고라를 휘젓고 다녔다. 변함없이 성가신 질문을 퍼부으며 신나게 돌아다녔다.

어쩌면 그는 사람들을 너무 성가시게 하고 짜증 나게 했는지도 모른다. 그는 때려잡아야 하는 성가신 잔소리꾼이 되었을 것이다. 아리스토파네스의 희극에서 우리는 소크라테스가 이미 아테네 시민들의 심기를 불편하게 했다는 것을 알 수 있다. 기원전 5세기의 아테네 시민들은 그에게 그저 싫증이 났을지도 모른다. 한때는 소크라테스의 이야기를 흥미진진하고 관대하게 받아들였던 이들이 이제는 짜증을 내며 욕을 퍼부었을지 모른다. 사람들은 안장에 너무 오래 앉아 있는 사람에게 싫증을 내기 마련이다. 웃자란 가지가 잘려나가듯 뛰어난 인재들이 제거되기 시작했다.

어쩌면 소크라테스는 비난 대상을 조금 더 신중하게 골랐어야 했는지 모른다. 당대의 지도층인 크리티아스 같은 사람을 깎아내리기 전에 다시 생각해봐야 했는지도 모른다. 기억력 좋은 사람과 술친구 하는 건 기분 나쁜 일이니까.[5]

사랑의 진실

지금으로부터 2,400년 전을 배경으로 한 이 향연의 주제는 사랑이다. 〈향연〉은 오늘날까지도 서양문학에서 사랑을 주제로 한 이야기 가운데 가장 뛰어난 것으로 손꼽힌다. 소크라테스가 이 세상 그 누구보다 잘 안다고 자부하는 유일한 주제가 바로 사랑이었다.[6] 크세노폰의 〈향연〉에는 소크라테스가 이런 말을 하는 장면이 나온다. "나는 누군가를 사랑하지 않았던 순간을 한순간도 기억할 수 없습니다." 소크라테스는 뜨거운 열정으로 아테네의 동료 시민들을 사랑했다. 소크라테스는 그들의 눈으로 자신을 더 알 수 있다고 믿었다. 그래서 그는 주변 사람들과의 관계로 비로소 우리가 완전해질 수 있다고 가르쳤다. 소크라테스는 사랑의 거대한 위력을 이해했고[7] 사람 사이의 관계를 일생일대의 연구과제로 삼았다.

소크라테스는 사랑은 세상을 전복할 수 있을 만큼 강력하다고 생각했다. 그는 사람들이 사랑 이야기를 좋아한다는 것을, 사랑 이야기처럼 사랑한다는 것을 잘 알았다. 하지만 그는 절대로 조롱하지 않았다. 소크라테스의 사랑은 글자 그대로 사랑이었고 그에게 삶의 목적은 삶을 사랑하는 것이었다. 소크라테스는 에로스를 좋아했다. 그는 만약 에로스가 우리를 그냥 스쳐 지나간다면 우리는 존재하지 않는 존재라고 말했다. 그가 긍정하는 사랑의 특성 중에는 사회의 유대감을 형성하는 접착제 역할도 있었다. 축전과 희생, 춤 모두 에로스에서 생겨나기 때문이다. 무엇보다 사랑은 우

리를 '올바른 삶'으로 안내한다. 사랑은 올바른 것을 향한 열정이자 타락을 향한 공포이다.[8]

〈향연〉에서 소크라테스가 말한 것 중에서 정말 마음을 울리는 것은 사랑을 쫓는 것이 이기적인 행동이 아니라는 것이다. 사랑의 목적은 만족이 아니라 공생이다. 사랑, 욕망, 야망, 희망, 화합, 열광, 충동 무엇이라 부르든 신중하게 한다면, 지나치게 스스로 불사르지만 않는다면 사랑은 오래 간다. 소크라테스는 무지가 아니라 정직과 지혜를 추구하는 것이 우리를 사랑으로 이끈다고 생각했다. 그에게 사랑은 목적이었다. 그것은 살고 행동하고 생각하려는 욕망이었다. 사랑은 이 세상에서 우리를 훌륭한 존재로 느낄 수 있게 해주고 결국 우리를 세상 속에서 훌륭한 존재로 만들어준다. 소크라테스는 이 '올바른' 힘을 '타 에로티카'라 불렀다.

> 소크라테스: 이미 지혜로운 존재는 신이건 인간이건 더는 지혜를 사랑하지 않는다. 너무 무지해서 사악한 사람들도 지혜를 사랑하지 않는다. 사악하고 어리석은 사람들은 지혜를 사랑하지 않는 법이니까. 그러면 무지라는 나쁜 것을 지녔지만 아직 그것에 의해 무지하거나 어리석어지지 않은 사람만 남는다. 그들은 스스로 무엇을 모르는지 알지 못함을 아는 사람들이다.
>
> _플라톤의 〈뤼시스〉

소크라테스가 생각한, 잘 굴러가는 사회의 중심에는 사랑과 선, 우정이 있었다. 하지만 소크라테스는 아직 여자에 관한 생각을 정리하지 못했다. 남자들 사이에서 사랑의 숭고함은 상상할 수 있다. 하지만 여자와 남자의 사랑은 어떠한가? 그리스의 시인 헤시오도스가 최초로 창조된 여성을 '아름다운 악'이라 부른 점을 감안할 때, 이는 쉽게 풀 수 없는 문제였다. 당대의 많은 남자와는 달리 소크라테스는 여성을 무시하지 않았다. 소크라테스는 아는 척하는 사람보다는 그 주제를 정말 알고 있는 사람을 간절히 찾았기 때문에 여자에게서 깨달음을 구했다.

그렇게 해서 〈향연〉의 무대에 여성 인물이 등장한다. 바로 여사제 디오티마이다. 디오티마는 플라톤의 이상을 표현하는 대변자 역할을 한다. 즉 플라톤이 생각하는 완벽한 사회를 건설하는 방법을 그녀가 말하는 것이다. (그녀는 플라톤의 〈향연〉에 자유롭고 동등한 자격으로 참가하지만 일반적인 등장인물과는 달리 여자이다.) 플라톤은 〈향연〉에 여성을 등장시켜야만 했을 것이다. 왜냐하면 그날 토론의 많은 부분이 남자와 여자가 아이를 갖는 것, 그리고 여자의 임신과 출산에 관한 것이었기 때문이다. 〈향연〉에서는 우리가 '이성애'와 '동성애'라고 부르는 것이 각각 아이와 덕을 통해 어떻게 아름다움을 탄생시키는지 복잡하게 토론한다. 여기서는 이성애가 몸을 잉태하여 아름다움을 탄생시킨다면, 동성애는 영혼을 잉태한다고 한다. 아름다움 그리고 아름다운 것과의 관계는 더 크고, 더 훌륭한 아름다움을 낳는다.

이와 같은 주장에서 우리는 소크라테스가 왜 유대·기독교 철학과 이슬람 철학에서 많이 거론되는지 알 수 있다. 지상에서 긍정적으로 선을 추구한다면 인류를 위한 선과 다음 생의 선을 탄생시킬 수 있다. 하지만 불행하게도 디오티마라는 여사제의 견해를 존중했던 소크라테스의 관점은 우상숭배를 배척하는 후대의 일신론적 교리 안에서 살아남지 못했다. 사실 황금시대 아테네에서도 그의 관점은 받아들여지지 않았다. 디오티마라는 인물은 당대나 지금이나 여성의 가치에 많은 이야기를 들려준다.

37 여사제 디오티마

기원전 5세기와 그 이후, 나폴리와 아테네

사람들이 보통 무얼 하는지 보아라. 특히 여자들을 보아라. 그들은 손에 처음 들어오는 것은 무엇이든 바친다. 그들은 제물로 바칠 것을 맹세하고 신과 정령과 신의 아들을 위한 성소를 지을 것을 약속한다.

— 플라톤의 〈법률〉에서

습한 10월의 어느 오후, 나는 나폴리 고고학 박물관에 도착했다. 작은 (어느 부유한 집안에서 가구장식용으로 사용되었던) 청동장식을 살펴보려고 갔는데 그 유물이 전시되어 있지 않았다. 그 작은 청동장식은 소크라테스와 디오티마의 이미지가 등장하는 몇 안 되는 유물 중 하나였다. 박물관 큐레이터가 나를 거대한 보관소로 데리고 갔다. 그곳에서 고대의 많은 예술품을 안전하게 보관하고 있었다.

폼페이의 프레스코가 보관된 선반을 지나, 팔 하나 달린 여신상들을 지나, 조직폭력배 지망생 같은 경비원과 함께 강철로 된 승강기를 타고 아래로 내려간 다음 자물쇠로 잠긴 철제 보관함 앞에 섰다. 우리는 낡은 플라스틱 상자 안을 들여다보았다. 상자 바닥에는 철로 된 물건들이 흩어져 있었다. 대체로 갈색 종이와 끈으로 포장되어 있고 간단한 라벨이 붙어 있었다. 그러나 디오티마는 그곳에 없었다. 전시용으로 대출되었던 디오티마는 그녀의 철학자 친구인 소크라테스와 함께 어딘가에서 숨바꼭질하는 것 같았다. 그녀는 넓은 나폴리 고고학 박물관에서 실종되었다.

공개 전시실에는 소크라테스의 근엄한 흉상과 섬세하게 이어붙인 모자이크가 전시되어 있었다. 모자이크 조각이 너무 많아서 아무도 아직 모두 몇 개인지 세어보지 않았다고 했다. 소크라테스가 주변 여자들과 얼마나 복잡한 관계였는지는 알 수 없다. 내가 찾고 있는 청동장식도 어디에 있는지 알 수 없었다. 여사제를 사랑한 소크라테스, 대중이 보고 싶어 하는 소크라테스의 모습은 찾을 길이 없었다. 하지만 사실 디오티마라는 인물은 소크라테스의 생각과 됨됨이를 이해하는 데 큰 도움을 준다.

만티네이아 출신의 여사제

디오티마는 소도시 만티네이아 출신의 여사제였다.[1] 그녀가 플라톤의 〈향연〉에서 얼마나 사실적으로 묘사되었는지를 알기는 어렵다. 플라톤의 글에서 그녀는 허구일 가능성도 많다. 하지만 사실 플라톤의 대화편에서 완전히 허구인 인물은 없다. 미지의 '엘레아에서 온 손님'(플라톤의 〈소피스테스Sophistes〉에 등장하는 인물이다_옮긴이)만 빼고 말이다. 따라서 디오티마가 완전히 허구 인물이라고 하기에는 조금 석연치 않은 구석이 있다. 게다가 디오티마의 태도와 생활방식을 보면 당대에 있음 직한 인물의 모습이다. 그녀는 사람들 앞에서 말하는데 당시 여사제도 사람들 앞에서 말할 수 있었다.[2] 그녀는 스스로 전령 같은 사람이라고 표현한다(델포이 신탁의 여사제와 신성한 엘레우시스 신비의식을 맡은 여사제는 신의 뜻을 전하는 전령이었다).

또한 (몇 가지 면에서) 디오티마는 여자로서도 개연성 있는 인물이다. 그녀는 사랑은 아름답지도 추하지도 않으며, 지혜롭지도 무지하지도 않지만 바로 사랑으로 인류를 고양할 수 있다고 생각한다. 욕망은 우리가 더 나은 존재가 되도록 소망하게 한다. 더 나은 철학자, 더 나은 연인, 더 나은 인간이 되도록.

> 일단 한번 그것을 보기만 하면 당신이 지닌 금과 옷, 아름다운 소년들과 청년들보다 더 빛날 것입니다. 당신과 다른 많은 사람은 아름다운 소년들을 넋이 나가서 계속 쳐다보고 함께 어울릴 수만 있다면 먹지도 마시지도 않고, 가능하면 계속 쳐다보면서 어울리고 싶어하지요. 하지만 당신들 중 한 명이 운이 좋아서 완전히 순수하고 때 묻지 않은 본질적인 아름다움을 보게 되었다면 어떤 일이 일어날까요? 인간의 살과 피부 그리고 인간이 만든 다른 많은 쓰레기에 물들지 않고 그것 자체로 고유한 형태를 지닌, 신성한 아름다움을 볼 수 있다면 말입니다. _플라톤의 〈향연〉

이례적인 인물로 묘사되기는 했지만 사실 우리는 디오티마를 보면서 소크라테스가 살던 아테네에서 여사제가 무척 두드러진 존재였다는 것을 알 수 있다. 여사제들은 일하고 사랑했다.[3] 그들은 제단의 꽃 같은 존재가 아니었다. 그들은 의례와 종교, 그러니까 삶 자체를 운영했다. 아테네인은 여러 정령과 올림포스 신들과 좋은 관계를 맺을 때 행운이 찾아온다고 생각했다. 그리고 이처럼 좋은 관계를 유지하는 일은 아테네 여자들의 몫이었다. 에우리피데스의 (펠로폰네소스 전쟁 중에 아테네에서 상연되었던) 소실된 희곡 중 한 부분은 그 사실을 시적으로 분명하게 표현한다.

또한 신성한 행사에서, 내가 보기에 세상에서 가장 중요한 일인 신성한 의

레에서 우리는 가장 큰 역할을 하지.

포이보스Phoibos(빛나는 사람이라는 뜻으로 아폴론의 별칭이다_옮긴이)의 신탁에서 우리 여자들은 아폴론의 뜻을 설명하지.

신성한 떡갈나무 옆 도도나Dodona(제우스의 신탁이 있던 곳이다_옮긴이)의 신성한 성소에서 여자들이 제우스의 뜻을 알고 싶어 하는 모든 그리스인에게 그 뜻을 전한다네.

운명의 여신들과 이름 없는 여신들을 위한 신성한 의례는 남자들의 손으로는 신성하게 치를 수 없지.

그러나 여자들의 손에서는 모든 의례 하나하나가 풍성해진다네.

따라서 신성한 의례에서 여자는 고결한 역할을 한다네.[4]

따라서 소크라테스 시대의 여자들이 그냥 집에서 서성이기만 한 것은 아니었다. 훌륭한 가문에서 태어난 여성들이 여사제의 일을 분주하게 처리했다. 처녀와 기혼자, 노처녀 모두 실생활에서 임무를 수행했다. 부유하다면 저수조와 포르티코(고대 그리스의 건축양식. 열주 위에 지붕이 덮인 현관으로 건물이나 주랑으로 연결된다_옮긴이), 신전 건축을 위한 기금을 내야 했다. 그들은 김나시온에서 쓸 향유와 제물로 바칠 동물도 제공했다.[5] 여사제들은 신전의 열쇠를 관리할 수도 있었다. 아테네의 신전이 도시국가의 재산을 보관하는 금고 역할을 했음을 생각해보면 대단히 막중한 임무였다.[6] 사실 당시의 신전 열쇠는 그것 자체가 거대한 물건이었다. 20세기 초에 만들어진 자동차의 시동장치와 비슷했다. 그리스의 많은 비석에는 이 거대한 열쇠를 당당하게 들고 다니는 여자들이 등장한다.

그리고 밤에는 종종 여성 종교 지도자들 주위로 헌신적인 추종자들이 모여들었다. 성숙한 여인이나 소녀 들이 버드나무 가지, 청동, 은으로 만들거나 도금된 바구니를 들고 모인다. 바구니 안에는 가장 소중하고 가장 신비로운 것들이 담겨 있다. 우물까지 먼 길을 힘들게 가서 물 항아리를 머리에 이고 오는 아낙의 모습은 이제 잊어버리자. 이들은 성수를 들고 오는 영광을 차지한 여인들이었다.

여성들만 참가하는 활동이라니, 21세기 독자에게는 분명히 생소할 것이다. 예를 들어, 테스모포리아Thesmophoria 축전(데메테르 여신과 그녀의 딸 페르세포네를 기리는 축전이다_옮긴이)이 그런 경우다. 이 축전의 기원은 석기 시대까지 거슬러 올라간다. 결혼한 여자들(남자들은 참가할 수 없었다)이 모여 음란하고 과격한 의식을 즐겼다. 참가자들은 서로 욕을 주고받고, 자기 몸을 드러냈으며, 남근 모양의 물건을 들고 다녔다. 새끼 돼지나 강아지를 많이 살육해 그 주검을 땅이나 바위의 갈라진 틈새에 던졌다. 그리고 며칠이 지난 다음 냄새나는, 반쯤 부패한 주검을 파내 데메테르 여신께 바쳤다.

그러고 보면 아테네 남자들이 아내를 두려워할 만도 했던 것 같다. 상상해보라. 신전과 성소에서 기도를 올리는 여자들의 목소리가 바람에 실려 오고, 여자의 모습을 조각한 석상이 우뚝 서 있고, 여자들의 이름이 도시 전역의 비석과 조각상 기둥, 무덤에 새겨져 있다. 그러니 여자들은 분명히 무시할 수 없는 집단이었을 것이다.

대영박물관에는 뿔 달린 여자의 두상 옆에 1미터 길이의 금 홀과 금 목걸이가 자리 잡고 있다. 목걸이는 꽃과 무르익은 과일로 화려하게 장식되어 있다. 이 유물들은 1870년대에 성행했던 도굴로 빛을 보게 되었는데 그 출처가 모호하지만, 여신 헤라를 모시는 교단의 여사제 것으로 보인다.[7] 아테네에서 종교적으로 주요 지위에 있는 여성은 말린 무화과 목걸이를 걸기도 했는데 무화과 목걸이는 다산의 상징이었다. 그리고 여사제의 이름을 살펴보면 신이 내린 아름다움 때문에 여사제로 뽑힌 이도 있었음을 알 수 있다. 칼리스토(무척 아름다운), 메지스테(무척 위대한), 크리시스

기원전 5세기 그리스의 장례 비석 ©Faraways/Shutterstock.com

(금의), 테오도테(신이 내린)[8], 아리스토노에(최고의)가 그런 여사제들의 이름이다.[9]

밤은 여자의 시간

밤이 되면 여자들의 종교활동이 기하급수적으로 늘었다. 여자들은 환한 대낮이 아니라 어두울 때 활발하게 움직여야 한다고 생각했기 때문이다. 여성만을 위한 할로아 축전은 술과 다산, 리비도와 관련이 있다. 여자들은 가짜 남근을 들고 다녔다(이 축전이 특히 창녀들에게 인기 있었던 것도 놀라운 일이 아니다). 어린 소녀들이 집집마다 다니며 대지의 여신 데메테르를 위해 노래를 불렀다. 어둠을 벗 삼아 그리고 남근의 신, 판을 벗 삼아 노래했다.[10] 어린 소녀와 나이 든 여자 들이 밤에 행진하며 아테네에 새로 도입된 신 사바지오스를 찬양하기도 했다. 사바지오스는 아나톨리아 중서부의 프리지아에서 온 위험한 동방의 신이었다.[11]

아프로디테의 젊은 추종자들은 무엇이라 밝힐 수 없는 제물을 담은 바구니를 들고 한밤에 아크로폴리스를 올랐다. 밤이 되면 여인들은 횃불을 들고 두려운 힘들, 이름 없는 여신들을 호위하여 다시 땅속으로 인도했다. 이름 없는 여신들이란 '친절한 자들'이라는 뜻의 에우메니데스로도 불리는 복수의 여신들, 에리니에스 같은 여신들이다(아이스킬로스의 〈오레스테이아〉 3부작에서 복수의 여신들인 에리니에스가 오레스테스를 용서하자 아테나 여신이 그들을 '친절한 자들', '자비로운 여신들'이라는 뜻의 에우메니데스로 새롭게 부르는 장면이 있다_옮긴이). 여성만 참가하는 이 의식에서는 해가 진 뒤 강아지를 제물로 바쳤다. 제물로 바친 강아지는 횃불을 밝힌 땅의 틈새에 던졌다. 지하의 여신, 헤카테를 달래기 위해서였다.

여자들이 아프로디테와 함께 아름다운 소년 아도니스(아프로디테의 총애를 받았던 미소년으로 멧돼지의 공격을 받아 죽었다_옮긴이)의 죽음을 애도하는 아도니아 축전도 있었다. 이 축전에서는 야간의식과 장례 가장행렬이 행해진다. 여자들은 통곡했고 술도 적지 않게 마셨다. 전쟁이 한창이던 시절에 아도니스 숭배자들의 통곡은 아테네의 운명을 예고하는 끔찍한 전조처럼 느껴졌을 것이다.[12]

문헌에서는 고전기 아테네의 점잖은 여성들은 다른 사람들의 눈에 띄지 않게 집에 있어야 했다고 전한다. 하지만 종교행렬에 참가했던 여성들은 사실 두드러지게 눈에 띄었다. 그들은 금 홀을 들고 사제들을 이끌었으며 종교의례를 수행했고 섬뜩하게 울부짖는 소리로 하늘을 가득 메웠다. 그들은 큰 소리로 말했고, 날렵한 손짓으로 제물을 죽였으며 제물의 살을 도려냈다.

일곱 살이 되자

나는 시동侍童이 되어 아크로폴리스를 올랐지.

그때 나는 곡식을 갈았다네.

열 살이 되자

나는 아르테미스 여신을 위해 사프란 예복을 입고 브라우로니아 축전(아르
테미스 여신에게 바치는 축전으로 브라우론의 성소에서 사춘기에 이른 소녀들이 곰
이 되어 춤추는 의식이 있었다_옮긴이)의 곰이 되었네.

그리고 내가 아름다운 처녀가 되자 신성한 바구니를 들고

말린 무화과 목걸이를 목에 걸었네.

나이순으로 열거한 이 구절은 아리스토파네스의 희극 〈뤼시스트라테
Lysistratē〉(아테네의 여성들이 성파업을 하고 아크로폴리스를 점령하여 남자들의
펠로폰네소스 전쟁을 중단시킨다는 내용이다_옮긴이)에 등장한다. 이 구절은 왜
아테네 여성이 발언권을 얻어야 하는지를 설명하고 있다. 따라서 플라톤
이 쓴 대화편에 등장하는 여성은 당시 실존하던 아테네 여성의 실례라 할
수 있다. 그녀는 철학자와 대화하면서 연단에 섰다.

소크라테스는 철학적 규범에서 보기 드문 존재였다. 그는 독특했으며
생각이 깊었다. 소크라테스와 그의 제자 플라톤 주변에는 황금시대 민주
정 아테네에서 활발하게 활동했던 여자가 많았다. 그리고 그 여성들은 플
라톤의 저작에서 잠시나마 의견을 피력할 수 있었다.

38 아테네의 여인들

기원전 5세기, 아테네 북쪽 브라우론

여자들은 너무 아름다워서 눈이 부시다네.

– 헤로도토스의 〈역사〉에서

그렇다면 다른 여자 시민들은 어땠을까? 소녀들과 처녀들 그리고 아테네의 과부들은?

아고라와 신성한 길을 걸어 다니던 소크라테스는 4년마다 잠시 아테네를 떠나는 작은 행렬을 보았을 것이다. 그들의 목적지는 브라우론이었다. 브라우론은 아테네 동쪽으로 꼬박 이틀을 걸어야 도착할 수 있었는데 행렬에 참가한 많은 이에게는 분명히 먼 거리였다. 왜냐하면 순례자들 대다수가 어린아이였기 때문이다. 아테네 좋은 가문의 여덟 살, 아홉 살, 열 살인 소녀들이 이 종교성지에서 3년, 4년 혹은 5년을 '야생동물'로 살아야 했다.

그들을 아르크토이arktoi, 즉 '작은 곰'이라 불렀다. 사냥꾼 처녀신인 아르테미스에 바쳐진 이 소녀들은 동물 가죽으로 만든 옷과 머리장식을 착용했고 가끔 노란 사프란 드레스를 입었다. 브라우론에서 발굴되는 도자기 조각들에는 발가벗은 소녀들이 쫓아오는 곰을 피해 달아나는 모습이 그려져 있다. 쫓기는 소녀들은 짧은 키톤을 입고 있거나 알몸이다. 어쩌면 이런 의식에서 소녀들이 진짜 들짐승 역할을 했을 것이다. 플라톤은 〈법률〉에서 이상적인 도시국가에서는 스파르타처럼 어린 여성들이 알몸으로 달리기와 운동경기하기를 권장한다고 했다. 브라우론 의식의 목적은 아이들의 야성을 쫓아내는 것이었다. 아이들은 이곳의 종교 기숙학교에 살면서 처녀신 아르테미스를 달랬다. 순결한 사냥꾼, 아르테미스의 화살은 출산 중인 여자를 쏘아 쓰러뜨릴 수 있었다. 작은 곰들은 그곳에서 춤추며 시간을 보냈고 아테네의 훌륭한 아내로서 해야 할 일을 배웠다. 오늘날에도 브라우론의 아르테미스 신전 터에서 소녀들이 (아마도 기진맥진해서) 잠에 곯아떨어졌던 기숙사를 볼 수 있다.

남자의 아내로만 살기

오늘날 남아 있는 성역은 평화롭다. 들리는 소리라고는 근처 밭으로 물을 보내는 관개수로 파이프에서 물이 새는 소리와 희미하게 흘러가는 물소리밖에 없다. 최근 발굴 보고서를 보면 기원전 5세기 이곳에는 약 20미터에 달하는 거대한 샘을 파서 신성한 물이 흐를 수 있도록 했다고 한다. 이제 이끼 긴 바위들이 먼 옛날 이곳 신전을 흐르던 샘을 상기시킬 뿐이었다. 하지만 이곳은 어떤 의미에서 넝마의 도시 같기도 했다. 당시에는 아이를 낳다 죽은 여자 옷을 이곳에 봉헌했다. 신전 주변에 그 옷을 걸치거나, 걸어 놓거나, 쌓아 놓았다. 브라우론에서 기숙하던 소녀들은 몇 년 후 출산이 주는 끔찍한 고통 속에서 아르테미스를 외칠 것이다.[1] 요즘도 이곳을 찾아 출산을 도와달라고 기도하는 사람들이 있다. 그들은 이 유적지 끄트머리의 작고 예쁜 비잔틴 교회에서 아르테미스 여신의 머나먼 친척인 성모마리아에게 기도를 올린다.

펠로폰네소스 전쟁 기간에는 브라우론의 성역을 대신할 위성 신전이 아크로폴리스에 신축되었다. 브라우론은 전략적으로 유용한 도시였기 때문에 아테네는 날카로운 시선으로 브라우론을 지켜보았다. 하지만 지루한 전쟁 속에 아테네 인구가 급속히 줄어들었기 때문에 공동체의 미래를 재생산할 소녀들을 안전하게 보호하는 것 또한 중요했다. 브라우론에서 어린 소녀들은 내면의 야성을 누그러뜨리고 아테네 남자의 아내로 살아가야 하는 지루한 현실을 배워야 했다. 열두 살이 된 소녀들은 풀이 죽고 억제된 모습으로 아테네로 돌아와 남편감을 찾았다.

소크라테스는 사회에서 여성들이 좀 더 창조적으로 쓰여야 한다고 생각했던 것 같다.[2]

소크라테스: 아내보다 더 중요하게 관계를 맺는 사람이 있는가?

크리토불로스: 아니요.

소크라테스: 아내만큼이나 대화를 나누지 않는 사람이 있는가?

크리토불로스: 고백하건대 거의 없습니다.

소크라테스: 아내가 아직 어린 소녀였을 때 결혼해놓고 거의 아무것도 보지도 듣지도 않았단 말인가?

_크세노폰의 〈경영론〉

크세노폰의 〈소크라테스 회상〉을 보면 소크라테스는 힘겨운 전쟁기간에 친구의 여자 친척들이 양모 생산업자에게 유급으로 고용된 적이 있다고 한다. 또 〈국가〉에서는 남자와 똑같이 여자를 교육하고 여자가 모든 일과 직업에 동등하게 접근할 수 있도록 하는 것이 좋다고 주장한다. (플라톤은 〈법률〉에서) 당시 여성들은 지하와 음지에 있는 것에 익숙했다. 또한 (크세노폰의 〈경영론Oeconomicous〉에서) 여자들은 많은 억압 속에 자랐고 어린 시절부터 가능한 한 적게 보고, 적게 듣고, 적게 묻도록 길러졌다. 아마 관습을 뒤집어 보길 좋아했던 소크라테스는 아테네 인구의 50퍼센트가 빛을 보지 못하는 존재로 자라는 것은 낭비라고 생각했을 것이다.

크세노폰의 〈향연〉에서 소크라테스는 노예 소녀가 복잡한 서커스 기술을 손님들 앞에서 선보이는 모습을 보고 한마디 한다.

> 본질적으로 여자는 남자보다 절대 열등하지 않다오. 이해력(논리, 추론)과 힘이 부족한 것 빼고는 말이오. 여러분에게 아내가 있다면 알려주고 싶은 것은 뭐든지 자신 있게 가르쳐보시오.

소크라테스 그리고 뒤를 이어 플라톤은 (그리고 아리스토텔레스도 어느 정도까지는) 아테네 여자들이 아리스토파네스의 희극에 나열된 중요한 일들을 깔끔하게 처리하는 모습을 지켜보면서 '이 무슨 인력의 낭비람!' 하고 생각했을 수도 있다. 여자들을 더 생산적인 일을 할 수 있는 존재라고, 다른 방식으로도 사회에 보탬이 될 수 있는 존재라고 생각했을 수도 있다. 플라톤의 〈국가〉에 등장하는 대화를 더 들어보자.

> 사실, 많은 일에서 많은 여자가 많은 남자보다 더 낫네.
> 그렇다면 우리는 남자들이 하는 일에 여자들을 써야 하고, 여자들에게도 남자들과 똑같이 가르쳐야 한다는 말일세.

소크라테스는 무엇보다 인간 존재에 매료되었다. 그리고 소크라테스는 인간 속屬에 남자와 여자 둘 다 기꺼이 포함했다. 결국 소크라테스는 인도

적이었다. 크세노폰의 〈소크라테스 회상〉에서 소크라테스는 창녀 테오도 테를 찾아갔을 때 이렇게 말한다.

매혹직인 노예 소녀가 많이 있지. 그들은 절대로 무시할 존재가 아니라네.

하지만 당시 사람들과 다른 눈으로 여자를 바라보았던 소크라테스도 절대로 성 혁명을 주장하지는 않았다. 소크라테스는 여자를 말 또는 노예 라고 표현하기도 했다. 그는 절대로 원조 페미니스트가 아니었다. 하지만 소크라테스는 분명히 사람들이 전통과 관습 그 너머를 보도록 자극했다. 또한 소크라테스의 삶을 기록한 글에는 당대의 다른 위인들의 삶을 기록 한 글보다 여성들이 훨씬 많이 등장한다. 역사적으로 실존했던 여성들도 등장한다. 그것도 (여자들이 역사 기록에 남는 전형적인 방식인) 성적 혹은 도 덕적 스캔들 때문이 아니라 소크라테스와 영감을 주고받는 관계로 그려 진다. 기원전 4세기 한 젊은 여성의 묘비(키레네 출신으로 소크라테스의 제자 였던 철학자 아리스티포스의 딸인 아레테의 묘비. 아레테는 아버지 아리스티포스를 이어 키레네학파를 이끈 여성 철학자였다_옮긴이)에는 이렇게 적혀 있었다.

그녀는 그리스의 영광으로 헬레네의 미모와 티르마의 덕, 아리스티포스의 펜, 소크라테스의 영혼과 호메로스의 혀를 지녔다.[3]

소크라테스의 여인들

플라톤의 〈테아이테토스Theaitetos〉를 보면 소크라테스의 어머니는 산 파였다고 한다. 소크라테스는 인재가 쏟아지는 도시에서 잉태되긴 했지만 유복한 집안에서 태어나지는 않았다. 소크라테스의 어머니, 파이나레테는 덩치 좋은 여자였다.[4] 그녀는 육체적으로 고된 직업에 잘 맞는 튼튼한 체구였다. (당시 아테네의 관례대로) 소크라테스가 열여덟 살에서 서른 살까지 집에서 사는 동안, 소크라테스는 어머니가 산파로 일하는 모습을 보았을 것이다. 소크라테스는 분명히 귀하게 자란 자식은 아니었다. 소크라테스는 어머니가 출산에 도움이 되는 약초와 약용 물질을 준비하는 모습도 보았을 것이다. 당시에는 자궁의 수축을 촉진하는 박하, 출산 후 자궁을 훈증 소독할 때 쓰는 카르다몸 혼합물, 석류 질좌약 등을 사용했다. 소크라테스는 출산 도중에 잘못되면 아기나 산모 혹은 둘 다 죽는 일이 벌어진다는 말을 들었을 것이다. 또한 태어난 아기가 딸이면 간혹 내다 버리는 부모가 있다는 이야기도 들었을 것이다.

아테네 국립 고고학 박물관에는 출산하는 여자 또는 출산을 돕는 여자들의 이미지가 담긴 유물을 모아놓은 보관장이 있다. 숭고한 예술품보다는 풍속의 기록에 가까운 조악한 유물들이다. 학자들이 아직 공개하지 않은 유물이 많은데, 유물을 발굴했던 초기 수집가들이 그다지 찬양하고 싶지 않았던 그리스 역사의 일면이기 때문이다. 그 조악한 형상들 중에 머릿수건을 한 여인상이 둘 있다. 한 여인이 다른 여인의 무릎 사이에 앉아 있고 넉넉한 치마 아래로 아기가 나오는 형상이다. 근사한 형상이 아니라 당대를 기록한 테라코타이다.

어쨌거나 산파(그리스어로는 마이아)는 한 공동체가 살아남을 수 있도록 돕는다. 아기가 탄생하는 순간, 산파와 그 동료들은 하늘을 향해 기쁨의 함성을 지른다. 사내아이가 태어나면 올리브 화관을 현관에 매달고 여자아이가 태어나면 양모 다발을 매단다. 나중에 여자아이가 자라 여인이 되면 만들게 될 직물을 미리 걸어두는 것이다. 고대에는 아이들이 많이 죽었다. 대개 10~30퍼센트가 사망했다. 태어나자마자 버려져서 죽는 아이들도 있었다. 아이를 내다 버리는 일도 산파의 몫이었다.

소크라테스의 말을 그대로 받아들인다면 그는 가정환경(석공 아버지와 산파 어머니)에 무척 큰 영향을 받았음을 알 수 있다.[5] 산파 어머니와 석공 아버지는 문명의 생생한 현장에서 시민을 생산하고 시신을 수용할 기념물을 세웠다.

> 소크라테스: 내 산파술은 대체로 산파들의 기술과 같다고 할 수 있지. 다른 점이 있다면 내 환자들은 여자가 아니라 남자라는 것일세. 내 관심사는 출산 중인 신체가 아니라 영혼이지. 내 산파술에서 가장 흥미로운 부분은 한 젊은이가 하고 있는 생각의 산출물이 거짓된 환영인지, 신성하고 실제적인 것인지 모든 시험을 거쳐 증명할 수 있다는 것이네. 나는 스스로 지혜를 낳지 못한다는 점에서도 산파와 무척 비슷하지. 그러니까 내가 다른 사람들에게 질문을 하더라도 내게는 지혜가 없어서 내 안에서 아무것도 끄집어낼 수 없지. 신은 내게 산파로서의 일만 하도록 하셨지, 내가 지혜를 분만하지는 못하도록 하셨네. _플라톤의 〈테아이테토스〉

소크라테스는 세상에 태어난다는 것이 얼마나 힘겹고 고되고 위험한 일인지, 그러면서도 얼마나 근사한 일인지 알고 있었다. 소크라테스의 어머니는 출산 혹은 사산을 도운 후에 시큼한 땀 냄새를 풍기며 집에 돌아왔을 것이다. 또한 5일 이상 걸리기도 하는 분만의 현장에서 독기에 오염되어 돌아왔을 것이다. 고대 사람들에게 분만은 여자들이 세상에 독기(그리스어로 미아스마)를 내뿜는 여러 방법 중 하나였다.

어린 시절 소크라테스는 여느 남자아이들과 마찬가지로 음유시인들이 읊어대는 이야기를 모닥불 주변에 앉아 발개진 얼굴로 들었을 것이다. 헬레네, 클리템네스트라, 메데이아처럼 사악하고 방탕하고 음탕한 여자들의 간책으로 영웅시대가 몰락하는 이야기들이었다. 하지만 여성을 대하는 그의 태도는 당대의 인습적인 태도와는 달랐다. 그 역시 남자들만 가는 김나시온에서, 남자들과 어깨를 맞대고 힘겨루기를 하며 시간을 보냈을 것이다. 또한 그가 낮에 걸었던 아테네의 거리에는 점잖은 여성들이 다니지 않았을 것이다. 하지만 그럼에도 소크라테스가 여성을 대하는 태도는 비교적 개방적이었다.

인습에 얽매이지 않고 소크라테스와 대화를 나눈 여성 인물은 디오티마만이 아니었다. 소크라테스와 아스파시아와의 대화도 (분명히) 평범하다고 할 수 없다. 〈메넥세노스〉에서 두 사람의 대화를 전달한 플라톤은 페리클레스의 정부인 아스파시아를 존경하는 소크라테스의 모습에 약간 불편함을 느끼는 듯하다. 〈메넥세노스〉에서 소크라테스와 아스파시아는 누가 연설을 더 기억할 수 있는지 기억력 시합을 한다. 소크라테스는 자신의 연설을, 아스파시아는 소문으로는 그녀가 써주었다고도 하는 페리클레스의 유명한 추모연설을 한다.

소크라테스: 하지만 나는 어제 아스파시아가 바로 그 사람들을 주제로 연설하는 것을 들었다네. 자네가 말한 대로 아스파시아는 아테네 사람들이 연사를 선발한다는 소식을 들었거든. 그래서 그녀는 내 앞에서 그 연설이 어떻게 이루어져야 하는지 들려주었다네. 내 생각에 일부는 그 자리에서 지었고 다른 부분은 그녀가 페리클레스의 추모연설을 써줄 때 지어두었던 것 같아. 그렇게 그녀는 이런저런 부분을 짜깁기했다네.
메넥세노스: 그러면 당신은 아스파시아의 연설을 외워서 할 수 있나요?
소크라테스: 물론이지, 실수만 하지 않는다면 말일세. 아스파시아 옆에서 배웠으니까.

연설문 외우기는 단순한 게임이 아니었다. 역사발전 단계상으로 보면 당시는 음유시인의 기억이 바로 문명의 정보를 보관하는 창고였다. 지혜로운 사람들은 뛰어난 기억력을 지닌 덕분에 지혜로울 수 있었다. 호메로스의 서사시는 고대 그리스의 삶을 엿볼 수 있는 시금석이다. 그 서사시도 음유시인들이 기억했다가 광장과 길모퉁이, 가정집에서 재생되었다. 잘 잊어버리지 않는 능력은 신이 내린 위대한 선물이었다. 아스파시아에게 이런 재능이 있었다는 것은 무척 흥미로운 일이다.

물론 남자들은 항상 아스파시아를 질투했다. 남자들은 그녀를 아테네 정신의 단물을 빨아먹는 침입자, 위대한 페리클레스를 유혹하여 그의 심지를 약하게 만든 외국인, 향수 냄새를 풍기고 보석을 걸친 창녀라고 표현했다. 최근 발견된 유물을 보면 그리 과장된 말은 아니었다. 파르테논 신전의 아테나 여신에게 바친 금으로 만든 작은 왕관에 '아스파시아의 선물'이라고 새겨져 있었다. 대단히 부유한 사람만이 그처럼 화려한 제물을 바칠 수 있었다.[6] 민주주의 사회라 해도 스스로 특별하다는 것을 과시하는 방법은 늘 있기 마련이다.

기원전 438~436년 아스파시아를 표적으로 한 외국인 혐오증이 무르익었다. 그녀는 불경죄로 고소당했다. 어쩌면 소크라테스나 당대 급진적인 철학자들과 나눈 대화가 문제를 일으켰을 수도 있다.[7] 그와 동시에 조각가 페이디아스가 공금횡령 혐의로, 아낙사고라스가 신을 부정한 혐의로 고소당했다. 그녀에게 적대적인 관점의 사료를 보면, 아스파시아는 페리클레스의 개입으로 화를 면했다고 한다. 페리클레스가 침울한 얼굴로 눈물을 흘리면서 자신보다 그녀의 운명을 더 걱정한 덕에 아스파시아는 유죄판결을 면했다. 하지만 이 사건은 당대 아테네 극작가들 손에서 풍자되었다. 그러니 아스파시아와의 관계가 소크라테스에게 득이 될 리 없었다.

디오티마와 소크라테스는 관계의 힘을 열렬하게 믿었다는 점에서 서로

닮았다. 서로를 향한 헌신은 사랑이라는 이름으로 불리며, 사랑을 낳는다. 그러한 사랑으로 결혼과 도시, 국가, 종교가 생긴다. 아프로디테는 에로스의 화살뿐 아니라 하르모니아(아프로디테와 아레스 사이에 태어난 딸로 조화의 여신이다_옮긴이)의 붕대도 주었다. 이성 간의 사랑으로도 덕에 도달할 수 있다. 인간관계에 관한 소크라테스의 말이 그의 경험에서 나왔다는 데는 의심의 여지가 없다.

철학자, 결혼하다

소크라테스는 삼십 대 중반에 결혼했다(플라톤은 서른에서 서른다섯 살 사이, 아리스토텔레스는 서른일곱 살을 결혼 적령기로 추천했다). 소크라테스에게 적당한 짝이 선택된 다음, 수 세대에 걸쳐 내려온 사회적·종교적 관습이 준비되었다. 고대 아테네에서 결혼의 주목적은 남자와 여자의 가모스 gamos, 곧 성적 결합을 합법화하는 것이었다. 예비 신랑과 예비 신부의 아버지가 굳은 악수로 약속을 한다. 소크라테스와 예비 신부는 결혼 전에 제물을 바치고 결혼 찬가를 부르며 아프로디테를 위해 향을 피웠을 것이다. 신랑과 신부는 신성한 칼리로예의 샘물이나 에리다노스 강둑에서 깨끗이 정화해야 했다. 신성한 물로 몸을 씻어 더욱 빛나는 신랑과 신부(대부분 신부가 열네 살 정도였다)는 몸에 향수를 뿌렸는데 미르라 향을 많이 사용했다. 신랑 신부 모두 화관을 썼고 신부는 베일도 썼다.

약초와 리본으로 단장한 두 사람이 신부의 집으로 들어서면 이상한 향연이 시작된다. 남자들이 한 편에 앉고 여자들은 다른 쪽에 앉는다. 그리고 깨로 만든 웨딩케이크를 먹는다. 제물로 바친 짐승을 굽고 외설스러운 노래를 부른다(오늘날 그리스 결혼식에서는 이 모든 과정이 사흘간 지속된다). 그리고 마지막으로 신부의 아버지가 딸을 신랑에게 내준다. 신부가 베일을 들어 올리면 신랑은 아내를 맞이하게 된다. 두 사람의 결합을 더 많은 시민에게 알리는 결혼행진이 아테네 뒷골목을 구불구불 돌아 신랑의 집까지 이어진다.

당대 많은 어머니처럼 소크라테스의 어머니도 신혼부부에게 견과류와 무화과, 대추야자 열매, 동전 등을 뿌렸다. 신혼부부가 자식을 많이 낳고 잘 살기를 기원하는 관습이다. 소크라테스도 다른 사람들처럼 아프로디테 우라니아 신전을 찾아, 드라크메 은화 한 닢을 슬롯머신 같은 돌 속에 집어넣었다. 최근에 이 돌은 신혼부부들이 아프로디테의 축복을 바라며 은화를 바치던 곳으로 밝혀졌다. 현재 뉴아크로폴리스 박물관에 전시 중이다.[8] 그리고 밤이 되자 소크라테스는 횃불을 든 어머니를 따라 침실로 갔다. 소크라테스가 아름다운 소년들, 특히 알키비아데스와 시간을 보내는 모습을, 반짝이는 머리카락에 운동으로 다져진 근육과 반짝이는 눈빛을 한 소년들과 시간을 보내는 모습을 상상하는 사람들은 소크라테스에게도 아내가 있었다는 사실을 잊기 쉽다. 하지만 그에게는 분명히 크산티페라는 아내가 있었다. 고대 문헌은 그녀를 제멋대로 잔소리를 퍼붓고 고집이 센, 성질 고약한 여자로 그리고 있다.

39 크산티페 기원전 420년경, 알로페케

> 소크라테스는 거의 모든 여자에게 지나치게 반감을 품고 있었다고 한다. 어쩌면 여자라는 무리를 원래 싫어했을 수도 있고 아니면 두 아내(당시 아테네에서 통과된 칙령에 따라 중혼이 허락되었으므로) 때문에 결혼이 지긋지긋해서 그랬는지도 모른다.
>
> — 고대 로마 작가 아울루스 겔리우스의 〈아테네 야화〉에서

펠로폰네소스 전쟁이 시작된 지 10년 만에 아테네의 남성 인구가 무섭게 감소했다. 역병과 전쟁으로 아테네 도시국가 남자들의 3분의 1, 어쩌면 2분의 1이 죽었다. 아테네의 풍경은 전쟁이 시작된 지 8년 사이에 스파르타와 놀랄 만큼 비슷해졌다. 스파르타의 거리는 여자로 가득했다. 일곱 살에서 서른 살 사이의 남자는 모두 도시를 떠나 군사훈련을 받기 때문이다. 이제 아테네의 풍경도 그와 비슷했다. 너무 많은 남자가 스파르타의 칼날에 쓰러졌다.

그러다 보니 아테네의 여인들은 남편을 여럿 두게 되었다. 아스파시아가 그런 경우였다. 페리클레스 사후 그녀가 어떻게 살았는지는 거의 알려

지지 않았다. 하지만 페리클레스가 사망한 직후 그녀가 양목업자와 결혼했다는 이야기는 입을 타고 전해졌다. 여자 여러 명이 한 남자의 아이를 가질 수도 있었다. 또한 혈통 좋은 여자들은 한 남자의 아내인 동시에 다른 남자의 성부가 될 수 있었다. 몇몇 자료를 보면, 소크라테스도 중혼을 했다고 추측할 수 있다.[1]

기원전 5세기에는 전쟁이라는 상황 때문에 많은 아테네 남자에게 중혼이 허락되었다. 소크라테스와 에우리피데스도 중혼을 했다고 전해진다. 이런 이야기가 전해지는 데는 두 가지 가능성이 있다. 소크라테스가 별난 사람이었음을 보여주는 데 이용된 일화이거나 말 그대로 사실이거나.

악처가 된 아내들

소크라테스의 젊은 아내들은 무섭게 옥신각신했다고 한다(소크라테스는 사십 대, 크산티페는 아마 이십 대였을 것이다). 소크라테스가 두 사람의 험담에 크게 웃어대면 그들은 '들창코에, 머리는 벗겨지고 털북숭이 어깨에 안짱다리인, 세상에서 제일 추한 남자라고 그에게 말하며 … 그를 밀쳐냈다.'[2] 수백 년간 삽화가와 조각가가 재미있게 표현했던 일화가 있다. 크산티페는 이 속 터지는 철학자 남편과 한바탕 말다툼을 한 다음 요강에 든 오물을 소크라테스의 머리 위에 쏟아부었다고 한다. 소크라테스는 체념한 듯 이마를 쓸고 한숨을 쉬면서 이렇게 말했다. "천둥이 친 다음에는 언제나 비가 내리는 법이지."[3]

오래도록 전해진 이 우스꽝스러운 이야기에는 진실 이상의 것이 들어 있다. 당시의 아테네는 아프가니스탄의 수도 카불의 최근 10년 모습과 비슷했을 것이다. 거리는 전쟁으로 피폐해지고 남루한 베일 쓴 여자들만 있

요강에 든 오물을 소크라테스의 머리 위에 쏟아붓는 크산티페. 스트라스부르 미술관 소장

었을 것이다. 남편도, 형제도, 아들도 전장에서 모두 잃은 여자들이었다. 아테네인은 지극히 실용적인 사람들이었고 도시에는 인구가 더 필요한 것도 알았다. 그러므로 중혼을 허락하는 법령이 제정된 것은 당연했다.[4]

플라톤은 소크라테스가 감옥에 있을 때 그의 자녀 셋이 감옥을 찾아왔다고 한다. 람프로클레스는 청년이었고 소프로니스코스와 메넥세노스는 어린 아이들이었다. 소크라테스의 자식들이 나이 차이가 많이 난 이유는 그가 중혼을 했기 때문일 것이다. 그러나 아테네인들이 현실적인 이유로 중혼을 허용하긴 했지만 이상적인 도덕관에는 맞지 않는다는 이유로 사료마다 소크라테스의 중혼 여부가 다른 듯하다. 게다가 기원전 5세기 필자들은 남자의 결혼 여부를 언급하는 일에 그다지 흥미가 없었다. 플라톤의 대화편을 이루는 10만 개의 단어 가운데 크산티페는 딱 두 번 언급된다.[5]

그렇지만 크산티페(금빛 말을 뜻하는 이름으로 보아 그녀는 비교적 괜찮은 명문가 출신이었을 것이다. 페리클레스의 귀족 아버지 이름도 크산티포스였다)는 절대로 버림받은 사람이 아니었다. 그녀에게도 친구가 있었다. 소크라테스의 제자 중에 (우연히도 플라톤의 경쟁자이기도 한) 아이스키네스라는 남자가 있었다. 아이스키네스의 작품은 기원후 2세기 말까지 널리 읽혔지만 갑자기 인기가 떨어졌다. 아이스키네스가 쓴 대화편은 소크라테스의 실제 대화를 옮겨 적은 것인데 크산티페가 우정의 보답으로 아이스키네스에게 그 대화를 전해주었다고 한다. 흥미롭게도 아이스키네스는 크산티페를 무척 호감 가는 영리한 여자로 그렸다.

아이스키네스의 자료가 고스란히 우리에게 전해지지 않아서 유감스럽지만 남아 있는 그의 글에서 행간을 읽다 보면 소크라테스의 도시와 그의 삶에 관한 실마리를 얻을 수 있다. 아이스키네스가 크산티페와 가깝게 지낸 것을 보면 크산티페가 단순한 잔소리꾼만은 아니었을 것이다.

소크라테스는 아내를 대할 때 당시 여느 남자들과 다름없었다고 한다. 그는 고집스러운 망아지를 길들이듯 크산티페를 다루었다고 떠들어댔다. 크산티페는 혼자 힘으로 집안을 꾸려갔던 것 같다. 소크라테스는 가장으로서 돈을 벌어야 한다는 책임을 느끼지 않았던 것으로 보이니 말이다. 우리는 남아 있는 얼마 안 되는 자료로 소크라테스가 디오티마와 아스파시아와 대화를 나누었고 크산티페가 공개적으로 그를 깎아내려도 가만히 있었으며, 여자들이 사회에서 실질적인 역할을 해야 한다고 생각했음을 알 수 있다. 그래도 그의 마음은 분명히 그를 둘러싼 남자들에게 있었다.

소크라테스의 마음을 앗아간 남자 알키비아데스를 살펴보면 우리는 소크라테스의 삶을 좀 더 구체적으로 재구성해볼 수 있다. 내부 분열이 시작된 기원전 5세기 말, 도시 아테네에서의 삶을 말이다.

40 아테네의 상징 알키비아데스

기원전 416년, 아테네

지혜가 물처럼 가득한 잔에서 빈 잔으로 실을 타고 흘러내린다면 자네 옆에 앉는 게 내겐 가장 큰 영광일세. 그러면 곧 나도 자네의 뛰어난 지혜로 흘러넘칠 테니 말이야.

– 플라톤의 〈향연〉에서

소크라테스 이야기의 또 다른 주요 인물, 알키비아데스를 만날 장소는 바로 향연이다. 알키비아데스는 플라톤을 통해 그 무더운 밤의 향연에 불쑥 나타났다. 그는 조금 취한 정도가 아니었다. 머리에 제비꽃 화관을 쓰고 있었다. 알키비아데스는 한 입으로 두말을 하는 미남자였다.

그런데 알키비아데스는 왜 제비꽃 화관을 썼을까? 아테네에서 데메테르와 디오니소스를 숭배하는 젊은 남자들은 그렇게 부드럽고 향기로운 화관을 썼다. 귀족 청년 알키비아데스는 술로 흥청거릴 밤을 위해 제비꽃 화관을 썼던 것일까? 몇 세기 후에 박물학자 플리니우스는 탁한 술 냄새나 숙취로 인한 두통을 해소하려면 제비꽃 화관을 쓰라고 조언했다.

아니면 '제비꽃 화관을 쓴'이라는 아테네의 별칭을 떠올리게 하려는 플라톤의 의도였을까? 플라톤은 알키비아데스를 아테네에 비유했는지 모른다. 그는 아테네처럼 아름답고 퇴폐적이었으며 자신감이 넘쳤다. 또 관능적이었으며 오만했을 뿐만 아니라 전쟁에 굶주렸다. 그리고 그는 아테네처럼 술에 취해 비틀거렸다.

알키비아데스는 사람을 끌어당기는 마력이 있는, 매혹적인 인물이다. 그는 항상 모든 일을 조금 과격하게 처리했다. 분명히 뭇 사내와 여자의 정신을 쏙 빼놓았다. 당대에 이혼소송을 제기한 것으로 기록이 남아 있는 유일한 여성이 바로 알키비아데스의 아내 힙파레테다. 힙파레테가 알키비아데스를 떠나 오빠 칼리아스의 집으로 간 이유는 알키비아데스가 집으로 창녀들을 수없이 데려왔기 때문이다. 오랫동안 괴로워하던 힙파레테는 아르콘에게 이혼 신청을 하러 갔다가 알키비아데스에게 잡혀 다시 집으로 끌려갔다. 하지만 몇 달 뒤 부부는 헤어졌다.

눈부시게 아름답고 이기적인 파티광 알키비아데스는 도시국가 아테네의 자유와 평등의 균열을 극명하게 보여준다. 그를 보면 아테네 민주주의가 언제나 가식이었고, 끝까지 가식이었다는 것을 알 수 있다. 기원전 5세기 아테네 사람들은 비슷한 복장을 했지만 알키비아데스는 말라붙은 피처럼 짙은 자주색 망토를 즐겨 입었다. 그는 민주주의를 참고 견뎠을지 몰라도 귀족의 특권과 허세는 포기하지 않았다. 자주색은 아주 고귀하게 여겨서 선사 시대부터 왕의 상징이었다. 따라서 아티케 지역 대부분의 교단에서 금지된 색이었다. 하지만 대표적인 교단 엘레우시스의 신비의식에서는 비의 관리자들이 자주색 외투인 포이니키스를 걸칠 수 있도록 했다. 안도키데스가 엘레우시스 신비의식에서 알키비아데스와 함께 헤르메스 흉상을 훼손했다는 혐의로 고소당했을 때 엘레우시스 사제들이 그들의 자주색 외투로 그를 매섭게 내리쳤다는 기록이 있다.[1]

아테네처럼 알키비아데스도 미친 듯이 주목받고 싶어 했다. 기원전 416

년에 알키비아데스는 전차 7대를 올림피아 제전에 출전시켰고 그 중 3대
가 1등, 2등, 4등을 했다. 그를 위해 승리의 찬가를 쓴 사람은 다름 아닌 에
우리피데스였다.

> 승리는 별처럼 빛나지만 당신의 승리는 모든 승리를 퇴색게 하오.[2]
> _플루타르코스의 〈플루타르코스 영웅전〉

화가 아리스토폰은 아크로폴리스 정문인 프로필라이온에 (알키비아데스
가 직접 주문한 그림인) 승리한 알키비아데스와 그의 말을 그렸다. 작품이 너
무나 강렬한 나머지, 그 작품을 본 사람들은 알키비아데스가 스스로 '참
주'라 칭하려 한다고 수군댔다. 도시 아테네처럼 알키비아데스도 큰일을
해냈으며 돈도 흥청망청 써댔다. 하지만 그런 허세와 자신감은 질투를 불
러일으키기 마련이다. 사람들은 알키비아데스를 탐탁지 않아 했다. 마찬
가지로 다른 도시국가들도 나를 좀 봐달라고 소란을 피우는 아테네를 못
마땅해했다.

그러나 아테네인들은 어릴 때부터 서사시와 더불어 자랐다는 사실을
기억해야 한다. 그들은 요람에서부터 아킬레우스와 아이아스, 오디세우스
같은 이들의 영웅담에 사로잡혔다. 그러니 알키비아데스 같은 인물을 보
면서 과거의 영웅이 되살아난 것 같다고 느끼는 아테네인들도 있었다. 비
할 바 없는 그의 미모를 신 같이 여겼고 그의 아름다움은 곧 신이 내린 선
물이라 생각했다. 아리스토텔레스의 책에도 그런 이야기가 나온다.

> 이것만은 확실합니다. 신상과 똑같이 우월한 신체를 가진 사람이 있다면 나
> 머지 인간들은 그들의 노예가 되어도 좋다는 데 모두 동의할 것입니다.
> _아리스토텔레스의 〈정치학〉

전설 속 영웅

아테네인들은 전설 속 영웅 같은 알키비아데스에게 열광했다. 알키비아데스는 잘생겼고 자신만만했으며 사치스러웠다. 또 야심 찼으며 무모했고 권력에 굶주렸고 퇴폐적이었다. 하지만 소크라테스는 그를 비난하지 않았다. 소크라테스는 그에게 매혹되었다. 알키비아데스는 소크라테스가 벗 삼아 지내려 했던 도시 아테네 자체였다. 소크라테스는 '도시의 여왕' 아테네의 자극적이며 세속적이고 능력지상주의적인 모든 것에 끌렸다. 또한 그는 아테네의 약점을 감지했고 민주주의라는 이름으로 편하게 포장된, 개인의 야망이 낳을 미래를 두려워했다.

알키비아데스는 그토록 화려한 매력을 지닌 자신조차 소크라테스를 유혹할 수 없었다면서 소크라테스와 보낸 시간을 사랑이야기로 표현했다. 분명히 완벽한 정신과 완벽한 육체가 만난 동화 같은 이야기이다. 〈향연〉에서 알키비아데스는 더 나은 사람이 되고 싶은데 그러려면 소크라테스의 마법이 필요하다고 말한다. 그는 그럴 때조차 도시 아테네 같다. 잠재력이 넘치고 성공했지만 도덕적 잣대로도 높이 평가받기를 갈구한다.

> 최고로 훌륭한 사람이 되는 것만큼 중요한 일은 제게 없습니다. 그리고 당신이 아닌 그 누구도 저를 그 목표에 도달하게 해줄 수 없지요. _플라톤의 〈향연〉

알키비아데스는 향연에서 소크라테스 옆에 앉아 있다가 향연이 끝나자 그의 옆에 눕는다. 알키비아데스는 두 사람이 함께 누웠던 또 다른 밤들, 포티다이아 원정에서의 밤을 회상한다. 소크라테스는 얇은 외투만 걸쳤지만 알키비아데스의 고급스러운 외투를 함께 덮을 수 있었다. 소크라테스의 이야기에 푹 빠진 알키비아데스는 그의 이야기를 기억할 때마다 다시 흥분하게 된다고 했다. 플라톤의 〈향연〉에서 알키비아데스는 자기감정을 이렇게 표현했다. "나는 말하는 이 순간에도 그것을 느낄 수 있습니다." 이 혈기왕성한, 피 끓는 젊은이는 특이한 동료병사를 자기 것으로 만들기로 했다.

다 알만한 이야기이다. 어둠과 속삭임, 살과 살을 맞댈 때의 보이지 않는 짜릿함이 오갔을 것이다. 하지만 소크라테스는 알키비아데스를 몸이 아니라 가슴으로 사랑하기로 했다. 그는 자신을 부정하는 동시에 탐닉하는 아테네에서 살기를 원했다. 따라서 플라톤의 〈향연〉에서 소크라테스는 알키비아데스의 접근을 거절한다. 아프로디테가 인간에게 준 골치 아픈 선물, 사랑의 힘은 소크라테스를 단단히 사로잡았다. 그는 성적 욕망에 미칠 때(그리스어로 '마니아mania'는 성애적인 광분을 뜻하기도 한다) 사랑이 어떤 문제를 일으키는지 알고 있었다.

"도대체!" 크세노폰이 말했다. "키스의 힘은 얼마나 대단한지요!"

"그게 놀랍나?" 소크라테스가 말했다. "동전 크기 반만 한 그 전갈들이 입술을 건드리기만 해도 사람들은 속이 뒤틀리는 고통에 휩싸여 정신을 잃는다는 걸 잘 알지 않나?"

"물론이죠." 크세노폰이 말했다. "그건 전갈이 물면 독이 나오기 때문이죠."

"어리석기는!" 소크라테스가 말했다. "아름다운 소년들의 사랑에도 독이 있다는 걸 모르나? 사람들이 '한창때의 아름다운 소년'이라 부르는 그 짐승들이 전갈보다 훨씬 더 위험하다는 걸 모르겠나? 전갈은 건드려야 물고 독을 퍼뜨리지만 이 소년들은 멀리서 보기만 해도 독이 퍼질 수 있다네. 그러니 크세노폰, 내 충고하니 아름다운 소년을 보거든 전속력으로 달아나게나."

_ 크세노폰의 〈소크라테스 회상〉

물론 소크라테스의 철학은 에로티시즘과 성을 거론할 수밖에 없었다. 당시 그리스에서 육체와 영혼은 한배에서 난 쌍둥이였다. 나이 든 남자들은 청년과 사랑을 나누며 청년에게 덕을 불어넣었다. 그것은 '나쁜' 육체적 사랑을 보완하는 '올바른' 사랑이었다. 플라톤이 쓴 소크라테스의 철학에는 성적인 뉘앙스가 가득하다. 심지어 나쁜 사랑에도 위대한 목적이 있다. 소크라테스에게 성은 목표에 도달하는 수단이었다. 아름다운 남자와 아름다운 여자를 만들어내는 방법이었다. 아름다운 도시를 구성하고 건설하는 방법이었다. 소크라테스는 알키비아데스와 성관계를 맺지 않았지만 그렇다고 성의 힘이나 목적, 쾌락 자체를 부정하지는 않았다.[3]

플라톤의 화려한 〈향연〉에 등장하는 장면은 매혹적이고 계몽적이며 진지하지만 등장인물들의 실제 삶은 더 추잡했다.

향연의 주술

플라톤의 〈향연〉에서는 사랑과 애정에 관한 온갖 이야기가 진지하게 오가지만 향연이 이루어지는 따뜻한 방 밖의 아테네는 상황이 그리 좋지 않았다. 델리온과 암피폴리스에서의 참패 이후 아테네와 스파르타 사이에는 3년간 평화가 유지되었다. 그러나 기원전 418년 여름 스파르타는 만티네이아(펠로폰네소스 아르카디아의 도시국가로 펠로폰네소스 전쟁에서 아르고스, 아테네와 연합하여 스파르타에 대항했다_옮긴이)와 (아테네의 동맹인) 아르고스(펠로폰네소스 반도 북동쪽의 도시국가이다_옮긴이), 아테네를 공격했다.

만티네이아는 아테네 남쪽으로 160킬로미터 떨어진 넓은 범람원에 자리 잡고 있었다. 당시 아테네군 사령관으로 선출된 알키비아데스가 모두 민주정 도시였던 아르고스와 만티네이아, 엘리스(펠로폰네소스 반도 북동쪽의 도시국가이다_옮긴이)를 설득해 동맹을 맺었다. 스파르타는 이 동맹이 위협이 되리라는 것을 간파하고 조치를 취하기로 했다. 곧 양측 군대가 몰려들었고 각자 진영을 구축한 다음 서로를 노려보았다. 처음에 스파르타 군대는 만티네이아의 농작물을 불사르려고 했지만 계획을 바꿔 물길을 돌려서 만티네이아의 들판을 범람시키겠다고 협박했다. 양측은 서로 밀고 당기면서 그 지역의 변화 가능한 지형을 군사 용도로 유용하게 쓰려 했다.

전투 마지막 날, 스파르타는 리르키안 산맥의 그늘에서 우월한 전략으로 동맹군 1,000명을 죽음에 몰아넣었다. 그중에는 아테네 병사도 많았다. 전령이 아테네로 달려가 우울한 소식을 전했다. 그가 달려간 길은 오래전 스파르타와 아테네가 우방이었을 때, 아테네인 페이디피데스가 (마라톤 전투에서) 스파르타의 지원군을 요청하려고 달려갔던 바로 그 길이었다.

패전 소식이 목적의식을 잃어가던 도시 아테네로 날아들었다. 아테네를 '전 그리스의 지도자이자 부러움'이라고 한 페리클레스의 말은 이제 인정하기 어려워졌다. 플라톤의 〈향연〉의 배경이 된 기원전 416년부터 아테네는 약화되고 분열되었다. 시민들은 서로 추방하려고 투표를 했다.

〈향연〉의 마지막 장면에서 이미 술에 취할 대로 취한 알키비아데스는 술을 더 마시려고 비틀거리며 나간다. 그는 자신을 풍자하는 인물이 되었다. 소크라테스의 표현을 빌리면 그는 사티로스극(디오니소스 축전에서 비극 3부작에 이어 공연되던 극으로 신화나 전설 속의 인물을 풍자적으로 그렸다_옮긴이)을 연기하고 있었다. 향연이 있던 따뜻한 봄밤, 그는 종말을 향해 의기양양하게 출발했다. 알키비아데스는 위태로웠다. 당시 그는 멋진 연설과 훨씬 더 멋진 몸짓으로 민회에서 점점 더 큰 영향력을 얻고 있었다. 하지만 사람들은 이미 그의 영향력을 우려하고 그의 성공을 질투하고 있었다. 실제로 기원전 416년에 그는 도편추방될 뻔했다.

〈향연〉에서 그는 향연의 주술을 깨트렸다. 사랑의 본질을 주제로 한 대화와 탐구로 남자들의 방 안드론이 빛나고 있을 때, 그는 (그리스인의 생각에) 지저분하고 너무 노골적인 무언가를 데리고 들어와 쾌활한 분위기를 깼다. 바로 창녀, 피리 부는 소녀를 데려온 것이다. 이 장면은 이중적 의미로 해석할 수 있나. 아테네 성벽이 허물어지던 날, 민수수의가 부너지고 스파르타 군대가 아테네를 짓밟던 그날, 바로 아테네의 피리 부는 소녀들이 승리의 함성을 울리며 아테네의 황금시대가 끝났음을 알렸다. 어쩌면 그들은 아테네 시민에게 음악을 연주하는 성 노예 역할이 지긋지긋했는지 모른다. 그리고 플라톤은 어쩌면 잘못된 사랑으로 아테네를 죽인 것이 알키비아데스 같은 사람들이었다고 암시하는 것인지도 모른다.

악마의 술

도굴꾼들은 물건 보는 눈이 있다. 어느 그리스 박물관 지하에는 불법 골동품 거래에서 구출해낸 아름답고 거대한 술잔이 있다. 섬세한 포도 덩굴이 가장자리를 장식하고 남자들은 친근한 자세로 서로 가까이 누워 있다. 그런데 잔 중앙에 짙은 녹청색 괴물이 있다. 고르곤(머리카락이 뱀으로 된 괴물로 이 괴물을 본 사람은 돌로 변했다고 한다_옮긴이)이 갈라진 이빨 사이로 침이 흐르는 혀를 축 늘어뜨린 채 얼굴을 찡그리고 있다. 그 눈은 잔을 쳐다보는 사람, 술 마시는 사람, 바로 향연 참가자들을 향했다. 소크라테스가 독배를 마시고 죽을 무렵에 만들어진 이 술잔은 지나친 사랑이 어떤 끔찍한 운명을 낳는지 보여주는 듯하다. 포도주와 지나친 자신감에 취해 같은 목적을 지녔다고 착각하면서 수다를 떠는 이들은 지나치게 좋은 시간을 보낸 것 같다. 향연을 둘러싸고 악의에 찬 소문이 돌기 시작했다.

만약 플라톤이 알키비아데스를 아테네의 상징으로 그렸다면 그의 은유는 무서울 만큼 정확했다. 아름답고 젊은 알키비아데스는 탐욕스럽고 호전적이고 부패한 남자가 되었다. 그는 덕이나 정신이 아닌 원초적인 욕망에 끌렸다. 귀족 청년, 알키비아데스는 소크라테스에게 배우고 싶다고 말했지만 결국 술에 취해 몸을 비틀대며 밤거리로 떠났다. 아테네처럼 그 역시 지나치게 술을 마셨고 향연을 벌였으며 죽었다.

소크라테스는 아테네 시민들이 얼마나 쉽게 야만의 구렁텅이로 떨어지는지 목격했다. 가혹한 시절에 사람들이 얼마나 가혹한 이야기를 하는지도 들었다. 그는 아테네 동료 시민들에게 절제하라고, 뛰기 전에 생각하라고 간청했지만 소귀에 경 읽기였다.

소크라테스: 그러면 절제하지도 못하고 선하지도 않은 사람은 행복할 수 없지.

알키비아데스: 행복할 수 없지요.

소크라테스: 그러면 나쁜 사람들이 불행해지겠군.

알키비아데스: 네, 그렇습니다.

소크라테스: 그러면 불행에서 벗어나는 사람들은 부유한 사람들이 아니라 절제하는 사람들이겠군.

알키비아데스: 듣자하니 그러네요.

_플라톤의 〈알키비아데스〉

7막

사건의 절정

불편한 진실을 외치다

41 유린당한 멜로스 섬의 비너스

기원전 416~415년, 아테네

소크라테스: 누군가 여러분이 바르게 살지 않는다고 비판할 때 그 사람을 죽임으로써 그 비판을 막을 수 있다고 생각한다면 여러분은 잘못 생각하는 것입니다.

– 플라톤의 〈소크라테스의 변명〉에서

지형은 많은 것을 결정한다. 축복받은 지형도 있지만 문명에 원자재를 공급해야 할 짐을 짊어지는 지형도 있다. 멜로스 섬이 그런 곳이다. 이 작은 섬의 지형학적 위치는 축복인 동시에 저주였다.

멜로스 섬은 에게 해 중앙의 화산 군도인 키클라데스 제도에 속해 있다. 이 섬은 선사 시대 이래 문명의 연장통이었다. 화산활동이 있다는 것은 바위에서 유황과 고령토, 석고가 나온다는 뜻이다. 오늘날에도 멜로스 섬의 북쪽 해안에는 당밀처럼 검은 빛깔의 흑요석이 널려 있다. 이는 석기 시대부터 곳곳에서 필요했던 원자재였다. 아테네는 오랫동안 멜로스를 주시했다. 라우리온에서 발굴된 결과를 보면 청동기 시대 아티케의 그리스인들은 칼과 화살촉, 수술칼에 쓰일 흑요석을 거래했다. 고대 멜로스의 수

출은 아주 중요했다. 오늘날 멜로스 섬은
세계 샐러드 시장에 팔리는 방울토마토
를 강제 후숙시킬 때 쓰는 중정석 판매로
번창하고 있다.

멜로스 섬은 특이하고 아름다우면서도
지질학적으로는 약간 불안정하다. 이곳의
작은 만에서 수영을 하다 보면 피부로 증
기가 분사되곤 한다. 또 해변의 모래를 장
난삼아 파헤치던 아이들은 모래가 점점
뜨거워지는 것을 느끼게 된다. 이곳에서
세계적으로 유명한 밀로의 '비너스'가 발
견되기도 했다. 1820년에 밭을 갈던 농부
가 관목숲에 덮인 평범한 동굴 안에서 볼
품없는 모습으로 반쯤 물에 잠긴 밀로의
'비너스'를 발견한 것이다.

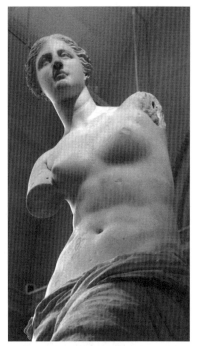

멜로스 섬에서 발견된 밀로의 '비너스'
©Galina Barskaya/Shutterstock.com

오늘날 야생화가 만발하고 꿀벌이 부지런히 윙윙대는 산비탈에 버려진
유적지에는 거대한 석조블록들이 있다. 검붉은 색의 도리스식 석조블록은
이제는 존재하지 않는 거주지를 보호하는 역할을 했다. 이 고대 유적은 유
령마을 같은 느낌을 주는데 거기에는 그럴 만한 이유가 있다.

기원전 416년 멜로스 섬 사람들은 정치적 실수를 저질렀다. 아테네는
멜로스 섬 사람들에게 델로스 동맹에 합류하라고 10년 넘게 압박했다. 그
러나 그들은 700년 독립을 계속 이어가겠다면서 델로스 동맹에 합류하기
를 거부했다. 기원전 425년 아테네는 멜로스에 조공을 부과했지만 멜로스
인들은 조공을 바치지 않았다. 분명히 멜로스의 독립은 아테네에 불만거
리였을 것이다. 게다가 펠로폰네소스 전쟁이 생각보다 길어져 여러 해를

끌자, 아테네는 수중에 넣을 수 있는 현금을 모두 긁어모아야 했다. 알키비아데스와 그의 측근들이 사실상 민회를 장악한 상황에서 작은 섬 멜로스와 본토의 강대국 아테네가 멜로스 섬의 거취를 놓고 격렬한 논쟁에 들이갔다. 멜로스는 불리했다. 아테네인은 논쟁에 능숙했고 민회는 화려한 웅변이 낯설지 않았다. 역사가 투키디데스는 민중을 선동하는 분위기가 얼마나 위험한지 이미 언급한 바 있었다. 투키디데스는 클레온의 민회 연설을 이렇게 묘사했다.

> 이런 종류의 경쟁에서 상은 여론을 조작하는 자들이 차지하고 국가는 패하게 됩니다. 그 책임은 여러분에게 있습니다. 왜냐하면 어리석게도 이런 경쟁을 부추겼으니까요. … 미래에 관한 정책은 그 주제에 관한 연설을 듣고 판단합니다. 그리고 과거는 여러분의 목격담이나 목격자의 경험이 아니라 과거와 관련해 근사한 수사학적 연설을 듣고 판단하겠지요. … 여러분은 최고의 연설자가 되길 바라지만 그렇게 되지 못했을 때에는 연사보다 더 훌륭한 청중이 되려고 하겠지요. … 여러분은 삶의 변화를 요구하지만 삶의 현실은 제대로 이해하지 못하고 있습니다. 청취라는 쾌락의 노예가 되어서 한 도시의 의회라기보다는 대중 연설가의 연설을 듣는 관중처럼 행동하고 있습니다.

아테네는 아테네에서 가장 설득력 있고 강경한 협상가들을 바다 건너 멜로스에 보냈다. 아마도 멜로스 섬 사람들과 아테네 사절단 사이의 대화는 세계문학사상 가장 냉정했을 것이다. 어쩌면 투키디데스가 극적인 효과를 내려고 일부러 과장해서 표현했을 수도 있다. 어쨌든 이 대목은 서로의 태도가 냉담해지고, 애정이 식고, 서로 증오하기로 마음먹은 그 끔찍한 순간을 잘 전달한다.

아테네는 기원전 418년에 치렀던 만티네이아 전투에서의 패배로 마음이 쓰렸고 멜로스 섬이 스파르타에 우호적이라는 사실이 거슬렸다. 그런데 멜로스가 계속 독립을 주장한다는 소식이 들려왔다. 그 소식을 들은 아테네는 멜로스 섬의 어마어마한 천연자원을 떠올렸을지 모른다. 아테네 프닉스 언덕 위 민회에서 성난 목소리들(알키비아데스도 분명히 그 목소리에 한몫했을 것이다)이 강경히 대응해야 한다고 주장했다. 포함외교砲艦外交가 될 것이 불 보듯 뻔했다.[1]

폭풍 속으로

거대한 병력이 이동했다. 중무장 보병 2,500명, 궁수 320명, 정예 기마대 20분대가 남쪽으로 떠나는 함대에 올랐다.[2] 5월의 어느 날, 뿌연 북쪽 수평선을 걱정스럽게 내다보던 멜로스 섬 사람들의 표정은 점점 공포로 변했을 것이다. 삼단노선 38척(아테네의 함대뿐 아니라 동맹국에서 받았거나 빼앗은 함대까지)과 병사 3,000명이 심해를 가로질러 멜로스의 천연항으로 들어오고 있었다.

아테네는 지중해 심장부에서 독불장군처럼 독립을 지키는 예외를 용납하고 싶지 않았다. 그들은 멜로스가 아테네 제국의 속국임을 인정하게 해주겠다고 마음먹었다. 아테네 사절단은 전체 멜로스 사람들 앞에서 의견을 말하겠다고 했지만 멜로스의 과두주의자와 관료들은 거절했다. 사실, 멜로스 사람들은 그리 많지 않았다. 1,600명 정도가 대략 길이 25킬로미터에 너비 15킬로미터의 작은 섬에 살고 있었다. 멜로스의 지도자들은 왜 아테네 사절단의 요구를 거절했을까? 공포가 퍼지는 것을 막으려고? 잔학 행위를 피하고 상호 이득이 되는 거래를 맺을 수 있을 것이라 믿어서? 혹시 민주주의의 깃발이 너무 쉽게 나부끼게 될까 두려워서?

투키디데스는 아테네 사절단과 멜로스 지도자들 사이의 대화를 들려준다. 멜로스인들은 아테네와 겨루기 어렵다는 사실을 인정했지만 신을 믿고 자신을 구원하려고 노력하겠다고 말한다. 그러나 아테네 사절단의 대답은 소름 끼칠 만큼 냉정하다.

> 신이든 인간이든 지배할 수 있다면 어느 곳이든, 무엇이든 지배하는 게 필연적인 자연법칙이오. 우리가 이 법칙을 처음 만든 것도 아니고 그 법에 따라 처음 행동하는 것도 아니오. 우리 이전에 이 법칙이 있었으며 우리 다음에 올 사람 사이에서도 여전히 이 법칙은 존재할 것이오. 우리는 단지 이 법칙을 이용하는 것뿐, 당신을 포함해 그 누구라도 우리와 같은 힘을 가졌다면 우리와 똑같이 했을 것이오.

아테네는 '힘이 통치한다'고 선언했다. 정당한 이유가 없는 침략을 정당화해주는 것은 오로지 병력의 규모뿐이다. 투키디데스가 이 대화를 도덕적 논쟁으로 삼으려고 썼는지 여부는 이제까지 논란의 대상이었고 앞으로도 쭉 그럴 것이다. 그러나 분명한 것은 그 결과가 역겨울 만큼 잔혹했다는 것이다. 멜로스는 몇 달 동안 포위되었다. 그러나 멜로스 섬이 지닌 지형적인 이점 탓에 정복하기 어려웠다. 사화산 지형이던 멜로스 섬은 천연 요새였다. 담수가 요새 안으로 흘러들어왔고(오늘날까지도 현대식 마을에 많은 카페와 주택에는 우물이 있다) 들쭉날쭉한 거대한 화산암들이 이어지며 섬의 최고봉 할라카스 산을 에워쌌다. 하지만 검붉은 핏빛 화산암들은 섬의 미래를 예언하는 듯했다.

멜로스 대학살

멜로스인들은 혹독한 겨울을 견뎌냈다. 겨울이 지나자 살아남은 자들 사이에 질병과 기아, 공포가 퍼져 나갔다. 기원전 415년, 섬사람들은 폭발하지 않은 마그마가 잠들어 있는, 섬 꼭대기 망루까지 쫓겨 갔고 결국 항복하고 말았다. 지금도 쫓겨 가던 멜로스인들이 마지막 순간까지 사용하다 버리고 간 검댕이 묻은 기름램프와 거울, 머리핀, 낫이 종종 발견된다.[3] 그 유물들은 이제 멜로스 시립 박물관에 조용히 전시되어 있다. 파멸한 삶의 단편을 보여주는 애처로운 파편들이다.

아테네는 무자비했고 남은 것은 피바다였다. 아테네는 남아 있는 모든 남자를 죽이고 모든 여자와 아이를 노예로 만들라고 명령했다. 우리는 그 살육이 얼마나 끔찍했는지 상상에 맡길 수밖에 없다. 살아남아 그 사건을 증언할 남자가 단 한 명도 없었으니까.[4]

아테네는 멜로스 섬을 얻었다. 그들의 손에는 피가 흠뻑 묻었다. 알키비아데스는 멜로스인들을 가혹하게 처벌했고 가족을 잃은 멜로스 여인 하나를 데려다 즐겼다. 그녀는 알키비아데스의 아들을 임신했다.[5]

> 알키비아데스는 전례가 없는 극악무도한 짓을 했다. 그는 멜로스 사람들을 노예로 팔라고 하더니 멜로스 포로 중 여인 하나를 사들였다. 그녀는 나중에 그의 아들을 임신했다. … 철천지원수 간인 부모 사이에서 태어난 아이였다. 한 명은 끔찍한 악행을 저지르고 다른 한 명은 그 악행으로 고통받은 부모를 둔 아이였다.[6]

바로 이때부터 소크라테스의 도시 아테네는 돌이키기 어려울 정도로 분열되기 시작했다. 멜로스 대학살은 분명히 아테네인들을 불편하게 했다. 같은 해에 에우리피데스는 관중이 눈시울을 적시며 볼 정도로 강력한 비극 〈트로이아의 여인들Troades〉을 썼다. 에우리피데스는 멜로스에서 학살이 있기 전 7월이나 8월쯤 최고 아르콘에게 집필 허가를 신청했다. 그리고 멜로스에서 끔찍한 학살이 일어난 기원전 416/415년 겨울에 극본을 고쳐 썼다.

〈트로이아의 여인들〉의 배경은 트로이가 무너지고 그리스인들이 트로이 사람들에게 복수하던 영웅시대이다. 이야기는 호메로스의 〈일리아스〉의 결말인 24권이 멈춘 곳에서 시작한다. 에우리피데스가 전하려는 말은 분명했다. 어떤 면에서 멜로스 학살 같은 참극에서 창칼에 찔리고 난도질 당해 죽은 남자들은 차라리 운 좋은 사람들이다. 살아남은 여자들 앞에는 망명, 노예생활, 강간, 자식과의 강제 이별을 감내해야 하는 기나긴 인생이 남아 있다. 전쟁에서 인간성을 짓밟히는 피해자는 바로 여자들이었다. 이들은 이국의 도시 아테네로 실려 오거나 아테네의 시장에서 더 먼 나라로 팔려가야 했다.

살육의 현장을 피한 멜로스 남자가 한 명 있었다. 학살 당시 그는 아테네에서 거주 외국인으로 숨어 있었다. 디아고라스라는 철학자였다. 그는 동지중해가 비교적 평화롭던 아테네의 호시절에, 사상과 도덕적 탐구가 조세와 전쟁포로만큼 높이 평가받던 시절에 아테네에 매혹되었던 사람이다. 디아고라스는 아테네의 삼단노선에 살해되지 않았다. 그를 쓰러뜨린 것은 아테네 사람들의 피해망상이었다. 멜로스 학살 2년 뒤 민회는 재판절차 없이 그를 암살하기로 했다. 디아고라스는 목에 현상금이 붙은 채 아테네에서 달아났다. 그의 죄가 정확히 무엇이었는지는 수백 년 동안 알려지지 않았다. 다만 소크라테스처럼 행동이 아니라 '말'이 문제가 되었을 것이라고 추정할 따름이다.[7] 하지만 최근에 그의 죄명을 밝혀줄 흥미로운 것이 발견되었다.

42 무신론과 이단

기원전 414년, 데르베니, 그리스 북부 그리고 아테네

아낙사고라스는 태양과 달에 관한 불경으로 투옥되었지요. 프로타고라스는
신의 존재 여부를 물었다는 이유로 추방당했습니다. 여러분은 현명하게도 디
아고라스를 죽인 자에게 보상을 하겠다고 약속했지요. 디아고라스가 엘레우
시스와 그 말할 수 없이 신성한 비의를 조롱했으니까요. 하지만 소크라테스가
신에 관해서 법에 어긋나는 주장을 했거나 책을 썼다고 누가 말할 수 있습니
까? 아니토스, 당신은 그런 사람을 한 사람도 데려오지 못할 것입니다.[1]

– 리바니오스의 〈변론〉에서

데르베니(그리스 북부 마케도니아 지방으로 1962년 이곳에서 고대 분묘가 발
굴되었다_옮긴이) 변두리 고속도로의 발굴지를 찾아가는 일은 힘든 동시에
보람 있는 일이었다. 1961년에서 1963년 사이에 곡괭이를 들고 이곳 도로
를 확장하던 노동자들이 전혀 예상치 못한 것을 발견했다. 부자 귀족들의
무덤을 찾아낸 것이다. 현재 묘실 A11은 콘크리트벽에 둘러싸여 있고 위
에는 덤불이 덮여 있다. 쓰레기가 많았다. (자신들이 맡은 묘실에 관심을 보이
는 방문객도 있다는 사실에 적잖이 놀라워하는) 부부 큐레이터가 철제 창살을

들어 올리느라 안간힘을 썼다. 방문객이 거의 없는 고분이었다.

아직도 제자리에 있는 석관을 찾아 아래로 기어 내려가면 1, 2분은 족히 있어야 묘실 내부의 어둠에 익숙해진다. 1962년 5월에 처음 발견되었을 당시의 묘실 내부는 말 그대로 숨 막힐 정도로 풍요로웠다고 한다. 고고학자들의 보고서에는 관 뚜껑이 열렸을 때 발굴자들이 깜짝 놀라 탄성을 내질렀다는 기록도 있다. 묘실 안에는 60센티미터 크기로 섬세하게 빚어진 금 항아리 두 개가 놓여 있었다. 수정 항아리들, 금왕관과 섬세한 금 덩굴손이 장식된 목걸이, 그리고 아직도 향긋한 향수들도 있었다.

무덤 주인의 이름은 어디에도 없었지만 매우 부유하고 교양 있는 귀족의 무덤임이 분명했다. 호화로운 장식품뿐 아니라 지적인 소품도 많았기 때문이다. 소크라테스와 관련 있는 유물도 있었다. 너무나 미세해서 먼지로 날아갈 뻔했던 그 유물은 새까맣게 타버린 언어의 흔적이었다.

2,400년 전 이곳 데르베니의 석관 뚜껑에서 단단하게 말린 파피루스들이 불에 탔다. 어떤 이유에서인지는 모르지만 이 파피루스는 주인에게 상당히 중요한 의미가 있었던 듯하다. 그래서 주인과 함께 화장된 것이다. (직업 대곡꾼과 장례식에 참가하려고 특별히 외출을 허락받은 여자 친척들이 부르는) 진혼곡 중간중간 불꽃이 탁탁 튀는 소리가 들렸다. 사람들은 그 소리를 화장된 귀족의 영혼을 하늘 높이 데려가는 소리로 여겼다. 주인의 살은 사라진 지 오래였지만 이 이름 없는 귀족의 장례 장작더미에서 살아남은 것들이 있었다. 나중에 밝혀진 바로는 그 파피루스들은 유럽 역사상 현존하는 가장 오래된 책이었다.

그 파피루스는 처음 보면 마치 모닥불이 타고 남은 재처럼, 불꽃에 타고 남은 신문 쪼가리처럼 보인다. 처음에 발굴자들은 이 파편을 무시했다. 하지만 아티케 그리스어(아테네를 포함한 아티케 지역에서 쓰이던 고대 그리스어이다_옮긴이)로 쓴 구절을 발견했다. 테살로니키 지역의 고고학자들이 이

200개의 파편을 조심스럽게 분리했고 그을린 파피루스들을 비틀어 떼어 냈다. 그러자 아름답고 정교하게 써 내려간 그리스 문자들이 어렴풋이 드러났다.

봉인된 소크라테스의 세상

파피루스에서 다룬 이야기는 무척 흥미롭다. 그 이야기에서 제우스는 자기 어머니를 강간했고 바다의 신의 절단된 남근을 먹었다고 한다. 파피루스의 저자는 이 이야기가 사실인지 묻지 않는다. 그는 이 이야기가 자연과 생명이 우리가 알고 있는 것처럼 원시의 소용돌이에서 나왔음을 상징한다고 해석한다. 이 이야기에 나오는 단어에도 신비로운 힘이 있다. 여신 헤라는 공기(그리스어로 aer)와 같다. 이런 이야기가 죽 이어진다. 간단히 말해 데르베니의 파피루스가 전하는 이야기는 이전의 신화적 세계관과는 완전히 다른 세계관이었다. 불에 타다 남은 이 구절은 당대의 혁명적인 과학적 세계관을 옛 신화에 끼워 맞추려는 복잡하고 어려운 시도였다. 신앙심 깊은 19세기 기독교인이 《성경》을 유전자 발달의 우화로 해석하면서 진화를 설명하려 했던 시도와 비슷하다.[2] 이 파피루스가 바로 봉인된 소크라테스의 세상을 열어 보이는 유물이다.

당시 아테네에서 활동했던 사람들과 그들의 운명을 돌아보건대, 데르베니의 고속도로 옆에서 발견된, 이 아름답고 복잡한 글을 쓴 사람은 멜로스의 디아고라스일 확률이 크다. 고대 아테네 당국은 이 신비로운 시구절 속에 들어 있는 사상에 분명히 당혹했을 것이다. 하지만 정통 교리가 없던 아테네에서는 이단이나 자유사상가를 박해할 장치도 없었다. 영어에서 이단heresy은 '선택하다'라는 그리스어의 동사에서 비롯되었고 신성모독

blasphemy은 그리스어로 '헐뜯다'라는 뜻이다. 소크라테스 시대에 이단은 의미가 없었다. 그래서 기원전 414년 이 글을 쓴 디아고라스(정말 그가 썼다면)는 훗날 소크라테스와 비슷한 혐의로 고소당했다. 그는 아테네의 신들을 인정하지 않는다는 혐의로 고소당했고 무신론자, 신을 멀리하는 자로 낙인찍혔다.[3] 민회는 그의 목에 현상금을 걸었다. 범인은 살아서나, 죽어서나 아테네 도시로 끌려와야 했다. 디아고라스는 아테네인들[4]의 학살을 피해 달아난 멜로스 섬의 동포처럼 세계 최초의 민주정 사회가 민주적으로 내린 결정을 피해 달아난 도망자가 되었다.

아리스토파네스는 그로부터 1, 2년 후 희극 〈새〉에서 디아고라스의 박해를 소재로 농담을 하지만 그 표현은 섬뜩하다. 악질분자들은 노래하는 새(극작가의 분신)처럼 목매달아 죽일 것이다. 덫에 걸린 새들은 더는 하늘을 날 날개가 없다. 그는 신랄하고 우스운 대사로 메시지를 전달했다.

> 코로스 리더: 이 특별한 날에 알다시피 다시 선언하노니 멜로스의 디아고라스를 죽인 자는 1달란트를 얻을 것이다.
> 밀고자: 내가 원하는 건 날개야, 날개!

아테네의 이면

아테네 민주정에는 교리도 없었고 성경 같은 것은 더더욱 없었다. 신조도, 교의도 없었다. 소크라테스가 살던 시대에는 많은 신과 여신이 서로 관심을 받으려고 질투하고 다투었다. 각각의 신이 끊임없이 더 많은 선물과 제물, 숭배자를 얻으려고 경쟁했다. 아테네는 넓지 않아서 시민들이 이 성소에서 저 성소로 바쁘게 돌아다녀도 해지기 전이면 거뜬히 집에 올 수 있었다. 믿음 자체보다 믿는 행위가 중요한 사회였다.

물론 신전에는 힘 있는 종교 지도자들이 있었지만 그리스 신들의 교리를 지키고 알리는 사제계급은 없었다. 사람들은 마음대로 종교 텍스트를 해석할 수 있었고 신성모독의 기준도 뚜렷하지 않았다. 민주주의가 키워낸 표현의 자유 속에서 사람들은 철학적, 종교적으로 계몽되기 시작했고 곧 마녀사냥이 뒤를 이었다.

젊은 시절의 소크라테스는 시대를 잘 타고난 것 같았다. 페리클레스는 철권통치로 제국을 창조했고 지배했지만 지성을 발전시켜야 한다고 믿는 사람이었다. 그는 깊이 있는 사상가들이 아테네에 소개하는, 놀라우면서도 독창적인 사상을 두려워하지 않았다. 페리클레스는 편견이 어떤 결과를 낳는지 몸소 경험했다. 어머니의 가문이 종교적 저주를 받은 적이 있기 때문이다. 어머니의 가문 알크마이오니다이는 마라톤 전쟁 이후 친페르시아적 성향으로 고소당했고 가문의 주요 일원들은 도편추방되었다. 페리클레스는 청소년기를 추방되어 살았지만 이 모든 환경 덕분에 남다른 미래 감각을 지니게 되었을지도 모른다.

많은 그리스인에게 과거는 안전했지만 미래는 신들이 만든 괴물이었다. 그렇다고 과거 속에 산다면 인간은 발전 없이 정체될 것을 페리클레스는 간파했다. 그는 진보적인 문화를 키웠다. 하지만 소크라테스를 비롯해 당대의 다른 위대한 사상가들, 디아고라스, 아낙사고라스, 프로타고라스는 자유의 의미가 오늘날과는 다른 매우 특별했던 시대를 살았다. 그 시대의 자유는 개인의 자유가 아니라 공동체, 즉 도시국가의 자유였다. 그리고 오늘날의 사회와 정부처럼 당대의 도시국가도 표현과 사상의 자유가 법을 위반할 자유로도 연결될 수 있는지에 관해서는 입장이 불분명했다.

아테네의 민주정은 상당히 관용적인 분위기에서 출발했지만(어쨌든 소크라테스는 거의 반세기 동안 아무런 제재를 받지 않고 활동했다) 결국에는 새로운 사상을 수상한 범죄로 낙인찍었다. 개방적인 것처럼 보이는 아테네에는 겉으로 드러나는 것과는 다른 저류底流가 있었다. 소크라테스가 성장하던 무렵, 아낙사고라스는 태양은 불타는 듯한 태양신 헬리오스가 아니라 빨갛게 달아오른 돌덩이라고 말했다. 그의 말에 당혹스러웠고 나아가 공포에 질렸던 민회는 천문학을 신성모독의 학문이라 선포하고 그 연구를 금지하는 칙령을 통과시켰다. 곳곳에 만연했던 종교적 믿음은 당대의 자유사상을 왜곡했다. 그리고 사람들은 참주 정치인들의 자리에 참주 사상가들이 들어서는 것이 아니냐고 수군거렸다. 아테네는 스스로 지켜야 했다. 땀과 회반죽으로 석벽을 쌓고 또 쌓았으며 제국의 법률을 비석에 새겼다. 그럼에도 소피스트들과 소크라테스는 모든 것을 원자 수준까지 해체하며 즐거워하는 듯 보였다.[5]

데르베니의 파피루스는 주인과 함께 무덤에 들어갔다. 그러나 산 자들의 손에 남아 있던 다른 파피루스는 강탈당했다. 로마의 기록을 보면 프로타고라스 평생의 역작 〈신들에 대해Peri Theon〉는 공개적으로 불에 태워졌다. 전령들이 돌아다니며 집에 이 책이 있다면 모조리 들고 나오라고 외쳤다. 화염이 타올랐고 아고라는 검댕과 연기로 가득 찼다. 그 결과, 이 작품의 첫 문장만 입에서 입으로 전해진다. '신들에 관해서라면 나는 그들이 존재한다고도 존재하지 않는다고도 말할 수 없고 어떤 모습인지도 말할 수 없다. 왜냐하면 그 앎을 방해하는 것이 많을뿐더러 주제도 모호하고 그것을 알기에는 우리의 인생이 짧기 때문이다.'[6]

당대에는 선동적인 문구였다. 아테네인들은 프로타고라스의 생각을 역사에서 완전히 지워버렸다고 믿었고 투표로 프로타고라스를 아테네에서 추방하기로 했다. 로마의 기록이 사실이라면 아테네에 '책'이 대중 예술형태로 도입되자마자 분서가 시작되었다고 볼 수 있다.

당시 소크라테스를 비롯한 케라메이코스 성벽 주변에서 놀던 아이들은 지나가던 소피스트들에게 파피루스에 적힌 새로운 지식을 전해 듣곤 했다. 그들은 이제 자기가 얼마나 위험한 물건을 다루고 있는지 깨달았다. 에우리피데스가 섬뜩하고 가슴 아픈 비극인 〈박코스 여신도들Bacchae〉에서 말하듯, 합리주의가 지나치면 파괴의 본능이 그 빛을 가리는 그늘을 드리우기 마련이다.

> 테이레시아스: 나는 영리한 머리를 굴려 신의 권력과 맞서거나 그 권력을 상상하지 않겠소. 우리가 조상에게 물려받은 믿음은 시간만큼 오래되었지. 그 믿음을 논리로 무너뜨릴 수는 없소. 아무리 섬세한 지식과 논리라 해도 말이오. 누군가는 내게 이렇게 말할 것이오. 내 백발에 담쟁이 화관을 쓰고 춤추는 것은 어울리지 않다고 말이오. 하지만 그렇지 않소. 신은 젊은이가 춤춰야 하는지, 늙은이가 춤춰야 하는지 정하지 않았기 때문이오. 그러나 우리 모두에게 존경받기를 바라지요. 그리고 그를 어떻게 경배해야 할지 꼼꼼하게 따지는 것을 경멸하시지요.

물론 우리가 이름을 들어보지 못한 급진적인 사상가도 많았을 것이다. 많은 사상이 채 기록되기도 전에 태워지거나 사라졌다. 흔히 당대는 계몽이 시작된 시기로 묘사되지만 또한 최초로 사람들에게 무신론자라는 딱지를 붙인 시기, 검열을 민주적으로 지지했던 시기이기도 했다. 당대의 지적 발전은 그 후 1,500년간 독보적일 정도였다. 그러나 기원전 415년 무렵부터 아테네인들은 패전의 치욕과 스스로 이룩한 정치적 자유의 혼란 속에서 자유분방한 사고보다는 억압을 선택했다. 기원전 415년경 이후부터는 도편추방이 필요 없게 되었다. 왜냐하면 국가가 마음대로 사람들을 탄압하고 검열할 수 있었기 때문이다.

소크라테스의 죽음은 10년 이상 이어진 지적 · 정치적 박해기 말에 일어났다. 소크라테스가 이런 박해의 가장 유명한 희생자이긴 하지만 그와 같은 희생자가 수십 명, 어쩌면 수백 명 더 있었음을 잊지 말아야 한다. 그들의 이름은 어디에도 기록되지 않았다. 이들이 사라지지 않았다면 아테네의 역사, 또한 인류의 지성사는 무척 다른 모습일 수도 있다. 하지만 아테네의 실험정신은 이제 화석화되기 시작했다.

아테네 내부의 박해와 아름다운 화산섬 멜로스에서의 학살 이후 아테네는 공격을 통한 팽창에 맛을 들인 듯했다. 민회에서는 무공을 세우려고 서로 경쟁하던 귀족들이 한데 뭉쳐 멀리 바다로 눈을 돌렸다. 그중에는 알키비아데스도 있었다. 그는 항상 사람들의 이목을 끌었다. 기원전 415년 멜로스 섬에서의 학살이 끝난 1년 뒤, 플라톤이 〈향연〉의 배경으로 삼았던 시절에서 1년 뒤, 올림피아 제전에서 경쟁자들의 콧대를 납작하게 눌러준 1년 뒤, 알키비아데스는 진짜 서사시의 주인공이 되고자 했다. 그는 이제 훨씬 더 큰 상을 노렸다. 그를 주인공으로 한 서사시가 펼쳐질 곳은 바로 시켈리아(현재 시칠리아)였다.

당시 알키비아데스는 15년 넘게 그리스인과 이방인이 흘린 피바다의 현장에 있었다. 그는 영웅적인 무공으로 아테네 사람들의 마음을 사로잡은 동시에 도시국가 전체의 질투와 증오를 사고 있었다. 복수의 여신들이 그를 주시하고 있었지만 그는 아직 건재했다. 아테네 군대는 아테네 민회의 명령으로 침략을 준비하고 있었다. 그들이 침략하려는 곳은 다름 아닌 시켈리아였다. 투키디데스는 아테네의 시켈리아 침략군이 당대 역사상 단일 도시국가의 군대치고는 가장 비용이 많이 들고 뛰어난 군대였다고 말한 바 있다.

하지만 시켈리아에서는 끔찍한 고난이 기다리고 있었다. 아테네의 국립 고고학 박물관에는 애절한 유물이 많다. 그중에서도 가장 슬퍼 보이는 유물은 지하층 입구 옆 한적한 곳에 놓여 있는 비석이다.[7] 약 1.2미터 높이의 이 비석은 피레우스 항구 지역에서 발견되었다. 그 모양이 독특하고 아름다운데, 조그맣게 그려진 한 젊은이가 비바람이 부는 공허한 풍경 속에 앉아 있다. 그의 이름은 데메트리오스의 아들 데모클레이데스이다. 머리를 두 손으로 감싸고 있는 그의 옆에는 투구가 놓여 있다. 저 멀리 아름다운 함선과 깊고 거친 바다가 보인다. 이 젊은 병사는 자신의 죽음을 애도하고 있다. 그는 해전에서 전사한 많은 아테네인 중 하나였다. 델포이의 신탁은 나무로 만든 삼단노선의 '숲'이 아테네를 지켜주리라 예언했지만 삼단노선은 이제 바다를 떠다니는 관으로 서서히 변하고 있었다. 시켈리아 주변의 바다는 이제 곧 아테네인들의 무덤이 될 것이다.

43 시켈리아 원정 기원전 416/415년, 아테네

코로스: 도시의 거리 곳곳에서

　　목을 조이는 듯한 고통스런 죽음의 비명이 울려 퍼지네.

　　아이들은 몸을 떨며 어머니의 치맛자락에 매달리고

　　전쟁의 신이 은신처에서 걸어 나오니

　　처녀신 아테나의 뜻이 이루어지도다.

　　살육된 사내들이 피에 젖은 손으로 제단을 부여잡고

　　무방비 상태로 침상에 누워 있던 사내들의

　　목이 잘려 나갔노라.

　　죽은 자 옆에서 승자의 욕정이

　　헬라스의 아들이 될 씨앗을 뿌렸노라.

　　트로이아의 절망의 눈물을 먹고 자랄 씨앗을.

　　　　　　– 에우리피데스의 〈트로이아의 여인들〉에서, 시켈리아 침략 두 달 전에 쓰다.

　기원전 416년의 초가을, 아테네 민회는 과대망상증에서 비롯된 것으로 보이는 계획을 두고 논쟁을 벌이기 시작했다. 사실 아테네는 늘 곡식이 부족했다. 제2차 세계대전 당시 아테네를 촬영한 항공첩보사진을 보면 고대에 계단식으로 경작했던 흔적이 어렴풋이 보인다. 아테네를 둘러싼 지형, 그러니까 산비탈의 좁은 선반 모양은 이 돌투성이 척박한 땅을 어르고 달래 식량을 얻으려 애쓴 흔적이다.[1] 아테네는 스파르타와는 달리 평평하고 비옥한 지대가 아니었다. 식량이 필요했던 아테네는 민주주의 계몽이라는 깃발로 얄팍하게 위장한 토지수탈정책을 오랫동안 펼쳤다. 이 정책은 클레로우키아clerouchia라는 독특한 결과를 낳았다. 클레로우키아는 세련되고 공격적인 유형의 식민지 정착촌으로, 지중해 연안 곳곳에 세워졌다. 새로운 영토에 나타난 아테네군은 민주정 실험이라는 명목으로 비옥한 농지를 요구하곤 했다. '잘 경작된'이라는 뜻의 에보이아 섬이 좋은 예다.

모도시 아테네에서 군대가 도착할 때마다 토착민은 정든 땅을 떠나야 했다. 아테네의 정책으로 에보이아 섬에서만 적어도 50만 명의 난민이 생겼다. 집을 잃은 남자와 여자, 아이 들이 동지중해 연안 곳곳을 터벅터벅 걸어 다니며 새 땅을 찾았다. 에보이아 섬에서 농지를 수비하며 주둔했던 아테네군 요새는 아직 발굴되지 않았다. 그래서 오늘날 에보이아 섬의 절벽에 남아 있는 석조블록을 그냥 지나치기 쉽지만, 이 건축 잔해를 추적해 보면 요새의 규모를 쉽게 짐작할 수 있다. 요새에는 꽤 많은 병력이 주둔해 있었다. 오늘날 이곳에는 버려진 도자기 조각이 많이 떨어져 있는데 이는 아테네에 고용된 병사들이 사용했던 그릇의 파편이다. 그들은 여러 세대 동안 이곳에서 살며 아테네가 새롭게 획득한 땅을 지켰다. 에보이아 섬의 유적이 모두 발굴된다면 아테네가 민주정 실험이라는 명목으로 클레로우키아에 얼마나 많은 짐을 지웠는지 드러날 것이다.

물론 제국주의라고밖에 부를 수 없는 이 실험은 아테네 민중의 식량 못지않게 귀족들의 야망과도 관련이 많았다. 아테네의 오랜 과두주의자들, 귀족들은 언덕 위에 서서 멀리 바다를 쳐다보며 능력을 입증할 기회를 찾았을 것이다. 토지를 빼앗고 주민들을 노예로 삼아 자신이 뛰어난 전략가임을 입증할 기회, 테세우스의 후손임을 입증할 기회 말이다.

기원전 416년 어느 날 밤, 귀족 알키비아데스는 아테네의 높은 언덕에 서서 아크로폴리스 아래 펼쳐진 아테네 도시 너머, 피레우스 항과 잔물결이 철썩이는 바다를 내려다보았다. 알키비아데스는 생각했을 것이다. '저 수평선 너머에는 어떤 땅이 있을까?' 페르시아는 정복할 수 없어 보였고 이집트 원정은 기원전 459/454년에 참패했다. '그러면 해가 지는 땅, 해마다 이맘때면 노란 옥수수 빛으로 물드는 서쪽은 어떨까?'[2]

이탈리아 반도 끄트머리와 아프리카 북쪽 해안 사이, 파도가 일렁이는 바다에 둘러싸인, 초목이 우거진 커다란 섬이 하나 있다. 바로 시켈리아였다. 그해 가을, 시켈리아의 밀, 보리, 귀리가 들판에서 익어가기 시작할 무렵 아테네는 시켈리아를 정복 명단의 맨 윗줄에 올려놓았다. 이렇게 시켈리아 원정이 시작되었다.

허영심이 부른 계획

기원전 415년 봄, 함대가 떠나기 전날 밤 피레우스 항구 주변의 신전에는 숭배자들이 바친 제물로 가득했다. 투키디데스는 이때 항구를 에워싼 성벽 주위로 들뜬 구경꾼들이 둘러섰다고 전한다. 구경꾼들은 시민과 외국인 거주자, 외국인, 동맹국 시민이었다. 투키디데스의 기록을 보면 걷거나 말을 탈 수 있는 사람들은 모두 항구로 나왔다고 하니 분명히 소크라테스도 그곳에 있었을 것이다. 특히 한때 그의 연인이었던 알키비아데스가 시켈리아 원정을 지휘했으므로 소크라테스가 그곳에 가지 않았다면 그것이 오히려 이상한 일이다. 시켈리아 원정은 아테네 민주정의 싸움이었다. 시민병사들은 민주적인 민회에서 그들의 아버지, 형제 그리고 자신들이 거수로 투표한 결과에 따라 전쟁에 나섰다. 이 원정은 위대한 민주주의의 힘을 보여주려는 목적에서 시작되었다. 항구에 대기 중인 금·은색 함선들이 바다에 헌주를 바쳤고 병사들은 갑옷에 특히 신경을 썼다. 그들은 적군에 맞서 싸우러 가는 원정군이라기보다는 아테네의 힘과 위대함을 과시하러 가는 것 같았다고 투키디데스는 전한다.[3]

당시 아테네에서는 귀족끼리 과시와 경쟁이 얼마나 심했는지 선주들은 서로 질세라 뱃머리에 유별나게 현란한 선수상을 조각했으며, 화려하고 밝은 색으로 배를 칠했다. (어느 모로 보나 알키비아데스의 허영심이 부른 계획이자 귀족 권력의 표현인) 시켈리아 원정대는 들뜬 분위기 속에서 피레우스 항을 출발할 예정이었다. 나팔소리가 울렸다. 사람들은 목청을 가다듬고 함께 찬가를 불렀다.

그런데 한 가지 문제가 있었다. 아테네의 주기적인 종교의례를 중단할 수는 없었다. 사실 그 달은 아테네 여인들이 아도니스를 숭배하는 달이었다. (오늘날 우리에게는 약간 이상하게 들리겠지만) 아테네 여인들은 아도니스의 삶을 재현하려고 채소를 몇 줄 심은 다음 물을 주지 않고 내버려두었다. 그리고 채소가 말라 죽을 때까지 기다렸다가 그 참혹한 죽음을 애도했다. 그것은 앞으로 활짝 피어날 가능성의 죽음, 아름다운 소년 아도니스의 죽음을 상징했다. 또한 어머니와 도시국가 모두 두려워하는 죽음이기도 했다. 그것은 모든 것이 잘못된 세상이지만 현실 속의 세상이었다. 아도니스 숭배의식이 절정에 이르면 여인들은 신성한 아도니스 모형을 바다로 던진다.[4]

원정대가 출항하기 전, 그 가을밤에도 이 의식을 중단할 수는 없었다. 그렇게 규칙을 어겼다가는 신들이 진노할 것이기 때문이다. 그래서 여인들의 비명과 통곡 소리가 아테네에 밤새 울려 퍼졌다. 아테네는 거대한 강당 같은 곳이다. 아크로폴리스의 석회암이 거대한 반향판 구실을 해서 울부짖는 소리는 말굽 모양 산들에 둘러싸인다. 오늘날 시끄러운 현대 도시 아테네에서도 공포에 질린 고함과 외침은 낮게 깔린 구름처럼 공기 중에 오래도록 울린다. 여인들이 아름다운 청년 아도니스의 죽음에 머리를 쥐어뜯으며 비통해하는 그 소리는 분명히 좋은 전조일 리가 없었다. 하지만 배 134척, 중무장 보병 5,100명, 투석부대 700명, 기수 30명, 말 30마리, 화물선 30척은 떠날 준비를 마쳤다. 엄청난 인파가 항구로 나와 작별인사를 했다. 피레우스 부둣가 주변에 횃불이 늘어섰고 사람들은 바다에 헌주를 했다. 새콤달콤하고 분주한 문명의 냄새가 공기 중에 퍼졌다.

나쁜 징조

하지만 군중 속에서 무언가를 아는 사람들의 표정은 침통했다. 전날 밤 소름 끼치는 일이 아테네에 일어났기 때문이다. 아테네인들이 잠들었을 때 어떤 사람이(혹은 소문으로는 어떤 괴물이) 도시 이곳저곳을 몰래 헤집고 다니면서 아테네의 갈림길마다 서 있는 헤르메스 흉상을 끔찍하게 훼손했다. 사람만 한 대리석상인 헤르메스 흉상은 스토아 바실레이오스 밖 아고라에도, 공동묘지 주변에도, 아프로디테와 페이토 여신의 신전 아래에도 서 있었다. 이 신상의 발기한 남근은 아테네에 행운과 힘을 주는 상징이었다. 그런데 누군가 천으로 싼 쇠붙이로 매끈하고 튼튼한 이 석상을 쪼아댔다. 이런 소란이 일어났을 때 아테네의 개들이 분명히 짖었을 것이다. 어쩌면 이곳저곳을 미끄러지듯 자유자재로 옮겨 다닌 이 인간의 형체가 너무 무서워 짖지 못했는지도 모른다. 결국 이상하고 해괴한 신성모독이 밤새 계속되었고 땅바닥에는 대리석 조각과 페인트 조각, 신성모독의 흔적들이 떨어져 있었다. 아테네에 있는 많은 헤르메스 흉상의 코가, 어떤 흉상은 남근이 떨어져 나갔다.

제아무리 대중에 영합하는 예언자일지라도 이를 좋은 징조로 해석할 수는 없었다. 안전한 여행을 보장하는 신상이 깨지고 부서졌다. 이 일을 아는 병사들은 조금 시무룩했지만 분위기는 곧 나아졌다. 항해는 순조로웠고 이미 코르키라 섬에 집결한 동맹군 함대 덕택에 불상사 없이 바다를 건널 수 있었다. 아테네 함대를 지휘하는 장교 니키아스는 건강이 좋지 않았지만 잘 버티는 듯했다. 아테네 동맹군(총 2만 5,000명)을 죽음으로 내몰려고 기다리는 대규모 병력도 없었다. 시켈리아의 스파르타 동맹국들은 모습을 드러내지 않았다. 상륙도 순조로웠다. 시켈리아 해변의 무성한 목초와 나뭇잎은 푸르렀다.

아테네는 이제 학살이 지겨워졌는지, 아니면 제2의 멜로스 학살을 되풀이해서는 안 되겠다고 생각했는지 매우 이상한 짓을 했다. 그들은 마치 정찰임무를 맡은 것처럼, 혹은 부동산 개발자들처럼 해안에서 내륙으로 이동하면서 지역주민을 공격하지 않았다. 마치 시켈리아 침략은 점잖아야 한다고 약속한 듯했다. 그들에게는 최고의 병사와 든든한 지원군이 있었다. 하지만 그들은 지역주민을 공격하지 않았고 시켈리아 동쪽 해안을 따라 퍼지기 시작했다. 그렇다고 그들이 안일했던 것은 아니다. 시켈리아 원정은 어려운 작전이었다. 아테네의 중무장 보병과 귀족 지도자들은 파르테논 신전의 대리석과 도자기에 정교하게 새겨져 오늘날까지 전해 내려오는 영웅의 모습을 되찾은 듯했다.

아테네 함대가 서쪽 시켈리아 섬을 향해 나아갈 때 아테네에서는 사람들이 입을 놀리기 시작했다. 흥미진진한 가십거리를 찾아 떠들기 좋아하는 악명 높은 향연에서 소문이 나기 시작했다. 금발의 알키비아데스, 그 도발적이고 아름다운 귀족 청년, 괴짜 소크라테스의 애제자, 과두정과 스파르타를 사랑하는 이 취객들이 신들을 조롱했다는 소문이었다. 길가의 신상뿐 아니라 데메테르 여신까지 조롱했다고 했다. 데메테르 여신을 숭배하는 신성한 엘레우시스 신비의식은 내세를 보장받고 아테네의 상류층에 낄 기회였다. 사람들은 알키비아데스가 신성한 엘레우시스 신비의식을 자기 집에서 몰래 혼자 열었다고 수군거렸다. 게다가 알키비아데스와 그의 귀족 무리가 아테네 함대 출발 전날 밤 헤르메스 흉상을 파괴했다는 더 심각한 소문도 돌았다. 헤르메스 흉상은 국외에 나간 아테네인들의 무사안녕을 기원하는 토템이었다.

표적이 된 알키비아데스

사람들은 알키비아데스를 두고 뻔뻔한 바보라고, 느끼하고 위험한 신성모독자라고 수군거리기 시작했다. 여자, 아이, 병자, 늙은이 들과 함께 도시에 남아 있던 무력한 남자들이 떠들기 시작했다. "우리가 그를 소환할 것이다. 그를 고소할 것이다. 우리에게 아직도 힘이 있다는 걸 보여줄 것이다." 그리하여 아테네인들은 알키비아데스에게 돌아와서 재판을 받으라는 전갈을 보냈다.

알키비아데스는 그 전갈에 멋진 답변을 보냈다. 신성모독과 반역이라는 중죄로 고소당한 상황에서 왜 그가 다시 아테네로 돌아간단 말인가? 투키디데스가 전하는 바로는 알키비아데스는 시켈리아 다음에 카르타고를 점령하려 했다. 스페인과 포르투갈뿐 아니라 아프리카 대륙 전체가 그의 앞에 펼쳐져 있었다. 겁 없는 알키비아데스는 세계 정복을 꿈꾸고 있었다. 그러니 그가 경고 또는 더 심한 처벌이 기다리고 있을 아테네로 순순히 돌아갈 리 없었다. 어쩌면 그에게는 감당하기 어려운 모욕이었는지도 모른다. 하지만 상처받은 자존심은 곪아 썩기 마련이다. 알키비아데스는 놀랄 만큼 대담한 짓을 벌였다. 그는 한밤중에 빠져나갔다. 사람들은 모두 그가 어디로 갔는지 알고 나서 깜짝 놀랐다.

처음에 그는 배를 타고 아테네로 가는 듯했으나 투리오이(아테네가 기원전 446~443년에 새롭게 건설한 식민지로 많은 아테네 유명인사가 거주했다. 역사가 헤로도토스도 그 중 한 사람이다)에 배를 대고는 사라졌다. 투리오이에는 당시 많은 식민지처럼 친아테네 인사와 반아테네 인사가 공존했다. 알키비아데스는 분명히 그곳의 누군가를 설득하거나 혹은 상당한 보상금을 치르고 자기 행적을 감추도록 했을 것이다.

아테네인들은 노발대발했다. 그 분노의 흔적이 오늘날까지 남아 있다. 아고라에서 건축자재로 재사용된 1미터 높이의 석조블록[5]에는 귀족 알키비아데스를 민주정의 적이라 비난하는 내용이 새겨져 있었다. 이 석조블록은 당시 아크로폴리스에 도도하게 전시되었다. 알키비아데스와 그 일파의 재산이 몰수되었다. 그의 부동산과 심지어 가운 스물두 벌까지 경매에 붙여졌다. 아고라 같은 공공장소와 신전에서 사제들이 그의 이름에 저주를 내렸다.[6] 알키비아데스와 접촉하려는 아테네 사람은 영원한 오명을 입게 될 터였다. 알키비아데스는 사형선고를 받았다. 그는 이제 돌아갈 곳이 없었다.

소크라테스는 분명히 그의 제자에게 영향을 주었다. 하지만 그 영향은 그가 받아들일 수 없는 결과를 낳았다. 왜 빤한 일을 하는가? 왜 맹목적으로 전통을 따르는가? 네가 좋아하는 길이 있다면 왜 그 길로 가지 않는가? 소크라테스는 같이 식사한 사람들과 병사들, 아고라의 젊은이들에게 사람은 스스로 생각해야 한다고 가르쳤다. 물론 알키비아데스는 관습에 순응하는 인물과는 거리가 멀었다. 그는 뼛속까지 개인주의자였다.

이제 아테네는 무척 우려할 만한 상황에 놓였다. 정보력과 영향력을 가진데다 복수심에 불타는 배신자가 적의 심장부에 있었다. 아테네는 알키비아데스를 의심한 대가로 이국땅에서 시민병사들을 이끌고 참혹한 전쟁을 치러낼 지도자를 잃었다.

알키비아데스는 주저하지 않았다. 그는 반역자로서의 권력을 마음껏 휘둘렀다. 그는 조국 아테네와 스파르타를 동시에 위협했다. 아테네의 젊은 귀족 알키비아데스는 펠로폰네소스 반도를 차지하려는 아테네의 야망이 끝이 없다고 스파르타에 경고했다. 아테네의 남자들이 스파르타의 여자들을 차지하고, 스파르타의 소년 전사들을 굴레로 묶어 전장에 내보낼 것이니 서둘러 시켈리아로 가라고 말했다. 아테네의 중무장 보병이 시켈리아 곳곳에 있지만 그 병력은 절대적으로 부족하다면서 말이다. 또 스파르타의 우호국에 사절을 보내 아테네가 휘청대고 있음을 알리라고 부추겼다. 아테네 위 망루를 차지하라고, 아테네의 북쪽 데켈레아(아티케 북부 파르네 산맥(현재 파르네타 산맥) 주변의 마을로 아테네 평원을 굽어보는 전략적 위치에 있다_옮긴이)로 가라고 선동했다.

한편 아테네의 골목과 법정, 아고라, 민회에서는 두려움과 온갖 소문이 뒤엉켰다. 종교적 편집증이 확산되었다. 헤르메스 흉상이 파괴되었고 신성한 엘레우시스 신비의식이 조롱당했다. 아테네 도시의 꽃, 아테네의 청년들은 바다 건너에 있었다. 그들을 바다 건너로 유혹한 사람은 바로 (소문으로는) 아테나 여신과 아테네의 민주 시민을 경멸한 자였다. 아테네를 오염시키려고 했으나 그러지 못하고 스파르타로 달아난 남자(그래서 아테네 거리와 신전을 더럽힌 오물을 피해간 자)였다.

밀고자들이 활개 치기 시작했다. 초기 민주주의의 관용 따위는 잊은 지 오래였다. 시민들이 고문당하고 처형당했다. 종교 근본주의자들이 급진적인 종교관을 가진 이들을 즉결 처형해야 한다고 소리쳤다. 엘레우시스 신비의식의 사제들이 마녀사냥을 도왔다. 그로부터 거의 10년 후 아리스토텔레스도 엘레우시스 사제들을 피해 달아나야 했다. 기원전 322년에 사제들이 아리스토텔레스를 불경죄로 고소했기 때문이다. 아리스토텔레스는 목숨을 부지하려고 아테네를 떠나면서 아테네인들이 다시 철학에 죄를 짓지 못하도록 하겠노라고 뼈 있는 말을 남긴 바 있다.[7] 어쨌든 기원전 5세기 아테네에서 벌어졌던 마녀사냥에서 가장 먼저 의혹의 대상이 된 사람은 종교 사상을 다루던 자들이었다. 멜로스의 디아고라스가 목에 현상금이 붙은 채 아테네를 떠난 것도 바로 이 시기였다. 스스로 쌓은 성벽 안에 갇힌 아테네인들 사이에 불안과 피해망상증이 자라면서 종교적·지적 탐구정신을 집어삼켰다.

그러는 동안 알키비아데스는 성벽 없는 스파르타의 도시를 활보했다. 알키비아데스는 스파르타식 이름을 지녔고 스파르타 유모의 손에서 자란 사람이었다. 그는 많은 점에서 스파르타가 고향처럼 편했을 것이다.

아테네인들은 분노했다. 아테네는 이제 세 가지 적, 즉 스파르타와 활기를 되찾은 페르시아 그리고 내부의 적과 싸우고 있었다. 한때 아테네 민주정은 귀족들의 경쟁심을 민중을 위해 활용했지만 이제 위대한 인재들을 적의 품으로 몰아내는 체제가 되고 말았다. 어쩌면 투표와 제비뽑기로 돌아가면서 지배하고, 지배받는 민주정이 늘 효과적이지만은 않았을 것이다. 질투가 아테네의 새로운 신이 되어 눈부신 도시 아테네를 장악했다.

▼ 44 피로 물든 강물

기원전 414~413년, 시켈리아

(시켈리아는) 아테네를 끔찍하고 위태로운 상황으로 몰아넣었다. 이 전투는 펠로폰네소스 전쟁 동안 일어난 사건 중에 가장 중대했다. 내가 보기에 우리가 알고 있는 헬라스 역사 전체에서 가장 커다란 사건이기도 하다. 승자에게는 가장 훌륭한 성공이었지만 패자에게는 가장 처참한 패배였다. 그들은 완전히, 참담하게 패했기 때문이다. 그들의 고통은 엄청났다. 그들은 사실 모든 것을 잃었다. 병사와 함대를 비롯해 모든 것이 파괴되었다. 원정을 떠난 많은 사람 중에 오직 소수만이 살아 돌아왔다. 그렇게 시켈리아 원정은 막을 내렸다.

– 투키디데스의 〈펠로폰네소스 전쟁사〉 7권 결말 중에서

아테네는 지나치게 멀리 손을 뻗었다. 그리스인들이 한때 문명의 머나먼 전초기지로 생각했던 시켈리아는 킬링필드가 되고 말았다.

신장병을 앓던 니키아스 장군은 돌아가기를 원했다. 그는 병력을 요청했고 기다리라는 전갈이 왔다. 지원병력이 도착했을 때, 적은 수는 아니었지만 측은할 만큼 부족했다. 시켈리아 원정이 시작되고 2년이 지나자 그리스 곳곳의 도시국가들은 어느 쪽이 군사적으로 우세한지 감을 잡기 시

작했다. 더 많은 도시국가가 아테네보다 스파르타의 동맹국이 되었다. 니키아스는 아테네로 돌아가기로 했다. 하지만 예상치 못한 불길한 전조가 나타났다. 기원전 413년 8월 27일 밤, 환하던 보름달이 갑자기 빛을 잃었다. 니키아스는 예언자의 조언을 구했다. 그러자 예언자는 니키아스의 출발을 말렸다. "아직 출항하지 마시오. 몇 주간 항구에 조용히 숨어 있으시오. 지금은 분명히 항해할 때가 아니오." 니키아스는 그 말을 따랐다. 곧 시라쿠사에 손쉬운 표적이 있다는 사실이 적군에게 알려졌다. 적군은 맹렬한 공격을 퍼부었다. 시라쿠사 항에서 벌어진 해전에서 아테네군은 대패했고 아테네 삼단노선은 포획되거나 소각되었다.

그러나 생존자 4만 명이 아직 육지에 있었고 니키아스는 그들을 안전한 곳으로 데려가야 했다. 아테네군은 고향으로 돌아갈 교통수단이 눈앞에서 사라지는 모습을 보며 앞이 캄캄했을 것이다. 시라쿠사인들은 그 지역을 잘 알았을 뿐 아니라 혈기왕성한 말이 가득한 목장을 갖고 있었다. 시라쿠사인과 스파르타 동맹국은 아테네 병사들을 뒤쫓아 가서 공격하고 도륙하고 후퇴하기를 반복했다. 8일간의 행군 끝에 아테네 병사들은 갈증과 굶주림으로 의식이 혼미해졌다.

그즈음 아테네군은 가파른 계곡에 도착했다. 시켈리아 기병이 아테네 병사들을 아시나로스 강으로 몰아넣었다. 기진맥진한데다 목이 마른 아테네 병사들이 진흙투성이 웅덩이로 달려들었다. 시라쿠사 군대가 아테네 병사들을 포위하며 조여왔다. 하지만 아테네 병사들은 죽기 전에 목을 축여야 했다. 많은 병사가 무릎을 꿇고 물을 떠먹다가 도륙되었다. 접전 중에 물에 빠져 죽은 이도 있었다. 동료 병사들이 주변에서 살육되고 그들의 피가 강물을 물들였지만 병사들은 여전히 물을 들이켜며 목을 축였다. 한 명씩 칼에 베여 쓰러졌다. 비틀거리다 아군의 창에 찔려 죽기도 했다. 2년 전 피레우스 항에서 출발했을 때 번쩍였던 그들의 갑옷은 이제 빛바랜 진흙투성이가 되었다.

한 자료에는 그날 오후에 1만 8,000명이 죽었다고 기록되어 있다.[1] 우리는 전장에서 죽는 모습을 노골적으로 묘사한 고대 그리스 문학을 곳곳에서 찾을 수 있다. 에우리피데스의 〈포이니케 여인들Phoinissai〉에 나오는 구절을 보자.

> 그는 왼발을 뒤로 뺐지만 눈은 여전히 칼에 찔린 상대의 복부를 살피고 있었다. 그는 오른발을 앞으로 내밀며 무기를 상대의 배꼽에서부터 척추에 닿을 때까지 깊숙이 찔렀다. 폴리네이케스가 피를 뚝뚝 흘리며 쓰러졌다. 그의 갈비뼈와 배가 고통으로 오그라들었다.

크세노폰은 불구가 된 아르카디아(펠로폰네소스 반도 중앙에 있는 고대 그리스의 산악지역이다_옮긴이)인이 배에 심한 상처를 입는 바람에 창자를 양손에 잡은 채 진영으로 도망 와서 무슨 일이 일어났는지 모두 이야기했다고 〈아나바시스Anabasis Kyrou〉에 담담히 기록했다. 비석에 새겨진 문구에 의하면 아테네인들은 민회에서 동맹국이 아테네의 데모스를 사랑할 수밖에 없게[2] 하라고 결의했다. 아테네군은 이 사랑이 상호적인 것이 아님을 시켈리아에서 분명히 깨달았다.

살아남은 자의 슬픔

이 참상에도 생존자가 있었다. 아테네 병사 7,000명 정도가 살아남았다. 하지만 그들의 운명은 죽은 자보다 훨씬 더 끔찍했다. 시라쿠사인들은 극작가 에우리피데스를 사랑했다. 그래서 아테네 병사들은 자유를 얻으려면 시라쿠사 밖 채석장으로 끌려가 에우리피데스의 비극을 낭송해야 했다. 물도 음식도 먹지 못하고 비좁은 장소에 빽빽이 들어차 누울 수도 없었던 그들은 아테네 최고 극작가의 비극 구절을 암송하다가 지쳐 쓰러지거나 적군의 칼날에 죽어갔다. 이 고문은 계획된 것이었다. 시켈리아 지도자들은 아테네인이 저질렀던 멜로스 섬에서의 학살을 기억했고 일절 관용을 베풀지 않았다. 시켈리아에서의 대패로 5만 명에 가까운 아테네군과 동맹군이 실종되었다. 모두 죽은 것으로 추정된다. 게다가 아테네는 삼단노선 216척을 잃었다.

2년 전 출항하기 전날 밤, 아도니스의 죽음을 애도하며 통곡하던 여인들의 울음소리가 문득 예언처럼 느껴졌다. 당시에 숭배자들은 죽은 아도니스의 모형, 즉 시라쿠사의 시체들처럼 뻣뻣한 모형을 해변으로 날랐다. 아테네 여인들은 그 아름다운 소년의 모형들을 에게 해 바다에 묻으며 살아 있는 아테네 청년들을 지켜달라고 빌었다. 하지만 결국 살아 숨 쉬던 그 청년들이 시체운반용 부대에 담겨 바다를 건너왔다. 아테네의 꿈은 시켈리아 원정대가 서부지역의 모험지에서 부와 영광을 얻고 돌아오는 것이었다. 완전히 새로운 땅덩이가 아테네 민주 시민과 가족을 두 팔 벌려 환영하기를 꿈꾸었다. 하지만 사정은 그렇지 않았다. 팔다리가 잘려나가는 등 부상당한 중무장 보병 소수가 절뚝거리면서 수치심에 몸을 떨며 돌아왔다.[3]

플라톤의 대화편 〈이온Ion〉을 보면 시켈리아 재앙이 끝났을 때 소크라테스도 아테네에 인재가 절박하게 필요하다고 말했다고 한다. 아테네 시민의 수는 심각하게 감소했다. 그들은 외국인 장군을 모집해야 했다. 최근 발굴된 기록에서 그 상황을 확인할 수 있다.[4]

소크라테스: 훌륭한 이온, 자네 키지코스의 아폴로도로스를 물론 알겠지?

이온: 그 사람이 어떤 사람입니까?

소크라테스: 아테네 사람들이 장군으로 자주 뽑는 사람이지. 외국인이긴 하지만 말일세. 아테네는 장군과 다른 관직에 각각 안드로스의 파노스테네스와 클라조메네의 헤라클리데스도 뽑았지. 외국인이긴 하지만 우수한 사람들이니까. _플라톤의 〈이온〉

누더기 같은 시신들이 피레우스 항에 도착하자, 겁에 질린 아테네 사람들은 비난할 상대가 필요했다. 그들에게는 희생양이 필요했다. 이때 아테네인들은 소크라테스가 이상하게 스파르타를 동경했다는 사실을 기억해냈을 것이다. 이제 스파르타가 악마가 되었으니 스파르타와 연결된 자는 누구든 악령이 되었다.

첫 번째 전령: 가장 이름 있는 하늘의 도시를 세운 분이시여. 당신이 사람들 사이에서 얼마나 존경받는지 아십니까? 그리고 얼마나 많은 사람이 이 나라를 열렬하게 사랑하는지 아십니까? 당신이 이 나라를 건설하기 전 그 시절에는 모든 사람이 스파르타에 미쳐 있었고, 더부룩한 머리카락에 배고프고 지저분한 모습으로 소크라테스화되어 모두 뭉툭한 지팡이를 들고 다녔지요(아리스토파네스의 희극 〈새〉에서 전령이 새들의 나라를 세운 피스테타이로스에게 하는 말. 〈새〉는 시켈리아 원정 무렵인 기원전 414년에 상연되었으며 현실에 환멸을 느낀 주인공들이 공중에 새들의 나라를 세운다는 이야기로 아테네의 현실을 풍자한다_옮긴이).

코로스: 그리고 발그늘족(전설 속의 종족으로 발이 양산처럼 거대했다고 한다_옮긴이)의 나라 근처에 호수가 있는데 그곳에서 씻지도 않은 소크라테스가 혼령들을 사로잡는다네.
_아리스토파네스의 〈새〉

아테네인들이 잠 못 이루며 비난할 상대를 찾던 그 때 알키비아데스는 분주했다. 아리스토파네스는 소크라테스가 한때 사랑했던 알키비아데스를 두고 이렇게 말했다.

> 도시에 사자 새끼를 기르지 않는 게 좋지. 하지만 길러야만 한다면 그 기분을 잘 맞추어야 해. _아리스토파네스의 〈개구리〉

아테네인들은 까다롭고 제대로 길들지 않은, 복수심에 불타는 포악한 사자는 이제 필요하지 않았다. 알키비아데스의 오만함은 도시 아테네에도, 소크라테스에게도 좋은 징조가 아니었다.

45 데켈레아, 광산 폐쇄

기원전 414~404년, 데켈레아

자유는 맛은 좋으나 소화하기는 어렵다.

– 장 자크 루소의 《폴란드 정부론》(1772)에서

그리스의 관점에서 보면 아테네 북서쪽으로 약 20킬로미터 떨어진 데 켈레아는 말썽 많은 곳이었다. 그리스는 데켈레아에 관해 자주 이야기했 다. 그들은 데켈레아를 아테네와 스파르타 사이에 분쟁이 불붙은 곳으로 기억했다. 이곳은 신화의 역사에서 무척 불미스러운 사건이 일어난 장소 이기도 했다.

스파르타의 공주, 전설적인 헬레네가 스파르타의 에우로타스 강둑에서 시녀들과 함께 알몸으로 춤을 추고 있었다. 당시 그녀는 여덟 살에서 열두 살 정도의 아이였다.[1] 그런데 당시 일흔이었던 아테네의 영웅이자 왕 테 세우스가 헬레네를 몰래 보고는 매우 좋아한 나머지 그녀를 차지하려 했 다. 헬레네는 세속의 모든 욕망을 채워줄 것 같았다. 테세우스는 책략을 써서 덫을 놓고 아름다운 소녀 헬레네를 납치했다. 그리고 그녀를 데켈레 아 근처 아피드나의 언덕 꼭대기 요새로 데려갔다.

그는 욕망에 눈이 멀어 헬레네에게 쌍둥이 형제가 있다는 사실을 잊었다. 다혈질의 쌍둥이 전사들은 이런 모욕을 절대 참지 않았다. 그들은 누이를 되찾으려고 말을 달려왔다. (이들이 말을 타고 질주하는 장면은 몇몇 초기 그리스의 항아리에도 등장한다.) 데켈레아에 도착해보니 그곳 사람들도 이 형제만큼 헬레네의 납치에 분노하고 있었다. 데켈레아의 나이 든 사람들이 쌍둥이 형제를 도왔다. 그들은 테세우스가 페르세포네를 쫓아다니는 틈을 타, 아피드나에 있는 테세우스의 비밀 은신처로 형제를 인도했다. 스파르타는 데켈레아의 친절을 절대로 잊지 않았고 아티케의 시골지역을 맹공격하면서도 데켈레아는 손대지 않았다. 하지만 기원전 413년 알키비아데스의 능변에 설득당한 스파르타의 전사들이 다시 데켈레아의 언덕을 점령했다.

기원전 5세기 데켈레아는 높은 고도 덕분에 남서쪽으로는 아테네를 지켜보고, 북쪽으로는 테베인(혹은 다른 보이오티아인)들의 침략에 대비해 망보기에 완벽한 망루였다.

기원전 414년 아테네는 스파르타를 귀찮게 했다. 그들은 라코니아 전역과 스파르타 동맹국들에서 거둬들인 곡식 저장고를 여러 차례 습격했다. 이 일이 스파르타의 심기를 건드렸다. 추억 속의 고향 스파르타로 돌아간 알키비아데스가 좋은 충고를 했다.[2] 알키비아데스는 아테네가 제국의 열매에 의존하기 때문에 그 열매를 잘라내야 한다고 생각했다. 그는 옛날 스파르타의 영웅들이 아테네의 늙은 왕 테세우스에게서 어린 헬레네를 구출했던 데켈레아 공격을 상기시켰다.

스파르타 전사들이 다시 데켈레아로 향했다. 세상이 다 아는 스파르타의 정예부대가 아테네의 코앞에 있는 데켈레아를 빼앗기로 마음먹었다. 스파르타는 겨울까지 기다렸다. 그들은 아주 어린 시절부터 극한상황을 참아내도록 훈련받은 전사들이었다. 여름 망토 하나만 걸치고 1년 내내 추운 바깥에서 몇 주씩 버텼던 전사들이었다. 데켈레아의 아테네 요새를 지키는 수비병들이 추위에 몸을 떨 때 스파르타 군대는 공격을 준비했다. 스파르타는 우선 요새를 포위한 다음 맹렬한 공격을 퍼부었다. 승리는 확실했다. 기원전 4세기 극단적 보수주의자인 이소크라테스는 이 전투에서 1만 명이 숙었다고 기록했다. 그의 기록은 과장되긴 했지만 데켈레아에서 대학살이 있었던 것만큼은 분명하다.

스파르타는 아티케 지역에, 아테네 성벽에서 약 20킬로미터 떨어진 지점의 영구 요새를 차지했다. 이제 스파르타는 포도나무와 올리브나무를 태울 필요 없이 아테네를 위협할 수 있게 되었다. 그곳은 아테네 교역의 흐름을 방해하고 연락을 차단하기에 좋았다. 이곳에서 스파르타는 아티케 영토에서 약탈한 물자를 체계적으로 정리했고, 지역 농부들을 징발해 아테네가 아니라 스파르타를 위해 농사짓게 했다.

당시 스파르타군의 지휘관은 아기스 2세였다. 기원전 412/411년, 아스파시아의 고향 밀레토스가 반란을 일으켜 스파르타로 넘어갔다.[3] 여러 달이 지나고, 여러 해가 지나는 동안 아기스 2세는 동맹국을 설득해 새 삼단노선 100척을 스파르타에 바치게 했다. 그리고 기원전 408/407년에 스파르타의 총사령관 리산드로스는 해상에서도 아테네를 공격할 수 있게 되었다. 스파르타는 늘 바다를 두려워했지만 이제는 아테네처럼 조선공학을 받아들였다. 제해권이 없는 아테네는 아테네 도시국가도, 아테네 제국도 안전하게 지킬 수 없었다. 그것은 아테네 지도자들도 숨기거나 둘러댈 수 없는 사실이었다.

노예들의 투항

아테네 사람들은 도시국가가 무너지고 있다는 낌새를 알아차렸다. 투키디데스에 의하면 그러던 와중에 2만 명이 넘는 노예가 집단적으로 혹은 개별적으로 반란을 일으켜 아테네를 저버리는 사건이 일어났다. 한때 인간도구이자 발 달린 물건 취급을 받던 노예가 데켈레아의 스파르타군에 투항한 것이다. 많은 여자 노예와 남자 노예는 해안지역에 있는 라우리온의 탄광에 아테네의 현금작물이나 다름없는 은을 캐러 가야 했다. 하지만 그들은 라우리온으로 가지 않았고, 아테네를 모욕하고 파괴하는 것을 임무로 삼는 다른 주인을 따르기로 해버렸다.

라우리온(아테네 남동쪽)에서 데켈레아(북쪽)까지는 걸어서 이틀이 걸린다. 하지만 노예들이 얼마나 민첩하게 움직였는지, 걸어서 하루 만에 스파르타군에 투항했다. 그들은 평생을 인간 이하의 취급을 받으며 살았다. 크세노폰의 〈헬레니카Hellenica〉를 보면, 한때 스파르타 노예였던 헤일로테스는 그들이 반란을 일으켰을 때 '스파르타인을 산 채로 씹어 먹고 싶다'고 말했다. 아테네의 굴레에서 달아난 노예에 관한 기록은 남아 있지 않지만 아테네를 향한 그들의 분노는 분명히 이들 못지않았을 것이다.

인력만으로 따지자면 아테네 민주정의 토대는 무너졌다. 노예가 없는 아테네인들은 땅에서 은을 파내지 못한다. 시장은 활기를 잃을 것이고 온 그리스의 부러움의 대상이었던 자리는 더는 지킬 수 없을 것이다. 이제 스파르타는 아테네를 진짜 표적으로 삼을 수 있게 되었다. 항상 주조화폐를 경멸하던 스파르타(화폐주조는 스파르타에서 금지되었다)는 아테네의 올빼미 은화 생산줄을 틀어막았다는 생각에 회심의 미소를 지었다. 아테네는 이제 아테네의 고매한 문명과 제국의 권력을 상징하는 올빼미 은화를 생산하기 어렵게 되었다.

스파르타는 테베인의 후원을 등에 업었고 눈앞의 아테네는 가난해졌다. 스파르타가 아끼는 영웅 헤라클레스가 열세 번째 과업을 완수한 듯했다. 이제 곧 아테네가 스파르타의 수중에 떨어질 것이다.

🏆 46 공포의 시대 기원전 412~406년, 아테네

> *기억하라, 민주주의는 절대로 오래가지 않는다. 민주주의는 곧 쇠약해지고 소*
> *진되어 자멸한다. 자멸하지 않은 민주주의는 절대로 없었다.*
>
> - 존 애덤스의 1814년 4월 15일자 편지 중에서

그러면 알키비아데스는 어떤가? 이제 공개적으로 의절한 아테네에 잔인한 일격을 가할 때가 되지 않았을까? 하지만 아테네는 헤어진 연인처럼 그들의 '흠모하는 참주'¹를 쉽게 잘라낼 수도, 거부할 수도 없었다.

바람기가 있었던 알키비아데스는 스파르타에서, 특히 스파르타의 두 왕이 사는 아늑한 동네 마고울라에서 바쁘게 지냈다. 마고울라는 오늘날에도 귀족적인 분위기가 나는 곳이다. 바나나와 오렌지 숲 사이에 부유층 저택이 있다. 키 큰 갈대가 우거진 에우로타스 강 지류가 찰랑대며 들판을 가로지르고 튼튼한 담벼락에는 재스민이 만발했다. 올리브나무 숲에 버려진 로마 시대의 목욕탕 유적지를 보면 이곳이 한때 쾌락과 휴식을 즐기던 장소였음을 짐작할 수 있다.

바로 이곳에서 알키비아데스는 당시 원정으로 궁을 떠나 있던 아기스 2

세[2]의 아내를 유혹했다. 사랑에 빠진 연인 사이에 아이가 태어났다. 나중에 왕비 티마이아가 금발의 아기 귀에 대고 "알키비아데스, 알키비아데스"라고 속삭인다는 소문이 돌았다. 아기스 2세는 분노했고 알키비아데스의 처형을 명했다. 하지만 호색한 알키비아데스는 불장난 몇 번에 생을 마칠 수 없었다. 그는 뇌물과 속임수로 스파르타의 사형집행을 교묘히 피해 달아났다. 그는 아테네로 돌아가지 않고 돈 냄새를 따라 페르시아로 갔다.

그의 타이밍은 절묘했다. 페르시아가 살라미스와 플라타이아이 전투(기원전 479년 페르시아와 그리스 연합군 사이의 전투로 페르시아는 이 전투에서 패한 후 그리스 정복의 꿈을 접었다_옮긴이)에서 패한 지도 두 세대가 지났다. 크세르크세스 1세의 손자들은 이제 자신감을 되찾았다. 페르시아는 그리스 도시국가 간의 체스 게임을 주시하고 있었다. 페르시아는 이리저리 말을 조종하며 저번에는 아테네가, 이번에는 스파르타가 주도권을 쥐도록 했다. 즉 페르시아는 20년의 갈등 끝에 약해질 대로 약해진 두 나라가 티격태격하며 서로의 방어벽을 허물어뜨리기를 기다렸다. 그러면 페르시아가 칼을 휘두르지 않고도 그들 두 나라와 그들의 동맹국을 차지할 수 있을 것으로 기대했다. 스파르타와 아테네는 한 주머니에 갇힌 두 마리의 늙은 고양이였다. 둘 중 하나가 죽을 때까지 서로를 할퀼 수밖에 없었다. 그러니 기원전 412년 알키비아데스가 소아시아에서 페르시아 총독 티사페르네스를 위해 이중첩자 겸 고문으로 활동했다는 사실은 그리 놀랍지 않다.

알키비아데스는 3년간 사르디스(소아시아의 고대도시이며 고대 리디아 왕국의 수도이다)에서 유유자적하며 페르시아 왕궁의 풍요로움과 메디아식 생활을 즐겼다. 그곳에서도 그의 엄청난 카리스마가 빛을 발했다. 그를 두려워하고 시기하는 사람들조차 그와 함께 있으면 즐겁지 않을 수 없었다.[3] 그는 티사페르네스와 절친한 친구가 되었고 페르시아에는 알키비아데스의 이름을 딴 휴양지들이 생겨날 정도였다.

명분을 찾는 알키비아데스

하지만 정작 알키비아데스는 초조했다. 스파르타의 검은 수프를 내동 댕이친 알키비아데스는 고향 아테네로 돌아가고 싶어 몸이 근질거렸다. 하지만 무조건 돌아갈 생각은 없었다. 아테네에는 그의 친구와 친척이 있 었고 그에게 신세를 졌던 사람도 있었다. 알키비아데스는 그들에게 자기 가 아직도 아테네의 권력 게임에서 영향력을 행사할 수 있음을 분명히 밝 혔다. 알키비아데스는 동지중해와 서아시아 첩자와 전령을 활용해 아테네 에 전갈을 보냈다. 그는 페르시아의 지지와 지원을 약속하면서 아테네에 소문을 퍼트리기 시작했다. '늑대 스파르타가 우리의 성문 앞을 가로막고 있다. 우리가 이기려면 재정과 리더십, 통제가 필요하다.' 그는 페르시아 와의 협상을 중개하겠다고 했다. 그리고 아테네에서 민주주의자의 야망을 몰아낸다면 페르시아의 금을 지원받을 수 있다고 했다.

알키비아데스는 아테네의 금고가 바닥나고 있다는 것을 알았다. 아테 네는 라우리온 광산의 폐쇄로 올빼미 은화를 생산할 수 없었고 아테네의 많은 동맹국이 아테네에 조공을 전하지 못하고 있었다. 여전히 돈이 조금 씩 들어오긴 했지만 파르테논 신전의 금고에는 보석이 아니라 나방이 들 어차 있었다. 2년쯤 흐른 기원전 407/406년경, 아테네인들은 현금을 보유 하려고 금으로 만든 조각상 몇 개를 녹여야 했다. 심지어 한때 드넓은 아 테네 제국을 굽어보던 자랑스러운 아테나 신상마저 금화로 변했다.[4]

알키비아데스는 사모스 섬에서 과두정 혁명을 부추겼다. 그리고 의도 적이든, 부지불식간이든 아테네에 종말을 가져온 일련의 사건을 연달아 일으켰다. 아테네의 상황이 위급하다는 말에 민회가 움직였다. 아테네의 향방을 논의할 30명의 위원(알고 보니 모두 유명한 과두파였다)이 선출되었 다. 그들은 원래 프닉스 언덕의 민회에서 논의내용을 발표할 예정이었지만 마지막 순간에 장소를 바꾸었다. 그들이 내린 이 결정이 100년간 지속되던 민주주의의 종말을 불러왔다.

30명의 위원들은 아테네 시민을 성벽에서 약 1.5킬로미터 떨어진 콜로노스 데모스의 포세이돈 히피오스(말의 신 포세이돈이라는 뜻이다) 신전으로 불렀다. 나중에 보니 이렇게 익숙하지 않은 장소를 선택한 데는 의도가 있었다. 시민들을 혼란에 빠트리려는 계획이었다. 귀족의 소유물인 말의 신을 숭배하는 그 신전은 분명히 귀족적 색채가 뚜렷한 곳이었다. 민회가 열리던 프닉스 언덕과는 달랐다. 민주적 장소인 아고라, 오데이온, 디오니소스 극장과도 떨어져 있었다. 무엇보다 모든 사람을 수용할 만한 공간도 아니었다. 거기다 스파르타 군대가 고작 몇 킬로미터 떨어진 데켈레아에 있었다. 프닉스 언덕이 천연 요새였다면 이 신전은 깡패 같은 과두파에 둘러싸인 것 같았다. 콜로노스에 온 민주주의자들은 위험에 노출되었다고 느꼈다.

과두정의 부활

불안한 군중이 모여들었다. 모두를 두 팔 벌려 환영하는 장소가 아닌 것은 분명했다. 빠져나가려고 하다가 신전 안에 갇힐 판이었다. 투키디데스가 묘사한 바로는, 이 좁은 공간에서 일련의 계획이 통과되었다. 민주주의가 투표로 폐지되었고 새로운 제도가 채택되었다. 스스로 선출된 400인의 과두정이 아티케 전역의 데모스에서 제비뽑기로 선출된 500명의 시민평의회를 대체했다. 아테네 시민자격은 중무장 보병의 무장을 갖출 수 있는 남자 5,000명에게만 제한되었다. 아테네는 민주적으로 결정된 과두정 아래 놓이게 되었다.

이 사회정치적 소요를 뒤에서 조종한 자가 정확히 누구였는지는 아직도 불분명하다. 하지만 그가 누구였든 무혈 정변에 성공한 것만은 확실하다. 아테네의 민주주의가 민주주의자들의 투표로 폐지되었다. 요란하게 무장한 귀족들이 거리를 뽐내며 걸어 다녔다. 그들은 120명의 이른바 '헬라스 소년대'[5]를 대동하고 다니며 문제를 일으키는 자가 없는지 주시했다. 위협을 느낀 민주주의자들은 집 안에 몸을 숨기고 침묵을 지켰다.

투키디데스는 이렇게 전한다. "아무도 대놓고 그들을 반대하지 못했다. 모든 이가 두려움에 떨었다. 음모가 널리 퍼져 있는 게 분명했다. 반대하는 이가 있다면 … 편리하게도 그는 곧 죽은 자가 됐다."

새 제도는 곧 남용되기 시작했다. 5,000명 시민의 참여정치는 절대 실현되지 않았다. 대신 넉 달 동안 400인 과두정이 통치했다. 그들은 적을 제거해 아테네를 정비하려 했다. 포세이돈 히피오스 신전은 아테네의 끔찍한 운명이 펼쳐지기 시작한 곳으로 대중의 기억 속에 남았다.

400인 과두정은 돈이 충분했다. 그들은 자객을 고용해 신속하고 효과적으로 일을 처리했다. 데모크라티아는 갑자기 반역이 되었고 '데모스'는 다시 추잡한 단어로 전락했다. 즉결 처형이 벌어졌고 아테네는 내전으로 휘청거렸다. 아테네는 표현의 자유를 보장한다는 가식마저 벗어던졌다. 기원전 411년, 400인 과두정은 연승을 거두고 있다고 믿어 의심치 않았다. 그들은 변덕스러운 알키비아데스 없이 일을 완수하기로 했다.

한편 사모스 섬의 함대에 주둔하던 민주주의자들은 모도시 아테네에서 벌어지는 일을 듣고 기겁했다. 그 기회를 포착한 알키비아데스가 민주주의자들의 마음을 얻어 장군으로 선출되었다. 추방자 알키비아데스는 이제 아테네 해군을 손에 쥔 엄연한 장군이었다.

그러는 사이 정권을 새롭게 장악하고 너무 일찍 폭죽을 터트린 아테네의 과두주의자들은 일을 잘 마무리하지 못했다. 400인 과두정은 페르시아의 지원도 받지 못했고 스파르타도 진정시키지 못했다. 스파르타군은 에보이아 섬의 곡창지대를 장악한 다음 아테네의 잠재적 우방도시들을 공격하기 시작했다. 기원전 410년에는 비잔티움을 괴롭혔고, 기원전 407년부터는 소아시아 총독인 페르시아의 키루스 왕자가 스파르타를 재정 지원하기 시작하면서 더 많은 곳을 괴롭혔다. 아테네의 400인 과두정은 여전히 아고라의 불레우테리온에 정기적으로 모였지만 일이 잘 풀리지 않았다. 이제 그들은 완전한 민주주의를 규제할 새로운 방법을 시도했다. 투키디데스에 의하면 바로 시민권을 얻을 수 있는 자격에 소유재산 조건을 다는 것이었다. 그러나 설득력이 없는 조치였다. 소수의 가진 자들이 아테네 정치제도를 하룻밤 사이에 바꾸기는 역부족이었다.

아테네는 기원전 5세기 내내 많은 적과 싸웠다. 페르시아와 싸웠고 다음에는 페르시아와 스파르타, 그다음에는 스파르타와 그리고 다시 스파르타와 페르시아와 싸웠다. 이렇게 많은 전쟁을 치르면서도 아테네는 내부 분열이 없었다. 아니, 정확히 말하자면 내부 분열을 보고도 못 본 척했고 하나가 되어 싸우는 척했다. 문제를 일으키는 사람들은 쫓아내거나 도편추방시켰다. 민회에서 함께 큰 소리로 외쳤고 아테네는 하나라고 스스로 설득했다. 하지만 도시국가 내부의 균열이 점점 커졌다.

투키디데스의 이야기는 기원전 411년에서 끝을 맺는다. 물론 그는 (암피폴리스 전투에서 패한 이후) 트라키아에 망명 중이었다. 몸이 쇠약해진 그는 몇 년 후 사망했다.

400인 과두정이 권력을 잡았고 민주주의는 사라졌다. 하지만 아테네의 몇몇 사람들이 알키비아데스가 친민주계열 인사인 트라시불로스와 트라실로스와 함께 사모스 섬에 있다는 것을, 배로 이틀이면 아테네에 도착할 수 있다는 것을 기억해냈다. 알키비아데스의 배반과 오만과 변덕에도 그는 여전히 많은 아테네인에게 우상에 가까운 존재였다. 그는 아름다움과 고귀한 영혼을 겸비한 귀족은 아닐지라도 아테네 민주정에 생기를 불어 넣을 활기와 야망을 여전히 지니고 있었다. 게다가 무엇보다 중요한 것은 충성스러운 해군을 지휘하고 있었다.[6] 아테네의 민중은 전설적인 이 인물이 그들을 구원할지 모른다는 생각에 활기를 띠기 시작했다.

그리고 사실 전세를 잠시 역전시킨 것도 알키비아데스였다. 그는 마침내 아테네에 승전보를 안겼다(알키비아데스는 기원전 411~408년에 스파르타에 대항한 몇몇 전투에서 승리를 거두었다_옮긴이). 그러나 어떤 면에서는 이 모든 것이 사기였다. 알키비아데스는 페르시아의 신뢰를 받는 것처럼 보였다. 그래서 아테네 사람들은 그의 편으로 넘어갔다. 스파르타, 아테네, 페르시아의 삼단노선이 바다와 땅을 장악하려고 에게 해를 샅샅이 누비며 질주하고 있었다. 알키비아데스는 소아시아 지역에서 지낸 적이 있었기 때문에 그 지역에 관한 지식이 풍부해서 연승을 거둘 수 있었다. 알키비아데스는 기원전 410년 키지코스 전투에서 승리하면서 어느 정도 아테네 사람들에게 다시 존경을 받게 되었다. 그는 비잔티움에 세관을 세워서 헬레스폰토스 해협을 항해하는 교역선에 10퍼센트의 세금을 부과했고 그렇게 해서 모은 현금을 아테네로 보냈다.[7] 알키비아데스는 이처럼 군사작전과 현금으로 아테네의 대중에 아첨했고 대중을 사로잡았다.

다시 민주정으로

알키비아데스에게 매료된 데모스가 다시 민회로 모여들었다. 결국 기원전 410/409년에 옛 형태의 민주주의가 복원되어 놀라운 회복력을 과시했다. 또한 놀라운 복수심도 발휘했다. 400인 과두정의 귀족들은 웃을 수 없었다. 도시 전역에서 보복 행위가 일어났다.

코로스: 그리하여 일이 잘 풀리지 않으면, 이 훌륭한 사람들이

모두 실패하면 아테네 사람들은 슬퍼하지.

그러면 현명한 자들이 이렇게 중얼대기를

"그녀는 스스로 목을 맸네. 하지만 참으로 아름다운 밧줄이구나."

_아리스토파네스의 〈개구리〉

소크라테스가 젊었을 때 아테네에서 풍겼던 죽은 살덩이 냄새는 아고라의 고기 시장에서, 피레우스 항의 내장을 파는 좌판에서 그리고 무두질에 쓸 죽은 동물의 주검에서 나는 냄새였다. 하지만 이제 아테네는 인간의 살냄새를 풍겼다. 처음에는 민주주의자의 살냄새가 그다음에는 과두주의자의 살냄새가 떠돌았다.

아리스토파네스는 매일 참극이 벌어지던 시기에 〈개구리〉를 썼는데 당대 아테네의 분위기를 잘 묘사하고 있다. 그가 그리는 사회는 미래가 아니라 이상화된 과거의 어디쯤에서 구원을 찾을 수밖에 없던 사회였다.

하지만 기억하시오. 이 사람들 또한 당신 옆에서 싸웠던 친족들처럼,

아비와 자식들처럼, 많은 해전에서 피를 뿌렸다는 것을.

그러니 그들이 무릎 꿇고 요청하면 한 번 용서를 베풀어줍시다.

당신은 천성이 지혜로우니 이제 그만 복수심을 내려놓고

아테네를 위해 당신과 함께 싸울 사람이라면

누구든지 진정한 동족으로, 아테네인으로, 시민으로 받아들이도록 합시다!

_아리스토파네스의 〈개구리〉

아테네에 위기의 시대가 닥치자 옛 관습을 믿는 경향이 두드러졌다. 기원전 410년에 복원된 민주주의는 다시 선포된 민주정의 법을 비석에 새기

기 시작했다. 오늘날까지 남아 있는 비석을 보면 아테네의 공식 발표가 예전보다 가혹한 어조로 쓰였음을 알 수 있다. '아테네인들은 오랜 방식대로 솔론이 척도를 마련한 법으로, 드라콘(아테네의 성문법을 만들었다고 알려진 기원전 7세기 아테네의 입법가이다_옮긴이)이 예전에 실행했던 규칙으로 통치될 것이다.'**8** 결국 상처 입은 사람들은 과거의 관습에서 위안을 찾았다.

민주주의가 회복되고 많은 과두정 반란자가 처형되자 아테네는 잠시나마, 적어도 국내에서만큼은 힘을 되찾은 듯했다. 기원전 407년 기회주의자 알키비아데스는 승전영웅이 되어 아테네의 부름을 받았다. 사람들은 피레우스 항에서 화려한 의식으로 그를 맞이했다. 옛 영웅처럼 불멸의 명성을 지닌 자에게 어울릴 만큼 화려한 환영의식이었다. 그는 곧장 프닉스 언덕으로 가, 그동안 연습했던 수사학적 기교를 마음껏 펼쳤다. 이 순간 알키비아데스는 돌아온 탕아였다. 사람들은 그의 치욕을 새긴 비석을 쓰러뜨리고 아크로폴리스에서 끌어내려 바다에 던져버렸다. 아리스토파네스는 〈개구리〉에서 아테네인들은 그를 갈망하고 그를 미워했지만 그를 되찾기를 원했다고 썼다.

여러 해 동안 엘레우시스 신비의식 행렬은 스파르타가 점령한 아티케 땅을 피해 다른 길로 행진했지만 알키비아데스는 데켈레아의 스파르타 요새를 대놓고 무시하면서 신비의식 행렬을 이끌고 행진했다. 아첨꾼같이 소란스러운 시민들이 돌아온 영웅의 뒤를 따랐다. 그들은 돌아온 탕아의 귀향을 환영했다. 아테네인들은 이제 뭔가 제대로 되어가고 있다는 안도감에 들떠 그의 배신과 그가 아테네에 안겨준 치욕을 잊어버린 채, 알키비아데스를 소리 높여 찬양했다. 플루타르코스는 훗날 냉소적인 어조로 알키비아데스를 이렇게 평했다. '그는 가난하고 미천한 자들을 선동하는 데 어찌나 탁월한지, 사람들은 그가 독재자처럼 통치해주기를 희망, 심지어 열망했다.'**9**

하지만 신혼의 달콤함은 너무도 짧았다. 고작해야 넉 달이었다. 몇 주 뒤 알키비아데스의 보좌관인 안티오코스가 노티온 해전(노티온은 아나톨리아 서부의 도시국가로 펠로폰네소스 전쟁 때 아테네의 기지 역할을 했으나 기원전 406년 노티온 전투에서 스파르타가 승리했다_옮긴이)에서 패배하고 말았다. 노티온 해전의 패배는 아르기누사이 해전(47장 참조) 승리와 극명한 대조를 이루었다. 알키비아데스는 마지막 주사위를 굴렸다. 그는 보란 듯이 페르시아로 돌아갔고 그러고는 북부의 트라키아와 헬레스폰토스로 갔다. 아테네 제국은 너무 널리 분산되어 있는데다 덩치만 큰 약체여서 다시 분열되기 시작했다. 이제 많은 그리스인이 민주주의 사상의 깃발 아래에서 싸우기를 포기했다. 알키비아데스는 북부의 불평분자들 사이에서 군 지도자로 부활했다. 암흑의 시대, 힘센 개인들이 순전히 개인적인 이득을 위해 땅덩이를 나눠 갖는 시대가 돌아왔다.

나중에 알키비아데스는 떼어낼 수 없는 성가신 존재처럼 아테네 정치에 다시 등장하려 했지만 아테네는 그의 도움을 거절했다. 그는 머리가 벗겨진 사십 대 중반이 되었다. 그의 매력은 상당히 빛이 바래고 말았다. 그의 종말은 분명히 수치스러웠다. 서사적이지도 영웅적이지도 화려하지도 않았다. 그는 영광을 좇으며 살았지만 그 과정에서 많은 적을 만들었다. 결국 그는 헬라스의 이해관계에 관여하기를 포기하고 다시 동방으로 향했다. 그는 페르시아 제국, 아케메네스 왕조의 아르타크세르크세스 2세와 새롭게 동맹을 맺기를 기대했다. 그러나 아케메네스 왕조의 왕궁이 있던 수사로 향하던 도중 아름다운 정부 티만드라와 함께 프리지아의 작은 마을에서 하룻밤을 묵었다. 새벽녘에 그는 부스럭거리는 소리에 잠이 깼다. 자객들(누가 보낸 자객인지는 오늘날까지도 알 수 없다)이 그의 숙소에 불을 질렀다. 숨이 막힌 알키비아데스는 헐떡이며 손에 칼을 들고 나왔지만 멀리서 날아온 투창과 창을 맞고 죽었다. 그의 정부는 목숨을 부지했다. 그녀

고대 그리스의 레슬링 경기장인 팔라이스트라 유적 ©Panos Karapanagiotis/Shutterstock.com

는 참수당한 알키비아데스의 몸을 씻긴 후 (매장했거나) 화장했다.

미래를 보다

이 모든 혼란과 정치적 고통이 일어나는 동안 소크라테스는 무얼 했을까? 그는 한때 철학 못지않게 사랑했던 남자가 이국땅에서 수치스럽게 죽어갔다는 사실에 어떻게 반응했을까? 플라톤은 소크라테스는 권력투쟁의 희생자나 권력투쟁의 자세한 내막에는 한순간도 관심을 두지 않았다고 한다. 그의 관심은 오로지 하나, 아테네 도시의 젊은이들에게 선해지는 방법을 배우라고 권하는 것이었다.[10] 소크라테스는 항상 해오던 대로 그 일을 하고 있었다. 그는 무더운 아테네의 거리와 신전을 여전히 돌아다녔다.

소크라테스: 뜨거운 태양 아래 서로 노래하고 이야기하는 메뚜기 떼는 우리를 멸시하는 것 같다네. 우리가 한낮에 이야기를 나누지 않고 많은 사람처럼 정신적 나태함으로 그들의 노랫소리에 졸거나 잠이 든다면 우리를 보고 비웃어대겠지. '노예 같은 작자들이 우리 처소에 와서 양 떼처럼 잠에 취해 있다'고 말일세. 하지만 우리가 이야기하면서 세이렌 같은 그들의 매혹적인 소리에도 꿈쩍 않고 지나간다면 그들은 즐거워서 신이 그들에게 내린 최고의 선물을 우리에게 선사할 걸세.[11] _플라톤의 〈파이드로스〉

아테네의 모든 퇴행적인 혼란 속에서도 소크라테스는 여전히 미래를 내다보았다. 그는 아테네의 젊은이들이 생각하는 사람이 되도록 이끌었다. 그는 아테네 변두리의 레슬링 경기장, 곧 팔라이스트라에서 그 일을 했다.

소크라테스: 이곳은 무엇인가? 자네들은 이곳에서 무얼 하나?
젊은이들: 이곳은 새로 지은 레슬링장입니다. 하지만 저희는 이야기하고 논쟁하며 많은 시간을 보내지요. 오셔서 저희와 함께하시겠습니까?
_플라톤의 〈뤼시스〉

플라톤의 대화편 중에서 ('우정에 대하여'라는 부제가 붙은) 〈뤼시스Lysis〉가 이곳을 배경으로 한다. 때는 기원전 409년, 예순쯤으로 추정되는 소크라테스가 잘생긴 젊은이 뤼시스, 그리고 그의 친구인 메넥세노스와 대화를 나눈다. 대화의 주제는 애정의 동기와 우정의 본질이다. 〈뤼시스〉는 매혹적이면서도 현실적인 주제를 다룬다.

"그러니 사랑의 문제를 지혜롭게 다루는 사람은 자신이 승리할 때까지 사랑하는 사람을 칭찬하지 않는 법이네. 미래에 어떻게 될지 모르니 말일세.

게다가 그렇게 잘생긴 소년들은 칭찬과 찬양을 받으면 자만과 오만에 가득 차게 되지. 그렇게 생각하지 않나?"

"그렇게 생각합니다." 그가 말했다.

"그들이 더 오만해지면 그를 붙잡기가 더 어렵겠지?"

플라톤의 작품을 연구하는 학자들이 흥분할 만한 일이 생겼다. 2004년 아테네 올림픽에 앞서 아테네에서 발굴작업을 했다. 이 발굴은 1924~1925년, 1960~1981년 발굴의 연장선에 있는 작업이었다. 그런데 이 발굴작업에서 〈뤼시스〉에서 소크라테스가 말한 첫 구절에 등장하는 장소를 정확하게 확인할 수 있었다.

소크라테스: "나는 아카데메이아에서 리케이온으로 곧장 걸어가고 있었지. 성벽을 둘러싼 길을 따라서 걷고 있는데 성벽 아래 파놉스 샘이 있는 작은 문에 이르니 히에로뉘모스의 아들 히포탈레스와 파이아니아 출신 크테시포스를 우연히 만났지. 그들은 다른 젊은이들과 함께 무리지어 서 있었네."

"이리 와서 저희와 함께하세요." 그가 말했지.

"어디로 말인가?" 내가 물었네. "그리고 '우리'라니 누구를 말하는 건가?"

"여기요." 그는 문이 열려 있는 울타리를 가리키며 내게 말했지. "우리는 여기에서 시간을 보냅니다. 우리 말고 다른 사람도 있어요. 아주 많이 있어요. 게다가 아주 멋있는 사람들이에요."

오늘날에도 아테네 북동부에 있는 이 발굴지를 내려다볼 수 있다. 크고 무거운 석조블록들이 옛 레슬링장의 입구와 울타리를 표시하고 있다. 파놉스 샘의 흔적도 볼 수 있다. 이번 발굴에서 묘지도 새로 발견되었다. 펠로폰네소스 전쟁 기간에 만들어진 이 묘지는 수십 년에 걸친 전쟁으로 늘어난 시체를 묻으려고 조성되었다. 무덤에서는 마음을 울리는 작은 공예품들도 나왔다. 아이의 금팔찌와 반지, 그리고 젊은이의 투표원반도 나왔다.[12] 어쩌면 소크라테스는 이곳에서 오늘날까지 우리의 심금을 울리는 심오하고 보편적인 진실을 말했는지도 모른다.

> 그렇다면 우리가 말한 대로 욕망이 우정의 원인이라면 욕망하는 존재는 욕망당하는 존재에게 욕망의 순간에 소중한 것인가? _플라톤의 〈뤼시스〉

데모크라테스의 아들

그리고 실존인물 뤼시스는 우리가 기대하지 못했던 고고학적인 선물을 남겼다. 새롭게 단장한 피레우스 고고학 박물관에는 블라인드 사이로 비치는 환한 햇살 사이에 유골단지 하나가 놓여 있다.[13] 크림빛 단단한 돌에 섬세하게 새겨진 항아리이다. 앞면에는 아름다운 장면이 새겨져 있다. 나이 든 남자 하나가 앉아 있고 한 여자가 그 뒤에 서 있다. 남자는 늙었지만 침착한 자세로 앉아 손을 뻗어 작별인사를 한다. 그의 이름은 데모크라테스의 아들, 뤼시스이다. 그는 너무 일찍 세상을 떠난 아들 티모클레이도스에게 작별인사를 하고 있다. 이 항아리에서 자식의 죽음을 애도하는 뤼시스는 소크라테스가 어느 따뜻한 날 레슬링장에서 이야기를 나누었던 그 명민한 젊은이와 동일인물이다. 많은 점에서 그는 '데모크라테스의 아들' 이상의 존재이다. 민주주의처럼 젊고 자신감 있던 이 젊은이는 결국 엄청난 실의와 상실을 겪어야 했다.

이제 우리는 펠로폰네소스 전쟁 말기 소크라테스(와 그의 무리)가 움직였던 경로를 확실하게 알 수 있다. 하지만 소크라테스는 역사가들에게 여전히 쉽지 않은 존재이다. 왜냐하면 그는 정치를 중심으로 한 역사 이야기에 쉽게 끼워 맞출 수가 없기 때문이다. 그는 정치 활동가가 아니었다. 민주주의를 위해 죽지도 않았고 과두주의자들과 손잡고 정권을 장악하지도 않았다. 적을 제거하지도 승리를 탐닉하지도 않았다. 주변 사람들이 목숨과 원칙과 생명을 잃는 동안 그는 김나시온과 레슬링장에서 다음 세대의 젊은 아테네인들과 시간을 보내며 우정의 본질을 주제로 논쟁하고 미래를 내다봤다.

하지만 플라톤은 소크라테스가 미숙한 젊은이들과 성심껏 토론하면서 재앙을 자초했다고 지적한다.

> 소크라테스: 젊은이들은 자유의지로 저를 따라다녔습니다. 그들은 한가한 시간이 많은 젊은이로 부잣집 아들들이지요. 그들은 제가 사람들에게 질문하는 것을 즐겨 듣고는 저를 흉내 내며 다른 사람들에게 물었습니다. 그러다가 굉장히 많은 사람이 무엇인가 알고 있다고 생각하지만 사실은 아무것도 모른다는 것을 알게 되었겠지요. 그래서 그들에게 질문을 받은 사람들이 제게 화를 내는 것입니다. 그러면서 소크라테스라는 사람이 이 땅과 젊은이들을 완전히 더럽히고 타락시킨다고 말하는 것이지요. 하지만 누군가 그들에게 제가 무얼 했는지, 무얼 가르쳤는지 묻는다면 … 저는 이들이 진실을 말하지 않으려 한다고, 그저 아는 척하고 있을 뿐 사실은 아무것도 모른다는 걸 인정하고 싶어하지 않을 뿐이라고 생각합니다.
>
> _플라톤의 〈소크라테스의 변명〉

민주주의가 성장하고 팽창하던 시절에 아테네는 소크라테스의 끝없는 질문에 잘 대처할 수 있다고 확신했다. 그리고 (내키지는 않았지만) 소크라테스의 어린 제자들이 드러내는 조숙한 자신감도 다룰 수 있다고 생각했다. 아직 질문하는 법도 배우기 전부터 주변 사람들에게 캐묻고 다니기 시작한 치기 어린 젊은이들을 잘 다룰 수 있으리라 자신했던 것이다. 아테네 민주정은 소크라테스가 아테네를 헤집고 다니며 끝없이 이야기하는 모습을 보고도 못 본 척했다.

소크라테스는 민주주의자의 면모를 적극적으로 드러내지 않았다. 그는 배심원으로도, 관직에도 나서지 않았다. 20년의 전쟁과 역병, 5년간의 내전에 시달린 아테네는 독단적이고 자기탐닉적인 소크라테스의 질문들을 더는 참을 수 없었던 듯하다. 특히 어느 '젊은이'와 그의 관계도 아테네 사람들의 마음을 불편하게 했다. 당대의 패기만만한 테세우스였던 알키비아데스는 이제 죽었고 아테네의 수치가 되었다. 그는 한때 사랑받았던 것만큼 멸시받았다. 아테네인들은 소크라테스가 알키비아데스와 같은 막사에서 지냈고 같은 소파에 앉아 같은 잔으로 술을 마셨다는 사실을 잊지 않았다. 그렇다면 스파르타 혈통을 물려받은 알키비아데스처럼, 소크라테스도 우월감에 빠져 칼을 휘두르는 위험한 귀족 친구들과 어울리면서 과두주의와 스파르타를 추종했다고 말할 수 있지 않을까?

레슬링장에서 젊은이들과 논쟁을 벌였던 때로부터 3년이 지난 후 좀처럼 드문 일이 일어났다. '전통적인' 정치(민회, 법정, 평의회)를 평생 기피하던 소크라테스가 갑자기 방침을 바꾼 듯했다. 기원전 406년 늦여름 소크라테스는 아고라를 돌아다니며 동료 시민들에게 질문을 던지지 않고 다른 사람처럼 행동했다. 자신보다 마흔 살, 쉰 살 어린 청년들과 생각을 교환하는 것이 아니라 프리타네이스prytaneis, 즉 집행위원회로 활동했다. 재판받고 처형되기 7년 전, 당시 소크라테스는 선량하고 전형적인 아테네 민주주의자로 행동했다.

47 아르기누사이 전투

기원전 406년, 아테네의 민회

소크라테스: 내가 지금만 이러는 게 아니라네. 나는 원래 내 생각에 최선으로 보이는 논리에만 설득되는 사람일세. 생각해보게. 사람들의 의견이라고 다 존중해야 하는 건 아닐세. 존중할 만한 의견도 있지만 그렇지 않은 의견도 있는 법이지. 모든 사람이 그렇게 생각한다고 그 생각을 존중해야 하는 건 아니라고 생각지 않나?

크리톤: 그게 맞지.

소크라테스: 그렇다면 우리는 좋은 의견은 존중하고 나쁜 의견은 존중하지 말아야 하지 않을까?

크리톤: 그렇지.

소크라테스: 좋은 의견은 지혜로운 자들의 의견이고 나쁜 의견은 어리석은 자들의 것이지?

크리톤: 물론일세.

─플라톤의 〈크리톤〉에서

재판을 받기 7년 전 소크라테스는 다른 무리와 함께 서 있었다. 6,000명이 함께 있었다. 그는 아르기누사이 전투를 심의하는 평의회 배심원이 되

468

려고 그가 다소 회의적으로 여기던 제비뽑기에 나섰다.[1]

기원전 406년에 스파르타는 오늘날 터키 서해안 지방을 차지하려고 마음먹은 듯했다. 스파르타는 레스보스 섬의 전략적 도시 메팀나에 주목했다. 스파르타의 작전을 좌절시킬 유일한 방법은 근처 아르기누사이 제도에서의 전투밖에 없었다. 기원전 406년 당시 아테네는 많이 쇠퇴했지만 시민과 해방 노예를 비롯한 모든 남자를 전투에 동원했다. 무기를 들 힘이 남아 있는 사람은 전부 동원되었다. 민회가 선출한 10명의 장군 중 8명이 원정 준비를 마쳤다. 병력도 준비되었다. 아테네군은 타는 듯한 8월의 태양 아래 동쪽으로 이틀간 이동했다. 10명의 장군 중 2명이 미틸레네 지역에서 포위되어서 나머지 장군 8명은 상당한 부담감을 느꼈다.

아르기누사이 제도의 험한 바위 주변에서 스파르타 삼단노선 120척과 아테네 삼단노선 155척이 한데 엉켰다. 어느 한쪽이 항복할 때까지 양측은 서로 들이받고 불태우고 목을 따고 심장을 찔렀다. 아슬아슬한 전투였지만 결국 아테네의 승리로 끝났다.

그런데 바로 그때 폭풍이 불어닥쳤다. 이 지역은 거센 폭풍으로 유명한데, 이런 악천후(역사의 공식 기록에 의하면) 속에서 장군들은 사상자를 제대로 챙기기가 어려웠다. 요즘은 이런 강도의 폭풍이 불면 쓰레기와 갑오징어가 해변으로 쓸려오지만 기원전 406년에는 전투의 잔해와 시신이 해변으로 밀려왔다. 사나운 날씨가 여러 날 이어지면서 아테네군은 잔해를 수습할 수 없었다. 그것은 곧 희생자들의 시신이 제대로 매장되지 못해 그들의 영혼이 길을 잃고 저주 속에 헤맨다는 뜻이었다. 아테네 장군 중 2명이 스스로 저지른 실책이 무엇인지 깨닫고 동지중해 지역 어딘가로 종적을 감췄다. 나머지 6명은 아테네 시민의 환영을 기대하며 귀국했다. 어쨌거나 자신들이 시신을 수습하지 못한 데는 피치 못할 사정이 있었으니까 말이다. 그러나 불안하고 성난 아테네 데모스는 장군들을 환영하지 않았다.

그들을 기다리는 것은 화환과 화관이 아니라 재판이었다. 아테네 사람들은 여느 때처럼 발 빠르게 민회에서 청문회를 준비했다. 장군들은 반민주주의 활동으로 고소당했다. 소크라테스가 당일의 의장으로 집행위원회와 함께 일했다.[2] 그는 알로페케 데모스의 민회에서 그 일을 자임하고 나섰다.[3] 민주정 업무를 집행할 사람을 제비뽑기 기계로 뽑는 아테네에서 의장직에 뽑히기란 무척 어려운 일이었다. 그런 정치활동에 참여하지 않기로 유명한 소크라테스가 왜 자진해서 나섰는지는 알 수 없다. 집행위원회에서 일하면 하루에 5오볼로스 정도 보수를 받았다. 크세노폰의 〈경영론〉을 보면 소크라테스의 궁핍한 사정이 자세히 나오는데 어쩌면 그는 5오볼로스가 필요했을 뿐인지도 모른다. 물론 더 심오한 동기가 있었을 수도 있다. 어쩌면 그는 아테네에 자신의 도움이 필요하다고 판단했는지도 모를 일이다. 그래서 기원전 406년 늦여름 아침에 소크라테스는 아테네 시민들 틈에 섞여, 같은 민주주의자들을 심판하려고 길을 나섰다.

일일 의장이 되다

의장이 된 소크라테스는 평범한 사람들이 서로를 처벌하거나 무죄를 선언하는 '민주주의의 연극'에 참여하게 되었다. 그는 테세우스의 신전에서 맹세를 했다. 그의 평의회가 국가의 이익을 위해 일하겠다는 서약이었다. 그는 데모크라티아 여신에게 제물도 바쳤을 것이다. 그리고 위원들 앞에 서서 자격을 선언했다. 부모와 조부모의 이름을 대고 조상과 교단을 공경했으며, 극빈자가 아니며 병역의 의무를 수행했음을 선언했다. 그리고 원형 식당인 톨로스에서 저녁(간단한 식사. 오늘날 발굴품을 보면 이곳에서의 식사는 그다지 성대하지 않았다.[4])을 먹었다. 어쩌면 그곳에서 밤을 보냈을 지도 모른다. 그는 울타리 뒤에서 그의 말에 귀 기울이는 사람들과 토론하고 검은색과 흰색 조약돌 통에 손을 집어넣어 찬성이나 반대표를 던졌을 수도 있다.[5]

이 하루의 정치활동은 소크라테스의 일생에서나 당대 아테네 이야기에서나 적지 않은 의미가 있다. 평생 정치활동을 하지 않았던 소크라테스가, 민주주의자의 임무에 관심 없었던 소크라테스가 하루 동안 관직을 맡으려고 제비뽑기에 나섰다. 그것은 곧 아테네가 그를 필요로 하며, 그도 목소리를 낼 필요가 있음을 인정했다는 뜻이다. 여러 해에 걸친 전쟁 탓에 상황은 분명히 달라졌다. 아테네는 눈에 띄게 휘청대고 있었다.

실각한 장군들의 재판은 그리스의 하늘 아래, 프닉스 언덕에서 열릴 예정이었다. 이 크림색 바위 언덕에는 최대 6,000명까지 나란히 앉거나 설 수 있었다. 민회 참가자들은 새끼 돼지를 제물로 바치고 신을 부르며 정화의식을 치렀다. 아르기누사이 전투를 지휘했던 장군들을 집단으로 재판하는 것은 옳지 않은 일이었다. 아테네 법이 집단재판을 허용한 전례는 없었다. 그것은 불법 인민재판이나 다름없었다. 분명히 유죄판결이 나올 터였다. (크세노폰과 플라톤이 묘사한 바로는 혼자만 의견이 달랐던) 소크라테스는 군중의 험악한 분위기에 동조하지 않았다. 사람들은 소크라테스를 반역죄로 고소하겠다고 소리쳤지만 소크라테스는 꿈쩍도 하지 않았다. 아테네 법에 의하면 재판은 개별로 이루어져야 했다. 소크라테스는 그 법을 준수했다.

재판이 지연되었다. 해가 빨리 떨어지는 계절이어서 거수투표에서 사람들의 손을 제대로 셀 수 없었다. 장군들의 재판은 연기되었다. 자고 나면 세상이 달라지는 민주정 아테네에서 내일은 또 다른 날이 될 것이다. 또 다른 아마추어 정치가들이 재판을 감독할 것이다. 크세노폰의 〈헬레니카〉에 의하면 참가자들은 개별재판을 약속하고 헤어졌다. 소크라테스의 임무는 끝났다.

사람들은 개별재판을 하기로 합의하고 헤어졌지만 다음날, 그 합의는 무효가 되었다. 진보적 민주주의자들은 이제 자신의 뜻을 꺾기보다 불법을 자행하는 폭도가 되었다. 사람들의 피가 들끓었다. 죽은 병사들을 애도하는 표시로 머리를 깎은 선동가들이 법정에 들어왔다. 그들은 증인을 내세웠다. 아르기누사이 해전에서 난파선 잔해를 붙들고 살아남은 사람이었다. 그는 장군들이 죽은 자든, 아직 숨이 붙은 자든, 물에서 허우적거리는 사람이든 구하지 않았다고, 국가를 위해 용감하게 싸운 사람들을 버렸다고 통곡했다는 기록이 크세노폰의 〈헬레니카〉에 나온다.

소크라테스 다음으로 의장을 맡은 사람의 이름은 전해지지 않지만 그는 소크라테스 같은 양심이 있는 사람이 아니었다. 다음 날 6명의 장군은 집단재판을 받았다. 그들은 사형선고를 받았고 곧 처형되었다.[6] 그들 모두 독배를 마시고 죽었다. 아테네 시민의 투표로 장군직에 오른 장군들이 결국 투표로 황천길에 올랐다. 이 모든 일이 단 몇 주 만에 벌어졌다. 소크라테스는 민주주의가 저절로 '선'을 이룰 수 있는지에 관해 늘 회의적이었다. 아르기누사이 사건을 보면 그가 그렇게 회의적일 만도 했다.

페리클레스 2세의 처형

불행하게 즉결 처형된 6명의 장군 중 하나가 페리클레스 2세였다. 그는 아스파시아와 페리클레스의 아들이다. 페리클레스가 처음 결혼에서 얻은 두 적자는 이미 역병으로 사망했다. 페리클레스 2세는 특별 칙령으로 시민자격을 얻어서 짧으나마 아테네 시민 공동체의 일원으로 살았다. 하지만 아테네 시민의 위대한 본보기였던 남자와 동방에서 온 요염하고 아름다운 여인의 결합은 여러 해 동안 아테네인들의 심기를 불편하게 했다. 그리고 이제 그들은 이 결합이 남긴 유전적 결과물마저 제거해버렸다.

페리클레스 2세가 죽을 무렵 아스파시아는 역사에서 사라진 지 오래였다. 하지만 최근 발견된 유물에서 그녀의 흔적을 찾을 수 있다. 피레우스 도로 건설기간에 진행된 발굴에서 많은 공예품이 출토되었다. 그 중 하나가 기원전 5세기에 아테네에서 유행했던 저주서판이다. 누군가가 아시파시아의 이름을 새긴 저주서판을 피레우스 지역에 묻었다. 또 최근에 아스파시아의 가족을 언급한 비석이 그곳에서 발견되기도 했다.[7] 아스파시아가 죽고 수백 년 후에 그녀의 무덤을 피레우스 지역에서 보았다는 기록도 있다.[8] 그녀의 무덤에 세워져 있었다는 형상의 모사품이 현재 바티칸 박물관에 있다. 다소 후덕하고 고루하고 합리적인 인상을 한 이 흉상이 진짜 아스파시아라면 그녀의 미색 때문에 펠로폰네소스 전쟁이 발발했다는 설은 믿기 어렵다. 하지만 아테네 군중은 그렇게 믿기로 했다. 그런 중상모략이 거리에 퍼지고 나자, 야사로 자리 잡았고 나중에는 엄연한 사실로 거론되었다. 많은 여신처럼 설득의 여신 페이토와 소문의 여신 페메는 무자비하고 불친절했다.

우리는 아스파시아를 자수성가한, 영리한 여인으로 생각하지만 아테네인들은 외국에서 온 이 여인을 절대로 인정하지 않았다. 아테네 민주주의자들은 국제도시의 이점을 잘 알고 있었지만 그것을 지지하고 찬양하지는 않았다. 아테네는 한때 급진적이고 자유분방한 사상가를 자칭하며, 이국에서 온 혁명적 사상가들을 포용했다. 하지만 곧 질투, 자기기만, 탐욕, 오만, 뒷소문 같은 인간다운 결점을 드러내기 시작했다. 결국 그들은 민주주의를 인류 역사를 뒤흔들 산불로 키우지 못하고 미약하게 깜박거리는 불빛으로 전락시켰다. 데모스, 군중은 아르기누사이 전투를 승리로 이끈 장군들을 판단했듯이 아스파시아를 평가했다.

크세노폰은 〈헬레니카〉에 프닉스 언덕의 아테네 군중을 경멸하는 어조

로 이렇게 썼다. '군중은 소란을 피우며 자기 뜻을 받아들이라고 강요한
다.' 우월감에 젖은 귀족의 언사라면 무시할 수도 있지만 현실 세상을 살
아가는 사람들이라면 크세노폰의 두려움이 어떤 것인지 알 것이다. 호모
사피엔스는 군중의 익명성을 갈망하곤 한다. 오늘날까지 모든 문명의 암
흑기에는 희생양을 찾는 사람들, 비난할 대상을 찾는 사람들이 있다. 그
비난의 손가락이 자신만 향하지 않으면 그만이다. 질투심으로 제멋대로
놀리는 혀들이 늘 역사의 골칫거리다. 토루보스는 서로에게 자극받은 사
람들의 웅성거림을 뜻할 수도 있고 편견이 웅성대는 소리일 수도 있다. 부
끄러운 역사라고 말하고 싶지만 사실 군중의 공모는 인간사 어디에서나
볼 수 있다. 그러니 타협하지 않는 한 사람, 군중의 흐름을 따르기를 거부
하고 사형에 한 표 던지기를 거부한 이 사람이 어떻게 독배를 피할 수 있
었을까?

> 소크라테스: 오직 한 가지에만 주의를 집중하게나. 내가 하는 말이 정당한
> 지 정당하지 않은지 말일세. 그것이 판단의 덕이지. 말하는 사람의 덕은 진
> 실을 말하는 것이네. _플라톤의 〈소크라테스의 변명〉

아르기누사이 전투를 치른 장군들에게 그릇된 판결을 내리고 6년이 지
난 후, 아테네 군중은 소크라테스 같은 사람들이 고상한 말로 군중의 의지
를 꺾을 수 없음을 보여주었다. 군중이, 법정이, 전능한 민주주의가 누군
가를 제거하고 싶다면, 진실이 그들 편이든 아니든, 그들에게는 그럴 힘이
있었다.

48 웃자란 양귀비를 베어내라

기원전 405~404년, 아테네

들판에서 웃자란 곡식을 베어내야 한다는 그의 말(코린토스의 두 번째 참주인 페리안드로스가 트라시불로스에게 한 충고)은 나머지보다 탁월한 시민들을 늘 제거해야 한다는 뜻이었다.

— 아리스토텔레스의 〈정치학〉에서

이제 민주주의가 그동안 세워놓은 것, 한때 사람들이 사랑했던 것들을 파괴하기가 더욱 쉬워졌다. 너무 높게, 너무 화려하게 핀 꽃들은 정기적으로 베여 나갔다. 데모스는 언제나 자신들을 이끄는 지도자들에 양면의 감정을 지녔다. 선견지명이 있고 뛰어난 인재는 데모스의 자산인가, 아니면 그 특별한 능력 때문에 반민주적이 되는가?[1] 아테네의 연극에는 이 주제를 파헤치는 장면이 가득하다.

오이디푸스: 오 권력이여.
부와 제국이여, 목숨을 건 전장과 경쟁에서 남을 능가하는 재능이여,

엄청난 악의와 질투가 그대의 뒤를 따르리!

코로스: 누가 그의 명성을 질투하지 않을 수 있으랴.

이제 그는 어마어마한 시련의 바다에 빠지리!

_소포클레스의 〈오이디푸스 왕〉

당시 그리스 연극은 사람들을 문명화시키는 역할을 했다고 긍정적으로 평가되곤 한다. 그리스의 극장은 사람들이 공포와 경외를 함께 경험하는 장소였다. 하지만 올바른 판단뿐 아니라 편견과 분노, 질투를 부채질하는 곳이었다는 것도 잊지 말아야 한다.

소크라테스는 아테네에 아직 희망이 있던 시절에 무대 위에서 호되게 비난받은 적이 있다. 기원전 423년 아리스토파네스가 소크라테스를 악당, 허풍쟁이, 거짓말쟁이라고 묘사했을 때, 다른 극작가들이 소크라테스의 단벌 누더기 망토와 맨발의 제자들을 조롱할 때, 아테네는 국내·외의 투쟁에서 승리할 기회가 있었다. 펠로폰네소스 전쟁 기간에 디오니소스 축전은 5일에서 3일로 줄었지만 그래도 계속 열렸다. 하지만 소크라테스가 처형될 무렵의 아테네는 부서지고, 쇠퇴하고, 열에 들떠 있었다. 에우리피데스의 〈트로이아의 여인들〉과 〈헤카베Hecabe〉는 구역질 나고 악취 나는 전쟁의 잔인함뿐 아니라 어리석고 소모적인 전쟁의 추잡함도 말한다.

아, 슬프도다! 내가 무슨 말, 비명, 탄식을 내뱉을 수 있을까? 아, 내가! 내 말년의 슬픔에 관해! 너무도 잔인해서 견딜 수 없는 노예의 운명에 관해! 아, 슬프도다! 내게 무슨 희망이 있을까? 내 가족과 도시여! 모두 어디로 갔는가? _에우리피데스의 〈헤카베〉

그리고 기원전 423년 청명한 4월 하늘 아래에서 아리스토파네스의 〈구름〉이 빚어내는 혹독한 풍자가, 그 공연과 더불어 뿌려졌던 돼지피와 포도주, 춤이 사람들의 기억에 생생할 무렵 소크라테스가 재판을 받았다. 아테네의 희망이 사그라질 때였다. 적어도 아테네 인구의 절반, 어쩌면 4분의 3이 죽었다. 아테네의 최대 적이 아테네 성벽을 무너뜨리고 문지방을 넘어서 민주주의를 폐기했다. 이제 군중의 함성에는 날선 감정이 묻어 있었다.

> 그것은 (나를 고소한 사람들이 아니라) 세상의 시기와 비방입니다. 시기와 비방이 여러 훌륭한 사람들을 죽였고 아마 앞으로도 더 많은 사람을 죽일 것입니다. 제가 마지막이 될 위험은 없습니다. _플라톤의 〈소크라테스의 변명〉

당시로서는 상연한 지 오래되지 않은 에우리피데스의 〈포이니케 여인들〉이 좋은 예이다. 이 연극은 소크라테스의 재판이 있기 10년 전에 쓴 작품이다. 이 연극이 그리는 장면은 음울하다. 도시는 전쟁으로 위태로운 곳이 되었다. 가족은 파괴되고 부족과 개인의 욕망이 도시국가를 갈기갈기 찢어놓았다. 기원전 5세기의 아테네인들은 에우리피데스의 마지막 연극을 보며 분명히 눈물을 흘렸을 것이다. "너의 고통이 곧 나의 고통이니!"[2]

연극이 공연되던 디오니소스 극장 밖에는 전쟁 피해자들이 있었다. 굶주린 중년 남자, 아테네를 지탱할 새 시민을 더는 생산할 수 없는 여인, 아들을 잃은 여인, 가족도 일도 없는 부랑자. 전쟁지역에서 흔히 볼 수 있는 풍경이었다. 기원전 4세기에도 그런 사람들이 있었다. 당시에 유모와 리본 장수로 일할 수밖에 없었다는 한 여인의 이야기가 전해진다. 그녀는 아마 아테네 시민이 아니었을 것이다. 그런 일은 대개 노예와 외국인들이 하는 일이었다. 그녀의 아들인 에우크시테오스가 안타깝게 말하기를, 그녀 같은 많은 노파가 보모로 일하거나 양모공장이나 포도농원에서 일한다고

했다. 그는 "우리는 예전처럼 살지 못한다"고 한탄했다.[3]

기원전 5세기 말이 되자 아테네의 분위기는 험악해졌다. 곡식 비축량은 줄어들었고 이제는 형제끼리도 믿지 못하는 상황이 되었다. 최근에 소크라테스의 동시대인이 쓴 편지 한 장이 발견되었다. 은박처럼 얇은 납조각에 새겨진 이 편지는 한때 노예였던 파시온이라는 은행가가 썼는데, 아테네의 어느 변호사에게 복수를 명하고 있다.

> 나 파시온은 디카이아르코스에게 지시하려고 이 편지를 쓴다. 사튀리온과 니코스트라토스를 쫓아 처벌하기를 지시한다. … 그들은 나와 글라우케테스, 아이안토도로스에게 모욕을 주고 우리를 해하려는 음모를 꾸미고 있다. 또한 … 하려는 음모도 꾸미고 있다.[4]

소피스트에게 책임을 묻다

그 당시 분위기를 상상할 수 있을 것이다. 아테네인들은 모두 등 뒤를 흘깃거리며 누가 자기를 배신할까 봐 걱정하고 있었다. 지긋지긋한 소문이 비좁은 골목을 살금살금 돌아다녔다. 누군가 이 모든 고통의 책임을 져야 했다. 한때 유망했던 도시의 퇴행에 누군가 책임을 져야 했다. 아테네 사람들은 보고 들은 고통을 소피스트들에게 비난으로 퍼부어대기 시작했다. 유창한 언변과 수사학으로, 설득의 여신을 등에 업고 아테네의 영광을 아테네 안팎에 알렸던 똑똑한 소피스트들에게.

21세기 초반의 금융업자들처럼 소피스트라는 전문가들도 눈에 보이지 않는 강력한 자산을 거래했다. 그것은 그 무리가 아니면 이해하기 어려운 자산이었다. 훌륭한 논쟁과 정신을 유쾌하게 자극하는 말의 힘이 아테네

478

를 지켜주는 것 같던 시절이 있었다. 아테네인들은 말을 통해 자의식을 키웠다. 그리고 말을 통해 아테네의 탁월함과 자신감을 동지중해 전역에 알렸다. 무슨 일이든 해낼 수 있을 것 같던 시절이었다. 당시 새로운 참여정치제도에서 평범한 사람들도 말을 잘해야 했다. 법정 청문회와 민회의 논쟁에서 살아남으려면 언변이 있어야 했다. 외국인과 낯선 사상의 유입은 잠깐이나마 아테네인들을 매우 흥분시켰다. 말을 잘하려고 기꺼이 돈을 지불하는 혹은 지불해야 하는 민주주의자들 덕택에 몇몇 소피스트들의 주머니가 두둑해졌다. 민주주의 초창기에 사람들은 위대한 연설가를 추종했고 도시국가는 수사학을 사랑했다.

하지만 이제 사람들은 말만 번드르르한 자들에게 당했다는 것을 깨달았다. 흑을 백이라 논증할 수 있다면 결국 승리하는 쪽은 가장 건전하고, 가장 논리적이고, 가장 좋은 주장이 아니라 가장 설득력 있는 주장이 아니겠는가? 이제 민주주의자들은 사람들이 고귀한 일을 하도록 말로 설득할 수도 있지만 끔찍한 일을 하게 할 수도 있음을 깨달았다. 유창한 말은 조작으로 생각되기 시작했고 곧 그 매력을 잃었다.

소크라테스가 살던 시절에 사람들은 말을 파는 소피스트들의 이야기를 들으려고 아고라에 모여들었다. 하지만 이제 성난 군중이 한밤중에 문을 두드리며 소피스트들을 아테네 밖으로 추방했다. 아테네는 찾아오고 싶은 도시가 아니라 달아나야 하는 도시가 되었다.

아리스토파네스의 희극은 늘 날카로웠지만 소크라테스 같은 사람들을 더욱 신랄하게 풍자했다. 아리스토파네스의 〈개구리〉를 보면 소크라테스는 그냥 흥미로운 인물이 아니라, 사소한 것을 골치 아프게 따지는 헛소리 따위로 위대한 비극작가의 작품을 깎아내리는 사람이었다. 기원전 5세기 말 아테네에는 지식인이 그리 많이 남아 있지 않았다. 그나마 남아 있는 지식인들마저 막다른 골목으로 내몰리는 분위기였다. 알키비아데스는 추방되었고 니키아스는 죽었으며 페리클레스는 이미 오래전 무덤에 묻혔다. 민주주의 폭도들은 아르기누사이 전투를 승리로 이끈 장군들의 목숨마저 빼앗았다. 그 장군들은 빛이 사그라지는 도시국가 아테네에서 가장 빛나는 별로 뽑힌 사람들이었다. 아테네를 이끌 위대한 사람은 남아 있지 않았고 사람들은 여전히 굶주렸다. 하지만 전쟁욕구는 줄지 않았다. 아테네는 아직도 싸울 의지가 있는 듯했다.

헬레스폰토스 해협에서 맞붙다

스파르타와 아테네, 두 오랜 적수의 다음 전장은 유럽과 아시아 사이에 있는 헬레스폰토스 해협이었다. 그중에서도 동양과 서양의 경계선이 되는 아이고스포타미 강이었다. 아이고스포타미 강은 보스포루스 해협 입구에 있다. 사람이 발붙이기 어려울 정도로 외지고 험악하고 제대로 알지 못하면 살아남기 어려운 지형이었다. 제1차 세계대전 동안 근처 겔리볼루에서 젊은 병사 수천이 목숨을 잃기도 했다.

이 지역에서 알키비아데스가 살았다. 당시 트라키아의 군지도자로 변신해 있던 그는 겔리볼루 반도의 영지와 요새진지 몇 곳을 책임지고 있었다. 이곳 풍경을 보면 당시 그의 인생이 얼마나 고달팠을지 짐작할 수 있다. 알키비아데스는 아이고스포타미 강에서 전투가 계획되고 있다는 소식을 듣고 옛 기사처럼 빛나는 갑옷을 입고 장군들에게 달려갔다(알키비아데스가 암살당하기 1년 전의 일이다_옮긴이). 물론 간언을 할 수 있는 정도밖에 가까이 가지 못했다. 그는 아테네 함선을 아이고스포타미 강의 노출된 언덕에 두는 것은 미친 짓이라고, 바위와 낮은 관목만 있는 그곳은 스파르타가 공격해오기 딱 좋은 곳이라고 말했다. 그러나 그의 충고는 바로 묵살되었다. 아테네인들은 쓰러질 때 쓰러지더라도 아테네와 밀고 당기는 게임을 너무 많이 했던 이 방탕하고 유혹적인 저질 귀족의 도움은 받고 싶지 않았다.

아테네 병사들은 무방비 상태로 배를 정박시켰을 뿐 아니라 한발 더 나아가 배를 비워놓고 식량을 찾아 낯선 땅으로 나가버렸다. 그들에게는 승리의 기회가 없었다. 반면에 스파르타에는 젊고 빛나는 두 영웅신이 그들 편에 있었다. 스파르타의 장군 리산드로스가 공격을 맡았는데 그가 바다를 힘들게 항해할 때 헬레네의 쌍둥이 형제인 디오스쿠로이 신들이 원정을 떠난 스파르타 군대를 도와주려고 달려왔다고 한다. 아테네는 한때 제해권을 쥐고 있었다. 하지만 오랫동안 육지에만 갇혀 있던 스파르타도 이제 바다에 적응했다. 스파르타의 전사시민과 헤일로테스(노예)와 모타케스(서자)라는 하층계급이 삼단노선의 노를 힘차게 저으며 빠른 속도로 달려왔다. 이제 해안과 물길, 해변진지, 해군전략을 쥐락펴락하는 쪽은 스파르타 군대였다.

아이고스포타미 전투에서 아테네 함선들은 포로로 잡힌 두 척을 빼고 모두 부서졌다. 배에 있던 아테네 병사들은 적어도 1,000명 정도가 일렬로 서서 처형당했다. 스파르타의 장군 리산드로스가 이겼고 아테네는 항복했다. 이 지역은 소크라테스가 두 살 때 무수히 많은 운석이 하늘에서 떨어졌던 곳이다. 이곳에서 일어난 천체현상으로 아테네인과 아테네를 찾은 외국인들은 우주의 본질을 토론했다. 바로 그곳에서 아테네 제국은 종말을 맞이했다.

스파르타 관료들은 주저 없이 스파르타의 승리를 널리 알렸다. 델로스 섬에는 법령이 발표되었다. 독특하고 촌스러운 스파르타 방언으로 간략하게 발표된 법령에 의하면, 델로스인들은 이제 자유와 신전, 재정을 되찾았으며 다시는 아테네의 금고 역할을 하지 않아도 되었다.

또한 스파르타 사령관 리산드로스를 찬양하는 화려한 기념물이 세상의 중심, 델포이에 세워졌다. 델포이 신역의 '신성한 길'을 걸어 올라가면 왼편에 키라 평원이, 오른편에는 파르나소스 산이 펼쳐진다. 그리고 뒤편에 너무도 위풍당당해 놓치기 어려운 기념물이 있다. 아테네의 건국영웅들과 (마라톤 전투를 승리로 이끈) 밀티아데스 장군의 조각상 옆에 청동상 38개가 늘어서 있다. 스파르타의 지배자들이 주문한 동상들이었다. 그곳에는 제우스와 아폴론, 아르테미스가 있고 스파르타를 도와주는 쌍둥이 신 카스토르와 폴리데우케스, 리산드로스가 있다. 바다의 신 포세이돈이 리산드로스에게 화관을 씌워준다.

포세이돈은 아크로폴리스와 아테네를 차지하려고 치른 아테나와의 전투에서 패배했지만 결국 최후의 승리를 거두었다. 포세이돈은 이제 마침내 분별력을 찾고 배를 띄워 해전에서 승리한 스파르타인들을 사랑한다. 스파르타는 38개의 청동상으로 신을 경외하는 스파르타인과 올림포스 신들이 힘을 합쳐 참견쟁이 아테네를 무너뜨렸다고 말하려 했다. 청동상 중에 아테나 여신상은 없었다.

몰락하는 아테네

아이고스포타미 해전에서 처참하게 패한 후 아테네의 모든 동맹국은 아테네를 버렸다. 딱 하나 예외는 사모스의 이상주의자들이었다. 한때 그렇게 말썽을 일으켰던 사모스인들은 이제 독실한 민주주의자가 되었다. 아테네는 얼마 남지 않은 친구를 붙들려는 절박한 심정으로 아테나와 헤라(사모스의 수호신) 두 여신이 따뜻하게 악수하는 아름다운 부조를 주문했다. 기원전 440년에 사모스인들이 벌인 온갖 소동 때문에 펠로폰네소스 전쟁이라는 제로섬 게임이 일어났지만 이제 그들에게는 아테네 시민권이 주어졌다.

아테네가 한동안 위대했다고는 하지만 이제 와서 누가 아테네 시민권을 원할까? 아테네 성벽 밖에는 스파르타의 두 왕이 진을 치고 있었다. 뱃멀미에 익숙해진 스파르타 병사들이 피레우스 항을 에워쌌다. 스파르타 함선 150척이 아테네의 식량보급을 차단했다. 아테네 성벽 안에는 많은 아테네인이 피신해 있었다. 리산드로스가 에게 해 근처의 모든 지역을 휩쓸고 다니며 아테네 시민들은 지혜와 전쟁의 여신 아테나의 치마폭으로 숨는 것이 좋을 거라고 장담했기 때문이다. 기원전 404년 스파르타인들은 아테네의 성문 앞에 진을 친 다음, 한때 아테네인이 사랑했으며 청년들로 북적였던 김나시온과 레슬링장을 임시숙소로 사용했다.[5] 아테네는 아무런 희망도 없이 포위되었다. 아테네인은 굶주렸고 스파르타군이 그들에게 무슨 일을 저지를까 하는 두려움으로 쇠약해졌다.

> 그들에게는 고통받는 미래밖에 없어 보였다. 그들이 다른 사람들에게 주었던 고통을 이제 그들이 겪게 되었다. 그동안 그들은 작은 국가의 사람들을 괴롭혔다. 그 사람들이 무엇을 잘못해서가 아니라 권력의 오만함으로, 그들이 단지 스파르타의 동맹이라는 이유만으로 … 그래서 아테네 도시의 수많은 사람이 굶어 죽는 상황에서도 평화협정은 거론되지 않았다.
>
> _크세노폰의 〈헬레니카〉

모든 아테네 사람이 머리를 뜯으며 통곡하고 나무껍질을 갉아 먹으며 굶주림을 달래는 동안에도, 소크라테스는 침착했고 주변 사람들보다 현명했다고 한다.

소크라테스: 봉쇄기간 동안 다른 사람들은 스스로 동정했지만 나는 아테네가 가장 행복했던 시절보다 더 불행해지지는 않았소.[6] _크세노폰의 〈변론〉

전쟁도 종반에 이르렀다. 스파르타는 아테네를 포위했다. 아테네는 이제 지난 70여 년간 투쟁으로 지켜온 소중한 자유를 더는 누릴 수 없게 되었다. 소크라테스와 동료 아테네 시민들은 살아남으려고 투표로 민주주의를 폐지하고 친라코니아 계열의 과두정에 찬성표를 던질 수밖에 없었다.

아테네 민주정이 마침내 쓰러졌다는 소식이 알려지자 분노와 증오의 파도가 아티케를 덮쳤다. (스파르타의 동맹국인) 테베와 코린토스는 살육과 도륙을 원했다. 그들은 풍요로운 문명의 땅 아테네를 초토화하길 원했다. 하지만 스파르타는 그들처럼 감정적이지 않았다. 그들은 침착하게 네 가지를 요구했다. 첫째, 아테네 함대를 12척으로 줄일 것. 둘째, 민주주의를 해체할 것. 셋째, 스파르타가 그토록 싫어했던 아테네 성벽을 무너뜨릴 것. 그리고 마지막 칙령은 어떻게 생각해야 하는지, 누구를 친구로 여기고 누구를 적으로 여겨야 하는지를 지시하는 칙령이었다. 스파르타의 마지막 요구는 직설적이고 분명했다. '우리와 함께하지 않는 자는 곧 우리의 적이다.'

스파르타의 적은 아테네의 적이고 스파르타의 친구는 아테네의 친구가 되어야 한다. 아테네는 스파르타가 땅과 바다에서 수행하는 모든 원정에 스파르타를 따른다. _크세노폰의 〈헬레니카〉

이제 끝났다. 아테네는 더 이상 소크라테스와 동료 아테네 시민의 것이 아니었다. 이제 아테네는 스파르타의 것이었다. 아테네의 통치를 받던 식민지들은 두 팔 벌려 정권교체를 환영했다. 아테네의 성벽을 이루었던 벽돌 한 장 한 장, 블록 한 장 한 장이 땅으로 무너졌다. 크세노폰은 〈헬레니카〉에서 성벽 주변의 피리 부는 노예 소녀와 창녀 들은 재빨리 아테네를 버리고 아테네 제국의 잿더미 속에서 춤을 추었다고 전한다. 그들은 이제 비로소 그리스인이 자유를 얻었다고 믿었다.

🏆 *49* 30인 참주 기원전 404년, 아테네

그들은 부모자식과 부부를 서로 헤어지게 했습니다. … 그리고 법과 관습에
따른 매장도 허용하지 않았습니다. 그들에게는 힘이 곧 권력이라는 그들의 원
칙이 신의 처벌보다 더 강력했습니다.

─리시아스의 연설 12 중 에라토스테네스를 고소하며에서

에게 해 곳곳에서 스파르타의 통치를 받는 사람들은 2년 넘게 친스파르
타 군사정권, 즉 10인 위원회의 통치를 받았다(스파르타의 장군 리산드로스는
도시마다 10인의 친스파르타 계열 통치자를 뽑아서 스파르타 감독관을 보좌하도록
했다_옮긴이). 이제 아테네인들도 똑같은 처지에 놓였다.

리산드로스는 30인으로 구성된 위원회가 아테네를 통치하게 했다. 30
명은 모두 아테네 시민이었지만 과두파이거나 친스파르타 계열이었다. 30인
참주를 선정하는 과도적인 '감독관' 체제를 스파르타식으로 에포로스라
불렀다(에포로스 5명을 먼저 뽑아 이들이 30인 참주를 구성하게 했다_옮긴이). 30
인은 건전하고 민주적인 견해를 가졌거나 공정한 중도파라 뽑힌 것이 아
니었다. 플라톤의 삼촌으로 극보수파인 크리티아스가 30인 위원회를 지

휘했다. 그는 지저분한 성욕 때문에 소크라테스에게 '발정 난 돼지'라고 비난받았던 인물이다. 소크라테스가 아꼈던 카르미데스도 피레우스 지역을 진압하고 스파르타 통치를 집행하는 10인에 뽑혔다. 소크라테스와 어울렸던 다른 사람들도 이 시기 아테네 민중을 제압하는 일에 참여했다.

하지만 그들은 몽환적인 향연에서처럼 상냥하고 나긋나긋하지 않았다. 한 부족당 세 사람씩 뽑힌 30인 참주는 법적으로 선출되긴 했지만 학대받고 상처 입은 도시를 떠맡았을 뿐이었다. '빅 브라더' 스파르타가 모든 것을 감독했다. 많은 아테네인의 재산이 몰수되었다. 부유한 사람들, 특히 외국인들이 표적이었다. 30인 참주는 공포정치를 실시했다. 그들은 아테네에서 개인적·정치적 적들을 제거해나갔다. 기원전 411년에 과두파가 이미 공포정치의 씨앗을 뿌린 바 있었다. 그 시절에는 암살단이 아테네 거리를 헤집고 다녔다. 그 공포정치가 이제 끔찍한 결말로 이어지게 되었다.

30인 참주가 아테네를 통치한 기간은 1년이었지만 그 기간에 아테네 인구가 계속 줄었다. 한 달에 100명이 넘는 사람들이 사라졌다. 30인 참주는 쥐도 새도 모르게 학살을 감행했다. 침대에서 자는 사람을 목 졸라 죽였으며 반대파 집안의 아이들을 강탈했다. 사람들은 그렇게 가족과 집, 고향을 잃었다. 너무나 끔찍하고 가슴 아픈 일이었다. (민주주의를 집행하는 시민들에게 식사를 대접하는 원형건물인) 톨로스는 기원전 403년에 30인 참주의 본부가 되었다. 30인 참주는 평등주의 성격이 두드러진 이 둥근 건물에 들어앉아 위협과 살인을 지시했다. 자유와 평등을 환호하며 톨로스가 완성되는 모습을 지켜보았던 아테네인들은 분명히 아이러니하다고 느꼈을 것이다.

아테네는 기원전 404년부터 403년까지 끝없는 악몽에 숨이 막혔다. 주먹과 나무곤봉이 대문을 두드렸고 시민들은 개죽음을 피하려고 학살자로 변했다. 그 악몽이 얼마나 끔찍했을지 상상하려면 아테네가 얼마나 작은 도시인가를 생각해보면 된다. 아테네 시민 10만 명과 노예 20만 명이 살던 도시가 역병과 펠로폰네소스 전쟁, 내부갈등을 겪으며 6만 명 정도로 줄었다. 그 중 3만 명만 남자였고 1만 명만 아테네 성벽 안에 살았다. 발칸 반도의 잔학 행위와 유사했다. 이웃이 이웃을, 때로는 형제가 형제를 밀고했다. 30인 참주가 통치하던 해에 1,000명에서 1,500명의 아테네인이 죽었다. 하지만 이런 학살이 늘 그렇듯 아마 이름 없는 시신이 수천 명 더 있었을 것이다. 피레우스 항구 지역에 거주하는 외국인과 노예들도 살해되었다. 모퉁이마다 야경꾼들이 있었다. 그들의 습격을 유별나게 생생하게 묘사한 목격담이 하나 전해진다.[1]

리시아스(저명한 연설문 작가로 원래 시켈리아의 투리오이 출신이다. 그의 아버지는 페리클레스의 친구이기도 했다)가 가까스로 도망친 이야기를 세세하게 남겼다. 체포된 그는 뒷문으로 얼른 빠져나왔지만 그의 형제인 폴레마르코스는 그만큼 운이 좋지 못했다. 모든 정변이 정치만큼이나 약탈에 열을 올리는 법이다. 침입자들은 폴레마르코스의 귀에서 금귀고리를 채가고 가족을 강간했으며 물건을 훔쳐갔다. 또한 당국은 그 형제가 소유한 방패공장의 물품들도 압수했다. 방패 700개와 금화, 은화 그리고 노예 일꾼 120명까지.

기원전 5세기 중반에서 말까지 경제가 무척 활기찼던 아테네에서 돈을 번 사람들은 재산을 집에 감춰두었다. 민주주의는 부를 뽐내는 것을 용인하지 않았다. 이제 그들은 몰래 숨겨둔 재산을 빼앗겼다. 하지만 그 재산을 빼앗은 자들은 평등을 외치는 이상주의자들이 아니라 그들의 성공을 질투하는 귀족과 과두파였다. 이들은 귀족이 아닌 평범한 아테네인이 성공할 수 있는 아테네 사회를 치욕스럽게 생각했을지도 모른다.

살인 작전

이 작전은 신중하게 준비되었다. 30인 참주는 경쟁자를 죽이고 웃자란 양귀비를 잘라내려고 아테네에서 전에 썼던 다양한 살인 방법을 상황에 맞게 응용했다. 사람들을 산 채로 구덩이에 던지기도 했고 사람의 목과 다리, 팔을 철끈 같은 것으로 나무판에 묶기도 했다. 하지만 30인 참주가 해낸 최고의 작품은 무엇보다 독당근을 활용한 독살이었다.[2] 당시

당시 독살에 사용한 독당근 ©Morphart Creations inc./ Shutterstock.com

치명적인 독당근 복용방법이 밝혀진 지는 얼마 되지 않았다. 약초학자들은 사람을 죽이는 데 독당근 4분의 1온스(약 8그램)가 채 필요치 않다고 밝혀냈다. 당대 자료에 기록된 바로는, 이 살인무기를 특별히 빠르고 쉽게 효과가 나타나게 하는 방법이 있었다. 독당근의 껍질을 벗겨 막자사발에 간 다음, 체로 걸러내면 특히 효과적이다.

아리스토파네스가 〈개구리〉에서 이 상황을 희화적으로 표현하기도 했다. 그는 막자사발 같은 아주 일상적인 도구로 죽음에 이르게 하는 상황을, 다른 사람을 더 쉽게 죽이기 위한 방법을 꾸준히 진지하게 연구한 그 상황을 우스꽝스럽게 그렸다. 기원전 405년 당시 이 방법은 사람들을 빠르고 확실하게 죽이는 최신 화학지식이었던 셈이다. 그리고 기원전 404/403년 무렵 독당근 처방은 '일상적인' 명령이 되었다. 많은 사람이 자기 집에서 간 독당근즙을 들이켰고 매장이 허락되지 않는 경우도 많았다.

아테네는 엽기적인 시체보관소, 악몽의 장소로 변했다.

30인 참주제가 세워졌고 많은 아테네인이 독당근즙을 마시고 죽었으며 많은 이가 추방되었다.[3]

소크라테스도 분명히 긴장했을 것이다. 크리티아스는 여러 해 전 아가톤의 향연에서 소크라테스가 자신을 두고 발정 난 돼지 같다고 비난했던 일을 잊지 않았다. 그는 소크라테스에게서 그의 존재 이유, 즉 젊은이들을 떼어내기로 했다. 크세노폰의 〈소크라테스 회상〉에 의하면 소크라테스에게 서른 살 이하의 젊은이들과 어울리지 말라는 명령이 내렸다. 소크라테스와 향연을 즐겼던 옛 친구들은 이제 전쟁 범죄자가 되었다. 이 사실은 소크라테스의 명성을 깎아내릴 때 자주 쓰였다. 일종의 연좌제인 셈이다. 하지만 현실적인 작가였던 크세노폰은 가장 명백하면서도 당연하지만 대개 간과하기 쉬운 설명을 남겼다. 다른 사람의 악행 때문에 소크라테스를 비난할 수 없다는 것이다. 그것은 소크라테스의 잘못이 아니다. 사람들은 자제력을 잃기 마련이다. 사람들은 변하기 마련이다.

"하지만," 하고 그 고소인이 덧붙였다. "크리티아스와 알키비아데스도 소크라테스와 친했잖소. 그 두 사람은 아테네에 가장 참혹한 악행을 저질렀소. 크리티아스는 최고의 도둑이 되었고 과두파 중에서도 가장 폭력적이고 잔인한 이가 되었소. 그리고 알키비아데스는 민주주의자 중에서 가장 무책임하고 독단적이고 폭력적인 이가 되었소."

그리고 나는 알키비아데스와 크리티아스도 소크라테스와 함께 지낼 때는 온화했다는 것을 알고 있습니다. 소크라테스에게 수업료를 내야 하거나 꾸지람을 들을까 봐 그랬던 것이 아니라 당시에는 그 행동이 최선이라고 믿었기 때문이지요.

그러면 아마 스스로 철학자라고 내세우는 많은 사람이 이렇게 말하겠지요. 올바른 사람은 절대로 부정하게 변하지 않고 온화한 사람이 경솔하고 독단적인 사람이 되지도 않으며, 무언가를 배운 사람이 배운 것을 배우지 않은 것으로 할 수는 없다고요. 하지만 이 문제에 관해서 저는 그렇게 생각하지 않습니다. _크세노폰의 〈소크라테스 회상〉

소크라테스가 배출한 반동적인 제자들 때문에 소크라테스를 비난하는 학자들도 있다. 하지만 도덕성 교육이 절대적인 힘을 발휘한다고 말한다면 그건 과장된 표현이다. 소크라테스는 온갖 종류의 사람과 어울렸다. 그러니 그가 훗날 실망스럽게 변한 사람들과 어울렸다고 해서 그를 비난할 수는 없다.[4]

30인 참주가 승인하는 시민 3,000명의 명단이 작성되었다. 그 외의 아테네인들은 무기를 지닐 수 없게 되었다. 소크라테스도 '승인된' 명단에 있었다. (크리티아스가 소크라테스에게 품었던 반감을 생각해보면 소크라테스가 어떻게 시민으로 승인되었는지는 불분명하다.)[5] 30인 참주 가운데 테라메네스가 이 새로운 억압정책에 항의했지만 처형되었다. 그는 헤스티아 신전 제단으로 도피했지만 아테네의 깡패들, 11인 위원회[6](30인 참주정의 법집행기관으로 감옥을 관리했다_옮긴이)에 끌려간 뒤 독당근으로 살해되었다. 테라메네스의 죽음은 분명히 정치적 '박해'였다. 그의 죽음으로 아테네가 윤리적으로 텅 빈 껍데기에 불과하다는 것이 드러났다. 항상 가치 있게 여겼던 민주주의와 자유, 표현의 자유가 이제 설 자리를 잃었다. 테라메네스는 민주주의자가 아니었지만 그럼에도 그는 의견을 표현할 수 없었다. 평등한

'표현의 자유'를 행사하는 사람이 어떻게 될지는 너무도 분명했다. 겁에 질린 아테네 시민들이 하루하루 도시를 빠져나갔다. 줄곧 자신들을 지켜 주었지만 이제는 무너진 성벽 밖으로 망명길에 올랐다.

펠로폰네소스 전쟁이 시작된 지 적어도 21년이 흘렀다. 하지만 아테네의 민주주의 앞에는 훨씬 더 어두운 앞날이 놓여 있는 듯했다. 30인 참주가 시민들을 마음대로 살인했고 물건을 훔쳤으며 위협했다. 하지만 민주주의 저항세력이 형성되기 시작했다. 도시를 빠져나간 민주주의자들이 성벽 밖에서 다시 모이기 시작했고 그 수가 상당했다. 30인 참주는 게릴라의 규모를 듣고 아테네를 빠져나와 아테네 북서쪽으로 약 25킬로미터 떨어진 엘레우시스로 갔다. 참주들은 이곳에 도피처를 준비해둘 생각이었지만 엘레우시스 주민은 그들을 반기지 않았다. 그래서 참주와 그 심복은 무력으로 엘레우시스를 점령했다. 그리고 30인 참주는 엘레우시스의 남자 시민에게 민주주의자인지 아닌지 밝히도록 했다. 그들은 엘레우시스 주민들이 한 사람씩 성문을 통과해 밖으로 나가도록 했다. 일종의 인구조사인 셈인데 마을을 안전한 요새로 만들려는 술책이었다. 성문 밖에는 기마대와 30인 참주의 하인들이 기다리고 있었다. 과두파 엘레우시스인들은 자유롭게 풀려났고 민주주의자들은 붙들려서 묶인 채 아테네로 압송되었다.

크세노폰은 이 끔찍한 이야기로 저서 〈헬레니카〉를 끝맺었다. 너무나 비정한 이야기였다. 크세노폰은 크리티아스가 사람들을 죽이려는 강한 욕망을 보이기 시작했다고 기록했다. 페르시아의 채찍도, 영웅의 명예규범도 아닌 공개적인 민주주의 투표가 이 포로들을 죽음으로 몰아넣었다. 아크로폴리스 아래 사람들로 가득 찬 오데이온에서 크리티아스가 이렇게 외쳤다.

나의 벗들이여, 우리는 우리 자신뿐 아니라 여러분의 이익을 위해 이 정부를 조직했습니다. 그러니 여러분과 특권을 나누는 만큼 위험도 함께 나누는 것이 당연합니다. 여러분이 우리와 같은 희망과 공포를 가질 수 있도록 여러분은 엘레우시스에서 잡혀 온 이 남자들에게 사형을 선고해야 합니다.

_크세노폰의 〈헬레니카〉

오데이온은 한때 민주주의자들에게 마음의 위안을 주었던 음악가 다몬의 희망찬 음악이 울려 퍼졌던 곳이다. 하지만 이제는 과두파가 좋아하는 곳이 되었다. 스파르타의 협잡꾼들이 곳곳에 깔렸고 스파르타가 지원하는 병사들이 정문을 지켰다. 그러니 투표결과가 어떻게 될지는 뻔했다.

흔들리지 않는 소크라테스

한편 한때 과두파의 근거지였던 테베와 메가라에는 놀랍게도 민주파의 피난처가 될 만한 곳이 많았다. 사람들이 꾸준히 모여들어 소나무 향이 퍼지는 필레라는 요새까지 올라갔다. 필레는 아테네 북서쪽 약 5킬로미터 지점에 있는 뛰어난 천연 요새다. 높은 곳에 있어서, 여름에는 아름다운 아티케 평원을 조망할 수 있고 겨울에는 구름과 안개에 싸여 안전하게 몸을 숨길 수 있었다. 이곳에 진을 친 이탈자 중에는 더 나은 장소를 찾아 북쪽까지 다녀온 사람도 있었다. 소크라테스의 소중한 친구 카이레폰도 이곳에 있었다. 어느 화창한 겨울날 30인 참주는 이곳에 숨은 민주주의자들을 몰아내려고 했다. 그러나 하늘이 하얗게 변하면서 눈이 오기 시작했다. 크세노폰의 〈헬레니카〉를 보면 이러한 상황을 묘사한 기록이 있다. "병사들은 더는 서로를 볼 수 없었다. 하물며 적은 더 볼 수 없었다." 그래서 친스파르타계 병사들은 기운이 빠져 빈손으로 돌아갔다.

한편 아테네의 30인 참주는 자신뿐 아니라 소크라테스의 손에도 피를 묻히고 싶어 했다. 그들은 소크라테스에게 살라미스로 가라고 명령했다. 살라미스는 아테네가 페르시아를 물리치고 자유를 얻은 살라미스 해전이 있었던 길고 병병한 섬이다. 참주는 그곳에서 한때 민주주의 상군식을 맡았던 레온을 냉혹하게 살해하라고 명령했고 소크라테스는 거절했다.

> 소크라테스: 30인 참주가 나와 다른 네 사람을 톨로스로 불러 살라미스에서 레온을 데려와 죽이라고 명령했네. 그들은 다른 여러 사람에게도 종종 그런 지시를 내리지. 자신들의 명분에 되도록 많은 사람을 끌어들이려는 속셈이야. 그때 나는 말이 아니라 행동으로 이 점을 다시 분명히 했네. 나는 죽음을 하나도 두려워하지 않는다는 걸 말일세. 너무 직설적이었는지 몰라도 부정하거나 불경한 일을 하지 않는 것이 내겐 가장 중요한 일이라고 했지. 정부의 권력이 아무리 대단해도 날 부정한 일을 하도록 만들 수는 없다고 말했다네. _플라톤의 〈소크라테스의 변명〉

소크라테스의 비타협적인 태도에 격분한 30인 참주는 소크라테스를 국가의 적으로 규정했다. 암살단이 이제 소크라테스를 찾아갈 것이다. '만약 그랬다면'이라는 가정을 해보게 되는 순간이다. 만약 크리티아스와 그 일당이 보낸 자객이 이 골치 아프고 반항적인 철학자를 즉결 처형했다면, 그는 우리에게 철학의 순교자로 기억되지 않았을지 모른다.

하지만 소크라테스는 가까스로 피할 수 있었다. 왜냐하면 필레로 달아났던 민주주의자들이 아테네를 되찾기로 했기 때문이다. 그들은 피레우스로 상륙해 30인 참주정과 싸웠다. 크리티아스와 카르미데스가 죽었다. 전해지는 바로는 크리티아스의 비석에는 험악한 여자 '과두파'가 데모크라티아 여신에 불을 지르는 형상이 새겨졌다고 한다. 무력해진 참주정은 아테네 도심으로 퇴각해 기운을 되찾으며 다음 전술을 짜려 했지만 도시에 남아 있던 시민 3,000명이 그들을 폐위시켰다. 부족마다 한 사람씩 뽑아 10인의 위원회가 새로 선출되었다. 스파르타 군대가 아테네에 질서를 회복시킨다며 들어왔다. 한때 민회에서 한마음, 한뜻으로 서 있었던 아테네인들이 이제 과두파와 민주파로 갈라져 서로 냉혹하게 등을 돌렸다. 스파르타는 두 무리 사이를 중재하며 과두파는 엘레우시스로 보내고 망명했던 민주파를 아테네로 돌아오게 했다. 이때 아테네로 돌아온 사람들 중에 한때 무두장이였다가 피혁공장의 주인이 된 아니토스가 있었다. 아니토스는 후일 소크라테스를 법정에 세운 사람들 중 하나였다.

기원전 401년, 민주주의자들은 스파르타가 다른 곳에 정신을 파는 틈을 타서 엘레우시스를 덮친 후 남아 있는 과두파를 살육했다. 그들은 자신을 지키려고 그랬을까? 자신과 가족과 이데올로기를 지키려고? 하지만 당시는 여러 다양한 이유로 복수를 다짐하던 시기였다. 마지못해 참가했든 신나서 달려들었든 아테네인들이 같은 아테네인의 피를 보는 데 익숙해진 것은 분명했다.

이 어두운 시절에도 소크라테스는 변함없었다. 그것이 사람들의 심기를 불편하게 했을까? 정치에 참여하고 싶지 않다는 그의 말이 진심임이 분명해졌을 때, 모든 것을 초월한 듯한 그의 태도가 겉치레가 아니었음이 분명해졌을 때, 그것이 아테네 시민들의 심기를 건드렸을까? (기록상으로) 소크라테스는 기원전 416년에 멜로스 섬에서 벌어진 학살을 소리 높여 비난하지 않았고, 아테네 거리를 헤집고 다니는 학살자들도 비난하지 않았다. 소크라테스가 과두파와 맞선 적이 있긴 했지만 그렇다고 공식적으로 그들을 비난하지는 않았다. 또 카이레폰 같은 민주주의자 친구들과 아테네를 빠져나가 숨어서 혁명을 계획하지도 않았다. 그는 아테네에 역병이 돌았을 때나, 아테네가 적에게 포위당했을 때나, 전시에나, 평화로웠을 때나 늘 하던 일을 똑같이 했다. 그는 아테네의 거리를 걸어 다니며 대화했다. 어떤 상황에서도 흔들림 없이 자신에게 주어진 밭을 기쁘게 경작하는 그의 모습을, 주변의 온갖 소란에도 변함없이 하던 일을 계속하는 그의 모습을 즐겁게 바라보는 사람의 수도 확연히 줄기 시작했다.

3년이 흘렀다. 끔찍한 시간이었다. 소크라테스가 태어났을 때부터 아테네는 페르시아 군대를 물리친, 위대한 아테나 여신의 자식들을 기념했다. 하지만 이제는 수치심만 남았다. 아테네는 동료 그리스인, 즉 스파르타의 힘을 따라가지 못했다. 그리고 내부의 적도 무찌르지 못했다. 아테네는 제국을 유지할 수 없었고 더는 민주주의 이데올로기를 편리한 만병통치약으로 사용할 수 없었다. 내부의 갈등조차 통제하지 못했다. 소크라테스는 이 치욕의 가시에 찔렸다.

스파르타가 아테네 성벽을 무너뜨린 지 5년 남짓 지나고 민주주의가 강제로 해체된 지 4년이 흘렀다. 아테네 군중의 마음속에는 학살과 정치적 처형의 기억이 아프게 남아 있었고 그들의 상처는 아직도 욱신거렸다. 바로 그 무렵 시인 멜레토스가 소크라테스의 어깨에 손을 얹고 그가 법정으로 소환되었음을 알렸다.

8막

사건의 결말

최후 심판의 날

50 희생양 기원전 399년, 아르콘 바실레우스의 종교법정

> 그는 인간의 삶을 진정으로 논했던 최초의 사람이자, 최초로 사형을 선고받고
> 처형된 철학자였다.
>
> — 디오게네스 라에르티오스의 〈유명한 철학자들의 생애 · 가르침 · 격언〉에서[1]

기원전 399년 5월의 어느 날, 소크라테스는 아테네 시민 500명 앞에 서 있었다. 그는 아테네의 신들을 숭배하지 않고 새로운 신들을 아테네에 들였으며 젊은이들을 타락시켰다고 고소당했다. 기원전 399년 종교법정에 서 있는 철학자 소크라테스를 생각할 때 우리는 아테네의 거리와 극장, 여러 집에서 펼쳐졌던 끔찍하고 소란한 역사를 떠올리지 않을 수 없다. 그 잔혹하고 파괴적인 역사를 염두에 두었을 때 소크라테스가 그토록 침착하게 재판정에 서 있는 모습은 분명히 충격적이다.[2]

소크라테스는 담담했고 심드렁했다. 사람들이 빽빽이 들어찬 법정에 그는 초라한 옷차림으로 서 있었다.[3] 말의 대가인 그는 초연해 보였다. 이런 법정드라마를 처음 경험하는 듯, 이 모든 것을 장난으로 생각하는 듯했다. 그의 천진난만한 태도를 본 사람들은 불쾌했다. 그는 터무니없이 잘난

척하는 것처럼 보였다. 아테네 시민들은 동료 시민들 앞에서 같은 동료 시민을 재판하는 아테네의 법제도를 자랑스러워했다. 그런데 소크라테스는 이런 법정에 참가할 시간이 없었노라고 말했다. 그뿐 아니라 아테네인들은 소크라테스가 관직에 오를 사람을 제비뽑기로 뽑는 제도를 비방했다는 이야기를 들었다. 오랫동안 민주주의를 민주주의일 수 있도록 지켜준 바로 그 제도를 말이다.

> 고발자가 말했다. "그는 존경받는 법제도를 친구들이 비웃게 했습니다. 도시의 통치자를 제비뽑기로 정하는 것은 어리석은 일이라고 말하면서요. 그리고 제비뽑기로 정한 선장이나 건설업자, 플루트 연주자, 그밖에 다른 장인들을 고용하고 싶은 사람은 없을 것이라고 말했지요. 그러면서 그런 사람들의 실수는 도시의 정사에서 실수한 것보다 차라리 낫다고 말했지요." 그리고 고발자는, 그런 주장은 젊은이들이 기존의 제도를 멸시하게 하고 그들의 폭력성을 자극한다고 했다. _크세노폰의 〈소크라테스 회상〉

그리스 사람들의 생각에 제비뽑기 선발제도를 무시하는 것은 두 가지 측면에서 모욕이었다. 그들은 제비뽑기 기계 클레로테리온의 구멍으로 흰색과 검은색 패를 인도하는 것은 신의 힘이라고 생각했다. 이 시대 그리스에서는 신의 승낙 없이 일어나는 일은 하나도 없었다. 클레로테리온은 단순한 제비뽑기 기계가 아니라 효험 있는 주사위 점이었다. 절대 비웃어서는 안 될 신성하고 신비로운 절차였다. 게다가 플라톤은 〈소크라테스의 변명〉에서 소크라테스는 60년이 넘도록 아테네 사회에 살았으면서 법정에서 매우 이례적인 경험을 이야기했다고 한다.

사실 저는 일흔이나 되었지만 오늘에서야 처음으로 법정에 와보았습니다.

그러니 법정 연설에는 완전히 이방인이지요. 제 생각에 정당한 요구를 한 가지 하려고 합니다. 제가 말하는 방식에 신경 쓰지 마십시오. 이방인이 이 방인의 말투로 말할 때처럼 용서해주십시오.

이 뻔뻔한 철학자는 공정한 재판이 주는 특권을 진지하게 받아들이지 않는 듯 보였다. 그래서 아테네 시민은 더더욱 짜증이 났다.[4] 말로 민주주의를 더럽혀서 기소된 자에게 말로 변론할 기회를 주었는데 정작 바보처럼, 어린아이처럼 말하다니. 소크라테스는 말장난을 거부했다. 그는 아테네의 전형적인 민주주의 활동을 처음 겪는다고 고백했다.[5] 귀여운 고백인지는 모르겠으나 그의 나이를 감안할 때, 또 아테네에 떠돌아다니는 흉흉한 뒷소문을 생각할 때, 배심원들은 그 말에 분명히 분개했을 것이다.

민주주의자의 심기를 건드리다

배심원은 각 부족에서 뽑았다. 인류 역사상 최초로 평범한 사람에게 정치인이 될 기회가 주어졌다. 그런데 소크라테스 같은 사람이 평의회에 참가했을 때 투표하는 법을 몰랐다고 익살을 떨고 있었다.[6] 법정에 앉은 배심원은 과두파 암살단이 아테네 시내를 헤집고 다녔던 최근의 당파싸움에서 아버지, 형제, 아들을 잃은 사람들이다. 세 살 때부터 민주주의의 일꾼이 되려고 애쓰는 아테네 시민은 민주주의를 지키려고 아침부터 터벅터벅 법정으로 걸어왔다. 그런데 소크라테스는 그들을 비웃는 듯했다.

분명히 소크라테스는 민주주의자를 불편하게 했다. 아테네는 확실한 것을 좋아했다. 클레로테리온의 패처럼 흑백을 좋아했다. 모든 일은 '올바르거나' 아니면 '나쁜' 것이다. 신들은 공식적으로 아테네로 도입된 신과 적군의 신, 이 두 부류뿐이었다. 그런 아테네인들에게 모호하고 탐색적이며 정답이 없는 소크라테스의 질문은 너무 골치 아팠다. 어쩌면 소크라테스가 저지른 범죄가 아니라, 바로 이런 불편한 느낌 때문에, 심기를 건드리는 괴짜 같은 그의 행동 때문에, 그에게 품은 반감이 급속도로 퍼졌는지도 모른다.

법정에 앉아 있던 배심원들은 아테네 제국의 승리와 패배를 모두 지켜보았고 끔찍한 내란 시기에 집에서 몸을 웅크리고 떨어야 했던 사람들이다. 그들은 민주주의라는 이 아름답고 열정적인 사상을 믿어 의심치 않았고 함께 운영하는 도시국가를 건설하겠다던 희망이 개인의 야망과 복수심, 오만으로 무너지는 광경을 지켜보았다. 신들은 분명히 분노했다. 아테나 여신은 자녀들을 경멸했다. 우유와 꿀처럼 달콤하고 고소하던 민주주의는 이제 응고된 우유처럼 시큼해졌다. 아테네는 야만적으로 변했다.

그런데도 소크라테스는 여전히 낙관주의와 균형감각, 도덕적 확신을 잃지 않았다. 마치 다른 세상 사람처럼 구는 그의 태도에 사람들은 화가 났다. 멜레토스와 아니토스, 리콘은 추상적이지만 아주 중대한 두 가지 범죄로 소크라테스를 고소했다.

> 선서 하에 피토스 출신 멜레토스의 아들 멜레토스는 알로페케 출신 소프로니스코스의 아들 소크라테스에 공소를 제기하고 그를 다음 죄목으로 고소한다. 소크라테스는 국가가 인정하는 신들을 인정하지 않고 새로운 신을 받아들인 죄가 있다. 그뿐만 아니라 젊은이들을 타락시킨 죄가 있다. 형은 사형을 제안한다.[7]
>
> _디오게네스 라에르티오스의 〈유명한 철학자들의 생애 · 가르침 · 격언〉

우리는 도시국가 아테네가 민주주의와 자유, 표현의 자유를 믿었다고 찬양한다. 하지만 그런 아테네의 시민들이 괴짜 철학자를 응징하기로 했다니 놀라운 일이다. 법정의 판결은 그대로 기록되지 않았지만 플라톤은 소크라테스의 반응을 이렇게 전한다.

제가 오늘 일어난 일, 그러니까 여러분이 제게 유죄판결을 내린 일로 화를 내지 않는 데는 많은 이유가 있습니다. 사실 이런 결과를 예상하지 못한 것도 아닙니다. 하지만 저는 양쪽 투표의 합계 수치에 훨씬 더 놀랐습니다. 저는 표 차이가 그렇게 적을 것이라 생각지 않았으니까요. 훨씬 차이가 클 것이라 생각했습니다. 그런데 이제 보니 30표만 다른 쪽으로 갔어도 저는 무죄 방면될 뻔했습니다. 저 신사, 멜레토스는 사형을 요청합니다. 그러면 저는 반대로 어떤 형벌을 제의할까요? 제가 어떤 형벌을 받아야 마땅할까요? 그러니까 제가 조용하게 살지 못한 대가로, 남들처럼 돈을 벌지 않고 가정을 돌보지 않고 장군이나 정치 지도자가 되거나 도시의 여러 관직과 당파에 참여하지 않은 대가로 어떤 벌을 받아야 마땅할까요? 저는 그렇게 살아가기에는 너무 착했다고 생각합니다. 저는 여러분이나 저 스스로 도움이 되지 않을 곳에는 가지 않았습니다. 그 대신에 가장 올바른 일을 하려고 여러분 한 사람 한 사람에게 개인적으로 다가갔습니다. 저는 재산이 아니라 여러분이 가장 훌륭하고 지혜로운 사람이 되는 방법에 관심을 두라고 설득했습니다. 그리고 도시 자체에 관심을 두기 전에 도시가 가진 것에 먼저 관심을 두지 말아야 하며, 다른 일도 똑같은 식으로 관심을 두어야 한다고 설득했습니다. 이런 사람으로서 저는 어떤 벌을 받아야 할까요? 뭔가 좋은 것을 받아야 하지 않을까요? 아테네 시민 여러분! _플라톤의 〈소크라테스의 변명〉

아테네인들은 동의하지 않았다. 기원전 399년 5월, 아테네의 배심원들은 기소 내용을 받아들여 소크라테스에게 유죄판결을 내렸다.

51 변론 기원전 399년 5월, 아테네의 종교법정

*소크라테스: 나는 달콤한 간식을 만드는 요리사에게 고소당한 의사처럼 어린
아이들 앞에서 재판을 받겠지.*

– 플라톤의 〈고르기아스〉에서[1]

소크라테스는 유죄판결을 받았다. 하지만 그의 형벌은 아직 정해지지
않았다. 소크라테스를 고소한 자들이 연설을 했고 물시계가 다시 채워졌
다. 이제 피고는 길지 않은, 정해진 시간 동안 자신을 변론할 수 있다.

소크라테스가 연단에 섰다. 그는 평생 아테네 시민으로서 민회 연단에
서는 일을 의식적으로 피해왔지만 재판정에서는 피할 수 없었다. 소크라
테스의 재판은 아고네스 티메토이agones timetoi(조정재판)의 유형에 해당
한다. 아고네스 티메토이는 원고와 피고가 원하는 형량을 각각 제안한 다
음, 심의하여 조절하는 형식이었다. 따라서 피고석의 피고가 형량을 제안
할 수 있었다. 늘 논증을 즐기던 철학자 소크라테스가 이제 사형을 피하기
위해 논증을 펼쳐야 할 때가 왔다.

소크라테스는 자신을 고소한 자들의 주장을 귀 기울여 들었다. 그의 죄
는 심각했다. 그가 젊은이들을 타락시키고 아테네의 신을 부정한다고 했

다. 이 재판을 직접 본 사람들(플라톤도 재판장에 있었다)은 그날 재판장이 야유와 고함, 비난으로 아수라장이었다고 전한다. 혼란이 가라앉자 소크라테스에게 말할 기회가 왔다. 소크라테스의 말은 기다려서라도 들을 만한 가치가 있었다. 소크라테스는 그의 행동이 아니라 말 때문에 고소당한 사람이 아닌가? 전해지는 바로는 그의 말솜씨는 대단했다.

플라톤의 〈향연〉에 알키비아데스가 소크라테스의 말솜씨에 찬사를 보내는 장면이 나온다. 그는 소크라테스의 절제된 목소리와 말솜씨는 '피리를 입술에 갖다 대기만 해도 사람들의 마음을 사로잡는 (강을 좋아했던 사티로스2) 마르시아스의 음악' 같다고 했다. 이제 소크라테스가 교활한 고소인들의 허를 찌를 차례였다. 플라톤의 〈소크라테스의 변명〉에 의하면, 소크라테스는 자신의 유죄판결에 짧고 간결하게 답변했다. 그는 평생 아테네를 위해 살았다고 진술했다. 따라서 그는 형벌이 아니라 보상을 받아 마땅하다고 말했다.

> 소크라테스: 저는 달변가가 아닙니다. 저들이 말하는 달변가가 진실을 말하는 사람이 아닌 이상 말입니다. 만약 진실을 말하는 사람이 달변가라면 제가 달변가라는 저들의 의견에 동의합니다. 하지만 물론 저들은 그런 사람을 달변가라고 여기지 않지요. 그들은 진실이라곤 조금도 말하고 있지 않습니다. 하지만 여러분은 제게서 오로지 진실만 들을 수 있을 것입니다. 아테네 시민 여러분, 신께 맹세코, 저는 저들처럼 미사여구나 미리 짠 연설을 하지 않습니다. 저는 그때그때 떠오르는 어구들을 말할 뿐입니다. 왜냐하면 제가 말하는 것이 옳다고 믿기 때문입니다. _플라톤의 〈소크라테스의 변명〉

플라톤의 〈파이드로스〉에서 소크라테스는 글은 대답할 수 없어서 위험하다고 했다. 물론 대중 앞에서 말하는 것은 두 배로 위험하다. 누구든 대답할 수 있기 때문이다. 소크라테스는 재판정에서 충격적인 제안을 했다.

자, 저 사람은 사형을 제안했습니다. 그러면 제가 대안으로 무엇을 제안할 수 있을까요? … 여러분에게 도움을 주는 이 가난한 사람에게 무엇이 적합할까요? … 그 사람에게 프리타네이온prytaneion(고대 그리스 도시국가의 공관으로 이곳에서 외국 대사, 외국인 고관, 훌륭한 공을 세운 시민을 접대했다_옮긴이)에서 식사를 대접하는 것만큼 꼭 맞는 일이 또 있을까요? … 올림피아 제전 우승자는 여러분을 행복하게 해주지만 저는 여러분을 진짜 행복하게 해주니까요. … 그러므로 제게 맞는 형량을 제안해야 한다면, 프리타네이온에서의 식사 대접일 것입니다. _플라톤의 〈소크라테스의 변명〉

놀라운 주장

'나를 올림피아 제전에서 승리한 영웅처럼 찬양하라. 아테네의 위대한 인물에게 경의를 표하듯 내게 경의를 표하라. 프리타네이온 위원들에게 기름진 식사를 대접하듯 나를 대접하라. 내가 행한 모든 선을 인정하여 국가의 비용으로 내게 공짜 저녁을 영원히 제공하라. 나는 당연히 그런 대접을 받아야 한다.' 이것이 소크라테스의 주장이었다.

아르콘 바실레우스의 법정에 모인 군중이 쏟아내는 분노가 들리는 듯하지 않은가? 배심원들의 손에 목숨이 달려 있는데도 소크라테스는 여전히 그들을 조롱했다.

"부탁입니다, 신사 여러분." 소크라테스가 말했다. "제 말을 끊지 마십시오. 카이레폰은 신께 저보다 더 지혜로운 사람이 있는지 물었습니다. 그러자 신탁이 대답하기를 사실 아무도 없다고 했습니다."

_플라톤의 〈소크라테스의 변명〉

소크라테스는 자신이 세상에서 가장 현명한 사람일지 모른다는 말로
이미 배심원들을 자극한 바 있었다.

그리고 아테네 시민 여러분, 제가 뽐내는 것처럼 보이더라도 제 말을 끊지
마십시오. 왜냐하면 제가 하는 말은 제 말이 아니라 무척 중요한 사람의 말
을 참고한 것이니까요. 그것을 지혜라고 부를 수 있다면, 저의 지혜가 어떤
것인지에 관해서는 델포이의 신을 증인으로 내세울 생각입니다.
어쨌든, 카이레폰이 델포이에 가서 대담하게도 신탁에 이런 질문을 했지요.
시민 여러분, 제 말에 소동을 일으키지 마십시오. 왜냐하면 그가 세상에 저
보다 더 지혜로운 사람이 있냐고 물었기 때문입니다. 그러자 신탁이 답하기
를 없다고 했습니다. 카이레폰이 죽었기 때문에 이 모든 일에 관해서는 그
의 형제가 증인이 될 것입니다. _플라톤의 〈소크라테스의 변명〉

그는 지독하게 오만한 사람인가? 아니면 제정신이 아니었나? 그의 태
도를 뭐라고 해야 할까? 극단주의? 오만? 극단의 시대에 남다르게 겸손했
던 소크라테스가 재판에서만큼은 겸손이 무엇인지 완전히 잊어버린 듯했
다. 먼저 소크라테스는 평생 공짜 저녁을 대접받는 형벌을 받아야 한다고
제안했다. 그다음 그는 자신이 세상에서 가장 지혜로운 자라는 사실을 배
심원들에게 상기시켰다. 그는 최근 아테네인들이 겪은 모든 일을 잊어버
렸을까? 그가 진심으로 변론을 펼치긴 한 것일까?

소크라테스는 아폴론신이 자신에게 지혜를 전달하는 사명을 주었다고
했다. 그는 신이 내린 이 '특별한 사명'으로 자신의 불경죄를 변호할 수 있

다고 생각했을까? 혹은 아폴론과 델포이 신탁을 언급하면서 사실은 신이 우리 안에 있다고, 우리 모두 신처럼 행동할 수 있다고 말하려 했을까? 소크라테스는 내면을 깊이 들여다보면 인간이 얼마나 심오한 존재인지 알 수 있다고 주장했다. 어쩌면 소크라테스는 그가 세상에서 사라지기를 바라는 배심원들에게 자신의 믿음을 절박하게 주장하고 있었는지도 모른다.

민주주의 사회에서 사람들은 자기 목소리를 낼 수 있다. 그러나 기원전 399년 법정에서 소크라테스는 너무 큰 목소리를 냈다. 크세노폰은 소크라테스의 이런 태도를 메갈레고리아megalegoria(크세노폰의 〈변론〉에 등장하는 표현으로 잘난 척하는 이야기 혹은 고매한 이야기라고 옮길 수 있다_옮긴이)라 표현했다. 소크라테스는 법정의 규칙을 따르지 않았다. 그는 대중을 사로잡지도 선동하지도 않았고, 대중의 환호를 끌어내지도 않았다. 그 대신에 그는 공격했고 그의 목소리는 너무 컸다. 법정에서는 그렇게 하면 안 되었다. 대중연설이라는 섬세한 공연의 규칙을 따라야 했다. 설득당할 준비가 된 관중의 마음을 얻고 설득의 향연을 편안하게 대접해야 했다.[3] 그는 눈물을 흘리며 울부짖고, 눈물 흘리는 가족을 데리고 와야 했다. 자신을 낮추고 사람들에게 자비를 간청해야 했다. 그는 수많은 전쟁의 여파로 고통받고 불안해진 도시의 감정에 호소해야 했다.

이미 흥분할 대로 흥분한 군중이 그를 향해 소리 질렀다. 그동안 소크라테스는 말로 많은 사람을 웃겼고 사로잡았다. 때로는 사람들을 어리둥절하게 하기도 했고 그들의 삶을 바꾸기도 했다. 하지만 이제 사람들은 그의 말에 엷은 미소조차 짓지 않았다. 소크라테스는 역병과 내란, 스파르타와 반란자들의 칼날에도 살아남았지만, 이번 재판은 잘 넘길 수 없으리라고 그제야 깨달았는지도 모른다. 그래서 그는 식사 대접이라는 건방진 제안 대신에 다른 형벌을 진지하게 제안했다. 30미나의 벌금형이었다. 30미나는 평범한 아테네인이 거의 9년간 일해야 벌 수 있는 돈이었다. 그 돈이면 배심원 6,000명의 일당을 낼 수 있었다. 그러나 사람들은 그의 제안을 거부했다. 법정은 관용은 고사하고 협상조차 할 분위기가 아니었다. 이제 남은 형벌은 사형뿐이었다.[4]

> 소크라테스: 법정에 선 사람은 말할 때 늘 서두르게 되지. 한쪽 눈으로 물시계를 보면서 말해야 하니까. 게다가 말하고 싶은 주제를 말할 수도 없네. 상대방이 옆에서 지켜보고 있으니 말일세. … 그런 조건에서는 극도로 예민해지고 주인에게 아첨해서 호의를 사는 데 열중하게 되지.
> _플라톤의 〈테아이테토스〉

최종 투표

물시계의 물줄기가 졸졸 흐르기 시작하더니 어느새 최후변론의 시간이 끝났다. 이제 투표시간이다. 아테네는 한시도 가만히 있지 않는 도시였다. 투표에 앞서 숙고할 시간 같은 것은 없었다.

소크라테스의 목숨이 단 몇 시간에 걸친 연설과 잡다한 군중, 일일 배심원의 손에 달려 있었다. 소크라테스는 이 점이 아테네 민주주의 실험의 가장 큰 단점이라 생각했다.

> 사형을 결정하는 재판이 다른 나라처럼 하루가 아니라 여러 날 진행하는 법이 아테네에도 있다면 제가 여러분을 설득할 수 있을 것입니다. 하지만 이 엄청난 비방을 짧은 시간에 몰아내기란 쉽지 않습니다.
> _플라톤의 〈소크라테스의 변명〉

열두 시간에 걸친, 세기를 뒤흔든 이 재판에서 배심원들에게 투표원반 두 개가 주어졌다. 하나는 속이 꽉 찬 축이 달렸고 다른 하나는 속이 비어 있었다. 그들은 재판 내내 이 두 원반을 만지작거렸을 것이다. 이제 그들은 어느 것을 떨어뜨릴지 결정해야 했다. 속이 빈 원반은 소크라테스의 사형을, 속이 꽉 찬 원반은 무죄를 뜻한다. 구운 점토로 만든 투표함 바닥에 투표원반이 떨어지는 소리가 둔탁하게 들렸다. 투표함이 가득 차면서 투표원반들이 짤그랑대는 소리가 법정에 울렸다.[5]

소크라테스는 처음에 근소한 차이로 유죄판결을 받았다. 처음 투표에서는 무죄판결이 220표, 유죄판결이 280표였다. 처음에 아테네인들은 기원전 403년의 사면 서약을 기억하는 듯했다. 과거의 '나쁜' 반민주적 범법행위를 잊자는 공적인 약속을 말이다. 하지만 아테네인들이 참아주기에는 소크라테스의 오만과 우려스러운 종교관이 너무 지나쳤다. 두 번째 투표에서는 그 차이가 훨씬 벌어졌다. 이제는 160명이 사면, 340명이 사형에 찬성했다.

첫 투표에서 30명만 다른 투표원반을 던졌더라면(유죄와 무죄판결의 득표 수가 같다면 피고에 유리한 판결이 난다), 소크라테스가 순교자가 되지 않았더라면 철학의 역사는, 동양 그리고 서양의 가치관은 지금과 엄청나게 달라졌을 것이다.

아테네 사람들은 보이는 것을 두려워하는 만큼, 보이지 않는 것도 두려워했다. 법정을 맴도는 오염된 공기를 상상해보라. 범죄자는 불명예스럽고 오염된 사람이었다. 그래서 그들은 민회에서 발언할 수 없었다. 그들의 존재 자체가, 특히 그들의 말이 공공선을 오염시킨다고 믿었기 때문이다.[6] 그런데 신의 주의할 명단에 오른 이 사람이 바로 앞에서, 엎어지면 코 닿을 거리에서 뼈 있는 말을 줄줄이 늘어놓고 있었다.

사실 그가 소피스트처럼 달콤한 말을 늘어놓았다면 시민들의 분위기가 누그러들었을 것이다. 하지만 소크라테스가 소피스트가 아님은 그의 변론방식에서 잘 드러난다. 그는 영리한 말솜씨로 군중을 좌지우지할 생각이 없었다. 그는 그저 진실을 이야기했다. 소크라테스의 표현에 의하면 그는 군중 앞에 알몸으로 서 있었다. 소크라테스는 변론에서 자기가 진실을 말하고 있다고, 오히려 고소인들이 진실을 외면하고 있다고 끊임없이 강조했다. 그는 신을 따르고, 사랑하는 것을 위해 자기를 희생하며, 나쁜 삶을 살기보다 죽겠다고 말했다. 그리고 이런 자신의 모습을 아킬레우스의 선택과 비슷하다고 말했다. 어떻게 영웅 중의 영웅 아킬레우스와 소크라테스를 비교할 수 있단 말인가? 어떻게 소크라테스가(어쩌면 그의 삶을 글로 남긴 플라톤이) 이 생사의 갈림길에서 호메로스의 영웅과 자신을 비교한단 말인가? 어떻게 근육질이고 씩씩하며 귀티가 나는 아킬레우스를 더럽고 냄새나고 (아마도) 뒤룩뒤룩한 눈에 들창코인데다 몽상가인 석공의 아들과 비교한단 말인가? 하지만 소크라테스의 비교는 일리가 있었다. 외모는 달랐지만 두 사람에게는 중요한 공통점이 있었다. 두 사람 모두 자신에게 충실했고 자신을 알았다. 둘 다 사회가 원하는 대로가 아니라 자기의 개성대로 살았다.[7]

아테네 사람들은 고집스럽고 짜증 나며 불가사의한 이 철학자를 어떻게 해야 할지 알 수 없었다. 그는 무엇이라 정의 내리기 어려운 존재였다. 진정한 민주주의자도 골수 과두파도 아니었고, 멋진 영웅도 일그러진 악한도 아니었다. 소크라테스는 페리클레스의 모임에 함께했지만 제국주의 야망을 비판했다. 그는 덕을 쌓으라고 충고했지만 미틸레네, 코르키라 섬, 멜로스 섬의 잔학 행위를 소리 높여 비난하지 않았다. 그는 젊은 남자들을 좋아했지만 젊은 여자에게도 의견을 말할 기회를 주었다. 그는 동료 아테네 시민들과 함께 신을 열렬히 숭배했지만 자기만의 특이한 신심도 있었다. 아테네의 호시절에 아테네 사람들은 그를 참아줄 수 있었다.

무엇보다 소크라테스는 아테네인들을 귀찮게 했다. 그는 아테네 사람들의 살을 깨무는 등에 같은 잔소리꾼이었다. 하지만 이제 아테네에는 파리와 흡혈동물(사실적으로나 상징적으로나)이 들끓었다. 소크라테스를 살려두면 골치가 아플 것이 뻔했다.[8] 아테네는 도시국가 내부에서 나오는 쥐꼬리만 한 수입으로 배심원 비용을 감당했다. 이날 민주주의 법정의 배심원이 된 사람들은 민주주의의 결실이자 천형인 이 사내에게 판결을 내려야 했다.

그렇게 결정이 내려졌고 배심원들은 법정에서 퇴장해야 했다. 물시계의 물이 말랐기 때문이다. 투표 결과는 명백했다. 소크라테스는 유죄판결을 받았다. 이제 그에게 아테네 감옥과 죽음에 이르는 최후의 여정만이 남았다.

> 소크라테스: 물론 가능한 일이지. 하지만 이승에서 저승으로의 여정이 행복한 길이 되기를 신께 기원해야 한다네. 나는 그렇게 기도했으니 행복한 여정이 될 걸세. _플라톤의 〈파이돈〉

하지만 아테네는 소크라테스의 죽음을 연기했다. 아폴론을 위한 델로스 축전이 시작되었기 때문에 그달에 정화의식이 있었다. 신비로운 미소를 지닌 아름다운 태양신 아폴론에게만 모든 관심을 기울여야 하는 시기였다. 소크라테스는 기다릴 수 있었다. 신앙심이 투철했던 아테네인들이 아폴론을 위한 축전에 몰두해 있으므로.

52 연기된 형 집행

기원전 399년, 키클라데스 제도의 델로스

델로스로 항해하듯 행복하여라.

－그리스 아티케 속담

플라톤의 〈파이돈〉에 의하면 소크라테스의 재판 전날, 아테네인들은 부러진 줄기와 으스러진 꽃잎 냄새를 맡았다.[1] 이제 소크라테스는 유죄판결을 받았다. 하지만 그는 기다려야 했다. 어쩌다 보니 형 집행일은 아테네인들이 키클라데스 제도의 작은 섬 델로스에서 오랫동안 축전을 벌이기 시작하는 날이었다.[2]

이 축전에 얽힌 이야기는 오늘날까지 전해진다. 아테네의 영웅 테세우스가 아테네 왕이자 아버지의 명을 받아 크레타 섬에 미노타우로스를 제거하러 갔다. 그러니까 그가 헬레네를 강간하고 페르세포네를 쫓아다니기 전의, 혼백이 되어 마라톤 전투에서 아테네군을 승리로 이끌기 전의 젊은 시절이었다. 테세우스는 그 크고 아름다운 섬에 평소처럼 일곱 소년과 일곱 소녀를 데리고 조공을 바치러 갔다. 사실 그는 매해 아테네인을 고통스럽게 한 이 끔찍한 인신공양을 끝장낼 계획이었다. 목표는 섬에 사는 괴물을 죽이는 것. 풋내기 영웅이 세상의 인정을 받기에 딱 좋은 일이었다.

테세우스는 크레타 섬의 전설적인 지배자 미노스 왕의 딸, 아리아드네의 도움을 받아 괴물을 죽이는 데 성공했다. 그들은 사랑했지만 테세우스는 나쁜 남자였다. 그는 상심한 아리아드네 공주를 낙소스 섬에 두고 떠났다. 배를 타고 아테네로 돌아오던 그는 스스로 위대함에 심취해 검은색 돛을 무사함의 표시인 흰색 돛으로 바꿔 달기로 한 것도 잊고 말았다. 결국 부왕 아이게우스는 아들이 죽었다고 생각하고 바다에 몸을 던지고 말았다(에게 해는 그의 이름에서 유래했다).

테세우스는 아폴론의 탄생지인 델로스에 잠깐 들릴 시간이 있었다. 태양신 아폴론은 9일이라는 긴 산고 끝에 태어났다. 아폴론(제우스와 레토 사이의 사생아이다)을 질투했던 헤라는 레토가 출산한다는 것을 알고는 일부러 분만의 신 에일레이티이아를 보내지 않았다.[3] 하지만 결국 우렁찬 울

크노소스궁전 유적. 그리스의 영웅 테세우스가 왕녀 아리아드네의 도움을 받아 이곳 미궁에 사는 괴물을 처치했다고 알려져 있다. 가장 규모가 큰 고대 왕궁건축 중 하나로 유명하다. ©Ralf Siemieniec/Shutterstock.com

델로스 섬의 사자상. 신전을 지키는 석상이다. ©tepic/Shutterstock.com

음소리와 함께 아폴론이 세상에 태어났다(쌍둥이 동생 아르테미스와 함께 태어났다는 신화도 있다). 그러자 그때까지 바다를 떠돌던 델로스 섬이 자리를 찾고 뿌리를 내리게 되었다고 한다.

아테네인들은 테세우스의 이기적인 영웅담을 거창하게 기념한다. 그들은 테세우스가 탔던 배에 합창단을 실어 델로스 섬에 보낸다.[4] 합창단을 실어나르는 배는 아테네의 어린 소녀들이 작은 곰으로 성장기를 보내던 브라우론 신전 근처의 선박 수리소에서 1년 내내 관리되어 영웅들을 태우기에 적합한 범선의 모양을 갖춘다.[5] 아폴론의 사제가 선미재에 월계관을 씌워 이 배를 치장하고 안전한 항해를 위해 제물을 바치는 동안 아테네는 정화기간에 들어간다. 이 기간에는 어떤 처형도 허락되지 않는다. 그래서 소크라테스는 기다려야 했다. 그러는 사이 합창단을 실은 범선은 피레우스 항을 출발했다. 신성한 항해였다. 경건한 아테네인들은 남서쪽을 바라보았다. 그들은 강력한 신들을 달래야 한다는 것을 잘 알았다. 범선에 탄 합창단은 노래를 부르며 신들을 달랬다.

오늘날에도 델로스 섬에 가까이 가면 바람과 비의 신이 섬을 보호하는 듯한 느낌을 받는다. 많은 도시국가가 이 섬의 선사 시대 신전에 자취를 남겼다. 기원전 600년 직전에 낙소스 섬 사람들이 바친, 포효하는 사자상의 드러난 잇몸으로 빗물이 흘러내린다. 줄지어 선 약 2미터의 헬라스 남근상은 악천후에도 여전히 꿋꿋하다. 성지 옆에는 각 도시국가의 숙소들도 있었다. 아테네는 기원전 427년에 델로스 축전을 부활했다. 도시국가 아테네와 델로스, 테세우스 사이의 밀접한 관계를 그렇게 강조했다. 아테네인들은 좋았던 옛 시절, 보물창고가 가득 차고 영웅들이 여자들을 훔치고 아테네가 세상의 가장 비옥하고 활기찬 영토를 다스리던 시절을 기억하고 싶었다.

델로스 섬의 정화의식

그러니 델로스 섬의 정화의식은 필수적이었다. 로마 시대에는 제우스와 아테네 신전을 찾는 모든 방문객이 한 점의 얼룩도 없이 손과 영혼을 정화하고 흰옷을 입어야 했다.[6] 델로스 성역의 역사는 선사 시대부터 시작되었다. 동지중해의 선사 시대인들에게 이곳은 마법의 섬이나 마찬가지였다. 아리아드네 공주를 버리고, 돌아올 가망 없는 아들을 기다리는 부왕에게 돌아가던 테세우스는 델로스 섬에서 춤을 추었다고 한다. 후세인들이 따라 추었던 그 춤은 풍요로운 미노스 문명(크레타 섬을 중심으로 기원전

3000~1400년까지 번창했던 문명이다_옮긴이)의 유산이었다.[7] 소년과 소녀 들이 추는 이 춤은 매우 중요한 역할을 했다. 미노스 문명에는 분명히 인신공양 풍습이 있었을 것이다.[8] 성인기의 문턱에 이른 십 대 소년과 소녀 들이 함께 발을 구르고 몸을 흔들며 춤을 추었고 간혹 그 춤은 인신공양으로 끝나기도 했을 것이다.[9]

소크라테스 시대에 델로스 섬의 순례자들이 췄던 춤에는 그런 분위기가 생생히 남아 있었을 것이다. 등과 횃불을 밝힌 채 사람들은 밤새 춤을 췄다. 일렁이는 불빛 아래 한데 엉켜 들썩이며 춤을 췄다. 테세우스는 델로스 섬에서 신께 바치는 경기도 했는데 아테네인들은 그 경기도 충실히 따라 했다.

델로스 섬이 아무리 신성하다 해도 무자비한 펠로폰네소스 전쟁의 고통에서 벗어날 수는 없었다. 기원전 422년 아테네는 델로스 섬의 주민 전체를 쫓아냈다가 이듬해인 기원전 421년에 델포이 신탁의 경고를 듣고 다시 돌아오게 했다. 아폴론은 자신이 태어난 델로스 섬에서 아테네인들이 벌인 고압적인 정책에 분노했을 것이다. 옛 수조에 버려진 채 발견된 대리석 조각을 보면 기원전 404년에 펠로폰네소스 전쟁에서 승리한 스파르타 지배자들이 이 섬의 토지를 임대하고, 신전의 돈에 이자를 붙이고, 어업권을 주장했음을 알 수 있다. 그리고 기원전 454년에 아테네인들이 델로스 동맹의 재정을 파르테논 신전으로 옮겨가면서 건축을 중단한, 지붕 없는 아폴론 신전이 아직도 서 있다. 반쯤 짓다 만 이 신전은 아테네의 눈부신 오만함을 대대적으로 보여주는 건축이었다.[10] 하지만 기원전 399년 무렵 아테네인들은 잠시나마 이곳을 다시 차지했다. 용감하고 정력적이며 솔직했던 건국영웅 테세우스의 기념축전에는 새롭게 큰 의미가 부여되었다. 소크라테스는 이런 축전에서 옥에 티 같은 존재였다.

델로스 섬에서 정화의식을 마친 순례자들이 물살을 헤치고 아테네로 돌아오고 있었다. 그들은 어떤 더러움도 허락되지 않는 섬을 떠나오는 길이었다. 아테네 칙령에 따라 노약자와 정신이상자 들은 델로스 섬을 떠나야 했다. 이런 우생학적 정책 덕택에 델로스 섬은 불편할 정도로 완벽을 가장한 곳이 되었다. 아테네 사람들은 이 섬에서 한 달 가까이 테세우스를 기념했다. 아테네의 꽃, 젊은이들을 외국의 무시무시한 괴물에게서 구해낸 젊은 영웅 테세우스를 기렸다. 그리고 이제 배를 타고 돌아오는 사람들은 다시 깨끗이 정화되었다. 그들이 아티케 땅에 도착하면 소크라테스 같은 사람들이 처형되기 시작할 것이다.

한때 소크라테스가 젊은이들과 어울리던 소박하고 평화로운 일리소스 강가는 소크라테스의 운명을 예언한 듯했다. 일리소스 강둑 옆 한구석에는 울타리에 둘러싸인 곳이 있다. (전해지는 이야기로는) 테세우스의 아버지가 투구꽃으로 만든 독이 든 컵을 내동댕이친 장소라고 한다. 그 독배는 사악한 계모 메데이아가 잘생긴 양아들 테세우스에게 주려고 준비한 것이었다. 하지만 소크라테스에게는 그를 지켜줄 부왕이 없었다. 아테네의 영웅 테세우스는 최고의 경배를 누렸지만 아테네의 역적 소크라테스는 좁은 아테네의 감옥에서 독배를 들이켜야 할 상황이었다.

53 사슬에 묶인 소크라테스

기원전 399년 6월, 아테네 감옥, 아고라

소크라테스: 그러니까 문제는 내가 아테네 사람들의 허락 없이 이곳을 탈출하는 것이 옳은가, 옳지 않은가 하는 것이군. 만약 그것이 옳은 것 같다면 그렇게 하고, 옳지 않다면 포기하도록 하지.

– 플라톤의 〈크리톤〉에서

소크라테스는 법정에서 고작 280미터 떨어진 감옥으로 이동했다. 그가 자유롭게 걸은 마지막 길이었다. 당시 아테네에서 투옥 자체는 처벌이 아니었지만 그렇다고 절대로 유쾌한 일도 아니었다.[1] 소크라테스는 분명히 철 족쇄로 묶였을 것이다. 기원전 5세기 감옥에서 신체적 학대와 '고통'을 겪었다고 말하는 죄수도 있었다. 당시 그리스에서 감옥을 의미하는 데스모테리온desmoterion은 '묶어두는 장소'라는 뜻이다.[2] 수감자들은 보통 나무 형구로 묶여 있었다. 헤로도토스의 〈역사〉에는 스파르타의 한 외국인 죄수가 참을 수 없어서 발을 자르고 형구에서 빠져나왔다는 이야기도 있다. 이 고통스러운 형구는 나무였다고만 전해진다.

아테네인들은 형벌에 익숙했다. 망명, 추방, 파산에 이를 정도의 벌금,

사형 같은 처벌이 있었다. 성벽 밖 덤불이 우거진 지역이 처형지로 이용되었던 듯하다. 플라톤은 〈국가〉에서 기원전 5세기의 끔찍한 현실을 생생하게 보여주는 이야기를 하나 들려준다. 레온티오스라는 청년이 아테네 장벽 북쪽 주변을 걷다가 형 집행인 옆에 누워 있는 사람들을 지나치게 되었다. 그가 본 시체나 다름없는 이 사람들은 최후의 순간에 이른 사람들이었다. 그들은 나무판에 묶여 버려진 채 죽기만 기다렸다. 형 집행인이 그들이 죽었는지를 살폈다. 그들은 이미 도시에서 추방되어 제대로 장례도 치를 수 없었고 따라서 내세도 기약할 수 없었다. 절대로 아름답다고 할 수 없는 모습으로 죽을 자들이었다.

그리스 법률은 징역형을 선고할 시간이 없었다. 징역형은 너무 비효율적인데다 비용이 많이 들었다. 게다가 아테네인의 시각에서 누군가를 가두는 것은 형벌이라 하기엔 너무 이상했다. 감옥은 말썽을 일으키거나 무고하거나 운이 없었을 뿐인 사람들을 잠시 붙들어두는 곳이었다. 소크라테스의 감옥은 11인 위원회가 관리했다. 11인 위원회는 법집행기관으로, 요즘으로 치면 경찰과 사법부, 교도관을 하나로 합친 듯한 기관이다. 당시에는 징역형이라는 개념이 없었다. 그러니 소크라테스를 투옥시켰던 감옥 건물이 단순한 창고건물 같았다는 사실은 놀랄 일이 아니다.

이 감옥의 흔적은 오늘날 아고라에서도 찾을 수 있다. 대중의 출입을 금하긴 했지만 아이들 몇 명이 감옥 경계선을 표시했던 낮은 벽 위에서 놀고 있다.[3] 내가 마지막으로 그곳을 찾았을 때는 비 오는 화요일이었다. 많은 여행객은 그 보잘것없는 폐허에 그다지 깊은 인상을 받은 것 같지 않았고 심지어 길 잃은 개마저 무심히 지나쳐갔다.

하지만 소크라테스가 법정을 떠나 감옥으로 걸어가며 바라보았을 풍경은 기원전 5세기 때처럼 장엄하다. 2,400년 전 소크라테스가 유죄판결을 받고 법정을 나와 감옥으로 걸어가던 시간은 분명히 해가 지기 직전이었을 것이다. 늦봄 황혼으로 물든 하늘 아래, 파르테논 신전과 아레오파고스 바위가 보였을 것이고 분홍빛 핏줄이 그어져 마치 화석화된 신의 두뇌처럼 보이는 아크로폴리스 바위도 눈에 들어왔을 것이다. 아크로폴리스는 거대한 신의 사고기관, 즉 '누스'였다. 아테네인들은 신의 생각을 알려고, 신을 달래려고, 그리고 삶의 의미에 다가가려고 지난 1,000년간 터널과 동굴, 계단, 제물웅덩이를 만들며 바위 이곳저곳에 흔적을 남겼다.

그것이 소크라테스가 마지막으로 본 아테네의 풍경이었다. 그가 70년간 살았고 사랑했으며 이야기했던 아테네의 마지막 풍경. 하지만 그날이 그의 생애 마지막 날은 아니었다. 델로스 축전 때문에 소크라테스는 한 달을 더 살 수 있었다. 그가 경비병이 서 있는 문을 통과해 감옥에 들어갔을 때 할 수 있는 일이란 기다리는 것뿐이었다. 플라톤에 의하면, 사슬에 묶인 소크라테스는 감옥 안에 앉아서 그가 평생 바깥에서 하던 일을 계속하기로 했다. 바로 친구와 이방인들과 이야기하는 것이었다. 플라톤의 〈크리톤〉 같은 대화편 배경도 바로 이 감옥이다. 플라톤에 의하면, 소크라테스의 감옥 분위기는 명랑했다. 감옥의 경비가 삼엄하긴 했지만 소크라테스의 친구들은 감옥 관리자와 좋은 관계를 맺었던 듯하다.

> 소크라테스: 교도관이 자네를 기꺼이 들여보내 주었다니 놀랍네.
> 크리톤: 그 사람 이제 나한테 익숙해졌지. 내가 이곳에 워낙 자주 왔으니 말이야. 게다가 내가 호의를 좀 베풀었지.
> _플라톤의 〈크리톤〉

교도관들과 그들의 상관인 11인 위원회는 함부로 말을 섞어서는 안 될 사람들이었다. 그들은 마음대로 법을 집행할 수 있었다. 그들이 현장에서 범인을 잡고 범인이 죄를 자백했다면 재판 없이 범인을 즉결 처형할 수 있었다. 그들은 채찍과 곤봉, 활, 단검으로 무장한 공공노예들(아마도 스키타이인들)을 대동하고 다니며 사람들을 체포했고 재산을 몰수했으며 노예의 고문을 감독했다(기원전 5세기 아테네에서 고문으로 얻은 노예의 증언은 법적 효력이 있었다). 사람들은 30인 참주의 파수병과 암살자 노릇을 했던 그들을 좋아하지 않았다. 그들은 감옥구역 옆 2층 건물에서 교대로 잠을 잤다.[4] 상당히 억압적인 분위기로 들리지만 소크라테스는 (11인 위원회일 수도 있고 감옥을 관리하는 노예일 수도 있는) 이 교도관들과 함께 있는 것을 의외로 편안하게 받아들인 듯하다. 플라톤에 의하면 소크라테스는 감옥에서 소일거리를 하며 시간을 보냈다. 이솝우화를 운문으로 바꾸기도 하고 메모를 하기도 했다. 소크라테스가 무언가를 썼다는 언급이 유일하게 등장하는 대목이다.[5] 그는 이런 소일거리 덕택에 평온을 유지할 수 있었다. 소크라테스는 침착했겠지만 그의 친구들은 그렇지 않았다. 왜냐하면 소크라테스가 재판을 치른 뒤 4주가 흐른 6월 초쯤 테세우스의 배가 수니온 곳에 모습을 드러냈기 때문이다. 크세노폰의 〈소크라테스 회상〉에 의하면 배가 아테네를 떠난 지 29일이 지난 때였다.

탈옥 권유

델로스 순례객이 아테네에 도착하면 소크라테스는 죽어야 했다. 하지만 플라톤이 쓴 〈크리톤〉을 보면 이 무렵 갑자기 한 줄기 희망이 생겼다.

> 크리톤: 나도 그렇게 잠 못 이루지 않고 근심이 없어 봤으면 좋겠네. 자네가 얼마나 달게 잠을 자는지 한동안 놀라고 있었다네. _플라톤의 〈크리톤〉

소크라테스의 오랜 친구 중 하나인 크리톤은 델로스에서 배가 돌아온 다는 소식을 듣고 (플라톤에 의하면) 소크라테스에게 탈옥을 설득하러 왔다. 그는 동지중해 전역에서 지인들이 연락을 받고 소크라테스를 보호할 준비를 한다고 했다. 외국인들이 소크라테스를 탈출시키려고 돈을 모았다. 크리톤이 말하는 지인들은 옛 귀족의 인맥인 듯하다. 분노한 폭도들의 손에서 소중한 것을 지키려고 귀족들이 나섰다는 이야기로 들린다. 동지중해 곳곳의 사람들이 소크라테스의 탈출을 돕기로 했다. 플라톤의 〈크리톤〉을 보면 크리톤은 많지 않은 돈으로 탈출할 수 있다면서 소크라테스에게 현실적인 제안을 했다.

크리톤: 그다지 많은 돈을 주지 않고도 기꺼이 자네를 이곳에서 빼내겠다는 사람들을 구할 수 있다네. … 자네가 법정에서 한 말은 신경 쓰지 말게. 이곳을 떠나면 무엇을 해야 할지 모를 거라고 말한 것 말일세. 자네가 어딜 가든 많은 곳에서 자네를 환영할 걸세.

크리톤에게 돌아온 소크라테스의 대답은 온화했지만 단호했다. 소크라테스는 평생 아테네의 법에 따라 살았다. 어떻게 그가 이제 그 법에 등을 돌릴 수 있단 말인가?

소크라테스: [법과 아테네 도시국가가 그에게 말을 거는 모습을 상상하면서 그들의 말을 인용한다] 당신은 이렇게 우리를, 법과 도시국가 전체를 있는 대로 파괴하려고 합니까? 아니면 당신은 법정이 내린 결정이 아무런 효력 없이 개개인의 손으로 무효가 되어도 도시국가가 전복되지 않고 존재할 수 있으리라 생각합니까?

소크라테스는 유별난 성격대로 탈출을 고려하지 않았다.

> 제가 지금 유죄판결을 받는다면 이 문제를 감독하는 사람들이 판결한, 가장
> 쉽고 가장 덜 지루한 죽음을 죽는 것이 분명히 나의 특권일 것입니다.
> _크세노폰의 〈변론〉

깊이 잠들지 않는 도시를 어떻게 탈출할 수 있을까? 뇌물, 폭력, 속임수, 이 모든 것이 필요했을 것이다. 그건 소크라테스의 방식이 아니었다. 하지만 교도관이 크리톤의 술수를 눈감아주겠다고 했을 것이다. 어쩌면 소크라테스가 자는 동안 두 사람이 숙덕거리며 모종의 탈출계획을 세웠을지도 모른다. 어쩌면 아테네 사람들은 그들이 내린 결정을 벌써 후회하고 있을지도 모른다. 소크라테스는 11인 위원회가 모른 척하는 사이에 아테네를 조용히 빠져나갈 수 있을지도 모른다. 예전에 아테네 민주정이 미틸레네인들을 학살하러 출발했던 배를 돌려세운 적이 있지 않았던가? 어쩌면 아테네인들은 소크라테스의 탈출 소식에 안도의 한숨을 내쉴지도 모른다. 그렇다면 민주정이 과두정과 스파르타, 30인 참주정 못지않게 잔혹하다는 비난도 모면할 수 있을 것이다.

하지만 소크라테스는 이 모두를 거부했다. 그는 호메로스가 말했던 '스멀스멀 기어오는 노년의 굴욕'을 겪고 싶지 않았다. 소크라테스는 노인이 죽음을 두려워하는 것은 말도 안 된다며 자신에게는 옳은 일을 하고 아테네 법을 따를 권리가 있다고 말했다.

> 소크라테스: 어쨌든 우리는 그릇된 일을 고의로 해서는 절대 안 되는 건가? 아니면 그릇된 일을 할 수도 있는가? 우리가 예전에 동의한 대로 그릇된 일을 하는 것은 어떤 경우든 옳지 않고, 바람직하지 않은 일인가? 아니면 예

전에 내렸던 결정을 며칠 사이에 뒤집어도 되는 건가? 그리고 이제 나이 든 우리 두 사람이 이렇게 진지하게 대화하면서 우리가 어린아이들보다 낫지 않다는 것을 깨닫지 못하는 건가? 아니면 우리가 이제까지 해온 말은 진실이 아닌가? 세상이 동의하든 동의하지 않든, 우리가 이보다 더한 고통을 겪든 또는 더 가벼운 고통을 겪든, 잘못된 행동은 그 자체로 악이고 부끄러운 게 아닌가? 그렇다고 생각하는가, 안 하는가?

크리톤: 그렇다고 생각하네.

소크라테스: 그렇다면 우리는 옳지 않은 짓을 절대 하지 말아야 하네.

_플라톤의 〈크리톤〉

그리하여 전령이 델로스에서 배가 도착했다는 소식을 알렸을 때 소크라테스는 그를 기다리는 배를 뒤로하고 아고라의 감옥에 조용히 앉아 있었다. 11인 위원회는 교도관에게 소크라테스의 사형 준비를 지시했다. 아테네에서 처형은 대개(노예와 일반 범죄자들의 경우) '피를 흘리지 않는 십자가형'이었다. 피를 흘리지 않는 이유는 신성을 더럽히지 않기 위해서였다. 설령 피를 흘리지 않는다 해도 끔찍한 죽음인 것은 마찬가지였다. 나무판에 죄수의 팔다리와 목을 묶은 다음 쇠올가미를 점점 세게 조여 죄수를 교살했다. 하지만 소크라테스를 위해서는 독당근을 준비했다.[6]

독당근

독당근(독성이 있는 독미나리도 이 시기에 구할 수 있었을 테지만 소크라테스가 마신 것은 분명히 독당근 품종이었을 것이다)을 막자사발에 간 독약이 준비되었다. 독을 먹으면 나타나는 증상인 발작과 근육경련을 줄이려고 아편도

첨가했을 것이다. 양귀비는 그리스에서 청동기 시대 이래 약과 진통제로 널리 쓰였다. 오늘날 발굴할 때 탄화된 씨앗들이 줄곧 발견되었고 미케네 무덤에서 나온 거대한 솥에는 아편약물 잔여물이 남아 있었다. 양귀비즙을 리넨에 발라 상처에 대기도 했다. 아프거나 이가 나는 아기에게 주기도 했다. 그리고 과다한 양을 사용해 왕을 암살하기도 했다. 그리고 후기 민주정 아테네에서 양귀비는 독약을 만들 때도 사용했다.

30인 참주는 독살을 선호했다. 돌로 만든 막자와 막자사발이 서로 부딪히며 식물의 알칼로이드를 빼내는 소리는 분명히 불길하게 목을 조여 오는 동시에 친숙한 소리였을 것이다.[7] 아리스토파네스는 〈개구리〉에서 독살에 쓰이는 막자와 막자사발을 조롱했다.

디오니소스: 그냥 저승으로 내려가는 가장 빠른 길을 알려주게. 하지만 너무 덥거나 너무 추운 길은 말고.
헤라클레스: 글쎄요. 어떤 길을 처음 알려드릴까요? 흠. 밧줄과 의자로 가는 길이 있지요. 목을 매다시오.
디오니소스: 그만하게. 그건 너무 숨 막히잖나.
헤라클레스: 막자사발에서 잘 다져진 지름길도 있습니다.
디오니소스: 독당근을 말하는 건가?
헤라클레스: 맞습니다.
디오니소스: 그건 너무 서늘하고 추운 길이야! 정강이가 얼음처럼 얼고 말거네.

나도 독당근을 막자사발에 갈아본 적이 있는데 코를 찌르는 시큼한 냄새가 났다. 그리고 눈과 머리에 통증이 몰려왔다. 물론 심리적인 반응이었을 수도 있다. 나는 독당근이 어떤 효과를 일으키는지 플라톤을 통해 알고 있었기 때문이다.

독당근은 당시 비싼 식물이었다. 1회분에 12드라크메였다. 아테네 법에서는 죄인이 처형 비용을 내야 했다. 따라서 독당근 사형은 부자이거나 부자 친구를 둔 사람만 누릴 수 있었다.[8] 숨는 데 필요한 양은 적었다. 눈 씻는 그릇 정도로 작은 용기에 들어갈 용액이면 충분했다. 오늘날까지도 그정도 크기의 유리병이 많이 남아 있다(아고라 박물관에도 이런 병이 두 줄 있다). 검은 유약을 바르고 대충 주조된 이 병들은 단순하고 기능적인 물건들이다. 로마 시대 화가들은 소크라테스가 독배를 깊숙이 들이켜는 모습을 즐겨 상상했지만 사실상 독약은 단숨에 꿀꺽 삼킬 수 있는 양에 불과했다.

통곡하는 크산티페

11인 위원회가 동트기 전에 소크라테스를 찾아왔다. 소크라테스가 지상에서의 마지막 날을 맞이하도록 준비시켜야 했기 때문이다. 꼭 지켜야할 절차, 따라야 할 전통이 있었다. 소크라테스의 아내인 크산티페와 어린 아들 메넥세노스가 차가운 돌바닥 감옥으로 들어왔다. 크산티페는 여러 닐 동안 죄수의 가족이 해아 할 일을 했다. 죄수에게 음식과 물을 주고(가족이 방치한 탓에 투옥기간에 죽는 죄수도 있었다) 노예를 시켜 차가운 돌바닥 감옥을 청소해야 했다. 하지만 이제 몇 시간 후면 소크라테스의 죽음은 확실해졌다. 크산티페는 그리스의 훌륭한 아내가 해야 할 일을 했다. 그녀는 통곡했다. 손으로 이마를 치고 손톱으로 얼굴을 할퀴며 통곡했다.

하지만 플라톤에 의하면, 소크라테스는 통곡하는 아내를 내보냈다. 그의 냉정함과 여성혐오를 보여주는 대표사례로 인용되곤 하는 이 행동은 분명히 인습에서 벗어난 것이었다. 수백 년 동안 상류층은 애도하는 여자들을 불러들였다. 권력과 가문의 규모, 망자에게 감사하는 부양자의 수를 과시하려는 의도였다. 하지만 소크라테스는 인습에서 벗어난 죽음을 원했다. 소크라테스가 평소 다른 사람의 감정에 민감했다는 점과 그와 관련한 여러 기록을 보건대, 그는 성격이 특이하긴 했지만 다정한 성정을 지닌 사람이었다. 그가 크산티페를 배려하려고 그녀를 내보냈을 수도 있다. 죽을 남편을 위해 온종일 통곡해야 하는 그녀의 수고를 덜어주려는 의도였을 수도 있다. 소크라테스는 마지막 순간까지 인습을 따르지 않고 자신의 결정을 따랐다.

그런 다음 소크라테스는 감옥의 수조에서 몸을 씻었다. 1931년에 발굴된 아고라의 감옥 어느 감방(어쩌면 소크라테스가 몸을 씻었던 곳일 수도 있다)에는 땅에 반쯤 묻힌 거대한 항아리가 있었다. 물을 담았던 항아리 옆에는 작은 대야도 있었다. 초여름 감옥에서 소크라테스의 묵은 때를 씻어준 물줄기는 신병들의 샤워처럼 단출했을 것이다. 플라톤의 〈향연〉에 의하면 소크라테스는 잘 씻지 않기로 유명한 사람이었다.

이제 준비가 끝났다. 그가 죽어 몸이 딱딱해지면 몸에 물을 적실 필요가 없다. 엘렉트라와 안티고네는 형제의 시신이 씻기지도 않은 채 성벽 밖에 버려졌다는 사실에 마음이 찢어졌지만 소크라테스는 육체가 아닌 그 안에 깃든 영혼에 계속 관심을 두었다. 소크라테스는 죽음이 아니라 이승에서 저승으로 넘어가는 이동의 순간을 기다렸다. 그에게 육신의 운명은 중요하지 않아 보였다. 그는 기원전 5세기에 무척 인기 있었던, 권위 있는 비극 공연을 분명히 보았을 것이다. 매장되지 못한 채 육신이 버려지는 공포를 생생하게 그린 연극들을 말이다. 하지만 죽음의 순간에도 그는 평생 탐구했던 질문을 고민했다. 육신이 썩어, 벌레와 흙으로 돌아간 이후의 일에 관심을 더 기울였다.

이제 소크라테스는 죽음을 맞이할 준비가 끝났다. 가족과 친구들이 다시 감방으로 들어왔다. 그들은 제정신이 아니었다. 하지만 소크라테스는 평화로워 보였다. 그리고 이때부터 해가 질 때까지 소크라테스는 말하고, 말하고, 또 말했다. 플라톤의 〈파이돈〉을 보면 평소처럼 남자 제자들을 다 정다감하게 대하는 소크라테스의 모습이 나온다.

그는 내 머리를 쓰다듬고 목덜미 뒤 머리카락을 쓸어 올리며 말했다. 예전에도 그는 곧잘 내 머리를 만지곤 했다. "파이돈, 내일이면 이 아름다운 머리카락을 자르겠구나."

소크라테스는 호메로스의 영웅들을 회상했다. 이 장면을 보면 아테네 사람들이 서사적 과거에 얼마나 빠져 있었는지 알 수 있다. 그는 호메로스의 한 구절을 인용했다. 그가 단지 인간일 뿐임을, 영웅도 아니고 나무와 바위 같은 존재도 아님을 일깨우는 구절들을 선택했다. 그러는 동안 그가 풋내기 철학자 시절에 둥글다고 말했던 지구는 돌고 있었다. 해가 지기 시작했다. 소크라테스는 해 질 녘에 죽어야 했다. 이제 시간이 되었다. 소크라테스는 독이 든 잔을 받았다. 그는 잔을 가져다준 간수를 똑바로 쳐다보며 독배로 헌주를 조금 부어도 되는지 물었다. 소크라테스는 기도했다.

국가가 지원하는 자살

이 시기에는 독당근즙에 허브를 넣어 좋은 맛을 내기도 했다. 허브의 일종인 딜을 사용했다는 기록이 있다. 맛이야 어떻든 치명적인 독이긴 마찬가지였다. 예정대로 소크라테스는 독배를 들이켰다. 국가가 그러기를 원했다. 치명적인 독약을 들이켜 시민과 공동체의 오염물, 즉 자신을 제거하라는 명이 내려졌다. 살인이 아니라 국가가 지원하는 자살이었다.

아테네 사람들은 지저분한 죽음을 혐오했다. 끈적대는 체액은 그리스인들을 불편하게 했다. 그래서 그들은 교살형을 선호했다. 개중에는 입으로 담즙을 토하고 똥오줌을 지리게 하는 독약도 있었지만 독당근은 그렇지 않았다. 독미나리는 중추신경계를 공격하지만 독당근은 말초신경계를 공격하는데[9] 소크라테스가 마신 것은 독당근즙이었다. 그러니 그가 '편하게' 죽을 수 있게 해준 아테네인들에게 감사할 만도 했다.[10]

소크라테스는 평생을 남자와 소년, 여자와 아이 들이 끔찍하게 죽어가는 장면을 목격했다. 그는 인간이 야만성에 빠져 동포와 이웃, 가족, 친구를 살해하는 현장에 있었다. 하지만 그의 운명은 노년에 사랑하는 사람들에 둘러싸여 침상에 누워 죽는 것이었다.[11] 그는 올바른 삶을 살았고 그다지 나쁜 죽음도 아니었다. 그는 죽고 나서 매장될지, 화장될지에 놀라울 만큼 무관심했다. 그를 매혹한 것은 이승에서 저승으로 옮겨가는 순간이었다. 그래서 이 위대한 여행을 혼자 경험하려고 죽는 순간에 얼굴을 덮었는지도 모른다. 플라톤의 〈파이돈〉에는 교도관이 독당근의 효력을 소크라테스의 동료들에게 확인해주는 대목이 나온다.

> 이런 식으로 위로 올라가면서 그는 우리에게 소크라테스의 몸이 점점 차가워지며 굳어가는 걸 보여주었다. 그리고 그의 몸을 다시 만져보면서 그 효과가 심장까지 닿으면 그때 떠나게 된다고 말했다. 이제 냉기는 아랫배 주변에까지 이르렀다….

독당근은 실제로 심장에서 가장 먼 부위부터 공격한다. 종종 말초신경을 못 쓰게 만들기도 한다. 척추부터 발가락까지 마비시키기도 한다. 두뇌에 산소공급이 차단되었을 때 마지막 발작이 일어난다. 이 발작은 대체로 격렬한데 이 단계쯤 되면 근육이 전부 마비되어서 경련조차 할 수 없다.

따라서 모든 사람이 집으로 종종걸음을 치면서 가고 아고라 시장의 좌판에서 물건들이 치워지는 시간에, 팔리지 않은 노예들에게 사슬이 다시 채워지고 시든 양배추 잎과 먼지 묻은 향신료가 버려지는 시간에, 어린 소년들이 집으로 돌아가기 전에 흙을 헤집으며 잃어버린 물건을 찾는 그 시간에 소크라테스는 삶을 마감했다. 플라톤의 〈파이돈〉을 보면, 그는 죽기 전에 이상한 말을 남겼다.

> 그는 얼굴에 덮었던 것을 벗고 말했다. 그의 마지막 말이었다. "크리톤, 우리는 아스클레피오스께 닭 한 마리를 빚졌네. 절대 잊지 말고 갚게나."[12]

소크라테스가 마지막 순간에 찾은 신은 흔한 신이 아니었다. 치유의 신 아스클레피오스는 아테네에 새로 도착한 신이었다.[13] 기원전 420/419년 동지중해 지역이 펠로폰네소스 전쟁의 상처를 쓰다듬고 있을 때 치유의 신께 바치는 신전이 아테네에 세워졌다. 치유의 신 아스클레피오스는 아테네 적군의 고향인 펠로폰네소스에서는 이미 인기가 있었다.

치유의 신, 아스클레피오스를 찾다

최근에 아크로폴리스 기슭에 있는 이 신전을 복원하고 있다. 대리석 먼지가 날리고 막 자른 흰색 기둥들이 생경한 모습으로 쌓여 있다. 신전의 토대가 놓이는 바닥은 진흙처럼 질척였다. 소크라테스도 2,400년 전, 아스클레피오스 신전이 처음 세워지던 때에 이 모든 소란을 보았을 것이다. 소크라테스처럼 오늘날 우리도 이 치유의 신이 머물 신전을 새로 짓는 광경을 목격할 수 있다.

소크라테스도(다른 아테네 시민들처럼) 아스클레피오스를 믿었던 것 같다. 아스클레피오스는 분명히 인기 있는 신이었다. 현재 국립 고고학 박물관에 있는 비석에는 그의 제단에 바칠 돼지를 몰고 가는 모습이 그려져 있다. 그의 딸 히기에이아가 옆에서 기다리고 있다가 찜질제와 붕대로 아버지의 일을 돕는다. 히기에이아는 건강의 여신이다. 당시 아테네의 아스클레피오스 신전에서는 환자들이 신성한 샘물 소리가 들리는 주랑현관 아래에 앉아 꿈속에서 아스클레피오스께 치유받기를 기다렸다. 아테네인들은 전장에서 죽음과 민간인 피해를 지긋지긋하게 목격했다. 그리고 비극무대에서 코로스가 춤추고 남자들이 포도주를 마시던 곳에서 냄새나는 역병 환자의 시체를 보아야 했다. 그래서인지 아테네 사람들은 치유의 신 아스클레피오스와 친해지려고 부단히 애썼다.

> 소크라테스가 말했다. "크리톤, 우리는 아스클레피오스께 닭 한 마리를 빚졌네. 그에게 닭 한 마리를 제물로 바치게. 잊지 말게나." 크리톤이 대답했다. "그러지. 다른 게 있으면 말해보게." 그러나 그는 아무 대답이 없었다.[14]
> _플라톤의 〈파이돈〉

학자들은 소크라테스가 아스클레피오스를 언급한 이 대목을 놓고 말이 많았다. 플라톤은 소크라테스가 얼마나 경건한 인물인지 보여주고 싶었던 것일까? 또는 도시국가 아테네 역시 새로운 신을 받아들였음을 보여주고 싶었던 것일까? 아니면 평범한 아테네 사람들의 꿈속에도 아스클레피오스가 찾아오니까 소크라테스의 다이모니온도 사실 그렇게 이상한 것이 아니라고 말하려던 것일까? 아니면 이 대목은 소크라테스다운 아이러니의 마지막 순간일까? 그는 살아가는 고통을 덜어준 치유의 신께 감사를 드리고 싶던 것일까?

어쩌면 이유는 훨씬 단순할 수도 있다. 소크라테스는 독이 온몸에 퍼지면서 서서히 죽어갈 때 이 말을 했다. 그 순간에 치유의 신 말고 다른 누구를 찾을 수 있을까? 소크라테스는 꿈속에서 정령을 만나는 데 익숙하니, 아스클레피오스가 그를 도와주러 왔는지 누가 알겠는가? 아스클레피오스의 신전은 디오니소스 극장 바로 옆에 있다. 그곳은 아테네에서 일어나는 모든 일을 굽어보기에 좋다. 어쩌면 그 순간은 디오니소스의 이웃으로 이사 온 이 새 신이 기원전 423년에 디오니소스 극장의 무대에서 소크라테스가 아테네인 2만 명 앞에서 위험한 괴짜로, 사회의 위협으로 풍자될 때 아로새겨진 상처를 치유할 기회였는지도 모른다.

또 다른 가설도 있다. 많은 신화에 의하면 아스클레피오스는 죽은 자를 부활시킨다고 한다. 어쩌면 소크라테스는 이승을 떠나는 일에 그다지 초연하지 않는지 모른다. 어쩌면 그는 부산스럽게 세상을 돌아다닐 기회를 다시 얻길 원했는지도 모른다. 세상을 분주하게 돌아다니며 더 올바른 삶을 살라고 사람들을 설득하고 싶었는지 모른다. 그는 열정적인 삶을 더 연장하고 싶었는지도 모른다. 그의 마지막 생각이 무엇이었든 소크라테스는 그곳에 누워 있었다. 천으로 얼굴을 가린 그는 정신은 맑고 또렷했지만 폐가 수축됐고 근육이 실룩거렸다. 모든 사람이 그를 쳐다보고 있었지만 아무도 그의 프시케, 즉 영혼이 그의 못생기고 풍자적인, 잊을 수 없는 얼굴을 떠나는 순간을 보지 못했다.

그러나 잠시 후 그가 몸을 떨었다. 교도관이 그를 덮었던 천을 걷었다. 그의 두 눈은 허공을 응시한 채 고정되어 있었다. 그것을 본 크리톤이 벌어진 그의 입을 닫고 눈을 감겨주었다. _플라톤의 〈파이돈〉

이제는 불꽃이 사그라진 민주주의가 뜻을 이루었다. 소크라테스의 다이모니온은 생명 없는 육신의 껍데기 속에 봉인되었다.[15] 소크라테스는 파괴되었다.

> 소크라테스: 나는 죽은 사람들에게는 무언가 기다리고 있을 것이라고, 그리고 예부터 전해 내려오듯 좋은 사람들에게는 사악한 사람들보다 더 좋은 무언가가 기다리고 있을 것이라 희망하네. _플라톤의 〈파이돈〉

소크라테스가 5월에서 6월에 걸친, 고대 달력으로 타르겔리온 달에 죽은 것이 우연이 아닌 듯하다. 매년 타르겔리온 달에는 타르겔리아라 부르는, 잘 알려지지 않은 의식이 있었다. 이 의식에서는 남자와 여자 혹은 검은 무화과와 초록 무화과 목걸이를 걸고 남자와 여자를 나타내는 두 사람이 희생양이 되어 도시 밖으로 추방되었다. 아테네 사람들은 두 사람을 채찍으로 때리며 성벽 밖으로 쫓아내면 도시국가 내부의 오염과 내분을 막을 수 있다고 생각했다. 소크라테스의 죽음은 신께 바치는 또 다른 제물이었을 수도 있다.[16] 소크라테스는 젊은 시절에 민주주의의 후원 아래 아테네 성벽 밖 케라메이코스에서 새로운 사상을 접했다. 그리고 그가 아고라에서 자신의 생각을 전하던 시절, 아테네가 살기 좋던 그 시절에 사람들은 그의 사상을 용납했다. 하지만 이제 상황이 나빠지자 그의 적들은 그가 도시를 오염시켰다고 믿었다. 그는 깨끗이 씻어내야 할 오염물이었다. 소크라테스는 아테네의 양귀비가 피처럼 붉게 피어나던 계절에 죽었다. 죽어가는 민주주의가 아테네에서 가장 크게 자란 양귀비꽃을 베어낸 것이다. 플라톤의 〈소크라테스의 변명〉을 보면 소크라테스는 이런 말을 남겼다.

나는 죽고 자네들은 살겠지. 어느 것이 더 나은 여행인지 누가 알겠는가?

54 세상 밖으로

기원전 399년 그리고 그 이후, 성벽 너머

알키비아데스: 그와 같은 사람은 없소. 그와 같은 사람은 과거에도 없었고 앞으로도 없을 것이라 생각하오. … 소크라테스 같은 사람과 그의 생각 같은 생각을 절대로 찾을 수 없을 것이오. 오늘날에도, 과거에도.

- 플라톤의 〈향연〉에서

보통 이런 상황에서는 관례상 하루 정도 시신을 보관한 후 가족이 시신을 매장할 수 있도록 넘겨준다. 그러면 여인들이 시신을 관에 옮기고 통곡하면서 망자의 저승길을 배웅한다. 장례식에서 여인들은 머리를 짧게 깎고 얼굴을 할퀴며 멍들 정도로 가슴을 치면서 통곡한다.[1] 하지만 당대의 자료는 소크라테스의 시신도 그의 아내와 자녀들도 다시 언급하지 않는다. 소크라테스와 관련해 가장 분명한 자료는 작은 파피루스 조각이다. 이 파피루스는 소크라테스의 고소사건을 자세히 기록한 진술서다. 결국 소크라테스의 재판 결과를 처음으로 기록한 사람은 플라톤도, 크세노폰도 아니라 글을 아는 노예였을 것이다.[2] 아마 이 노예는 페르시아인이었을 것이고 매일 아고라 중심부의 문서 보관소 메트룬 그늘에 앉아 한때 위대했

아테네에 있는 메트룬 유적지

던 민주주의 행정을 기록했을 것이다.[3] 소크라테스도 자기가 그런 기록을 통해 역사에 남게 되리라 짐작했을 것이다. 소크라테스는 끝까지 문자의 힘을 신뢰하지 않았지만 그가 죽은 후에도 그를 기록한 문자는 남았다.

후대의 자료에 의하면 아테네 시민들은 곧 잘못을 깨달았다고 한다.[4] 그들은 살해된 철학자를 위해 애도기간을 정했고 그 기간에 김나시온과 훈련장의 문을 닫았다. 소크라테스를 고소한 사람들은 사라졌고 멜레토스는 사형당했다. 소크라테스가 철학자로서 처음 발걸음을 내디뎠던 케라메이코스에는 그의 청동상을 세웠다. 눈치 없이 도드라져 보이는 이 청동상은 젊은이들이 모이고 종교행렬에 쓰는 종교물품을 모아두는 폼페이온 밖에 설치했다. 그곳은 소크라테스가 반세기 전에 판아테나이아 축전에 참가하려고 서 있었던 곳이자 외국인 철학자 제논과 파르메니데스의 이야기를 듣고 그들의 사상을 아테네에 전했던 곳이다. 아테네인들은 그렇게 그를 기렸다. 아테네 성벽 가장자리에서, 술 마시고 욕하고 성을 사고파는 곳에서, 남자들은 병사들을 추모하고 여자들은 옷감을 짜던 곳에서, 젊은이들이 새로운 사상을 받아들이고 새로운 사상가를 환영했으며 더 나은 미래를 상상했던 그곳에서 말이다.

소크라테스는 아테네의 민주주의 안에서 자신의 사상을 키울 수 있었다. 민주정 아테네는 평범한 사람에게 목소리를 주고 새로운 사상을 용납하는 도시국가였다. 그러나 아테네의 민주주의는 많은 비판을 용납했지만 데모크라티아 자체의 가치를 되묻는 비판은 용납하지 않았다. 더군다나 성벽도, 근사한 건물도, 종교의례도 아닌 내면의 영혼이 민주주의를 위대하게 만든다고 주장하는 사람의 비판은 들으려 하지 않았다.[5] 그런 사람의 입은 막아야 했다.

더 자세히 이야기해보자. 민주주의는 서로 얼굴을 아는 작은 집단이었다. 거리에서, 민회에서, 전함에서, 사창가에서, 법정 밖에서 어깨를 밀치며 서로의 소망과 열정, 두려움, 재능, 질투, 좌절, 편견에 물드는 작은 세상이었다. '개개인이 최대한 선해지지 않는다면 민주주의로도 선을 이룰 수 없다'는 소크라테스의 메시지는 그의 사형으로 구슬프게 구현되었다. 소크라테스의 유죄판결을 끝내 고집한 아테네가 옳았을 수도 있다(그의 사상은 아테네 민주정의 통념에 위협이 되었을 수도 있다). 소크라테스의 세계관에서는 그처럼 죽는 것도 옳은 일이었다.[6] 소크라테스는 절대 달아나지 않았다. 왜냐하면 그것은 옳은 일이 아니기 때문이다.

> 쾌락과 두려움 같은 것들이 덕에 더해지든 아니든 진정한 덕은 반드시 지혜와 함께 존재해야 하지. _플라톤의 〈파이돈〉

직접 민주주의에 희생되다

소크라테스가 죽었을 때 아테네는 피를 흘리고 있었다. 성벽은 허물어졌고 자신감과 재능, 자존감이 무너진 성벽 틈새로 새어나갔다. 소크라테스가 죽은 후 환멸을 느낀 플라톤은 메가라로 조용히 사라졌다. 어쩌면 그는 아테네가 정치적 열병에 들떠 있을 동안 눈에 띄지 않게 숨어 지냈을 수도 있다.[7] 소크라테스의 가까운 지원자였던 크세노폰은 (기원전 401년부터 줄곧) 아테네를 떠나 페르시아 영토(현재 이라크와 소아시아, 중동)에서 용병으로 싸우고 있었다. 소크라테스는 그에게 장교직을 맡지 말라고 충고했다. 소크라테스가 처형되던 순간에 스파르타군에 복무하며 스파르타군을 이끌던 크세노폰은 흑해 해안의 그리스 영토에 막 도착했다. 소크라테스에게 무척 깊은 인상을 받았던 메논은 그리스를 배반하고 페르시아의 품에 있었다. 절망과 수치의 시대였다. 세상이 거꾸로 뒤집혔다. 소크라테스는 이런 소용돌이의 주체이자 희생자였다. 그는 위대함과 잔인함이 공존했던 황금기 아테네의 모순을 잘 보여주는 사례가 되었다.

> 사람은 죽는다.
> 소크라테스는 사람이다.
> 그러므로 소크라테스는 죽는다.[8]

소크라테스는 분명히 생명이 유한한 인간이었다. 하지만 그의 영혼은 사그라지지 않았다. 우리가 여전히 그에 관해 쓰고 읽고 논쟁하기를 멈추지 않는 것을 생각해보라. 기원전 5세기는 거친 매력이 있었다. 시인과 작가, 정치가 들은 항상 이런 사실을 알아차렸다. 황금기 아테네에는 사람을 매혹하는 무언가가 있었다. 최초로 평범한 사람들이 권력의 무대에 섰다.

철학자들은 지혜를 추구하는 일을 업으로 삼았고 전략가와 장군 들은 자신의 판타지를 현실에서 수행했다. 남자들은 그들이 일으킨 전쟁의 전장에서 싸웠다. 사람들은 가능성을 실현했고 스스로 실현한 세상을 살았다.

사실 황금기 아네네는 우리에게 위안을 준다. 우리는 머나먼 과거에 인류가 완벽한 사회를 만든 적이 있다고 생각하고 싶어 한다. 인류가 그렇게 완벽한 때가 있었으니 다시 그럴 수 있으리라 생각하며 좋아하는 것이다.[9] 우리는 고대 아테네를 통해 공정하고, 질서 있고, 아름다운 사회를 바라는 우리의 열망이 충족되기를 원한다. 민주주의, 자유, 표현의 자유 같은 이데올로기가 한때 완벽하게 구현되었다고 믿고 싶어 한다. 하지만 아테네가 제아무리 독특하고 대단했다 해도 이상적인 민주주의를 실현하는 일은 도시국가 아테네와 그 역사가 짊어지기에는 너무 무거운 짐이다.

소크라테스는 찬란한 아테네 민주주의의 유아기와 성장기, 중년기를 겪었다. 그는 아테네 민주주의가 번창하고 변화하면서 시들고 죽었다가 다시 부활하는 광경을 목격했다. 그는 아테네 법에 따라 죽었다. 직접 민주주의의 열매이자 희생자였다. 그의 죽음은 우리에게 우리가 사는 세상을 사랑하고, 존중하고, 그 세상에 도전하라고 가르친다. 하지만 무엇보다 '타 에로티카', 즉 사랑에 관한 것, 선을 추구하게 만드는 사랑에 관한 모든 것을 기억하라고 가르친다.[10]

죽어서 사는 사람

신은 우리가 땀 흘리며 애썼을 때 덕에 이르도록 했다.

– 플라톤의 〈국가〉에서

아테네 중심부에 소크라테스의 무덤이 있다고 말하는 사람을 만나게 될지도 모른다. 사실 많은 방문객이 그곳을 찾아 소크라테스에게 경의를 표했다. 18세기의 수채화 중에는 그곳에서 기도하듯 머리를 숙인 여행단을 그린 그림도 있다. 하지만 이는 말도 안 되는 소리다. 이른바 '소크라테스의 무덤'은 사실상 거대한 시계탑에 불과하다. 그것은 바로 기원전 1세기 마케도니아 출신의 천문학자 안드로니코스가 지은 키르호스의 호롤로기온Horologion(로만 아고라 동쪽의 8각탑으로 내부는 물시계, 외부는 해시계, 꼭대기는 풍향계로 설계되었다_옮긴이)이다. 이 육중하고 당당한 8각탑에는 수염을 달고 날아다니는 형상들이 장식되어 있다. 이 건축물은 당시 새로운

키르호스의 안드로니코스가 시간을 재기 위해 기원전 1세기경에 세운 탑. 오늘날 여행객은 이곳을 소크라테스의 무덤이라 생각하고 경의를 표한다. ©Brigida Soriano/Shutterstock.com

측량기계인 물시계를 보관하려고 지은 건물이다.

내가 그곳을 방문했을 때 마침 호롤로기온은 보수 중이었다. 바람의 방향을 알려주는 청동 풍향계를 복원하는 공사를 하고 있었다. 해시계는 사라졌고 난간 아래 새겨진 형상들도 전문가의 손길이 필요한 듯 보였다. 공사에 쓰이는 발판과 회반죽 통이 바닥에 흩어져 있었다. 2,000년 동안 서 있던 이 탑을 복원하는 데 별로 서두를 필요가 없는 듯한 분위기였다. 하지만 호롤로기온 어딘가에 틈이 있어서, 자연의 물시계가 인간의 삶을 측정하며 계속 똑똑 울렸다.

어떤 의미에서 이곳은 소크라테스의 진정한 무덤이라 할 수 있다. 소크라테스는 눈금을 매긴 시간이라는 덫, 그 거짓 친구를 무척 경계했다. 문명이 낳은 시간은 우리에게 많은 것을 허락했지만 동시에 더 많은 것을 이루지 못하게 했다. 소크라테스는 측정된 시간으로 인간사를 인위적으로 규제하는 것을 멸시했다. 그는 자신의 목숨을 구할 반론 시간이 테라코타 물시계에 달려 있다는 우스운 생각에 분노했다. 하지만 그에게도 시간개념이 있었다. 바로 일생이라는 시간이었다. 그는 모든 사람이 지상에서 주어진 시간을 얼마나 잘 사용할 것인지 생각해야 한다고 했다.

그런 점에서 그리스어로 '바람의 탑'을 뜻하는 호롤로기온이 소크라테스의 기념관으로 부적합하다고 할 수 없다. 아테네의 로만 아고라 맨 위에 육중하게 털썩 주저앉은 이 건물은 시대를 가늠할 수 없는 특이한 건물이다. 하지만 이 건물은 오늘날까지 남아 있고 소크라테스의 이름도 동서양의 위대한 문명사에 살아남았다. 우리는 대개 소크라테스의 재판과 죽음에 주목하지만 사실 그는 끝까지 살아남은 역사의 생존자라는 점에 주목해야 한다. 기원전 399년 무렵 많은 아테네인이 파멸하거나 유명무실한 존재가 되었다. 하지만 소크라테스가 탈옥을 거부하고 아테네 법에 따라 독배를 마시기로 했을 때, 친구들에게 농담처럼 했던 말처럼 아무도 그를 파멸당한 자라고 부를 수 없다. 아테네의 모든 시민은 아테네 민주주의를 세운 건축가였고 소크라테스는 민주주의의 몰락과 부활을 지켜본 몇 안되는 목격자였다. 그는 호롤로기온처럼 많은 사건을 견디고 살아남았다.

소크라테스가 죽고 두 세대가 흐른 뒤 아리스토텔레스는 민주주의가 죽었다고 선언했다. 아리스토텔레스는 〈일리아스〉의 계급구조에 따른 위대한 전사정신으로 사회를 운영해야 한다고 생각했다. 그의 의견을 열렬하게 따른 제자가 바로 알렉산드로스 대왕이었다.

민주주의는 역사에 매우 미미한 영향을 미쳤다. 고대 민주주의는 고작 180년 정도 지속되었을 뿐이다. 아테네 중심부의 호롤로기온은 제국, 참주정, 군주정 등 다양한 정치제도의 흥망성쇠를 지켜보았다. 그리고 20세기가 되어서야 민주정이 다시 돌아왔다. 그동안 동방정교회, 초기 기독교, 이슬람교 등 세상에 존재하는 종교가 이곳을 스쳐 갔다. 오스만 제국 시대에는 데르비시 교도들(이슬람의 신비주의 종파로 빙글빙글 돌며 춤추는 의식을 한다_옮긴이)에게 이른바 '소크라테스 무덤'은 테케tekke였다. 테케는 터키어로 이슬람 신비주의 종파 형제단의 거주지나 중심지를 뜻한다. 그들은 이 테케 주위를 빙글빙글 도는 춤을 추며 영혼을 자유롭게 했다.

그리고 400년간 '소크라테스의 무덤' 맞은편에는 아테네의 위대한 이슬람 학교가 있었다. 그곳에서 이슬람교도들은 알라를 숭배하고 소크라테스를 찬양했다. 소크라테스는 단지 서양문명의 전통에만 속하지 않았다. 유명한 신비주의 철학자 이븐 알 아라비는 '나는 내가 모른다는 것을 안다'는 소크라테스의 격언을 높이 평가했다. 200권이 넘는 책을 쓴 알 라지(라틴명인 라제스로 널리 알려진 이슬람 철학자로 의학, 천문학, 화학 등 다방면에 걸친 연구 결과를 남겼다_옮긴이)는 소크라테스를 본보기로 삼았다. 아테네의 이슬람 학교는 200년간 계속 소크라테스의 문답법을 사용했다.

오스만 제국 시기에 이슬람 문화가 그리스를 근거지로 삼았을 때 소크라테스의 영향이 더 커졌다. 이슬람인들은 파르테논 신전을 '플라톤의 아카데메이아'라고 생각했다. 그곳에서 소크라테스의 신성한 제자들이 주옥같은 지식을 함께 나누었다고 생각했다. 그들은 제우스가 옥좌에 앉아 있는 동쪽 벽의 장식을 보고 플라톤이 대리석 옥좌에 앉아 있는 모습을 상상했다.[1]

우리는 이슬람이 '지혜의 근원'으로 소크라테스에 열광했던 사실로 미루어 볼 때 소크라테스가 서양에 영향을 미치기 전에 동양에 영향을 미쳤음을 알 수 있다. 그런 점에서 플루타르코스는 선견지명이 있었다. 그는 소크라테스를 이렇게 묘사했다. '아테네의 시민도 그리스의 시민도 아닌 세계의 시민으로 살았다.'[2]

소크라테스는 동서양의 구분을 벗어난다. 이슬람 공동체의 통치자 칼리프의 궁정에서도, 르네상스 시대 공작의 궁정에서도 그의 사상을 열정적으로 다루었다. 이탈리아의 인본주의 철학자 마르실리오 피치노는 소크라테스 방식의 세미나를 피렌체에서 따라 했으며 콥트 알렉산드리아(이집트 알렉산드리아. 마케도니아의 알렉산드로스 대왕이 건설한 도시로 거대한 도서관이 있는 고대 학문의 중심지였는데, 초기 기독교가 전파되면서 기독교 신학의 터

전이 되었다. 콥트는 원래 이집트인을 가리키는 말이었으나 7세기 이슬람이 이집트를 점령한 후부터는 초기 기독교의 한 분파인 콥트교를 믿는 이집트인을 일컫는 말이 되었다_옮긴이)의 학자들도 마찬가지였다. 현존하는 가장 오래된 플라톤의 필사본(10세기의 것)도 모로코 북부 도시 페스의 시장 뒤편에 있는 카라우인 모스크Karaouine Mosque(859년에 설립된 세계에서 가장 오래된 대학이다_옮긴이) 도서관에 있다. 필사본 모서리가 비스킷처럼 바스러지지만 내부는 멀쩡하다. 플라톤(아랍어로는 아플라토네스)은 소크라테스가 미국과 유럽에서 누리는 인기만큼이나 인기 있는 이슬람 이름이다. 우리가 소크라테스를 인정하든 안 하든, 소크라테스에 사형을 선고한 아테네가 정당하다고 생각하든 안 하든 우리는 그를 기억해야 한다. 그는 우리의 유산이며 또한 우리가 지혜와 '올바름'을 좇을 때 우리의 삶이 더 나아질 수 있음을 생각하게 한다. 우리가 삶에 모든 해답을 알고 있는 척한다면 우리는 정말 무지한 것이다.

> 소크라테스: 죽음이 인간에게 일어나는 일 중 가장 좋은 일일지도 모르는데 사람들은 죽음을 가장 해로운 악이라 믿으며 두려워하지. 결국 이것이 가장 부끄러운 무지가 아닌가? 사람들이 모르는 것을 자신은 안다고 생각하는 것 말일세. _플라톤의 〈소크라테스의 변명〉

소크라테스는 이상한 영웅이다. 그는 문명의 익숙한 리듬을 거스르는 삶을 살았다. 전쟁, 독재, 실험, 확실성, 새로운 문제에 해묵은 해결책을 내놓는 그 뻔한 리듬에 의문을 제기했다. 그럴 때마다 우리는 답을, 결말을 찾는다. 하지만 소크라테스는 질문을 할 뿐이다. 그의 악명 높은 경구, '묻지 않는 삶은 살 가치가 없다'는 우리를 자극하는 동시에 성가시게 한다. 소크라테스는 의무와 욕망, 정치와 개성, 성과 지성, 남자의 힘과 여성의 능력, 원칙과 현실을 주제로 토론했다. 그의 토론은 오늘날 우리의 삶에도 유효하다. 그는 모순을 끌어안았으며 인간으로 사는 일, 즉 현실에 나타나는 극단적인 인간 조건을 즐겼다.

기원전 5세기에 모순적이며 극단적인 그리스는 그의 사상에 불을 붙인 발화점이었다. 소크라테스가 죽고 5년이 지난 뒤 아테네는 한때 적이던 페르시아와 동맹을 맺었다. 뒤죽박죽인 이 정책의 결과 아테네 장군 코논이 스파르타 함대를 물리쳤고 페르시아를 승리로 이끌었다. 10년간 제해권을 장악했던 스파르타는 다시 예전처럼 육지에 고립되었고 유명무실해졌다. 다시는 스파르타의 용맹으로 아테네의 정신과 겨룬다고 주장할 수 없게 되었다. 페르시아는 아테네의 상징인 성벽 재건을 도왔다. 기원전 404년 스파르타인이 신 나게 무너뜨렸던 아테네 성벽은 그렇게 재건되었다. 소크라테스의 일생은 자치적이며 관용이 넘치는 민주주의 도시국가 아테네를 탄생시켰던 사상, 민주주의 이념이 등장했다 사라진 역사와 궤를 같이했다.

■ 프롤로그

1 소크라테스는 평생 개인의 도덕성을 탐구했다. 그가 쾌락과 덕을 최고선으로 추구했다는 Rudebusch(1999)의 글을 보라.

2 프시케는 고대 그리스어로 생명력 또는 숨을 뜻한다. 나비를 의미하기도 한다.

3 '소크라테스는 어느 시기든 어느 장소든 우리가 무엇을 하고 어떤 고통을 당하든 우리의 삶에는 철학의 자리가 있다는 것을 보여준 최초의 인물이다.' Plutarch, *An seni respublica gerenda sit*, 796e.

4 소크라테스는 십자가형을 받을 수도 있었다. 물론 십자가형은 노예 같은 하류층에만 집행되었을 것이다. 독당근즙을 마시는 것은 자비로운 형벌이었다. 하지만 죽음을 고통의 정도에 따라 구분한다면 독살은 십자가형보다 조금 친절한 형벌일 뿐이었다. 다비드가 그린 '소크라테스의 죽음'은 많은 점에서 실제보다 낭만적으로 표현되었다.

5 플라톤은 바그다드의 지혜의 집(지금의 이라크 바그다드에 있던 중세 이슬람의 연구기관으로 그리스의 철학, 수학, 천문학 등을 번역하고 연구했다_옮긴이)에서 활발하게 연구되었던 고전 저자다. 이슬람교도들은 오늘날에도 아이들에게 아플라토니온이라는 이름을 붙인다.

6 우리는 민주주의가 고대 아테네의 가장 위대한 유산이라고 쉽게 믿어버리곤 한다. 하지만 사실 서구 역사는 민주주의를 끊임없이 거부해왔다. 오히려 플라톤(그를 반민주주의자로 해석하기도 한다)의 사상, 어쩌면 소크라테스의 사상이 훨씬 더 질긴 생명력을 보였다. 소크라테스의 제자들은 안티스테네스, 키니코스학파인 시노페의 디오게네스, 크세노폰, 에우클레이데스, 아리스티포스이다. 플라톤의 다음 대화편은 소크라테스를 중심적으로 다룬다는 점에서 서로 연관이 있다. 〈테아이테토스〉 - 〈에우티프론〉 - 〈소크라테스의 변명〉 - 〈크리톤〉 - 〈파이돈〉. 이교도의 지역이든 일신교를 받들던 지역이든, 동양이든 서양이든, 소크라테스의 사상은 인간이 어떻게 살아야 하는지 알려주는 지침이 되었다. 무엇보다 그의 대화법은 다시 부활시킬 만한 가치가 있다. 소크라테스의 대화법이 학교와 대학에서 다시 유행하고 있다. www.Socraticmethod.net 참조.

7 '너 자신을 알라', '가장 중요한 것은 그냥 사는 것이 아니라 바르게 사는 것이다.' 철학자 루이스 나비아는 소크라테스의 이런 목표를 멋지게 표현했다. '자기이해는 덕으로 들어가는 문을 여는 열쇠이다. 그 열쇠로서의 자기이해는 자기 영혼 속에서만 손에 넣을 수 있다. 자기이해로 이끄는 길은 좁고, 험하고, 가파르다. 그래서 많은 사람은 그렇게 험한 길을 택해 고생하기를 원치 않는다. 타성에 젖은 그들의 지성과 황폐한 영혼은 그 길을 가려 하지 않는다. 여기에서 죄책감이 비롯된다. 그러니까 소크라테스가 인간 존재의 수수께끼를 푸는 유일한 방법이라고 생각한 길을 저버린 데서 우리의 죄책감이 시작된다. 무엇보다 소크라테스 같은 사람이 제공한 기회를 저버렸다는 것을 생각하면 무척 비난받을 만한 일이다.' Navia(2007), 234.

■ 1막 사건 발생 장소 그가 사랑한 도시 아테네

★ 1장. 물시계, 심판의 시간을 알리다

1 501명 배심원 제도는 이로부터 몇 년 후인 기원전 4세기에 도입되었다는 설이 있다. Thomas C. Brickhouse and Nicholas D. Smith (eds.)(2002) *The Trial and Execution of Socrates: Sources and Controversies*(Oxford: OUP) 참조.

2 Herodotus, 1.155, 156; 3.25, 29, 59; 4.203, 204; 6.9, 17, 94; 8.126; and Aristotle, *Politics*, 1.4 1253b23. Hunt (2002), 42 n.13 참조.

3 이 시기 노예의 등장은 논쟁의 대상이다. Pseudo-Xenophon, *Constitution of the Athenians*, 1.10에서는 노예를 보통 시민과 다를 바 없이 묘사한다. 노예 중에는 분명히 옷을 잘 입는 노예도 있었겠지만 대다수는 노예임을 쉽게 알 수 있었을 것이다. 대부분 그리스 혈통이 아닌데다 여자 노예는 머리를 짧게 깎았기 때문이다. Deighton(1995), 56; Osborne(2004), 18; Gray(2007), 192; Patterson(2007), 156 참조.

4 물시계는 여러 외부 지역의 다른 곳에도 설치되었다. 하지만 거대한 물시계가 최초로 설치된 곳이 아고라 중심부에 있는 헬리아이아(아레오파고스의 사법권이 축소되면서 아테네의 다양한 재판을 주관했던 곳으로 서른 살이 된 일정자격을 갖춘 남자 중에서 제비뽑기로 뽑은 총 6,001명의 배심원으로 구성되었다. 6,001명이 모두 모이는 재판은 드물었고 디케라 불리는 민법재판은 200~400명, 그라페라 불리는 공법재판에는 500명의 배심원이 참여했다_옮긴이) 법정의 북서쪽 외벽이었다는 것도 주목할 만하다.

5 최근 여러 이론으로는 아마 이곳에서 소크라테스가 재판받았을 것이다. 또 다른 의견으로는 최고 재판소인 아레오파고스(기원전 5세기 이전 아레오파고스는 전직 아르콘들이 모인 협의체였지만 기원전 5세기 정치개혁으로 살인과 방화 재판을 주관하는 곳으로 권력이 축소되었다. 아이스킬로스의 비극에서 오레스테스가 재판받은 곳도 이곳이다_옮긴이)에서 재판받았을 것이란 설도 있다. 플라톤이 묘사한 법정 배경으로 보았을 때 그럴 가능성은 적지만 말이다. 아레오파고스는 원래 아테네를 '더럽힌' 문제를 다루려고 세운 법정이었다. 혹은 '태양법정'이라 불리는 헬리아이아에서 재판받았을 것이란 의견도 있다. 헬리아이아는 아직 발굴되지 않았지만 아고라 남서쪽 끄트머리에 있었을 것으로 추정된다

(헬리아이아는 직사각형 모양의 네 벽에 둘러싸인 지붕 없는 건물이었다). 기원전 5세기 후반의 것으로 추정되는 법정들이 아고라 북동쪽 외곽, 재건축된 아탈로스의 스토아(기원전 2세기 소아시아 페르가몬 왕국의 아탈로스 2세가 기증한 것으로 현재 아고라 박물관이 자리 잡고 있다. 현재의 건물은 1966년 복원된 것이다_옮긴이) 아래에 있었던 것으로 확인된다. R. Townsend, *Athenian Agora XXVII. The East Side of the Agora: The Remains beneath the Stoa of Attalos*(1995).

6 아테네 주택은 작고 비좁았던 것으로 유명하다. 부유한 시민들의 집도 마찬가지였다. 대부분 목조 뼈대의 평지붕 건물(2층 집도 더러 있었다)로 흙벽돌로 쌓은 벽과 흙바닥으로 이루어졌다. 규모가 더 큰 집에는 작은 정원도 있었을 것이다. 아리스토파네스의 〈벌〉에는 노인 필로클레온이 법정에 가려고 이런 집을 빠져나오려 하고, 노예들이 한사코 그를 집 안에 붙들어두려는 장면이 등장한다. Tucker(1907), 29; Jones, Sackett and Graham(1973), 75~114; Deighton(1995), 15, 18; MacDowell(1971), 148에서 아리스토파네스에 관한 글.

7 기원전 4세기 어느 여성의 묘비석에는 '헬레네의 미모'와 '소크라테스의 영혼'을 지녔다는 찬양 문구가 새겨지기도 했다.

8 Pericles' *Funeral Speech*, Thucydides, 2.64.

★ **2장. 아테나의 도시**

1 기원전 8세기 동안 그리스의 전쟁방식이 달라졌다. 혼자 싸우는 전사 대신에 비슷한 무장을 갖춘 병사들의 대열이 등장했다. 대개 8열 밀집대형으로 싸우는 이 병사들은 그들의 갑옷과 방패인 호플론에서 이름을 따 호플라이트(중무장 보병)라 불렸다. 그들은 금속 흉갑과 금속 정강이받이, 긴 창, 크고 둥근 방패로 무장했다. 또한 볏 달린 투구를 써서 키가 커 보였다.

2 자립에의 강한 믿음은 노예제를 공고히 하는 구실이 되기도 했다. 그리스의 자유민이 자유노동시장에 들어가기란 무척 어려웠다.

3 발칸은 오스만튀르크어로 '숲이 우거진 일련의 산맥'이라는 뜻이다.

4 하지만 이 시기를 그리스의 '암흑시대'라 부르는 것은 부정확하다. 최근 그리스 에보이아 섬의 레프칸디에서 발굴(2008년 여름)한 것을 보면 도시국가 내부의 문화는 활기차고 수준 높았다. 공동묘지에 묻힌 여자들은 정교한 목걸이와 순금으로 만든 가슴 덮개를 착용했다. 남자들의 묘에서는 화려하게 장식된 항아리들이 나왔다. 하지만 기원전 1600~1200년 사이에 번성했던 그리스의 후기 청동기 문화인 화려한 궁전 문화와 정교한 공예술은 아니었다. 아이린 렘노스의 발굴을 참조하라. 레프칸디 발굴은 2003년에 재개되었다. www.lefkandi.classics.ox.ac.uk/ 이 시기에 키프로스는 음절문자 체계를 지켰음에 유의하라.

5 기원전 510년경에 보편적인 문자는 아카드어였고 엘람어는 국제어였다.

6 Herodotus, 8.100.

★ 3장. 데모스 크라티아, 새로운 민주주의

1 소크라테스도 이곳에서 1년간 일했고 하루 동안 의회의 의장으로 뽑힌 적이 있다. Xenophon, *Memorabilia*, 1.1.18.

2 정치단위로서 데모스가 기록된, 현존하는 가장 오래된 유물이 최근에야 복원되었다. 이 유물은 돌 덩이에 새겨졌으며 글자의 높이가 2.5센티미터다. 데모스가 기록된 돌덩이의 반쪽은 아테네의 국립 비문 박물관 창고에 수십 년간 머물러야 했다. 파편은 너무 많지만 연구할 학자들이 충분치 않았기 때문이다. 부서진 반쪽을 집어 들어 '모스'와 '데'를 합체할 수 있다. 현재 조각을 재분류하고 있다.

3 이 구절의 기원에 관해서는 의견이 분분하지만 기원전 5세기의 중국 속담에서 유래했다는 설이 가장 그럴듯하다.

4 호메로스의 웅장한 시와 그 시에 그려진 헬라스 디아스포라의 서사(그리스인들이 무역과 전쟁, 정복을 위해 지중해 연안의 이국땅으로 퍼져나간 이야기)에는(그리고 고고학적 기록으로 확연히 드러난 새로운 '황금시대', 그리스 문화의 르네상스가 도래하기 전인 기원전 1000~700년의 침묵 속에는) 황금시대를 향한 강렬한 향수와 은밀한 실망감이 표현되어 있다.

5 Aristotle, *Athenian Constitution*, 5.3. Trans. P. J. Rhodes(1984).

6 Solon Frag. 6W = Aristotle, *Ath. Pol.*, 12.2. Trans. P. J. Rhodes(2002) [adapt.].

7 Cat. ref. 3477.

8 스파르타인들은 변화를 좋아하지 않았다. 기원전 6세기, 스파르타는 귀족 가문으로 이루어진 전통적인 왕조가 아닌 참주가 다스리는 도시국가가 있다면 내정간섭을 하곤 했다. 이 시기에는 리디아에서 유래한 단어인 티라노스(참주)가 오늘날처럼 부정적인 의미로 쓰이지 않았다. 참주들이 민중을 후원할 때도 많았다. 기원전 510년 뇌물을 받은 델포이 신탁은 스파르타를 설득해서 아테네 귀족 가문의 경쟁에 간섭하도록 했다. 이사고라스가 스파르타의 힘을 빌렸다 해서 그가 스파르타를 확고하게 지지한 것은 아니었다. 그는 자신의 세력을 확장하려고 실용적인 관점에서 동맹을 맺었을 뿐이었다.

9 Ober, Raaflaub, and Wallace (co-authors)(2007), 54. 아테네 민주주의의 기원에 관한 최신 연구로는 이 책에 비교할 만한 것이 없다.

10 Hanson(1986); (1991), 69~71.

11 기원전 331~330년에 데모크라티아, 운명의 여신 티케, 평화의 여신 에이레네에게 바친 제물에 관한 기록도 있다. (IG II 2, 1496. 131, 140~141). Smith(2003), 7도 참조.

12 솔론의 개혁 100년 후 아레오파고스 회의에 참가했던, 이해관계가 얽힌 오랜 가문들, 민중의 수호자로 뽑혔던 가문들은 자기 이익을 위해 일하는 듯 보였다. 결국 아레오파고스 회의의 많은 이가 사라지거나 도편추방되었고 회의는 폐지되었다. 신보수주의 반동혁명의 움직임이 분명히 있었다. 진정 완벽한 직접 민주주의는 받아들이기에는 너무 거대하고, 두려운 개념이었을 것이다. 정치적으로 불확실한 시대였다.

13 스파르타인은 기록을 남기지 않아서 우리는 외부인이 바라본 스파르타 사회에 관한 자료에 의존할 수밖에 없다. 역사학자 폴 카트리지Paul Cartledge는 이러한 '스파르타 신기루' 때문에 겪는 어려움을 저서 *Spartan Reflections*(2001)에서 다룬 바 있다.

★ 4장. 아고라에 선 소크라테스

1 Theophrastus(기원전 372~287년), *Enquiry into Plants*.

2 기원전 395~375년경의 우물로 추정되는데, 현재 발굴이 진행 중이다. 아테네의 미국 학회 웹사이트를 참조하라. www.asca.edu.gr.

3 시몬이 역사적으로 실존했는지는 논쟁의 여지가 있지만 최근 연구는 그를 실존인물로 보는 경향이 있다. 시몬의 생몰연도를 기원전 450~410년으로 추정한다. 실존인물 시몬과 그의 영향에 관한 유용한 연구는 Sellars(2003)를 참조하라.

4 Luis E. Navia, *Antisthenes of Athens; Setting the World Aright*(2001)는 시몬의 가상 대화로 끝맺는다.

5 소크라테스는 내면의 신성한 영감 덕택에 선견지명을 얻어 이러한 변화에 대처할 수 있었다. 신의 손길인지는 의심스럽지만 그 지방의 상황에 딱 들어맞았다.

6 기원전 5세기에는 친구나 이방인을 우연히 만나는 것도 미래의 전조라 믿었다. 소크라테스도 그런 생각을 믿었다. 하지만 그는 거기에다 자신만의 독특한 해석을 덧붙였다.

어떤 사람들은 자기에게 경고하는 목소리를 '새'라고 부르기도 하고 '징조' 혹은 '예언'이라 부르기도 하지만 나는 그것을 '신성한 영감'(다이모니온)이라 부른다네. 그리고 나는 그 목소리를 새라고 부르는 것보다 신성한 영감이라고 불렀을 때 더 진실하고 경건하게 대답할 수 있다고 생각하지. 사실 나는 신에 거짓을 말하지 않는다는 증거를 갖고 있다네. 내가 신의 충고를 많은 친구에게 들려주긴 했지만 내가 거짓으로 말한 것을 본 사람은 절대로 없을 걸세. –Xenophon, *Apology*, 13. Trans. J. A. Martinez (2002).

많은 사람이 우연한 만남이나 새를 통해 어떤 일을 '조심하라는 주의를 듣거나' 어떤 일을 '하라고 격려를 받았다'고 말하지만 소크라테스는 이를 두고 '신이 신호를 보냈다'고 표현했다.
–Xenophon, *Memorabilia*, 1.1.4. Trans. J. Fogel (2002).

7 Zaidman, Pantel and Cartledge(1992), 55 참조.

8 플라톤이 이렇게 말한 이유는 소크라테스가 소피스트가 아니라는 것을 증명하기 위해서였다.

9 Frag. 12 Kock (Giannantoni I A2).

10 감옥의 정확한 위치는 여전히 논란이 되고 있다. 감옥 건물의 대리석 바닥이 거친 이유는 당시 장인들이 서둘러 작업을 마쳤거나, 죄수들을 힘들게 하려고 일부러 바닥을 거칠게 만들었던 것 같다.

11 소포클레스는 기원전 406년 에우리피데스가 죽고 나서 몇 달 후 죽었다(Aristophanes, *Frogs*, 82 참조). 디오니소스 대축전에서의 마지막 경연대회에서 그는 에우리피데스의 죽음을 애도하려고 합창단과 배우에게 상복을 입혔다. *OCD* (3rd edn.), 1422~1423 참조.

12 당대의 유명인사 중 플라톤만 살아남았다. 그는 소크라테스의 제자를 자칭했으며(*Apology*, 34a) 소크라테스의 재판에서 크리톤, 크리토불로스, 아플로도스와 함께 소크라테스의 사형 대신 30므나 (1므나는 100드라크메의 가치에 해당하는 은화. 1드라크메는 6오볼로스였으며 당시 숙련공의 하루 임금이 1드라크메였다고 한다. 옮긴이)의 벌금을 제안했다(*Apology*, 38b). 플라톤도 노예로 팔려간 적이 있다. (원래 마케도니아의 스타기로스 출신인) 아리스토텔레스는 아테네에서 추방된 후 사망했다.

★ 5장. 스토아 바실레이오스

1 이런 번역상의 문제 때문에 몇몇 중세 아랍 기록은 소크라테스가 왕에게 살해되었다고 주장한다. 최고 집정관(왕 집정관)은 고소를 듣고 법 집행을 시작하는 역할을 맡았다.

2 Isocrates, *Address to the Areopagus*, 30.

3 Demosthenes, *First Philippic*, 35.

4 이곳에는 입법자 드라콘의 선언도 있었다고 한다. 아테네인 드라콘의 이름에서 '매우 엄격한'이란 뜻의 영어단어 'draconian'이 나왔다.

5 아고라 발굴에 관해서는 아테네 미국 학회의 출판물과 웹사이트를 참조하라.

6 Plato, *Theaetetus*, 210d. 또한 용기에 관한 이야기로 끝맺는 Plato, *Statesman*을 참조하라.

7 Stroud(1998).

8 Aristophanes, *Clouds*, 770; *Wasps*, 349; Isocrates, 15.237; Demosthenes, *Against Midias*, 103. 또한 Stroud(1998), Sickinger(2004)를 참조하라.

9 이 기념물은 기원전 421년에 창작된 Aristophanes, *Peace*, 1183~1184에도 언급되었다.

10 기원전 411년 아테네는 공포에 사로잡혔다. 테라메네스와 안티폰, 페이산드로스가 주축이 된 과두파 정변으로 정치적 살인이 빈번했다. 그들은 결국 100년의 민주주의를 전복시킬 발의를 통과시켜 기존 기구들을 해체하고 400인 과두정으로 대체했다. 아테네의 민주주의는 기원전 410년 잠시 회복되었다가 기원전 404년 다시 전복되었다. 이러한 민주정의 몰락에 테라메네스가 중요한 역할을 했다. 페이산드로스는 기원전 415년 헤르메스 흉상 훼손 사건을 기회로 정치에 입신한 인물 중 하나이다. Meier(1999), 558 참조.

11 시코판타이는 그리스어로 '무화과를 밀고하는 사람'을 뜻한다. 아마 아테네인들이 척박한 땅에서 나는 산물 중 오직 올리브만 수출할 수 있었던 데서 비롯된 표현인 듯하다. 무화과가 가끔 몰래 밖으로 수출되기도 했는데 이 밀수업자들을 밀고하는 사람이 '무화과를 밀고하는 사람'이다. 따라서 영어의 'sycophant(아첨꾼)'는 상당히 변형된 의미라 할 수 있다.

12 이 사실을 지적해준 제임스 데이비슨에게 감사를 전한다.

13 Diogenes Laertius, *On the Lives and Opinions of Eminent Philosophers*, 2.40 에 인용된 고소장이다. Plato, *Apology*, 24b; *Euthyphro*, 3b; Xenophon, *Memorabilia*, 1.1.1, 1.2.64; *Apology*, 10에도 비슷한 내용이 실려 있다. 소크라테스의 고소장이 처음 낭독되

었을 때 자리에 있던 사람들은 소크라테스와 집정관 그리고 그 이름이 기록되지 않은 한두 사람의 증인이었다. '고소한다'는 것은 누군가에 '신에 맹세코 고소장을 쓴다'는 뜻이기도 하다.

★ 6장. 희생제의

1 *Hesperia*, 40(1971), 50판의 *The Athenian Agora Site Guide*, http://www.attalos. com/cgi‑bin/feature?lookup=siteguide:26과 http://www.attalos.com/cgi‑bin/ image?lookup=1997.01.0512를 참조하라. 해마다 아르콘들이 서약의 돌 위에 서서 아테네의 법을 준수하겠다고 서약했던 것은 분명하다. 서약의 돌 표면으로 보아 이 돌이 수세기 동안 많이 사용되었던 것은 확실하지만 희생제의가 정확히 어디에서 이루어졌는지는 확실치 않다. 희생제의는 분명히 가까운 곳에서 이루어졌을 것이다.

2 Aristotle, *Ath. Pol.*, 57.2에 의하면 아르콘이 살인재판을 실외에서 주관할 때는 화관을 벗었다고 한다. 따라서 소크라테스의 재판에서는 화관을 쓰고 있었을 것이다.

3 Miller(1989)에서도 특히, p. 321을 참조하라.

4 IG13 40 (ML 52), 3~4; Andocides, *On the Mysteries*, 1.97; Lycurgus, *Against Leocrates*, 79.

5 Ober(1991), 142 참조.

6 기원전 5세기 후반부터 4세기 후반까지 배심원들에게 하루 임금으로 3오볼로스를 지불했다. 페리클레스 치하에서 2오볼로스로 시작되었는데 기원전 430년대 혹은 420년대에 3오볼로스로 인상되었다. Ober(1989), 142 참조.

7 다수결의 원칙(그것도 태생이나 재산, 무공, 운동경기에서의 우승 여부와 관계없이 뽑힌 사람들의 투표로)으로 한 사람의 운명을 결정하는 것은 인류역사상 결정적 변화였다. 아테네인들은 몰랐겠지만 그후 2,500년간 많은 사람이 이 북적이는, 빈번한 회합에서 '서양'이 탄생했다고 생각했다. 하지만 아테네인들은 자신들에게 책임과 힘이 있다는 것은 알고 있었다. 이 제도는 아테네에서 100년 가까이 존재했다.

8 아테네인들은 법정을 원활하게 운영하려고 비전문가들의 손을 빌렸다. 법정에 도착하면 이름이 가득 담긴 상자들(부족당 하나씩 총 10상자)에서 자기 이름이 뽑힐 수도 있고, 뽑히지 않을 수도 있다. 이렇게 뽑힌 사람 중 1명에게는 물시계를 지켜보는 일, 5명에게는 배심원들의 수당을 정리하는 일, 4명에게는 표를 세는 일 등 법정의 다양한 업무를 시민에게 맡겼다.

9 Demosthenes, *Against Neaira* 66, 아폴로도로스가 코린토스 출신 창녀를 고소한 소송을 다룬 글에는 이런 구절이 있다. '원고가 모이코스(성적으로 방탕한 자)임이 밝혀지면 원고의 보증인들은 원고의 범죄를 발견한 사람에게 원고를 넘겨주어야 한다. 그러면 그자는 모이코스에게 하는 것처럼 법정에서 원고를 마음대로 처분할 수 있다. 칼만 사용하지 않는다면.' Ps‑Dem 59도 참조.

10 당시에는 변호사도, 법정변호사도, 칙선변호사도 없었다. 피고는 스스로 변론해야 했다. 소크라테스가 이 상황에서도 흔들리지 않았다는 사실은 그의 독특한 인생관을 잘 보여주는 사례가 되었다.

소크라테스는 분명히 확신과 독특한 자신감을 지닌 인물로 보인다.

분명히 나는 이 사람보다 더 현명합니다. 우리 둘 중 누구도 자랑할 만한 지식이라곤 가지지 못했습니다만 이 사람은 자신이 모르는 것을 알고 있다고 착각하는 반면 저는 저의 무지를 잘 알고 있지요. 어쨌든 제가 모르는 것을 안다고 착각하지 않는 점에서만큼은 이 사람보다 현명한 것 같습니다.

-Plato, Apology, 21d. Trans. H. Tredennick(1954).

소크라테스의 논리는 매혹적이다. 일단 올바른 방법이 무엇인지 머리로 고민하고 이해하고 나면 영혼이 행동할 수 있다. 삶은 옳고 좋은 결정의 축적물이다. 소크라테스는 우리에게 지식으로 아레테, 즉 덕과 개인의 행복을 이룰 수 있다고 말한다. 덕은 곧 지혜이다. 무지를 피하려고, 좋은 일을 하려고 우리가 할 수 있는 모든 일을 한다면 마음의 평화는 저절로 생긴다. 그는 분명히 특이했지만 세상에서 '올바름'을 찾는 일에 혼신을 다했다. 그는 분명히 침착했으나 절대로 고뇌하는 피고가 아니었다.

★ 7장. 견제와 균형

1 비밀투표제도는 정에 끌린 인사를 막고, 내전의 악몽 같은 기억을 떨쳐버리려고 도입되었다. 아테네에는 공정함을 보장하기 위한 다른 방법도 있었다. 8장과 9장에서 언급된 페이토에 관한 부분을 참조하라.

2 아테네 사법제도의 이러한 측면에 관한 자세한 논의는 시카고 대학교 크리스토퍼 A. 파레이언의 연구를 참조하라. 그의 『고전기 아테네 법정의 저주와 사회 통제Curses and Social Control in the Law Courts of Classical Athens』는 1998년 6월 뮌헨의 역사연구소에서 처음 발표되었다.

3 DTA, 107, Attic, late fifth or early fourth century BC (DTA = R. Wunsch[1897], *Defixionum Tabellae Atticae*, Appendix to Inscriptiones Graecae III, Berlin).

4 즉 신들은 제비뽑기로 자신들의 뜻을 표시한다.

5 아테네는 소송이 극도로 많은 사회였지만 변호사는 없었다. 아테네인들은 스스로 변론해야 했다. 경우에 따라서 친구에게 도움을 청할 수도 있었다. 친구와 친척이 피고에게 배당한 시간에 발언할 수 있었다.

★ 8장. 아르콘 바실레우스의 종교법정

1 Hansen(2006).

2 'Power to the People', in Ober, Raaflaub and Wallace(2007)에서 신시아 퍼라르가 지적한 바이다.

3 소크라테스는 사실 칠십 평생 중 60년(기원전 462~411년, 410~404년, 403~399년) 동안 아테네에 세워진 데모크라티아 제도에 반대했다. 철학적으로 그는 평등의 무결점을 인정하지 않았다. 그래서 소크라테스는 제비뽑기에 의구심을 품었다.

4 플라톤의 판단에 의하면 소크라테스는 다수의 절대권력이 아니라 전문가에게 정치를 맡겨야 한다고 믿었다. 구두장이 시몬과 그의 우정에서도 이 점이 잘 드러난다. 시몬은 자신이 무엇(구두 만들기)을 잘하는지 알았고 그 일을 계속했다. 소크라테스는 그 점을 인정했다. 또한 소크라테스는 '완벽한' 병사가 되는 데 집중하는 스파르타인들에게도 매료되었던 것으로 보인다. 소크라테스는 그것이 합당하다고 생각했다. 이것저것 어설프게 다 하는 사람보다 특히 잘하는 일을 하는 편이 낫다고 생각했다. 정치권력에 관한 그의 견해는 선견지명이 있어 보인다. 사실 오늘날 우리의 민주주의가 그런 방식이다. 소크라테스는 전문 정치인들이 다수를 대신해 국가를 운영하는, 요즘의 제한된 '서구식' 민주주의(선의의 독재정치)를 최고의 제도로 여겼을 것이다. 소크라테스를 죽인 민주주의는 1,500년 넘게 스스로 부끄러워했다. 시인 윌리엄 워즈워스는 1794년에 이렇게 썼다. '나는 민주주의자라 불리는 혐오스러운 부류에 속한다.' 영국의 교육부 장관을 지냈던 로버트 로(1811~1892년)는 도시근로자와 소시민까지 선거권을 확대하려는 1867년 선거법 개정안에 반대하면서 이렇게 말했다. '수세기 동안의 영웅적 업적과 수많은 지성으로 이룬 훌륭한 업적을 고작 혁명적 열정이나 감상적 휴머니즘에 바쳐서는 안 된다.…역사에는 이보다 더 참혹한 시도가 많았지만 이처럼 방탕하고 수치스러운 생각은 없을 것이다.' Roberts(1994) 참조.

5 궤변이 문제였다. 그리고 많은 사람, 시코판타이들이 돈을 벌 요량으로 소송을 제기했다. 하지만 소크라테스의 죄목은 매일 벌어지는 강간, 토지소유권 분쟁, 살인, 좀도둑보다 훨씬 심각했다. 신을 능멸하고 아테네 도시의 꽃인 젊은이들을 타락시킨 죄는 절대로 가볍게 여길 고발이 아니었다.

6 이는 스파르타 왕 클레오메네스가 (페르시아에 저항하는) 이오니아 그리스인들을 돕기를 거부한 다음 많은 아테네인이 이오니아 그리스인들을 도왔던 일화를 말한다. Herodotus, 5.97.

7 당대의 문헌에서 고소인 중 아니토스에 관한 증거만 찾아볼 수 있다. 멜레토스와 리콘은 정치적 모사꾼들의 고용인일 수도 있다.

8 이 같은 공법재판은 거의 온종일 걸렸다. Lanni(2006), 37 n.102 참조. 증인의 증언은 거의 중요치 않았다. 중요한 것은 연설이었다. 원고가 처음 연설을 했는데 연설시간을 물시계로 측정했다. 물시계는 원고가 연설을 하는 동안 흘렀으며 원고가 증거를 읽을 때에는 잠시 멈추었다. 연설에 배당된 시간은 물시계에 담긴 물의 부피로 측정되었다.(1쿠스khous는 대략 3리터) 오늘날 유일하게 남아 있는 아테네의 물시계로 보건대, 2쿠스의 물이 다 흐르려면 대략 6분이 걸린다. 이 수치로 판단하면 공법재판에서 연설시간은 대략 두 시간이라고 말할 수 있다. Todd(1993), 130~133 참조.

9 기원전 433년에는 메톤이 프닉스 언덕에 해시계를 설치했다. (Munn[2006], 201). 메톤과 소크라테스에 관해서는 Plutarch, *Alcibiades*, 17.4~5 Munn(2006) 참조.

10 Aristophanes, *Clouds*, 743~745에서 소크라테스의 대사이다. McLeish(1979)의 다른 번역도 참조할 만하다. '요리조리 빠져나가지 마라. 막다른 골목에 이르거든 / 분석의 방향을 돌려 되돌아오라 / 가장 가까운 생각의 교차로에서 주위를 둘러보라 / 새로운 방향을 잡고 다시 시작해라.'

★ **9장. 페이토, 설득의 힘**

1 현존하는 사원은 기원전 4세기 중반에 세웠다.

2 Isocrates, 5.249a. Trans. G. Norlin(1980); Demosthenes, *Pro.*, 54.

3 *Inscriptiones Graecae III*.351.

4 Pausanias, 1.43.5 and 5.11.8.

5 Sir Edward Bysshe, *The Memorable Thoughts of Socrates*(1747), 49를 고쳐 썼다.

■ 2막 사건의 발단 위대한 철학자의 탄생

★ 10장. 알로페케, 철학자의 고향

1 아크로폴리스는 해발 156미터에 있다.

2 Aristotle, *Ath. Pol.*, 21.

3 C. Meier(1999), 3에서는 페르시아 군대의 진군과 아테네인의 피난이 기원전 480년 늦여름, 아마 9월 말쯤 일어났을 가능성이 높다고 언급한다.

4 Herodotus, 7.144.

5 Herodotus, 7.56.

6 Herodotus, 9.1~15.

7 아테네는 기원전 479년에 두 번째로 페르시아에 점령되었고 페르시아는 플라타이아이 전투와 미칼레 전투(기원전 479년 페르시아와 그리스 연합군 사이의 전투로 페르시아는 살라미스 해전과 이 두 전투에서 연달아 패하여 페르시아로 돌아갔다_옮긴이)에서 기원전 490년에 치른 마라톤 전투에서처럼 패배했다.

8 플라톤의 대화편 〈크라틸로스Cratylos〉에서 소크라테스 역시 이름의 내재적인 힘을 믿는다고 말한다. 흥미롭게도 소크라테스의 제자 플라톤의 별명은 레슬링장에서 보여준 기량에서 나왔다. 플라톤은 '넓은 어깨' 또는 '다부진 어깨'를 뜻한다(플라톤의 본명은 아리스토클레스인데 다부진 어깨 때문에 플라톤이라는 별명으로 불리게 되었다는 설이 있다_옮긴이).

9 소크라테스가 아크로폴리스에 삼미신 상(그리스 신화에 등장하는 세 여신으로 고대 그리스부터 현대에 이르기까지 여러 회화와 조각의 소재로 쓰였다_옮긴이)을 새겼다는 고대의 주장은 2세기 지리학자인 파우사니아스1.22.3의 글에 근거한다. 하지만 현대 학자들(클라이네 파울리의 백과사전에서 Sokrates 참조)에 의하면 이런 주장은 서정시인 핀다로스와 동시대인이며 파우시니아스 9.25.3에서도 언급되었던 조각가 테베의 소크라테스와 철학자 소크라테스를 혼동한 데서 비롯되었다. 오늘날도 석공들이 알로페케 근처 현재 다프니(아테네에서 서쪽으로 10킬로미터 떨어진 곳에 있는 소도시로 다프니 수도원이 유명하다_옮긴이)의 제1묘지에서 일하는 모습을 볼 수 있다.

10 이 50명을 '프라타네이스(집행위원회)'라 부른다.

11 아일리우스 아리스티데스의 연설(Aristides, *Or.*, 34.38), *제의를 비웃는 사람들에 관한 반론*에 등장하는 구절. Trans. Elsner(2007), 30. 현대의 자료는 이 조각상에 도금된 금의 양을 중점적으로 다룬다(페이디아스가 공금횡령으로 고소당했기 때문이다).

12 Lapatin(2007), 132~133.

13 이 책을 쓸 때 영국 옥스퍼드 대학교의 이온트랩 양자 전산 실험 프로젝트팀에서 원자를 사진으로 찍었다. www.physics.ox.ac.uk/al/people/lucas.htm. 원자를 사진으로 보여준 데이비드 루커스 박사에게 감사를 전한다.

14 Diogenes Laertius, 9.54.

15 Harris(1989).

16 아테네를 '제비꽃 화관을 쓴' 도시로 묘사한 글이다: Pindar, Frag. 76 (B.5.3 참조); Aristophanes, *Acharnians*, 637; *Knights*, 1323. 그보다 초기 자료에서도 이 표현이 사용되었다. 예를 들어 Hom. Hym., 6.8; Solon, 19.4; Theognis, 250이 있다.

17 Plutarch, *On Socrates' Divine Sign*, 20 (589e).

★ **11장. 위험지대, 케라메이코스**

1 이 새로운 성벽은 거의 2.6제곱킬로미터, 피레우스를 포함하면 약 3.5제곱킬로미터의 거리를 에워쌌다.

2 Thucydides, 1.89.3 참조. 페르시아 사령관 마르도니우스는 마지막 후퇴 때 사실상 원래 성벽을 거의 무너뜨렸다. Herodotus, 9.13.2 참조.

3 아테네 도시를 에워싼 성벽은 기원전 479년부터 신속하게 지어졌고 아테네와 피레우스 항을 연결하는 장벽은 기원전 460년부터 450년대를 거쳐 기원전 445년경에 완성되었다.

4 Thucydides, 1.93.1~2 참조. 테미스토클레스는 또한 아테네인들에게 피레우스 성벽을 완성하도록 설득했다(Thucydides, 1.93.3).

5 Zephaniah, 3.6. 1.7~18도 보라. Trans. New Living Translation.

6 Zephaniah, 1.2~6. Trans. New Living Translation.

7 Thucydides, 1.90~2 참조.

8 기원전 462년 아레오파고스의 민주적 사법개혁은 민주주의 세력에 힘을 실어주었다(또 다른 획기적 사건은 기원전 450년대 배심원들에게 일당을 주는 제도의 도입인데, 이는 정치가이자 민중지도자인 클레온이 제안한 바 있다). Thucydides, 1.100; Plutarch, *Cimon*, 12~13.

9 다른 도시국가도 이 시기에 정치적 실험을 시도하고 있었다. 스파르타의 전설적인 사회개혁(28명으로 구성된 원로회를 만들고 토지를 균등 분배하는 등의 일련의 개혁으로 군주정에서 과두정으로 이행했으며 가족, 여성, 교육제도를 획기적으로 개혁했다_옮긴이)은 기원전 7세기에 시작된 것으로 추정된다. 인도 역시 민주주의 형태의 정부(기원전 327~324년 알렉산드로스 대왕의 인도 침략 동안 쓰인 역사서에는 인도의 여러 지역에 과두정이나 민주정이 있었다는 기록이 등장한다_옮긴이)를 실험하고 있었다.

10 케라메이코스는 추문이 발생하기 쉬운 곳이었다. 함대 제작을 지휘한 테미스토클레스는 정부 4명이 끄는 전차를 타고 새벽에 이곳을 달렸다는 소문도 있었다.

11 Xenarchus, 4 K‐A; Eubulus, 67 and 82 K‐A.

12 Aeschines, *Against Timarchos*의 여러 곳이다.

13 전통적으로 아테네 소년의 교육은 지식을 얻기보다는 도덕적 인성을 형성하는 데 더 중점을 두었다. 키타리스테스가 악기와 서정적 사고를 가르쳤고 파이도트리베스가 체육을 가르쳤으며 읽기, 쓰기, 수학을 그람마티스테스가 가르쳤다. 과도한 정보의 시대를 사는 우리에게 이러한 정신과 인격 형성을 위한 교육은 상당히 설득력 있어 보인다. 하지만 열성적인 초기 민주주의자들은 더 많은 것을 원했다. 그들은 상상력을 채워줄 새로운 정보를 원했다. 어쩌면 그들은 찬란한 가능성의 도시에서 날개를 조금 더 펴보고 싶었을 것이다. 남아 있는 자료에 의하면 소크라테스의 청년 시절에 그리스인들은 아테네 교육이 수치심과 중용을 가르치는 데 중점을 둔다고 생각했다. Democritus (D‐K 68 B179)를 보라. 즉 교육의 목적은 젊은이들이 분수를 알게 하는 것이었다.

14 아테네는 규칙적이며 차분하고 예측가능한 생물학적 리듬에 맞춰 활동하는 도시였다. 쉼 없이 똑똑 떨어지는 물시계 소리는, 어떤 의미에서 미래사회를 예견하는 장치이기도 했다. 태양과 계절의 변화도 시간을 나타냈다. 이런 변화를 기념하는 의식에 따라 밭을 경작하고, 농작물을 거두고, 전쟁을 시작했다. 아테네의 이상적 리듬에 변칙이란 없었다. 변칙은 곧 분열이었고 분열은 공동체의 붕괴를 뜻했다. 그리스인들의 가장 큰 두려움이 분열이었다.

15 플라톤의 〈파르메니데스〉127a를 참고했다. 플라톤에 의하면 파르메니데스가 기원전 450년에 아테네를 방문할 당시 약 예순다섯 살이었다. 하지만 아폴로도로스의 〈연대기Chronicle〉에는 파르메니데스가 대략 기원전 544/541년에 태어났다고 기록되어 있다. 그렇다면 파르메니데스는 아주 나이가 들어서 아테네를 방문한 것일까? 아니면 플라톤이 이 만남을 상상해낸 것일까? 제논은 남부 이탈리아의 엘레아 출신인데 고향을 떠난 적이 거의 없는 듯하다. 그렇다면 플라톤은 정말 소크라테스이 '철학'의 아버지들과의 만남을 지어낸 것일까? 하지만 당시 많은 사람이 아테네로 모여들었던 점을 생각해보면 그 두 철학자가 아테네를 찾았을 가능성도 있다.

16 이 행사는 분명히 지배층만 참가할 수 있었을 것이다. 소크라테스가 이 행사에 참가했다는 자료가 없는 것으로 보아 그가 낮은 계층의 태생임을 알 수 있다.

17 Davidson(2007).

18 Davidson(2007).

★ **12장. 페리클레스와 민주정**

1   *PCG* iv *Thrattai* Frag. 73 = Plutarch, *Pericles*, 13.16. Trans. Miller(2004), 219.

2   한때 아테네를 지배하려는 야심을 품었던 킬론은 아크로폴리스를 점거하여 아테네를 손에 넣으려
했다. 하지만 그의 작전은 실패했고 그와 추종자들은 아크로폴리스 언덕 위에서 굶어 죽을 위기에
처했다. 하지만 그것은 신성한 장소를 더럽히는 행동이었다. 그래서 아테네 시민들은 이 실패한 선
동가들에게 안전한 탈출을 보장했다. 그러나 페리클레스의 조상은 복수를 원했다. 그들은 킬론을
비롯한 선동가들이 복수의 여신의 제단에 매달렸는데도 그들을 살해했다. 따라서 손에 피를 묻힌
자들과 그 가족이 추방되었다.

3   페리클레스가 정치가이자 장군인 키몬과 정치적으로 경쟁하던 시기(기원전 460년대 말/450년대
초)에 배심원 수당제도를 도입했다(키몬이 개인자금으로 벌인 박애사업에 관한 대응으로). Aristotle,
Ath. Pol., 27.3~4; Plato, *Gorgias*, 515e; Nails(2002), 225.

4   Thucydides, 2.60.5. Trans. D. Kagan(1981).

5   Meier(1995), 389~390 참조.

6   Lapatin(2007), 127 참조.

7   원래 오데이온(기원전 86년 로마의 장군 술라의 아테네 봉쇄 중에 타버린)이 정확히 어떤 모습인지는
알려져 있지 않다. 기원전 1세기에 활동한 로마의 건축가 비트루비우스는 오데이온의 목재지붕이
페르시아 전함의 잔해로 지어졌다고 전한다. 한 가지 분명한 점은 오데이온은 내부에 기둥이 무수
히 많은, 거대한 규모의 건물이었다는 것이다.

8   Plutarch, *Pericles*, 13.9~11 참조. 파르테논의 프리즈도 아마 고대 페르시아 아케메네스 왕조의
수도인 페르세폴리스의 장식에서 영감을 얻었을 것이다.

9   Olympiodoros, *Commentary on Plato's Alcibiades*, 138.4~11 중에서 '페리클레스가 다
몬에게 배운 노래로 도시의 조화를 이루었다.'

10   Anaximander, recorded in Censorinus, *De Die Natali*, 4.7.

11   Simplicius, *In Phys.*, 156, 13ff. [Diels – Kranz 59 B12].

12   소크라테스는 매우 젊었을 때 페리클레스의 집을 방문했을 것이다. 물론 그가 방문하지 않았을 가
능성도 있다. 어쩌면 그는 아낙사고라스를 아테네의 다른 곳에서 만났을 수도 있다. 하지만 플라톤
이 페리클레스의 정부인 아스파시아를 대화에 등장시킨 것으로 보건대, 소크라테스는 일찍이 페리
클레스의 집(페리클레스와 아스파시아가 함께 살던)에서 두 사람을 만난 적이 있을 것이다.

13   Aristophanes, *Clouds*, 157~168. McLeish(1979)의 번역도 참조할 만하다.

> *학생: 카이레폰이 그에게 각다귀에 관해 의견을 구한 적이 있죠./ '각다귀들은 윙윙대는 소리를 입에서
> 내는 걸까요. 아니면 엉덩이에서 내는 걸까요?'*
> *스트레프시아데스: 그래서 그의 의견은 어떠했습니까?*
> *학생: 각다귀 배가 좁은 관처럼 텅 비어 있어서/ 입으로 빨아들인 공기가 압력을 받아/ 엉덩이 쪽으로 빠*

져나간다는군요. / 통이 좁아서 그런 소리가 나는 거래요. /

스트렙시아데스: 그러면 각다귀 엉덩이가 트럼펫 같군요? / 정말 영특하신 분이에요. / 각다귀 해부학에 대단한 전문가군요. / 그런 문제에 비하면 법정에서 승소하는 것쯤이야 식은 죽 먹기겠지요.

14 소크라테스는 천문학적으로 하늘을 연구하는 것에 회의적이었다. '그들의 궤도와 근원은 지구에서 얼마나 멀리 있는가?' Xenophon, *Memorabilia*, 4.7.4~5. Trans. J. Fogel(2002). 소크라테스는 밤하늘을 올려다보며 하늘의 유용성과 아름다움을 탐구했을 뿐, 과학적 사실로서 하늘을 이해하려 했던 것 같지는 않다. '그는 이런 지식으로 일생을 가득 채운다면 많은 유용한 배움을 추구하지 못할 것이라고 말했다.' Xenophon, *Memorabilia*, 4.7.5. Trans. J. Fogel(2002).

15 세탁부 여인이 봉헌한 수조 바닥을 참조하라(아테네 아크로폴리스 박물관, 607). 빵장수가 봉헌한 고르곤(그리스 신화에 등장하는 흉측한 모습의 여괴이다_옮긴이) 얼굴 모형 방패를 참조하라(아테네 국립 고고학 박물관, x6837).

16 매우 부유한 아테네인은 시골 영지에서 식량을 재배했지만 많은 아테네인은 힘들게 영지를 운영했다. 소크라테스는 이런 사회계층에 속하지는 않았다.

17 바버라 차크리기스가 이끈 최근 바리Vari 발굴을 참조하라.

18 몇몇 자료를 보면 페리클레스의 똑똑한 정부인 아스파시아는 페리클레스와 함께 집에서 살롱을 열었다고 한다. 놀랍게도 아스파시아는 그곳에서 발언을 할 수 있었을 뿐 아니라 페리클레스가 그녀의 말을 듣도록 동료와 동료의 부인들도 초청했다고 한다.

19 헤로도토스는 바빌로니아를 두고 '이 도시의 장엄함은 세상 어느 곳과도 비할 바 없다'고 했다. 이집트에는 인력의 위력을 보여주는 기자의 거대한 피라미드가 있었다(Herodotus, 2.124.1~125.7).

★ **13장. 델로스 동맹과 제국의 탄생**

1 기원전 4세기 후반의 테살로니키 고고학 박물관에 있는 도금양과 사과, 배꽃이 새겨진 금 화관. 불법 골동품 거래에서 구해낸 유물로 '잃어버린 역사' 전시의 일환으로 복원되었다. 헬레니즘 문화 재단이 제공했다.

2 Powell (2nd edn. 2001), 20~21을 참조.

3 Meier(1999), 291을 참조.

4 Thucydides, 1.100; Plutarch, *Cimon*, 12~13.

5 결국 기원전 449년 무렵 아테네와 페르시아 간에 칼리아스 평화협정(델로스 동맹과 페르시아 사이에 맺어진 평화협정으로 아테네 정치가인 칼리아스가 협정을 타결시켜 칼리아스 평화협정이라 불렀다_옮긴이)이 맺어졌다. 이론적으로 델로스 동맹을 해체할 수 있는 상황이었지만 모든 사람이 이 평화협정을 진정한 평화가 아니라 불편한 교착상태로 여겼다.

6 목록의 출처는 Beard(2002), 125~126.

★ **14장. 자줏빛 야망**

1 IGI3 259~272 9EM6647 + 13453 + 13454.

2 Meiggs(1972). J. Hale(2010)도 참조.

3 Rhodes(2005), 174.

4 French(2006), 121~122 참조.

5 Rhodes(2007), 221~222 참조.

6 700년 후 파우사니아스(기원후 2세기에 활동한 그리스의 지리학자이자 여행가이다_옮긴이)는 이 건물을 보고 감탄하여 글을 썼다. 에레크테이온 건축은 기원전 420년에 시작되었다.

7 Plutarch, *Pericles*, 13.1~3

8 이 부분은 Mary Beard의 *The Parthenon*(2002)의 자료를 많이 참고했다.

9 아크로폴리스 감독위원회장인 알렉산드로스 맨티스박사가 2008년 10월 22일 킹스 칼리지(런던)에서 열린 그리스 고고학 위원회 강연에서 제시한 자료.

10 이 반대자는 아테네의 정치가이자 장군인 키몬의 친척, 즉 멜레시아스의 아들 투키디데스(고대 아테네의 유명한 보수파 정치인이다_옮긴이)이다. Plutarch, *Pericles*, 12.2와 14.2.

11 기원전 435년 살라미스에서 태어난 키프로스의 에바고라스 왕은 친아테네 계열이었다. 따라서 키프로스를 거점으로 스파르타를 궤멸시키려고 페르시아와 함께 노력했다. 아테네는 에바고라스에게 아테네 명예시민자격을 주었으며(기원전 407년경) 스토아 제우스 엘레우테리오스 옆에 그를 기리는 조각상을 세웠다. Karageorghis(1982).

12 Plato, *Alcibiades*, I, 134b. 소크라테스가 도시에서 추방된 망명자가 되는 것을 얼마나 끔찍하게 생각했는지는 알 수 없다. 헤로도토스와 소포클레스가 분명히 밝힌 대로 망명자의 처지는 비극적이었다. 기원전 399년 소크라테스가 아테네에서 달아나기를 거부한 상황에서도 이를 충분히 알 수 있다.

13 Alcman, *Partheneion*, 3.61.

14 *The River Eurotas Monuments*, Ministry of Culture, 5th Ephorate of Prehistoric and Classical Antiquities, Sparta(2008).

15 King Agesilaus in Plutarch, *Moralia*, 217e (210e도 참조).

16 역사가 크세노폰은 스파르타의 용병으로 싸운 적이 있다. 그는 어쩌면 그의 〈경영론〉에서 소크라테스와 스파르타의 관계를 과장했을 수도 있다. 하지만 그가 아테네에서 비웃음을 사고 싶지 않았다면 전혀 근거 없는 이야기는 하지 않았을 것이다. 소크라테스의 친스파르타 경향은 기원전 414년 아리스토파네스의 희극 〈새〉에서 이미 풍자된 바 있다.

17 Plato, *Parmenides*, 128c. Trans. M. Gill and P. Ryan(1997).

18 아리스토파네스와 투키디데스, 크세노폰, 플라톤, 플루타르코스, 웅변가이자 정치가인 안도키데스, 연설문 작가인 리시아스, 데모스테네스 같은 사람을 포함한다.

19 이 모자이크에 관한 최근 논의는 H. A. 사피로의 《펠로폰네소스 전쟁기 아테네의 예술Art in Athens during the Peloponnesian War》(ed. Olga Palagia. CUP 2009) 10장을 참조하라.

★ 15장. 강물에 발을 적시고 김나시온에서 운동하다

1 소크라테스가 죽기 전에 몸을 씻었던 곳은 53장을 참조하라.

2 Sarla, Evangelou and Tsimpidis–Pentazos(1973), 26; Plutarch, *Themistocles*, 1.

3 Now in Athens' Epigraphical Museum, cat. no. 12553.

4 헤로도토스는 기원전 490/489년 이곳의 신전을 묘사했다. '하얀 개'나 '빠른 개'는 부유한 아테네인 디오디모스가 제물로 바친 고깃덩이를 훔친 개로 여겨진다. Suda k2721 e3160

5 Herodotus, 5.63.

★ 16장. 단련된 전사

1 Plato, *Lysis*, 203a; *Euthydemus*, 271a.

2 테미스토클레스는 이곳에 서자가 아닌 사람도 오게 해서 계급 장벽을 허물려 했다. 소크라테스 사후에 그의 제자인 안티스테네스가 키노사르게스에 '소크라테스 학교'를 세웠지만 아카데메이아나 리케이온처럼 영향력을 지속적으로 끼치지는 못했다.

3 에페보이는 계속해서 신과 여신들의 이름을 걸고 서약한다. '다산의 신 아글라우로스, 화로의 여신 헤스티아, 전쟁의 여신 에뉘오, 전쟁의 신 에니알리오스, 전쟁의 신 아레스와 아테나 아레이아(전쟁의 신 아테나), 제우스, 봄철 꽃의 여신 탈로, 성장의 신 아우크소, 식물의 신 헤게모네, 헤라클레스, 그리고 조국의 국경과 밀, 보리, 포도 넝쿨, 올리브, 무화과' 이렇게 맹세한 서약을 지키지 않으면 달아날 곳도, 숨을 곳도 없다. Trans. P. Harding, quoted in Loren J. Samons, *What's Wrong with Democracy? From Athenian Practice to American Worship*, Ch. 2.

4 무척 폭력적인 사회처럼 보일 것이다. 문학자료도 이런 생각을 뒷받침하는 것 같다. 그리스 비극의 선혈과 '복수는 달콤하다'(Aristotle, *Rhet*., 1370b30)와 같은 아리스토텔레스의 섬뜩한 구절을 생각해보라. 또한 탈리오 법칙을 생각해보라. 전시에는 그리스인이든 이방인이든 살해되거나 노예가 될 수 있었다(Thucydides, 3.36 참조). 하지만 아테네는 비교적 질서 잡힌 곳이었다. 특히 청장년기의 소크라테스가 살았던 아테네는 잔혹 행위가 아니라 영웅적 업적을 성취하려고 노력하는 사회였다.

5 이에 관한 논의로는 Gabriel Herman, 「How Violent was Athenian Society?」 in Hornblower and Osborne(1994)을 참조하라. Herman(2006)도 참조.

6 Antiphon, *Tetralogies*, 2.1.1; 2.2.3~7. 번역은 Davidson(2007), 69. 이 책의 3장, 「연령-계

급, 사랑-규칙, 젊은이들의 타락Age-classes, Love-rules and Corrupting the Young」은 아테네의 나이 구분에 관심 있는 사람에게 무척 유용하다.

7 *Theaetetus*, 169bc. 레슬링 선수였던 플라톤은 대화편에서 운동과 레슬링 은유를 과도하게 사용했다. 하지만 소크라테스가 열성적으로 운동했다는 이야기는 사실처럼 들린다. 사실, 그 진술은 레슬링을 하듯 말과 씨름해야 한다는 것을 상징한다. 이는 플라톤의 〈국가〉 364d에서 소크라테스가 좋아하는 구절로 인용한 헤시오도스의 생각과도 통한다.

악은 얼마든지 쉽게 구할 수 있지/ 악에 이르는 길은 부드럽고 가까이 있다네/ 하지만 신들은 땀 흘리지 않고는 덕에 이를 수 없도록 했네. -Trans. G. M. A. Grube, rev. C. D. C. Reeve(1997). Ch. 35 참조.

8 Plutarch, *Agesilaus*, 34.7. Trans. J. Davidson(2007).

9 예를 들면 Bacchylides, *Ode* 17처럼 참고자료는 많다.

★ **17장. 아테네의 황금시대**

1 Konstam and Hoffman(2004).

2 뉴아크로폴리스 박물관은 고대 아티케의 풍경을 자연스럽게 재현했다. 박물관 내부, 구멍이 숭숭 뚫린 매끈한 벽은 빛을 흡수하지 않도록 고안되었다. 그래서 살아 있는 듯한 조각상과 조형물 들이 광선을 양껏 흡수할 수 있다.

3 Rose(2003)을 참조하라. Aristotle, *History of Animals*, 585b, 586a, and Aristotle, *Generation of Animals*, 721b도 참조하라.

4 비잔티움의 아리스토파네스(기원전 257년경에 비잔티움에서 출생한 그리스의 비평가이자 문법학자. 희극작가 아리스토파네스와는 다른 인물이다_옮긴이)의 소실된 글인 〈연령집단의 어휘The Vocabulary of Age-groups〉는 이런 제도가 어떻게 작동하는지를 정확히 설명했다.

5 그리스인들은 많은 아테네인이 사실 대 초반이 될 때까지 결혼하지 않았다는 사실(아리스토텔레스는 서른일곱 살이 결혼 적령기라고 생각했다)과 중년에 늘 성적 자극에 민감했다는 사실과의 관계를 생각하지 못했던 듯하다. 매매춘이 성행했던 데는 그럴 만한 이유가 있었다.

6 기원후 4세기 그리스의 소피스트인 리바니오스는 〈변론Apology of Socrates〉에서 소크라테스가 핀다로스와 테오그니스 같은 귀족시인의 시를 인용했다고 썼다.

7 기원전 5세기 (경제 부흥과 아티케로의 인구유입을 불러온) 함선제작으로 아테네 사람들은 '메틱스'(집을 옮긴 사람을 뜻한다)를 외국인 혹은 (시민과 반대되는)'타자'로 규정했다. 그 후 기원전 445/444년에 시민 명단이 정비되었다. Philochorus, FGr Hist 328 F119; Plutarch, *Pericles*, 37.4; Stadter(1989), 336~339 (from p.137 of Raaflaub, *The Origins of Democracy*).

★ 18장. 아스파시아

1 Pseudo-Xenophon, *Constitution of the Athenians* 2.2. *Xenophon Poroi*도 참조.

2 밀레토스의 초기 역사와 지리는 Greaves(2002)에 자세히 기록되었다.

3 여기에 언급된 사상가들의 삶을 자세히 다룬 그리스 철학 개론서로는 Brunschwig and Lloyd (2000)가 있다.

4 Hippocratic Corpus, DW('On Diseases of Women,' 36 of the Hippocratic Corpus) 1.2, L 8.14; DW 1.3, L 8.22.

5 Aristotle PA 650a8 ff.; GA 775a14~20.

6 기원전 4세기 데모스테네스의 논쟁도 참조하라.

7 자유로운 여자들은 매혹적인 존재였다. 니카레테(코린토스에서 유곽을 운영하던 포주이다_옮긴이)의 집에서 그녀의 '딸'로 키워진 창녀 네아이라(기원전 4세기 고대 그리스의 고급 창녀로 그녀가 연루된 재판으로 유명하다_옮긴이)의 이야기를 보면 노예보다 '자유로운 여자'와 성관계를 맺는 것이 더 비쌌음을 알 수 있다.

8 Xenophon, *Oeconomicus*, 7.30. Trans. S. Blundell(1998).

9 Xenophon, *Oeconomicus*, 7.5. Trans. H. G. Dakyns(1890).

10 Euripides, *Orestes*, 108.

11 Frag. 205, Jensen.

12 Lysias 3 [*Simon*]. 6. Trans W. R. M. Lamb(1930) [LCL].

13 Cratinus, *Cheirons*, Frags 246 268 K-A.

14 Eupolis, *Demes* (110 K-A) 기원전 411년 제작. 흥미롭게도 기원전 424/423년에 제작된 그의 연극 〈필로이Philoi〉에서 아스파시아는 남자의 자존심을 깔아뭉개는 공격적인 여자로 그려진다. 그리고 기원전 423년 연극경연대회에서 아리스토파네스의 〈구름〉을 물리친 작품인 〈마리카스Marikas〉는 아스파시아를 사생아로 묘사한다.

15 아스파시아에 관심 있는 사람이라면 아스파시아에 관한 사람들의 태도를 분석한 Madeleine Henry, *Prisoner of History*(1995)의 논의가 큰 도움이 될 것이다.

16 Plutarch, *Pericles*, 24 and 32.

17 이러한 법제도는 흥미롭게도 아테네 시민 공동체에서 여성의 역할이 더욱 강조되는 부작용을 낳았다. 여자들은 도자기 그림과 프레스코에 더욱 두드러지게 등장했으며 기록에서도 더 자주 언급되었다. 또한 더 강력한 법적 제약을 받게 되었다.

18 페리클레스가 사망하기 얼마 전인 기원전 429년, 민회는 존경의 뜻으로 페리클레스 2세를 아테네 시민으로 인정하는 칙령을 통과시켰다.

19 보기 드문 예외도 있었다. 시인 사포의 남자형제 하나는 로도피스라는 활달한 여자가 자유의 몸이 되도록 돈을 내주었다. 로도피스는 이집트에서 사업을 벌여 돈을 꽤 많이 벌어서 델포이의 아폴론 신께 재산의 10분의 1(쇠꼬챙이 형태의 초기 돈으로)을 바쳤다고 한다. 시대는 다르지만 비슷한 예로 비잔티움의 황후 테오도라를 들 수 있다. 그녀는 부유한 남자들과의 관계를 거쳐, 결국 유스티니아누스 황제와 결혼해 6세기에 동지중해에서 가장 강력한 문명을 지배할 수 있었다.

20 Plato, *Menexenus; Symposium*; Aristophanes, *Archarnians*; Xenophon, *Memorabilia, Oeconomicus*.

21 아스파시아는 특히 초기 기독교 신학자와 필경사 들의 손에서 수난을 겪었다. 그녀는 이교도 철학자에 여자일 뿐 아니라 두드러지게 관능적이었던 탓에 주요 검열 소재가 되었다. 그녀에 관한 이야기는 많지만 정작 우리가 그녀를 거의 알 수 없는 데는 그럴 만한 이유가 있다. 이집트의 여성 철학자 히파티아의 제자이자 신플라톤주의학파인 시레네의 시네시우스가 아스파시아의 오명을 조금 씻어보려 했던 것이 흥미롭다.

22 Theophrastus, *Characters*, 28.

23 Plutarch, *Pericles*, 24.3; Plato, *Menexenus*, 235e~6b.

24 우리가 요즘 인정하는 사실 중 하나는 권력을 쥐고 세상을 바꾸는 행동이 쾌감을 준다는 것이다.

25 희극작가 크라티노스와 유명한 시인 에우폴리스 두 사람 모두 아스파시아를 '헬레네'라 불렀다는 점이 흥미롭다. *Prospaltians*, 267 K‑A. 훗날 소크라테스가 살아 있을 때 아테네의 3대 비극작가 중 하나인 에우리피데스는 헬레네를 '더러운 창녀'로 묘사했다. 헬레네와 아스파시아는 교묘한 정치책략으로 남자들을 침대로, 그리고 때 이른 죽음으로 유혹하는 여자들로 묘사된다.

26 Josiah Ober, ref. from Gale(2000), 367.

27 텍타스 난파선은 현재 보드룸 해저 고고학 박물관에 전시 중이다.

28 Thucydides, 1.115.2.

29 Plutarch, *Pericles*, 24, and *Duris*, 28.2~3.

■ 3막 사건의 전개 전장에서 꽃핀 사상

★ 19장. 사모스 섬

1 *The Spartan Military Spirit* (Tyrtaios, Frag. 9D.21~30 [Bergk]. Trans. R. Lattimore(1955)).

2 사모스의 성벽은 아직도 볼 수 있다. 최근 발굴은 photothek@athen.dainst.org를 참조하라. 이 장을 쓰는 데 도움을 준 독일 고고학 연구소, 사모스 연구소의 디미트리스 그리고로풀로스 박사

에게 감사의 뜻을 전한다.

3 Thucydides, 1.115~18.

4 Plutarch, *Pericles*, 8.6. Trans. I. Scott‒Kilvert(1960) [adapt.].

5 페리클레스가 총애하는 작곡가 다몬이 아테네에서 추방된 것도 기원전 440년대 말이다. 그의 이름이 쓰인 오스트라카(도자기 조각)가 많이 발굴되었다. 아테네의 전통음악과 다른 미심쩍은, 새로운 음악을 창조해서 추방되었을 수도 있다.

6 Diogenes Laertius, 2.23: '에게 해에 있는 키오스 섬 출신의 이온에 의하면 소크라테스는 젊은 시절에 아르켈라오스와 함께 사모스 섬을 방문했다. 아리스토텔레스도 소크라테스가 델포이에 간 적이 있다고 말했다. 로마제국의 철학자 파보리누스의 〈회상Apomnemoneumata〉 1권에 의하면 그는 이스트모스에도 갔다.' 이처럼 후대의 문헌들은 소크라테스가 철학자로 사모스에 갔다고 언급하지만 병사로 갔을 가능성도 높다.

7 Stele 385, 피레우스 박물관, 카이레데모스와 뤼케아스를 추모하는 비문.

8 숫자 추정은 Waterfield(2009), p.22를 참조했다. 그는 다른 수치도 제안했다. 숭배의식을 지원할 만큼 부유했던 사람이 1,200명, 큰 영지를 소유한 사람이 3,000명, 그다지 부유하지는 않지만 비상시 세금을 낼 수 있는 사람이 3,000명, 가장 가난한 데테스 9,000명.

9 마크 앤더슨은 2005년에 발표한 흥미로운 논문 『중무장 보병 소크라테스』에서 소크라테스가 싸웠음 직한 장소들을 언급했다. 테르메, 피드나, 베로이아, 스트레프사(그리스 북부, 포티다이아 근처의 도시들로 소크라테스가 포티다이아 원정 때 이곳에서도 싸웠을 것으로 추정된다_옮긴이), 스파르톨로스(그리스 북부 칼키디케 반도의 도시로 소크라테스가 포티다이아 원정에서 아테네로 돌아오던 중 이곳에서 싸웠을 것으로 추정된다_옮긴이), 멘데, 스키오네, 토로네, 갈레, 신고스, 메키베르나, 티소스, 클레오나이, 아칸토스, 올로픽소스, 스타기로스, 보르미스코스, 갈렙소스, 트라일로스(그리스 북부 칼키디케 반도와 그리스 북부의 미그도니아 지역에 있는 도시들로 소크라테스가 암피폴리스 원정 때 이 도시들에서도 싸웠을 것으로 추정된다_옮긴이).

10 Graham (2008).

★ **20장. 이스트미아 제전**

1 헤로도토스에 의하면 공식적인 아테네 사절단이 특별선을 타고 이스트모스로 갔다. 플라톤이 이런 사실을 전하지 않은 것을 보면, 소크라테스는 이 공식 사절단에 속하지는 않았을 것이다.

2 이스트미아 제전에 참가한 소크라테스는 절대 만화 속에 등장하는 흰 수염의 철학자가 아니었다. 소크라테스는 진짜 세상에서 땀 흘리고, 살고, 존재하면서 삶의 모든 기쁨과 슬픔을 이해하고 경험하려 했다. 우리는 기원전 5세기의 눈으로 기원전 5세기 그리스를 이해해야 한다. 소크라테스에게는 중년과 노년뿐만 아니라 청년기도 있었다. 그는 현실과 동떨어진 탐미주의자가 아니라 기원전 5세기의 혈기왕성한 그리스인이었다.

3 이스트미아 제전에서 기리는 영웅의 이야기는 죽음과 내세에 관한 소크라테스의 모호한 태도와 비

슷하다. Plato, *Phaedo*.

4 고대 그리스에서는 스포츠, 생존, 정치, 문화, 경쟁, 국제관계 등 모든 것의 중심에 종교가 있었다.

5 Aristophanes, *Acharnians*, 524. Trans. M. M. Henry(1995).

★ **21장. 고조되는 긴장**

1 Thucydides, 1.33.

2 메가라 무역 금지조치의 일자는 논쟁의 대상이다. 기원전 432년이 가장 확실해 보인다. J. McDonald(1994).

3 아스파시아는 이 소문이 만든 대중의 통념에 꼼짝없이 갇혀서 곤란을 겪었다. 트로이의 헬레네와 비슷한 이야기가 수없이 많다.

4 Potidaea, 432~429 BC (Plato, *Symposium*, 219e~221a); Delium, 424 (Plato, *Apology*, 28e, *Laches*, 181a~b and *Symposium*, 221a~b); Amphipolis, 422 (*Apology*, 28e).

5 소크라테스 시대에 가장 강력한 도덕적 본보기는 호메로스의 서사시를 비롯한 서사시들이었다. 〈일리아스〉와 〈오디세이아〉는 많은 것을 말하지만 무엇보다 길고, 잔인하고, 사실상 무의미하게 느껴지는 싸움인 트로이 전쟁을 기록한다. 고대에 전쟁의 원인은 윤리적이기 전에 실용적이었다. 민주 사회의 빈곤층은 전쟁이 일어나면 수입이 생긴다는 것을 알고 있었다. 가난한 병사들은 전쟁에서 돈을 벌 수 있었다(전리품과 보수). 중년의 소크라테스도 병역을 자청했을 수 있다. 병사 한 명당 하루에 1드라크메의 보수는 절대 코웃음 칠만 한 것이 아니었다. 마크 앤더슨의 의견을 따라 앞에서도 지적했듯 소크라테스는 분명히 테르메, 피드나, 베로이아, 스트레프사, 스파르톨로스, 멘데, 스키오네, 토로네, 갈레, 신고스, 메키베르나, 티소스, 클레오나이, 아칸토스, 올로픽소스, 스타기로스, 보르미스코스, 갈렙소스, 트라일로스에서 싸웠다.

6 Morrison(1987) and(1988) and Coates, Platis and Shaw(1990).

7 Plato, *Crito*, 49b: Trans. Brickhouse and Smith(2002).

8 Thucydides, 1.23.6. Trans. R. Warner(1972).

★ **22장. 병사가 된 소크라테스**

1 Herodotus, 8.129에 의하면 포티다이아 앞에 포세이돈 신전이 있었다고 한다.

2 이 유적지에서 나온 보기 드문 유물 중 하나가 기하학기(기원전 11~8세기의 고대 그리스를 가리키며 이 시기의 토기들에 새겨진 기하학적 문양에서 비롯된 명칭이다_옮긴이)의 창끝이다. 현재 대영박물관에서 보관하고 있다. Forsdyke in the *British Museum Quarterly*, VI (1932), 82f., viii and (1934), 108.

3 IG I3 279 (Thucydides, 2.70 참조).

4 Diogenes Laertius, 2.23: '그는 포티다이아 원정에 다시 참가했다. 육로가 전쟁으로 막혔기 때문에 해로로 갔다.' Trans. R. D. Hicks (1925) [LCL].

5 Van Wees (2004)에는 이 시기의 군사원정이 생생하게 묘사되어 있다.

6 Plutarch, *Alcibiades*, 7.2~3.

7 Plutarch, *Alcibiades*, 1.3. Trans. I. Scott – Kilvert(1960). 몇몇 자료에 의하면 알키비아데스는 열아홉 살밖에 되지 않았다. 스무 살이 되기 전에는 아티케 밖에서 벌어지는 전투에 참가할 수 없었을 것이다.

8 Polyaenus, *Strategemata*, 1.40; cited by Kagan(1991), 196; citing Hatzfeld, *Alcibiades*, 164.

9 Plato, *Alcibiades*, I, 105a~c. (플라톤이 〈알키비아데스〉를 진짜 썼는지는 논쟁의 여지가 있다.)

10 Pindar, *Nemean Odes*, 3.40. Trans. R. Lattimore(1959).

11 Plato, *Symposium*, 220e.

12 이런 겸손을 물질에 연연하지 않는 사람의 이타적인 행동으로 생각하기 쉽지만, 소크라테스는 어쩌면 명백한 불평등에 짜증이 났을 것이다. 덕 있는 자가 아니라 힘 있는 자에게 영광이 돌아가는 것을 보면서 그는 내면이 선할 때 선한 삶을 살 수 있다고 생각했을 수도 있다.

★ **23장. 내면의 목소리**

1 Plato, *Symposium*, 219e~220e. 소크라테스의 다이모니온은 복잡한 문제이다. 그것은 개인적 양심에서 비롯된 것일까? 소크라테스에게 종교는 도덕성 자체가 아니라 개인의 도덕성에 이르는 길이었을까? 그의 다이모니온을 더 쉽게 이해할 길이 있을까? 어쩌면 강경증(튀어나온 눈은 강경증의 대표적 신호이다) 때문에 이런 이상한 증상이 생겼을 수도 있다. 원인이 무엇이든 소크라테스의 특이한 행동은 기록에 남아 있다.

2 Thucydides, 2.70.1.

3 *The Constitution of the Lacedaemonians*, 8.2.

★ **24장. 역병**

1 21세기 초에도 그리스의 작은 마을에서 시장을 보러 나오는 사람들이 여자가 아니라 남자라는 사실은 여전히 놀랍다.

2 집단 매장된 공동묘지(1994년에 지하철 연장공사를 하면서 발굴된)에서 사체 3구가 나왔다. 그 사체들의 치아를 아테네 의과대학의 분자신경생물학 실험실과 크레타 공학연구소 미량화학 실험실에

서 분석했다. 모든 표본에 존재하는 것으로 밝혀진 박테리아는 장티푸스 병원균이었다. 이 균에 감염되면 두통, 고열, 식욕부진, 장출혈, 장천공, 패혈증, 뇌수막염, 골수염, 간비대, 비종의 증상을 보인다.

3 소크라테스는 영웅을 곳곳에서 볼 수 있는 풍경에서 살았다. 호메로스의 글귀가 길모퉁이마다 새겨져 있었고 트로이와 오디세우스의 이야기가 화병과 비석, 주랑, 신전에 그려져 있었다.

4 '미르티스'의 두개골은 2006년에 열린 71회 국제 테살로니키 박람회에서 전시되었다.

5 Hanson(1998), 9~13.

6 Pollard,(1977).

■ 4막 사건 발생의 문화적 배경 새로운 신, 새로운 가능성

★ 25장. 돈과 철학

1 이런 사회적 사실을 자세히 다룬 유용한 참고서적으로는 Camp(1986)가 있다.

2 선사 시대는 고전기 아테네의 곳곳에 스며 있었다. 사실 그 흔적은 오늘날까지도 구체적인 형태로 존재한다. 알라딘의 동굴 같은 아고라 박물관 보관실의 나무서랍에는 후기 청동기 시대 두개골들이 있고, 새롭게 발굴된 의례용품이 얇은 종이에 싸여 있다. 최근에 발굴된 이 의례용품은 줄무늬 둥근 옥좌에 편안하게 앉아 있는 여신의 모습이다. 선사 시대의 흔적은 거석으로 쌓은 아크로폴리스의 방어벽에도 있고 3,500년 전 그리스의 선형B 서판에 처음으로 PA-MA-KO로 새겨진 '파르마콘pharmakon'(약) 같은 단어에도 있다. 이 단어는 현대 아테네 곳곳에 초록 네온사인으로 반짝인다. 소크라테스가 살던 시대에 아테네의 성직자와 신녀 들은 신과 여신, 반신, 님프, 서사시 속 영웅시대의 지도자처럼 차려입었다. 처녀로 구성된 합창단이 선사 시대부터 전해 내려온 신들을 위한 찬가를 불렀다. 음유시인들이 도시 곳곳에서 호메로스의 구절을 읊조렸다. 이러한 서사시는 수천 년 전을 배경으로 했지만 꼭 어제 일어난 일처럼 느껴졌다.

3 이 신전은 여전히 아고라의 주요 건물로 남아 있다. 요즘에는 주로 상류층 결혼과 국가 행사에 이용된다.

4 모컴 박사의 도움에 고마움을 전한다. 현재 아고라에 전시 중인 것으로 페르시아의 금화와 키지코스의 합금화, 마케도니아의 금화 등이 있다.

5 Eupolis, Frag. 352E.

6 Thucydides, 2.13.

7 기원전 5세기 후반 희극의 일부이다. 크세노폰의 글에도 소크라테스가 소피스트 안티폰과 마주치는 장면이 있다. Olsen(2007), pp.445~446도 참조.

8 르네상스 시대의 피렌체에서 세워진 최초의 은행과 유사하다. 현대 그리스어로도 은행은 여전히 '테이블'을 뜻하는 트라페자이다.

9 화가 난 소크라테스의 아버지가 제우스 아고라이오스(시장의 제우스)에게 기도한 이야기가 당대에 회자되었던 것인지, 후대에 만들어진 것인지는 모르겠지만 어쨌든 아고라와 아고라에서의 잡담, 인간적인 분위기는 소크라테스의 DNA에서 중요 부분인 것 같다. 따라서 소크라테스가 법정에서 말할 때 그의 변론은 아고라에서의 대화에서 나왔다고 할 수 있다.(Plato, *Apology*, 17c).

★ 26장. 아고라의 열기

1 McLeish (1979)의 번역도 참조. '고민을 멈추게. 막다른 골목에 이르렀을 때는 / 생각의 방향을 돌려 되돌아가게. / 가장 가까운 생각의 교차로에서 주위를 둘러보게나. / 그리고 새로운 방향을 잡아 다시 시작하게.'

2 Demosthenes, 19.184.

3 오늘날 그리스를 여행하다 보면 말은 델포이에도, 시칠리아의 고대도시 세제스타에도, 아크로폴리스의 박물관의 문간 계단에도, 코린토스 기둥에도 새겨져 있다. 그리고 비석 도서관에 가까운 아테네 국립 비문 박물관에서도 말은 벽을 수놓았고 바닥 곳곳에 흩어져 있다. 이 박물관에는 7,000개 이상의 기록물들이 해독되기를 기다리고 있다.

4 Cat. EM 6798. 살라미스에 관한 기록이다.

5 EM 6765, 440/439 BC, (조각가 페이디아스의 아테나 파르테노스 상 건축 감독관의 기록) 참조; EM 6769, 438 BC, EM 5223 + 5378β + 6710α 447/446~433/432 BC (파르테논 건축 감독관의 기록) 참조; EM 7862 401/400 BC~399 18 BC(아테나 신전과 다른 신전의 보물 기록) 참조.

6 피레우스 박물관 유물번호 4628번. 표준측정법에 관해서는 유물번호 5352번 참조.

7 2,500년이 흘렀지만 아테네인들은 여전히 크고 빨간 글씨로 대중적 저항을 표현하길 좋아하는 것 같다. 이 책을 쓰는 동안에도 학생들은 시위를 벌이며 아테네 국회건물과 국립 도서관(소크라테스 상과 플라톤 상이 서 있는)에 빨간색 글씨로 낙서를 써놓았다. '경찰, 돼지, 살인자.'

8 Dionisius of Halicarnussus, *Treatise on Isocrates*, Chapter 18. 디오니소스는 소실된 아리스토텔레스의 글을 인용했다(Aristotle Frag. 140). 아리스토텔레스는 아고라의 책방에서 묶음으로 팔리는 아테네의 웅변가 이소크라테스의 연설을 언급했다.

9 www.papyrology.ox.ac.uk 참조.

10 P. Saqqara inv. 1972 GP 3, c.331~323 BC.

11 다른 사람에게 해를 끼치기 위한 용도로 말을 사용한 예로는 상스러운 저주가 가득 새겨진 얇은 납판을 들 수 있다. 이런 납판은 기원전 5세기 아테네와 데모스 구역 곳곳에서 출토된다.

12 Plato, *Phaedrus*, 275d. Trans. B. Jowett [adapt.].

13 핀다로스가 이 단어를 사용했을 때 아마 시인/교육자를 뜻했을 것이다.

14 Pindar, *Isthmian*, 5.28.

15 솔론 시대부터 아고라는 포퓰리즘의 장소였다. 아고라에는 여러 해 동안 아테네 '참주 살해자'의 청동상이 서 있었다. 소크라테스가 태어나기 한 세대 전쯤 아테네의 참주정 종결을 기념하는 이 청동상은 결국 크세르크세스의 페르시아 군대가 가져갔다. 그리스와 로마의 예술가들이 이 훌륭한 남성상을 여러 번 모작으로 만들었다(고대 시대 내내 약탈당했다 되찾아오기를 반복했다. 결국 1960년대 남부 이탈리아 해안의 해저에서 발굴되어 나폴리 고고학 박물관으로 옮겨졌다).

16 자연과학, 사회과학, 정치학, 수사학, 수학, 윤리학이 아테네의 공공장소에서 펼쳐졌다. 소크라테스는 우주의 본성보다 덕의 본성에 더 관심을 두긴 했지만 지구가 둥글다고 언급했다. Plato, *Phaedo*, 108~109.

17 Plato, *Protagoras*, 334c~d; *Gorgias*, 449b, 461e~462a.

18 우리는 아테네와 훌륭한 연설을 연결짓지만 사실 수사학은 외국에서 들어온 학문이었다. 아리스토텔레스에 의하면 시켈리아에서 참주정이 무너졌을 때 코락스와 티시아스가 수사학을 발전시켰다고 한다(Rhodes [2005], 75~76: '기원전 470년대 말이 되자 참주들은 사라졌다.'). 이곳저곳 돌아다니며 돈을 버는 소피스트들에 관해서는 Plato, *Greater Hippias*, 282d 참조.

19 고르기아스는 올림피아 제전에서 2만 명에 달하는 관중에게 박수갈채를 받았다고 한다. 그는 기원전 427년에 아테네 평의회나 민회에서도 연설했다.

20 Gorgias, *Helen*, 14. Trans. Sprague(2001).

21 이는 또한 펠로폰네소스 전쟁의 결과로 인한 그리스인 사이의 차별을 방지하기 위함이었다.

22 Plato, *Gorgias*, 465a and following.

23 Plato, *Republic*, 337a. 에이로네이아의 기본의미는 아리스토파네스의 연극에서 처음 발견된다(*Wasps*, 169~174, *Birds*, 1208~1211, *Clouds*, 444~451). 하지만 이 단어를 미묘하고 논쟁적인 단어로 만든 것은 바로 소크라테스이다. 기원전 1세기에 키케로는 아이러니에 있어서는 소크라테스를 능가할 자가 없다고 했다(Cicero, *De Oratore*, 2.67.270). Colebrook(2004), 22~64; Lear(2006), 442~462; Emlyn‑Jones(2007), 151; Aristotle, *Nicomachean Ethics*, 4.7.3도 참조하라.

알키비아데스: 그는 평생 다른 사람들을 놀리길 좋아했지. 하지만 진지한 순간에 그를 만나 그 내면의 이미지를 본 사람이 있는지는 모르겠지만 나는 그 내면을 본 적이 있다네. 그 이미지들이 얼마나 신성하고 황금 같고 완벽하게 아름답고 훌륭한지, 나는 소크라테스가 내게 하라는 대로 할 수밖에 없었네.
-Plato, *Symposium*, 216e. Trans. W. R. M. Lamb(1925) [LCL].

24 학자들은 아직도 소크라테스가 어떤 점에서 아이러니한지를 놓고 열띤 논쟁을 벌이고 있다. 하지만 모두 아이러니가 소크라테스의 특징이라는 점에 동의한다. 또한 소크라테스적인 아이러니는 정교한 사고방식의 상징이기도 하다.

25 Saxonhouse(2006)는 소크라테스가 수치를 몰랐기 때문에 처형되었다고 주장한다. 즉 그는 아

테네 사회에서 용납될 만한 일반적 행동에 전혀 괘념치 않았다는 것이다.

26 즉 아고라는 목적을 달성하기 위한 수단이 아니었다. 아고라는 수단도 목적도 아니고 그저 사람들이 모이는 곳이었다.

★ 27장. 민주주의와 자유

1 이 문단을 쓰는 데 도움을 준 앨릭 틸리에게 무척 감사하다. 기원전 4~5세기 함선 설계에 관한 그의 흥미로운 의견을 참조하라. Tilley(2004) and Tilley(1992).

2 IG II2 1624.81.

3 Plato, *Gorgias*, 487b. 그리고 *Protagoras*, 319cd. 이 부분은 민회에서 모든 사람이 평등한 발언권을 지녔음을 보여주는 데 더 많이 이용된다.

4 남자들의 민회에서 제기된 질문을 패러디한 것이다. Aristophanes, *Thesmophoriazusae*, 379; *Ecclesiazusae*, 392.

5 Aeschines, *Against Timarchus*, 1.23. Trans. N. Fisher (2001) [adapt.].

6 소크라테스는 민주주의의 방종을 걱정하긴 했다. 하지만 최근 학자들은 플라톤의 글에 그려진 소크라테스가 민주주의에 관해 아주 비판적이지는 않다고 평한다. 〈국가〉 8권(총 10권)에서 소크라테스가 파르헤시아를 경멸적으로 묘사하지 않았다는 주장에 관해서는 Saxonhouse(2006), 98을 참조하라.

7 파르헤시아의 역할에 관한 흥미로운 논의는 Saxonhouse(2006) 참조.

8 엘레우테리아라는 이름의 삼단노선이 여러 척 만들어졌다: IG II2 1604 line 49 (기원전 377/376년); 1607, line 85 (기원전 373/372년; 1627, line 202 (기원전 330/329년); 163, line 488 (기원전 323/322년). 모두 Robinson(2004), 80 (또한 Hansen [1989], 42)에서 참조.

9 (위작임이 거의 확실한 대화편인) 〈에뤽시아스Eryxias〉와 〈테아게스Theages〉에서는 소크라테스는 스토아 제우스 엘레우테리오스에서 자신의 사상을 설파하는 것으로 그려진다.

10 Herodotus, 9.5.

★ 28장. 올바른 삶

1 플라톤이 이런 사실을 언급한 것은 아테네인들이 '새로운 신'을 종종 숭배했으므로, 인습에 구애받지 않는 소크라테스의 종교적 경험을 비난해서는 안 된다는 것을 지적하려는 의도라고 주장하는 학자도 있다. 하지만 고고학적 발견에 의하면 벤디스 교단이 이 시기 아테네에 창설된 것은 사실이다.

2 IG I3 136 (SEG 10.64).

3 아테네 사람들이 아테네에 맞는 '새 신'을 인정한 것과 소크라테스의 새 '개인적인' 신앙을 불안하

게 쳐다본 것이 대조된다.

4 소크라테스와 동시대인들은 생각할 장소가 많은 곳에 살았다. 아내와 노예 그리고 제국의 열매들을 누렸던 이 한가로운 남자들은 생각에 잠겨 오후를 보낼 수 있었다. 소크라테스는 남자들이 전장에서 끔찍한 짓을 벌이던 시대를 살았다. 하지만 한가롭게 앉아서 관찰하는 시간도 있었을 것이다. 그는 아테네와 주변 환경에 귀 기울이고 열심히 관찰했다. 소크라테스는 깊은 생각에 잠겼을 수도 있다. 인간 사회에 선의 자리가 있는지, 있다면 어떻게 선의 자리를 찾고 선을 키워야 하는지 말이다.

5 소크라테스는 가끔 신들이 아니라 유일신에 관해 말했다(Plato, *Laws*, 10.904a; *Timaeus*, 41a). 그는 신화, 즉 그리스인에게는 성경과도 같은 호메로스와 헤시오도스 이야기의 진실성에 도전하곤 했다.

6 그리스 종교의 이런 점과 다른 기본적인 측면은 Walter Burkert (1985)에서 논의되었다.

7 Demosthenes, 4.35.

★ 29장. 델포이의 신탁

1 오늘날 이테아 항에서부터 시작된 산책길 주변이다.

2 Plato's *Apology*, 21a. Trans. H. N. Fowler(1914) [adapt.] [LCL]; Xenophon's *Memorabilia*; Aristophanes' *Clouds*, *Wasps* and *Birds* 참조.

3 캄보디아의 킬링필드나 네이팜탄에 폭격당한 베트남의 도로를 지나 교회나 신전, 사원에 걸어가는 것과 같다. 우리가 알고 있는 장소들에는 끔찍한 역사가 서려 있다. 그 이미지들은 예술(당대의 비극과 현대의 영화)을 통해 대중에게 전달되었다.

4 물론 아폴론은 델포이의 오만한 새내기였다. 원래 델포이는 피톤의 땅이었다. 호메로스가 '바위투성이 피토'라 부른 이 땅은 뱀 여신의 신성한 구역이었다. 신화에서는 이곳을 게 또는 가이아, 즉 대지의 여신의 집이라고 말한다. 고고학자와 농부 들의 손에 발견된 청동기 여신상 유물이 이러한 문학적 기록을 뒷받침한다. 그러나 이야기에 의하면 아폴론이 뱀 같기도 하고 용 같기도 한 여신, 피톤을 땅에 때려눕혔다고 한다. 그녀의 혼이 동굴 속으로 빠져나가고 이 신성한 장소는 아폴론의 소유가 되었다. 기원전 5세기 이곳에는 열주가 늘어선, 자신만만한 아폴론의 신전이 있었을 것이다. 이 신전은 부분적으로 아테네의 돈으로 세워졌는데 디오니소스신도 함께 모셨다. 신들을 모신 견고한 지붕이 델포이의 풍경에서 두드러졌을 것이다. 특히 아테네인들은 이곳에 흔적을 무척 남기고 싶어 했다. 어느 가문(알크마이오니다이 가문)은 기원전 6세기에 시작된 아폴론 기념신전(대리석) 건설에 자금을 댔다.

5 그리고 현존하는 유물은 없지만 레토의 신상도 분명히 불탔을 것이다.

6 Pindar, *Pythian*, 7.12.

7 Porphyry, *On Abstinence*, 2.9; HN 4 n.13.

8 De Boer and Hale(2000), 399~412; De Boer, Hale and Chanton(2001), 707~710.

Broad(2006) 참조.

★ 30장. 너 자신을 알라

1 Trans. O. J. Todd (1992). Plato, *Apology*, 21a; *Gorgias*, 447a; Xenophon, *Memorabilia*, 1.2.48 참조.

2 카이레폰이 델포이를 정말 방문했는지, 방문했다면 언제 방문했는지는 불확실하다.

3 Pausanias, 10.24.1.

4 Plato, *Phaedrus*, 229e에 관한 고전주석이다.

5 Macrobius, *Dream of Scipio*, 1.9.2.

6 헬레니즘 문화청은 신전 내부 주랑현관에 새겨졌을 가능성이 가장 높다고 주장한다.

7 아리스토텔레스가 델포이에 간 사람은 카이레폰이 아니라 소크라테스였다고 말했다는 설도 있지만 비교적 확실하지 않은 자료이다. Diogenes Laertius, 2.23.

8 Herodotus, 7.141 참조.

★ 31장. 민주주의와 전쟁

1 Deighton(1995), 34.

2 pg. 15, *The Oxyrhyncus Papyri*, Volume LXXI, ed. R. Hatzilambrou, P. J. Parsons and J. Chapa, Egypt Exploration Society, London, 2007 참조.

3 스토아 포이킬레의 벽에는 아마존 전사가 탄 말이 그려져 있었고 스토아 제우스 엘레우테리오스 밖에는 청동으로 된 말이 서 있었다. 소크라테스가 고소당했던 스토아 바실레이오스 지붕에는 화려하게 채색된 테라코타 말이 있었으며 아고라 곳곳의 신전과 성소에 바치려고 주조된 말 모형이 있었다. 이륜전차(ACR. 19052)와 달의 여신 셀레네의 4두 이륜전차(ACR. 19053, 19054)도 있다.

4 저술가이자 장군이었던 크세노폰은 소크라테스의 열렬한 추종자이자 제자였다.

5 Thucydides, 3.48.

6 기원전 425년에 필로스 섬 근처 스팍테리아 전투에서 잡힌 스파르타인들이다. Powell(1988), 165~170; 237~238 참조.

■ 5막 사건 발생의 사회적 배경 전쟁의 늪

★ 32장. 펠로폰네소스 전쟁 2기

1 *The City Beneath the City, Antiquities from the Metropolitan Railway Excavations*, by Liana Parlama and Nicholas Stampolidis, Harry N. Abrams(2001)의 삽화를 참조하라. 아테네 베나키 박물관에 최근 소장된 비석이다. 이 비석은 소크라테스와 같은 부족 출신 가운데 (메가라와 스파르톨로스 전투에서) 전사한 사람들을 언급한다.

2 아테네 국립 고고학 박물관과 테살로니키 고고학 박물관, 올림피아 박물관 모두 그리스 갑옷과 무기를 많이 소장하고 있다.

3 Van Wees(2004), 104~108의 목록이다.

4 이 전략은 보이오티아에서 합류할 두 병력에 의존했다.

5 Plato, *Symposium*, 219e~220e.

6 Plato, *Symposium*, 219e~221a. Trans. W. R. M. Lamb(1925) [LCL].

7 〈라케스〉도 참조.

8 이 원정에서 일부의 전투는 신중하게 전투관례를 지켰지만 대부분 많은 관습이 무시되었다. 아테네군은 델리온의 신전에 방어벽을 구축했고 병사들은 그곳의 신성한 샘물을 마셨다. 보이오티아군은 기병대를 이용해 아테네의 중무장 보병들(밤이 되어야 겨우 목숨을 부지할 수 있었던)을 쫓았고 스파르타군은 (초기에) 아테네군이 시신을 수습하지 못하도록 했다.

9 델리온 여름 원정 후 소크라테스가 스키오네 전투에도 참가했다면 이런 장면도 목격했을 것이다.

10 Plato, *Laches*, 181b; *Symposium*, 221a. 이듬해 아리스토파네스가 신랄하게 소크라테스를 풍자했지만 소크라테스가 겁쟁이라는 언급은 한 마디도 없었다.

★ 33장. 모욕과 화관

1 고대 그리스의 웅변가이자 풍자작가인 루키아노스가 썼다고 추정되는(하지만 그가 쓰지 않았을 가능성이 큰) 글에 달린 주해이다. 필로코로스의 〈아티케기Atthis〉를 바탕으로 쓴 듯하다.

2 Aeschines, *Against Ktesiphon*, 76; Plato, *Ion*, 535d~e.

3 Xenophon, *Oeconomicus*, 3.7. Trans. S. Pomeroy(1994) [adapt.].

4 Diogenes Laertius, *Lives of Eminent Philosophers*, 2.18 참조.

5 아테네 극장의 발전에 관한 시각자료는 Connolly and Dodge(2001), 90~101 참조.

6   R. Parker (2005. Reprinted in paperback 2007), 314.

7   Homer, *Iliad*, 6.132.

8   Aristophanes, *Frogs*, 1009~1010.

9   아마 그 때문에 플라톤은 강렬하게 비극에 반발했을 것이다. 그는 연극의 정치 언급이 군중에게 아첨하며 민중을 선동하는 행태라고 불평했다. Plato, *Gorgias*, 502b~c; *Republic*, X, 602b; *Laws*, VII, 817b~d.

10 Plato, *Ion*, 535d~e. Trans. W. R. M. Lamb(1925) [adapt.].

11 Rehm(2007) 참조.

12 희극과 비극은 아테네 민주정에 중요했다. 대체로 희극은 민주주의와 함께 탄생했다고 여겨진다. 민주주의에서는 모든 사람이 평등하게 웃을 수 있다. 과두파와 참주들은 풍자를 절대 좋아하지 않았다. 이 시기 연극은 지배층의 전유물이라기보다는 지배층을 위협하는 독가스에 가까웠다. 그러나 기원전 440년 사모스 섬 반란 이후 희극은 규제를 받았다. 희극작가는 권력자의 승인을 받아야 했다. 누구를 웃기고 자극하고 조롱할지를 승인받아야 했다. 이런 규제는 기원전 430년 무렵 사라져서 아리스토파네스는 자유롭게 희극을 쓸 수 있었다. 아리스토텔레스는 〈시학Poetica〉 1448a에서 희극은 메가라의 민주정 시기에 고안되었다고 썼다. Parian Marble (FGrHist 239 A39) 참조.

13 Sommerstein (1982), 2–〈구름〉은 기원전 423년에 디오니소스 대축전 때 처음 공연되었다. 이 축전에서 〈구름〉은 크라티노스의 〈포도주병〉(풍자극으로 우승했다)과 희극작가 아메이프시아스의 〈콘노스〉 다음으로 3위를 차지했다. 아리스토파네스는 자신의 희극 중 〈구름〉을 최고로 평가했으며(*Wasps*, 1047) 나중에 이를 개작했음이 분명하다. 우리에게 전해지는 것은 개작된 버전이다. Dover (1968), xvii에서도 기원전 423년 디오니소스 대축전을 첫 공연 시점으로 본다. 또한 기원전 424년에 소크라테스가 델리온에서 중무장 보병으로 싸웠을 것으로 추정하며(xxxii), 개작 시점을 기원전 420년과 417년 사이쯤으로 본다(lxxx). 그리고 개작 시점 때문에 〈구름〉이 기원전 423/422년에 재공연되지 않았을 것이라 결론짓는다(lxxxi). Dover는 개작된 희극이 공연되었더라도 아테네에서는 공연되지 않았을 것이라 주장한다.

14 Aristophanes, *Birds*, 1280~1283. 소크라테스는 마키아벨리, 영국 전 총리 대처, 제정러시아의 성직자 라스푸틴과 같이 개인의 이름이 정치적 구호가 되어버린 사람들의 반열에 올랐다. 소크라테스를 풍자한 것은 아리스토파네스만이 아니었지만 아리스토파네스의 작품만이 남아 있다. 아메이프시아스의 소실된 작품 〈콘노스〉를 포함해 일부만 남아 있는 연극이 4개 있다.

15 크라티노스의 〈포도주병〉은 희극이다. 이 연극이 아리스토파네스의 〈구름〉보다 좋은 평가를 받은 것으로 보인다. Thomas K. Hubbard, *The Mask of Comedy: Aristophanes and the intertextual Parabasis* (Ithaca and London, 1991), 75 참조. 아리스토파네스의 〈구름〉은 크라티노스의 〈포도주병〉(1위)과 아메이프시아스의 〈콘노스〉(2위) 다음으로 3위를 차지했다. Pauly–Wissowa *Real–Encyclopädie*, vol. I. 2. 1819 (s.v.) Ameipsias 참조. Kassel & Austin(1991), 200 참조. 같은 해에 소포클레스가 비극 〈트라키스 여인들〉을 초연했을 것이다.

16 Plato, *Gorgias*, 468b~470b; *Phaedrus*, 248d; Xenophon, *Memorabilia*, 2.1.19,

4.5.10 참조.

★ 34장. 암피폴리스

1 훗날 기원전 405년에 알키비아데스도 아이고스포타미 전투(펠로폰네소스 전쟁 마지막 전투로 아테네가 스파르타 해군에 참패했다_옮긴이)에 트라키아군의 힘을 빌리려고 협상을 벌인 적이 있다(하지만 그는 헬레스폰토스에서 트라키아인의 공격에 맞서 그리스 도시들을 지키기도 했다).

2 Thucydides, 4.102~8.

3 Thucydides, 5.3.2~4.

4 귀족과 구두 수선공의 친구로서, 현역 중무장 보병으로서 소크라테스는 이런 원정들에서 무엇을 얻었을까? 어쩌면 전장과 소규모 접전, 행군 길에서 그는 이상한 사내로 보였을 것이다. 계층구분이 엄격했던 그리스 땅에서 그는 뭐라 규정하기 어려운 사람이었다. 그는 명백한 것, 공동체적인 것, 대중적인 것이 중요하던 세상에서 사적이며 정신적인 세계를 추구했던 사람이다.

5 몇 년 후 소크라테스는 북쪽 국경 너머 이 지역으로 다시 초대받았다. 기원전 413~399년까지 마케도니아를 다스린 아르켈라오스 왕이 소크라테스의 말을 듣고 싶어서 궁정으로 그를 초대했다. Aristotle, *Rhetoric*, 1398a 참조. 소크라테스는 그 초대를 거절했다.

■ 6막 위기의 시작 거침없는 사생활

★ 35장. 향연

1 Pherekrates, *Persians*, 130e.

2 기나이케이온이라는 방에서 여자들이 함께 일하고 (특히 옷감을 짜면서) 시간을 보냈다. '피리 부는 소녀'는 공연하는 노예 소녀를 부르는 말이 되었다. 아울로스(플루트와 비슷하다고 여겨졌던)는 사실 오보에와 더 비슷하다.

3 Aristophanes, *Acharnians*, 530.

4 플루타르코스도 향연의 연극적 특성을 지적한 바 있다. 플루타르코스의 〈모랄리아〉 10c~d에서 소크라테스는 "나는 향연에서처럼 극장에서 놀림을 당했다"고 말한다.

5 Athenaeus, *Deipnosophistai*, 5.217a.

6 아리스토파네스는 자신의 희극에서 아가톤을 풍자했다. 〈테스모포리아 축제의 여인들〉이 그 예다.

7 물론 웃음은 종종 역사에 기록되지 않는 경험이다. 하지만 플라톤의 〈향연〉에는 웃음에 관한 이야기가 나오며 〈향연〉에서 아리스토파네스의 농담은 오늘날 봐도 웃음이 나온다. 아리스토텔레

스도 '삶 자체에 즐거움이 있다'고 표현하기도 했다. 소크라테스는 신랄한 괴짜로 유명했지만 그런 즐거움을 즐기기도 했다. 최근에 웃음이 관심의 대상이 되었다. 예를 들어 Halliwell(2008); Sommerstein(2009); Beard, *Roman Laughter* 참조.

8 예를 들어, [Xen] *Ath. Pol*, 10; Plato, *Laws*, 655; Socrates (Xenophon, *Memorabilia*, 3.10.5); *Iliad*, 2, 211을 참조하라.

9 Plato, *Symposium*, 210a~212a.

10 더 자세한 논의는 George Rudebusch, author of Socrates, *Pleasure and Value*(1999) 를 참조하라.

11 플라톤의 〈프로타고라스〉에서 쾌락과 이성적 행동의 자리에 관한 논의는 Kahn(2006)을 참조하라. '쾌락주의가 지닌 심리적 매력을 제대로 다루는 것이 플라톤 철학의 주요 주제이기도 하다.'

★ 36장. 에로스

1 Xenophon, *Symposium*, 4.38; *Memorabilia*, 1.3.14와 2.1.30 참조.

2 Xenophon, *Symposium* 8.25. Trans. O. J. Todd(1992) [LCL].

3 그는 플라톤의 삼촌이었다(그의 백부이거나 그저 후견인이었을 수도 있다). 〈향연〉을 읽으면 아테네가 얼마나 작은 세상인지 알 수 있다. 사람들은 길거리에서 서로 우연히 마주쳤고 친인척 관계로 서로 얽혀 있다.

4 크리티아스는 기원전 403년에 민주파가 돌아오자 살해되었다.

5 Scholium 'B'. W. Dindorf, *Scholia Graeca in Homeri Odysseam* (Oxford, 1855), 152~154 and G. Stallbaum, *Eustathii Archiepiscopi Thessalonicensis Commentarii ad Homeri Odysseam* (Leipzig, 1825), 130~132 참조. E. Kadletz, 1981. www.jstor.org/stable/1509764 참조.

6 Plato, *Theages*, 128b.

7 Plato, *Symposium*, 177d; *Charmides*, 155c; Xenophon, *Symposium*, 8.2 참조.

8 우리가 삶을 분주하게 보내는 것도 이것 때문일 것이다. 하지만 그리스인들은 매일 충분한 여가를 즐길 수 있었다. 그들의 육체적 욕구와 욕망을 채워주는 사람들이 따로 있었기 때문이다. 따라서 그들은 에로스의 달콤하면서 쌉싸름한 선물을 육체적, 지적으로 열심히 탐구하며 즐길 수 있었다.

★ 37장. 여사제 디오티마

1 여기에는 어느 정도 말장난이 섞여 있을 수도 있다. 만티네이아는 그리스어로 '보는 사람'과 비슷하게 들린다. 그리고 디오티마는 '제우스를 숭배하는/ 제우스에게 존중받는 여자'를 뜻한다.

2 여사제에게는 평의회나 민회에서 연설할 때 특권을 줬다. LSCC 102, Lykourgos, *On the Priestesses*, Frag. 6.4 참조. 아테나 폴리아스(폴리스의 수호신 아테나), 농업의 여신 데메테르, 곡식의 여신 코레 같은 신을 모시는 몇몇 여사제직은 특정 가문에서 700년 동안 세습되기도 했다.

3 고고학자인 조앤 브레턴 코널리는 여자들이 아테네 종교활동의 85퍼센트에 참여했으며(Blok 참조) 적어도 40개 교단에서 두드러지게 활동했다고 추정한다.

4 *The Captive Melanippe*, Frag. 494 K. Trans. Helene Foley in Fantham et al.(1994), 95~96. H. van Looy (ed.), Euripide VIII2, Fragments (Paris, 2000), 347~396.

5 Connelly(2007)의 p.167에 있는 목록이다.

6 코르푸 박물관에 좋은 예가 있다. 이 박물관을 방문하면 고대의 고르곤 두상 중 가장 정교하고 무시무시한 두상이 표현된 아르카이크 박공을 꼭 찾아보길 바란다.

7 대영박물관 2070(홀)과 1952(목걸이).

8 Xenophon, *Memorabilia*, 3.11 참조.

9 조앤 브레턴 코널리가 정리한 목록이다. Connelly(2007), p.46.

10 Pindar, *Pythian*, 3.31~2는 저녁에 노래 부르는 소녀들의 모습을 그린다.

11 Aristophanes, *Birds*, 873; *Wasps*, 9; *Lysistrata*, 387~390.

12 Aristophanes, *Lysistrata*, 387~388.

★ **38장. 아테네의 여인들**

1 브라우론 신화의 유래는 Plato, *Laws*, 774e~775a와 Aristophanes, *Lysistrata*, 645 참조.

2 크세노폰의 〈경영론〉과 〈소크라테스 회상〉을 참조하라.

3 Zahm(1913), 197~199 참조.

4 Plato, *Theaetetus*, 149a; *Greater Hippias*, 298b; *Laches*, 180d.

5 플라톤이 아이를 낳게 도와주는 산파와 새로운 사상을 끌어내는 소크라테스 사이의 유사성을 보여주려고 그의 어머니를 산파로 그렸을 가능성도 배제할 수 없다. 하지만 소크라테스의 가족에 관한 세세한 사실을 꾸며냈을 것이라 보기도 어렵다. 소크라테스의 어머니가 진짜 산파였든 아니든 산파와 소크라테스와의 비교는 설득력 있게 들린다. 소크라테스의 어머니가 체격이 좋아서(아들에게도 유전된 특성인) 육체적으로 고된 직업에 잘 맞았다는 설명이 그럴듯하다.

6 IG II2 1409.14.

7 Antisthenes, Frag. 142, in Giannantoni, 1990: 2.191 (= Athenaeus, *Deipnosophistai*, 220d); Antisthenes, *Aspasia*. 역사적 사건이기보다는 희극에서 창조된 일화였을 가능성도 있다.

8   Boston, Museum of Fine Arts, 10.223 and Acropolis Museum 1766~1767.

★   39장. 크산티페

1   소크라테스의 중혼에 관한 자료는 Diogenes Laertius, *2.26*; Aulus Gellius, *Attic Nights*, 15.20.6; Plutarch, *Aristides*, 27을 참조.

2   *De Matrimonia*, 62 (Haase, 1902, Teubner edition). 아버지 세네카의 글로 추정된다. Fragmentary. Trans. C. A. Stocks(2008) [adapt.].

3   *De Matrimonia*, 62.

4   Diogenes Laertius, *Lives of Eminent Philosophers*, 2.26. Trans. R. D. Hicks(1925) 참조.

5   Plato, *Phaedo*, 60a.

★   40장 아테네의 상징 알키비아데스

1   Lysias, *Against Andokides*, 51; M. Reinhold, 'The history of purple'(1970)도 참조.

2   Plutarch, *Alcibiades*, 11.2. Trans. I. Scott‒Kilvert (1960).

3   소크라테스는 지적인 동시에 육체적이었다. 따라서 크세노폰과 플라톤이 아테네의 가정집에서 벌어졌던 〈향연〉의 이야기를 우리에게 남긴 것이 그리 놀랍지 않다. 그들이 그린 향연에서는 사랑의 진실에 관한 탐구 못지않게 술 마시기 게임과 딸꾹질 멈추는 법, 이웃 사람들에 관한 이야기가 등장한다. 〈향연〉의 이야기는 인간 존재에 관한 소크라테스의 생각과 비슷하다.

■ 7막 사건의 절정 불편한 진실을 외치다

★   41장. 유린당한 멜로스 섬의 비너스

1   알키비아데스는 멜로스를 기회로 아테네인들의 환심을 사려 했을 것이다. 멜로스 섬 학살은 시켈리아 원정의 서막이었다.

2   Thucydides, 5.84.

3   최근의 발굴품들은 1984년부터 멜로스 시립 박물관에서 소장하고 있다.

4   (플라톤 대화편의 표제인물이기도 한) 파이돈이 멜로스 섬의 생존자라는 설도 있다.

5   Plutarch, *Life of Alcibiades*, 16.4~5. '그는 멜로스 포로 중 여자 하나를 골라 그녀를 정부로 삼고 그녀에게서 아들을 낳았다. 사람들은 그가 친절해서 그랬다고들 말하지만 사실 바로 그가 멜로스 섬에서 성인 남자들을 처형하는 데 큰 역할을 했다.' Trans. B. Perrin(1916) [LCL].

6   Andocides, *Against Alcibiades*, 22. Trans. K. J. Maidment(1941) [LCL].

7   Hyperides, Frag. 55.

★ 42장. 무신론과 이단

1   Libanius, *Apology*, 154~155. 기원전 393/392년에 폴리크라테스가 썼으나 소실된 소책자인 〈소크라테스에 관한 고소〉에 관한 반론이다.

2   데르베니 파피루스에 관한 자세한 논의는 Richard Janko in Ahbel-Rappe and Kamtekar, (eds.) (2006), Ch.34, 56~57 참조.

3   이 이야기가 소크라테스의 재판과 관계있다는 제안에 관해서는 Sir Kenneth Dover, *Aristophanes' Frogs* (OUP, 1997) 참조.

4   Xenophon, *Hellenica*, 2.2.9, and Plutarch, *Lysis*, 14.4.

5   기원전 440년 사모스 섬 침략 때부터 아테네 사람들은 페리클레스의 지식인 무리가 평범한 아테네인들을 고통으로 몰아넣는다고 불평했다. 기원전 430년대 내내 다몬(작곡가)과 아낙사고라스(자연철학자), 페이디아스(건축가이자 조각가)에게 비난의 화살이 쏟아졌고 아스파시아는 불경죄로 고소당했다. 더 많은 사람이 도편추방되었거나 망명했다.

6   Diogenes Laertius, *Life of Protagoras*, 9.51. 그리고 trans. C. D. Yonge(1853)도 참조.

     신들에 관해서라면 나는 그들이 존재하는지, 존재하지 않는지 알 수 없다. 왜냐하면 앎을 방해하는 것이 많기 때문이다. 특히 주제가 너무 모호하고 인간의 삶이 짧다.

7   Cat. no. 752.

★ 43장. 시켈리아 원정

1   에보이아 섬 고지대의 발굴지를 알려준 모레노 박사에게 감사를 전한다. Moreno(2001)와 Moreno(2009) 참조.

2   테미스토클레스가 잠정적으로 계획했던 원정의 방향이기도 하다.

3   Thucydides, 6.31.4. Trans. R. Warner(1972).

4   Aristophanes, *Lysistrata*, 390~397; Plutarch, *Nicias*, 13.7.

5   Agora 1 7307.

6 Plutarch, *Alcibiades*, 22.4, 그의 탄핵에는 재산몰수와 사제들의 저주가 포함되었다. '그의 재판은 결석 재판이었다. 모든 재산이 몰수되었고 모든 사제와 여사제가 그의 이름에 공개적으로 저주를 내려야 했다.' Trans. B. Perrin(1916) [LCL].

7 *Vt. Marc.* 41, in R. Janko, 'Socrates the Freethinker', in Ahbel-Rappe and Kamtekar(eds.) (2006), 60.

★ **44장. 피로 물든 강물**

1 Diodorus Siculus, *Universal Library*, 13.19.

2 Samons, *What's Wrong With Democracy*, 53 n. 59. Oaths of Loyalty, IGi3 39, 40 = Fornara 102, 103; oath 'to love' the *demos*: IG I3 37 = ML 47 = Fornara 99.

3 플라톤은 이 끔찍한 소식이 아테네에 알려지기 전을 배경으로 〈이온〉을 썼다.

4 외국인 장군으로는 아나톨리아 클라조메네의 헤라클리데스를 들 수 있다. 기원전 400~395년에 민회 수당을 1오볼로스에서 2오볼로스로 인상할 것을 제안한 인물이다. 아리스토파네스가 〈여인들의 민회〉를 상연할 무렵인 기원전 390년대 말에는 3오볼로스로 더 인상되었다(*Ath. Pol.* 41. iii, Ar. *Eccl*. 289~311, 392). 그 무렵 그는 분명히 아테네 시민의 자격을 얻었을 것이다. 그리고 장군으로 복무하기도 했다(Plat. *Ion* 541 D 1~4, Ath. XI. 560 A, Ael, V.H. XIV. 5). 헤라클리데스는 기원전 423년경 아테네와 페르시아 사이의 에필리코스 평화조약(기원전 424년 아테네와 페르시아의 다리우스 2세 사이에 체결되었다고 알려진 조약이다_옮긴이)과 관련해서 시민자격에 못 미치는 영예를 얻었다는 기록도 있다. (M&L 70=IG i3 227 with addenda).

★ **45장. 데켈레아, 광산 폐쇄**

1 이 일화에 관한 자세한 묘사는 Hughes(2005), Ch. 6, 'The Rape of "Fair Hellen"'의 주석과 여러 곳을 참조.

2 Plutarch, *Alcibiades*, 15.1. Thucydides, 7.91.6.

3 아테네에서는 기원전 411년에 과두파 400인이 정변으로 권력을 잡았다. 그들은 권력을 잡은 후 맨 처음에 데켈레아의 요새에 주둔한 스파르타 왕에게 접근해 협상을 시도했다.

★ **46장. 공포의 시대**

1 Plutarch, *Alcibiades* 34.6.

2 Plutarch, *Alcibiades*, 23; *Lysander*, 22; *Agesilaus*, 3; Xenophon, *Hellenica*, 3.3.1~2.

3 Plutarch, *Alcibiades*, 24.4. Trans. I. Scott-Kilvert(1960).

4 Samons(2000), 281~293 참조.

5 1930년대에 그리스의 독재자 메타크사스가 이 명칭을 다시 부활시켰다.

6 로마에서 망명했지만 여전히 로마 해군의 충성을 받았던 마르쿠스 안토니우스(고대 로마 공화정의 정치가이자 군인. 카이사르 사후 클레오파트라와 연합하여 옥타비우스에 맞섰으나 악티움 해전에서 패했다_옮긴이)와 비교해보라.

7 ML 58 = Fornara 119 and Xenophon, *Hellenica*, 1.1.22.

8 비문 참조는 Finley(1971), 11~12를 보라.

9 Plutarch, *Alcibiades*, 34.6.

10 이 시절의 아테네에서는 이상하게도 창작열이 왕성했다. 아리스토파네스가 희극 〈뤼시스트라테〉와 〈테스모포리아 축제의 여인들〉을 썼다. 기원전 411년에 일어난 과두주의자들의 정변에도 주저하며 아테네에 남아 있던 소포클레스는 당시 여든 살이었지만 여전히 훌륭한 작품들을 생산했다. 분노로 가득한 그의 연극 〈필록테테스Philoctetes〉는 기만의 문제를 다루고 있다. 그를 둘러싼 사회에 관한 언급으로도 볼 수 있다.

11 Plato, *Phaedrus*, 259a~b. Trans. H. Fowler (1914) [LCL].

12 *City Beneath the City*, p. 249 참조.

13 Exhibit 3280~3281, 아테네 남부 외곽 모스카토에서 출토.

★ **47장. 아르기누사이 전투**

1 Plato, *Apology*, 32b; *Gorgias*, 473e; Xenophon, *Hellenica*, 1.7.16; *Memorabilia*, 1.1.18, 4.4.2.

2 Plato, *Apology*, 32b; Xenophon, *Hellenica*, 1.7.15. 소송은 우선 의회를 거쳤다. 소크라테스는 민회의 둘째 날 의장직을 맡았다.

3 Hansen(1999), 248 참조.

4 Thompson and Wycherley(1972), 44.

5 원래는 의원들이 각자 올리브 잎사귀를 하나씩 내는 방법으로 투표했다. 하지만 소크라테스 시대에는 거수투표를 할 수도 있었다. 평의회의 자세한 운영에 관해서는 Rhodes(1972) 참조.

6 어쩌면 이 처형은 아르기누사이의 비극을 비난할 누군가를 찾으려는 집단의 열망이 아니었을까?

7 더 자세한 논의는 Brunt(1993); Figuiera(1991) 참조.

8 Diodorus of Athens, Jacoby, FGrH 372 (Diod. Periegetes Frags 34, 35, 40) 참조.

★ **48장. 웃자란 양귀비를 베어내라**

1 민주주의는 여전히 영웅을 갈망했다. 호메로스의 영웅은 모든 아테네인의 시금석이었고 민중은 여전히 선각자를 원했다. 그들은 더 나은, 더 빛나는 지도자를 바랐다. 그런데 그들은 문학 속 영웅들 같은 위대한 업적을 꿈꾸면서도 사실 같은 인간이 성공을 이루어내면 질투했다. 도편추방제도가 이를 잘 보여준다.

2 Euripides, *Phoenician Women*, 243.

3 Demosthenes, 57.45; 57.31. 이 진술은 기원전 340년의 것이지만 진술이 언급하는 시기는 유모가 대개 노예였고 리본 장수가 외국인 여자들이었던 시대로 거슬러 간다.

4 Trans. J. D. Sosin; Sosin(2008), 105~108 참조.

5 Xenophon, *Hellenica*, 2.2.8; Plutarch, *Lysander*, 14~15.

6 Xenophon, *Apology*, 8. '다른 사람들은 시장의 비싼 사치품을 사들이지만 나는 돈 한 푼 들이지 않고 내 영혼으로 즐거움을 창조할 수 있다.' Trans. J. A. Martinez(2002).

★ **49장. 30인 참주**

1 Lysias, *Against Eratosthenes*, esp. 5~21.

2 다른 처형 형태에 관한 언급은 Aristophanes, *Thesmophoriazusae*, 929~1209와 Xenophon, *Hellenica*, 1.7.20에서 찾을 수 있다.

3 Andocides, 3.10.

4 소크라테스가 스승이라는 지위를 남용했다고 주장하는 고대 자료도 있다. 오늘날까지도 이런 주장을 지지하는 학자들이 있다.

5 이 사실은 소크라테스가 30인 참주에 동조했음을 보여주려고 종종 쓰였다. 이 시기에 왜 소크라테스가 다른 민주주의자들처럼 아테네를 떠나지 않았는지는 여전히 의문이다.

6 기원전 1세기 그리스 역사가인 디오도로스 시켈로스에 의하면 소크라테스와 동료 2명이 테라메네스를 죽이려는 스키타이 경비 2명을(스키타이 경비병은 페르시아 전쟁 이후 아테네가 사들인 공공노예로 질서유지 및 법 집행에 동원되었다_옮긴이) 제지하려 했지만 테라메네스가 소크라테스에게 물러서라고 부탁했다고 한다. *Universal Library*, 14.5.1~3.

■ 8막 사건의 결말 최후 심판의 날

★ 50장. 희생양

1 기원전 2세기부터 고대 후기까지 많은 주석과 자료에서 재인용된 구절이다.

2 소크라테스는 뭐라 규정짓기 어려운 존재였다. 그는 사람들 한가운데 있는 괴짜였다. 옆집에 사는 불가해한 혁명분자는 은둔자나 산속의 선지자보다 더 골치 아픈 법이다.

3 크세노폰의 〈소크라테스 회상〉 2.7.1~12를 보면 소크라테스가 옷 만드는 법을 말하는 구절이 있다. 과두파 정변 이후 정치적 혼란 때문에 아리스타르코스의 집에 갈 곳 없는 여자 친척 14명이 찾아왔다. 소크라테스의 충고는 간단했다. "여자들에게 양모공장을 차려주어 일하면서 만족도 얻고 적은 수입도 올리게 하라." 이 대화에서 소크라테스의 여성관을 엿볼 수 있다. '여자들이 더 생산적인 일을 할 기회, 도시국가의 더 소중한 일원이 될 기회를 주어야 한다.' 어쩌면 아테네 시민들은 소크라테스의 이 같은 관점 때문에 그를 더 불신했을 수도 있다.

4 배심원이 되는 일에 살고 죽는 시민들과는 전혀 다른 모습이다. 아리스토파네스의 〈벌〉의 한 대목을 보자. '무엇보다 가장 애통한 일은 나라를 위해 봉사하지도 않고 창도 노도 잡아보지도 않은 사람들이 우리의 희생을 이용해 잘 사는 모습을 보는 것이오. 그러니 내 의견을 간단히 말하자면 미래에는 침을 갖지 않은 자는 일당 3오볼로스를 받아서는 안 된다는 것이오.' Aristophanes, *Wasps* 1117~1121. Trans. E. O'Neill(1938).

5 그 대신에 우리는 그를 비인습적인 정치활동가로 생각해야 한다. 그는 도시국가를 사람들의 집합으로 이해했다. Plato, *Gorgias*, 521d와 *Meno*, 100a 참조.

6 Plato, *Gorgias*, 474a.

7 Diogenes Laertius, *On the Lives and Opinions of Eminent Philosophers*, 2.40에 인용된 고소문이다. trans. M. Munn(2000)도 참조. '피토스의 멜레토스의 아들, 멜레토스가 알로페케의 소프로니스코스의 아들 소크라테스를 다음의 죄명으로 서면 고소한다. 소크라테스는 국가가 인정한 신을 인정하지 않고 새로운 신을 소개했다. 그는 젊은이를 타락시킨 또 다른 죄도 있다. 사형을 제안한다.' Plato, *Apology*, 24b; *Euthyphro*, 3b; Xenophon, *Memorabilia*, 1.1.1, 1.2.64; *Apology*, 10도 참조. 그의 죄목이 처음 읽히던 순간에는 멜레토스와 집정관 그리고 역사에 기록이 남지 않은 한두 명의 증인이 있었다(어쩌면 아니토스와 리콘일 수도 있다).

★ 51장. 변론

1 또 다른 번역은 다음과 같다: '나는 요리사에게 고소당해 어린이 판사들에게 재판받는 의사와 같다.' Trans. W. R. M. Lamb (1925) [LCL].

2 Plato, *Phaedo*, 109b: '개구리가 연못 주변에 살 듯 우리는 바다 주변에 산다.' 그러나 소크라테

스는 바다를 멀리했다. 그는 동시대인들과는 달리 군사원정에 참가할 때와 코린토스의 이스트미아 제전에 참가할 때 말고는 항해를 피했다. 소크라테스는 배를 타고 다른 국가를 여행하는 것보다 구불구불한 강을 좋아했다. 그는 마케도니아의 스트리몬 강가 갈대숲 옆에서 싸웠고 일리소스 강에서 젊은이들과 어울렸으며 지금은 사라진 아테네의 에리다노스 강을 따라 걸으며 사색했다. 그는 인간의 삶 가장자리에 있는 바다보다는 삶을 구불구불 통과하는 강에서 더 많은 시간을 보냈다.

3 크세노폰에 의하면 소크라테스의 친구들이 법정에서 그를 변호했다고 한다.

4 소크라테스에게 연설 시간을 얼마나 줬는지는 불분명하다. 플라톤이 남긴 기록을 보면 2코에스 정도의 시간이었던 듯하다(현대 고고학 실험에 의하면 소크라테스의 최후 연설은 6분밖에 되지 않았을 것으로 보인다). 배심원들은 결정을 내릴 때 상의할 기회가 없었으므로 투표과정이 필요 이상 길어지지는 않았을 것이다. Todd (1993), 132~135 참조.

5 소크라테스의 재판 후 투표에 청동원반이 사용되었는지, 조약돌이 사용되었는지는 여전히 논쟁의 여지가 있다. 아직은 이에 관한 고고학적 증거가 불충분하다.

6 Aeschines, *Against Timarchus*, 1.30; Demosthenes, *Against Aristogeiton*, 26.2.

7 귀족들은 부족 간 잔인한 혈수血讐에 휘말려 들었다(소크라테스의 재판이 있던 해에 아테네 곳곳에서 귀족 가문에 소유된 창녀들이 경쟁 귀족 파벌의 손에 고문당하고 살해되었다). '왼쪽 뺨도 내밀라'는 소크라테스의 호소(박애주의적인 차원이 아니라 행복을 낳으려고)는 위험한 헛소리로 들렸다.

8 폴 카트리지는 최근 저서인 《고대 그리스 정치사상의 실제Ancient Greek Political Thought in Practice》 (CUP, 2009)의 7장에서 당대 법에 의하면 아테네인들이 소크라테스에게 유죄판결을 내린 것이 정당하다고 지적한다. 그의 지적은 이 판결의 윤리에 흥미로운 질문을 제기한다.

★ **52장. 연기된 형 집행**

1 Plato, *Phaedo*, 58a~c.

2 델로스 항해 날짜를 두고 의견이 분분하다. 따라서 소크라테스의 재판일도 불분명하다. 현존하는 자료로 추론하건대, 델로스 축전은 델로스의 히에로스 달에 열렸던 것으로 추정된다. 이는 안테스테리온(2/3월)과 관련이 있다. Deubner(1932), 203~204를 참조. 타르겔리온 달(5/6월)로 추정하는 자료도 있다. Nails(2006), 15를 참조. White(2000), 155는 모우니키온 달(4/5월) 7일을 소크라테스의 재판일로 추정한다. 더 자세한 논의는 Calame(1997:), 107~108을 참조.

3 Hesiod, *Homeric Hymn to Apollo* (HAp 14~126).

4 Plutarch, *Theseus*, 23.1.

5 Plutarch, *Theseus*, 23.1, Walker (1995), 43; Marshall(2000), 352~353.

6 F. Sokolowski (ed.), *Les Lois Sacrées de Cités Grecques: Supplément* (Paris, 1962).

7 Callimachus, *Hymn to Delos*, 307~315; Plutarch, *Theseus*, 21.1~2.

8   Hughes(2005), 231~232 참조.

9   미노스 문명의 종교에서 춤에 관한 논의는 Lonsdale(1995) 참조.

10   기원전 314년이 되어서야 신전을 다시 짓기 시작했다.

★   **53장. 사슬에 묶인 소크라테스**

1   아테네의 범죄와 처벌을 다룬 연구는 Todd(2000), 31~51과 Allen(2000)을 참조.

2   Antiphon 5, *On the Murder of Herodes*, 17을 참조.

3   오늘날에도 감옥 유적지 주변을 둘러볼 수 있다. 하지만 이 책을 집필하던 때(2010)에는 감옥 내부 접근이 무기한 제한되었다.

4   11인 위원회의 역할에 관한 더 자세한 논의는 Allen(2000); Hunter(1994); Todd(1993); Herman(2006) 참조.

5   하지만 이것은 절반의 진실이 담긴 이야기 속 진실일 수도 있다. 시작詩作에 관한 이야기가 자주 등장하는 오르페우스 신화는 소마soma(몸)와 세마sema(무덤)라는 두 단어를 장난스럽게 연결하곤 한다.

6   이 맹독성 식물은 소아시아나 크레타 섬에서 수입되었을 수 있다. 플라톤이 '파르마콘'(약)이라 부른 이 '유용한 식물'은 선형B 서판의 초기 그리스어에도 등장하는데, 크레타 섬에서 잘 자랐다.

7   플라톤은 실수로 독당근을 먹은 아이들도 언급했다. 따라서 자색 줄기에 독특한 잎 모양의 이 식물은 분명히 아테네 지역에서도 자랐을 것이다. Plato, *Lysis*, 219e.

8   Allen(2000), 234를 참조.

9   에디트 블로크의 글 『독당근과 소크라테스의 죽음Hemlock Poisoning and the Death of Socrates』을 꼭 읽어보라. 그녀는 이 문제를 자신 있게 말한다. '소크라테스는 독약으로 길랭-바레 증후군과 비슷한 말초신경병증을 겪었다. 이는 독당근의 알칼로이드가 일으키는 증상이다.'

10   사실 사형에 처할 만한 범법행위는 상당히 제한되어 있었다.

     법에 따라 사형선고를 받아야 하는 모든 행위, 즉 신전 절도, 강도, 노예화, 반역죄 가운데 어느 하나를 내가 저질렀다고는 내 고소인들조차 말할 수 없을 것입니다.
     -Xenophon, *Apology*, 25. Trans. O. J. Todd (1992) [LCL].

11   당시 스물여덟 살이었던 플라톤은 속이 울렁거려서 이 자리에 있을 수 없었다고 한다.

12   Plato, *Phaedo*, 118a. Trans. H. N. Fowler [LCL].

13   기원전 400/399년에 봉헌된 부조 NMA 1388에서 아스클레피오스는 옴파로스 바위 위에 당당하게 앉아 있다.

14   Plato, *Phaedo*, 118a. Trans. G. M. A. Grube(1997).

15 소마(몸)와 세마(무덤)의 유사성 참조.

16 로빈 워터필드도 최근에 저서 《소크라테스는 왜 죽었는가?Why Socrates Died: Dispelling the Myths》(2009)에서 비슷한 결론에 도달했다. 그는 '소크라테스는 임무에 실패했기 때문에 기꺼이 희생을 받아들였으며 자신의 죽음이 세상을 치유할 수 있다고 믿었기 때문에 마지막 순간에 아스클레피오스를 찾았다'고 주장한다.

★ 54장. 세상 밖으로

1 Sappho painter (Bowdoin College Museum of Art 1984, 023)의 항아리 참조. Lysias, *Against Eratosthenes*, 18; Plato, *Phaedo*, 115c.

2 Shear(1995), 'Bouleuterion, Metroon and the Archives at Athens', in Hansen and Raaflaub(1995), 157~190; S. G. Miller(1995), 'Old Metroon and Old Bouleuterion in the classical Agora of Athens', in M. H. Hansen and K. Raaflaub(1995), 133~156.

3 알키비아데스는 이때도 소크라테스의 인생에 영향을 미쳤다. 소크라테스가 죽던 날 아테네 문서 보관소 밖에는 보초병들이 지키고 있었다. 그들은 매일 그곳을 지켰다. 한때 알키비아데스가 그곳에 보관된 자신의 재정조사 자료를 없애려고 한밤중에 침입한 적이 있기 때문이다. Athenaeus, *Deipnosophistai*, 9.407b~c. 이 사건은 Miller(1995), 137 참조. 또한 Plato, *Alcibiades I* 134b 참조.

4 자세한 내용은 Diogenes Laertius, 1.5.43에 나온다. 하지만 이 자료가 후대에 쓰인 것이다 보니 소크라테스 사후 아테네인들의 반응은 저자가 지어낸 것일 수도 있다. 그래도 미틸레네의 사례에서처럼 아테네인들의 태도가 급변했을 가능성도 배제할 수 없다.

5 그것은 우리가 틀을 깨는 사람들을 무척 불편하게 여기기 때문일까? 알키비아데스가 〈향연〉(Plato, *Symposium*, 221c)에서 언급했듯 소크라테스는 거듭해서 사람들을 안전지대 밖으로 내몰았다.

6 소크라테스의 철학에 어둠이 있다고 말하는 사람도 있다. 플라톤의 철학은 분명히 그렇다. 소크라테스의 철학에 관해서는 누가 그 질문에 대답할 수 있을까? 오늘날 정보기관이 최신식 무기를 확보하려고 벤처캐피털에 대규모로 투자하는 모습을 보면 소크라테스는 지겹다는 듯 한숨을 내쉬지 않았을까? '모든 에너지를 첩보 기계에 쏟지 마라. 차라리 첩보활동의 필요성을 없애라. 성벽과 전함을 짓지 말고 주변의 "올바름"을 찾아내라. 파르테논 신전, 백악관, 크렘린 같은 근사하고 멋진 건물로 지상에 가상세계를 짓지 말고 너 자신의 마음에서 근심을 내쫓고 마음을 굳게 먹어라.' 요즘 우리는 불안하게 적을 찾는다. 무정부주의자, 테러리스트, 자본가, 공산주의자, 허무주의자. 하지만 소크라테스는 우리에게 불편한 진실을 상기시킨다. 적은 곧 우리 안에 있다고 말이다. '그들'의 잘못이 아니라 '우리'의 잘못이라는 것은 가장 중요하면서도, 가장 납득하기 어려운 철학이다.

7 플라톤은 이후 시켈리아, 남이탈리아, 키레네, 이집트로 갔다.

8 아리스토텔레스의 〈오르가논Organon〉에 설명된 논리학에 바탕을 둔 삼단논법이다.

9 금은 수천 년 동안 땅속에 묻혀 있어도, 아주 높은 온도에서도 변색되지 않는다. 하지만 청동은 변색된다. 황금기 아테네의 많은 청동상이 사라져버린 탓에 우리는 아테네를 석상의 땅으로 생각하기 쉽다. 하지만 당시 청동이 곳곳에 있었을 것이다. 그중에는 채색된 것도 있었다. 동전도 청동으로 만들었고 가구장식, 의례용 검, 종교상징도 청동으로 만들었다. 청동은 산화되어 빛을 잃으면서 초록색으로 변하고 표면이 얼룩덜룩해진다. 아테네 민주주의가 세월에 산화되면서 빛바래고 얼룩덜룩해진 것과 같다.

10 소크라테스는 신조차도 도덕적으로 선해야 한다고 생각했다. 이는 인습에서 매우 벗어난 생각이었다. *Euthyphro* 6a~c에서 그런 생각을 읽을 수 있다.

■ 에필로그

1 Beard(2002), p.71ff.

2 Plutarch, *Moralia*, *On Banishment*, 600f.

연도(기원전)	소크라테스	알키비아데스	플라톤	페리클레스	크세노폰
470/469	• 소크라테스 출생				
약 470년					
470~460					
465-460~ 455/450					
467					
466					
465					
463/462				• 키몬을 도편추방함	
462/461				• 에피알테스와 함께 아레오파고스 회의 를 무력화함	
461				• 아테네의 권력을 장악	
460					
460~450					
459/458					
458					
457					
456					

역사	문화	건축, 조각, 상
		• 오피스토도모스 보물창고 보수? • 아크로폴리스 북쪽 성채 건축
		• 페이시아나크티오스(훗날의 스토아 포이킬레) 건축
		• 페이디아스가 '아테나 프로마코스' 청동상 주조
	• 아이스킬로스 〈라이오스〉 〈오이디 푸스〉 〈테바이를 공격한 일곱 장수〉 〈스핑크스〉 상연	
• 에우리메돈 강 전투에서 그리스 연합군이 페르시아에 승리를 거둠		
• 아테네가 타소스 섬을 봉쇄 • 페르시아의 아르타크세르크세스 1세 통치 (기원전 465~425)		• 톨로스 건축
	• 아이스킬로스 〈구원을 요청하는 여 인들〉 〈아이귑토스의 아들들〉 〈다나 오스의 딸들〉 〈아뷔모네〉 상연	
• 아테네에 급진적 민주주의 수립 • 페르시아에 대항한 아테네와 스파르타의 동맹 결렬. 아레오파고스 회의 권한 축소. 키몬 도편추방		
• 1차 펠로폰네소스 전쟁		• 키몬의 성벽(페르시아 침략 시 아크로폴리스 주위에 쌓은 성벽) 건축 • 아크로폴리스 남쪽 성채 건축 • 구 에레크테이온 보수 • 클렙시드라 샘 건축
		• '슬픔에 잠긴 아테나' 부조
• 아테네 이집트 원정		
• 킨키나투스가 로마의 집정관으로 임명되어 아이코이족의 공격을 막음	• 아이스킬로스 〈오레스테이아〉 3부작 〈프로테우스〉 상연	• 피레우스 항과 아테네를 연결하는 장벽 건설 시작 • '아테나 프로마코스' 상 설치
• 아테네에서 제우기타이(자영농 계층)에게도 아르콘에 뽑힐 수 있는 자격이 부여됨		
	• 아이스킬로스 사망	

연도(기원전)	소크라테스	알키비아데스	플라톤	페리클레스	크세노폰
454/453				• 코린토스 만 원정	
451/450				• 시민법을 개정하여 부모가 모두 아테네 시민인 사람에게만 시민권 부여	
450년 이전					
450		• 알키비아데스 출생			
450년대				• 배심원들에게 임금을 지급하자고 제안	
450년 이후					
450~445					
449				• 건축계획을 제안	
449~444					
447/446				• 에보이아 반란을 진압하기 위한 원정을 지휘	
445					
443/442				• 아테네의 장군 중 한 명으로 임명됨	
442					
442~437					
441				• 사모스와 밀레토스의 갈등에 아테네 개입을 지지	
440	• 사모스 섬 원정에 참가?				
438					

역사	문화	건축, 조각, 상
• 그리스군이 이집트에서 페르시아 총독 메가비주스에 패배 • 델로스 동맹의 금고가 아테네로 옮겨짐		
• 도편추방 당했던 키몬이 돌아옴		
		• 아고라에 플라타너스나무를 심음
• 키프로스 원정에서 키몬 사망	• 아리스토파네스 출생 • 플라톤 〈파르메니데스〉의 배경(8월)	• 아카데메이아 재정비
		• 아테네 감옥인 데스모테리온 건축 • 판아테나이아 길에 경주 시작지점을 알리는 임시 나무 기둥을 세우기 위한 사각 지대석 설치 • 시몬의 집, 메논의 집, 대리석공 거리의 동편 주택 공방, 시네드리온(회의장) 건축
		• 군사령부에 해당하는 스트라테게이온 건축
		• 아테나 니케 신전 공인
• 칼리아스 평화조약 맺고 페르시아 전쟁 종결 • 스파르타를 향한 새로운 적대감 형성		
		• 콜로노스 아고라이오스에 헤파이스토스 신전 건축
• 시리아의 페르시아 총독 메가비주스 반란 • 코로네이아 전투	• 시인 핀다로스 사망	• 파르테논 신전 건축 시작 • 파르테논 신전 테라스 건축 • 페리클레스 아크로폴리스 남쪽 성벽 연장
• 1차 펠로폰네소스 전쟁 종결 • 아테네와 스파르타 30년 평화조약 체결	• 〈결박된 프로메테우스〉가 상 연된 것으로 추정	
• 멜레시아스의 아들 투키디데스(역사가와는 다른 사람) 도편추방		• 공중목욕탕 건축
	• 소포클레스 〈안티고네〉 상연	• 파르테논 프리즈가 조각됨
		• 므네시클레스가 아크로폴리스에 프로필라이아 건축(미완으로 남음) • 아테나 니케 신전 보루 개조 • 아르테미스 브라우로니아 신전 개조
• 사모스 반란		
• 아테네가 사모스 섬 포위 • 희극의 특정 풍자를 금지하는 법 제정		• 페리클레스의 오데이온 건축
• 페이디아스가 공금횡령으로 고소당해 아테네를 떠남	• 에우리피데스 〈알케스티스〉 상연	• 페이디아스가 '아테나'를 파르테논 신전에 봉헌

연도(기원전)	소크라테스	알키비아데스	플라톤	페리클레스	크세노폰
437/436					
435					
434년경					
433					
432	• 포티다이아 원정에 참가				
431				• 전사자 추모 연설을 함 • 중무장 보병 농부들에게 아테네 성벽 안으로 이주할 것을 설득	
430	• 카이레폰이 델포이에 가서 소크라테스보다 더 지혜로운 사람이 있는지 신탁에 질문			• 벌금형을 선고받고 관직을 박탈당함	• 크세노폰 출생
420년대					
429	• 포티다이아에서 아테네로 돌아옴			• 관직에 재선출됨 • 사망	
428					
427~425/424					
427			• 플라톤 출생		
426					
425					
425~400					

역사	문화	건축, 조각, 상
• 희극 풍자 금지법 폐지 • 암피폴리스 식민도시 조성		• 아테네 급수시설 보급과 공공사업 시행
• 아테네가 코르키라와 방어조약 체결		• 에레크테이온 건축(395년 완공)
		• 데메테르와 코레 신전, 성역의 벽과 입구?
• 아테네와 코르키라 협정 체결		
• 포티다이아 반란	• 플라톤 〈프로타고라스〉, 〈알키비아데스〉 의 배경	• 파르테논 신전 완성
• 펠로폰네소스 전쟁 발발 • 스파르타가 아티케를 침략함	• 에우리피데스 〈메데이아〉 상연 • 투키디데스가 〈펠로폰네소스 전쟁사〉 집필 시작	
• 아테네에 역병이 퍼짐	• 에우리피데스 〈헤라클레스의 자녀들〉 상연	• 아레스 신전, 칼코테케 지구, 파르테논 신전 서쪽 계단, 장례 석조부조 아테네에 재등장 • 일리소스 강가 신전 남쪽 스토아 건축
		• 아테나 휘기에이아(건강의 여신 아테나) 성소
• 포티다이아 함락	• 플라톤 〈카르미데스〉의 배경(5월)	
• 미틸레네의 주도로 레스보스 섬이 아테네에 반란	• 에우리피데스 〈힙폴뤼토스〉 상연	
		• 아크로폴리스에 니케 신전 건축
• 아테네가 미틸레네를 함락하고 반란 자를 처형		
• 아테네에 지진이 일어나 케라메이코 스의 건물에 영향을 미침		
• 아테네가 스팍테리아와 필로스 함락함	• 에우리피데스 〈안드로마케〉, 아리스토파 네스 〈아카르나이 구역민들〉 상연	• 건국영웅상 건립 • 스토아 헤르메스 건축 • 아테네 도시내벽 건설
		• 스토아 제우스 엘레우테리오스 건축 • 12신 제단 재건축 • 옛 불레우테리온을 문서고 메트룬으로 만들고 새 불레우테리온 건축 • 주조소 건설 • 교차로 성소에 성물 봉헌 • 아고라 법정과 디오니소스 엘레우테레우스 극장 개조 • 남서쪽 샘과 수로 건설 • 톨로스 보수 • 아폴론 파트로스 신전 승인? 님프의 신전 신역 성벽? 트리토파트레이온(삼부신전) 신역 벽, 폼페이온 건축

연도(기원전)	소크라테스	알키비아데스	플라톤	크세노폰
424	• 아테네가 보이오티아 침공하고 아테네가 패한 델리온 전투에 소크라테스 참가			
423				
422	• 암피폴리스 전투 참가			
421				
421~416/415				
420				
418/417				
417				
416	• 아들 람프로클레스 출생			
415		• 시켈리아 원정 지휘 • 종교적 추문으로 고소당해 시켈리아에서 소환되자 스파르타로 도주		
414				
413				
412		• 스파르타가 헬레스폰토스보다 에게 해에 집중하도록 영향을 준 알키비아데스가 페르시아 총독 티사페르네스에게 도주		
411				
410	• 아들 소프로니스코스 출생	• 알키비아데스 지휘 하의 아테네 함대가 키지코스 전투에서 스파르타에 승리		
410~400				
409/408				• 이오니아에서 기병대 전투에 참가?
408				

594

역사	문화	건축, 조각, 상
• 페르시아의 왕 크세르크세스 2세 암살당하고 다리우스 2세가 왕위 계승 • 스파르타 장군 브라시다스가 북부 그리스의 암피폴리스 함락시킴	• 헤로도토스 사망 • 아리스토파네스 〈기사〉 상연 • 플라톤 〈라케스〉의 배경	
• 아테네와 스파르타 1년간 휴전협정 체결	• 아리스토파네스 〈구름〉, 에우리피데스 〈헤카베〉 〈탄원하는 여인들〉, 아메이프시아스 〈콘노스〉 상연	
• 암피폴리스 전투에서 브라시다스와 클레온 전사	• 크세노폰 〈향연〉과 플라톤 〈크라틸로스〉의 배경 • 아리스토파네스 〈벌〉 상연	
• 니키아스 평화조약 체결	• 아리스토파네스 〈평화〉 상연	
	• 플라톤 〈클레이토폰〉 〈대 히피아스〉 〈소 히피아스〉의 배경	• 알카메네스가 헤파이스토스와 아테나 청동상 주조
		• 아크로폴리스 남쪽 기슭에 아스클레피오스 신전 건립
• 아테네와 아르고스 연합군이 만티네이아에서 스파르타에 패배	• 플라톤 〈파이드로스〉의 배경	• 넬레우스 성소 개조
	• 에우리피데스 〈헤라클레스〉 〈엘렉트라〉 상연	
	• 플라톤 〈향연〉의 배경	
• 아테네에서 헤르메스 흉상 훼손과 엘레우시스 신비의식 신성모독 사건 발생 • 아테네인들의 멜로스 섬 학살 • 아테네군의 시켈리아 원정	• 에우리피데스 〈트로이아의 여인들〉 상연 • 플라톤 〈에뤽시아스〉의 배경	• 니케 신전 난간 건축(415~400)
	• 아리스토파네스 〈새〉 상연	
• 아테네 군대가 시켈리아에서 패배	• 플라톤 〈이온〉의 배경	
• 키오스 섬 아테네에 반란	• 에우리피데스 〈타우리케의 이피게네이아〉 〈헬레네〉 〈키클롭스〉 상연	
• 아테네에서 정변이 일어나 400인 과두정을 세움	• 아리스토파네스 〈뤼시스트라테〉 〈테스모포리아 축제의 여인들〉 상연	
• 데모크라티아 재도입		• 아테나 니케 신전의 조각 장식 완성
		• 스토아 바실레이오스에 부속건물 추가(새로 제정된 법률을 공고하기 위한 장소)
	• 에우리피데스 〈포이니케 여인들〉, 소포클레스 〈필록테테스〉 상연 • 플라톤 〈뤼시스〉의 배경(초봄)	• 에레크테이온 신전 공사 재시작
	• 에우리피데스 〈오레스테스〉 상연	

연도(기원전)	소크라테스	알키비아데스	플라톤	크세노폰
407		• 망명을 끝내고 귀환 • 종교적 추문에 대한 혐의를 벗음		
406	• 아르기누사이 전투에서 아테네가 스파르타에 승리하고 소크라테스는 전투 후 생존자를 구조하지 못한 아테네 장군들의 처형을 반대	• 트라키아로 은퇴	• 아르기누사이 전투 참전한 장군들의 재판에 참석했을 가능성 있음	
406/405				
405		• 아이고스포타미 전투 전에 아테네군에 접근했으나 거절당함 • 페르시아 총독 파르나바조스에게 망명		
404	• 민주주의 장군직을 맡은 레온 체포를 명령받았으나 거절함 • 소크라테스가 테라메네스를 구하려 함?	• 암살당함	• 플라톤의 삼촌 크리티아스가 30인 참주정에 참여 • 또 다른 삼촌 카르미데스가 피레우스 10인 위원회에 참여	• 내전기간에 민주주의 반란군에 대항하여 전투
403				
402	• 아들 메넥세노스 출생			
401				• 만인대의 아시아 원정 참가
400년경				• 만인대 생존자들을 혼자 이끌고 비잔티움으로 감
399	• 소크라테스의 재판과 처형			• 스파르타의 용병이 됨

역사	문화	건축, 조각, 상
	• 플라톤 〈에우티데모스〉의 배경	
• 디오니소스 1세 시라쿠사이의 참주가 됨 • 아테네가 노티온에서 패함		
	• 에우리피데스 〈아울리스의 이피게네이아〉 〈박코스 여신도들〉 상연 • 에우리피데스 사망 • 소포클레스 사망	• 에레크테이온 완성
• 페르시아 다리우스 2세 사망하고 아르타크세르크세스 2세 왕위 계승 • 아이고스포타미 전투에서 아테네 함대가 스파르타에 패함 • 피레우스 항이 봉쇄되고 아테네가 스파르타군에 포위됨	• 아리스토파네스 〈개구리〉 상연	
• 아테네 스파르타에 항복. 데켈레아 전쟁으로 30인 통치 도입		• 스파르타군이 아테네 장벽을 허물도록 강요 • 프닉스 회의장 개조
• 30인 참주정 붕괴하고 아테네에 민주주의가 회복됨 • 아테네 의회가 사면칙령을 통과시킴		
	• 플라톤 〈메논〉의 배경	
	• 소포클레스 〈콜로노스의 오이디푸스〉 상연 • 플라톤 〈메넥세노스〉의 배경(겨울)	
		• 주조소 스토아 아스클레페이온 건축 • 대배수관 남쪽, 동쪽 지선
	• 플라톤 〈테아이테토스〉 〈에우티프론〉의 배경(봄), 〈소피스테스〉 〈정치가〉의 배경(5~6월), 〈소크라테스의 변명〉 〈크리톤〉 〈파이돈〉의 배경(6~7월)	

플라톤의 주요 저작 ∿∿∿∿∿∿∿∿∿∿∿∿∿∿∿∿∿

[플라톤] 대화편의 시대 배경에 따른 순서

〈파르메니데스Parmenides〉_기원전 450년

〈프로타고라스Protagoras〉_기원전 433/432년

〈국가Politeia〉〈고르기아스Gorgias〉_기원전 431~404년

〈카르미데스Charmides〉_기원전 429년

〈라케스Laches〉_기원전 424년

〈크라틸로스Cratylos〉_기원전 422년

〈파이드로스Phaidros〉_기원전 418~416년

〈향연Symposion〉_기원전 416년

〈이온Ion〉_기원전 413년

〈뤼시스Lysis〉_기원전 409년

〈에우튀데모스Euthydemos〉_기원전 407년

〈메논Menon〉_기원전 402년

〈메넥세노스Menexenos〉_기원전 402/401년

〈테아이테토스Theaitetos〉〈에우티프론Euthyphron〉〈정치가Politikos〉〈소크라테스의 변명Apologia Sōkratous〉〈크리톤Criton〉, 〈파이돈Phaedon〉_기원전 399년

★ **크세노폰과 아리스토파네스의 주요 저작** ★

[크세노폰]

〈변론Apologia〉_기원전 384년 이후 완성(추정) 〈향연Symposion〉_기원전 371년 이전 완성(추정) 〈소크라테스 회상Memorabilia〉_기원전 371년 이후 완성(추정) 〈경영론Oeconomicous〉_기원전 362년 이후 완성(추정) 〈헬레니카Hellenica〉_기원전 359~355년 이후 완성(추정)

[아리스토파네스]

〈연회의 사람들Daitaleis〉_기원전 427년 〈바빌로니아 사람들Babylōnioi〉_기원전 426년 〈아카르나이 구역민들Acharnes〉_기원전 425년 〈기사Hippeis〉_기원전 424년 〈구름Nephelai_기원전 423년 〈벌Sphēkes〉_기원전 422년 〈평화Eirēnē〉_기원전 421년 〈암피아라오스Amphiareus〉〈새Ornithes〉_기원전 414년 〈뤼시스트라테Lysistratē〉〈테스모포리아 축제의 여인들Thesmophoriazousai〉_기원전 411년 〈개구리Batrachoi〉_기원전 405년 〈여인들의 민회Ekklésiazousai〉_기원전 391년 〈부의 신Ploutos〉_기원전 388년 〈코콜로스Kokolos〉〈아이올로시콘Aiolosikon〉_기원전 387/386년(추정)

📖 참고문헌 📖

● 고대 문헌과 번역

Aristophanes, *Birds; Lysistrata; Women at the Thesmophoria:*
    Birds, Lysistrata, Women at the Thesmophoria; translated by J.
    Henderson. Cambridge, MA: Harvard University Press; London:
    William Heinemann Ltd. 2000.

Aristophanes, *Clouds:*
    Clouds; edited with translation and notes by A. H. Sommerstein.
    Warminster: Aris & Phillips. 1982.

Aristophanes, *Wasps:*
    Aristophanes' Wasps; edited with introduction and commentary by
    Douglas M. MacDowell. Oxford: Clarendon Press. 1971.

Athenaeus, *The Deipnosophists:*
    The Learned Banqueters, translated by S. D. Olson. Cambridge,
    MA: Harvard University Press. 2007.

Aulus Gellius, *The Attic Nights:*
    The Attic Nights; translated by J. C. Rolfe. London: W. Heinemann. 1927.

Callimachus, *Hymns and Epigrams:*
    Hymns and Epigrams; translated by A. W. Mair. London: Heinemann.
    1955.

Callimachus, *Hymn to Delos:*
    Hymn to Delos; introduction and commentary by W. H. Mineur. Leiden:
    E. J. Brill. 1984.

Diogenes Laertius, *Lives of Eminent Philosophers:*
    Lives of Eminent Philosophers; translated by R. D. Hicks. London: W.
    Heinemann. 1925.

Diogenes Laertius, *Lives of Eminent Philosophers:*
    The Lives and Opinions of Eminent Philosophers; translated by C. D.
    Yonge. London: George Bell and Sons. Reprinted in original format by
    Kessinger Publishing. 1901.

Euripides, *Selected Fragmentary Plays:*
    *Euripides: Selected Fragmentary Plays: Philoctetes, Alexandros (with
    Palamedes and Sisyphus), Oedipus, Andromeda, Hypsipyle, Antiope,
    Archelaus*, volume two; with introductions, translations and commentaries
    by C. Collard, M. J. Cropp, K. H. Lee. Warminster: Aris & Phillips. 2004.

Isocrates:
    Isocrates in three volumes; translated by L. V. Hook. Cambridge, MA:
    Harvard University Press; London: William Heinemann Ltd. 1986.

Panaetius:

Panaetii Rhodii Fragmenta; edited by M. van Straaten. Leiden: E. J. Brill. 1952.

Pausanias, Description of Greece:

Description of Greece in four volumes; translated by W. H. S. Jones and H.A. Ormerod. Cambridge, MA: Harvard University Press; London: William Heinemann Ltd. 1918.

Pausanias, Description of Greece:

Pausanias's Description of Greece in six volumes; translated with commentary by J. G. Frazer. London: Macmillan. 1898.

Plato, Crito:

Crito with introduction and commentary by C. Emlyn-Jones. London: Duckworth/Bristol Classical Press. 1999.

Plato, Euthyphro; Apology; Crito; Phaedo; Phaedrus:

Euthyphro; Apology; Crito; Phaedo; Phaedrus; translated by H. N. Fowler and introduced by W. R. M. Lamb. Cambridge, MA: Harvard University Press; London: Heinemann. 1960.

Plato, Laches; Protagoras; Meno; Euthydemus:

Laches; Protagoras; Meno; Euthydemus; translated by W. R. M. Lamb. London: William Heinemann Ltd. 1924.

Plato, Laws:

Laws in twelve volumes, vols. 10 & 11 translated by R. G. Bury. Cambridge, MA: Harvard University Press; London: William Heinemann Ltd. 1967 & 1968.

Plato, Phaedo:

The Phaedo; edited with introduction and notes by W. D. Geddes. London: Macmillan. 1863.

Plato, Protagoras:

Protagoras; edited by N. Denyer. Cambridge: Cambridge University Press. 2008.

Plato, Republic:

Plato Republic 1–2.368c4; with introduction, translation and commentary by C. Emlyn-Jones. Oxford: Aris and Philips Classical Texts, Oxbow Books. 2007.

Plato, The Statesman; Philebus; Ion:

The Statesman; Philebus; Ion; translated by H. N. Fowler. London: W. Heinemann Ltd. 1925.

Plutarch, Lives:

Lives volumes 1 and 2; translated by B. Perrin. London: W. Heinemann. 1914 and 1948.

Pseudo-Xenophon, Constitution of the Athenians:

The Old Oligarch: Pseudo-Xenophon's 'Constitution of the Athenians' 2nd ed. with introduction, translation and commentary by R. Osborne. London: London Association of Classical Teachers. 2004.

Scholia on Aristophanes:

    Scholia Graeca in Aristophanem, cum prolegomenis grammaticorum, varietate lectionis optimorum codicum integra, ceterorum selecta, annotatione criticorum item selecta, cui sua quaedam inseruit edited by F. Dübner. Paris: Firmin Didot. 1842.

Seneca the Elder:

    L. Annaei Senecae ludus de morte Claudii, Epigrammata super exilio; edited by F. Haase. Lipsiae: in aedibus B.G. Teubneri. 1902.

Xenophon, *Memorabilia; Oeconomicus; Symposium; Apology:*

    Memorabilia; Oeconomicus; Symposium; Apology; translated by E. C. Marchant and O. J. Todd. Cambridge, MA: Harvard University Press; London: Heinemann. 1923.

● 번역서와 주해서

고르기아스

Gorgias, *Helen:*

  Sprague, R. K. (ed.) (2001) *The Older Sophists.* Indianapolis: Hackett Publishing.

디오게네스 라에르티오스

Diogenes Laertius, *Lives of Eminent Philosophers:*

    Hicks, R. D. (1925), *Lives of Eminent Philosophers.* Cambridge, MA: University of Harvard Press. LCL.

    Munn, M. (2000) *The School of History. Athens in the Age of Socrates.* Berkeley; University of California Press.

    Yonge, C. D. (1853) *The Lives and Opinions of Eminent Philosophers by Diogenes Laertius.* London: Henry G. Bohn.

뤼시아스

Lysias, *Simon:*

    Lamb, W. R. M. (1930). *Lysias.* Cambridge, MA: Harvard University Press. LCL. Todd, L. S. (2000) *Lysias.* Austin: University of Texas Press.

사포

Sappho, *Fragments:*

    Duffy, C. A. (2009) *Stung with Love: poems and fragments of Sappho.* London: Penguin.

    Wharton, H. T. (1885) *Sappho: memoir, text, selected readings and a literal translation.* London: Stott.

소포클레스

Sophocles, *Ajax:*
Moore, J. in D. Grene and R. Lattimore (eds.) (1954) *Sophocles. Vol. II.*
London; Chicago: University of Chicago Press.

Sophocles, *Oedipus the King:*
Berg, S. and Clay, D. (1978) *Oedipus the King: The Greek Tragedy in
New Translations.* New York: Oxford University Press.

Sophocles, *Women of Trachis:*
Jebb, R. C. (1892) *Sophocles. The Plays and Fragments with critical
notes, commentary and translation in English prose. Part V. The
Trachinae.* Cambridge: Cambridge University Press.

스바니아

Holy Bible, New Living Translation, copyright 1996. Used by permission of
Tyndale House Publishers, Inc., Wheaton, Illinois 60189.

아리스토텔레스

Aristotle, *Athenian Constitution:*
Rhodes, P. J. (1984) *Aristotle. The Athenian Constitution.* London:
Penguin

Aristotle, *Politics:*
Barnes, J. in S. Everson (ed.) (1996) *Aristotle. The Politics and the
Constitution of Athens.* Cambridge: Cambridge University Press.
Sinclair, T. A., revised by T. J. Saunders (1981) *Aristotle. The Politics.*
Harmondsworth: Penguin.

Aristotle, *Rhetoric:*
Lawson-Tancred, H. C. (1991) *Aristotle. The Art of Rhetoric.* London:
Penguin.

아리스토파네스

Aristophanes, *Acharnians:*
Allen, D. (1996) 'A Schedule of Boundaries: An Exploration, launched from
the Water-Clock, of Athenian Time' in *Greece and Rome 43.*
Henry, M. M. (1995) *Prisoner of history: Aspasia of Miletus and her
biographical tradition.* Oxford: Oxford University Press.

Aristophanes, *Birds:*
Henderson, J. (2000) *Birds. Lysistrata. Women at the Thesmophoria.*
Cambridge, MA: Harvard University Press. LCL.
Rogers, B. B. (1930) *The Birds of Aristophanes: the Greek text revised,
with a translation into corresponding metres, introduction and
commentary.* London: Bell.
Sommerstein, A. H. (1987) *Aristophanes: Birds.* Warminster: Aris and
Phillips.

Aristophanes, *Clouds:*

McLeish, K. (1979) *Aristophanes. Clouds. Women in Power. Knights.* Cambridge: University of Cambridge Press.

Sommerstein, A. H. (1973) *Aristophanes. Lysistrata. The Acharnians. The Clouds.* London: Penguin.

Aristophanes, *Ecclesiazusae, Peace and Wasps:*

O'Neill Jr, E. (1938) *Aristophanes. The Complete Greek drama. Vol. 2.* New York:Random House.

Aristophanes, *Frogs:*

Barrett, D. (1964) *Aristophanes. The Frogs and other plays.* Harmondsworth:Penguin.

Henderson, J. (2008) *Aristophanes: Frogs.* Newburyport, MA: Focus Publishing/R Pullins and Co.

Murray, G. (1908) *The Frogs of Aristophanes.* London: George Allen & Unwin.

Theodoridis, G.

http://www.poetryintranslation.com/PITBR/Greek/FrogsActIISceneIII.htm

아울루스 겔리우스

Aulus Gellius, *Attic Nights:*

J. C. Rolfe (1927) *The Attic Nights of Aulus Gellius.* London: W. Heinemann; Cambridge, MA: Havard University Press. LCL.

아이스키네스

Aeschines:

Davidson, J. (2007) *The Greeks and Greek love: a radical reappraisal of homosexuality in Ancient Greece.* London: Weidenfeld and Nicolson.

Aeschines, *Against Timarchus:*

Fisher, N. (2001) *Aeschines. Against Timarchus.* Oxford: Oxford University Press.

아이스킬로스

Aeschylus, *Eumenides:*

Morshead, E. D. A., from The Internet Classics Archive:

http://classics.mit.edu/Aeschylus/eumendides.html

Vellacott, P. (1956) *The Oresteian trilogy: Agamemnon, The Choephori, The Eumenides.* Harmondsworth: Penguin.

Aeschylus, *The Persians:*

Smyth, H. W. (1973) *Aeschylus. Vol. I.* Cambridge, MA: Harvard University Press. Loeb Classical Library [LCL].

Vellacott, P. (1961). *Aeschylus. Prometheus bound; The Suppliants; Seven against Thebes ; The Persians.* Harmondsworth: Penguin.

악시오쿠스

Axiochus:

Hershbell, J. P. in J. M. Cooper (ed.) (1997) *Complete works / Plato*.
Indianapolis: Hackett Publishing.

안도키데스

Andocides, *Against Alcibiades:*

Maidment, K. J. (1941) *Minor Attic Orators. Vol I*. London: W. Heinemann.
LCL.

에우리피데스

Euripides, *Hecuba:*

Coleridge, E. P. in W. J. Oates and E. O'Neill Jr (eds.) (1938) *Euripides.
The Complete Greek Drama in two volumes. Vol. I Hecuba*. New York:
Random House.

Euripides, *Hippolytus:*

Kovacs, D. (1995) *Children of Heracles. Hippolytus. Andromache.
Hecuba*. Cambridge, MA: Harvard University Press. LCL.
Vellacott, P. (1953) *Three plays: Hippolytus, Iphigenia in Tauris, Alcestis.
Euripides*. Harmondsworth: Penguin.

Euripides, *Orestes:*

Blundell, S. (1995) *Women in Ancient Greece*. London: British Museum
Press.

Euripides, *Phoenician Women:*

Murray, G. (1913) *Euripides. Euripidis Fabulae*. Oxford: Clarendon Press.
[Perseus Trans.].
Wilson, A. See website: http://www.users.globalnet.co.uk/~loxias/
phoenissae.htm

Euripides, *The Suppliant Women:*

Vellacott, P. (1972) *Euripides. Orestes and Other Plays*. Harmondsworth:
Penguin.

Euripides, *Women of Troy:*

Vellacott, P. (1973) *The Bacchae and Other Plays. Euripides*.
Harmondsworth:Penguin.

이소크라테스

Isocrates, *Address to the Areopagus:*

Mirhady, D. C. and Yun Lee Too (2000) *Isocrates Vol. I*. Austin: University
of Texas Press.
Norlin, G. (1980) *Isocrates. Vol. 2*. Cambridge, MA: Havard University
Press. LCL

켄소리누스

Censorinus, *De Die Natali:*

Parker, H. N. (2007) *The Birthday Book; Censorinus.* Chicago: University of Chicago Press.

크라티누스

Cratinus, *Cheirons:*

Henry, M. M. (1995) *Prisoner of History: Aspasia of Miletus and her Biographical Tradition.* Oxford: Oxford University Press.

크세노폰

Xenophon:

Bysshe, E. (1747) *The Memorable Thoughts of Socrates.* George Faulkner: Dublin.

H. Tredennick and R. Waterfield (1990) *Xenophon. Conversations of Socrates.* London: Penguin.

Xenophon, *Anabasis:*

Brownson, C. L. (1922, rev. J. Dillery 1998) *Anabasis, Xenophon.* Cambridge, MA: Harvard University Press.

Xenophon *Apology:*

Martinez, J. A. in T. C. Brickhouse and N. D. Smith (2002) *The Trial and Execution of Socrates. Sources and Controversies.* Oxford: Oxford University Press.

Todd, O. J. in E. C. Marchant and O. J. Todd (1992) *Memorabilia, Oeconomicus, Symposium, Apology.* Cambridge, MA: Harvard University Press. LCL.

Tredennick, H. and R. Waterfield, (1990) *Conversations of Socrates. Xenophon.* London: Penguin.

Xenophon, *Hellenica:*

Brownson, C. L. (1918) *Xenophon. Hellenica. Books 1–4.* Cambridge, MA:Harvard University Press. LCL.

Marincola, J. (2009) in R. S. Strassler (ed.) *Landmark Xenophon's Hellenika.* New York: Pantheon.

Warner, R. (1966, rev. G. Cawkwell 1979) *Xenophon. A History of My Times.* Harmondsworth: Penguin.

Xenophon, *Memorabilia:*

Fogel, J. in T. C. Brickhouse and N. D. Smith (2002) *The Trial and Execution of Socrates. Sources and Controversies.* Oxford: Oxford University Press.

Gutenberg Project. 1889 Cassell and Company edition by David Price. (http://www.gutenberg.org/files/17490/17490-h/17490-h.htm)

Marchant, E. C. in E. C. Marchant and O. J. Todd (1992) *Memorabilia, Oeconomicus, Symposium, Apology.* Cambridge, MA: Harvard University Press. LCL.

Tredennick, H. and Waterfield, R. (1990) *Xenophon. Conversations of Socrates.* London: Penguin.

Xenophon, *Oeconomicus:*

Blundell, S. and Williamson, M. (1998) *The Sacred and the Feminine in Ancient Greece.* London: Routledge.

Dakyns, H. G. (1890) *The Works of Xenophon.* London: Macmillan.

Marchant, E. C. in E. C. Marchant and O. J. Todd (1992) *Memorabilia, Oeconomicus, Symposium, Apology.* Cambridge, MA: Harvard University Press. LCL.

Pomeroy, S. (1994) *Xenophon. Oeconomicus: a social and historical commentary.* Oxford: Clarendon Press.

Xenophon *Symposium:*

Todd, O. J. in E. C. Marchant and O. J. Todd (1992) *Memorabilia, Oeconomicus, Symposium, Apology.* Cambridge, MA: Harvard University Press. LCL.

Xenophon, *The Cavalry Commander:*

Marchant, E. and Bowersock, G. W. (1925) *Xenophon. Scripta Minora.* Cambridge, MA: Harvard University Press. LCL.

Waterfield, R. and Cartledge, P. (1997) *Hiero the Tyrant and Other Treatises.* London: Penguin.

테오그니스

Theognis:

Bing, P. and Cohen, R. (1991) *Games of Venus: an anthology of Greek and Roman erotic verse from Sappho to Ovid.* London: Routledge.

Hubbard, T. K. (ed.) (2003) *Homosexuality in Greece and Rome. A Sourcebook of Basic Documents.* Berkeley: University of California Press.

투키디데스

Thucydides:

Crawley, R. (1910) *Thucydides, The Peloponnesian War.* London: J. M. Dent; New York: E. P. Dutton.

Hammond, M. (2009) *Thucydides. The Peloponnesian War.* New York; Oxford: Oxford University Press.

Kagan, D. (1981) *The Peace of Nicias and the Sicilian Expedition.* New York: Cornell University Press.

Smith, C. F. (1919) *Thucydides. History of the Peloponnesian War.* Cambridge, MA: Harvard University Press. LCL.

Warner, R. (1972) *History of the Peloponnesian War. Thucydides.* Harmondsworth: Penguin.

Woodruff, P. (1993) *On justice, power, and human nature: the essence of Thucydides' History of the Peloponnesian War.* Indianapolis; Cambridge: Hackett Publishing.

티르타이오스

Tyrtaios, *Fragment:*
> Lattimore, R. (1955). *Greek Lyrics.* Chicago: University of Chicago Press.

포르피로스

Porphyry, *On Abstinence From Killing Animals:*
> Clark, G. (2000) *Porphyry. On Abstinence from Killing Animals.* London: Duckworth.

폴리아이노스

Polyaenus, *Strategemata:*
> Joyce, M. in E. Hamilton and H. Cairns (eds.) (1973) *The Collected Dialogues of Plato.* Princeton, NJ: Princeton University Press.
> Kagan, D. (1991) *The Peace of Nicias and the Sicilian Expedition.* New York: Cornell University Press.

플라톤

Plato, *Alcibiades I:*
> Hutchinson, D. S. in J. M. Cooper (ed.) (1997) *Complete works / Plato.* Indianapolis: Hackett Publishing.
> Lamb, W. R. M. (1927) *Plato. Charmides. Alcibiades I and II. Hipparchus. The Lovers. Theages. Minos. Epinomis.* Cambridge, MA: Harvard University Press. LCL.

Plato, *Apology:*
> Brickhouse, T. C. and N. D. Smith (2002) *The Trial and Execution of Socrates. Sources and Controversies.* Oxford: Oxford University Press.
> Fowler, H. N. (1914) *Plato. Euthyphro, Apology, Crito, Phaedo, Phaedrus.* Cambidge, MA: Harvard University Press. LCL.
> Grube, G. M. A. in J. M. Cooper (ed.) (1997) *Complete works / Plato.* Indianapolis: Hackett Publishing.
> Jowett, B. (1953) *The Dialogues of Plato.* Oxford: Clarendon Press.
> Tredennick, H. (1954) *Plato. The Last Days of Socrates.* London: Penguin.
> Tredennick, H. in E. Hamilton and H. Cairns (eds.) (1973) *The Collected Dialogues of Plato.* Princeton, NJ: Princeton University Press.

Plato, *Charmides:*
> Jowett, B. (1953) *The Dialogues of Plato.* Oxford: Clarendon Press.

Plato, *Crito:*
> Fowler, H. N. (1914) *Plato. Euthyphro, Apology, Crito, Phaedo, Phaedrus.* Cambridge, MA: Harvard University Press. LCL.
> Grube, G. M. A. in J. M. Cooper (ed.) (1997) *Complete works / Plato.* Indianapolis: Hackett Publishing.

Plato, *Euthyphro:*
> Brickhouse, T. C. and Smith, N. D. (2002) *The Trial and Execution of Socrates. Sources and Controversies.* Oxford: Oxford University Press.

Fowler, H. N. (1914) *Plato. Euthyphro, Apology, Crito, Phaedo, Phaedrus*. Cambridge, MA: Harvard University Press. LCL.

Plato, *Gorgias:*

Lamb, W. R. M. (1925) *Plato. Lysis, Symposium, Gorgias*. Cambridge, MA: Harvard University Press. LCL.

Zeyl, D. J. in J. M. Cooper (ed.) (1997) *Complete works / Plato*. Indianapolis:Hackett Publishing.

Plato, *Hippias Minor* :

Lamb, W. R. M. (1926) *Volume IV. Cratylus. Parmenides. Greater Hippias. Lesser Hippias*. Cambridge, MA: Harvard University Press. LCL.

Plato, *Ion:*

Lamb, W. R. M. (1925) *Plato. Statesman. Philebus. Ion*. Cambridge, MA: Harvard University Press. LCL.

Saunders, T. J. (ed.) (1987) *Early Socratic Dialogues*. London: Penguin.

Plato, *Laches:*

Jowett, B. (1953) *The Dialogues of Plato I*. Oxford: Clarendon Press.

Plato, *Laws:*

Saunders, T. J. (1975) *Plato: The Laws*. Harmondsworth: Penguin.

Plato, *Lysis:*

Jowett, B. (1953) *The Dialogues of Plato I*. Oxford: Clarendon Press.

Lamb, W. R. M. (1925) *Plato. Lysis, Symposium, Gorgias*. Cambridge, MA: Harvard University Press. LCL.

Lombardo, S. in J. M. Cooper (ed.) (1997) *Complete works / Plato*. Indianapolis: Hackett Publishing.

Plato, *Menexenus:*

Bury, R. G. (1929) *Plato. Timaeus. Critias. Cleitophon. Menexenus. Epistles*. Cambridge, MA: Harvard University Press. LCL.

Jowett, B. (1953) *The Dialogues of Plato*. Oxford: Clarendon Press.

Plato, *Meno:*

Guthrie, W. K. C. (1956) *Plato. Protagoras and Meno*. London: Penguin.

Lamb, W. R. M. (1924) *Plato. Laches, Protagoras, Meno, Euthydemus*. Cambridge, MA: Harvard University Press. LCL

Plato, *Parmenides:*

Cornford, F. M. in E. Hamilton and H. Cairns (eds.) (1973) *The Collected Dialogues of Plato*. Princeton, NJ: Princeton University Press.

Gill, M. L. and P. Ryan in J. M. Cooper (ed.) (1997) *Complete works / Plato*. Indianapolis: Hackett Publishing.

Plato, *Phaedo:*

Fowler, H. N. (1914) *Plato. Euthyphro, Apology, Crito, Phaedo, Phaedrus*. Cambridge, MA: Harvard University Press. LCL.

Jowett, B. (1953) *The Dialogues of Plato Vol. I*. Oxford: Clarendon Press.

Tredennick, H. (1954) *Plato. The Last Days of Socrates*. London: Penguin.

Plato, *Phaedrus:*

Fowler, H. N. (1914) *Plato. Euthyphro, Apology, Crito, Phaedo,*

Phaedrus. Cambridge, MA: Harvard University Press. LCL.

Jowett, B. (1953) *The Dialogues of Plato I.* Oxford: Clarendon Press.

Plato, *Protagoras:*

Jowett, B. (1953) *The Dialogues of Plato Vol. I.* Oxford: Clarendon Press.

Lamb, W. R. M. (1924) *Plato. Laches. Protagoras. Meno. Euthydemus.* Cambridge, MA: Harvard University Press. LCL.

Plato, *Republic:*

Grube, G. M. A. revised by C. D. C. Reeve in J. M. Cooper (ed.) (1997) *Complete works / Plato.* Indianapolis: Hackett Publishing.

Jowett, B. (1953) *The Dialogues of Plato.* Oxford: Clarendon Press.

Shorey, P. (1930) *Plato's Republic I.* Cambridge, MA: Harvard University Press. LCL.

Waterfield, R. (1993) *Plato. Republic.* New York: Oxford University Press.

Plato, *Sophist:*

Cornford, F. M. in E. Hamilton and H. Cairns (eds.) (1973) *The Collected Dialogues of Plato.* Princeton, NJ: Princeton University Press.

Plato, *Symposium:*

Gill, C. (1999) *Plato. The Symposium.* London: Penguin.

Hamilton, W. (1951) *Plato. The Symposium.* Harmondsworth: Penguin.

Jowett, B. (1953) *The Dialogues of Plato I.* Oxford: Clarendon Press.

Joyce, M. (1935) *Plato's Symposium, or, The Drinking Party.* London: Dent.

Lamb, W. R. M. (1925) *Plato. Lysis, Symposium, Gorgias.* Cambridge, MA:Harvard University Press. LCL.

Nehamas, A. and P. Woodruff in J. M. Cooper (ed.) (1997) *Complete works / Plato.* Indianapolis: Hackett Publishing.

Reeve, C. D. C. (ed. and trans.) (2006) *Plato on Love.* Indianapolis: Hackett Publishing.

Plato, *Theaetetus:*

Levett, M. J., revised by M. Burnyeat (1990) *The Theaetetus of Plato.* Indianapolis: Hackett Publishing.

플루타르코스

Plutarch, *Agesilaus:*

Davidson, J. (2007) *The Greeks and Greek Love: a radical reappraisal of homosexuality in Ancient Greece.* London: Weidenfeld and Nicolson.

Shipley, D. R. (1997) *A Commentary on Plutarch's life of Agesilaos: response to sources in the presentation of character.* Oxford: Clarendon Press.

Plutarch, *Life of Alcibiades:*

Perrin, B. (1916) *Lives IV.* Cambridge, MA: Harvard University Press. LCL.

Plutarch, *Life of Pericles:*

Scott-Kilvert, I. (1960) *Plutarch. The Rise and Fall of Athens: nine Greek lives.* Harmondsworth: Penguin.

Waterfield, R. (2008) *Greek lives: a selection of nine Greek lives. Plutarch.* Oxford: Oxford University Press.

핀다로스

Pindar, *Nemean Odes:*
Lattimore, R. (1959) *The Odes of Pindar.* Chicago: University of Chicago Press.

Pindar, *Pythian Odes:*
Gildersleeve, B. L. (1890) *Pindar. The Olympian and Pythian Odes.* London:Macmillan.

헤로도토스

Herodotus:
De Selincourt, A. (1954) *The Histories. Herodotus.* Harmondsworth: Penguin.
Godley, A. D. (1920) *The Persian Wars.* Cambridge, MA: Harvard University Press. LCL.
Purvis, A. (2007) in R. B. Strassler, *The Landmark Herodotus: The Histories.* New York: Pantheon.

헤시오도스

Hesiod, *Works and Days:*
Evelyn-White, H. G. (1914) *Hesiod, Homeric Hymns and Homerica.* London: Heinemann.
Most, G. W. (2006) *Hesiod. Theogony. Works and Days. Testimonia.* Cambridge, MA: Harvard University Press. LCL.
Tandy, D. W. and Neale, W. C. (1996) *Hesiod's Works and Days.* Berkeley, CA:University of California Press.
Wender, D. (1973) *Hesiod. Theogony. Works and Days. Theognis. Elegies.* London: Penguin.

호메로스

Homer, *Iliad:*
Butler, S. [Perseus edition-http://www.perseus.tufts.edu/hopper/text?doc=Perseus:text:1999.01.0134].

기타

Oath of Ephebes:
Rhodes, P. J. and Osborne, R. (2003) *Greek Historical Inscriptions.* New York: Oxford University Press.
Samons, L. J. (2004) *What's Wrong with Democracy? From Athenian Practice to American Worship.* Berkeley: University of California Press.

찾아보기

아테네의 변명

지은이 베터니 휴즈
옮긴이 강경이

1판 1쇄 발행 2012년 11월 17일
1판 3쇄 발행 2014년 7월 10일
개정판 1쇄 발행 2023년 10월 5일

발행처 (주)옥당북스
발행인 신은영

등록번호 제2018-000080호
등록일자 20018년 5월 4일

주소 경기도 고양시 일산동구 위시티1로 7, 507-303
전화 (070)8224-5900 팩스 (031)8010-1066

값은 표지에 있습니다.
ISBN 979-11-89936-45-7 03900

이메일 coolsey2@naver.com
포스트 post.naver.com/coolsey2
블로그 blog.naver.com/coolsey2